Andreas Müller / Markus Schauer

Bibliographie für den Lateinunterricht
Clavis Didactica Latina

C. C. Buchners Verlag · Bamberg

Bibliographie für den Lateinunterricht
Clavis Didactica Latina

Herausgegeben von Prof. Dr. Friedrich Maier,
Humboldt-Universität zu Berlin.

Erarbeitet von Andreas Müller
und Markus Schauer, München.

ISBN 3 7661 **5694** 2

1. Auflage 1 ³ ² ¹   1999 98 97 96 95 94
Die letzte Zahl bedeutet das Jahr dieses Druckes.

© 1994 C. C. Buchners Verlag, Bamberg. Das Werk und seine Teile sind urheberrechtlich geschützt. Jede Verwertung in anderen als den gesetzlich zugelassenen Fällen bedarf deshalb der vorherigen schriftlichen Einwilligung des Verlages.

Einbandgestaltung: Rolf Hirsch, Bamberg
Gesamtherstellung: Graph. Großbetriebe Friedrich Pustet, Regensburg

Inhaltsverzeichnis

Gedanken des Herausgebers 7
Vorwort 9
Allgemeine Abkürzungen 16
Zeitschriften und Reihen 18

Teil I   Allgemeines

A. Grundsätzliches · Einführungen, Handbücher, Lexikonartikel 23
B. Bibliographien, Sammelrezensionen 24
    1. Allgemein Pädagogisches 24
    2. Fachdidaktik 25
C. Bildungs- und Lehrplantheorie 28
    1. Bildungstheorie und Bildungspolitik 28
    2. Curriculumtheorie allgemein · Schulsystem 43
    3. Lernziele und Fachleistungen 48
    4. Curriculare Lehrpläne 56
D. Lehreraus- und -weiterbildung 61
    1. Fachdidaktik · Probleme des Fachlehrers 61
    2. Kongresse, Fortbildungsveranstaltungen 70
E. Geschichte des altsprachlichen Unterrichts 78
F. Altsprachlicher Unterricht im internationalen Vergleich 84

Teil II   Methodik des Sprach- und Lektüreunterrichts

G. Allgemeines zur Methodik des Lateinunterrichts 89
H. Leistungserhebung 93
I. Medieneinsatz 100
    1. Allgemeines 100
    2. Lehrbuch, Textausgabe 101
    3. Bildmaterial 104
    4. Audiovisuelle Medien 105
    5. Overhead-Projektor 107
    6. Sprachlabor 107
J. Kreativität, produktive Rezeption 108
    1. Allgemeines 108
    2. Schultheater 108
    3. Exkursion, Klassenfahrt 111
    4. Sonstige Aktivitäten und Projekte 112
K. Öffentlichkeitsarbeit 115

Teil III Didaktik und Methodik des Sprachunterrichts

- L. Unterrichtsverfahren im Sprachunterricht 117
  - 1. Allgemeines 117
  - 2. Übersetzen 123
  - 3. Übungsmethoden 125
  - 4. Latine loqui 127
  - 5. Cantare Latine 130
  - 6. Spielerisches Lernen 130
  - 7. Computereinsatz 132
- M. Linguistik 133
  - 1. Grundsätzliches 133
  - 2. Laut- und Formenlehre 136
    - a. Phonetik und Aussprache 136
    - b. Morphologie 136
  - 3. Syntax 137
  - 4. Textlinguistik 142
- N. Wortschatz 143
- O. Lehrmittel 146
  - 1. Sprachlehrbücher · Unterrichtswerke 146
  - 2. Grammatiken 159
  - 3. Wortkunden, Schulwörterbücher, Vokabelkarteien 161
- P. Weitere Hilfsmittel 162
  - 1. Übungsmaterialien, 'Lernhilfen', Lernprogramme 162
  - 2. Software, elektronische Wörterbücher 166

Teil IV Didaktik und Methodik des Lektüreunterrichts

- Q. Allgemeines zum lateinischen Lektüreunterricht 169
- R. Interpretation 174
- S. Autorenlektüre 177
  - 1. Grundsätzliches 177
  - 2. Einzelne Autoren und anonyme Werke 179
    - a. Antike 179
    - b. Mittelalter 267
    - c. Humanismus · Neuzeit 271
  - 3. Anthologien, Lesebücher 275
- T. Thematische Lektüre 277
  - 1. Grundsätzliches 277
  - 2. Einzelne Bereiche 278
    - a. Literaturgeschichte, Gattungen 278
    - b. Geschichte, Politik 280

      c. Kulturgeschichte, römische Gesellschaft 282
      d. Recht 284
      e. Rhetorik · Poetik 285
      f. Philosophie, Wissenschaft 286
      g. Mythos 288
      h. Archäologie · Geographie, lokalhistorische Texte 288
      i. Christliche Texte 290
      j. Mittellatein 291
      k. Humanisten, Neulatein 292
U. Interimslektüre, Unterhaltungsliteratur auf Latein, lateinische Comics 293
V. Sachbereiche der Klassischen Philologie 295
   1. Allgemeine Sachbücher 295
   2. Geschichte, Kulturgeschichte 296
   3. Literaturwissenschaft 299
      a. Literaturgeschichte 299
      b. Gattungstheorie und -geschichte 301
      c. Rhetorik, Sprache und Stil 303
      d. Metrik 304
   4. Öffentliches Leben 305
      a. Staatswesen und Recht · Militär 305
      b. Kult, Religion 306
   5. Privatleben 307
      a. Familie und Hauswesen, Frauen, Sklaven; Sport 307
      b. Bildung, Wissenschaft und Philosophie 307
   6. Mythos und Mythologie 310
   7. Archäologie · Kunstgeschichte 311
      a. Allgemeines 311
      b. Architektur · Städtebau 313
      c. Bildende Kunst 314
      d. Inschriften 315
      e. Museumspädagogik 316
   8. Wirkungsgeschichte · Antikerezeption 318

Register

Moderne Autoren 327
Lateinische Autoren und Werke 352
Schlagwörter 372

Die vorliegende *Bibliographie für den Lateinunterricht* war seit langem ein Desideratum. Dies wurde in den letzten Jahren immer schmerzlicher empfunden, da sich die Didaktik des Faches Latein zunehmend als eine eigenständige und wissenschaftlich arbeitende Disziplin entwickelt hat. Ursache dafür war eine grundlegende Veränderung der Schule, die auch das Gymnasium voll erfaßte. Die Pädagogik forderte ihr Recht; die curriculare Orientierung ab 1970 zwang alle Fächer, sich vor der Gesellschaft mit stichhaltigen, beweiskräftigen Kriterien von neuem zu begründen und die Vermittlung ihrer Stoffe auf neue pädagogisch-didaktische Grundlagen zu stellen. Dies wiederum erforderte die Aufnahme der wissenschaftlichen Erkenntnisse vieler Bezugsdisziplinen in die Didaktik der Fächer.

Die Vertreter der Latein-Didaktik sahen sich veranlaßt, sich intensiv mit den Gebieten der Curriculum-Forschung, der Lerntheorien, der Motivationsforschung, der Entwicklungspsychologie, der Jugendsoziologie sowie der Linguistik, der Rezeptionsforschung der Literaturtheorie und Literaturdidaktik, der Modelltheorie und der Unterrichtsplanung u.ä.m. zu befassen. Es gelang in den Jahren von 1971 bis 1990 allmählich, den schulischen Rahmen, in dem das Fach Latein steht, von außen her abzusichern und zugleich den Fachstoffen durch ihre stärkere Anbindung an die Erkenntnisse moderner Unterrichtsgestaltung ein markantes pädagogisches Profil zu geben. Dieser Erfolg ist um so bemerkenswerter, als die Latein-Didaktik – im Unterschied zu den anderen Gymnasialfächern – nirgends den Rang einer Forschungsdisziplin an den Universitäten bekam und ihr von keiner Seite Mittel für längerfristige Projektplanungen zur Verfügung gestellt wurden. Trotzdem können sich die Ergebnisse dieser fachdidaktischen Arbeit der Latein-Didaktiker – auch im Vergleich zu den anderen Fächern – sehen lassen. Die Liebe zu den Gegenständen und der unbedingte Wille, dem Fach Latein den Platz in der Schule zu sichern, haben auf eine lange Strecke hin die fehlende Institutionalisierung ersetzt. Die Wirkungen dieses fachdidaktischen Engagements sind heute allenthalben festzustellen: Der Sprachunterricht und der Lektüreunterricht erhielten – wiewohl jetzt mehr als früher miteinander verzahnt – ein eigenständiges Gewicht, mit jeweils eigener Zielsetzung und Rechtfertigung. Es entstand eine bislang nicht vorhandene Didaktik des lateinischen Literaturunterrichts, in Theorie und Praxis.

Diese Entwicklung schlug sich in umfassenden Didaktikwerken wie auch in zahlreichen Aufsätzen, Handreichungen und Projektvorschlägen nieder.

Die Veröffentlichungen zum lateinischen Sprach- und Lektüreunterricht haben aus den angegebenen Gründen seit 1970 einen solchen Umfang angenommen, daß auch der hauptamtlich darin Tätige kaum den Überblick behalten konnte. Es gab bisher keine systematisch organisierte Möglichkeit, sich für Forschungsarbeiten, für die Unterrichtsvorbereitung oder für die fachpolitische Vertretung schnell die nötigen Hilfen und Informationen zugänglich zu machen. Deshalb war das Verlangen nicht abwegig, hierfür ein praktikables Instrumentarium zu schaffen, ein Nachschlagewerk, das in allen didaktischen und methodischen Fragen gleichsam wie ein Schlüssel den Zugang zu den verschiedensten Veröffentlichungsquellen ermöglicht. Daß die Herstellung eines solchen Kompendiums ein höchst schwieriges und mühevolles Unterfangen darstellt, weiß jeder, der sich auch nur auf einem Teilgebiet die veröffentlichte Literatur zu verschaffen gezwungen ist. Solche Arbeit braucht sich ab jetzt niemand mehr zu machen.

Zwei Studenten der Klassischen Philologie, Andreas Müller und Markus Schauer, haben – meiner Anregung folgend – die Pionierleistung vollbracht und in einer einjährigen Arbeit, neben dem Studium und ohne finanzielle Unterstützung, eine nahezu alle Bereiche umfassende Bibliographie des Lateinunterrichts erarbeitet, mit unüberbietbarem Fleiß und mit höchster Sorgfalt.

Das verdient den Dank und die Anerkennung aller im Fach Latein arbeitenden Lehrerinnen und Lehrer. In der *Clavis Didactica Latina* liegt ein Werk vor, daß jedem die Unterrichtsvorbereitung erleichtert und den Unterricht selbst auf eine gesicherte didaktisch-wissenschaftliche Grundlage zu stellen hilft. Auch die Facharbeiten der Schüler können daraus Nutzen ziehen. Veröffentlichungen in lateinischer Fachdidaktik können sich am jeweils erreichten Standard der Forschung orientieren; Wenn nämlich die lateinische Fachdidaktik als seriöse wissenschaftliche Disziplin verstanden werden will, so muß sie sich unbedingt wie die Fachwissenschaft vom jeweils erreichten Erkenntnisstand aus und in Auseinandersetzung damit zu neuen Ergebnissen voranarbeiten.

Das vorliegende Werk ist also ein notwendiges Arbeitsmittel, in vielerlei Hinsicht. Es sollte deshalb dem werdenden wie auch dem fertigen Lehrer überall zugänglich sein. Wer ernsthaft am Fach und seinem Gedeihen interessiert ist, wird es in seine Privatbibliothek aufnehmen.

Berlin, im Dezember 1993

Prof. Dr. Friedrich Maier

> *So eine Arbeit wird eigentlich nie fertig, man muß sie für fertig erklären, wenn man nach Zeit und Umständen das möglichste getan hat.*
>
> Goethe

Soll der altsprachliche Unterricht am Gymnasium auch in Zukunft eine maßgebliche Rolle spielen, muß er didaktisch fundiert und zeitgemäß präsentiert werden.
Dieser Erkenntnis entspricht die rasch steigende Zahl fachdidaktischer Literatur zum Griechisch- und Lateinunterricht in Zeitschriften, Handreichungen, Mitteilungsblättern und Sammelbänden. Wer jedoch für die Anforderungen des Schulalltags das eine oder andere aus diesem breiten Angebot fruchtbar machen wollte, scheiterte an der Unüberschaubarkeit des verstreut publizierten Materials. So wuchs mit der Literatur in gleichem Maße das Bedürfnis nach einem Gesamtverzeichnis, das diese Fülle systematisch zusammenstellt und übersichtlich aufschlüsselt.
Das vorliegende Buch möchte diese Lücke schließen.[1]

Die *Clavis Didactica Latina* versucht einen möglichst geschlossenen Gesamtüberblick über die fachdidaktische Forschung des deutschsprachigen Raums in den letzten r u n d   z w a n z i g   J a h r e n zu geben.
Die curricularen Reformen zu Beginn der siebziger Jahre haben aufgrund veränderter bildungspolitischer Ansprüche neue Zielsetzungen und Richtlinien in die Lehrpläne eingeführt, worauf die Fachdidaktik mit einer Flut von innovativen Arbeiten reagierte. Neue Stoffe und Methoden, neue Konzepte und Perspektiven kamen ins Blickfeld. Von daher scheint es gerechtfertigt, mit 1 9 7 1 (dem Jahr der Veröffentlichung der DAV-Matrix[2]) den Anfangspunkt einer Bibliographie zu setzen, die sich einen an der Gegenwartsdidaktik orientierten Lateinunterricht zum Maßstab nimmt. Da die Sammlung des Materials schon im Sommer dieses Jahres abgeschlossen wurde, konnte Literatur, die nach 1992 erschienen ist, nicht mehr berücksichtigt werden.

Ziel des vorliegenden Bandes ist es, der kulturpolitischen Vereinzelung der Bildungskonzepte entgegenzuwirken und über Landes- und Bundesgrenzen hinaus Brücken zu schaffen, die Ergebnisse der jeweiligen Forschungsinstitute und der einzelnen Didaktiker allgemein bekannt zu machen und dadurch den Erfahrungsaustausch zu ermöglichen, der für jede wissenschaftliche Disziplin unerläßlich ist.

---

[1] Seit dem Literaturverzeichnis von Leo STOCK und Ernst MOSER von 1973 (➚47) ist außer Gesamtregistern von einzelnen Zeitschriften oder zeitlich sehr begrenzten und mehr oder weniger unstrukturierten Literaturberichten wie denen von Alfred KOHL (➚38) oder den *Didaktischen Informationen* des *Anzeigers für die Altertumswissenschaft* keine größere Bibliographie zu unserem Fachbereich erschienen.
Auch für die Didaktiken der anderen Fächer gibt es unseres Wissens nichts Entsprechendes.

[2] Siehe ➚522.

In erster Linie wendet sich die *Clavis* an L e h r e r i n n e n u n d L e h r e r , denen sie die Unterrichtsvorbereitung erleichtern, nützliche Materialien und Informationsquellen erschließen und Argumentationshilfen für ihren Einsatz 'extra muros' an die Hand geben soll.

Zum anderen bietet sie dem F a c h d i d a k t i k e r erstmals die Möglichkeit, sich über die bisherige Forschung umfassend zu informieren. Darüberhinaus wird sie auch dem F a c h w i s s e n s c h a f t l e r von Nutzen sein, da hier auch Publikationen zusammengestellt sind, die, da sie in didaktischen oder pädagogischen Zeitschriften und Reihen erschienen sind, von der *Année philologique* nicht erfaßt werden.[3] Den S t u d i e r e n d e n gibt die *Clavis* eine Hilfe für didaktische Seminare und Praktika an die Hand, dank der detaillierten Register aber auch eine nützliche Bibliographie für alle Sachbereiche des Studiums.[4] Schließlich ist sie auf allen Feldern der B i l d u n g s f o r s c h u n g und -p o l i t i k von Interesse, wenn es um die Wirkung der antiken Literatur und die Ziele der humanistischen Bildung geht.

Im Blick auf diese verschiedenen Zielgruppen haben wir uns grundsätzlich dazu entschlossen, einerseits nicht eine Art 'Grundlagenliteratur' für den Klassischen Philologen zusammenzustellen, sondern nur die w i r k l i c h f a c h d i d a k t i s c h e L i t e r a t u r zum altsprachlichen Unterricht zu berücksichtigen, andererseits innerhalb des so definierten Bereichs Vollständigkeit zumindest anzustreben.

Nun ist die Grenze zwischen Fachdidaktik und Fachwissenschaft bekanntlich fließend. Die Entscheidung zwischen 'noch fachdidaktischer' und 'rein fachwissenschaftlicher' Ausrichtung einer konkreten Arbeit kann schlechterdings nur subjektiv und willkürlich sein. Sie hängt zum Teil von ganz äußerlichen Kriterien ab, also z.B. in welcher Zeitschrift eine Publikation erschienen ist.

Im einzelnen wurden folgende Entscheidungen getroffen: Den *altsprachlichen Unterricht*, *Anregung* und *Ianus* haben wir vollständig aufgenommen, ebenso die Reihen *Dialog Schule–Wissenschaft* und *Materialien der LEU*, sowie die weniger verbreiteten, aber sehr nützlichen *Impulse* und das *Latein-Forum*. Beim *Gymnasium* und den *Wiener Humanistischen Blättern* mußte kritischer verfahren werden. Wir haben jene Titel ausgewählt, die sich für den Schulunterricht auswerten lassen, d.h. die sich mit Schulautoren oder übergreifenden Themen von allgemeinerem Interesse beschäftigen. Eine gezielte Auswahl wurde auch aus der *Vox Latina* getroffen, die allen, die sich für 'lebendiges Latein' interessieren, generell zu empfehlen ist, aber wirklich

---

[3] Nicht nur die DAV-Mitteilungsblätter, sondern auch Zeitschriften wie z.B. den *Ianus* wird man in der *Année* vergeblich suchen.

[4] Da in der didaktischen Literatur zu einem bestimmten Thema in der Regel auch auf weiterführende wissenschaftliche Literatur verwiesen wird, kann die *Clavis* als eine Art Schlagwortkatalog der Klassischen Philologie dienen.
Aus dem gleichen Grund können auch Schülerinnen und Schüler, die etwa Literatur für ihre Facharbeit suchen, darauf zurückgreifen, zumal die *Clavis* vor allem Titel nennt, die die Schülersituation berücksichtigen und in den Schulbibliotheken zum großen Teil vorhanden sein dürften.

didaktische Beiträge nur vereinzelt enthält. Aus den *Didactica Classica Gandensia* fanden nur die deutschsprachigen Aufsätze Berücksichtigung. Grundsätzlich wurden fremdsprachige Publikationen nur in Ausnahmefällen aufgenommen, nämlich jene, die von deutschsprachigen Didaktikern verfaßt oder in deutschsprachigen Organen erschienen sind (es sei denn, sie sind auch auf deutsch publiziert).

Die diversen *DAV-Mitteilungsblätter* wurden, soweit sie uns zugänglich waren, systematisch durchgesehen.[5] Mit der vollständigen Zusammenstellung aller in diesen Organen enthaltenen Beiträge, die in keiner sonstigen Bibliographie verzeichnet sind, haben wir die Grenzen der Fachdidaktik bewußt überschritten.

Lehrpläne, Rahmenrichtlinien etc. und Ministerialbeschlüsse wurden nicht als didaktische Literatur im eigentlichen Sinne gewertet und daher weggelassen.

Einschlägige Titel in den zahllosen Festschriften und Jahresberichten der Gymnasien wurden nur erfaßt, sofern wir durch andere Quellen darauf aufmerksam wurden.[6]

Systematisch durchgesehen wurden auch die nicht spezifisch-altphilologischen pädagogischen Zeitschriften, wie z.B. *Erziehung und Unterricht*, *Fremdsprachenunterricht*, *Die Höhere Schule*, *Pädagogische Rundschau*, *Die Schulfamilie*, *Die Schulpraxis* u.ä., in denen sich gelegentlich auch Beiträge zum altsprachlichen Unterricht finden, ferner die Materialien der diversen schulpädagogischen Institute, Arbeitsgemeinschaften usw.

Auf Kinder- und Jugendliteratur, sei es novellistische oder auch sachlich-lehrhafte, haben wir ganz verzichtet. Hier wäre wohl eine nähere Beschreibung und Bewertung unerläßlich – und dies wäre Aufgabe eines eigenen Forschungsprojekts.[7]

Was die Beschränkung auf den Zeitraum seit 1971 betrifft, so war es nicht ratsam, sich in jedem Fall sklavisch daran zu halten; insbesondere Standardwerke im Teil A und Bibliographien sowie Unterrichtswerke und Textausgaben sind nicht diesem Limit unterworfen; ferner wurden ältere

---

[5] Dabei wurden jedoch jene Beiträge außer acht gelassen, die sich nur auf eine kleine Region beziehen (z.B. zu Fortbildungsveranstaltungen auf Bezirksebene) oder nur ein ephemeres Interesse beanspruchen (z.B. Veröffentlichungen von Wettbewerbs- oder Abituraufgaben). Auch Geburtstagsgratulationen, Nachrufe etc. blieben unberücksichtigt.

[6] Gerade bei den österreichischen Jahresberichten wäre eine Zusammenstellung wünschenswert gewesen, da diese viele didaktisch wertvolle Beiträge enthalten und in der Regel noch längere Zeit lieferbar sind; aber diese Arbeit – es hätten über 200 Berichte pro Jahr (!) durchgesehen werden müssen – war uns von München aus nicht möglich.

[7] Allein innerhalb des so gesteckten Rahmens ist eine Bibliographie zustande gekommen, die insgesamt 5442 Titel umfaßt (der Rest sind Querverweise, also Dubletten). Davon sind 3913 unselbständige und 1529 selbständige Veröffentlichungen (darunter wiederum 338 Schulbücher – incl. Grammatiken, Arbeitshefte usw. – und 142 Textausgaben. — Zum Vergleich: Im Bereich der G r i e c h i s c h -Didaktik haben wir nur 1393 Titel gesammelt. Zur H e b r ä i s c h -Didaktik fand sich fast gar nichts; Jedoch sind wir darauf aufmerksam geworden, daß in Kürze ein Sammelband erscheint, der von seiner modernen Konzeption her beachtenswert und für die altsprachliche Fachdidaktik allgemein von Interesse ist: Alles Qatal – oder was? Beiträge zur Didaktik des Hebräischunterrichts, hg. Goßmann H.-C./Schneider W., Münster u.a. (Waxmann) 1994.

Publikationen dann aufgenommen, wenn sie innerhalb des gewählten Zeitraums nachgedruckt wurden.

Es war unsere Intention, den gesamten deutschsprachigen Raum 'abzudecken'. Dabei ist freilich das Ziel der Vollständigkeit letztlich nicht zu erreichen, obschon das mögliche versucht wurde, um mit den zuständigen Stellen außerhalb Bayerns und Deutschlands Kontakt aufzunehmen. Aber viele der Institute, Vereine, Arbeitsgemeinschaften und Verlage, die gute und nützliche Handreichungen oder Materialien zum Lateinunterricht erarbeitet haben, verwenden weit weniger Mühe und Sorgfalt auf eine übersichtliche Dokumentation ihrer Veröffentlichungen.[8] Publikationen aus der damaligen DDR konnten, soweit sie uns bekannt wurden, aufgenommen werden, auch dann, wenn sie nur als Dokumente einer ideologisch bestimmten Bildungskonzeption von Interesse sind.

Zu den an die altsprachliche Fachdidaktik angrenzenden Forschungsbereichen ist folgendes zu sagen: Was die *erziehungswissenschaftliche* (psychologische und pädagogische) Literatur betrifft, so wurden hier nur solche Publikationen berücksichtigt, die sich gezielt mit dem altsprachlichen Unterricht befassen. Das gleiche gilt für das weite Feld der *Linguistik*.

Zum Aufbau der Gliederung und zum Inhalt der einzelnen Rubriken seien folgende Erläuterungen gegeben:
Sämtliche erfaßten Titel sind nach inhaltlichen Gesichtspunkten geordnet, so daß die Literatur zu einzelnen Themenbereichen in ihrer ganzen Breite zu überblicken ist. Innerhalb der einzelnen Abschnitte ist die Sortierung chronologisch (innerhalb eines Jahres alphabetisch),[9] so daß die Forschungsgeschichte in dem entsprechenden Bereich verfolgt werden kann.
Erklärende Bemerkungen zu einzelnen Rubriken finden sich an entsprechender Stelle.
Die Literatur zu den einzelnen Autoren/Werken (Abschnitt S) sowie zu den einzelnen Bereichen der thematischen Lektüre (T 2) und zum Thema Schultheater (J 2) ist jeweils aufgeteilt in (Schul-)Ausgaben und Sekundärliteratur. Bei den Autoren/Werken sind ggf. Hinweise auf Bibliographien vorangestellt. Bei einigen Autoren sind die einzelnen Werke in Gruppen zusammengefaßt (z.B. Cicero: Reden – rhetorische Werke – philosophische Werke – Briefe).

---

[8] So sah sich – beispielsweise – die Stuttgarter LEU außerstande, uns auch nur eine Zusammenstellung der Themen der z.Z. nicht mehr lieferbaren Materialien zu machen. Das Düsseldorfer Pädagogische Institut meldete uns: "Das Pädagogische Institut hat keine Publikationen für den altsprachlichen Unterricht herausgegeben."; und doch erschien 1978 in der Schriftenreihe dieses Instituts von Hermann KEULEN *Kreativität und altsprachlicher Unterricht* (↗1661).

[9] Jene Titel, bei denen das Erscheinungsjahr nicht eruiert werden konnte (vgl. u. S. 13f.), sind jeweils zuerst genannt. Ist von einem Titel das Ersterscheinungsjahr nicht bekannt, ist er unter dem Jahr der ältesten uns bekannten Auflage einsortiert.
Eine Ausnahme von der chronologisch-alphabetischen Sortierung bilden die Unterrichtswerke und Computerprogramme, die alphabetisch nach Titeln geordnet sind, da hier zum großen Teil keine klare Datierung möglich war.

Der Benutzer, der zu einem bestimmten, klar umgrenzten Thema oder Lehrstoff Literatur sucht, wird sich stets an den R e g i s t e r n orientieren. Das Register moderner Autoren schlüsselt die erfaßte Literatur nach Verfassern auf. Das Register lateinischer Autoren und Werke führt neben den antiken auch sämtliche mittel- und neulateinischen Schriften auf sowie die behandelten lateinischen Unterrichtswerke. Innerhalb des Lemmas zu einem Autor ist nach Werken und Sachbegriffen unterschieden, innerhalb der Werke nach den behandelten Stellen. Das Schlagwortregister umfaßt antike griechische Autoren, moderne Schriftsteller und Sachbegriffe aller Art.[10]

Zur Einrichtung der Literaturangaben sei folgendes gesagt: Sind mehrere Auflagen genannt, so bezieht sich die Seitenangabe auf die zuletzt genannte Auflage. Sind zwei oder mehrere Seitenangaben genannt, so beziehen sich diese auf die verschiedenen Bände des Titels (oder auf getrennte Paginierung innerhalb eines Bandes).[11]

Der Pfeil ↗ verweist auf eine andere Nummer in dieser Bibliographie. Das Verweissystem ist an dem bewährten Schema der *Année philologique* orientiert; jeder Titel wird aus Gründen der Platzersparnis nur einmal vollständig zitiert, von anderen Stellen wird auf die Hauptnennung verwiesen.

Angaben in eckigen Klammern [ ] sind kommentierende Anmerkungen von uns.

Mit **R.** schließen sich Rezensionen, Resümees, Repliken zu dem jeweiligen Titel an. Deren Autoren sind im Register in der Regel nicht aufgeführt, es sei denn, die Rezension/Replik hat wirklich den Rang eines eigenständigen Aufsatzes.[12]

Abschließend seien uns noch einige Bemerkungen zu den Problemen erlaubt, die unsere Arbeit erschweren:

Viele der Publikationen aus dem fachdidaktischen Bereich sind an sehr entlegenen Stellen erschienen, so daß eine Autopsie oft nicht möglich war. In solchen Fällen mußten wir auf vorliegende Literaturangaben vertrauen. Wir haben dies freilich nicht ohne gewisse Bedenken getan, da es sich zeigte, daß diese Angaben oft unvollständig oder ungenau sind.[13] Dies ist vor allem bei den Textausgaben der Fall, deren Erscheinungsjahr teilweise nicht zu ermitteln ist. Hinzu kommt in vielen Fällen, daß sie für eine bibliographische Überprüfung nicht zu beschaffen sind

---

[10] Die Beschlagwortung erfolgte – soweit möglich – nach Durchsicht des betreffenden Aufsatzes, so daß auch Inhalte und Themen berücksichtigt wurden, die nicht aus dem Titel hervorgehen.

[11] Bei Textausgaben finden sich öfters zwei Seitenangaben, ohne daß die einzelnen Bände näher bezeichnet werden; in so einem Fall ist klar, daß die Ausgabe aus Text- und Kommentarband besteht.

[12] Besprechungen von Unterrichtswerken sind, sofern sie auch Grundsätzliches zum Thema 'Lehrbuch' enthalten und damit über eine Rezension im engeren Sinne hinausgehen, als eigene Titel hinter dem jeweiligen Unterrichtswerk aufgenommen.

[13] Zum Beispiel wurde ein und dasselbe Werk an verschiedenen Stellen (z.B. in Rezensionen) verschieden zitiert (v.a. Jahres- und Seitenangaben), so daß wir uns in diesen Fällen nach persönlichem Ermessen entscheiden oder nötigenfalls die Angaben ganz weglassen mußten.

– viele sind inzwischen vergriffen –, und von den wissenschaftlichen Bibliotheken werden gerade die 'kleinen' Schulausgaben gar nicht geführt. Ferner aber läßt sich auch durch Autopsie oft kein klares Bild gewinnen. Denn die Verlage sind daran interessiert, ihre Bücher als möglichst aktuell erscheinen zu lassen und unterscheiden daher selten zwischen Nachdruck und Neuauflage.[14]

Sofern wir von den Verlagen Jahresangaben bekamen, haben wir diese übernommen, ohne in jedem einzelnen Fall nachprüfen zu können, ob es sich dabei um die erste, die letzte Auflage oder gar um einen Nachdruck handelt. Wo unser Kenntnisstand hinreichte, haben wir natürlich das tatsächliche Erscheinungsdatum genannt, und (veränderte) Neuauflagen zusätzlich angegeben. "u.ö." bedeutet, daß das Werk seit seinem Erscheinen immer wieder ohne für uns erkennbare Veränderungen aufgelegt/nachgedruckt wurde. "o.J." bedeutet, daß wir das Buch in der Hand hatten, aber kein Erscheinungsjahr daraus ersichtlich war; "o.J., Ndr. 1978" heißt: aus den Angaben im Buch ging hervor, daß es 1978 gedruckt wurde, aber nicht, wann es erstmals erschienen ist.

Die Beseitigung dieser Schwierigkeiten, die, wie wir hoffen, letztlich nur Schönheitsfehler zur Folge haben, wäre in keinem Verhältnis gestanden zu dem erforderlichen Aufwand. Darüberhinaus hätten dies unsere Arbeitsbedingungen gar nicht zugelassen.

Für Anregungen und Verbesserungsvorschläge, Hinweise auf Fehler oder Versehen, Ergänzungen und Korrekturen wären wir sehr dankbar. Unsere Adresse lautet:

Clavis Didactica
Andreas Müller · Markus Schauer
Wolfratshauser Straße 19
D–82049 Pullach

Daß unser Projekt *Clavis Didactica Latina* zu dem vorliegenden Resultat gelangen konnte, verdanken wir nicht zuletzt auch dem Rat und der Unterstützung zahlreicher Didaktiker und Pädagogen in Schule und Forschung. Ihnen allen sei an dieser Stelle ganz herzlich gedankt!

Für den Bereich der ehemaligen DDR danken wir Frau Kristine Schulz (Halle), die die Zusammenstellung der Beiträge aus dem *Fremdsprachenunterricht* übernommen hat.

Für Informationen aus Österreich sind wir besonders Herrn Wolfgang J. Pietsch (Graz) verpflichtet, sowie Herrn Manfred Kienpointner vom Innsbrucker *Latein-Forum*, für die Schweiz Herrn Theo Wirth (Zürich).

---

[14] Wenn wir etwa in einer Ovid-Schulausgabe die Angabe fanden: »13 34 33 32 | 1993 92 91«, dann konnten wir daraus entnehmen, daß das Buch seit der ersten Auflage (welche sich wiederum – möglicherweise – aus dem Copyright konjizieren ließ, in diesem Fall 1960) dreizehn Mal aufgelegt und bisher zweiunddreißig Mal nachgedruckt wurde – aber eben nicht das, was wir eigentlich wissen wollten, nämlich, von wann denn nun die jüngste (=13.) Auflage datiert.

Besonders hilfsbereit waren auch Joachim Gruber (München) und Gerhard Meißner (Berlin), die uns die von ihnen erarbeiteten und gesammelten Materialien zur Verfügung gestellt haben.

Ferner danken wir für ihre freundliche Unterstützung den Damen und Herren Andreas Fritsch (Berlin), Ernst Gegenschatz (Zollikon), Willibald Heilmann (Frankfurt), Ursula Kiefer (Basel), Theodor Knecht (Winterthur), Gerhard Kneißler (Arnsberg), Karlheinz Kost (Köln), Heinrich Krefeld (Rheine), Peter Mangold (Basel), Wulf Mißfeldt (Kiel), Helmut Quack (Husum), Johanna Salsa (Berlin), Gunther Scheda (Kaarst), Franz Scherer (Heidelberg), Otto Schönberger (Gerbrunn), Arno Seel (Nürnberg), Gabriele Seidel (Heidelberg), Karlheinz Töchterle (Innsbruck), Hans-Peter Tunkel (Goslar), sowie all jenen Didaktikern, die uns eine Zusammenstellung ihrer Publikationen zukommen ließen.

Unser Dank geht auch an die Bildungsforschungsinstitute und Ministerien, die uns Hinweise gegeben oder Materialien zur Verfügung gestellt haben.

Herr Dipl.-Bibl. Matthias Weeber (München) hat uns immer wieder mit viel Geduld unterstützt und dadurch unsere Arbeit erleichtert.

Beim Korrekturlesen haben uns Annette Baertschi, Matthias Ferber, Annette Geißler, Petra Gewald-Heine, Swenja Habermann, Barbara Heine, Martin Kübler, Folko Metz, Georg Ott, Hans Schauer, Claudia Schmitz, Daniel Sieber, Sabine Vogt und Katharina Volk dankenswerterweise geholfen.

Dem C. C. Buchners Verlag, besonders Herrn Gerhard Dittrich, sei an dieser Stelle für die angenehme Zusammenarbeit gedankt.

Schließlich möchten wir ganz besonders Herrn Prof. Dr. Friedrich Maier unseren Dank aussprechen, der unser Projekt inauguriert und von Beginn an mit Rat und Tat unterstützt hat. Ohne ihn wäre die *Clavis* nicht möglich geworden.

München, Silvester 1993

Andreas Müller · Markus Schauer

Allgemeine Abkürzungen

Die in den kommentierenden Anmerkungen verwendeten Abkürzungen lateinischer Autoren und Werke sind die im *Thesaurus Linguae Latinae* üblichen. Einige wenige Abweichungen (z.B. bei den *dialogi* Senecas) dürften aus sich heraus einsichtig sein und brauchen nicht eigens erklärt zu werden. Abgesehen davon sind im Autoren/Werke-Register alle Werke ausgeschrieben, so daß sich anhand dessen alle Abkürzungen leicht auflösen lassen. Die Abkürzungen der biblischen Bücher entsprechen den Normen der *Theologischen Realenzyklopädie*.

↗	Verweis auf eine andere Nummer der Bibliographie	ff.	folgende(n)
		Forts.	Fortsetzung
~	circa	FS	Festschrift
		GK	Grundkurs
a.	auch	Gr.U.	Griechischunterricht
Abb.	Abbildung(en)	GS	Gesamtschule
AHS	Allgemeinbildende höhere Schule	Gymn.	Gymnasium
Anh.	Anhang	H/B	Hamburg/Bremen
a.O.	am angegebenen Ort	hg.	herausgegeben von
A.U.	Altsprachlicher Unterricht	Hs	Hessen
Bd.	Band	IGS	Integrierte Gesamtschule
bearb.	bearbeitet von	Jb.	Jahrbuch
Beih.	Beiheft	Jber.	Jahresbericht
Beil.	Beilage	Jgst.	Jahrgangsstufe
Bl	Berlin	KM	Kultusministerium
Bra	Brandenburg	Kollegst.	Kollegstufe
Bsp.	Beispiel	Komm.	Kommentar
B-W	Baden-Württemberg	komm.	kommentiert/Kommentar von
By	Bayern	LBS	Landesbildstelle
ders.	derselbe	Lit.	Hinweise auf weiterführende Literatur
dies.	dieselbe(n)		
Dipl.	Diplomarbeit	LK	Leistungskurs
Disk.	Diskette(n)	L.U.	Lateinunterricht
Diss.	Dissertation	MA, ma	Mittelalter, mittelalterlich
EA	Erstausgabe	Mitteil.	Mitteilung(en)
ebd.	ebenda	Ndr.	Nachdruck
Einl.	Einleitung	NRW	Nordrhein-Westfalen
EPA	Einheitliche Prüfungsanforderungen in der Abiturprüfung	Ns	Niedersachsen
		OA	Originalausgabe
Erl.	Erläuterung(en)	o.J.	ohne Jahr
erw.	erweiterte Auflage	o.O.	ohne Ort
Expos.	Expositur	o.S.	ohne Seitenzählung
f.	folgende	R.	Rezension / Replik / Resumée

Rh-Pf	Rheinland-Pfalz	TÜbers.	Text und Übersetzung
RR	Rahmenrichtlinien	TÜbersKomm.	Text, Übersetzung und Kommentar (bzw. ausführliche Anmerkungen)
s.	siehe		
S.	Seite(n)		
Sa	Sachsen	u.a.	und andere(s), unter anderem
Sa-An	Sachsen-Anhalt	u.d.T.	unter dem Titel
Sek.	Sekundarstufe	Übers.	Übersetzung
S-H	Schleswig-Holstein	Univ.	Universität
Sl	Saarland	v.	von
Thü	Thüringen	vgl.	vergleiche
TKomm.	Text und Kommentar		

Institute

HIBS	Hessisches Institut für Bildungsplanung und Schulentwicklung (Wiesbaden)
HILF	Hessisches Institut für Lehrerfortbildung (Fuldatal)
ILF	Institut für Lehrerfort- und -weiterbildung (Mainz)
IPTS	Landesinstitut Schleswig-Holstein für Praxis und Theorie der Schule (Kronshagen)
ISB (früher ISP)	Staatsinstitut für Schulpädagogik und Bildungsforschung (München)
LEU	Landesinstitut für Erziehung und Unterricht (Stuttgart)
SIL	Staatliches Institut für Lehrerfort- und -weiterbildung (Speyer)

Verlage

BSV	Bayerischer Schulbuchverlag
BVB	Bayerische Verlagsanstalt Bamberg
HPT	Hölder–Pichler–Tempsky
ÖBV	Österreichischer Bundesverlag
WBG	Wissenschaftliche Buchgesellschaft

Zeitschriften und Reihen[1]

AADI	Anzeiger für die Altertumswissenschaft, hg. Österr. Humanistische Gesellschaft: Didaktische Informationen, geleitet v. K. Töchterle. Innsbruck (Wagner) 1981 ff.
AHS*	Die allgemeinbildende höhere Schule. Organ der Sektion Höhere Schule in der Gewerkschaft Öffentlicher Dienst. Wien (Verlag des Österreichischen Gewerkschaftsbundes)

ALK–Informationen
    Informationen der Arbeitsstelle für Lehrplanentwicklung und -koordination des Landes Rheinland-Pfalz. Bad Kreuznach

Am Born der Weltliteratur. Lesestoffe für Höhere Schulen und zum Privatgebrauch. Begr. v. V. Wiesner, fortgef. v. W. Fiedler; seit 1975 u. d. T.: Texte der Weltliteratur. Bamberg (BVB)

Anregung	Zeitschrift für Gymnasialpädagogik, hg. F. Hörmann (bis 1975), K. Bayer (1976 bis 1984), F. Städele (seit 1984). München (BSV) 1955 ff.

Anregungen und Informationen für die Schule, hg. IPTS. Lütjensee (Albrechts)

Antike und Gegenwart. Lateinische Texte zur Erschließung europäischer Kultur, hg. F. Maier. Bamberg (Buchner) 1992 ff.

ASiRP	s. MDAV/RhPf

Atrium Linguae Latinae. Lateinische Texte für Gymnasien. Begründet v. O. Wecker. Göttingen (Vandenhoeck & Ruprecht)

AU	Der altsprachliche Unterricht. Arbeitshefte zu seiner wissenschaftlichen Begründung und praktischen Gestalt. Stuttgart (Klett) 1951 ff.; seit 1987: Velber (Friedrich)
Auxilia	Unterrichtshilfen für den Lateinlehrer, hg. F. Maier. Bamberg (Buchner) 1981 ff.

Beiträge für Unterricht und Lehrerbildung, hg. IPTS. [Kiel]

Colloquium Didacticum. Schriften zur Praxis des altsprachlichen Unterrichts, Stuttgart (Klett) 1992 ff.

---

[1] Kein vollständiges Verzeichnis! Zeitschriften, die nur selten einschlägige Artikel enthalten und daher von uns nur gelegentlich zitiert werden, sind hier nicht aufgelistet. Sie erscheinen aber in der Bibliographie mit ihrem vollständigen (Haupt)Titel.

Zeitschriften, die nicht vollständig durchgesehen werden konnten, da einzelne oder mehrere Jahrgänge nicht zugänglich waren, sind mit einem Stern* gekennzeichnet.

Zur Zitierweise:
Bei Zeitschriften wird die Nummer eines Heftes (Faszikels) von der des Jahrgangs durch Punkt getrennt, also z.B. AU 28.3 = Jahrgang XXVIII/Heft 3. Sind die Hefte eines Jahrgangs durchlaufend paginiert, erübrigt sich die Angabe der Heft-Nummer. (Nur beim MDAV wurde die Angabe der Heft-Nummer beibehalten.)
Dasselbe gilt, wenn Jahrgänge nicht gezählt werden und die Jahreszahl die Jahrgangsnummer ersetzt; also z.B. MLAS/SH 1988.2 = Heft 2/1988.

Consilia	Lehrerkommentare, hg. H.-J. Glücklich. Göttingen (Vandenhoeck & Ruprecht) 1980 ff. [Auf die Arbeit mit den Ausgaben der Reihe 'Exempla' (s.u.) abgestimmt.]
DASiU	Die Alten Sprachen im Unterricht. Mitteilungsblatt der Altphilologischen Fachgruppe im Bayerischen Philologenverband; seit 28.2, 1981: ...des Landesverbandes Bayern im Deutschen Altphilologenverband. München 1953 ff.; seit 1985: Bamberg–München (Buchner–Lindauer–Oldenbourg)
DCG	Didactica Classica Gandensia, uitg. Seminarie voor Bijzondere Methodiek van de Oude Talen van de Rijksuniversiteit te Gent. Gent 1961 ff.
DSW	Dialog Schule–Wissenschaft – Klassische Sprachen und Literaturen, hg. F. Hörmann (bis 1975), P. Neukam (seit 1977). München (BSV) 1956 ff. (Bis 4, 1968 u. d. T.: Das Bildungsgut des Gymnasiums, Klassische Reihe)
EdF	Erträge der Forschung. Darmstadt (WBG)
EuU	Erziehung und Unterricht. Österreichische pädagogische Zeitschrift. Wien (ÖBV–Jugend und Volk) 96, 1946 ff.
Exempla	Lateinische Texte, hg. H.-J. Glücklich. Göttingen (Vandenhoeck & Ruprecht) 1980 ff. [dazu: Lehrerkommentare 'Consilia' (s.o.)]
Forum Schule	s. MDAV/Hs
Fructus	Arbeitsmaterialien Latein für die gymnasiale Oberstufe, hg. R. Nickel. Freiburg (Ploetz) 1977 ff.
FSU*	Fremdsprachenunterricht; ab 34.7 (1990) mit d. Untertitel: die Zeitschrift für das Lehren und Lernen fremder Sprachen. Berlin (Volk und Wissen) 1957 ff.
Fundus	Materialien zum Unterricht in der Kollegstufe, hg. K. Bayer, Donauwörth (Auer) 1979 ff.
G	G – Geschichte mit Pfiff. Nürnberg (Sailer) 1979 ff.
gradatim	Lektüre in gestuften Textstrukturen. Velbert (Bastian) 1987 ff.
Gymn.	Gymnasium. Zeitschrift für Kultur der Antike und Humanistische Bildung, hg. F. Bömer, L. Voit (bis 1989), H. Steinthal (seit 1990). Heidelberg (Winter)

Heidelberger Texte. Heidelberg (Kerle); seit 1978: Freiburg (Ploetz)

Heidelb.Texte, Did.R.
—, Didaktische Reihe

Veröffentlichungen des HIBS, Wiesbaden:
HIBS–MUS	Reihe IV: Materialien zum Unterricht, Sekundarstufe I
HIBS–OR	Reihe VI: Offene Reihe (auch als 'Sonderreihe' bezeichnet)
HIBS-Info	Reihe VIII: HIBS-Info

Humanistische Bildung, hg. Württembergischer Verein zur Förderung der humanistischen Bildung e.V., Stuttgart 1977 ff.

Humanistische Bildung heute, hg. F. Maier. Bamberg (Buchner) 1986 ff.

IAU / Ianus	Informationen zum altsprachlichen Unterricht, hg. Arbeitsgemeinschaft Klassischer Philologen beim Landesschulrat für Steiermark; seit 13, 1992: im Auftrag der SODALITAS, Bundesarbeitsgemeinschaft Klassischer Philologen in

	Österreich, hg. H. Vretska, W. J. Pietsch, R. A. Prochaska. Graz (Akademische Druck- und Verlagsanstalt) 1979 ff. Seit 9, 1987 u. d. Haupttitel: Ianus
Impulse	Beiträge zum altsprachlichen Unterricht, hg. Arbeitsgemeinschaft Altsprachliches Gymnasium und Altsprachlicher Unterricht. Bad Kreuznach 1978 ff.
IPTS-Schriften	Schriften des Instituts für Praxis und Theorie der Schule. Kiel (Schmidt & Klaunig)
IPTS-Studien	Studien. Seminarberichte aus dem IPTS. Kiel (Schmidt & Klaunig)
	Veröffentlichungen des IPTS s.a.: Anregungen und Informationen für die Schule; Beiträge für Unterricht und Lehrerbildung. Ferner erscheinen beim IPTS 'Arbeitspapiere zur Unterrichtsberatung' (Einzelblätter, die hier nicht aufgenommen sind).
Latein-Forum	hg. Verein zur Förderung der Unterrichtsdiskussion, Innsbruck (Selbstverl.) 1987 ff.
Lateinische Quellen. Lokalhistorische Texte für die Jahrgangsstufe 10, hg. W. E. Seitz. München (Lindauer) 1981 ff.	
LEU/L*	Materialien zur Einführung neuer Lehrpläne, hg. Landesstelle für Erziehung und Unterricht. (Seit 1988 u. d. T.: Materialien). Reihe L (Latein). Stuttgart 1977 ff.
LGB	s. MDAV/Bl
LHU	Lindauers häuslicher Unterricht. München (Lindauer)
LL	Litterae Latinae. Begr. F. Wotke, G. Rotter, hg. W. Krause, J. Ramharter. Wien (ÖBV) 1946–1980
MDAV	Mitteilungsblatt des Deutschen Altphilologenverbandes. Heidelberg (Winter) 1958 ff.; ab 28 (1985): Bamberg (Buchner)
MDAV/Bl	Mitteilungsblatt des Landesverbandes Berlin im Deutschen Altphilologenverband. Frankfurt/M. u.a. (Diesterweg) 1955–1977
LGB	Seit 1980 u. d. Haupttitel: Latein und Griechisch in Berlin
MDAV/Hs*	Mitteilungsblatt des Landesverbandes Hessen im Deutschen Altphilologenverband. Seit 1987 mit d. Zusatz zum Haupttitel: Forum Schule. Frankfurt/M. (Hirschgraben, seit 1990 Diesterweg) 1954 ff.
MDAV/NW	Mitteilungsblatt des Deutschen Altphilologenverbandes, Landesverband Nordrhein-Westfalen. Münster (Aschendorff) 1953 ff.
MDAV/Ns*	Mitteilungen des Deutschen Altphilologenverbandes, Landesverband Niedersachsen, zusammen mit den Landesverbänden Bremen und Hamburg (bis 1979: ...und Schleswig-Holstein). o.O., 1951 ff.
MDAV/RhPf	Mitteilungsblatt des Landesverbandes Rheinland-Pfalz im Deutschen Altphilologenverband. Andernach 1955–1974 Forts.:
ASiRP	Alte Sprachen in Rheinland-Pfalz. Informationen des Landesverbandes Rheinland-Pfalz im DAV. Stuttgart (Klett) 1975 f. Forts.:

ASiRPS	Alte Sprachen in Rheinland-Pfalz und im Saarland. Informationen der Landesverbände Rheinland-Pfalz und Saarland im DAV. Stuttgart (Klett) 1977 ff.
Scrinium	Seit 1989 u. d. Haupttitel: Scrinium
MLAS/BW*	Mitteilungen für Lehrer der Alten Sprachen, hg. Deutscher Altphilologenverband, Landesverband Baden-Württemberg. Stuttgart 1963 ff., neue Zählung 1970 ff. Seit 1989 u. d. T.: Mitteilungen für Lehrerinnen und Lehrer der Alten Sprachen
MLAS/SH	Mitteilungsblatt für Lehrer der Alten Sprachen in Schleswig-Holstein, hg. Landesverband Schleswig-Holstein im Deutschen Altphilologenverband. Kiel 1978 ff. Forts.: Mitteilungsblatt für Lehrerinnen und Lehrer der Alten Sprachen. Stuttgart (Klett) 1989 ff.
Modelle	Modelle für den altsprachlichen Unterricht, hg. N. Zink. Frankfurt/M. u.a. (Diesterweg) 1968 ff. (Latein)
Orbis Latinus	Lateinische Textausgaben, hg. H. Reitterer, K. Smolak, W. Winkler. Wien (Hölder–Pichler–Tempsky) 1984 ff.; für Deutschland: München (Oldenbourg)
Orientierung	Schriftenreihe zur Lehrerfortbildung, hg. Erzbischöfliches Generalvikariat Aachen
ratio	Lernzielorientierte lateinische Texte. Begründet von E. Happ, K. Westphalen, hg. W. Flurl (seit 1990), G. Jäger (1984–93). Bamberg (Buchner) 1974 ff.
Schule und Museum. Das Museum in Unterricht und Wissenschaft, hg. Römisch-Germanisches Zentralmuseum Mainz in Verbindung mit dem Rheinischen Landesmuseum Bonn und dem Museumspädagogischen Zentrum München. Frankfurt/M.–München (Diesterweg) 1976–1981	
Schulfamilie	Die Schulfamilie. Zeitschrift für Elternhaus und Gymnasium. München (Manz) 1952 ff.
Scrinium	s. MDAV/RhPf
SIL-Schriftenreihe	
SIL-Studienmaterialien	
	hg. Staatliches Institut für Lehrerfort- und -weiterbildung, Speyer
VL	Vox Latina. Amicis gaudium · magistris comes · discipulis fructus, hg. H. Werner, Ottobrunn 1965 ff. Seit 1976 m. d. Untertitel: Commentarii periodici quater in anno editi (favore et subsidio Studiorum Universitatis Saraviensis), hg. P. C. Eichenseer, Saraviponti [Saarbrücken] (Societas Latina) Die Faszikel werden unabhängig von den Jahrgängen fortlaufend gezählt, z.B. Jg. 10 = fasc. 35–38; Jg. 11 = fasc. 39–42. Ab 1976 sind die Jahrgänge durchgehend paginiert.
Testimonia	Curriculare Reihe lateinischer und griechischer Texte, begr. W. Fiedler, hg. A. Städele. Bamberg (BVB)
Texte der Weltliteratur s. Am Born der Weltliteratur	
WdF	Wege der Forschung. Darmstadt (WBG)
WHB	Wiener humanistische Blätter, hg. Wiener Humanistische Gesellschaft. Wien 1958 ff.

Teil 1 Allgemeines

A. Grundsätzliches · Einführungen, Handbücher, Lexikonartikel

1 JÄKEL W.: Methodik des altsprachlichen Unterrichts, Heidelberg (Quelle & Meyer) 1962, ²1966, 254 S.

2 KRÜGER M.: Methodik des altsprachlichen Unterrichts [1930], neu bearb. HORNIG G., Frankfurt/M. u.a. (Diesterweg) 1963 u.ö., VIII & 260 S.

3 MENZE C.: Altsprachlicher Unterricht, in: Neues Lexikon der Pädagogik 1, Freiburg (Herder) 1970, 38–40; jetzt in: Didaktik des altsprachlichen Unterrichts, 1974 ↗5, 3–9

4 NICKEL R.: Altsprachlicher Unterricht. Neue Möglichkeiten seiner didaktischen Begründung, Darmstadt 1973 (EdF 15), X & 179 S. I **R.**: Bayer K., Gymn. 81 (1974), 422f.; Kohl A., Anregung 20 (1974), 202; Martens H., Die Höhere Schule 27 (1974), 29; Menze C., Pädagog. Rundschau 28 (1974), 492–496; Cavenaile R., Revue Belge de Philologie et d'histoire 53 (1975), 440; Hadamovsky W., Anzeiger f. d. Altertumswiss. 28 (1975), 238

5 Didaktik des altsprachlichen Unterrichts. Deutsche Beiträge 1961–1973, hg. NICKEL R., Darmstadt 1974 (WdF 461), XIX & 521 S. I **R.**: Cavenaile R., Revue Belge de Philologie et d'histoire 53 (1975), 1301f.; Rexhausen G., Wiss. Literaturanzeiger 14 (1975), 28; Hadamovsky W., Anzeiger f. d. Altertumswiss. 32 (1979), 236; Loretto F., Grazer Beiträge 9 (1980), 252–255

6 NICKEL R.: Die Alten Sprachen in der Schule. Didaktische Probleme und Perspektiven, Kiel (Schmidt & Klaunig) 1974 (IPTS-Schriften 3), 324 S.; Frankfurt/M. u.a. (Diesterweg) ²1978, 336 S. [Lit.] **R.**: Gruber J. ↗805 (zur 2. Aufl.: Gymn. 86 (1979), 413); Krefeld H., MDAV/NW 23.2 (1975), 7–9; Steinthal H., MLAS/BW 6.1 (1975), 27f.; Westphalen K., MDAV 18.1 (1975), 11; Kohl A., Anregung 22 (1976), 206; Töchterle K., Anzeiger f. d. Altertumswiss. 36 (1983), 126f.

7 WESTPHALEN K.: Lateinunterricht, in: Reallexikon der englischen Fachdidaktik, hg. SCHRÖDER K. u.a., Darmstadt (WBG) 1977, 111–113

8 Der altsprachliche Unterricht im heutigen Gymnasium, hg. GLÜCKLICH H.-J., Mainz 1978 (Schriftenreihe des ILF 23), 220 S.

9 GLÜCKLICH H.-J.: Lateinunterricht. Didaktik und Methodik, Göttingen (Vandenhoeck & Ruprecht) 1978, 231 S. I **R.**: Königer W., MDAV 22.2 (1979), 10; Burnikel W., Gymn. 87 (1980), 211–214; Kohl A., Anregung 26 (1980), 191; Krüger D., MDAV/Ns 30.3–4 (1980), 11f.; Hansen J. G., DCG 21 (1981), 475–477; Wittke P., MDAV/NW 29.4 (1981), 10–12; Zerobin J., Anzeiger f. d. Altertumswiss. 34 (1981), 126–128

10 GRUBER J.: Altsprachlicher Unterricht, in: Taschenbuch der Pädagogik, hg. HIERDEIS H., Baltmannsweiler 1978, ²1986, 1–7 I **R.**: Töchterle K., AADI 18 (1989), 111

11 Fachdidaktisches Studium in der Lehrerausbildung. Alte Sprachen [2 Bde.], hg. GRUBER J./MAIER F., 1979/82 ↗828, ↗865

12 Handbuch für den Lateinunterricht. Sekundarstufe II, hg. HÖHN W./ZINK N., Frankfurt/M. u.a. (Diesterweg) 1979, VIII & 396 S. [s.a. ↗19] **R.**: Königer W., MDAV 22.3 (1979), 15; Hansen J. G., Gymn. 87 (1980), 214–216; Vester H., Südwestdt. Schulblätter 80 (1981), 98f.; Kohl A., Anregung 30 (1984), 208

Grundsätzliches A

13 MAIER F.: Lateinunterricht zwischen Tradition und Fortschritt [3 Bde.], 1979/84/85 ↗1882, ↗3088, ↗3095
14 NICKEL R.: Latein, in: Handlexikon zur Didaktik der Schulfächer, hg. ROTH L., München (Ehrenwirth) 1980, 284–297 I R.: Töchterle K., AADI 4 (1982), 49
15 FRINGS U./KEULEN H./NICKEL R.: Lexikon zum Lateinunterricht, Freiburg (Ploetz) 1981, 300 S. I R.: Hansen J. G., Gymn. 89 (1982), 283f.; Kohl A., Anregung 28 (1982), 104; Nagel W., AADI 3 (1982), 35f.; Pietsch W., IAU 4.2 (1982), 55f.; Weisenstein R., ASiRPS 28.2 (1982), 21–23; Wojaczek G., DASiU 29.1 (1982), 29; ders., MDAV 25.2 (1982), 15f.; Die Höhere Schule 35 (1982), 28f.
16 NICKEL R.: Einführung in die Didaktik des altsprachlichen Unterrichts, Darmstadt (WBG) 1982, 277 S. I R.: Burandt R., MDAV/Ns 33.3 (1983), 24–28; Gruber J., MDAV/NW 31.4 (1983), 10–12; Kohl A., Anregung 29 (1983), 404; Maier F., AADI 5 (1983), 58–59, ders., DASiU 30.2 (1983), 30; Niemann K.-H., ASiRPS 29.2–3 (1983), 25f.; Arth M., IAU 6 (1984), 71f.; Kohl A., Anregung 30 (1984), 209
17 MAIER F.: Unterricht: Alte Sprachen, in: Enzyklopädie Erziehungswissenschaften, 8 Erziehung im Jugendalter – Sekundarstufe I, hg. SKIBA E.-G. u.a., Stuttgart (Klett–Cotta) 1983, 585–587
18 MATTHIESSEN K.: Unterricht: Alte Sprachen, in: Enzyklopädie Erziehungswissenschaften, 9 Sekundarstufe II – Jugend zwischen Schule und Beruf, 2, hg. BLANKERTZ H. u.a., Stuttgart (Klett–Cotta) 1983, 516–521
19 Handbuch für den Lateinunterricht. Sekundarstufe I, hg. HÖHN W./ZINK N., Frankfurt/M. u.a. (Diesterweg) 1987, 407 S. [s.a. ↗12] R.: Töchterle K., AADI 16 (1988), 89f.; Meißner G., LGB 32 (1988), 121f.; Kohl A., Anregung 35 (1989), 118
20 HAUSMANN F. J.: Altsprachlicher Unterricht und Fremdsprachenunterricht, in: Handbuch Fremdsprachenunterricht, hg. BAUSCH K.-R. u.a., Tübingen (Francke) 1989 (UTB Große Reihe), 65–69
21 BAYER K.: Das Angebot der Antike. Humanistische Aufsätze zum altsprachlichen Unterricht, hg. MAIER F./WESTPHALEN K., Bamberg (Buchner) u.a. 1990, 202 S. I R.: Waiblinger F. P., DASiU 38.2 (1991), 28

B. Bibliographien, Sammelrezensionen

1. Allgemein Pädagogisches

22 Erziehungswissenschaftliche Dokumentation. Bibliographische Berichte der Duisburger Lehrerbücherei, hg. SCHMIDT H., Weinheim u.a. (Beltz)
23 —. Reihe A: Der Inhalt neuerer pädagogischer Zeitschriften und Serien im deutschen Sprachgebiet [12 Bde.], 1969–72
24 —. —, Bd. 7 Bibliographie zur besonderen Unterrichtslehre, Teil 1 Deutsche Sprache, Literatur- und Fremdsprachenunterricht (Zeitschriftennachweis 1947–67), 1971, 347 S. [hier 19–23 altsprachlicher Unterricht, 133–135 Griechisch, 142–149 Latein]
25 —. Reihe B: Monographien, Hochschulschriften, selbständige und unselbständige Bibliographien, Beiträge aus Sammelwerken, Fachlexiken und Handbüchern der neueren Pädagogik im deutschen Sprachgebiet [12 Bde.], 1973–75

26 —. —, Bd. 7 Materialien zur besonderen Unterrichtslehre, Teil 1 Deutsche Sprache, Literatur- und Fremdsprachenunterricht (Bücher, Bibliographien, Sammelwerke 1945–1971/72), 1974, 409 S. [hier 95–97 altsprachlicher Unterricht, 199–201 Griechisch, 212–217 Latein]

27 —. Reihe C: Pädagogischer Jahresbericht. Ständige Auswertung erziehungswissenschaftlicher und fachdidaktischer Zeitschriften des deutschen Sprachgebiets, 1972–1982 [abgelöst von ↗31]

28 BIB report. Bibliographischer Index Bildungswissenschaften und Schulwirklichkeit. Monatsberichte der Duisburger Lehrerbücherei, Eidens (Verlag pädagogischer Bücherdienst) 1974ff.; Impr. seit 1985: Duisburg (Verlag für Pädagogische Dokumentation)

29 ADIEU. Auswahl-Dienst: Informationen für Erziehung und Unterricht. Zugleich Titelkompilation und Gesamtindex zum BIB-report, Duisburg (Verlag für Pädagogische Dokumentation) 1976ff.

30 KUHLEMANN G.: Schulpädagogische Literatur, Freiburg/Br. (Herder) 1977, 224 S. [ca. 2600 Titel] **R.**: Wirth F., DASiU 25.1 (1978), 34f.

31 ZEUS. Zentralblatt für Erziehungswissenschaft und Schule. Nachfolgeorgan des »Pädagogischen Jahresberichts«, Duisburg (Verlag für Pädagogische Dokumentation) 1985ff.

2. Fachdidaktik (Latein bzw. Alte Sprachen insgesamt)

32 KRAUSE W.: Gesamtverzeichnis der Festschriften, Programme und Jahresberichte der Schulen Österreichs [3 Bde.], Wien 1956/1966/1974

33 HANSLIK R.: Literarischer Wegweiser für den altsprachlichen Unterricht, Wien u.a. (ÖBV) 1957, 111 S.

34 Documentatio Didactica Classica, begr. PLANCKE R. L., hg. VEREMANS J./COPPENS-IDE H. (bis 1976)/DECREUS F. (1975–1983), Gent 1961–83 [Periodisch erscheinende internationale Bibliographie zu den Alten Sprachen (nicht nur Didaktisches); mit Jg. 22/23 Erscheinen eingestellt]

35 Sprachen und Kulturen im klassischen Altertum. Griechisch · Latein · Hebräisch. Ein Bücherkatalog für Universitäten und Gymnasien – Den Freunden der Antike ein literarischer Wegweiser, bearb. JUHL J. A./RIEGEL M., Würzburg (Schöningh) ³1962, 83 S.

36 KRÜGER G.: Sichtung des didaktisch-methodischen Schrifttums, in: Lateinausbildung im Studienseminar, 1966 ↗756, 189–235, 303–317

37 HUBER W.: Vorschläge für den Aufbau einer altsprachlichen Kollegstufenbibliothek, 1971 ↗1511

38 KOHL A.: Literaturbericht Latein, Anregung 17 (1971), 126–140 [für 1968–69]; 19 (1973), 53–64, 135–139, 204–208, 275–282, 339–347, 415–421 [1970–71]; 20 (1974) 199–208; 273–280 [1972–73]; 22 (1976), 202–210, 271–280, 344–346 [1974–75]; 24 (1978), 123–133, 185–198 [1976–77]; 26 (1980), 190–199, 241–253 [1978–79]; 28 (1982), 100–127 [1980–81]; 30 (1984), 206–213, 264–271, 332–348 [1982–83]; 32 (1986), 116–139 [1984–85]; 34 (1988), 115–130 [1986–87]; 35 (1989), 118–130 [1988]; 36 (1990), 119–130 [1989]; 37 (1991), 118–129 [1990]; 38 (1992), 268–278 [1991]

39 BUNGARTEN H.: Schulbücher II – Latein, Gymn. 79 (1972), 331–345 [Literaturbericht]

40	HEINZMANN M.: Verzeichnis zweisprachiger Ausgaben lateinischer Schulautoren, Anregung 18 (1972), 190–195
41	KEULEN H.: Taschenbücher zur antiken Geisteswelt, Anregung 18 (1972), 328–335
42	OBERG E.: Lehrprogramme (Latein/Griechisch), 1972 ↗1519
43	WITZMANN P.: Auswahlbibliographie für den altsprachlichen Unterricht – 1970, FSU 16 (1972), 82–84
44	Der altsprachliche Unterricht: Gesamt-Register für die Reihen I–XV, Stuttgart (Klett) o.J. [1973], 64 S. [1951–1972]
45	GRUBER J.: Auswahlbibliographie zur Didaktik der Alten Sprachen, in: Zur Didaktik der Alten Sprachen in Universität und Schule, 1973 ↗791, 173–175
46	HEINZMANN M.: Kleine Curriculumbibliographie der Alten Sprachen, 1973, 1976 ↗431
47	STOCK L./MOSER E.: Literaturverzeichnis für den Latein- und Griechischunterricht. Teil I: Latein, Frankfurt/M. (Goedel) (^{1}1966) ^{2}1973, 116 S. [Stand Ende 1972] **R.:** Vretska K., Gymn. 82 (1975), 126–128; Klinz A., DASiU 22.2–3 (1975), 29f.
48	KEULEN H.: Griechische und lateinische Autoren in deutscher Übersetzung. Ein Verzeichnis preiswerter Ausgaben, Anregung 20 (1974), 126–139
49	NICKEL R.: Bibliographie (Stand 1973), in: Didaktik des altsprachlichen Unterrichts, 1974 ↗5, 471–504
50	GROTZ H./NUMBERGER K.: Auswahlbibliographie zum Themenkreis »Alte Sprachen heute«, Anregung 21 (1975), 61–67
51	STADELMANN E.: Eine Mediothek der Antike, 1975 ↗1496
52	STEINHILBER J.: Bibliographie: Programmierte Instruktion und Sprachlabor, 1975 ↗1857
53	ROHENKOHL P. H.: Literaturbericht Begleitlektüre für den altsprachlichen Unterricht, Anregung 22 (1976), 137 [Jugendbücher]
54	KUSCHE H.: Literaturhinweise zu Archäologie und Bildender Kunst, 1977 ↗5657
55	SCHEDA G.: Lehrpläne für den Lateinunterricht in der Sekundarstufe II, 1977 ↗715
56	BERCHER A./EISEN K. F.: Literaturhinweise zum Lehrplan Latein Kl. 5/6 (einschl. Schülerlektüre, Übersicht Farbdiaserien), LEU/L 13 (1978), 22–32
57	Lehrplan Latein S II. Auswahlbibliographie für das Fach Latein in der Sekundarstufe II, LEU/L 10 (1978), 29 S. [B-W]
58	SUERBAUM W.: Studienbibliographie zu Ciceros De re publica, 1978 ↗3655
59	Grundlagenliteratur, v. BUCHTMANN E. u.a., AU 22.5, Beil. (1979), 20 S.
60	KEULEN H.: Formale Bildung – Transfer (Bibliographie), in: Fachdidaktisches Studium 1, 1979 ↗828, 87–91
61	Literaturverzeichnis (Latein in der Sekundarstufe I und II), in: Handbuch für den Lateinunterricht, Sek.II, 1979 ↗12, 377–389
62	SEITZ F.: Linguistik und Lateinunterricht. Literaturbericht und Bestandsaufnahme, 1979 ↗2209
63	STEINHILBER J.: Medienverzeichnis Antike. Visuelle, auditive und audiovisuelle Medien zur römischen und griechischen Antike, 1980 ↗1620
64	SUERBAUM W.: Die Aeneis im Schulunterricht, 1980 ↗4744
65	MEISSNER G.: Kleine fachdidaktische Bibliographie zur Caesarlektüre, 1981 ↗3247
66	NEMETH J.: Jugendbücher zur Antike, 1981 ↗1553

67	SUERBAUM W.: Bibliographische Hinweise zur Aeneis-Lektüre im Unterricht, 1981 ↗4745
68	STEINHILBER J.: Bibliographie: Audiovisuelle Medien im Lateinunterricht, 1982 ↗1627
69	STEINHILBER J.: Literatur- und Medienverzeichnis, in: Medienhandbuch zum Lateinunterricht, 1982 ↗1499, 131–159
70	WÜLFING P.: Blick in fremdsprachliche Publikationen (Didaktik), AADI 3 (1982), 39f.; 5 (1983), 71f.
71	BAUM S./LEMPP U.: Was ist wo abgebildet? Fundstellenindex zu den Abbildungen in lateinischen und griechischen Unterrichtswerken, 1983 ↗1557
72	MEISSNER G.: Kurzbibliographie zu Caesars Bellum Gallicum, 1983 ↗3281
73	SCHULZE W.: Literaturbericht: Ciceros Rede für den Dichter Archias, 1983 ↗3497
74	KNAU H–L./STEINHILBER J./ZGOLL J.: Video im Lateinunterricht, 1984 ↗1630
75	RIEGER E.: Literaturverzeichnis zu Vergil, 1984 ↗4702
76	Grundlagenliteratur für den Lateinunterricht. Ergänzung 1984, v. ROHRMANN L., AU 27.1, Beil. (1984), 9 S. [s.a. ↗90]
77	Schriftenverzeichnis Karl Bayer, in: Et scholae et vitae, 1985 ↗277, 104–111; vgl.a.: Das Angebot der Antike ↗21, 199–202 (dort nur die Beiträge zum A.U.)
78	WÜLFING P.: Blick in fremdsprachliche Publikationen (Didaktik), AADI 10 (1985), 143–146
79	Im Buchhandel erhältliche Ausgaben lateinischer Autoren, Latein-Forum 2 (1987), 32–41 (A–B); 3 (1987), 29–36 (C–Cat); 4 (1988), 57–67 (Cel–Cic); 5 (1988), 60–70 (Cicero–Nepos); 6 (1988), 41–48 (Not–Ruf); 7 (1989), 36–48 (Sallust–Vergil); 8 (1989), 61f. (Verg. Forts.–Vitruv)
80	STRATENWERTH D.: Bilder der Römer. Eine annotierte Bibliographie, 1987 ↗1506
81	TÖCHTERLE K.: Blick in fremdsprachliche Publikationen, AADI 14 (1987), 51–54
82	WILLERS D.: Antike in der Belletristik des 20. Jahrhunderts, Hefte des Archäologischen Seminars der Universität Bern 12 (1987), 21–39 [Dokumentation mit ca. 400 Titel über Mythosrezeption, Historischen Roman etc.; vgl. Gymn. 95, 1988, 558]
83	Auswahlbibliographie Raimund Pfister, in: Lateinische Grammatik in Geschichte und Gegenwart, 1988 ↗2219, 158f.
84	Jugendliteratur im Lateinunterricht, 1989/91 ↗1570, ↗1574
85	LERETZ H.: Kurzbibliographie zu [Tacitus'] historischen Werken, 1989 ↗4504
86	LERETZ H.: Kurzbibliographie zur „Germania", 1989 ↗4564
87	KIPF S.: Die altsprachliche Schullektüre in Deutschland von 1918 bis 1945. Ein Verzeichnis der Textausgaben, der Herausgeber, Autoren und Themen, 1990 ↗1179
88	Literatur zu Caesar und Cicero, Ianus 11 (1990), 45–49
89	Veröffentlichungen von Josef Lindauer, in: Bildung durch Sprache, 1990 ↗1921, 122f.
90	Grundlagenliteratur für den Lateinunterricht. Ergänzungen 1990, v. ROHRMANN L., AU 33.1–2 (1990), 137–150 [zu ↗76]
91	Veröffentlichungen von Klaus Westphalen, in: Humanismus und Bildung 2, 1991 ↗370, 119–129
92	GULLATH B.: Wie finde ich altertumswissenschaftliche Literatur, Berlin (Berlin Verlag Arno Spitz) 1992 (Orientierungshilfen 23), 346 S. l R.: Fritsch A., MDAV 35.3 (1992), 118f.

93 Hilfsbuch für die Studierenden der Griechischen und Lateinischen Philologie an der Freien Universität Berlin, hg. Seminar für Klassische Philologie [Ehrenbergstr. 35, 14195 Berlin], Berlin 1992, 194 S. [darin 159 S. Bibliographie zu lit. Gattungen, Autoren, Fachgebieten und Arbeitsinstrumenten der Altertumswiss.]

94 JÄGER G.: Bibliographische Hinweise [zu Ciceros Reden], 1992 ↗3478

95 KRES L.: Literaturbericht Philosophie, 1992 ↗5632

96 LERETZ H.: Kurzbibliographie zu Ciceros philosophischen Schriften, 1992 ↗3598

C. Bildungs- und Lehrplantheorie

Der folgende Abschnitt gliedert sich wie folgt: Im ersten Teil sind allgemeine bildungstheoretische Reflexionen zusammengefaßt, insbesondere Beiträge, die sich mit dem Bildungswert und der Legitimation der Alten Sprachen und der Rolle des Humanismus in der heutigen Gesellschaft befassen. Der zweite Teil nennt jene Arbeiten, die – mit Blick auf die Altphilologie – die Lehrplantheorie insgesamt (z.B. Curriculumforschung, Oberstufenreform) sowie die Stellung der Alten Sprachen in den verschieden Schularten (z.B. neusprachliches/naturwissenschaftliches Gymnasium, Gesamtschule) behandeln. Im dritten Teil folgen Beiträge zu den spezifischen Lernzielen des Lateinischen im Curriculum. Der vierte Teil schließlich umfaßt Handreichungen, Erläuterungen und sonstige Literatur zu den Lehrplänen der einzelnen Länder bzw. Bundesländer. Die Lehrpläne selbst, Rahmenrichtlinien usw. sind hier nicht aufgenommen. Beiträge zu einzelnen Lehrplänen können über das Stichwort 'Lehrplan' im Register C aufgefunden werden.

1. Bildungstheorie und Bildungspolitik

97 SCHADEWALDT W.: Das humanistische Bildungsideal und die Forderungen unserer Zeit. Ein Rundfunkvortrag, in: Probleme einer Schulreform, Stuttgart (Kröner) 1959, 167–179; jetzt in: ders., Hellas und Hesperien 2, Zürich u.a. (Artemis) ²1970, 536–543, sowie in: ders., Der Gott von Delphi und die Humanitätsidee, Frankfurt/M. (Suhrkamp) 1975, 135–152

98 LUTHER W.: Die neuhumanistische Theorie der „formalen Bildung" und ihre Bedeutung für den lateinischen Sprachunterricht der Gegenwart, AU 5.2 (1961), 5–31; jetzt in: Didaktik des altsprachlichen Unterrichts, 1974 ↗5, 69-104

99 HENTIG H. v.: Linguistik, Schulgrammatik, Bildungswert, 1966 ↗2173

100 HERMES E.: Latein in unserer Welt. Ein Beitrag zum Selbstverständnis des gegenwärtigen Lateinunterrichts, Gymn. 73 (1966), 110–125; jetzt in: Didaktik des altsprachlichen Unterrichts, 1974 ↗5, 105–126

101 MAIER H.: Die klassische Philologie und das Politische, Gymn. 76 (1969), 201–216; überarb. Fassung u.d.T.: Klassische Philologie und Politik, in: Merkur 26 (1972), 58–74; auch in: ders., Anstöße. Beiträge zur Kultur- und Verfassungspolitik, Stuttgart (Seewald) 1978, 752–770

102 BAYER K.: L'école machine?, DASiU 18.2–3 (1970), 2–11; auch in: MDAV 14.1 (1971), 3–10

103 BEHRENDT W.: Der altsprachliche Unterricht im bildungstheoretischen und erziehungswissenschaftlichen Kontext. Eine Thesenreihe zur Didaktik des altsprachlichen Unterrichts, MDAV 14.3 (1971), 5–15 | R.: Nickel R., MDAV 15.1 (1971), 23f.; Kohl A., Anregung 19 (1973), 57

104 DEKU H.: Das Humane am Humanismus, in: Fortwirkende Antike, 1971 ⬈760, 5–32
105 HEYDORN H.-J.: Zur Aktualität der klassischen Bildung, in: Jenseits von Resignation und Illusion. FS zum 450jährigen Bestehen des Lessing-Gymnasiums Frankfurt, hg. HEYDORN H.-J./RINGSHAUSEN K., Frankfurt/M. 1971, 180–193; auch in: MDAV/NW 19.4 (1971), 6–10; 20.1 (1972), 1–7
106 JENS W.: Antiquierte Antike?, Attempto. Nachrichten für die Freunde der Universität Tübingen 39–40 (1971), 46–56; vgl.a. ders., Antiquierte Antike?, Münsterdorf (Hansen & Hansen) 1972, 38 S. | R.: Keulen H., MDAV 16.2, Beih. (1973), 1f.
107 KANNICHT R.: Philologia perennis?, Attempto. Nachrichten für die Freunde der Universität Tübingen 39–40 (1971), 46–56; jetzt in: Didaktik des altsprachlichen Unterrichts, 1974 ⬈5, 353–358
108 KNOKE F.: Conservantes progressuri, MDAV 14.2 (1971), 1–7
109 KORN K.: Gegen blinde Unterwerfung. Professor Heydorn über das klassische Bildungsmodell, FAZ Nr.57 (1971), 20; auch in: MDAV 14.4 (1971), 8–10 | R.: Kohl A., Anregung 19 (1973), 55
110 MAIER F.: Demokratie und humanistische Bildung heute, in: FS Privatgymnasium Dr. Chmiel, München 1971; auch in: Schulfamilie 20 (1971), 174–177; DASiU 20.1 (1972), 2–5
111 PATZER H.: Die Lage des altsprachlichen Schulunterrichts in der Bundesrepublik Deutschland, DCG 11 (1971), 89f.
112 RÜEGG W.: Der Bildungswert der Alten Sprachen, in: Jenseits von Resignation und Illusion. FS zum 450jährigen Bestehen des Lessing-Gymnasiums Frankfurt, hg. HEYDORN H.-J./RINGSHAUSEN K., Frankfurt/M. 1971, 129–134
113 SCHMALZRIEDT E.: Inhumane Klassik. Vorlesung wider ein Bildungsklischee, München (Kindler) 1971, 136 S. [vgl.a. ⬈147, ⬈125, ⬈157]
114 SCHÖNBERGER O.: Nochmals: Anmerkungen zu einem Buch von Saul B. Robinsohn, MDAV 14.4 (1971), 1–8 [zu ROBINSOHN S. B.: Bildungsreform als Revision des Curriculum, Darmstadt (Luchterhand) ³1971, 100 S.] R.: Kohl A., Anregung 19 (1973), 56
115 SLAWKOWSKY A.: Latein und Griechisch und die Kulturanthropologie an der höheren Schule, EuU 121 (1971), 475–480
116 Soll mein Kind Latein lernen?, MDAV/Bl 17.3 (1971), 1–5
117 ARNOLD W.: Die Anforderungen der modernen Gesellschaft an die Schule und insbesondere an den altsprachlichen Unterricht, Anregung 18 (1972), 273–284 | R.: Kohl A., Anregung 20 (1974), 199
118 BARIÉ P.: Aphorismen zur Theorie und Praxis des altsprachlichen Unterrichts, in: FS des Eduard-Spranger-Gymnasiums Landau/Pf., Landau 1972, 106–127
119 BAYER K.: Angebot der Antike, in: Humanismus und Schule. Fragen und Antworten unserer Zeit, Birkeneck 1972 (Schriftenreihe des Arbeitskreises für katholische freie (private) Schulen 13), 141–160; jetzt in: Das Angebot der Antike, 1990 ⬈21, 23–33
120 BAYER K.: Soll mein Kind Latein lernen?, in: Aufnahme-Tests für Gymnasien und Realschulen, hg. NIKOL F./LINDAUER P., München (Lindauer) 1972 (LHU 1), 8f.
121 Empfehlungen der Mommsen-Gesellschaft und des Deutschen Altphilologenverbandes, MDAV 15.4 (1972), 1–8 [zur Bildungspolitik]
122 FRITSCH A.: Lateinunterricht in der DDR, Berliner Lehrerzeitung 26.1 (1972), 27–30; auch in: MDAV 15.3 (1972), 10–15

123 HESS M. G.: Vom zunehmenden Wert humanistischer Bildung, Neue Zürcher Zeitung 27.7.1972; auch in: MDAV/NW 20.4 (1972), 1–6
124 LESKY A.: Zwei Stimmen aus der Zeit, WHB 14 (1972), 1–3 [zur Bildungspolitik in Österreich]
125 MARG W.: Klassik unmenschlich?, Gymn. 79 (1972), 377–380 [vgl.a. ↗113, ↗147, ↗157]
126 MATTHIESSEN K.: Cicero darf nicht sterben. Altphilologentag in Kiel: Die klassischen Sprachen und die Bildungsreform, Die Welt 10.4.1972, 8; auch in: MDAV/Bl 18.2 (1972), 2f.
127 PATZER H.: Aktuelle Bildungsziele und altsprachlicher Unterricht, MDAV 15.1 (1972), 1–14; jetzt in: Didaktik des altsprachlichen Unterrichts, 1974 ↗5, 46–65
128 SCHÖNBERGER O.: Gibt es einen Gegensatz zwischen Humanistischer Bildung und Naturwisssenschaft?, Schulfamilie 21 (1972), 105–107
129 STANDORP E.: Ein Neuphilologe zum Altsprachlichen Unterricht, in: Die Altertumswissenschaft im Schulunterricht, 1972 ↗962, 4–6
130 VICENZI O.: Der Humanismus im Gefüge der Gymnasialen Bildung, in: Praktika otu protou diethnous Kyprologikou sunedriou (Leukosia, 14–17.4.1969), 1, hg. KARAGIORGI B./CHRISTODOULOU A., Leukosia 1972, 110–116
131 WEBER F.-J.: Das Erbe der Antike, MDAV 15.4 (1972), 14–17 [aus: Jb. der Vereinigung ehemaliger Theodorianer 1971]
132 ASPERGER H.: Humanistischer Unterricht für den künftigen Naturwissenschaftler, WHB 15 (1973), 20–23
133 FUHRMANN M.: Selbstbestimmung und Fremdbestimmung. Ein motivgeschichtlicher Überblick, MDAV/Hs 20.3 (1973), 1–6; auch in: MDAV 17.2 (1974), 1–12; jetzt m. d. Untertitel: Ein möglicher Bezugsrahmen für die Aufgaben der griechischen und lateinischen Philologie, in: Alte Sprachen in der Krise?, 1976 ↗182, 18–36; vgl.a. Munding H. ↗5585 [zu Rousseau, Schiller, Marx, Marcuse] R.: Kohl A., Anregung 22 (1976), 344
134 HANSLIK R.: Vom Sinn des Unterrichts in den Alten Sprachen in der modernen Gesellschaft, in: Klassische Philologie, 1973 ↗967, 8–19
135 HEINRICH W.: Latein und Griechisch – Geprüft vom Standpunkt der Tradition und des Fortschrittes, WHB 15 (1973), 14–19
136 HÖRMANN F.: Der Standort des altsprachlichen Unterrichts zwischen Ideologie, Theorie und Schulwirklichkeit, in: Klassische Philologie, 1973 ↗967, 144–161
137 KEULEN H.: Warum nicht auch einmal Latein?, MDAV/NW 21.4 (1973), 11f.
138 KORN K.: Kein Ende mit dem Latein, FAZ 8.1.1973; auch in: DASiU 20.1 (1973), 26–28
139 LEGGEWIE O.: Zur Eröffnung der Tagung des Deutschen Altphilologenverbandes 1972 in Kiel, Gymn. 80 (1973), 1–7
140 LEONHARDT R. W.: Latein und Griechisch. Argumente für und gegen aus der Zeitung „Die Zeit" Nr. 4 (19.1.1973), MDAV/NW 21.3 (1973), 10f.
141 LESKY A.: Humanistischer Unterricht heute, WHB 15 (1973), 1–4
142 LORENZ K. R.: Humanistische Bildung und Technik, WHB 15 (1973), 5–13
143 MENZE C.: Unvergänglichkeit und Bildung. Einige Bemerkungen zu einem Grundzug des klassischen deutschen Bildungsdenken, Pädagog. Rundschau 27 (1973), 510–527

144 MÖLLER K.: Von der Einsamkeit des Lateinschülers, MDAV 16.2 (1973), 1f.; vgl. MUNDING H., Von der Chance des Lateinschülers, a.O. 2f.
145 PFLIGERSDORFFER G.: Humanistische Besinnung, in: Klassische Philologie, 1973 ↗967, 176–193
146 SCHEIBE E.: Wissenschaft und Wahrheit, Gymn. 80 (1973), 56–77
147 SCHMALZRIEDT E.: Unmenschlich oder unklassisch?, Gymn. 80 (1973), 457–460 [vgl.a. ↗113, ↗125, ↗157]
148 SELB W.: Juristische Studien und humanistische Bildung, WHB 15 (1973), 24–26
149 WESTPHALEN K.: Traditionelle Bildung und aktuelle Lernziele, 1973 ↗437
150 BLUM W.: Humanistischer Realismus im Zeitalter der Naturwissenschaften und der Technik. Gedanken über eine zeitgemäße Gestaltung des Lateinunterrichts, EuU 124 (1974), 539–556
151 FLASHAR H.: Mickymaus statt Goethes Faust, Deutsche Zeitung Nr. 47 (22.1.1974); auch in: DASiU 21.3 (1974), 31–34; MLAS/BW 6.1 (1975), 23–25 [v.a. zur Bildungspolitik in NRW]
152 FLEMISCH H.: Zukunft ohne Vergangenheit, DASiU 21.1–2 (1974), 31–34 [Bericht über einen Arbeitskreis vom 7.–11.11.1974]
153 HAIDER A.: Allgemeinbildung ohne Latein?, AHS 23.10 (1974), 192f.
154 HEITSCH E.: Klassische Philologie zwischen Anpassung und Widerspruch, Gymn. 81 (1974), 369–382 | **R.**: Kohl A., Anregung 22 (1976), 202
155 KLINZ A.: Latein in unserer Zeit und Welt, DASiU 21.3 (1974), 2–10
156 MARG W.: Die Alten und das Neue, in: Gegenwart der Antike, 1974 ↗793, 36–56
157 MARG W.: Nochmals ‚Inhumane Klassik' von Egidius Schmalzriedt, Gymn. 81 (1974), 297–303 [vgl. ↗113, ↗125, ↗147]
158 NICKEL R.: Impulse antiker Bildungstheorien. Bemerkungen zu H. Dörrie: Ziel der Bildung – Wege der Bildung. Kritische Erörterungen von Cicero bis Augustinus, Gymn. 81 (1974), 415–421
159 NICKEL R.: Latein in Hessen, Die Höhere Schule 27 (1974), 42f.; auch in: MDAV/Hs 21.2 (1974), 4–6
160 SCHÖNBERGER O.: Gymnasium und Gegenwart, Schulfamilie 23 (1974), 77–89, 111–115
161 ÜCKER B.: Humanismus – eine unpraktische Bildung?, Schulfamilie 23 (1974), 193–200
162 BAYER K.: Ungeliebte Schule?, Schulfamilie 24 (1975), 220–228; 25 (1976), 21f.; jetzt in: Das Angebot der Antike ↗21, 49–58
163 BLASS J. L.: Ende der Bildungstradition. Methodologische Reflexionen zu Nietzsches „Wir Philologen", Pädagog. Rundschau 27 (1975), 545–563
164 GROTZ H.: Human(istisch)es Gymnasium?, Anregung 21 (1975), 373f.
165 Das Gymnasiale am Gymnasium. Ministerialrat Dr. Friedrich Hörmann zum 65. Geburtstag, hg. SCHINDLER W./KLÜTER H., Anregung 21 (1975), 363–407 [41 kurze Beiträge, darunter zahlreiche zum A.U.]
166 HROSS H.: Das Gymnasiale ist humanistisch, Anregung 21 (1975), 378f.
167 KEULEN H.: Denken ohne Sprache? Die Sprache und die Sprachen in der differenzierten Mittelstufe, Bildung aktuell 10 (1975), 279–282 [zur Studentafel in NRW]
168 KEULEN H.: Macht der Sprache – Ohnmacht des Lehrers?, Anregung 21 (1975), 382f.

169 KRAUSE W.: Der altsprachliche Unterricht und seine zentralisierenden Möglichkeiten, Die Österreichische Höhere Schule 27.4 (1975), 110–116
170 KREFELD H.: Welche Zukunft hat das Lateinische?, Bildung aktuell 10.5 (1975), 282–286
171 KREFELD H.: Zwei verschiedene Betrachtungsweisen, Anregung 21 (1975), 384f.
172 LINDAUER J.: Lektüre antiker Texte, Anregung 21 (1975), 385f.
173 MAIER F.: Das Gymnasiale? Es ist die sokratische Methode des Unterrichtens, Anregung 21 (1975), 386f.
174 MASSINI R.: Von der Unentbehrlichkeit des Lateins, Basler Schulblatt 36 (1975), 255–257
175 MUNDING H.: Der Siegeszug von Naturwissenschaft und Technik, Anregung 21 (1975), 387f.
176 NICKEL R.: Sapere aude!, Anregung 21 (1975), 389f.
177 RÖTTGER G.: Verbrieftes Recht auf Bildung – Wille zu geistiger Leistung, Anregung 21 (1975), 393f.
178 SCHEER R.: Und aus allen seinen Kräften betätigte er sich als philanthropos, Anregung 21 (1975), 394f.
179 SCHIRNDING A. v.: Was Schul-Dienste vor eine harte Arbeit seyn, Anregung 21 (1975), 397f.
180 SEGL R.: Der homo laetus als gymnasiales Bildungsziel, Anregung 21 (1975), 403
181 FRICEK A.: Der Lateinunterricht im Dienste der staatsbürgerlichen Erziehung, EuU 126 (1976), 271–277, 502–510; auch in: AHS 25 (1976), 16–18, 38f.]
182 FUHRMANN M.: Alte Sprachen in der Krise? Analysen und Programme, Stuttgart (Klett) 1976, 127 S. | R.: Hotz R., DASiU 23.1–2 (1976), 35–37; MDAV 20.2 (1977), 14f.; Maier F., Gymn. 86 (1979), 197f.
183 FUHRMANN M.: Latein als Schlüsselfach der europäischen Tradition, in: Alte Sprachen in der Krise?, 1976 ↗182, 68–82 [u.a. zu Cypr. epist.]
184 FUHRMANN M.: ‚Wozu Latein?' und Verwandtes, in: Alte Sprachen in der Krise, 1976 ↗182, 9–17
185 NUMBERGER K.: Entscheidung für Latein, DASiU 23.1–2 (1976), 14–25
186 PRIESEMANN G.: Erziehungsbegriff und Schulreform, Die Höhere Schule 29 (1976), 14–19; Kurzfassung in: MDAV/NW 23.4 (1975), 2f.
187 SCHÖNBERGER O.: Abnehmerkritik am Bayerischen altsprachlichen Unterricht, DASiU 23.1–2 (1976), 33f.
188 SCHÖNBERGER O.: Vom Prinzip des Musischen im Gymnasialen Unterricht, Schulfamilie 25 (1976), 99–103 [a. am Bsp. des Faches Latein]
189 STORCH H.: Humanitas Romana und humanistische Tradition, AU 19.2 (1976), 61–71
190 Vom Wert des Latein- und Griechischunterrichtes aus der Sicht eines „Abnehmers", Schulfamilie 25 (1976), 256–258 [Brief eines ehem. Schülers an das Melanchthon-Gymnasium]
191 BÜCHNER K.: Tradition und Zukunftsaussichten lateinischer Bildung, in: Römische Welt und lateinische Sprache heute, 1977 ↗5810, 9–20
192 GOLDBACH C.: Wachsendes Interesse am Latein, MDAV/Ns 27.2 (1977), 5
193 HEIL G.: Der altsprachliche Unterricht auf dem Prüfstand, MDAV/Hs 24.2 (1977), 3–6
194 KERN P.: Vom humanistischen Sinn der "Arbeit" und der "Leistung", Pädagog. Rundschau 31 (1977), 778–787

195 POHL H. D.: Für den altsprachlichen Unterricht, AHS 26 (1977), 183f.
196 SÉDAR SENGHOR L.: Über den Wert des Unterrichts in den klassischen Sprachen, WHB 19 (1977), 1–9 [Vortrag des Staatspräsidenten von Senegal am 28.3.1973 in Rom]
197 BAHRDT H. P.: Die alten Sprachen im heutigen Gymnasium. Status-Symbol oder Bildungsgut?, in: Renaissance des Lateinunterrichts?, 1978 ↗1002, 17–41; auch in: Neue Sammlung 19 (1979), 273–287
198 BARIÉ P.: Beobachtungen zum Selbstverständnis des Altphilologen, Impulse 1 (1978), 1–18
199 KEULEN H.: Argumentationshilfen „Latein und Griechisch", MDAV/NW 26.3 (1978), 1–7 [Lit.] MDAV/NW 26.4 (1978), 4–12
200 MENZE C.: Ist humanistische Bildung noch zeitgemäß?, in: Pädagogik im Umbruch?, hg. HEID H./VATH R., Freiburg (Herder) 1978, 9–26
201 NEUMEISTER S.: Das Latein im Studium der neueren Sprachen, in: Renaissance des Lateinunterrichts?, 1978 ↗1002, 107–123
202 STÄDELE A.: Die Lage der Alten Sprachen an den Gymnasien in Bayern, DASiU 25.3 (1978), 4–8 [Statistik für Bayern]
203 STIERLE K.: Klassische Literatur, moderne Literaturwissenschaft und die Rolle der Klassischen Philologie, Gymn. 85 (1978), 289–311
204 STOLLENWERK C.: Die Stellung des altsprachlichen Unterrichts im heutigen Gymnasium, in: Der altsprachliche Unterricht im heutigen Gymnasium, 1978 ↗8, 15–28
205 WEIGAND F.: Latein – Gerüst oder Käfig der Allgemeinbildung, in: Renaissance des Lateinunterrichts?, 1978 ↗1002, 2f.
206 WESTPHALEN K.: Chancen der altsprachlichen Bildung in unserer Zeit, DASiU 25.3 (1978), 16–19 [Lit.]
207 BARIÉ P.: Thesen zum altsprachlichen Unterricht. Versuch einer Standortbestimmung, in: Handbuch für den Lateinunterricht, Sek.II, 1979 ↗12, 1–17
208 BERGER W.: Latein heute. Aktualität? Notwendigkeit?, EuU 129 (1979), 609–613
209 BUSCHBECK M.: Humanistische Bildung – wozu noch?, Südd. Zeitung Nr. 76 (31.3. 1979), 125; auch in: DASiU 26.2 (1979), 6–11
210 CARSTENS K.: Die Bedeutung der humanistischen Bildung in unserer Zeit, in: Karl Carstens: Zusammenleben in Freiheit. Reden und Schriften. Der politische Weg des 5. Bundespräsidenten, hg. VOGEL R., Heidelberg (Schneider) 1979
211 CLASEN A.: Bildung für Europa (Ein Gutachten), MLAS/SH 2.3–4 (1979), 20–22
212 FUHRMANN M.: Allgemeinbildung – Staatsethos – Alte Sprachen, 1979 ↗1107
213 FUHRMANN M.: Der altsprachliche Unterricht zwischen Traditionspflege und Traditionsabbruch, in: Handbuch für den Lateinunterricht, Sek.II, 1979 ↗12, 18–30; auch in: Pädagog. Rundschau 33 (1979), 275–288
214 HAIDER A.: Latein: Zur Sache, AHS 28 (1979), 50
215 LUNZER R.: „Endlösung" für Lateinlehrer?, AHS 28 (1979), 67f.
216 SCHREIBER E.: Universitätsabschluß ohne Latein?, Schulfamilie 28 (1979), 40
217 STEINTHAL H.: Ansprache bei der Eröffnung der Tagung des DAV in Regensburg, Gymn. 86 (1979), 229–236
218 STÜRMER M.: Unruhe ist die erste Bürgerpflicht, DASiU 26.3 (1979), 3–13

219 VOGT W.: Normen, gesellschaftlicher Auftrag und erzieherische Freiheit im altsprachlichen Unterricht, Gymn. 86 (1979), 395–406 [Arbeitskreis DAV-Tagung 1978]
220 WESTPHALEN K.: Das Gymnasium und Europa. Zum Beitrag der Alten Sprachen, Die Höhere Schule 32 (1979), 289
221 WESTPHALEN K.: Zur Zeitgeschichte der gymnasialen Bildung, in: Erbe, das nicht veraltet, 1979 ↗827, 208–240
222 BAHRDT H. P.: Vom Nutzen Alter Sprachen. Die potentielle Progressivität einer humanistischen Schulbildung, Merkur 34 (1980), 783–790
223 BARTELS K.: Chancen des Lateins, MDAV 23.3 (1980), 5–10
224 FRITSCH A.: Warum und wozu Latein?, LGB 24 (1980), 3–8 I **R.:** Friedrich C., LGB 25 (1981), 8f.
225 HEYDORN H.-J.: Realer Humanismus und humanistisches Gymnasium, in: Zur bürgerlichen Bildung. Bildungstheoretische Schriften Bd. I, Frankfurt/M. (Syndikat Vlg.) 1980, 228–246
226 NOWOTNY E.: Latein heute und morgen, AHS 29 (1980), 17–20 I **R.:** ZRENNER W., a.O., 213ff.
227 Probleme des Altertums in Schulunterricht und Literaturpropaganda, hg. GERICKE H., Halle 1980 I **R.:** Irmscher J., VL 18 (1982), 400
228 STEINTHAL H.: Wozu Latein lernen?, Die Zeit Nr. 40 (4.4.1980)
228a BERTHOLD M.: Und schuld dran ist Vergil, IPF spectrum 385 (1981), 1–4 [zur Situation des Lateinunterrichts in Österreich]
229 BOECKMANN W.-D.: Die Alten Sprachen in Niedersachsen, MDAV/Ns 31.1 (1981), 2–4
230 EDER W.: Wozu und zu welchem Ende studieren wir ... Latein? Ein lebhaftes Plädoyer für eine tote Sprache, MDAV 24.4 (1981), 5–8; auch in: Schulfamilie 36 (1987), 230–233
231 LUDWIG W. u.a.: Fremdsprachenpolitik in Europa, 1981 ↗1227
232 LÜHR F.-F./KRÜGER J.: Probleme politischer Bildung im altsprachlichen Unterricht, AU 24.2 (1981), 5–28 [u.a. Phaedr. 1,15] **R.:** AADI 3 (1982), 30
233 MAIER F.: Politische Bildung in den Alten Sprachen: Problemlage, IAU 3.1 (1981), 12–24; jetzt in: Fachdidaktisches Studium 2 ↗865, 210–221 I **R.:** Töchterle K., AADI 3 (1982), 30; 6 (1983), 75
234 NESCHKE A.: Noch einmal Philologie und Geschichte. Überlegungen zur Stellung der Klassischen Philologie, Gymn. 88 (1981), 409–429
235 SIMON H.-J.: Disiecta membra poetae. Lateinlernen als Sonderfall der Mehrsprachigkeit, in: Europäische Mehrsprachigkeit. FS M. Wandruszka, hg. PÖCKL W., Tübingen 1981, 501–511
236 STEINTHAL H.: Geistige Bildung in der Höheren Schule. Eine Apologie des altsprachlichen Unterrichts, Gymn. 88 (1981), 209–221 I **R.:** AADI 3 (1982), 32; Kohl A., Anregung 28 (1982), 101
237 VICENZI O.: Europa – Erneuerung aus dem Geist. Drei Essays über Schule und Bildung, Wien u.a. (Böhlau) 1981, 72 S. I **R.:** Maier F., DASiU 29.1 (1982), 23; ders., AADI 4 (1982), 43f.
238 WESTPHALEN K.: Der Beitrag der Alten Sprachen zur gymnasialen Bildung, AU 24.2 (1981), 48–63; auch in: Begegnungen mit Neuem und Altem, 1981 ↗848, 155–179 I

R.: AADI 3 (1982), 32; Kohl A., Anregung 28 (1982), 101; ders., Anregung 29 (1983), 403

239 BARIÉ P.: Unzeitgemäße Gedanken zum Nutzen der Alten Sprachen für das Leben, in: Von der Lateinschule des Rates zum Eduard-Spranger-Gymnasium Landau in der Pfalz (1432–1982), Landau 1982, 28–147; auch in: MDAV 28.2 (1985), 35–41, 29.1 (1986), 2–12

240 DERNDORFER H.: Vom Bildungswert des altsprachlichen Unterrichts, Linz 1982, 20 S. [Sdr. aus d. Jber. des Bischöfl. Gymn. Petrinum 78, 1981/82] R.: Pietsch W., IAU 4.2 (1982), 50

241 KRISCHER T.: Klassische Philologie oder griechische und lateinische Literaturwissenschaft? Bemerkungen zu einer These von Manfred Fuhrmann, LGB 26 (1982), 2–6 [u.a. zu ↗814]

242 LUDERER W.: Der geplante Tod des Vergils, IAU 4.1 (1982), 4–6 [Verteidigung des Faches Latein an den österreichischen Gymnasien]

243 MADERNER J. E.: Latein habe ich gehaßt, IAU 4.1 (1982), 8–12

244 MAIER F.: Sprach- und kulturhistorische Fächer ohne Zukunftschancen? Analyse der geistigen Situation: Sehnsucht nach einem „neuen" Humanismus, Anregung 28 (1982), 143–164; auch in: Gymn. 91 (1984), 177–201 [Lit.] R.: Maier F., AADI 5 (1983), 66f.; Kohl A., Anregung 30 (1984), 207; Töchterle K., AADI 9 (1985), 126f.

245 MAYER O.: Zehn Feststellungen zur 7. Schulorganisationsgesetz-Novelle, IAU 4.1 (1982), 13–17 [zur geplanten Neuorganisation des Schulsystems in Österreich]

246 MEYER-CORDING U.: Humanistische Bildung als Lebenshilfe? Ein Vortrag, MDAV 25.2 (1982), 6–9; 25.3, 5–10

247 REITER H.: Alte Sprachen und Neue Sprachen, in: Fachdidaktisches Studium 2, 1982 ↗865, 119–131 ‖ R.: Gamper P., AADI 6 (1983), 77

248 SCHWARZ F. F.: Altertum und Gegenwart. Kritische Reflexionen zum Bildungswert antiker Kultur, Graz u.a. (Leykam) o.J. [1982] (Neue Erwachsenenbildung 9), 63 S. [u.a. zu Cic., Hier., L. Valla, W. Haddon; Laokoon] R.: Töchterle K., AADI 5 (1983), 59–60; Nickel R., Gymn. 91 (1984), 346f.; Frings U., MDAV/NW 33.1 (1985), 10f.

249 THUROW R.: Zeitbezug – Aktualisierung – Transfer, 1982 ↗1122

250 WAIBLINGER F. P.: Die unwiderstehliche Vernunft. In der Bildungsdiskussion: zurück oder vorwärts zu Humboldt?, MDAV 25.4 (1982), 1–7

251 WEISSERT E.: Versuch zur Rettung des Lateinunterrichts. Überlegungen zum Fremdsprachenunterricht an deutschen Schulen und besonders an Waldorfschulen, Erziehungskunst 46 (1982), 439–446, 686–692; 47 (1983), 437–444, 507–517; 48 (1984), 14–26, 454–459

252 WERNSTEDT R.: Bildungspolitische Einschätzung der Renaissance altsprachlichen Unterrichts, in: Gegenwart der Antike. Zur Kritik bürgerlicher Auffassungen von Natur und Gesellschaft, hg. HIEBER L./MÜLLER R. W., Frankfurt/M. u.a. (Campus) 1982, 245–254 ‖ R.: Töchterle K., AADI 5 (1983), 60

253 BAYER K.: Gymnasiale Bildung in technischer Umwelt, Erziehungswissenschaften und Beruf, Sonderh. 4 (1983), 58–64

254 BURNIKEL W.: Latein für Eltern?, MDAV 26.3 (1983), 4–6

255 Förderung der humanistischen Bildung in Bayern, hg. Elisabeth J. Saal-Stiftung, München 1983, 32 S.

256 FRICEK A.: Die Bedeutung der lateinischen Sprache für die erfolgreiche Bewältigung der Gegenwart, in: FS Bundesgymn. Bruck 1983, 73ff.
257 HOHNEN P.: Die alten Sprachen: heute und morgen, in: FS Hölderlin-Gymnasium Köln, Köln 1983, 84–88
258 HROSS H.: Förderung der humanistischen Bildung – das Anliegen einer eigenen Stiftung, in: Förderung der humanistischen Bildung in Bayern, 1983 ↗255, 3–15
259 KULLMANN W./LEFÈVRE E.: Die Zukunft der Antike (Zwei Vorträge), Freiburg (Ploetz) o.J. [1983], 45 S.
260 LEFÈVRE E.: Zwischen Selbstbewußtsein und Selbstverteidigung. 30 Jahre Rechtfertigung des altsprachlichen Unterrichts, Gymn. 90 (1983), 389–400 | R.: Töchterle K., AADI 8 (1984), 105
261 MAIER F.: Humanistische Bildung – eine Forderung der modernen Zeit, in: Förderung der humanistischen Bildung in Bayern, 1983 ↗255, 23–31
262 MAIER F.: Neusprachliche Fremdsprachenpolitik – eine Herausforderung an die Alten Sprachen, DASiU 30.3 (1983), 7–9
263 NICKEL R.: Römische Wertbegriffe und Allgemeinbildung, DASiU 30.3 (1983), 12–21
264 RAITH W.: Wozu heute noch Latein? Diskussionen um die Auferstehung eines fast totgeglaubten Fachs, AU 26.5 (1983), 72–79 | R.: Gamper P., AADI 8 (1984), 112; Kohl A., Anregung 30 (1984), 207
265 SCHIEDERMAIR H.: Das Gymnasium und der Bildungsauftrag des Staates, Gymn. 90 (1983), 412–433 | R.: Töchterle K., AADI 8 (1984), 105f.
266 WÜLFING P.: Die alten Sprachen in unserer Zeit. Ein Vortrag mit sieben Thesen, in: FS R. Muth, hg. HÄNDEL P./MEID W., Innsbruck (Inst. f. Sprachwiss.) 1983 (Innsbrucker Beiträge zur Kulturwissenschaft 22), 613–626
267 BARTELS K.: Über Griechisch und Latein, MDAV 27.2 (1984), 1–5 [zuerst in: Jubiläumsschrift "150 Jahre Kantonsschule Zürich" des Literargymnasiums Rämibühl] | R.: EICHENSEER C., Provokatorische Feststellung, MDAV 27.4 (1984), 7–9
268 BAYER K.: Die Alten Sprachen im Konzept der Allgemeinbildung (Kurzfassung eines Vortrages), Schulfamilie 33 (1984), 9–13; auch in: Anregung 30 (1984), 145–157; jetzt in: Das Angebot der Antike ↗21, 34–48 | R.: Maier F., AADI 9 (1985), 117
269 BRANDES J.: Vom Unsinn, Latein zu lernen, AU 27.2 (1984), 48–56 | R.: Senfter R., AADI 9 (1985), 123
270 BUCHMANN J.: Wahrhaftiger Bericht über die klassischen Studien auf der Insel Utopia nebst einem Auszug aus der Korrespondenz des Petrus Aegidius, Neue Sammlung 24 (1984), 494–507 [für ein Studium der lat. Sprache u. Literatur als Zeugnis der römischen Gesellschaft]
271 FERTIG L.: „Ich gab Cicero einen Fünfer in Latein" – Das Gymnasium, in: ders.: Zeitgeist und Erziehungskunst, Darmstadt (WBG) 1984, 283–411
272 LIESENBORGHS L.: Latein: Propädeutikum der Geisteswissenschaften, AU 27.2 (1984), 37–48 | R.: Senfter R., AADI 9 (1985), 126
273 VICENZI O.: Vom Sinn der Bildung, Anregung 30 (1984), 158–160 | R.: Maier F., AADI 9 (1985), 118
274 Warum Latein?, hg. Niedersächsischer Altphilologenverband, MDAV/Ns 34.4 (1984), 10–12

275 BAYER K.: Die allgemeine Hochschulreife aus der Sicht der Schule, Anregung 31 (1985), 73–84; jetzt in: Das Angebot der Antike ↗21, 9–22
276 BERGER W.: Latein – eine tote Sprache?, AHS 34 (1985), 185ff.
277 Et scholae et vitae. Humanistische Beiträge zur Aktualität der Antike für Karl Bayer zu seinem 65. Geburtstag, hg. MAIER F./SUERBAUM W., München (BSV) 1985, 112 S.
278 KANAMÜLLER R.: Lateinunterricht als Steuerungsmittel, Südd. Zeitung Nr. 198 (29.8. 1985), 18
279 MARQUARD O.: Die Wiederkehr der Mündlichkeit und die Chance des Buchs, AU 28.4 (1985), 88f
280 MUNDING H.: Kulturvergleich bei „Grundfragen menschlicher Existenz". Zur Konkretisierung einer Formel in der Lernzielmatrix des DAV, MDAV 28.4 (1985), 88–93
281 NICKEL R.: Randbemerkung zu einer Jeremiade, MDAV/Ns 35.1 (1985), 21f. [zu Gieseking K. ↗1312]
282 OLBRICH W.: Was Eltern und Schüler vom Lateinischen auch wissen sollten. Anmerkungen zur Vielseitigkeit eines Faches, DASiU 32.2 (1985), 10–15; zuerst u.d.T.: Wozu Latein? Anmerkungen über die Vielseitigkeit eines vielgeschmähten Faches, in: Jber. AEG 1984/85, 73–77
283 PFERSEER A.: Horaz und Seneca sind nicht nur für die Pauker da, Die Welt Nr. 86 (13.4. 1985), 15
284 PFISTER R.: Wie humanistisch ist die lateinische Schulgrammatik?, in: Et scholae et vitae, 1985 ↗277, 73–80
285 PHILIPPS P.: Cicero und Caesar erobern die Gymnasien zurück, Die Welt Nr. 189 (16.8. 1985), 3
286 RÜEGG W.: Prolegomena zu einer Theorie der humanistischen Bildung, Gymn. 92 (1985), 306–328 | R.: Klowski J., AADI 12 (1986), 18f.
287 RUMPF H.: Hell strahlt die Antike, Die Zeit Nr. 32 (2.8.1985); auch in: MDAV/Hs 33.1 (1986), 2f.
288 RUMPF H.: In Hessen ohne Latein, Die Zeit Nr. 20 (10.5.1985), 40
289 VOGT E.: Der Begriff der Klassik in der Klassischen Philologie (Résumé), in: Klassische Antike und Gegenwart, 1985 ↗898, 85–88
290 WESTPHALEN K.: Über angebliche Irrwege in der Bildungspolitik, in: Et scholae et vitae, 1985 ↗277, 81–90 [Lit.]
291 WÜLFING P.: Altertumswissenschaft und Philologie, Gymn. 92 (1985), 12–29
292 HEITSCH E.: Klassische Philologie und Philologen, Gymn. 93 (1986), 417–434
293 HUNDSRUCKER W.: Gedanken über den Beitrag des Lateinischen zur Allgemeinbildung, Engagement 4 (1986), 388–391
294 KLOWSKI J.: Alte Sprachen und gymnasiale Allgemeinbildung, Gymn. 93 (1986), 27–34 | R.: Töchterle K., AADI 13 (1987), 34
295 MAIER F.: Die Herausforderung des Gymnasiums. Eine neue Chance für die Alten Sprachen?, IAU 8 (1986), 31–37; auch in: MDAV 29.2 (1986), 33–39
296 MAIER F.: Technologische Herausforderung und humanistische Bildung. Die Verantwortung des Menschen – Zum Bildungsauftrag des Gymnasiums, Bamberg (Buchner) 1986 (Humanistische Bildung heute), 32 S.; s.a.: ders., Technologische Herausforderung und humanistische Bildung [Vortrag], Die Höhere Schule 40 (1987), 371–377;

vgl.a. ↗313 | R.: Burnikel W., MDAV 30.1 (1987), 34f.; Stindtmann H., LGB 31 (1987), 41f.; Töchterle K., AADI 14 (1987), 49

297 MITTELSTRASS J.: Die Modernität der Antike. Zur Aufgabe des Gymnasiums in der modernen Welt, Konstanz (Universitätsverlag) 1986 (Konstanzer Universitätsreden 158), 48 S. | R.: Töchterle K., AADI 14 (1987), 49f.

298 MÜLLER L./SCHULTE K.: Die Antike als Orientierungsfeld für junge Menschen? Schülermeinungen zum altsprachlichen Unterricht, in: Wegweisende Antike, 1986 ↗302, 157–169

299 MUNDING H.: Kulturwettstreit als humanistisches Prinzip. Eine historische Bestandsaufnahme und ihre Konsequenzen für den altsprachlichen Unterricht, Anregung 32 (1986), 312–315 | R.: Töchterle K., AADI 13 (1987), 34

300 NICKEL R.: Zur Bedeutung der humanistischen Bildung in unserer Zeit, in: FS Max-Planck-Gymnasium Göttingen, hg. HENNIG H. u.a., Göttingen 1986, 23–26

301 SALLMANN K.: Gunst für alte Sprachen, FAZ Nr. 156 (10.7.1986), 21 [in Rh-Pf]

302 Wegweisende Antike. Zur Aktualität humanistischer Bildung. FS G. Wöhrle, hg. HERDING O./OLSHAUSEN E., Stuttgart 1986 (Humanistische Bildung, Beih. 1), 191 S. | R.: Voit L., Gymn. 94 (1987), 553f.

303 BARIÉ P.: Wieso Latein? – Konturen eines Faches, in: Handbuch für den Lateinunterricht, Sek.I, 1987 ↗19, 7–28

304 BÜRGI-SCHMELZ A.: Latein im Komputerzeitalter, MDAV/NW 35.3 (1987), 7–9

305 BURNIKEL W.: „Am Ende unseres Lateins". Lateinanforderungen an den deutschen Universitäten, MDAV 30.2 (1987), 44–50

306 FRIEDRICH H.: Humanistische Bildung in unserer durch Technik geprägten Zeit, in: Die Jesuiten in Passau. Schule und Bibliothek 1612–1773. 375 Jahre Gymnasium Leopoldinum und Staatliche Bibliothek Passau, Passau 1987, 24–31; auch in: DASiU 35.3 (1988), 7–12; u.d.T. 'Zur Wahl der Fremdsprachen am Gymnasium' in: Schulfamilie 39 (1990), 67–72

307 HASLBECK F.: Zur Wahl von Latein als 2. Pflichtfremdsprache. Anregungen für eine schülergerechte Einführungsstunde, DASiU 34.3 (1987), 25–31

308 HEILMANN W.: De lingua Latina his temporibus in scholis docenda, VL 23 (1987), 152–161 [u.a. zu Lehrbuchtexten]

309 HENTIG H. v.: Polyphem oder Argos? Disziplinarität in der nichtdisziplinären Wirklichkeit, Neue Sammlung 27 (1987), 387–405

310 KLOWSKI J.: Humanismus in Gefahr? Eine Auseinandersetzung mit W. Raith: Humanismus und Unterdrückung. Streitschrift gegen die Wiederkehr einer Gefahr, MDAV 30.2 (1987), 55–63

311 LAHMER K.: Humanismus – humanistische Bildung. Eine punktuelle Abgrenzung der Funktion von humanistischer Bildung in der heutigen Zeit mit der Intention, eine systematisch-ganzheitliche Diskussion anzuregen, AHS 36 (1987), 60ff.

312 MAIER F.: Aktualität lateinischer Texte. Ein altes Unterrichtsprinzip neu durchdacht, Anregung 33 (1987), 321–329

313 MAIER F.: Wozu Kulturfächer in einer von Technologien beherrschten Welt? Gedanken zu einer ethischen Neuorientierung im Zeichen des technologischen Fortschritts, Schulfamilie 36 (1987), 323–330

314 NEHM F.: Latein: Plötzlich ein Stolperstein für viele Fächer, Die Welt 70 (24.3.1987), 8

315 QUACK H.: Ein Stück Bildungspolitik – im Spiegel der Statistik, MLAS/SH 1987.1, 25f. [S-H]
316 SCHÖNBERGER O.: Caesar kämpft gegen Frankreich. Zur „Aktualisierung" und „Apologetik" des altsprachlichen Unterrichts, Anregung 33 (1987), 158–167 | R.: Töchterle K., AADI 17 (1989), 106
317 WONKA P.: Kriegsende und 40 Jahre danach – Zur Aktualität der humanistischen Bildung, DASiU 34.4 (1987), 15–19
318 ZDARZIL H.: Bildung und Antike, Vierteljahrsschrift für wissenschaftliche Pädagogik 63.2 (1987), 227–239
319 Antikes Denken – Moderne Schule, hg. SCHMIDT H. W./WÜLFING P., Heidelberg (Winter) 1988 (Gymn. Beih. 9), 321 S. | R.: Ströhlein H., MDAV 31.3 (1988), 72–75; Kohl A., Anregung 35 (1989), 126; Töchterle K., AADI 19 (1990), 119
320 GRAEF H.: Alte Sprachen – ein Code für Lebenskunst. Plädoyer für die humanistische Bildung, MLAS/SH 1988.2, 3–6
321 HEILMANN W.: Aufgaben und Chancen altsprachlicher Bildung heute, in: 100 Jahre Heinrich von Gagern-Gymnasium, Frankfurt 1988, 120–127
322 HUTZELMEYER H.: Eine Liebeserklärung für Latein, Schulfamilie 37 (1988), 141
323 KLOWSKI J.: Humanistische Bildung im Zeitalter der Informatik, in: Antikes Denken – Moderne Schule, 1988 ↗319, 307–320
324 Latein im Computerzeitalter. Europareife durch humanistische Bildung. Eine Veranstaltung der Wiener Humanistischen Gesellschaft, der Arbeitsgemeinschaften der Latein- und Griechischlehrer Österreichs, der Projektgruppe Latein/Griechisch und der Gesamtösterreichischen Studienkommission für Latein und Griechisch am 9. Mai 1988, Wien o.J., 32 S.
325 LICOPPE C.: De condicionibus Latinitatis hodiernae, VL 24 (1988), 13–17
326 MUDRY P.: Le latin aujourd'hui, Gymnasium Helveticum 42 (1988), 61–68
327 NICKEL R.: Arbeitslosigkeit – auch für Altphilologen, MDAV 31.2 (1988), 25–27
328 PESCHL W.: Salve, quae gentes docuisti, Lingua Latina,/Tam Varias Variis Una Magistra modis!, AHS 37 (1988), 156ff.
329 REINHART G.: »Zwischen Tradition und Fortschritt«. Die Alten Sprachen in Baden-Württemberg, Die Höhere Schule 41 (1988), 82–84
330 STUCKANN E.: Wer lernt Latein? Randnotizen zur Entwicklung des Latein-Unterrichts seit 1975 in der Bundesrepublik, Die Höhere Schule 41 (1988), 84 [Statistik]
331 VESTER H.: Ein Plädoyer für Latein, in: Jber. Reuchlin-Gymnasium Pforzheim 1985–1988, 47–49
332 WERKER J.: Latein lernen – wozu?, MDAV/NW 36.1 (1988), 9f.
333 WESTPHALEN K.: "Nicht etwa neue Sinnstiftung ..."? Humanistische Anmerkungen zur neueren Bildungsdiskussion, in: Bewahrung des Menschlichen. Zukunftfragen der Erziehung im Spiegel der Wissenschaften, hg. DAHNCKE H., Bad Heilbrunn (Klinkhardt) 1988, 222–239
334 ADAM K.: Wozu? Die Alten Sprachen, FAZ 21.2.1989, 27; auch in: MDAV/Hs 36.2 (1989), 7–9
335 FREIBURG B.: Der europäische Binnenmarkt – Das Ende für Latein?, MDAV/NW 37.2 (1989), 9f.; auch in: Scrinium 35.1–2 (1990), 19f.

336 FRICEK A.: Die Bedeutung des Lateinunterrichts für das Verständnis der Nationalökonomie, MDAV/Ns 39.1 (1989), 7–14

337 FRÜCHTEL E.: Verantwortung und Humanismus, Anregung 35 (1989), 209

338 LICOPPE C.: Nunc temporis cur discenda sit lingua Latina, in: Latine «sapere, agere, loqui», 1989 ↗2083, 185–191

339 MUNDING H.: „Humanistische Verantwortungsethik?" Bemerkungen zu einem von K. Westphalen eingeführten Begriff, Anregung 35 (1989), 54–55 [vgl. ↗345, ↗346]

340 OTTEN K.: Mit Caesar kann man keinen Bobby rufen!, DASiU 36.1 (1989), 18–20 [zuerst in: Die Welt 11.2.1989]

341 PFISTER R.: Schulende Wirkung des Lateins statistisch bestätigt?, MDAV 32.3 (1989), 41–43

342 ROSSI G.: Quas ob causas operae pretium sit studia Latina apud Europaeos retinere, in: Latine «sapere, agere, loqui», 1989 ↗2083, 193–196

343 SCHMIDT H. W.: Humanismus – Herausforderung und Chance, Gymn. 96 (1989), 273–283

344 VICENZI O.: Permanente Schul-Deform. Die Zerstörung der humanistischen Schulbildung in Österreich. Eine Dokumentation, Wien (Herder) 1989, 154 S. | R.: Liebenwein W., Ianus 11 (1990), 108f.

345 WESTPHALEN K.: Humanistische Beiträge zum gymnasialen Bildungsprogramm, in: Neue Perspektiven, 1989 ↗920, 15–30 [vgl. ↗339, ↗346]

346 WESTPHALEN K.: Humanistische Verantwortungsethik im Erziehungsprogramm des Gymnasiums, Anregung 35 (1989), 291–298 | R.: Töchterle K., AADI 20 (1990), 130

347 FLEISCHER M.: Latein am Scheideweg?, Anregung 36 (1990), 200–203

348 KIRSCH W.: Gegenwart und Zukunft des Altsprachenunterrichts, FSU 34 (1990), 313–316, 320

349 KIRSCH W.: Zur Lage des Altsprachenunterrichts in der ehemaligen DDR, DASiU 37.4 (1990), 10–19

350 KONRAD D.: Lebendige Antike?, Anregung 36 (1990), 36–39

351 MAIER F.: Die Antike – prägende Kraft Europas. Die Alten Sprachen im Gymnasium, Schulreport 1990.1, 11f., 22; auch in: DASiU 37.1 (1990), 29–32

352 MAIER F.: Griechisch und Latein in der Kollegstufe – Schlüsselfächer für Europa. Zur Bedeutung der Alten Sprachen im modernen Gymnasium, Schulfamilie 39 (1990), 330–333

353 MAIER F.: Lateinischer Sprachunterricht im Konzept einer zukunftorientierten Pädagogik, in: Bildung durch Sprache, 1990 ↗1921, 7–14

354 MAIER F.: Quo vadis, Europa? Mythos – Begriff – Idee, 1990 ↗5941

355 MAIER F.: Stichwörter der europäischen Kultur. Plädoyer für ein neubetontes Bildungsanliegen, 1990 ↗5959

356 MEYERHÖFER H.: Tradition und Fortschritt: z.B. Melanchthon-Gymnasium Nürnberg, Schulreport 1990.1, 13f.; auch in: Schulfamilie 39 (1990), 110–113 [zum humanistischen Gymnasium]

357 MOMMSEN P.: Was heißt hier Humanismus? Eine Schulrede, MLAS/BW 18.1 (1990), 7–14

358 MÜHLBERG S.: Altsprachlicher Unterricht in der DDR, MDAV/Ns 40.1 (1990), 15f.

359 MUNDING H.: Antike als Gegenbild. Historische Streiflichter zur Industriekultur aus humanistischer Sicht (Beih. zur Jubiläumsschrift des Gymn. am Kaiserdom in Speyer), Speyer (Pilger) 1990, 40 S. I **R.**: Maier F., DASiU 37.2 (1990), 30; Quack H., MDAV 33.3 (1990), 81; ders., DASiU 37.3 (1990), 22f.; Klowski J. ↗375; LENZ A., Scrinium 36.1–2 (1991), 7–10

360 PRANKEL D.: Latein und Computersprachen, Anregung 36 (1990), 74–82; auch in: Symposium Latein 2000, 1992 ↗1082, 88–97 [Schulung des logischen Denkens] **R.**: Siehs G., AADI 22 (1991), 27

361 SCHEFOLD B.: Was die Antike der Wissenschaft und was sie für das Leben bedeutet, MDAV/NW 38.3 (1990), 6–14

362 WESTPHALEN K.: Fremdsprachen für Europa, MDAV 33.1 (1990), 11–13 I **R.**: Coburger F., MDAV 33.3 (1990), 84f.

363 ZEHETMAIR H.: Hat die humanistische Bildung eine Zukunft?, Schulreport 1990.1, 9f.; auch in: DASiU 37.1 (1990), 12f.

364 AURIN K.: Die realistische Orientierung im Bildungsverständnis des Gymnasiums, in: Humanismus und Bildung 1, 1991 ↗369, 23–43

365 BAYER K.: Wir wollen weniger erhoben und fleißiger gelesen sein (Lessing), in: Humanismus und Bildung 1, 1991 ↗369, 92–108

366 DAV und altsprachlicher Unterricht in den neuen Bundesländern, MDAV 34.2 (1991), 38–47

367 FERRARIS L. V.: Vergangenheit und Zukunft der europäischen Kultur in ihrer Vielfalt, Gymn. 98 (1991), 102–112

368 FUHRMANN M.: Marx müßte umschulen. Die Alten Sprachen haben es schwer in Ostdeutschland, FAZ 26.2.1991, 31; auch in: MDAV 34.2 (1991), 35–37, sowie in MDAV/Hs 38.4 (1991), 9–12

369 GRUBER J./MAIER F.: Humanismus und Bildung – Zukunftschancen der Tradition. Beiträge zur Bildungstheorie und zur Didaktik der Alten Sprachen, 1 Fragestellungen, Bamberg (Buchner) 1991 (Auxilia 27), 143 S. I **R.**: Menze C., Vierteljahrsschrift für wissenschaftliche Pädagogik 68.3 (1992), 342–345

370 —, 2 Interpretationen, 1991 (Auxilia 28), 132 S.

371 HIRSCH W.: Zukunft des Humanismus – Humanismus der Zukunft?, in: Humanismus und Bildung 1, 1991 ↗369, 9–22

372 HOOFF A. J. L. v.: The Classical Tradition in School, 1991 ↗5957

373 HORSTMANN A.: Das Fremde und das Eigene. Assimilation als hermeneutischer und bildungstheoretischer Begriff, 1991 ↗3177

374 JAHN S.: Wir sind auch noch da! Gedanken zum Lateinunterricht in den neuen Bundesländern, FSU 35/44 (1991), 377f.; auch in: Deutsche Lehrerzeitung 25.6 (1991), 5

375 KLOWSKI J.: Antike als Gegenbild für die Industriegesellschaft, Anregung 37 (1991), 75–81 I **R.**: Gamper P., AADI 23 (1992), 33f.

376 LAHMER K.: Humanismus und die Lektüre in den Alten Sprachen, AU 34.1–2 (1991), 5–14 I **R.**: Töchterle K., AADI 23 (1992), 34

377 LENZ A.: Menschenbilder. Humanistisches Weltbild und wissenschaftliche Anthropologie, AU 34.1–2 (1991), 58–74 I **R.**: Töchterle K., AADI 23 (1992), 34f.

378 LUDWIG W.: Über die Folgen der Lateinarmut in den Geisteswissenschaften, Gymn. 98 (1991), 139–158 I **R.**: Sigot A., AADI 24 (1992), 61f.

379 MAIER F.: Freiheit und Weisheit – Mitgift der Antike für Europa?, 1991 ↗5958
380 MAIER F.: Latein und Griechisch vor der Jahrtausendwende. Analysen und Perspektiven zum altsprachlichen Unterricht, DASiU 38.3 (1991), 15–23; auch in: Ianus 13 (1992), 36–42; u.d.T.: Latein vor der Jahrtausendwende in: Symposium Latein 2000, 1992 ↗1082, 10–18
381 MAIER F.: Die Neuen Sprachen im Angriff. Latein und Griechisch wehren sich, DASiU 38.1 (1991), 11f.
382 MAIER F.: Verantwortung für das kulturelle Erbe. Eine Rechtfertigung des Gymnasiums ex eventu, Die Höhere Schule 44 (1991), 240–242
383 MAIER F.: Wie fremd ist uns die Antike? Zur Aktualität der Alten Sprachen, Bamberg (Buchner) 1991 (Humanistische Bildung heute), 36 S.; auch in: Die Antike im Brennpunkt, 1991 ↗924, 138–161 | R.: Keulen H., MDAV 34.4 (1991), 131–135
384 MAIER F.: Die Zukunft nicht ohne die Antike. Eine Rechtfertigung des altsprachlichen Unterrichts ex eventu, MDAV 34.3 (1991), 65–70
385 MAIER F.: Die Zukunft nicht ohne das Gymnasium. Die Lehre aus den Erfahrungen der ehemaligen DDR, Schulfamilie 40 (1991), 231–235
386 MEYERHÖFER H.: Überlegungen zum Bildungswert antiker Texte, in: Die Antike im Brennpunkt, 1991 ↗924, 162–174
387 RANK W.: Was ist der Kern unseres Lateinunterrichts?, Die Österreichische Höhere Schule 43.2 (1991), 54–58
388 SCHMITT A.: Kritische Anmerkungen zum neuzeitlichen Wissenschaftsbegriff aus der Sicht des Altphilologen, Gymn. 98 (1991), 232–254
389 SCHWAB M.: Maria Montessori: Bildung zwischen „Zentrum und Peripherie" des Menschen, in: Humanismus und Bildung 1, 1991 ↗369, 44–58
390 SELLE K.: Die Antike – prägende Kraft Europas, Gymn. 98 (1991), 97–101
391 SELLE K.: Stellungnahme des Deutschen Altphilologenverbandes zur Schulzeitverkürzung, MDAV 34.2 (1991), 29f.
392 SUERBAUM W.: Tradition. Gedanken zur antiken Metaphorik kulturellen Wandels, 1991 ↗5963
393 WERNER J.: Über „Klassiker" und „Klassische Philologie", MDAV 34.3 (1991), 71f. [aus: Universitätszeitung Leipzig 25/1991]
394 OTTI R.: Sisyphus contra Mickey Mouse. Europa im Aufbruch – die Zukunft der Antike, in: Jber. Ursuline Graz 1991/92, 27f.
395 FERBER M.: Das Schulfach Latein an der Schule und im Lehramtsstudium an der Universität aus der Perspektive eines Studenten der Klassischen Philologie, 1992 ↗933
396 FRITSCH A.: 'Allgemeine' Lernziele des Lateinunterrichts, Brennpunkt Lehrerbildung 12 (1992), 3–8
397 GADAMER H.-G.: Humanismus heute?, in: Die Wissenschaft und das Gewissen, Stuttgart 1992 (Humanistische Bildung 15), 57–70
398 GERHARDT K.-H.: Aussprache zur Situation des Lateinunterrichts und der Latein Unterrichtenden im Land Brandenburg, LGB 36 (1992), 233f.
399 HAUG-SCHNABEL G.: Omnia mutantur, nos et mutamur in illis. Dennoch heute Latein? Gedanken zur Relevanz und Aktualität des Lateinunterrichts, in: Symposium Latein 2000, 1992 ↗1082, 64–73 [Sicht einer Naturwissenschaftlerin]

400 Ideale Schulsprache: Latein ist eine gute Grundlage für die Ausbildung, Neue Zeit 97 (25.4.1992), 27
401 JAHN S.: Latein im Land Brandenburg, MDAV 35.3 (1992), 102–105
402 MESSMER E.: Mit dem Latein am Ende?, Anregung 38 (1992), 115–117
403 NEUKAM P.: Zur Lage des Lateinischen aus der Sicht des Bayerischen Staatsministeriums für Unterricht, Kultus, Wissenschaft und Kunst, in: Symposium Latein 2000, 1992 ↗1082, 98–103
404 PFEIFFER W.: Latein und das Berufsziel "Industrie-Manager". Überlegungen, Beobachtungen und Erfahrungen eines Universitätsprofessors der Betriebswirtschaftslehre, in: Symposium Latein 2000, 1992 ↗1082, 52–63
405 QUACK H.: Die Alten Sprachen in der Schule – Erziehung zu Freiheit und Bildung, MLAS/SH 1992, 3–5
406 SCHNEIDER W.: Cui bono linguae latinae studere?, Süddeutsche Zeitung Magazin 8 (21.2.1992) | R.: KREHMER W., MDAV 35.2 (1992), 67–73
407 SCHUBERT A.: Wie habe ich als Schülervater Latein erlebt?, in: Symposium Latein 2000, 1992 ↗1082, 159–165
408 SCHULZ K.: Gedanken zur Entwicklung des Altsprachen-Unterrichts in den neuen Bundesländern, insbesondere in Sachsen-Anhalt, MLAS/BW 19.1 (1992), 16–20; auch in: Symposion Latein 2000 ↗1082, 19–23
409 STEINHAUER B.: Der Lateinunterricht aus der Sicht einer Schülerin, in: Symposium Latein 2000, 1992 ↗1082, 157f.
410 STEINTHAL H.: Die Humanistische Bildung und ihr Wert für das praktische Leben, in: Die Schule und das Leben, Stuttgart 1992 (Humanistische Bildung 16), 41–56
411 WAIBLINGER F.: Latein für Europa. Von der Aktualität einer großen Tradition, in: Symposium Latein 2000, 1992 ↗1082, 48–51 [leicht veränderte Fassung eines Artikels in der Süddt. Zeitung, 25./26.4.1992]
412 WAIBLINGER F. P.: Tradition mit Zukunft: Die Alten Sprachen, München 1992 (Schriftenreihe der Elisabeth J. Saal-Stiftung, 8), 20 S. [3 Beiträge, davon 2 Ndr.e von SZ-Artikeln]
413 WEIDNER W.: Neues Schulgesetz in Hessen – „Einladung zum Schulfrieden"?, MDAV/Hs 39.1 (1992), 8–14 [Dokumentation: Briefwechsel zw. DAV Hessen u. KM/Landtag]
414 WESTPHALEN K.: Basissprache Latein. Argumentationshilfen für Lateinlehrer und Freunde der Antike, Bamberg (Buchner) 1992 (Auxilia 29), 152 S. | R.: Albert S., MDAV/Hs 39.3 (1992), 23–25
415 WESTPHALEN K.: Latein als Basisfach europäischer Kultur, MDAV 35.2 (1992), 52–64; auch in: Symposium Latein 2000, 1992 ↗1082, 27–42
416 WONKA P.: Griechisches und Lateinisches heute, DASiU 39.1 (1992), 10–13 [Texthinweise zur Aktualität der "studia humanitatis"]

2. Curriculumtheorie allgemein · Schulsystem

417 RÖMISCH E.: Die Aufgaben der Curriculumforschung, Mitteil. d. Dokumentationsstelle Alte Sprachen 3 (1971), 45–48; auch in MLAS/BW 2.2 (1971), 3–5 und in MDAV/Bl 18.2 (1972), 4–6

418 CLASEN A.: Wozu Latein? Wie ist sein Platz im modernen Curriculum zu begründen?, in: Kieler Gelehrtenschule 1320–1970 – Eine Festschrift, Kiel o.J. [1970], 44–50; Ndr.e: MDAV 13.2–3 (1970), 18–27; dsgl. in: Kollegstufenarbeit in den Alten Sprachen 1, 1971 ↗515, 26–33; dsgl. in: Didaktik des altsprachlichen Unterrichts ↗5, 10–22 [Lit.]

419 BURANDT R.: Lohnen sich 9 Jahre Latein?, MDAV/Ns 21.2 (1971), 2–4 [Reaktion auf einen Leserbrief zu ↗1803]

420 GARSCHA K.: Latein an einer integrierten Gesamtschule, Mittei. d. Dokumentationsstelle Alte Sprachen 3 (1971), 41–44

421 MAIER F.: Das humanistische Gymnasium aus dem Blickfeld der Studienstiftung, DASiU 20.2 (1971), 4–6

422 WESTPHALEN K.: Prolegomena zum lateinischen Curriculum, DASiU 19.1 (1971), 6–14; jetzt in: Didaktik des altsprachlichen Unterrichts ↗5, 32–45 I R.: Kohl A., Anregung 19 (1973), 56

423 BAUER R.: Erfahrungen bei der Lateinarbeit in der Kollegstufe, 20.1 (1972), 8–11

424 DRÖGEMÜLLER H. P.: Latein im Sprachunterricht einer neuen Schule, Stuttgart (Klett) 1972 (AU 15, Beih. 2), 90 S. [Latein in der Gesamtschule; Lit.] R.: Gebhardt E., Gymn. 83 (1976), 123f.

425 GAUL D.: Die neue Schule und die alten Sprachen, MDAV 15.1 (1972), 15–23

426 THUROW R.: Thesen, Materialien und Literaturhinweise zur allgemeinen Curriculumtheorie und zur Curriculumentwicklung im altsprachlichen Unterricht, MLAS/BW 3.1 (1972), 6–11

427 WESTPHALEN K.: Die Kollegstufe und die Alten Sprachen, Gymn. 79 (1972), 515–525 [Fachbericht von der Kieler Tagung 1972 des DAV] R.: Kohl A., Anregung 20 (1974), 203

428 Curriculum-Diskussion, hg. WESTPHALEN K., AU 16.4 (1973), 114 S.

429 Curriculumentwicklung in den Alten Sprachen. Versuch einer Dokumentation, zusammengestellt vom ISP München, hg. WESTPHALEN K., AU 16.4 (1973), 74–114

430 DEITTERT A.: Anmerkungen zum Lateinunterricht an den Gesamtschulen in NRW, AU 16.3 (1973), 85–88 I R.: Kohl A., Anregung 20 (1974), 199

431 HEINZMANN M.: Kleine Curriculumbibliographie der Alten Sprachen, Anregung 19 (1973), 335–338; ergänzte Fassung (Stand: März 1974) in: Kollegstufenarbeit in den Alten Sprachen 2, 1976 ↗574, 140–150

432 HUBER W.: Was brachte die Kollegstufe bisher für die Alten Sprachen, DASiU 20.2 (1973), 3–7

433 Schulversuch "Grundständiges Latein am Gymnasium Großburgwedel", MDAV/Ns 23.3 (1973), 1–4; 23.4, 6–9 [vgl. ↗1803]

434 THUROW R.: Thesen, Materialien und Literaturhinweise zur allgemeinen Curriculumtheorie und zur Curriculumentwicklung im Altsprachlichen Unterricht, AU 16.2 (1973), 82–87 [Lit.]

435 VESTER H.: Curriculare Theorie und die Alten Sprachen, MLAS/BW 4.1 (1973), 3f.; auch in: Anregung 20 (1974), 68f.

436 WESTPHALEN K.: Praxisnahe Curriculumentwicklung. Eine Einführung in die Curriculumreform am Beispiel Bayerns, Donauwörth (Auer) 1973, ⁵1977, 72 S.

437 WESTPHALEN K.: Traditionelle Bildung und aktuelle Lernziele. Entstehungsgeschichte und Standort der Curriculumreform, AU 16.4 (1973), 5–17

438 HOLTERMANN H.: Bericht über die Lage des Altsprachlichen Unterrichts im Sekundarbereich I (Klasse 5–10), MDAV 17.4 (1974), 1–6 [Statistik für die BRD]
439 PAPENHOFF H.: Latein ab Klasse 5, MDAV/Ns 24.3–4 (1974), 2–5
440 PARTHE F./SCHMEUSSER H.: Die Sprachfeindlichkeit der neugestalteten gymnasialen Oberstufe, MDAV 17.3 (1974), 3–9; leicht veränd. Fassung in: Anregung 20 (1974), 43–51 I R.: Kohl A., Anregung 22 (1976), 203
441 DEITTERT A.: Der Lateinunterricht an der Gesamtschule – Chancen und Probleme (Kurzfassung), MDAV/NW 23.3 (1975), 8f.
442 GRUBER J.: Grundlegende schulorganisatorische Entscheidungen, Anregung 21 (1975), 375f.
443 KREFELD H.: Formen der Curriculumentwicklung, Gymn. 82 (1975), 280–282 [Arbeitskreis DAV-Tagung 1974]
444 SCHULZ-VANHEYDEN E.: Fachspezifische und fächerübergreifende Curricula und Curriculumprojekte: Alte Sprachen, in: Curriculum-Handbuch 3, hg. FREY K., München u.a. 1975, 382–391
445 VESTER H.: Curriculare Theorie und die Alten Sprachen. Ein Vergleich mit der gegenwärtigen Entwicklung in den Vereinigten Staaten, AU 18.3 (1975), 5–20 [Lit.] R.: Kohl A., Anregung 24 (1978), 124
446 VICENZI O.: Die Frage: Was ist das Gymnasiale am Gymnasium?, Anregung 21 (1975), 405f.
447 WESTPHALEN K.: Das Gymnasiale am Gymnasium, Anregung 21 (1975), 407
448 HÄRING L.: Curriculum und Curriculare Lehrpläne, in: Kollegstufenarbeit in den Alten Sprachen 2, 1976 ↗574, 5–24
449 KÖNIGER W.: Kurzberichte über die Lage des altsprachlichen Unterrichts in den einzelnen Bundesländern, MDAV/Bl 22.2 (1976), 2f.
450 KREFELD H.: Latein als Anfangssprache in der Gesamtschule, MDAV/NW 24.1 (1976), 2–5
451 KEULEN H.: Ist die Kritik an der Oberstufenreform berechtigt?, Die Höhere Schule 30 (1977), 25–33
452 Die Kollegstufe als neue Form in der gymnasialen Oberstufe, in: Handreichungen für den Lateinunterricht in der Kollegstufe 3.2, 1977 ↗711, 1–22
453 KREFELD H.: Anfangssprache in der Kooperativen Schule, MDAV/NW 25.1 (1977), 4–6 [Rundfunkinterview im WDR 2 am 31.1.1977]
454 JAKOB O.: Hat das Humanistische Gymnasium wirklich keinen Auftrag mehr?, DASiU 25.2 (1978), 3–8
455 NEUKAM P.: Zur Situation des Gymnasiums, DASiU 25.1 (1978), 3–11 [Statistik für Bayern]
456 VOGT W.: Spezifische Unterschiede zwischen Grund- und Leistungskursen, in: Der altsprachliche Unterricht im heutigen Gymnasium, 1978 ↗8, 52–64; jetzt in: Handbuch für den Lateinunterricht, Sek.II, 1979 ↗12, 93–107
457 HENNINGS J.: Die Lage des AU im Bundesland Bremen, MDAV/Ns 29.2 (1979), 11f.
458 JENS W./KOERTEN H.-E.: Das humanistische Gymnasium – ein Mißverständnis?, MDAV 22.4 (1979), 5–7 [Sendemitschnitt des HR vom 27.5.1979]

459 KREFELD H.: Zur Situation des Altsprachlichen Unterrichts in NW im Schuljahr 1977/78, MDAV/NW 27.1 (1979), 5f.; 6f.
460 SCHEDA G.: Latein an den Gymnasien der Bundesrepublik Deutschland – eine statistische Bestandsaufnahme, MDAV 22.4 (1979), 1–5
461 KLUG W.: Gymnasium ohne Profil? Das altsprachliche Gymnasium und die neugestaltete Oberstufe, MLAS/BW 11.2 (1980), 6–8
462 SCHEDA G.: Bericht zur Lage, MDAV/NW 28.1 (1980), 2–4 [NRW]
463 Stundenkürzung und schulfreier Samstag, MLAS/BW 11.2 (1980), 10–14 [Briefwechsel zw. DAV Württemberg u. KM, CDU-Fraktion, L. Späth]
464 Zur Reform der "Reformierten gymnasialen Oberstufe", MDAV/Ns 30.3–4 (1980), 2–7 [Gemeinsame Erklärung des Fachverbandes Moderne Fremdsprachen, Niedersächs. Altphilologenverband u.a.]
465 SCHEDA G.: Zur Lage des Altsprachlichen Unterrichts an Gymnasien in NRW, MDAV/NW 29.1 (1981), 2f.
466 RIEDEL W.: Latein an der Gesamtschule. Kritische Betrachtung der Rahmenrichtlinien Latein, MDAV/Hs 29.4 (1982), 1–5 I **R.**: Höhn W., Kroh P., MDAV/Hs 30.1 (1983), 2f.; Astemer J. ↗467
467 ASTEMER J.: Latein – eine Gefahr für die Gesamtschule, MDAV/Hs 30.1 (1983), 3–6 [Kritik an Riedel W. ↗466]
468 HEIL G.: "Gymnasialer Sprachunterricht und gymnasiale Allgemeinbildung", 1983 ↗1035
469 HORA A.: Lehrplan und Lehrbuch – Chance für „pädagogischen Freiraum" oder die Totalität der Verplanung?, AU 26.5 (1983), 58–71 I **R.**: Gamper P., AADI 8 (1984), 110
470 PARTHE F.: Nachdenken über zwei Oberstufenreformen, MDAV 26.1 (1983), 9–19; 26.2, 3–15
471 SCHMIDT H.: Zur Situation des altsprachlichen Unterrichts in der Bundesrepublik – Berichte der Landesverbände, MDAV/Ns 33.2 (1983), 5–12
472 STÄDELE A.: Die Lage der Alten Sprachen in Bayern, DASiU 30.2 (1983), 6–12 [Statistik für Bayern]
473 WESTPHALEN K.: Stützpfeiler der gymnasialen Einheit, Anregung 29 (1983), 99–107 I **R.**: Kohl A., Anregung 30 (1984), 207; Maier F., AADI 7 (1984), 90;
474 BRANDES J.: Latein an Gesamtschulen, MDAV 27.1 (1984), 11–16; 27.4, 3–7 I **R.**: Westphalen K. ↗479
475 WESTPHALEN K.: Gymnasium als Sprachenschule. Fremdsprachen am Gymnasium: ja – aber welche?, Schulpraxis 4.3–4 (1984), 50–52
476 HÄRING L.: Gymnasium heute, in: Gymnasium heute, 1985 ↗1317, 15–42; m.d. Untertitel 'Analysen und Perspektiven' in: Anregung 32 (1986), 3–14 I **R.**: Töchterle K., AADI 13 (1987), 33
477 HESS S.: Die Alten Sprachen im heutigen Gymnasium, Lehren und Lernen 11.6 (1985), 23–49 [Lit.]
478 NEUKAM P.: Gezählte Jahre? Gedanken zur jüngsten Geschichte des Gymnasiums in Bayern, in: Et scholae et vitae, 1985 ↗277, 91–96
479 WESTPHALEN K.: Latein an den Gesamtschulen III. Hinein in die Sackgasse, MDAV 28.2 (1985), 41–44 [Entgegnung zu Brandes J. ↗474]

480 ASTEMER J./KUGER H.: Überlegungen zur Stellung des Lateinunterrichts an der Gesamtschule, Gymn. 93 (1986), 15–27 I **R.**: Töchterle K., AADI 13 (1987), 39
481 DÖRFLER H.: Latein oder Französisch?, Schulfamilie 35 (1986), 99–105
482 HEINRICHS A.: Stellungnahme zu „Förderstufe ohne Latein", MDAV/Hs 33.4 (1986), 5f.
483 ROHACEK M.: Gedanken zum Lateinunterricht an den allgemeinbildenden Höheren Schulen, IAU 8 (1986), 57–60
484 WESTPHALEN K.: Das sprachliche Gymnasium hat Zukunft, in: FS Kaiser-Heinrich-Gymnasium Bamberg, Bamberg 1986, 120–128
485 BRANDES J.: Latein an Gesamtschulen – eine Bestandsaufnahme, AU 30.4 (1987), 4–15 I **R.**: Senfter R., AADI 16 (1988), 88
486 GIESEKING K.: Erziehung im Gymnasium – Anspruch, Wirklichkeit, Perspektiven, MDAV/Ns 37.4 (1987), 6–13
487 HAPP E.: Zur Weiterentwicklung des Fremdsprachenunterrichts am Gymnasium, in: Exempla Classica, 1987 ↗910, 90–108
488 HÜLS R.: Latein in der Jahrgangsstufe 9 einer Gesamtschule, AU 30.4 (1987), 45–50 [NRW] **R.**: Senfter R., AADI 16 (1988), 91
489 Latein an Gesamtschulen, hg. BRANDES J., AU 30.4 (1987), 82 S.
490 SELLE K.: Zur Lage des altsprachlichen Unterrichts in der Bundesrepublik, MDAV 30.2 (1987), 38–43
491 WIBEL M.: Motivation und Organisation. Zu speziellen Problemen des LU an Gesamtschulen, AU 30.4 (1987), 37–44 [IGS B-W] **R.**: Senfter R., AADI 17 (1989), 108
492 BÜCHLI J.: Die alten Sprachen im Gymnasium von heute, Gymnasium Helveticum 42 (1988), 53–62
493 MAIER F.: Die Chance des Gymnasiums. Gymnasialbildung in einer von Naturwissenschaft und Technik geprägten Welt, Bamberg (Buchner) 1988 (Humanistische Bildung heute), 28 S.
494 ZEITLER W.: Die Lage der Alten Sprachen an den Gymnasien in Bayern, DASiU 35.3 (1988), 12–23 [Statistik für Bayern]
495 FURTSCHEGGER J.: Einige Gedanken zum Lateinunterricht (im Realgymnasium), 1989 ↗1331
496 PIETSCH W. J.: 40 Jahre Latein-Lektüre in Österreich. Bilanz und Neubeginn, 1989 ↗1173
497 MAIER F.: Die alten Sprachen im „Gymnasium 2000"? Gedanken zum 31. Kongreß des Deutschen Philologenverbandes am 23. November 1989 in Stuttgart, MDAV 33.1 (1990), 7–10; auch in: Gymnasium in Bayern 1990.1, 29–31; Schulfamilie 39 (1990), 114–117
498 SELLE K.: Keine Lernkapazität mehr für beide alte Sprachen?, MDAV 33.1 (1990), 4–6
499 HÄRING L.: Gymnasium '90: Gegenwartsanalyse und Perspektiven. Festvortrag zur 150-Jahr-Feier der Wiederbegründung des Eichstätter Gymnasiums, in: Jber. Willibald-Gymnasium Eichstätt 1990/91, 141–153
500 MAIER F.: Der altsprachliche Unterricht in den alten Bundesländern, MDAV 34.2 (1991), 30–35 [mit Statistik]
501 PRANKEL D.: Latein in der Grundschule, DASiU 38.2 (1991), 14; 19–22

Curriculumtheorie C 2

502 HEINLOTH B.: Latein im Fächerkontext des Mathematisch-naturwissenschaftlichen Gymnasiums, in: Symposium Latein 2000, 1992 ↗1082, 24–26
503 MAIER F.: Zur Lage der Alten Sprachen in den Bundesländern 1992. Bericht vor der Vertreterversammlung in Berlin (6.4.92), MDAV 35.3 (1992), 93–99 [mit Statistik]

3. Lernziele und Fachleistungen

504 BENZ J.: Warum Latein und Griechisch?, hg. DAV, Landesverband Schleswig-Holstein, o.J., 11 S.
505 PFISTER R.: Die Alten Sprachen als Denkschulung, Gymn. 61 (1954), 273–285; jetzt in: Lateinische Grammatik in Geschichte und Gegenwart, 1988 ↗2219, 27–45
506 APPELT D.: Die Position von Latein und Griechisch in der Fächerwahl der Kollegiaten, in: Kollegstufenarbeit in den Alten Sprachen 1, 1971 ↗515, 34–38
507 BAYER K.: Curricula in den Alten Sprachen, in: Kollegstufenarbeit in den Alten Sprachen 1, 1971 ↗515, 7–18; jetzt in: Das Angebot der Antike ↗21, 59–70
508 BAYER K. u.a.: Katalog von möglichen Fachleistungen – Latein, in: Materialien zur Curriculum-Entwicklung im Fach Latein, 1971 ↗517, 9–12
509 CLASEN A.: Neuformulierung von Lernzielen. Zehn Grundsätze zur Strategie des Deutschen Altphilologen-Verbandes, in: Materialien zur Curriculum-Entwicklung im Fach Latein, 1971 ↗517, 4f.
510 Die Curricula „Latein" und „Griechisch", in: Kollegstufenarbeit in den Alten Sprachen 1, 1971 ↗515, 117–132 [By]
511 Deutscher Altphilologenverband: Ziele des Latein- und Griechischunterrichts, Gymn. 78 (1971), 273–275; vgl.a. MDAV 14.1 (1971), 1f.
512 DOMNICK J./KROPE P.: Abschlußbericht zum Projekt ‚Latinum', Neue Sammlung 11 (1971), 174–192
513 FITZEK A.: Der Lateinunterricht auf der Oberstufe, in: Fortwirkende Antike, 1971 ↗760, 150–167 [u.a. zu thematischer Lektüre: Medizin, Arbeitswelt, politischer Mord, Buch als Massenmedium]
514 GEBHARDT E.: Gewinnung von Lernzielen durch Ableitung aus einem heuristischen Prinzip, in: Materialien zur Curriculum-Entwicklung im Fach Latein, 1971 ↗517, 19–22
515 Kollegstufenarbeit in den Alten Sprachen 1, hg. BAYER K./WESTPHALEN K., München (BSV) 1971, 132 S. [s.a. ↗574] R.: Keulen H., MDAV 16.2 (1973, Beih.), 8f.; Kohl A., Anregung 19 (1973), 60; Jäger G., Anregung 23 (1977), 329
516 KROH P.: Lernziel-Plafond für die Sekundarstufe I. Welche Lernziele müssen beim Eintritt in die Kollegstufe erfüllt sein?, in: Materialien zur Curriculum-Entwicklung im Fach Latein, 1971 ↗517, 17f.
517 Materialien zur Curriculum-Entwicklung im Fach Latein, hg. BAYER K. (Ausschuß für didaktische Fragen im DAV), Augsburg (Blasaditsch) 1971, 32 S. | R.: SCHÖNBERGER O.: Ziele des altsprachlichen Unterrichts neu definiert, Schulfamilie 20 (1971), 43f.
518 NICKEL R.: Strukturplan und altsprachlicher Unterricht, Die Höhere Schule 24 (1971), 181–183

519 PFISTER R.: Zu den Grundforderungen für nichtgrundständigen Lateinunterricht, DASiU 19.2 (1971), 8–10
520 RIHL G.: Zum Beginn des Fremdsprachenunterrichts, AU 19.2 (1971), 4–7 | R.: Kohl A., Anregung 19 (1973), 56
521 SCHÖNBERGER O.: Unmodernes zum Lateinunterricht, Augsburg (Blasaditsch) 1971 (Handreichungen zur Fortbildung für den altsprachlichen Unterricht), 23 S.
522 SCHÖNBERGER O./WESTPHALEN K.: Matrix, verwendet als Suchschema für Lernziele und Fachleistungen des Latein- und Griechisch-Unterrichts, in: Materialien zur Curriculum-Entwicklung im Fach Latein, 1971 ↗517, 8 [zusammen mit ↗508 sog. 'DAV-Matrix'; oft nachgedruckt, z.B. in MDAV 15.3 (1972), 1–4; Maier F. ↗3088, 42–45]
523 SCHULZE K.: Neue Möglichkeiten für den altsprachlichen Unterricht?, MDAV 14.1 (1971), 11–14 | R.: Kohl A., Anregung 19 (1973), 56
524 WESTPHALEN K.: Allgemeine Lernziele für den altsprachlichen Unterricht, in: Materialien zur Curriculum-Entwicklung im Fach Latein, 1971 ↗517, 23–31; auch in: Anregung 18 (1972), 229–234; jetzt in: Didaktik des altsprachlichen Unterrichts ↗5, 23–31
525 WESTPHALEN K.: Methoden der Lernzielfindung (Übersicht), in: Materialien zur Curriculum-Entwicklung im Fach Latein, 1971 ↗517, 6f.
526 WESTPHALEN K.: Zum Lernzielprogramm der Alten Sprachen auf der Kollegstufe, in: Kollegstufenarbeit in den Alten Sprachen 1, 1971 ↗515, 19–25
527 BROECKEN K. H.: Überlegungen zur Begründung des altsprachlichen Unterrichts in einem modernen Curriculum, in: Die Altertumswissenschaft im Schulunterricht, 1972 ↗962, 30–32
528 Protokoll des Lehrgangs 1848 „Didaktische Überlegungen zu einer Revision des altsprachlichen Unterrichts", hg. Hessisches Institut für Lehrerfortbildung, Fuldatal 1972
529 RIEGER E.: Fragebogenaktion zur Validierung von Fachleistungen des Latein-Unterrichts, DASiU 20.1 (1972), 12–19; 20.3, 15–20
530 MENZE C.: Die Alten Sprachen im Curriculum, in: Die Altertumswissenschaft im Schulunterricht, 1972 ↗962, 28f.
531 THIENEL H.: Lernziele des Lateinunterrichts, Kiel (Schmidt & Klaunig) 1972 (IPTS-Schriften 1), 61 S.
532 Vorarbeiten zur Curriculum-Entwicklung. Modellfall Latein. Erster und zweiter Bericht der Gemeinsamen Fachkommission Latein der Modellschulen Freiburg-Haslach und Walskirch im Breisgau, hg. MAYER J. A., Stuttgart (Klett) 1972 (AU 15, Beih. 1), 132 S. [v.a. zur Lernziel-Bestimmung] R.: Kohl A., Anregung 20 (1974), 203
533 BAYER K.: Validierung von Fachleistungen durch Expertenbefragung, in: Lernziele und Fachleistungen, 1973 ↗546, 30–39
534 DIETRICH J.: Die Alten Sprachen in der Sekundarstufe II (Reform der gymnasialen Oberstufe), 1973 ↗964
535 Dokumentation: Ziele, Matrix, Lehrerbefragung, Schülerbefragung, Synopse, in: Lernziele und Fachleistungen, 1973 ↗546, Beil. 1–20
536 FRITSCH A.: Einige Thesen zum Lateinunterricht, Berliner Lehrerzeitung 27.9 (1973), 18–20
537 GEBHARDT E.: Findung und Bestätigung von Lernzielen und Fachleistungen, in: Lernziele und Fachleistungen, 1973 ↗546, 17–24

538 GEBHARDT E./KROH P.: Lernziele im Fach Latein – ein Versuch zur Validierung, Die Höhere Schule 26 (1973), 116–118
539 HAPP E.: Latein auf der Orientierungsstufe. Entwurf eines curricularen Lehrplans, Anregung 19 (1973), 302–312
540 HAPP E.: Themen für Lateinkurse auf der Kollegstufe, Anregung 19 (1973), 156–159
541 HAPP E.: Überlegungen zum Latein-Curriculum auf der Kollegstufe, AU 16.4 (1973), 61–74
542 HÖHN W.: Einige Thesen zur Frage des Lateinunterrichts innerhalb einer modernen Schulkonzeption, in: Unterrichtsmodelle zur Sprachreflexion, [1973] ↗694, 31
543 HUBER W.: Bericht über einen Grundkurs Latein (NG I/II) im Schulversuch Kollegstufe, Anregung 19 (1973), 160–166
544 KEULEN H.: Hat das Fach Latein auf der gymnasialen Oberstufe noch einen Sinn, 1973 ↗3931
545 KREFELD H.: Zur Operationalisierung von Lernzielen im Lateinunterricht. Dargestellt an Senecas 53. Brief, AU 16.4 (1973), 18–44
546 Lernziele und Fachleistungen. Ein empirischer Ansatz zum Latein-Curriculum, hg. BAYER K., Stuttgart (Klett) 1973 (AU 16, Beih. 1), 79 & 33 S. | **R.**: Kohl A., Anregung 20 (1974), 201f.; Nickel R., Gymn. 81 (1974), 425f.; ders. ↗561; Hadamovsky W., Anzeiger f. d. Altertumswiss. 28 (1975), 237.
547 MASCHER K.: Konkurrierende Fachleistungsansprüche. Versuch einer Analyse, in: Lernziele und Fachleistungen, 1973 ↗546, 73–79
548 PRIDIK K.-H.: Ein Modell für den Lateinunterricht an der Kollegstufe, AU 16.5 (1973), 120–128
549 RIEDEL W.: Entwicklung von Lernzielbereichen aus der Betrachtung eines Textes, in: Unterrichtsmodelle zur Sprachreflexion, [1973] ↗694, 7–11
550 RIEDEL W.: Die Ziele des Lateinunterrichts, in: Anregungen zur Arbeit mit den Rahmenrichtlinien im Bereich Sprachreflexion, 1973 ↗688, 1–17
551 SCHÖNBERGER O.: Entstehung und Funktion der Lernzielmatrix für den Lateinunterricht, in: Lernziele und Fachleistungen, 1973 ↗546, 25–29
552 SCHÖNBERGER O.: Lernzielmatrix für den Lateinunterricht, Lütjensee (Albrechts) 1973 (Anregungen und Informationen 13), 24 S.
553 SCHÖNBERGER O.: Warum Latein und Griechisch auf der Kollegstufe?, MDAV 16.3 (1973), 11–14; leicht veränderte Fassung in: DASiU 21.1–2 (1974), 20–22
554 STEINMETZ P.: Analysen, Folgerungen, Anregungen, in: Lernziele und Fachleistungen, 1973 ↗546, 62–73
555 WESTPHALEN K.: Lateinunterricht und Curriculumforschung, in: Lernziele und Fachleistungen, 1973 ↗546, 7–16
556 FRITSCH A.: Englisch, Französisch oder Latein? Zur Wahl der ersten Fremdsprache, Der Tagesspiegel Nr. 8649 (24.2.1974), 12
557 FUHRMANN M.: Caesar oder Erasmus? Überlegungen zur lateinischen Lektüre am Gymnasium, 1974 ↗3183
558 KREFELD H.: Die Alten Sprachen in der neugestalteten Oberstufe des Gymnasiums, MDAV/NW 22.4 (1974), 2f.

559 KREFELD H.: Warum Latein und Griechisch in der Sekundarstufe II?, MDAV/NW 22.4 (1974), 4–6

560 Latein oder Englisch als erste Fremdsprache?, DASiU 21.3 (1974), 27–30

561 NICKEL R.: „Lernziele und Fachleistungen" einer neuen Didaktik des „gelehrten Unterrichts", MDAV 17.3 (1974), 9–12 [zu ↗546]

562 SCHÖNBERGER O.: Die Bedeutung des Lateinischen als erste Fremdsprache, DASiU 21.1–2 (1974), 18f.

563 SÖHNGEN G.: Differenzierungsprobleme im Lateinunterricht, AU 17.5 (1974), 65–68 [Lernziele, Fachleistungen]

564 WESTPHALEN K.: Der Lateinunterricht im Spiegel neuer Lehrpläne. Eine Zwischenbilanz der Curriculumrevision, MDAV 17.1 (1974), 4–13 I **R.**: Kohl A., Anregung 22 (1976), 203

565 ALT-STUTTERHEIM W. v.: Die Einschätzung der Fächer Latein und Griechisch aus der Sicht von Absolventen der reformierten gymnasialen Oberstufe, MDAV 18.3 (1975), 5f.

566 BAUMGARTEN H.: Zukunft des AU bei Einführung der Orientierungsstufe und Reformierung der Oberstufe, MDAV/Ns 25.1–2 (1975), 8–10

567 DOUDA E.: Vom Sinn der Lektüre in den alten Sprachen, Die Österreichische Höhere Schule 27.2 (1975), 37–41

568 HEILMANN W.: Ziele des Lateinunterrichts, MDAV 18.4 (1975), 11–17

569 HEMPELMANN G.: Außerschulische Sprachkurse und die neue Oberstufe, MDAV/NW 23.1 (1975), 3–7 [in NRW]

570 JÖHRENS O.: Großes und Kleines Latinum, MDAV/Hs 22.3 (1975), 1–3

571 SCHELP R./BECKER H./VOGT W.: Latein und Griechisch in der Kollegstufe, MDAV 18.2 (1975), 3–8

572 WOLFF E.: Latein als erste Fremdsprache an Gymnasien, Anregung 21 (1975), 307–313; auch in: DASiU 22.1 (1975), 2–9; Schulfamilie 24 (1975), 197–204; MDAV/Ns 26.1 (1976), 5–11 [insbes. zur Beziehung zum Englischen]

573 HOLSTE H.: Vorüberlegungen zu einer Neugestaltung des Lateinunterrichts, MDAV/Ns 26.2 (1976), 9–11

574 Kollegstufenarbeit in den Alten Sprachen 2, hg. HAPP E./MAIER F., München (BSV) 1976 (ISP Kollegstufenarbeit), 150 S. [s.a. ↗515] **R.**: Jäger G., Anregung 23 (1977), 331; Kohl A., Anregung 24 (1978), 125f.

575 KREFELD H. u.a.: Affektive Lernziele im Lateinunterricht, MDAV 19.1 (1976), 1–15

576 MAIER F.: Die elfte Jahrgangsstufe im Lateinischen. Zur Ausrichtung des Faches auf die Kursphase der Kollegstufe, Anregung 22 (1976), 96–106

577 MAIER F.: Griechisch und Latein in der Kollegstufe, Das Gymnasium in Bayern 1976.4, 23–25

578 NICKEL R.: Das Normenbuch „Latein", MDAV 19.4 (1976), 1–13; 20.1 (1977), 3–7

579 RIEDEL W.: Beispiel für die Verknüpfung von sprachlichen und inhaltlichen Lernzielen, MDAV/Hs 23.3 (1976), 2–5 [Erasmus, coll.]

580 SCHÖNBERGER O.: Anmerkungen zum curricularen Lehrplan für Latein in der Kollegstufe, DASiU 23.1–2 (1976), 2–7

581 SCHÖNBERGER O.: Anmerkungen zur Lernzielfindung, DASiU 23.1–2 (1976), 8–12

582 STEINTHAL H.: Über Begründung und Bestimmung von Lernzielen, speziell im altsprachlichen Unterricht, in: Kollegstufenarbeit in den Alten Sprachen 2, 1976 ↗574, 25–30

583 WESTHÖLTER P.: Vorschläge zur Organisation und curricularen Struktur der lateinischen Sprache als 1. Fremdsprache in einer geplanten Orientierungsstufe in NW, Bildung aktuell 7 (1976), 308–319

584 BIETZ W./VOGT W.: Allgemeine Lernziele im Altsprachlichen Unterricht der Sekundarstufen I und II. ALK-Kolloquium Bad Kreuznach 1976/77, Bad Kreuznach 1977 (ALK–Informationen 2/77), 35 S.

585 BOECKMANN W.-D.: Die kompensatorische Spracherziehung im Lateinunterricht, MDAV/Ns 27.3 (1977), 8–15 [Erweiterung der muttersprachlichen Kompetenz; Sprachreflexion]

586 DIETERICH H.: Grundständiges Latein: Neun Stunden weniger?, MLAS/BW 8 (1977), 21–23

587 FUHRMANN M.: Curriculumprobleme der gymnasialen Oberstufe: Latein, Gymn. 84 (1977), 241–258

588 GRASSL H./KÖHLER R.: Lernzieltabellen für den Lektüreunterricht, 1977 ↗3054

589 HANSEN J. G.: Französisch oder Latein? Ein Unterrichtsmodell zur Vorbereitung der Schülerentscheidung in Klasse 7, AU 20.1 (1977), 5–26 [Entscheidung bzgl. 2. Fremdsprache durch Orientierungsunterricht]

590 HOLK G./UPMEYER D.: Gedanken zur Begründung des Faches Latein in der Schule, MDAV/Ns 27.1 (1977), 7–12; Ndr. in MDAV/Ns 34.4 (1984), 2–9

591 KRAMER J.: „Latinum". Regelung in den Ländern der Bundesrepublik, MDAV 20.2 (1977), 2–4 [vgl.a. die Tabelle in MDAV 21.3 (1978), 4]

592 KREFELD H.: Affektive Lernziele im Lateinunterricht. Bericht über die Arbeit des Ausschusses „Lernzieltaxonomie" im DAV, Gymn. 84 (1977), 291–308

593 Latein in der Kollegstufe, in: Handreichungen für den Lateinunterricht in der Kollegstufe 3.2, 1977 ↗711, 22–241

594 MAIER F.: Die curricularen Lehrpläne für den lateinischen Leistungskurs – Wann und inwieweit werden sie revidiert?, DASiU 24.2 (1977), 18–21

595 NICKEL R.: Der moderne Lateinunterricht. Lernziele und Unterrichtsverfahren in der gymnasialen Oberstufe, Freiburg u.a. (Ploetz) 1977, 119 S. [Lit.] R.: Kohl A., Anregung 24 (1978), 126

596 NICKEL R.: Zur Kooperation der einzelnen fremdsprachlichen Fächer, MDAV 20.2 (1977), 5–8

597 RIEDEL W.: Lernziele des Lateinunterrichts in der Sekundarstufe I, in: Latein – Aufsätze zur Textarbeit, 1977 ↗1290, 4–11

598 STEINTHAL H.: Zum Thema Latinum und „Lateinkenntnisse", MDAV 20.3 (1977), 1–3

599 BURANDT R.: Visualität, analytischer Stil und Systemdenken – Lernziele im AU und zugleich wichtige allgemeine Lernziele. Ein Diskussionsbeitrag für die Formulierung der neuen Rahmenrichtlinien für die Sekundarstufe II, MDAV/Ns 27.4–28.1 (1977–78), 14–17; auch in: MDAV 21.4 (1978), 11–15

600 FUHRMANN M.: Beschreibung der Ziele und Inhalte des AU, MDAV/Ns 28.3 (1978), 2–6

601 GLÜCKLICH H.-J.: Fachspezifische und allgemeine Ziele des lateinischen Grammatikunterrichts, in: Der altsprachliche Unterricht im heutigen Gymnasium, 1978 ↗8, 29–51 [Lit.]

602 GÖSSWEIN U.: Der lateinische Leistungskurs in der Jahrgangsstufe 12. Erfahrungen mit dem Curricularen Lehrplan und Vorschläge für eine Revision, Anregung 24 (1978), 352–359

603 LUDWIG K.: Zur Verkürzung des Elementarkurses bei Latein als 2. Fremdsprache, MLAS/BW 9.1 (1978), 4–6

604 MAIER F.: Latein als spät beginnende Fremdsprache. Eine neue Erscheinungsform des Faches, Anregung 24 (1978), 360–366 [vgl.a. ↗631]

605 MAIER F.: Latein, ein Fach ohne Profil in der gymnasialen Mittelstufe? Auseinandersetzung mit einem prominenten Lateinkritiker, Schulfamilie 27 (1978), 161–166, 202–207 [zu R. Affemann: Lernziel Leben]

606 MAIER F.: Latein in der Sekundarstufe I – ein Fach ohne Profil? Leistungen, Lehrplan, Lehrer im lateinischen Lektüreunterricht der Sekundarstufe I, in: Der altsprachliche Unterricht im heutigen Gymnasium, 1978 ↗8, 170–199 [vgl.a. ↗605, ↗4087]

607 MICHAEL B.: Überlegungen zur Funktion des Lateinunterrichts im Schulsystem, in: Renaissance des Lateinunterrichts?, 1978 ↗1002, 42–75

608 WESTHÖLTER P.: Latein in der Orientierungsstufe (Kurzfassung), MDAV/NW 26.1 (1978), 9–11

609 BARIÉ P.: Formen späten Lateinbeginns, in: Handbuch für den Lateinunterricht, Sek.II, 1979 ↗12, 82–92

610 CLASEN A.: Die Schlüsselfunktion des Lateinunterrichts in der 10. Klasse (Bericht), MLAS/SH 2.2 (1979), 18–21

611 CLASSEN C. J.: Alter Wein in neuen Schläuchen? Kritische Bemerkungen zu neuen Vorschlägen zur Anfangslektüre und zu einem Kursprogramm für die reformierte Oberstufe, Gymn. 86 (1979), 1–15 | R.: Kohl A., Anregung 26 (1980), 190f.

612 GLÜCKLICH H.-J.: Der Zusammenhang des Lateinunterrichts auf den Sekundarstufen I und II, in: Handbuch für den Lateinunterricht, Sek.II, 1979 ↗12, 70–81

613 HEIL G.: Altsprachlicher Unterricht im sprachlich-literarisch-künstlerischen Aufgabenfeld, AU 22.1 (1979), 5–10

614 HEILMANN W.: Lernziele Griechisch–Latein. Versuch einer Differenzierung (Resümee), AU 22.1 (1979), 43f [vgl.a. ↗830]

615 HEUPEL C.: Latein oder Französisch? Entscheidungshilfen zur Wahl der 2. Fremdsprache (Kl. 7/II), in: Handbuch für den Lateinunterricht, Sek.II, 1979 ↗12, 31–57

616 JONAS S.: Funktion des Lateinunterrichts in den Klassen 7 und 8, MDAV 22.1 (1979), 7–10

617 KLEINE W.: Die Sprachenfolge und ihre Auswirkungen auf den Lateinunterricht, AU 22.1 (1979), 13–17

618 MAIER F.: Latein als erste, zweite, dritte und vierte Fremdsprache, in: Fachdidaktisches Studium 1, 1979 ↗828, 163–178

619 MAIER F./REUTER H.: Latein und Griechisch als Wahlfach mit Fortsetzung als spätbeginnende Fremdsprache, in: Fachdidaktisches Studium 1, 1979 ↗828, 187–192

620 PLENIO W.: Grundkurse Latein in der Studienstufe, MLAS/SH 2.1 (1979), 4–6

621 VOGT W.: Spezifische Unterschiede zwischen Grund- und Leistungskurs, in: Handbuch für den Lateinunterricht, Sek.II, 1979 ↗12, 93–107 [Lit.]

622 BIETZ W./KOPPENHÖFER K.: Griechisch oder Französisch. Die Wahl der dritten Pflichtfremdsprache in der Klasse 9 des Altsprachlichen Gymnasiums, Impulse 4 (1980), 25–32
623 CLASEN A.: Erfahrungen mit Fremdsprachen: Griechisch, Latein, Unsere Schule in Schleswig-Holstein (hg. KM S-H) 1980.3
624 GLÜCKLICH H.-J.: Englisch oder Latein als erste Fremdsprache am Gymnasium?, Impulse 4 (1980), 3–16 [vgl. ↗628]
625 GÖSSWEIN U.: Die Erwartung der Kollegstufe an den lateinischen Sprachunterricht – zehn praxisorientierte Forderungen, Anregung 26 (1980), 100–107 | R.: AADI 2 (1981), 21
626 WAIBLINGER F. P.: Latein – erste Fremdsprache. Ein Plädoyer, Süddeutsche Zeitung 5./6.1.1980
627 BENDER K.: Abitur 1981: Das Fach Latein und seine Rolle in der Fächervielfalt, ASiRPS 27.3 (1981), 9–15
628 GLÜCKLICH H.-J.: Englisch oder Latein als erste Fremdsprache am Gymnasium?, AU 24.1 (1981), 60–68 [überarb. Fassung von ↗624] R.: AADI 3 (1982), 36
629 HENNIG G.: Der fakultative Lateinunterricht im Stundenplan, FSU 25 (1981), 397f.
630 LOHE P.: Die schulpolitische Situation für Latein als erste Fremdsprache, LGB 25 (1981), 2–8
631 MAIER F.: Latein als spätbeginnende Fremdsprache. Eine neue Erscheinungsform des Faches, in: Latein als spätbeginnende Fremdsprache, 1981 ↗731, 7–18 [vgl.a. ↗604]
632 PAULI H.: Soziale Lernziele im Lateinunterricht, AU 24.2 (1981), 29–47 | R.: AADI 4 (1982), 51
633 KIEFNER G.: Überlegungen zur Wahl der Oberstufenkurse (LK und GK) in der NGO aus der Sicht eines „Minderheits"-Faches, MLAS/BW (1981–82), 21–23
634 CLASEN A.: Feindliche Brüder? Die Fremdsprachen im Gespräch, Anregung 28 (1982), 28–35 [vgl. ↗635] R.: Maier F., AADI 5 (1983), 57
635 HAAS R.: Anmerkungen zur Lübecker Variation über das Thema „feindliche Brüder" vor fachdidaktisch-geschichtlichem Hintergrund, Anregung 28 (1982), 258–263 [vgl. ↗634]
636 WAIBLINGER F. P.: Alte Sprachen und Deutschunterricht, in: Fachdidaktisches Studium 2, 1982 ↗865, 110–118 | R.: Töchterle K., AADI 6 (1983), 80
637 WACHINGER F.: Erasmus von Rotterdam und der Curriculare Lehrplan für Latein in der Kollegstufe, Anregung 29 (1983), 44–46 | R.: Maier F., AADI 7 (1984), 99f.
638 WESTPHALEN K.: Englisch und Latein. Fundamentalsprachen des Gymnasiums, AU 27.3, Beih. (1984), 32 S. | R.: Nickel R., MDAV 27.3 (1984), 19; LGB 28 (1984), 66f.; Spänle R., MDAV/NW 32.4 (1984), 10f.; Gamper P., AADI 9 (1985), 129; Schmid M., Die Höhere Schule 39 (1986), 131f.; vgl.a. Bauer A. ↗662
639 BRINGMANN K.: Römische Geschichte und lateinische Literatur. Kritische Anmerkungen eines Althistorikers zum Kursstrukturplan Latein, Anregung 31 (1985), 239–249 | R.: Kohl A., Anregung 32 (1986), 116; Töchterle K., AADI 12 (1986), 24
640 HOHNEN P.: Das Fach Latein am Beginn der Oberstufe, Die Neueren Sprachen 84.3–4 (1985), 416–429
641 KREFELD H.: Die Fundamentalsprachen des Gymnasiums, in: Erinnerung und Aufruf. Nachlese zum Festjahr des Archigymnasiums Soest 1984, Soest 1985 (Soester Beiträge 47), 63ff.

642 NICKEL R.: Allgemeinbildung und produktive Einseitigkeit. Zukunftsaufgaben des Gymnasiums, Anregung 31 (1985), 416–420
643 NICKEL R.: Didaktische Bezüge zwischen den alten und den neuen Schulsprachen, aus der Sicht eines Lehrers der alten Sprachen, Die Neueren Sprachen 84 (1985), 403–415
644 BUCHTMANN E.: Ein fachspezifischer Weg zur Textarbeit im Dichtungskurs (Planungsüberlegungen für ein Folgekurssystem im Lateinunterricht der Qualifikationsphase), 1986 ↗3099
645 MAIER F.: Ziellose Lektüre in den Alten Sprachen? Eine Replik auf Wilfried Strohs Sondervotum, Anregung 32 (1986), 82–85 [vgl. ↗648] R.: Töchterle K., AADI 13 (1987), 35
646 MEYERHÖFER H.: Noch einmal: Text oder Lernziel? Zur Frage der Lernzielorientierung des altsprachlichen Unterrichts, Anregung 32 (1986), 331–333 [vgl. ↗648] R.: Töchterle K., AADI 13 (1987), 36
647 SCHMIDT H. W.: Die KMK-Vereinbarungen von 1979 zum Graecum und Latinum, MDAV 29.2 (1986), 40–43
648 STROH W.: Text oder Lernziel? Ein Sondervotum zum altsprachlichen Lektüreunterricht, Anregung 32 (1986), 15–17 [vgl.a. ↗645, ↗646] R.: Töchterle K., AADI 13 (1987), 35
649 WESTPHALEN K.: Der altsprachliche Unterricht im Kontext der modernen Schule. Eine pädagogisch-didaktische Standortbestimmung nach 15 Jahren Fortentwicklung, Anregung 32 (1986), 360–373 | R.: Töchterle K., AADI 13 (1987), 36
650 BELDE D.: Mit dem Latein noch lange nicht am Ende. Reformvorschläge für den Lateinunterricht, Schulpraxis 7.1 (1987), 18–20
651 BRANDES J.: Neue Ziele für den Lateinunterricht, AU 30.4 (1987), 78–82 | R.: Senfter R., AADI 16 (1988), 88
652 PILZER G. H.: Was das Fach Latein (doch noch) vermag, AU 30.4 (1987), 51–60 | R.: Senfter R., AADI 16 (1988), 94
653 SCHMIDT H.: Didaktische Aspekte des französischen und lateinischen Fremdsprachenunterrichts, Anregung 33 (1987), 125–130 | R.: Töchterle K., AADI 17 (1989), 105
654 VESTER H.: Ein Plädoyer für Latein als erste Fremdsprache, in: Erfolgreiche Musterreden für den Schulleiter, Ergänzungslieferung 2/1987, Teil 5, hg. LADE E., Kissing (Weka) 1987, 15–21
655 HEIL G.: „Latinum" – oberstes Lernziel in Klasse 11?, MDAV/Hs 35.3 (1988), 5–9
656 QUACK H.: Latein als dritte Fremdsprache. Nöte – Chancen – Ziele, MLAS/SH 1988.1, 5–11
657 ROSS J.: Klassiker von Homer bis Tacitus zählen zum Pflichtpensum, FAZ 89 (16.4. 1988), 45
658 Latinum. Latein in der Schule und für das Studium, hg. Latinumskommission des DAV, Vors. BURNIKEL W., o.O. o.J. [1989], 60 S. | Maier F., MDAV 33.3 (1990), 75f.
659 MÄSCH N.: Die erste Fremdsprache: Zum Beispiel Französisch, Gymn. 96 (1989), 478–491
660 NICKEL R.: Griechisch und Latein als konkurrierende Geschwister, AU 32.4 (1989), 88–90 | R.: Töchterle K., AADI 20 (1990), 127f.
661 BAUER A.: Englisch und Latein – die Fundamentalsprachen des Gymnasiums, MDAV/Hs 37.2 (1990), 4–21

662 BAUER A.: Latein – lerntypusorientiert und unmodern? – die Westphalensche Typologie und was noch? Probleme und Möglichkeiten der Fächerverbindungen L/E und L/F, MDAV/Hs 37.4 (1990), 7–11 [vgl. ↗638]
663 BERCHEM I. v.: Latein – ein gymnasiales Fach?, Anregung 36 (1990), 334–336
664 BIELEFELD V.: Die neuen Unterrichtsempfehlungen für Latein im Wahlpflichtbereich der Gesamtschulen, MDAV/NW 38.1 (1990), 3–5 [NRW]
665 NERL M.: Neue Wege für den L 2-Unterricht?, DASiU 37.1 (1990), 9f.
666 OTTEN K.: Latein als erste Fremdsprache im Gymnasium: Ein Plädoyer für eine Zumutung, Scrinium 35.1–2 (1990), 3–13
667 WÜLFING P.: Le lingue classiche, fra «cultura formale» e «corso di civiltà antica», in: Atti del convegno nazionale "Per il Latino. Obiettivi e metodi nuovi", Perugia 1990, 65–83
668 JONES P.: Learning Latin and Greek, but not at School, AU 34.3 (1991), 59–61 I **R.**: Niedermayr H., AADI 24 (1992), 49
669 SCHINDLER W.: Jugendliche – Gesellschaft – (antike) Literatur. Eine Besinnung auf generelle Lernziele des Lektüreunterrichts in den Alten Sprachen, AU 34.1–2 (1991), 15–31 I **R.**: Töchterle K., AADI 23 (1992), 35f.
670 HAIDER A.: Aufgaben und Entwicklungsmöglichkeiten des Lateinunterrichts in der neuen AHS, AHS 41 (1992), 121–124, 185ff.
671 MEISSNER H.: Leistungssteigerung durch frühen Lateinbeginn?, Lehren und Lernen 18.6 (1992), 18–33
672 SCHWARZ D.: Latein und die modernen Fremdsprachen, in: Symposium Latein 2000, 1992 ↗1082, 74–87
673 VESTER H.: Soll ich in der 12. Klasse Latein wählen?, in: Erfolgreiche Musterreden für den Schulleiter, Ergänzungslieferung 17/1992, Teil 5, hg. LADE E., Kissing (Weka) 1992, 72–76

4. Curriculare Lehrpläne

675 Evaluation der Rahmenrichtlinien in Hessen, Wiesbaden (HIBS) o.J., hier S. 119–136: Latein Sek. I
676 Handreichung zum lernzielorientierten Lehrplan Latein, 2. Folge, hg. KM Rh-Pf, Mainz o.J., 58 S. [Lit.; 1. Folge s. ↗1393]
677 Handreichungen zu den Lehrplänen für das Fach Latein, hg. Ministerium für Unterricht und Sport, [Saarbrücken] o.J. [laut Auskunft des Ministeriums gibt es Handreichungen/Materialien (Textvorschläge, Interpretationshilfen, Begleitinformationen, Literaturhinweise) zu folgenden Hauptthemen des saarländischen Lehrplans: LK 12/1: 1 (Scipio mai.), 2 (Sall. Cat.), 3 (Cic. Catil.), 4 (Politiker), 5 (Ov. trist., Pont.) • LK 12/2: 1 (Ter. Ad.), 2 (Verg. Aen.), 3 (Catull.), 4 (Hor. sat.), 5 (Tac. Germ.) • LK 13/1: 1 (Sen. epist.), 3 (Cic. rep., Aug.), 6 (Cic., Naturrecht) • LK 13/2: 4 (Th. Morus), 5 (Epitaphien) • GK 12/1: 1 (Sall. Iug.), 4 (Einzelner – Staat) • GK 12/2: 1 (Ov. met.), 3 (Catull.), 5 (Petron. Cena) • GK 13/1: 1 (Sen. epist.), 2 (Medizin), 4 (Traum), 5 (Aug. conf.) • GK 13/2: 1 (Ironie, Parodie), 2 (Christen), 3 (Morus), 4 (Quint.)]
678 Die Wahl von Lateinkursen in der S I, Fuldatal o.J. (Schriftenreihe des HILF)
679 HÖHN W. u.a.: Bericht der Rahmenrichtlinien-Kommission für Latein in Sek.St.I, MDAV/Hs 18.4 (1971), 1–8

680 PÜRZER U.: Überlegungen zu einer Neuorientierung des lateinischen Sprachunterrichts, 1971 ↗1829
681 STEINMETZ P.: Die römische Auffassung von Wesen und Aufgabe der Geschichtsschreibung. Studienkurs Latein – 3. Trimester, in: Materialien zur Curriculum-Entwicklung im Fach Latein, 1971 ↗517, 13–16
682 BIERMANN W.: Empfehlungen für den Kursunterricht im Fach Latein. Curriculum, gymnasiale Oberstufe, hg. KM des Landes Nordrhein-Westfalen, Düsseldorf 1972; ²1973 (Schulreform NRW Sekundarstufe II – Curriculum gymnasiale Oberstufe Latein, 7a), 92 S.
683 FISCHER H.-J.: Funktion und Organisation des Altsprachenunterrichts in der DDR nach dem Bildungsgesetz von 1965, Pädagogik und Schule in Ost und West 20 (1972), 189–195
684 Handreichungen für den Latein- und Griechischunterricht in der Kollegstufe, 2. Folge, hg. Staatsinst. für Schulpädagogik, München 1972, 60 S. [By; GK-Themen: Mensch in Staat u. Gesellschaft; Dichtung; Philosophie]
685 RAUCH G.: Latein auf der Kollegstufe, 1972 ↗957
686 RIEDEL W.: Neue Rahmenrichtlinien für Latein – Sekundarstufe I, MDAV/Hs 19.3 (1972), 1–7
687 Schulreform in Bayern, Bd. 2 Kollegstufe am Gymnasium, hg. Staatsministerium für Unterricht und Kultus, München 1972, 452 S.; darin 129–152: Latein und Griechisch | R.: Kohl A., Anregung 20 (1974), 202f.
688 Anregungen zur Arbeit mit den Rahmenrichtlinien im Bereich Sprachreflexion, hg. KM Hessen, o.O. [Frankfurt/M.] 1973 (Unterrichtsmaterialien zu den Rahmenrichtlinien Latein, Sekundarstufe I), 142 S.
689 BIERMANN W. u.a.: Empfehlungen für den Kursunterricht im Fach Latein, hg. KM NRW, Düsseldorf ²1973 (Schulreform NW Sekundarstufe II, Arbeitsmaterialien und Berichte 7a II), 92 S.
690 Entwurf zum Curriculum Latein/Leistungskurs, in: Entwürfe der Curricula für die Mainzer Studienstufe, hg. KM des Landes Rheinland-Pfalz, Mainz 1973
691 Handreichungen für den Sekundarbereich II für das sprachlich-literarisch-künstlerische Aufgabenfeld, 2. Folge A, hg. KM des Landes Niedersachsen, Hannover 1973
692 LÖWE G.: Abiturkurs Latein. Zum Lehrplan für Latein und zum Lateinischen Lehrbuch – Abiturkurs, FSU 17 (1973), 410–417
693 ROHRMANN L.: Bericht über die Arbeit an den Rahmenrichtlinien Latein für die Sekundarstufe II (Stand: 15.2.1973), MDAV/Hs 20.1 (1973), 3–6; 20.2., 1–5
694 Unterrichtsmodelle zur Sprachreflexion, hg. KM Hessen, Frankfurt/M. (Diesterweg) o.J. [~1973] (Unterrichtsmaterialien zu den Rahmenrichtlinien Latein, Sekundarstufe I), 31 S.
695 BOEKHORST G. u.a.: Latein. Unterrichtsempfehlungen, Sekundarstufe I – Gymnasium, Opladen (Middelhauve) 1974, 110 S. [NRW]
696 Curriculumarbeit in Bayern, 2. Folge: Modelle und Ergebnisse, hg. WESTPHALEN K./ HEINZMANN M., München (BSV) 1974, 141 S. [Lit.]
697 HOLTERMANN H.: Werden Latinum und Graecum abgeschafft?, MDAV/Ns 24.2 (1974), 5–7 [Ns]

698 MAIER F.: Zur Lage der Alten Sprachen im Rahmen des Bayerischen Kollegstufenmodells, DASiU 21.3 (1974), 11–17 [mit Statistik]
699 Materialien zu einem Lehrplan (Curriculum) Latein (Jan. 1973), hg. Lehrplankommission Latein, Die Schulwarte 27.1–2 (1974), 84–103
700 PRUTSCHER U.: Grundinformation: Latein in der Mainzer Studienstufe, MDAV/RhPf 1974.1–2, 2–5
701 RIEDEL W.: Unterrichtsbeispiele zu den hessischen Rahmenrichtlinien Latein Sekundarstufe I, AU 17.5 (1974), 30–40 [an Textbsp.en aus Bornemann C]
702 BOEKHORST G. u.a.: Unterrichtsempfehlungen Sekundarstufe I, Gymnasium, hg. KM des Landes Nordrhein-Westfalen, Ratingen 1975, 110 S.
703 MEINCKE W.: Bemerkungen zum altsprachlichen Teil der Mainzer Studienstufe, MDAV/Ns 25.1–2 (1975), 12–15
704 Rahmenrichtlinien – Diskussionsentwurf Sekundarstufe II Latein, hg. KM des Landes Hessen, 1975
705 SELLE K.: Latein in der Orientierungsstufe – Erste Erfahrungen in Niedersachsen, MDAV/NW 23.4 (1975), 3f.
706 Handreichungen für den Lateinunterricht in der Kollegstufe, 3. Folge, 1, hg. ISP München, Donauwörth (Auer) 1976, 246 S. [s.a. ↗711] R.: MDAV 20.2 (1977), 13; Kohl A., Anregung 24 (1978), 124f.
707 WESTHÖLTER P.: Vorschläge zur Organisation und curricularen Struktur der lateinischen Sprache als 1. Fremdsprache in einer geplanten Orientierungsstufe in NW, Bildung aktuell 1976, 308–319
708 Arbeitsgebiete Klasse 11–13, LEU/L 4 (1977), 24 S. [B-W]
709 Empfehlungen für die Fachkonferenzen zur Umsetzung der Rahmenrichtlinien Sek.I: Mathematik, Physik, Chemie, Musik, Latein, Griechisch, Wiesbaden 1977 (HIBS–Info 1/77), 52 S.
710 Entwurf eines lernzielorientierten Lehrplans Latein/Grundfach, hg. KM des Landes Rheinland-Pfalz, Mainz 1977
711 Handreichungen für den Lateinunterricht in der Kollegstufe, 3. Folge, 2, hg. ISP München, Donauwörth (Auer) 1977, 241 S. [s.a. ↗706] R.: Kohl A., Anregung 24 (1978), 125
712 Materialien zum Lateinunterricht in Mittel- und neugestalteter Oberstufe, hg. Bayer. Staatsministerium für Unterricht und Kultus, München 1977 (Handreichungen zur Fortbildung für den altsprachlichen Unterricht), 81 S.
713 MEYERHÖFER H.: Zum dritten Kurshalbjahr des Leistungskurses: Der Einzelne und der Staat, in: Handreichungen für den Lateinunterricht in der Kollegstufe 3.2, 1977 ↗711, 108–124
714 ROHRMANN L.: Der Orientierungskurs 1: Kampf um die Macht im Staat am Ende der römischen Republik, in: Kampf um die Macht im Staat am Ende der römischen Republik, 1977 ↗994, 8–40 [Hs; vgl. ↗994, ↗5088]
715 SCHEDA G.: Lehrpläne für den Lateinunterricht in der Sekundarstufe II, MDAV 20.3 (1977), 4f. [bibliographische Übersicht über die Lehrpläne der Länder der BRD]
716 Unterrichtseinheiten für Klasse 11 – Autorenlektüre, LEU/L 1 (1977), 22 S. [B-W]
717 Unterrichtseinheiten für Klasse 11 – Thematisch bestimmte Autorenlektüre/Sachthemen, LEU/L 2 (1977), 19 S. [B-W]

718 Unterrichtseinheiten für Klasse 11/12 – Autorenlektüre: Prosa, LEU/L 6 (1977), 27 S. [B-W]
719 Unterrichtseinheiten für Klasse 11/13 – Autorenlektüre: Dichtung, LEU/L 7 (1977), 27 S. [B-W]
720 BOECKMANN W.-D.: Grundständiges Latein in Niedersachsen. Zum Stand der Diskussion, MDAV/Ns 27.4–28.1 (1977–78), 8f.
721 HOLTERMANN H.: Leistungskurs "Lateinische Sprache" (Entwurf), MDAV/Ns 28.3 (1978), 7–9
722 Kursstrukturplan Latein, gymnasiale Oberstufe, hg. KM Hessen, Frankfurt/M. u.a. (Diesterweg) o.J. [1978], 53 S.
723 Latein 1: Texte und Unterrichtsbeispiele für die Sekundarstufe I, bearb. RIEDEL W., Wiesbaden 1978 (HIBS–MUS 8), 71 S. [u.a. Linguistik, Übersetzung, zweisprachige Texte, Textvorschläge zur Autorenlektüre]
724 Latein 2: Lehrbuch und Textarbeit im Anfangsunterricht, 1978 ↗1543
725 SCHMIDT A.: Latein im Rahmen niedersächsischer Schul- und Bildungspolitik, in: Renaissance des Lateinunterrichts?, 1978 ↗1002, 4–16; Kurzfassung in MDAV/Ns 28.2 (1978), 5–9
726 BAUMGARTEN H.: Lernziele und Unterrichtsinhalte für die Lehrgänge Latein I und Latein II, MDAV/Ns 30.3–4 (1980), 15–23
727 BAYERLE L.: Lehrplan und Lehrbuch für den Wahlunterricht in den Jahrgangsstufen 10 und 11 mit Vorschlag einer Feststellungsprüfung, in: Latein als spätbeginnende Fremdsprache, 1981 ↗731, 19–26 [By]
728 DIEDENHOFEN W./FROLEYKS W./REHM H.: Dokumentation eines Kombinationskurses im Fach Lateinisch – Grund- und Leistungskurs, in: Gymnasiale Oberstufe – Latein 2, [1981] ↗730, 121–197 [NRW GK/LK 12/1, 13/1; Themen: virtus; Vergil; Philosophie als Lebenshilfe]
729 Gymnasiale Oberstufe – Lateinisch, hg. KM NRW u.a., o.O. o.J. [~1981] (Lehrerfortbildung in Nordrhein-Westfalen 1.1–1.3), 199 S.
730 Gymnasiale Oberstufe – Latein 2, hg. KM NRW u.a., o.O. o.J. [~1981] (Lehrerfortbildung in Nordrhein-Westfalen 2.1–2.3), 197 S.
731 Handreichungen für den Lateinunterricht: Latein als spätbeginnende Fremdsprache, hg. ISP München, Donauwörth (Auer) 1981, 250 S. [u.a. zu Lektüreprojekten: Nep., Gell., Caes., Sall., Catull., Mart.; Philosophie, Recht, Medizin (& Texte, Lit.), christliches Leben (& Begleittexte), Mittellatein (& Texte); 'Grundkurs Latein']
732 CLADE R./GLÜCKLICH H.-J./NIEMANN K.-H.: Lateinische Lektüre, Sekundarstufe I. Themen – Texte – Ziele. Erarbeitet von der fachdidaktischen Kommission Latein–Sekundarstufe I des Landes Rheinland-Pfalz, Mainz (v. Hase & Koehler) 1981 (KM Rh-Pf, Schulversuche und Bildungsforschung – Berichte und Materialien 35), 156 S. [Plaut. Most., Caes., Ov. met. (↗4081), ars, Catull., Ter. Ad., Rhetorik, Fabel, Vagantendichtung, Act, Plin. epist.] **R**.: Maier F., Gymn. 89 (1982), 523f.; Kohl A., Anregung 30 (1984), 208
733 Richtlinien für die gymnasiale Oberstufe in Nordrhein-Westfalen. Lateinisch, hg. KM des Landes Nordrhein-Westfalen, Köln 1981 (Die Schule in Nordrhein-Westfalen, H.4710), 193 S.
734 Verbindung von Curriculumentwicklung und -erprobung mit der Lehrerbildung, 1981 ↗860, ↗861

735 MAIER F.: Vergils Werke in den Lehrplänen der Länder der Bundesrepublik Deutschland, 1983 ↗4733
736 BECHER I.: Der fakultative Lateinunterricht an der Erweiterten Oberschule der DDR und das „Lateinische Lehrbuch Einführungslehrgang", AU 27.3 (1984), 4–10 [vgl. ↗2646] **R.**: Senfter R., AADI 9 (1985), 122f.
737 Handreichungen für den Lateinunterricht in den Jahrgangsstufen 8 bis 11, Bd. 1: Prosa, hg. ISB München, Donauwörth (Auer) 1984, 427 S.
738 Handreichungen für den Lateinunterricht in den Jahrgangsstufen 8 bis 11, Bd. 2: Dichtung, hg. ISB München, Donauwörth (Auer) 1984, 301 S.
739 KABIERSCH J.: Zu den neuen Latinums- und Graecumsbestimmungen, MDAV/NW 32.4 (1984), 2–8 [in NRW]
740 Handreichungen für den Lateinunterricht in der Kursphase der Oberstufe – Leistungskurs, hg. ISB München, Donauwörth (Auer) 1984, 328 S. [Satire, Lyrik, Rede, Recht, Staatslehre, Geschichtsdeutung, Philosophie]
741 PROCHASKA R. A./WURZ M.: Stellungnahme zum Lehrplan III/22/L u. G., IAU 6 (1984), 2–7
742 WOJACZEK G.: Urteil des Bayer. Verfassungsgerichts in Sachen Latinum, DASiU 31.2 (1984), 15f.
743 Handreichung zum Lehrplan Latein, Grund- und Leistungsfach in der Oberstufe des Gymnasiums (Mainzer Studienstufe), hg. KM Rheinland-Pfalz, o.O. 1985, 126 S. [Lit.]
744 BIELEFELD V.: Latein für alle – Bemerkungen und Bericht zur Richtlinienarbeit, AU 30.4 (1987), 27–32 [Gesamtschule NRW] **R.**: Senfter R., AADI 16 (1988), 88
745 Latein 3: Empfehlungen für die Arbeit mit den Rahmenrichtlinien Latein Sek. I, Wiesbaden 1987 (HIBS–MUS 72), 64 S.
746 Lehrplan-Service-Latein (AHS und HS): Kommentarheft 1 (3. und 4. Klasse), Wien (ÖBV) 1988, 84 S.
747 Modellversuch: Richtlinien und Lehrpläne für die gymnasiale Oberstufe – Berichte zu den Unterrichtsfächern – Lateinisch, hg. KM NRW, o.O. 1988 (Strukturförderung im Bildungswesen des Landes Nordrhein-Westfalen 45.8), 82 S.
748 Schülerberatung zur Fächerwahl für die Mainzer Studienstufe, Speyer 1988 (SIL-Studienmaterialien 103), 120 S.; hier 23–28 Latein
749 Lehrplan-Service Latein/Griechisch. Fachpläne und Kommentar Oberstufe, Wien (ÖBV) 1990, 297 S. I **R.**: Gamper P., Ianus 12 (1991), 68–77; ders., AADI 22 (1991), 18f.
750 MÜHLBERG S.: Multa non multum?, MDAV/Ns 40.1 (1990), 16f. [DDR-Lehrplan]
751 PROCHASKA R. A.: Der neue Lehrplan für Latein. Erstes Lektürejahr, Ianus 11 (1990), 1 [Österreich]
752 VOMHOF N.: Entwicklung von Lehrplänen im Fach Latein für die Klassen 5–10 des Gymnasiums, MDAV/NW 38.1 (1990), 5–7 [NRW]
753 FLEISSNER U.: Latein im neuen Lehrplan für das bayerische Gymnasium, in: Symposium Latein 2000, 1992 ↗1082, 104–110
754 SCHEDA G.: Zu den neuen Richtlinien für Griechisch und Latein in Sekundarstufe I, MDAV/NW 40.3-4 (1992), 3–5 [NRW]

D. Lehreraus- und -weiterbildung

Dieser Abschnitt umfaßt auch die Publikationen zur Lehrerausbildung an der Universität (z.B. Latinum, Stilübungen).

1. Fachdidaktik · Probleme des Fachlehrers

755 HENTIG H. v.: Platonisches Lehren. Probleme der Didaktik, dargestellt am Modell des altsprachlichen Unterrichts, 1 Unter- und Mittelstufe, Stuttgart 1966, 506 S. [Lit.; Bd. 2 nicht mehr erschienen] R.: Meyer T. ↗1268

756 Lateinausbildung im Studienseminar, hg. AHRENS E., Frankfurt/M. u.a. (Diesterweg) ²1966, 324 S.

757 KREFELD H.: Zur Didaktik des Lateinunterrichts, in: Interpretationen lateinischer Schulautoren, 1970 ↗3117, 7–27

758 BAYER K. u.a.: Aus der Arbeit des Ausschusses für Didaktische Fragen, MDAV 14.2 (1971), 12f.; 15.2 (1972), 4–7; 16.1 (1973), 1–6

759 DETTE G.: Latein für Studienanfänger der Realschullaufbahn, ein neuer Versuch. Voraussetzungen und erste Erfahrungen, Gymn. 78 (1971), 350–362 | R.: Kohl A., Anregung 19 (1973), 58

760 Fortwirkende Antike, hg. HÖRMANN F., München (BSV) 1971 (DSW 6), 168 S. | R.: Kohl A., Anregung 19 (1973), 58f., 418f.

761 MAIER F./REITER H.: Latein (1. Fremdsprache) in einer 9. Klasse. (Entwurf zu einer Lehrprobe: Caesar, BG I 40), Anregung 17 (1971), 118f.

762 Studienführer, hg. Klassisch-Philologisches Seminar der Universität Zürich, 1971, 29 S.

763 Studienhilfen zu ausgewählten Themen des Lehrprogramms zur Weiterbildung der Lehrer für Altsprachen, hg. Zentralinstitut für Weiterbildung der Lehrer und Erzieher, FSU 15 (1971), 210–213

764 DOMNICK J./KROPE P.: Student und Latinum – Untersuchungen zum Bestand und Bedarf an Lateinkenntnissen bei Studenten, Weinheim u.a. (Beltz) 1972 (Göttinger Studien zur Pädagogik, N.F. 16), 460 S. | R.: Fritsch A., MDAV/Bl 19.3 (1973), 6f.

765 HAPP E. u.a.: Entwürfe zu einer Fachdidaktik des altsprachlichen Unterrichts, Anregung 18 (1972), 386–388; auch in: Zur Didaktik der Alten Sprachen in Universität und Schule ↗791, 66–70

766 HAPP E./WESTPHALEN K.: Entwurf zu einer Fachdidaktik des altsprachlichen Unterrichts, Anregung 18 (1972), 386

767 HEIL G.: Zwischen Positivismus und Glossolalie. Zur Misere einer Didaktik der alten Sprachen, MDAV/Hs 19.2 (1972), 5–7; auch in: MDAV 15.4 (1972), 8–13

768 MAIER F.: Fachdidaktik – auch bei den klassischen Philologen im Zentrum der Diskussion, DASiU 20.3 (1972), 1–6; auch in: MDAV 16.2 (1977), 16ff.

769 MATTHIESSEN K.: Fachdidaktik Alte Sprachen, in: Fachdidaktik in Forschung und Lehre, hg. TIMMERMANN J., Hannover u.a. (Schroedel) 1972, 140

770 NICKEL R.: Die achtundsechzig Göttinger Thesen zur Didaktik des altsprachlichen Unterrichts, MDAV 15.1 (1972), 23f.

771 Satzung des Deutschen Altphilologenverbandes e.V., MDAV 15.3 (1972), 16–21 [vom 6.–8.5.1971]

772 BAYER K.: Fachdidaktik und Kollegstufe, in: Zur Didaktik der Alten Sprachen in Universität und Schule, 1973 ↗791, 117–120
773 EIKEBOOM R.: Lernpsychologische Aspekte eines modernen Lateinunterrichts, in: Klassische Philologie, 1973 ↗967, 69–82
774 FRITSCH A.: Zur Arbeit des Latein-Seminars an der Pädagogischen Hochschule Berlin, MDAV/Bl 19.4 (1973), 3–6
775 GRUBER J.: Fachdidaktische Arbeit und Unterrichtspraxis, dargestellt an den Ergebnissen einer fachdidaktischen Arbeitsgruppe an der Universität Erlangen-Nürnberg, in: Zur Didaktik der Alten Sprachen in Universität und Schule, 1973 ↗791, 94–104
776 GRUBER J.: Überlegungen zu einer fachdidaktischen Studienordnung der Fächer Latein und Griechisch, in: Zur Didaktik der Alten Sprachen in Universität und Schule, 1973 ↗791, 71–79
777 HEGERL G./MAIER F.: Niederschrift einer Lehrprobe (Latein in einer 6. Klasse: Satzfragen im Lateinischen), Anregung 19 (1973), 192f.
778 KLEINLOGEL A.: Die Stilübungen im Rahmen der sprachlichen Ausbildung, AU 16.1 (1973), 5–17
779 KRÜGER J./NICKEL R.: Didaktik am Institut für Altertumswissenschaft der Technischen Universität Berlin, MDAV 16.2 (1973), 11–15
780 MAIER F.: Fachdidaktik im Studienseminar und an der Universität – Zum Problem der gegenseitigen Zuordnung und Kompetenzverteilung, in: Zur Didaktik der Alten Sprachen in Universität und Schule, 1973 ↗791, 80–93
781 MAIER F.: Fachdidaktik in der Berufsausbildung für die Lehrer der Alten Sprachen – Analysen und Perspektiven, in: Zur Didaktik der Alten Sprachen in Universität und Schule, 1973 ↗791, 9–31
782 MATTHIESSEN K.: Fachdidaktik der Alten Sprachen zwischen Klassischer Philologie und Erziehungswissenschaft, in: Zur Didaktik der Alten Sprachen in Universität und Schule, 1973 ↗791, 32–40
783 MEYER T.: Plädoyer für ein ‚Handbuch des lateinischen Sprachunterrichts', AU 16.4 (1973), 114–118
784 NICKEL R.: Berufseinführung und Fachdidaktik am Beispiel „Alte Sprachen", in: Zur Berufseinführung der Lehrer, hg. HAHN H., Kiel (Schmidt & Klaunig) 1973 (IPTS-Schriften 2), 70–85
785 NICKEL R.: Linguistik – Kennzeichnung des Sachgebietes und seiner Rolle innerhalb der Seminarausbildung, in: Philosophie- und Sprachunterricht, Kiel (Schmidt & Klaunig) 1973 (IPTS-Studien, Beih. 13), 83–94
786 OBERG E.: Relevanz des Lateinischen für andere Studienfächer. Lateinkurse an der Universität, MDAV 16.1 (1973), 6–8; dazu a. MEISSLER H. J., Bericht über eine Umfrage zur Praxis des Lateinunterrichts an den Hochschulen und Kollegs zur Erlangung der Hochschulreife, a.O., 8–13
787 SCHULZ P.-R.: Alte Sprachen auf neuen Wegen? Das Studium der Klassischen Philologie an vier neu gegründeten Universitäten, Gymn. 80 (1973), 510–540 [Mannheim, Konstanz, Regensburg, Bochum]
788 SUERBAUM W.: Die totale Verschulung eines Universitätsfaches – Die Rolle der lateinischen Fachwissenschaft beim zukünftigen Studium zum Lehramt mit Schwerpunkt in der Sekundarstufe I, in: Zur Didaktik der Alten Sprachen in Universität und Schule, 1973 ↗791, 40–65

789 WEISS M.: „Stilübungen" auch weiterhin im Staatsexamen?, DASiU 20.1 (1973), 2–4
790 WÜLFING P./BINDER G.: Altsprachlicher Unterricht und klassische Altertumswissenschaft. Erfahrungsbericht über die Wiederbegegnung von Schule und Universität in Köln 1971–1973, in: Zur Didaktik der Alten Sprachen in Universität und Schule, 1973 ↗791, 143–172
791 Zur Didaktik der Alten Sprachen in Universität und Schule, hg. GRUBER J./MAIER F., München (Strumberger) 1973 (Fachdidaktische Studien 4), 176 S. [s.a. ↗803] R.: Krefeld H., MDAV/NW 22.3 (1974), 8f., ders., MDAV 18.1 (1975), 11f.; OFFERMANN H., Zauberwort Fachdidaktik?, DASiU 21.3 (1974), 17–25; ders., a.O., 41f.; Vester H., MLAS/BW 5.2 (1974), 27f.
792 FAJEN F.: Überlegungen zum sog. Lateinunterricht für Hörer aller Fakultäten an der Universität, Gymn. 81 (1974), 90–92
793 Gegenwart der Antike, hg. HÖRMANN F., München (BSV) 1974 (DSW 8), 126 S.
794 GRAF F./RIEGER E.: Niederschrift einer Lehrprobe (Latein in einer 5. Klasse: Das grammatikalische und das natürliche Genus), Anregung 20 (1974), 110–112
795 KARL K.: Altsprachliche Fachdidaktik an der Universität Regensburg im WS 1973/74, Anregung 20 (1974), 327–329
796 NICKEL R.: Didaktik der Alten Sprachen am Landesinstitut Schleswig-Holstein für Praxis und Theorie der Schule (IPTS) Kiel, MDAV 17.4 (1974), 7–10 | R.: Kahlenberg K., MDAV/Bl 20.4 (1974), 3f.
797 PFISTER R.: Bemerkungen zu einem fachdidaktischen Konzept, Anregung 20 (1974), 194–197 [vgl.a. Matthiessen K. ↗808]
798 Probata – Probanda, hg. HÖRMANN F., München (BSV) 1974 (DSW 7), 200 S. | R.: Kohl A., Anregung 22 (1976), 344f.
799 ROEMER H.: Altsprachlicher Unterricht und Studienreform, MDAV/Ns 24.3–4 (1974), 5–12
800 RUTZ W.: Lehren und Lernen im Gymnasium, Gymn. 81 (1974), 93–98 [Rezensionen, u.a. zu ↗1273]
801 SCHÖNBERGER O.: Anmerkungen zu Aufgaben und Möglichkeiten des Lateinlehrers in unserer Zeit, IBW-Journal 12.7 (1974), 7–9
802 SCHULZ-VANHEYDEN E.: Fachdidaktik am Bielefelder Oberstufen-Kolleg, MDAV 17.4 (1974), 10–14
803 GRUBER J.: Didaktik des altsprachlichen Unterrichts 1973–1975, München (Strumberger) 1975, 7 S. (179–185) [Ergänzung zu ↗791]
804 GRUBER J.: Fachdidaktik – Anmerkungen zu einem Erfahrungsbericht, Anregung 21 (1975), 50f.
805 GRUBER J.: Umrisse einer neuen Didaktik. R. Nickel: Die Alten Sprachen in der Schule, Gymn. 82 (1975), 352–357 [↗6]
806 JÄGER G.: Einführung in die Klassische Philologie, München (Beck) 1975, ^{3}1990, 239 S., hier 152–184
807 MAIER F.: Didaktik der Alten Sprachen am Staatsinstitut für Schulpädagogik (ISP) in München, MDAV 18.2 (1975), 9–12; auch in: IAU 3.2 (1981), 1–4 | R.: AADI 3 (1982), 30
808 MATTHIESSEN K.: Noch einmal zu einem fachdidaktischen Konzept, Anregung 21 (1975), 264–267 [s.a. Pfister R. ↗797]

Fachdidaktik   D 1

809   NICKEL R.: Neue Didaktik und Alte Sprachen, Gymn. 82 (1975), 266–278
810   PRIMMER A.: Die Herausforderung der Didaktik, WHB 17 (1975), 13–18
811   Werte der Antike, hg. HÖRMANN F., München (BSV) 1975 (DSW 9), 160 S. I R.: Kohl A., Anregung 24 (1978), 197
812   TROTSENBURG E. A. v.: Textinterpretation als hochschuldidaktisches Problem, DCG 15–16 (1975–76), 12–16
813   CLASSEN C. J.: Das Studium der lateinischen Literatur, AU 19.1 (1976), 47–63
814   FUHRMANN M.: Die Klassische Philologie und die moderne Literaturwissenschaft, in: Alte Sprachen in der Krise?, 1976 ↗182, 50–67 [vgl.a. Krischer T. ↗241]
815   HANSEN J. G.: Aufgaben und Probleme der fachorientierten Lehrerausbildung an Seminaren. Beispiel: Alte Sprachen, Anregung 22 (1976), 122–130
816   KREFELD H.: Zur Novellierung des Lehrerausbildungsgesetzes, Bildung aktuell 1976, 234f.
817   MEYERHÖFER H.: Die alten Sprachen in der Schule des 20. Jahrhunderts. Überlegungen zur Didaktik des altsprachlichen Unterrichts, DASiU 23.1–2 (1976), 25–32
818   SCHÖNBERGER O.: Methoden und Formen der Seminarausbildung in den Fächern Latein und Griechisch in Bayern, Anregung 22 (1976), 327f.
819   SCHÖNBERGER O.: Stoffe und Inhalte der Seminarausbildung im Fache Latein in Bayern, Anregung 22 (1976), 184–187
820   SUERBAUM W.: Leitlinien für lateinische Interpretationsklausuren. Überlegungen zu einer "neuen" Prüfungsform an Universität und Gymnasium, 1976 ↗1420
821   HOLK G.: Thesen zu einer lateinischen Fachdidaktik. Gedanken zur Begründung des Faches Latein in der Schule, MDAV/Ns 27.1 (1977), 7–12; 27.2, 6–12; auch in: MDAV 21.3 (1978), 8–15 [Lit.]
822   KAUSCH W./ERB J.: Entwurf einer Lehrprobe (Latein 2. Fremdsprache) in der siebten Jahrgangsstufe, Anregung 23 (1977), 46–48
823   Lebendige Lektüre, hg. NEUKAM P., München (BSV) 1977 (DSW 10), 196 S. I R.: Nickel R., Gymn. 86 (1979), 95–97; Kohl A., Anregung 26 (1980), 249
824   BURNIKEL W.: Die lateinischen Stilübungen an der Universität, MDAV 21.4 (1978), 4–11
825   FUHRMANN M.: Die erzieherischen Aufgaben des Lateinunterrichts, in: Renaissance des Lateinunterrichts?, 1978 ↗1002, 76–97; s.a. CLASSEN C., Ergänzende Bemerkungen im Anschluß an den Vortrag von Professor Manfred Fuhrmann, a.O., 98–106
826   MAIER F.: Neue didaktische Konzeptionen in den Alten Sprachen, DASiU 25.3 (1978), 13–16
827   Erbe, das nicht veraltet, hg. NEUKAM P., München (BSV) 1979 (DSW 11), 240 S. I R.: Kohl A., Anregung 26 (1980), 247
828   Fachdidaktisches Studium in der Lehrerausbildung. Alte Sprachen 1, hg. GRUBER J./ MAIER F., München (Oldenbourg) 1979, 302 S. [s.a. ↗865] R.: Hansen J. G., Gymn. 87 (1980), 216f.; Vester H., Südwestdt. Schulblätter 81 (1982), 53f.; Kohl A., Anregung 30 (1984), 208
829   GRUBER J.: Didaktische Konzeptionen für den altsprachlichen Unterricht, in: Fachdidaktisches Studium 1, 1979 ↗828, 43–53
830   HEILMANN W.: Zur didaktischen Differenzierung zwischen Griechischunterricht und Lateinunterricht, in: Handbuch für den Lateinunterricht, Sek.II, 1979 ↗12, 58–69 [vgl.a. Wülfing P. ↗906]

831 HEINRICHS A.: Fachdidaktische Trendberichte Latein, Betrifft: Erziehung 12 (1979), 64–67
832 HOFMANN H.: Fachwissenschaft und Schulpraxis, AU 22.2 (1979), 73–75
833 KEULEN H.: Formale Bildung – Transfer, in: Fachdidaktisches Studium 1, 1979 ↗828, 70–91 [Bibliographie zu "formale Bildung – Transfer", 87–91]
834 MAIER F.: Zum Verhältnis von Fachdidaktik und Fachwissenschaft, AU 22.2 (1979), 72f.
835 MENZE C.: Ungleiche Beteiligungschancen der Lehrer – Ein Vorschlag zu einem noch nicht bewältigten Kommunikationsproblem, AU 22.2 (1979), 76f.
836 MEUSEL H.: Zur gegenwärtigen Situation des Fachlehrers (angesichts der im Kolloquium umrissenen Orientierungen der Fachdidaktik), AU 22.2 (1979), 75f. [Bielefelder Kolloquium ↗1004]
837 OFFERMANN H.: Catull in Schule und Proseminar, ein Vergleich, 1979 ↗3423
838 SALLMANN K.: Zur Ausbildung des Lehrers der Alten Sprachen an der Universität, Impulse 2 (1979), 25–39
839 Verpflichtung der Antike, hg. NEUKAM P., München (BSV) 1979 (DSW 12), 224 S. I **R.:** Kohl A., Anregung 26 (1980), 250f.
840 VESTER H.: Zu dem Einfluß der allgemeinen Didaktik auf die Fachdidaktik der Alten Sprachen, Anregung 25 (1979), 284–298 [zuerst in: Wandel und Bestand, hg. Seminar für Studienreferendare an Gymnasien Karlsruhe, 1978; Lit.; vgl.a. ↗873]
841 HÄRING L.: Die Ära Maier am Staatsinstitut für Schulpädagogik, DASiU 27.3 (1980), 4f.
842 HOHNEN P.: Einige kritische Anmerkungen zur Didaktikdiskussion des altsprachlichen Unterrichts, Gymn. 87 (1980), 327–344 I **R.:** Töchterle K., AADI 1 (1981), 2
843 KÖNIGER W.: Schicksal einer geplanten Statistik, MDAV 23.1 (1980), 7–11 [Überblick über altsprachliche Studiengänge der BRD]
844 Latein und Griechisch an den Schweizer Universitäten, hg. Schweizerischer Altphilologenverband, Gymnasium Helveticum 34 (1980), 421–423
845 MENSCHING E.: Über die Arbeit an den neuen Studien- und Prüfungsordnungen, LGB 24.2 (1980), 2–7
846 Vorschläge und Anregungen, hg. NEUKAM P., München (BSV) 1980 (DSW 13), 195 S. I **R.:** Kohl A., Anregung 28 (1982), 122
847 BECHER I.: Anforderungen der Hochschulen und Universitäten in bezug auf Altsprachenkenntnisse, FSU 25 (1981), 137f.
848 Begegnungen mit Neuem und Altem, hg. NEUKAM P., München (BSV) 1981 (DSW 15), 179 S. I **R.:** Kohl A., Anregung 28 (1982), 117
849 BINDER G.: Latein in Universitätskursen, MDAV 24.3 (1981), 13f.; auch in: AU 24.2 (1981), 85f.
850 BINDER G.: Lateinische und griechische Sprachkurse an der Universität, Gymn. 88 (1981), 373–382 [Arbeitsbericht DAV-Tagung 1980] **R.:** AADI 3 (1982), 29
851 BUCHNER H.: Ein Institut stellt sich vor, DASiU 28.1 (1981), 24–26 [Inst. f. Unterrichtsmitschau u. didaktische Forschung, München]
852 Fachdidaktik und Lehrerausbildung, hg. GLÜCKLICH H.-J., AU 24.6 (1981), 96 S.
853 FRITSCH A./STEINHILBER J.: Überblick über die Vertretung der Fachdidaktik des altsprachlichen Unterrichts an den deutschen Universitäten, AU 24.6 (1981), 94–96 I **R.:** AADI 4 (1982), 41

854 GLÜCKLICH H.-J.: Fachstudium als Vorbereitung erfolgreichen Unterrichtens. Interpretationsmethoden, Textanalyse, Grammatiklehre, AU 24.6 (1981), 53–79 | R.: AADI 4 (1982), 41

855 HERMES E.: Grundsätzliches zum Verhältnis von Haupt- und Fachseminar in der Lehrerausbildung, AU 24.6 (1981), 5–25 | R.: AADI 4 (1982), 41

856 KREFELD H.: Die Ausbildung des Lehrers der alten Sprachen, Gymn. 88 (1981), 384–386 [Arbeitsbericht DAV-Tagung 1980] R.: AADI 3 (1982), 29f.

857 KREFELD H.: Der Beitrag der Fachdidaktik zur Ausbildung des Lehrers in den Alten Sprachen, AU 24.6 (1981), 43–52 | R.: AADI 4 (1982), 42

858 MAIER F.: Klassische Philologie und altsprachlicher Unterricht. Gemeinsame Aufgaben von Universität und Schule, AU 24.6 (1981), 26–42 | R.: AADI 4 (1982), 42f.

859 SAUTER H.: Beobachtungs- und Beurteilungskriterien für die Bewertung von Unterrichtsstunden und die Beratung der Referendare, AU 24.6 (1981), 80–93 | R.: AADI 4 (1982), 43

860 Verbindung von Curriculumentwicklung und -erprobung mit der Lehrerbildung. Ein Modellversuch durchgeführt vom Arbeitskreis der Fachberater für die gymnasiale Seminarausbildung in Bayern unter Leitung v. H. KISTLER, 1 Ausbildungspläne und Beurteilungskriterien, hg. Staatsinst. für Schulpädagogik, München (Ehrenwirth) 1981, 454 S.; hier 113–136, 369–371 Latein

861 —, 2 Unterrichtsmodelle und Untersuchungen der Fächer, 1982, 540 S.; hier 227–288 Latein [u.a. Stundenskizzen zu Genetivus part.; Sall. Catil., Cic. leg.agr., Plin. epist.]

862 Widerspiegelungen der Antike, hg. NEUKAM P., München (BSV) 1981 (DSW 14), 167 S. | R.: Kohl A., Anregung 28 (1982), 122

863 BARIÉ P.: Lehrerfortbildung in den Alten Sprachen. Thesen aus der Optik des Fachberaters, ASiRPS 28.2 (1982), 16–19

864 BINDER G.: Lateinische Sprachkurse an der Universität. Erste Ergebnisse einer Umfrage an den Universitäten der Bundesrepublik, MDAV 25.3 (1982), 1–5

865 Fachdidaktisches Studium in der Lehrerausbildung. Alte Sprachen 2, hg. GRUBER J./MAIER F., München (Oldenbourg) 1982, 304 S. [s.a. ↗828] R.: Vester H., Südwestdt. Schulblätter 85 (1986), 62f.

866 Information aus der Vergangenheit, hg. NEUKAM P., München (BSV) 1982 (DSW 16), 228 S. | R.: Kohl A., Anregung 30 (1984), 339

867 FRITSCH A.: Zur Lehrerausbildung in Berlin: Fachdidaktik und Unterrichtspraktikum, LGB 27 (1983), 21–23

868 MAY G.: Angewandte Lernforschung (Guttmann–Vanecek–Modell), 1983 ↗1036

869 Das Pädagogische Seminar – Das Studienseminar. Themen schriftlicher Prüfungsarbeiten, Anregung 29 (1983), 195f. | R.: Maier F., AADI 7 (1984), 97

870 PHILIPP G.: Für Freunde des Humors: Die Aktualität des römischen Rechts – Evaluiert im Alltag von Fortbildungsveranstaltungen, Anregung 29 (1983), 128–129

871 Struktur und Gehalt, hg. NEUKAM P., München (BSV) 1983 (DSW 17), 159 S. | R.: Kohl A., Anregung 32 (1986), 131

872 TÖCHTERLE K.: Bericht über die Situation der Fachdidaktik Latein/Griechisch, in: Fachdidaktik in der Lehrerbildung, hg. ALTRICHTER H. u.a., Wien u.a. (Böhlau) 1983 (Bildungswissenschaftliche Fortbildungstagungen an der Universität Klagenfurt, 2), 136–142 [Lit.]; ders.: Resümee der Arbeitsgruppe Latein/Griechisch, a.O., 143f.

873 VESTER H.: Zu dem Einfluß der allgemeinen Didaktik auf die Didaktik der alten Sprachen. Versuch einer Bestandsaufnahme nach der Bildungsreform, in: Struktur und Gehalt, 1983 ↗871, 102–120 [Lit.; vgl.a. ↗840]

874 VESTER H.: Zum Verhältnis von Didaktik und beruflicher Praxis, dargestellt am Beispiel der Texterschließungslehre, AU 26.6 (1983), 61–79 [Textbsp.: Cic. rep.] R.: Siehs G., AADI 8 (1984), 106

875 WESTPHALEN K.: Dreißig Jahre DASiU, DASiU 30.1 (1983), 6–9

876 BINDER G.: Lateinkurse an Universitäten – Ein Bericht zur Situation an Hochschulen der Bundesrepublik und deutschsprachigen Universitäten der Nachbarländer, AU 27.2 (1984), 5–28 | R.: Senfter R., AADI 9 (1985), 123

877 BORK H. D.: Latein im Studium der Romanistik, AU 27.2 (1984), 99f. | R.: Senfter R., AADI 9 (1985), 129–132

878 BUCHMANN J.: Wahrhaftiger Bericht über die klassischen Studien auf der Insel Utopia, 1984 ↗270

879 DEISSLER A.: Latein im Studium der Katholischen Theologie, AU 27.3 (1984), 70 | R.: Senfter R. (s. ↗877)

880 DILLER H.-J.: Latein im Studium der Anglistik, AU 27.2 (1984), 96–98 | R.: Senfter R. (s. ↗877)

881 ERNST U.: Latein im Studium der Germanistik, AU 27.2 (1984), 94–96 | R.: Senfter R. (s. ↗877)

882 FRINGS U.: Fachdidaktik an der Universität, Gymn. 91 (1984), 161–170 | R.: Töchterle K., AADI 9 (1985), 124

883 GROSSE S.: Latein im Studium der Germanistik (2), AU 27.3 (1984), 76–78 | R.: Senfter R. (s. ↗877)

884 HAMACHER J.: Latinum mit Mittellatein? Anregungen für die Lektürephase in den Universitätskursen, AU 27.3 (1984), 52–59 | R.: Senfter R., AADI 9 (1985), 125

885 HELD K.: Latein im Studium der Philosophie, AU 27.3 (1984), 72f. | R.: Senfter R. (s. ↗877)

886 KIEFNER W.: Latinum postabituriale – Unfug oder Chance? Aus der Praxis eines Kursleiters, AU 27.2 (1984), 57–70 | R.: Senfter R., AADI 9 (1985), 125

887 KURZ G.: Auswahl und Aufbereitung fachspezifischer Lektüre, AU 27.3 (1984), 44–51 [Lateinkurse, die die spezifische Fragestellung der Studienfächer berücksichtigen] R.: Senfter R., AADI 9 (1985), 126

888 Lateinunterricht in Universitätskursen, hg. BINDER G., AU 27.2/3 (1984), 100 & 79 S.

889 LEHMANN H.: Latein im Studium der Geschichte, AU 27.3 (1984), 74–76 | R.: Senfter R. (s. ↗877)

890 LOHSE E.: Latein im Studium der Evangelischen Theologie, AU 27.3 (1984), 70f. | R.: Senfter R. (s. ↗877)

891 PETERSMANN G./POROD R.: Berufsausbildung und Berufsausübung im Fachbereich Latein, IAU 6 (1984), 21–26 | R.: Töchterle K., AADI 9 (1985), 127

892 PRIDIK K.-H.: Beobachtungen zur Lernsituation in Hochschulsprachkursen, AU 27.2 (1984), 29–36 | R.: Senfter R., AADI 9 (1985), 128

893 STIERLE K.: Latein im Studium – Sprache der Europäischen Identität, AU 27.3 (1984), 78f. | R.: Senfter R. (s. ↗877)

894 Tradition und Rezeption, hg. NEUKAM P., München (BSV) 1984 (DSW 18), 168 S. I R.: Kohl A., Anregung 32 (1986), 131; Hesse M., MDAV/NW 35.1 (1987), 8f.
895 WITTKE P.: Integrationsmodell im altsprachlichen Unterricht. Zu Gerhard Röttgers Konzeption des Griechisch- und Lateinunterrichts, MDAV 27.3 (1984), 4–7 [u.a. zu ↗2661]
896 Deutscher Altphilologenverband (DAV): Empfehlungen der „Kommission Fachdidaktik" für Latein und Griechisch an der Universität, Gymn. 92 (1985), 534f. [ausführliche Fassung: ↗903]
897 FRITSCH A.: Fortbildungsveranstaltungen für Latein- und Griechischlehrer, Brennpunkt Lehrerbildung 3 (1985), 24–26
898 Klassische Antike und Gegenwart, hg. NEUKAM P., München (BSV) 1985 (DSW 19), 88 S. I R.: Kohl A., Anregung 32 (1986), 129
899 KRAMER J.: Latein und Romanistik an lateinlosen Universitäten, AU 27.2 (1985), 71–78 I R.: Senfter R., AADI 9 (1985), 125f.
900 SALLMANN K.: Wachsames Mitdenken und ruhiges Nachdenken. 60 Jahre Deutscher Altphilologenverband, MDAV 28.2 (1985), 33f.
901 VESTER H.: Classical Languages: Educational Programs, in: The International Encyclopedia of Education, hg. HUSEN T./POSTLETHWAITE T. N., Oxford (Pergamon Press) 1985, 737–740
902 BINDER G./GLEI J.: Studienführer Klassische Philologie, in: Studienführer Geschichts-, Kunst- und Altertumswissenschaften, hg. BEYER H.-J., München (Lexika Verlag) 1986, 105–116; ²1992, 119–129
903 GLÜCKLICH H.-J. u.a.: Fachdidaktik Latein und Griechisch an der Universität (Empfehlungen der Kommission Fachdidaktik des DAV), MDAV 29.3 (1986), 61–72 [vgl. ↗896]
904 HEILMANN W./HÖHN W.: Die altsprachliche Didaktik der letzten zehn Jahre. Wichtige Themen – Rückblick und Ausblick, Gymn. 93 (1986), 68–86 I R.: Töchterle K., AADI 13 (1987), 33f.
905 Reflexionen antiker Kulturen, hg. NEUKAM P., München (BSV) 1986 (DSW 20), 190 S. I R.: Kohl A., Anregung 34 (1988), 125
906 WÜLFING P.: Bemerkungen zu einem kontrastiven Vergleich zwischen Griechisch- und Lateinunterricht, in: Hommages à Jozef Veremans, hg. DECREUS F./DEROUX C., Bruxelles 1986 (Collection Latomus 193), 383–391 [zu Heilmann W. ↗830]
907 WÜLFING P.: Le Grec ancien et le Latin: un cas de didactique comparée, in: L'enseignement des langues anciennes aux grands débutants, hg. AZIZA C. u.a., Lüttich 1986, 157–170
908 WÜLFING P.: Temi e problemi della didattica delle lingue classiche [6 Vorträge], Rom (Herder) 1986 (Sussidi didattici 11, Pubblicazioni della facoltà di lettere e filosofia dell'università di Macerata 34), 163 S.
909 BURCK E./CLASEN A./FRITSCH A.: Die Geschichte des Deutschen Altphilologenverbandes 1925–1985, hg. SALLMANN K., Bamberg (Buchner) 1987, 52 S. I R.: Albert S., MDAV/Hs 35.2 (1988), 7f.
910 Exempla Classica, hg. NEUKAM P., München (BSV) 1987 (DSW 21), 167 S. I R.: Töchterle K., AADI 16 (1988), 79; Kohl A., Anregung 35 (1989), 127
911 MAIER F.: Lehrerfortbildung in Bayern, DASiU 34.4 (1987), 8–10

912 ÖRTEL J.-L.: Elementa Latine loquendi vel scribendi in academicam magistrorum futurorum institutionem inducenda, 1987 ↗2073
913 Die Antike in literarischen Zeugnissen, hg. NEUKAM P., München (BSV) 1988 (DSW 22), 183 S. I R.: Kohl A., Anregung 35 (1989), 126f.; Töchterle K., AADI 19 (1990), 124f.
914 Die Ausbildung des Lateinlehrers in Berlin (Bestandsaufnahme und Anregung), 1988 ↗1054
915 BAHLS G./KIRSCH W.: Fünfjähriges Diplomlehrerstudium auch in der Ausbildung von Altsprachenlehrern, FSU 32 (1988), 390–395
916 KREFELD H.: Fachdidaktik an der Universität in Theorie und Praxis, MDAV/NW 36.1 (1988), 7–9
917 WÜLFING P.: Philology and its didactics, Lampas 21 (1988), 37–40
918 BINDER G. U.A: Latinum- und Graecumkurse an Hochschulen, MDAV 32.4 (1989), 69–94
919 BURNIKEL W.: Eine Kommission stellt sich vor: die Latinumskommission des DAV, MDAV 32.1 (1989), 1–5
920 Neue Perspektiven, hg. NEUKAM P., München (BSV) 1989 (DSW 23), 212 S. I R.: Kohl A., Anregung 36 (1990), 127
921 ZEHETMAIR H.: Rede auf der 25. Ferientagung für Altphilologen in Marktoberdorf am 1. September 1988, in: Neue Perspektiven, 1989 ↗920, 7–14
922 Die Antike als Begleiterin, hg. NEUKAM P., München (BSV) 1990 (DSW 24), 158 S. I R.: Kohl A., Anregung 37 (1991), 124f.; Töchterle K., AADI 23 (1992), 42f.
923 Aus den achtziger Jahren. Eine Auswahl der Berichte und Mitteilungen, LGB 34 (1990), 4–37
924 Die Antike im Brennpunkt, hg. NEUKAM P., München (BSV) 1991 (DSW 25), 184 S. I R.: Kohl A., Anregung 38 (1992), 273
925 FRITSCH A.: Rückblick und Ausblick, Brennpunkt Lehrerbildung 11 (1991), 3f.
926 MAIER F.: Der Praktikumslehrer – Anspruch und Chance. Zum Profil einer verantwortungsvollen Aufgabe, DASiU 38.1 (1991), 21–24
927 PRÄSENT G.: Latein und Europa. Fortbildungsseminar für Lateinlehrer in Saalbach vom 15.–17.4.1991 mit Prof. Dr. Friedrich Maier, Ianus 12 (1991), 111f.
928 PROCHASKA R. A.: Gründung der Sodalitas, Ianus 12 (1991), 115f.
929 SCHREIBER H. E.: Die Erwartungen der Wirtschaft an den akademischen Nachwuchs – Materialien, in: Die Antike im Brennpunkt, 1991 ↗924, 175–184
930 SCHRÖTER G.: Prüfung: Die Begegnung zweier Menschen. Überlegungen zum idealen Prüfer, in: Humanismus und Bildung 1, 1991 ↗369, 78–91
931 SCHWAB I.: 20 Jahre Projektgruppe (für Latein und Griechisch), Ianus 12 (1991), 116–118 [im österr. BMUK]
932 BAUER A.: Ziele und Inhalte der zentralen Lehrerfortbildung in Bayern, in: Symposium Latein 2000, 1992 ↗1082, 111–119 [Anhang 120–130: Tabellen zum Fortleben des Lat. im Englischen und Französischen]; u.d.T.: Ziele und Inhalte einer zentralen Lehrerfortbildung im Fach Latein, in MDAV 35.4 (1992), 150–158
933 FERBER M.: Das Schulfach Latein an der Schule und im Lehramtsstudium an der Universität aus der Perspektive eines Studenten der Klassischen Philologie, in: Symposium Latein 2000, 1992 ↗1082, 166–170

934 FLEISCHER M.: Der Lateinunterricht aus der Sicht eines Lehrers, in: Symposium Latein 2000, 1992 ↗1082, 171–173
935 GRUBER J.: Didaktik des altsprachlichen Unterrichts in Forschung und Lehre, in: Symposium Latein 2000, 1992 ↗1082, 131–141
936 MAIER F.: Impulse für den Lateinunterricht. Anstelle einer Zusammenfassung, in: Symposium Latein 2000, 1992 ↗1082, 241–245; Vorabdruck in: DASiU 39.3 (1992), 11–20
937 NIEMANN K.-H.: Die pädagogische Hausarbeit – eine lästige Pflichtübung?, Impulse 8 (1992), 1–7
938 SALZMANN V.: Grammatische Backrezepte in drei Kladden. Wenn die Studienordnung Lateinkenntnisse verlangt: Tips für eine möglichst effektive Vorbereitung auf die Latinums-Prüfung, Die Welt Nr. 255 (31.10.1992), B 8
939 Verstehen, Übernehmen, Deuten, hg. NEUKAM P., München (BSV) 1992 (DSW 26), 157 S.

2. Kongresse, Fortbildungsveranstaltungen

940 CLASEN A.: Colloquium Didacticum Classicum Quartum. Technische Hilfsmittel im Dienst des altsprachlichen Unterrichts, MDAV 14.3 (1971), 17–24 [Bericht über den Kongreß vom 5.–8.4.1971]
941 HIRSCH F.: Altsprachlicher Ferienkurs Gaienhofen 1970, Mitteil. d. Dokumentationsstelle Alte Sprachen 3 (1971), 29–34
942 HOHL J.: Conventus omnium gentium Latinis litteris linguaeque fovendis in Bukarest (28.8.–3.9.1970), Anregung 17 (1971), 65–67
943 MEISSNER B. u.a.: Bericht über die Fortbildungstagung der Altphilologen auf dem Koppelsberg bei Plön, MDAV/Ns 21.4 (1971), 7–10 [27./28.4.1971; u.a. Caes., Studienstufe]
944 SCHMICH R.: Altsprachlicher Lehrgang über methodisch-didaktische Probleme an der Staatlichen Akademie in Calw vom 10. bis 13. November 1970, Mitteil. d. Dokumentationsstelle Alte Sprachen 3 (1971), 21–28
945 SEGL R.: Colloquium didacticum classicum quartum in Canterbury (5.–8.4.1971), Anregung 17 (1971), 213f.
946 STORCH H.: Aktuelle methodisch-didaktische Probleme des altsprachlichen Unterrichts. Bericht über den Lehrgang Nr. 10 der Staatlichen Akademie Calw vom 10.–13.11. 1970, MLAS/BW 2 (1971), 4–12
947 TAUBE A. v.: Spectrum Europae litteris classicis edoctae – Eindrücke vom Conventus Omnium Gentium Latinis Litteris Linguaeque Fovendis in Bukarest vom 28. August bis 3. September 1970, MDAV/Ns 21.2 (1971), 7–9
948 VEH O.: Marktoberdorf 1971, Anregung 17 (1971), 428 [Ferientagung der Altphilologen vom 30.8.–3.9.1971]
949 BECHSTEDT H.-J./MEINCKE W.: Bericht über die Fortbildungstagung (Landestag des NAV) in Hannover, MDAV/Ns 22.1 (1972), 2–7 [Bildung, Terenz, Augustus, Curriculum]
950 DAV-Tagung in Kiel vom 4.–8. April 1972, MDAV/Hs 19.2 (1972), 1–5

951 HÖHN U.: J. Deininger: Schwerpunkte römischer Geschichte im Lateinunterricht (Kurzbericht), MDAV/Bl 18.4 (1972), 3
952 GERMANN A. u.a.: Fachtagung für Lehrer der alten Sprachen in Heidelberg am 16.11. 1971, MLAS/BW 3.1 (1972), 14–19
953 HÖRMANN F.: Gesamtösterreichische Arbeitstagung der Latein- und Griechischlehrer, Anregung 18 (1972), 96–99, 168–170
954 KAHLENBERG K.: Zur Kieler Tagung des DAV, MDAV 15.4 (1972), 17–20 [vom 4.–8.4.1972]
955 KNOCH W.: Zur Tagung des Deutschen Altphilologen-Verbandes in Kiel vom 4. bis 8. April 1972, MLAS/BW 3.1 (1972), 20–26
956 KNOKE F.: Bericht über den Lehrgang 27/72 "Praxis des Lateinunterrichts", 7.–13. Februar 1972 im Lehrerfortbildungsheim Braunlage, MDAV/Ns 22.2–3 (1972), 24–27
957 RAUCH G.: Latein auf der Kollegstufe. Kurzbericht über die Tagung in Dillingen vom 2. bis 5.5.1972, Anregung 18 (1972), 357f.
958 RIEGER E.: Archäologie im Unterricht. Bericht über eine Weiterbildungstagung der Schweizer Altphilologen vom 27. bis 29.4.1972 in Bad Schönbrunn/Zug, Anregung 18 (1972), 267
959 VEH O.: Bericht über die 9. Ferientagung der Altphilologen (7.–11.8.1972 in Marktoberdorf), Anregung 18 (1972), 426f.
960 WEBER I.: Bericht über die Bundestagung des Deutschen Altphilologenverbandes (4. bis 8.4.1972), Anregung 18 (1972), 269f.
961 WEITZEL K. L.: Primus Conventus Internationalis Studiis Latinitatis Humanisticae Provehendis, MDAV 15.2 (1972), 21–24 [Bericht über den Kongreß vom 23.–28.8.1971 in Löwen (B)]
962 Zwischenbericht über ein Colloquium „Die Altertumswissenschaft im Schulunterricht", hg. WÜLFING P./BINDER G., Köln (Institut für Altertumskunde) 1972
963 BAUER R.: Anfangsunterricht in Latein als 2. Fremdsprache (Bericht über eine Fortbildungstagung für Lateinlehrer in Dillingen vom 28. bis 30.5.1973), Anregung 19 (1973), 354f.
964 DIETRICH J.: Die Alten Sprachen in der Sekundarstufe II (Reform der gymnasialen Oberstufe), MLAS/BW 4.2 (1973), 2–17 [Bericht über einen Lehrgang der staatlichen Akademie Calw vom 2.–6.10.1973]
965 HÄRING L.: Einführung in die antike Logik (Bericht über eine Fortbildungstagung für Lateinlehrer in Dillingen vom 17. bis 21.9.1973), Anregung 19 (1973), 427f.
966 JUNG H. u.a.: Römische Welt und lateinische Sprache heute. Bericht über eine Tagung der katholischen Akademie Freiburg vom 18./19.11.1972, MLAS/BW 4.1 (1973), 15–20 [s.a. ↗5810]
967 Klassische Philologie. Bericht über die gesamtösterreichische Arbeitstagung für Lehrer an allgemeinbildenden höheren Schulen vom 30.8. bis 3.9.1971 in Salzburg, hg. BENEDIKT E. u.a., Wien (ÖBV) 1973 (Beiträge zur Lehrerfortbildung 8), 193 S.
968 PLENIO W.: Colloquium Didacticum Classicum Quintum, MDAV 16.4 (1973), 2–6 [Bericht über die Tagung vom 3.–7.9.1973 in Gent]
969 WEISS M.: Aufnahme des Römischen Rechts in den Lektürebestand der Gymnasien (Bericht über einen Weiterbildungskurs des Schweizer Altphilologenverbands und des

Vereins Schweizer Geschichtslehrer in Delémont vom 17. bis 19.5.1973), Anregung 19 (1973), 357f.

970 WOJACZEK G.: Probleme der Leistungsmessung in den Alten Sprachen (Bericht über eine Tagung in Dillingen), Anregung 19 (1973), 211–214

971 GARBE G.: Bericht über die Tagung des Deutschen Altphilologen-Verbandes in Saarbrücken vom 16.–20.4.1974, DASiU 21.3 (1974), 34–38

972 GERMANN A. u.a.: Bericht über die 7. Fortbildungstage für Lehrer der Alten Sprachen in Gaienhofen vom 19. bis 24. August 1974, MLAS/BW 5.2 (1974), 5–21 [u.a. Caes., Götter; Logik; röm. Recht; Leistungsmessung, Fortbildung]

973 HEUPEL C.: ILF-Tagung "Linguistik und Latein", MDAV/RhPf 1974.1–2, 6–8

974 SEGL R.: Colloquium Didacticum Classicum Quintum 1973 (Bericht), Anregung 20 (1974), 140–142 [Gent, 3.–7.9.1973]

975 WEISS M.: Bericht über die Fortbildungstagung des Schweizerischen Altphilologenverbandes vom 6. bis 9.5.1974 im Bildungshaus Bad Schönbrunn, Anregung 20 (1974), 356f.

976 WIDDRA K./GAUL D.: Beiträge zum Lehrgang: Aspekte der Textarbeit im Lateinunterricht der Sek.St. II – Probleme der Übersetzung und des Übersetzens, MDAV/Hs 21.4 (1974), 1–7 [Textbsp. Cic. prov.]

977 Deutscher Altphilologenverband (DAV): Berichte über die Arbeitskreise, Gymn. 82 (1975), 279–291 [Tagung 1974 in Saarbrücken. Themen: Anfangslektüre, Lektürekanon, Leistungsmessung, Übersetzen u.a.]

978 GEHRIG H.: Die alten Sprachen in der reformierten Oberstufe, MLAS/BW 6.1 (1975), 15–23 [Bericht über Fachtagungen im Oberschulamtsbereich Karlsruhe im März/April 1975; u.a. Sall. Catil., augusteische Dichtung, Liebeselegie]

979 GERMANN A.: Latein in Grund- und Leistungskursen der neugestalteten gymnasialen Oberstufe, MLAS/BW 6.1 (1975), 8–15 [Bericht über einen Lehrgang an der Staatl. Akademie Calw vom 7.–11. 1.1975; vgl.a. ↗982]

980 GERMANN A./REEKER H.-D.: Latein in der Orientierungsstufe, MLAS/BW 6.2 (1975), 5–11 [Bericht über einen Lehrgang der Staatl. Akademie Calw in Freiburg, 20.–23.5. 1975]

981 KAHLENBERG K.: A. Heuss, "Ciceros Theorie vom römischen Staat" (Kurzbericht), MDAV/Bl 21.2 (1975), 5f.

982 Latein in Grund- und Leistungskursen der neugestalteten gymnasialen Oberstufe. Lehrgang Nr. 1a/1975 an der Staatlichen Akademie Calw vom 7. bis 11. Januar 1975, Lehren und Lernen 1.12 (1975), 64–67 [Pergamonaltar, Archäologie, Hor., Interpretation; vgl.a. ↗979]

983 LORENZ K.: Zentrale Beratung der Altsprachenlehrer, FSU 19 (1975), 316f.

984 RELATA I. Vorträge und Diskussionen vom Wochenendseminar für Lateinlehrer am 18./19.1.1974. SIL-Nr. 11033, Speyer 1975 (SIL-Studienmaterialien 6.1), 135 S.

985 Acta colloquii Didactici Classici Sexti, VEREMANS J./COPPENS-IDE H./DECREUS F., Gent 1976, 267 S.

986 FUNK G./REEKER H.-D.: Bericht über den Lehrgang Latein in den Vorlaufversuchen der Orientierungsstufe auf der Staatlichen Akademie Comburg vom 6.–9.4.1976, MLAS/ BW 7 (1976), 17–24 [u.a. zu Unterrichtswerken, Hausaufgaben]

987 KAHLENBERG K.: A. Clasen, "Neue Wege der Leistungsmessung im Unterricht" (Kurzbericht), MDAV/Bl 22.1 (1976), 3–5

988 KAHLENBERG K.: O. Lendle, "Erwägungen zum Jugurtha-Proömium Sallusts" (Kurzbericht), MDAV/Bl 22.3 (1976), 2

989 KAHLENBERG K.: J. Richter-Reichhelm, "Einführung in das Mittellatein" (Kurzbericht), MDAV/Bl 22.1 (1976), 5f.

990 OBERG E.: Colloquium Didacticum Classicum Sextum in Innsbruck, MDAV 19.2 (1976), 8f. [Bericht über den Kongreß vom 22.–26.9.1975; vgl. a. die Kurzberichte in MDAV/Bl 21.4 (1975), 3–7]

991 CLASEN A.: Colloquium Didacticum Classicum Septimum, MDAV 20.4 (1977), 11–13 [Bericht über den Kongreß vom 29.8–3.9.1977 in Perugia]

992 HÄRING L.: Tagung der Bezirksgruppenvorsitzenden in Nürnberg, DASiU 24.1 (1977), 41–52 [DAV By, 4.12.1976]

993 MEYER T. u.a.: Neue Entwicklungen im Unterricht der Alten Sprachen. Der künftige Lehrplan für Latein als 2. Fremdsprache in Klasse 7 und 8, MLAS/BW 8 (1977), 23–30 [Bericht über einen Lehrgang der Staatl. Akademie Comburg vom 29.3.–1.4.1977; u.a. Transfer, Linguistik, Leistungserhebung]

994 Protokoll des Lehrgangs F 1207/77 "Kampf um die Macht im Staat am Ende der römischen Republik" vom 1.6. bis 3.6.1977, Fuldatal 1977 (Schriftenreihe des HILF), 72 S. [vgl.a. ↗714, ↗5088]

995 RELATA II. Vorträge vom Wochenendseminar für Lateinlehrer 31.1./1.2.1975. SIL-Nr. 12021, Speyer 1977 (SIL-Studienmaterialien 6.2), 83 & 4 S.

996 Einführung in den Gebrauch und die Arbeit mit dem lateinischen Wörterbuch, MLAS/SH 1.3 (1978), 9–13 [Bericht zur Tagung in Sankelmark 1978]

997 GERMANN A. u.a.: Bericht über die 8. Fortbildungstagung für Lehrer der Alten Sprachen in Gaienhofen vom 25. bis 30. Juli 1977, MLAS/BW 9.1 (1978), 9–22; 9.2, 17–21 [u.a. Lucr., Tac.; Archäologie; Mars]

998 HOFMANN M.: Globale Interpretation antiker Autoren. „Colloquium Didacticum Classicum Septimum" in Perugia, DASiU 25.1 (1978), 25–32 [Bericht über die Tagung vom 29.8–3.9.1977]

999 Lektüre und „Kanon" in der Sekundarstufe I, MLAS/SH 1.3 (1978), 14f. [Bericht zur Tagung in Sankelmark 1978]

1000 OBERG E.: Colloquium Didacticum Classicum VII in Perugia, Gymn. 85 (1978), 343–345

1001 PLENIO W.: Statistische Untersuchungen zur lateinischen Syntax, MLAS/SH 1.3 (1978), 8f. [Bericht zum Referat von F. Maier für die Tagung in Sankelmark 1978; Kurzberichte zur Tagung 1985 in: MLAS/SH 1985, 16–20; MLAS/SH 1986, 17–21; vgl.a. ↗2305]

1002 Renaissance des Lateinunterrichts? Tagung vom 14. bis 16. Oktober 1977, hg. GOLDBACH C./STORCK H., Loccum 1978 (Loccumer Protokolle 13/77), 126 S. | R. (zu der Tagung): Kese V., MDAV/Ns 27.4–28.1 (1977–78), 9f.

1003 MEINCKE W./ZIEGESAR C. v.: Neugestaltete gymnasiale Oberstufe – Alte Sprachen. Abiturprüfung: Aufgabenstellung und -bewertung, MDAV 28.4–29.1 (1978–79), 2–27; 29.3, 5–10 [Bericht über den Lehrerfortbildungskurs 246/78 vom 22.–27.5.1978 in Wolfenbüttel]

1004 Bielefelder Kolloquium – Didaktische Probleme des altsprachlichen Unterrichts, hg. FUHRMANN M./KLOWSKI J., AU 22.1 & 2 (1979), 108 & 79 S. | R.: Jäger G., Anregung 27 (1981), 325

1005 Deutscher Altphilologenverband (DAV): Berichte über die Arbeitskreise, Gymn. 86 (1979), 369–412

1006 KETTEMANN U.: Lehrplanarbeit für die Sekundarstufe I (Latein): Der künftige Lehrplan für Latein als 2. Fremdsprache in Klasse 7–10, MLAS/BW 10.1 (1979), 16–19 [Bericht über einen Lehrgang der Staatl. Akademie Donaueschingen vom 3.–6.4.79]

1007 KIEFNER G.: Alternativen zur Lektüre von Caesars Bellum Gallicum (Bericht über einen pädag. Lehrgang an der Staatl. Akademie Comburg vom 23.–26. Juli 1979), MLAS/BW 10.2 (1979), 10–12

1008 MAIER F.: „Lateinunterricht zwischen Tradition und Fortschritt". Bericht über die gesamtösterreichische Arbeitstagung Latein, MDAV 22.4 (1979), 9–12 [vom 27.8–31.8. 1979 in Krems]

1009 Messung des Schwierigkeitsgrades Lateinischer Texte. Abschluß-Resolution des LFB-Kurses Latein 181/79, MDAV/Ns 29.3 (1979), 4

1010 ADAM K.: Der Wind dreht sich. Altphilologenkongreß in Göttingen, FAZ 14.4.1980; auch in: DASiU 27.2 (1980), 24–26 [Bericht über die DAV-Tagung vom 8.–12.4.1980] R.: Kohl A., Anregung 28 (1982), 100

1011 Bericht über die 9. Fortbildungstagung für Lehrer der Alten Sprachen in Gaienhofen vom 27. August bis 1. September 1979, MLAS 11.1 (1980), 16–18 [Thomas v. Aquin, Thuk.]

1012 FRIES G.: K. Fittschen, Zu den Bildnissen Octavians (Bericht), MDAV/NW 28.1 (1980), 4–6

1013 MÜLLER W./PIETSCH W./VRETSKA H.: Tagung des Deutschen Altphilologenverbandes (8.–12.4.1980) in Göttingen, IAU 2.2 (1980), 122–128

1014 OTTI R.: Die Kulturpolitik des Augustus, IAU 2.1 (1980), 34–36 [Bericht über das Lehrerfortbildungsseminar von G. DOBESCH in Raach, 10.–14.12.1979]

1015 PARTHE F.: Internationales Zentrum für wissenschaftliche, ökonomische und kulturelle Zusammenarbeit e.V. – Griechisch-deutsche Initiative, DASiU 27.2 (1980), 22–24 [Bericht über Gründung und Anliegen des Vereins]

1016 SCHMIDT A.: Colloquium Didacticum VIII Amstelodamense, Anregung 26 (1980), 274

1017 SCHULDES M.: Die Behandlung der Realien im Rahmen der Alten Sprachen, MLAS/BW 11.1 (1980), 18–22 [Bericht über eine Tagung der Staatl. Akademie Comburg Okt. 1979; Museum, Thermen, Villa rustica]

1018 SEITZ F.: Beispiele narrativer Strukturen bei römischen Historikern, IAU 2.1 (1980), 37–40 [Bericht über das Lehrerfortbildungsseminar von M. Fuhrmann in Raach, 25.–29.1.1980]

1019 TÖCHTERLE K. H.: Colloquium Didacticum Classicum VIII Amstelodamense, IAU 2.2 (1980), 121f.

1020 WOJACZEK G.: Anspruchsvolle Literatur in anspruchsvollen Sprachen, DASiU 27.3 (1980), 5–12 [Bericht über die DAV-Tagung in Göttingen vom 8.–12.4.1980]

1021 Deutscher Altphilologenverband (DAV): Berichte über die Arbeitskreise der Tagung 1980 in Göttingen, Gymn. 88 (1981), 357–388

1022 FRITSCH A.: De quadriduo Latino Berolini peracto, VL 17 (1981), 398f. [Lateinsprechkurs für Lehrer mit P.C. Eichenseer; vgl.a. Quadriduum Latinum, LGB 26 (1982), 28f.]
1023 Kontaktseminar für Gymnasiallehrer: Antike Historiographie in literaturwissenschaftlicher Sicht, hg. Kontaktstelle für wiss. Weiterbildung Univ. Mannheim, Mannheim 1981, 96 & 6 S.
1024 KYTZLER B.: Conventus Latinitati Fovendae. Augustae Treverorum 30.8.–5.9.1981, MDAV 24.4 (1981), 9–11 [Bericht über den 5. Kongreß in Trier; vgl. zum 4. Kongreß in Dakar (1977): MDAV 20.4 (1977), 10f.]
1025 LÖWE G.: Internationale Tagung der Arbeitsgruppe Alte Sprachen, FSU 25 (1981), 135–137
1026 PIETSCH W.: Humanistische Texte als (Anfangs-) Lektüre, IAU 3.1 (1981), 39–41 [Bericht über eine Fortbildungstagung von M. Fuhrmann am 18.3.1981 in Graz]
1027 ADELT I.: Zur Theorie und Praxis des lateinischen Lektüreunterrichtes (Interpretationen zu Caesar, Ovid, Sallust, Cicero), IAU 4.1 (1982), 34–36 [Bericht über ein Seminar von F. Maier in Saalbach-Hinterglemm vom 12.–16.10.1981]
1028 JEGLITSCH E.: Die Problematik des geschichtlichen Handelns in der "Aeneis", IAU 4.2 (1982), 43 [Bericht über ein Seminar von A. Primmer in Raach]
1029 SCHEWCZIK R.: Römischer Staat, römisches Wesen und die Bestimmung des Menschen in der Deutung Ciceros und Vergils (Der Lateinunterricht im Dienste sprachlicher und politischer Bildung), IAU, Beih. 1 (1982), 32 S. [Bericht über ein Fortbildungsseminar von H.-J. Glücklich, 24.–26.9.1981 in Leibnitz]
1030 VRETSKA K.: Exil und Emigration – Das Erlebnis der Verbannung in der römischen Literatur, IAU 4.1 (1982), 36 [Bericht über ein Tagesseminar von E. Doblhofer am 24.3.1982 in Graz; dazu vgl.a. ↗5436]
1031 WERNER H.: Kurzprotokoll zum LFB-Kurs "Archäologie im Latein-, Griechisch- und Geschichtsunterricht", MDAV/Ns 32.1 (1982), 4–8
1032 Zusammenfassende Berichte über die Fortbildungsveranstaltung in Xanthen, MDAV/NW 30.1 (1982), 4–10
1033 ANKERSDORFER H. u.a.: Bericht über die zweite Fortbildungstagung für Lehrer der Alten Sprachen im Evang. Theol. Seminar Blaubeuren vom 9. bis 12. August 1982, MLAS/BW 14 (1983), 13–22 [u.a. Ov. fast., Tac. ann.; Liebeselegie (Gallus), Vergil in d. Bildkunst, Prinzipat]
1034 BRANDT H. u.a.: Bericht über den 11. Ferienkurs für Lehrer der Alten Sprachen in Gaienhofen (22.–27. 8. 1983), MLAS/BW 14 (1983), 24–29 [Ov. met., Tac., Thomas v. Aquin; Religion]
1035 HEIL G.: "Gymnasialer Sprachunterricht und gymnasiale Allgemeinbildung", MDAV/Hs 30.3 (1983), 1–3 [Bericht über ein Kolloquium in Bad Homburg vom 21.–24.3.1983]
1036 MAY G.: Angewandte Lernforschung (Guttmann–Vanecek–Modell), IAU 5 (1983), 67–69 [Bericht über ein Fortbildungsseminar für Latein- und Mathematiklehrer in Graz vom 25.2.–2.1983]
1037 MEINCKE W. u.a.: Lektüreunterricht auf der Mittelstufe, MDAV/Ns 33.3 (1983), 1–24 [Bericht über einen Lehrerfortbildungskurs vom 29.11.–3.12.82 in Springe; u.a. Lehrbuchlektüre, Caes., Mittellatein]
1038 STORCH H.: Bericht über E. Simon, Deutung und Datierung des Laokoon, MLAS/BW 14 (1983), 22f.

1039 FRITSCH A.: F. Maier: Prinzipien moderner Grammatikarbeit im lateinischen Sprach- und Lektüreunterricht, LGB 28 (1984), 63f. [Veranstaltung am 26.9.1984 in Berlin]

1040 MAIER R.: De colloquio extraordinario de arte linguam Latinam docendi habito, VL 20 (1984), 198 [Frankfurt, 14.4.84]

1041 FRITSCH A.: M. Sperlich: Die Villen des Plinius und die preußische Schloß- und Gartenarchitektur, LGB 29 (1985), 89–91 [Studientag am 20.9.1985 in Berlin]

1042 FRITSCH A.: W. Schuller: Frauen in der römischen Republik, LGB 29 (1985), 12f.

1043 LUDERER W.: Lateinische Texte: Übersetzen und Interpretieren, IAU 7 (1985), 89–91 [Bericht über das Fortbildungsseminar Mariazell 7.–11.10.1985]

1044 WÜLFING P.: Das Colloquium Didacticum classicum, Gymn. 92 (1985), 533f. [Erläuterung dieser Institution]

1045 ALBERT S.: De seminario didactico in studiorum Universitate Francofordiensi habito, VL 22 (1986), 57–64

1046 Bericht über die Fortbildungstagung in Aachen im Oktober 1985, MDAV/NW 34.1 (1986), 2–6

1047 BUCHTMANN E.: Allgemeine Bemerkungen zum Lehrgang „Latein: Römische Dichtung in der Kursarbeit während der Qualifikationsphase" vom 22.–24.05.1985, MDAV/Hs 33.1 (1986), 3–5

1048 BUSCHE J.: Tagung des "Deutschen Altphilologenverbandes" und "Colloquium Didacticum Classicum XI" in Tübingen, IAU 8 (1986), 74

1049 FRITSCH A.: J. Richter-Reichhelm: Die Verwendung von Originaltexten im Sprachunterricht bei Latein als dritter Fremdsprache, LGB 30 (1986), 58f. [Veranstaltung am 19.6.1986]

1050 FRITSCH A.: M. Fuhrmann: Einführung in das römische Recht, LGB 30 (1986), 43f. [Vortrag am 29.5.1986 in Berlin]

1051 CANCIK H. u.a.: Antike heute. Symposion in Loccum vom 8.–11.9.1986, MDAV/Ns 37.1 (1987), 18–22 [Frau; Natur; Militär]

1052 FRITSCH A.: W. Stroh: Aussprache des Lateinischen in Prosa und Poesie, LGB 31 (1987), 128f. [Vortrag am 22.9.1987]

1053 ALBERT S.: Nuntii palaeophilologorum Berolinensium allati, VL 24 (1988), 545–547 [zu dem Studientag am 29.10.87, vgl. ↗1054]

1054 Die Ausbildung des Lateinlehrers in Berlin (Bestandsaufnahme und Anregung) – Dokumentation des Studientages am 29.10.1987, hg. FRITSCH A., LGB 32 (1988), 18–63 [vgl.a. ↗1053]

1055 KARRÉ B./WALTER V./SPORER M.: "Aktualisierende Vermittlung lateinischer Texte". Ein Bericht zu einem Fortbildungsseminar in Saalbach 1987 unter der Leitung von Friedrich Maier, Latein-Forum 4 (1988), 3–17

1056 PETERSMANN G.: Colloquium Didacticum Classicum XII Salisburgense, Österr. Hochschulzeitung Dez. 1988, 27f.; auch in: Ianus 10 (1989), 72f.

1057 PHILIPP G. u.a.: 25 Jahre Ferientagung in Marktoberdorf, DASiU 35.4 (1988), 2–17

1058 TALLMANN K.: Humanismus – Herausforderung und Chance. Neue Akzente für den altsprachlichen Unterricht auf der Tagung des Deutschen Altphilologen-Verbandes, Die Höhere Schule 41 (1988), 166

1059 Zeit und Ewigkeit. Antikes Denken im Spannungsfeld zwischen irdischer Begrenztheit und Jenseitsvorstellung (XIII. Ferienkurs für Lehrer der Alten Sprachen Gaienhofen, 3.–8. August 1987), LEU/L 49 (1988), 210 S.

1060 Colloquium Didacticum Classicum XII Salisburgense, hg. PETERSMANN G./DALFEN J., AU 32.2 & 3 (1989), 80 & 93 S.

1061 FRITSCH A.: P. Wülfing: Altsprachlicher Unterricht in einem europäischen Horizont, LGB 33 (1989), 197

1062 GERSTENBAUER U.: "Seminar für künftige Betreuungslehrer" – Gedankensplitter, Latein-Forum 7 (1989), 22–25

1063 FRITSCH A.: B. Kytzler: Römischer Alltag bei Ausonius, LGB 34 (1990), 208f. [Vortrag am 16.5.1990]

1064 FRITSCH A.: H.-J. Glücklich: Res publica – res populi? Ciceros Staatsschrift im Lateinunterricht von 1990, LGB 34 (1990), 138

1065 HOLZER K.: Colloquium Didacticum Classicum XIII Londinense (2.–6. April 1990), Ianus 11 (1990), 123f.

1066 LÄNGIN H.: „The Ancient and the Modern World: Forms of translation". Colloquium Didacticum Classicum XIII Londinense, DASiU 37.3 (1990), 10

1067 NEUKAM P.: Bayerische Altphilologen: Ferientagung in Marktoberdorf, Schulreport 1990.1, 19f.

1068 SCHULZ K.: Quo vadis, Europa?, MDAV 33.4 (1990), 92f. [Fortbildungsveranstaltung von F. Maier am 15./16.9.1990 in Halle; vgl. ↗5941]

1069 WEIDNER W.: "Latinitas Viva". Bericht über den Lehrgang "Lebendiges Latein" vom 4.–9.9.89 im Rahmen der Lehrerfortbildung in der Reinhardswaldschule, MDAV/Hs 37.1 (1990), 8–17 [u.a. AcI-Einführung, Schulspiel]

1070 Bildung – Erziehung – Schule. Antike Menschenführung zwischen Theorie und Praxis, LEU/L 52 (1991), 159 S. [Dokumentation des 14. Ferienkurses für Lehrer der Alten Sprachen vom 7.–12.8.1989 in Gaienhofen]

1071 Colloquium Didacticum Classicum XIII Londinense, hg. WÜLFING P./MUIR J. V., AU 34.3 (1991), 99 S.

1072 FRITSCH A.: P. Petersen: Augustus von Prima Porta – in Bild und Text, LGB 35 (1991), 114f. [Vortrag am 19.6.1991 in Berlin]

1073 FRITSCH A.: W.-W. Ehlers: Juvenals 12. Satire – Zur Geschichte einer Fehlinterpretation, LGB 35 (1991), 48–50

1074 MÜLLER W.: Bundestagung der AG-Leiter für Latein und Griechisch (Graz, 3.–5.12. 1990), Ianus 12 (1991), 113f.

1075 WEIDNER W.: "Latinitas Viva". Bericht über den Lehrgang "Neue Wege im Lateinunterricht: Lebendiges Latein, Bundeswettbewerb" vom 10.–14.9.1990 in Frankfurt/M., MDAV/Hs 38.3 (1991), 18–24 [mit lat. Spielszenen]

1076 ALEXA D./WAGNER U.: Seminarium Pragense 1992 – „Una Europa, unus homo, una lingua", MDAV 35.4 (1992), 148–150

1077 KRAUTZ H.-W.: Bericht zur Tagung "Christliches Liebesverständnis im Mittelalter", MDAV/Hs 39.4 (1992), 9–12 [9.–11.9.92 in Limburg]

1078 Latein ist nicht tot. Alt- gegen Neusprachler, Der Tagesspiegel Nr. 14170 (11.4.1992), 15 [DAV-Kongreß]

1079 NIEDERMAYR H.: "Lateinische Texte verstehen und erleben". Bericht über das gesamtösterreichische Sommerseminar für Lateinlehrer, Ianus 13 (1992), 85–89 [Hauptreferat v. H.-J. Glücklich]

1080 SELMAIER A.: Europa im Aufbruch – Die Zukunft der Antike. Neue Aufgaben für Latein und Griechisch. Bericht vom Kongreß des Deutschen Altphilologenverbandes in Berlin vom 6.–10. April 1992, DASiU 39.2 (1992), 24–32

1081 SIEWERT W.: Fortbildungsveranstaltung des DAV – Landesverband Saar in Zusammenarbeit mit dem Landesinstitut für Pädagogik und Medien (LPM) am 3.12.91, Scrinium 37.1–2 (1992), 8–11

1082 Symposium Latein 2000, 16.–20.3.92, hg. Akademie für Lehrerfortbildung, Dillingen 1992 (Akademiebericht 226), 252 S.; dazu s. Haslbeck F., DASiU 39.2 (1992), 9–12

E. Geschichte des altsprachlichen Unterrichts

Hier sind auch Beiträge zur Philologiegeschichte und zu einzelnen Persönlichkeiten aufgeführt.

1083 PFISTER R.: Grammatik als Denkschulung von Humboldt zur Gegenwart, AU 5.2 (1961), 123–144; jetzt in: Lateinische Grammatik in Geschichte und Gegenwart, 1988 ↗2219, 46–75

1084 Altsprachlicher Unterricht, bearb. HEUSINGER H., Weinheim/B. (Beltz) 1967 (Quellen zur Unterrichtslehre 12), 288 S.

1085 Karl Marx: Lateinische Abiturarbeit über das Thema „An principatus Augusti merito inter feliciores rei publicae Romanae aetates numeraretur?", LL 25 (1970–71), 33f.

1086 DOLCH J.: Lehrplan des Abendlandes. Zweieinhalb Jahrtausende seiner Geschichte, Ratingen (Henn) ³1971 u.ö., 483 S.

1087 NICKEL R.: Humanistisches Gymnasium und Nationalsozialismus. Erziehung zum Rassenbewußtsein im altsprachlichen Unterricht vor 1945, Paedagogica Historica 12.2 (1972), 485–503

1088 PFISTER R.: Zur Geschichte der lateinischen Grammatik, Teil I: Aktuelle Bezüge in der Geschichte der lateinischen Grammatik bis 1800; Teil II: Satzgliedsystem Becker-Herling, 20. Jahrhundert, in: Linguistik für Latinisten, 1972 ↗2181, 13–38

1089 Curriculumentwicklung in den Alten Sprachen. Versuch einer Dokumentation, 1973 ↗429

1090 Didaktik des altsprachlichen Unterrichts. Deutsche Beiträge 1961–1973, 1974 ↗5

1091 DIETRICH D.: Zur Geschichte des gymnasialen Lateinunterrichts im Wilhelminischen Deutschland, Das Altertum 20 (1974), 179–188

1092 FISCHER H.-J.: Der altsprachliche Unterricht in der DDR. Entwicklung, Funktion und Probleme des Latein- und Griechischunterrichts von 1945 bis 1973, Paderborn (Schöningh) 1974, VIII & 160 S. | **R.:** Philipp G. B. ↗1098; MDAV 20.2 (1977), 15f.

1093 IRMSCHER J./DUMMER G.: Quomodo in institutis praetheologicis Rei publicae Democraticae Germanicae lingua Graeca et Latina doceantur, VL 10 (1974), 70–72; auch in: Latinitas 22 (1974), 261f.

1094 LESKY A.: Festrede zum vierhundertjährigen Jubiläum des Akademischen Gymnasiums Graz, WHB 16 (1974), 30–35

1095 LIEBICH W.: Dreitausendjährige Gegenwart. Zum Tode von Wolfgang Schadewaldt, MDAV/Bl 21.1 (1975), 1–3

1096 MÜLLER G.: Das lateinische Übungsbuch des 19. Jahrhunderts in Deutschland, Diss. Konstanz 1975; gedr. Zürich 1976, 204 S. [Lit.]

1097 NUMBERGER K.: Haben die Humanisten vor der Barbarei versagt?, Anregung 21 (1975), 390

1098 PHILIPP G. B.: Der altsprachliche Unterricht in der DDR. Bemerkungen zu H.-J. Fischer: Der altsprachliche Unterricht in der DDR, Gymn. 82 (1975), 561–566 [↗1092]

1099 FRITSCH A.: Sprache und Inhalt lateinischer Lehrbuchtexte. Ein unterrichtsgeschichtlicher Rückblick, in: Abhandlungen aus der Pädagogischen Hochschule Berlin, hg. HEISTERMANN W., 3 Fachdidaktik und fächerübergreifender Unterricht, Berlin (Colloquium) 1976, 116–169 I **R.**: Frings U., Gymn. 85 (1978), 551–553; Kohl A., Anregung 24 (1978), 127

1100 SCHÖNBERGER O.: Lernziele vor 200 Jahren, DASiU 23.1–2 (1976), 13

1101 HUGENROTH H.: Das Mitteilungsblatt im Jubiläumsjahrgang, MDAV/NW 25.3 (1977), 1–8

1102 JÄGER G.: Sozialstruktur und Sprachunterricht im deutschen Gymnasium zur Zeit des Vormärz, in: Historische Pädagogik, hg. HERRMANN U., Weinheim u.a. (Beltz) 1977 (Zeitschrift für Pädagogik, Beih. 14), 189–202 [Lit.]

1103 SCHNEIDER R.: Quomodo Adalbertus Stifter litteras didicerit Latinas, VL 13 (1977), 71–73

1104 WASZINK J. H.: Die Bedeutung des Erasmus für die Klassische Erziehung, Gymn. 84 (1977), 184–199

1105 MÜLLER H.-P.: Von der allgemeinen Menschenbildung Humboldts zum Humanistischen Gymnasium – Ein entscheidendes Stück europäischer Schulgeschichte, Gymnasium Helveticum 32 (1978), 103–111

1106 TÖCHTERLE K.: Ciceros Staatsschrift im Unterricht. Eine historische und systematische Analyse ihrer Behandlung in den Schulen Österreichs und Deutschlands, 1978 ↗3675

1107 FUHRMANN M.: Allgemeinbildung – Staatsethos – Alte Sprachen, Impulse 2 (1979), 1–24; auch in: MDAV 23.2 (1980), 1–12; 23.3, 2–4 [a. zur Tendenz in den Lesestücken von Unterrichtswerken]

1108 LATACZ J.: Die Entwicklung der griechischen und lateinischen Schulgrammatik, in: Fachdidaktisches Studium 1, 1979 ↗828, 193–221 [Lit.]

1109 LEFÈVRE E.: Die Geschichte der humanistischen Bildung, in: Die Erziehung und Bildung des Menschen, Stuttgart 1979 (Humanistische Bildung 2), 97–154

1110 MATTHIESSEN K.: Altsprachlicher Unterricht in Deutschland, in: Fachdidaktisches Studium 1, 1979 ↗828, 11–42 [Geschichte des A.U. in Deutschland von 700 bis heute; Lit.]

1111 STROH W.: Der deutsche Vers und die Lateinschule, 1979 ↗5524

1112 HERMES E.: Orientalisches in der mittellateinischen Erzählliteratur – Lehrplanprobleme damals und heute, 1980 ↗4860

1113 LINDAUER J.: Friedrich Thiersch und das bayerische Gymnasium, in: Jber. des Wilhelmsgymnasiums München 1980/81, 40–60

1114 DELLING G.: Die Handbücherei eines Lateinschülers um 1590. Ein Beitrag zur Geschichte des christlichen Humanismus, Gymn. 88 (1981), 525–541

1115 SCHINDEL U.: Christian Gottlob Heyne als Schulreformer, Gymn. 88 (1981), 193–208 | **R.:** AADI 3 (1982), 31f.

1116 CANCIK H.: Antike Volkskunde 1936, AU 25.3 (1982), 80–99 | **R.:** Töchterle K., AADI 5 (1983), 57

1117 FRITSCH A.: Bemerkungen zum Verhältnis von Philologie und Schule bei U. von Wilamowitz-Moellendorff, LGB 26 (1982), 6–9

1118 FRITSCH A.: Der Lateinunterricht in der Zeit des Nationalsozialismus – Organisation, Richtlinien, Lehrbücher, AU 25.3 (1982), 20–56 | **R.:** Töchterle K., AADI 5 (1983), 65

1119 MENSCHING E.: 'Meine Schulzeit im Dritten Reich'. Bemerkungen zum altsprachlichen Unterricht in autobiographischen Texten, LGB 26 (1982), 37–50, 66–82; als Sdr.: Frankfurt/M. u.a. (Diesterweg) 1982, 31 S.; auch in: ders., Nugae zur Philologie-Geschichte, Berlin 1987, 4–33; vgl.a. ders., Meine Schulzeit im Dritten Reich, Köln (Kiepenheuer & Witsch) 1982, 214 S., Ndr. München (dtv) [vgl.a. die Beiträge Menschings zu F. Münzer, W. Kranz, J. Stroux und H. Fuchs in LGB 27 (1983), 66f.; 29 (1985), 25; 30 (1986), 11f., 43; nachgedruckt in: ders., Nugae ... (s.o.), 33f., 42f.]

1120 MENSCHING E.: Zum ‚Normallehrplan für Latein und Griechisch' (1930), LGB 26 (1982), 58f.; auch in: ders., Nugae zur Philologie-Geschichte II, Berlin 1989, 91f. | **R.:** Gelzer M., Museum Helveticum 46 (1989; 267f.

1121 OVERESCH M.: Dokumentation zur deutschen Bildungspolitik nach dem 2. Weltkrieg. Werner Jaegers Brief an Eduard Spranger vom 26. Mai 1948, Gymn. 89 (1982), 109–121 | **R.:** Töchterle K., AADI 5 (1983), 59

1122 THUROW R.: Zeitbezug – Aktualisierung – Transfer. Anmerkungen zur Rezeptions- und Legitimationsproblematik im altsprachlichen Unterricht nach der Erfahrung des Nationalsozialismus, AU 25.3 (1982), 57–79 | **R.:** Töchterle K., AADI 5 (1983), 60

1123 Zur Geschichte der Klassischen Philologie und des altsprachlichen Unterrichts, hg. CANCIK H./NICKEL R., AU 25.3 (1982), 99 S. [Nationalsozialismus; vgl.a. ↗1134, ↗1158]

1124 MATTHIESSEN K.: Historische Perspektiven zum altsprachlichen Unterricht in den Fächern Latein und Griechisch. Versuch einer integrierten Fragestellung, in: Geschichte der Unterrichtsfächer 1, hg. MANNZMANN A., München (Kösel) 1983, 143–178 [vom Mittelalter bis zur BRD]

1125 MENSCHING E.: E. Norden: „... entrückt den Ephemera" (30.12.1938), LGB 27 (1983), 54–56; vgl.a. ders., LGB 28 (1984), 2f.; auch in: ders., Nugae zur Philologie-Geschichte, Berlin 1987, 44–48

1126 FRITSCH A.: Vom ‚Skriptum' zum ‚Lesenkönnen'. Zur Methodik des Lateinunterrichts in der Zeit zwischen 1918 und 1945, AU 27.4 (1984), 10–38 | **R.:** Töchterle K., AADI 10 (1985), 137f.

1127 FUHRMANN M.: Die humanistische Bildungstradition im Dritten Reich, in: Der Mensch in Grenzsituationen, Stuttgart 1984 (Humanistische Bildung 8), 139–162 | **R.:** Voit L., Gymn. 92 (1985), 537f.

1128 HOHNEN P.: Ovidlektüre in den zwanziger Jahren, AU 27.4 (1984), 53–70 | **R.:** Töchterle K., AADI 10 (1985), 138

1129 KNOKE F.: Politische Erziehung. Eine Lesefrucht, AU 27.4 (1984), 90–92 [Lektion aus einem Lehrwerk von 1921: "Kaiser Wilhelm I."] **R.:** Töchterle K., AADI 10 (1985), 138

1130 MENSCHING E.: Über den Lateinlehrer Jacob Wackernagel (1853–1938), LGB 28 (1984), 18f.; auch in: ders., Nugae zur Philologie-Geschichte, Berlin 1987, 40f.

1131 MENSCHING E.: Über W. Kranz (1984–1960) und seinen Weg in die Türkei, LGB 28 (1984), 27–32; auch in: ders., Nugae zur Philologie-Geschichte, Berlin 1987, 35–40

1132 NICKEL R.: Angepaßte Didaktik. Alte Sprachen und Nationalsozialismus, Pädagog. Rundschau 38, Sonderheft (1984), 85–102

1133 NICKEL R.: Wesen und Wert des altsprachlichen Unterrichts in der Pädagogik Georg Kerschensteiners, AU 27.4 (1984), 39–52 | R.: Töchterle K., AADI 10 (1985), 133f.

1134 Zur Geschichte der Klassischen Philologie und des altsprachlichen Unterrichts II, hg. CANCIK H./NICKEL R., AU 27.4 (1984), 94 S. [Weimarer Republik; vgl.a. ↗1123, ↗1158]

1135 Fremdsprachenunterricht unter staatlicher Verwaltung 1700 bis 1945, 5 Alte Sprachen, hg. CHRIST H./RANG H.-J., Tübingen (Narr) 1985 (Giessener Beiträge zur Fremdsprachendidaktik), 331 S. [5–219 Latein]

1136 FRITSCH A.: De ratione discendae ac docendae linguae Latinae et Graecae oratio Iohannis Posselii (Anno 1594° edita), VL 21 (1985), 272–279

1137 LEFÈVRE E.: Goethe als Schüler der alten Sprachen oder Vom Sinn der Tradition, 1985 ↗5884

1138 MENSCHING E.: Texte zur Berliner Philologie-Geschichte, I: P. Maas, U. v. Wilamowitz, O. Schroeder, E. Norden, II: L. Deubner, A. Rehm, III: E. Norden, A. Rehm, IV: E. Norden, V: E. Norden, G. Rohde, VI: Jacoby F., LGB 29 (1985), 82–89; 30 (1986), 2–8, 50–58; 31 (1987), 2–37, 117–128; 32 (1988), 147–189; auch in: ders., Nugae zur Philologie-Geschichte, Berlin 1987, 48–107 [zu P. Maas vgl.a. ders., Über einen verfolgten deutschen Altphilologen. Paul Maas (1880–1964), Berlin 1987, 140 S. | R.: Museum Helveticum 44 (1987), 286f.]

1139 PFISTER R.: Grammatik und Lateinunterricht in Italien im 15. Jh., in: Acta conventus Neo-Latini Bononiensis/Proceedings of the Fourth International Congress of Neo-Latin Studies Bologna 1979 (Medieval & Renaissance Texts & Studies 37), hg. SCHOECK R. J., Binghampton/New York 1985, 377–389

1140 Exercitationum colloquia Goetheana, VL 22 (1986), 310–315 [Goethes 'Stilübungen': lat. Dialoge]

1141 FRITSCH A.: Berolinum – orbi lumen, LGB 30 (1986), 39–42

1142 PASSIER B.: Leben und Leiden in der Lateinschule, Schulpraxis 6.6 (1986), 15–19 [mit Bezug auf Hesses 'Unterm Rad']

1143 Professor Unrat und seine Kollegen. Literarische Porträts des Philologen, hg. WESTPHALEN K., Bamberg (Buchner) 1986, 152 S. | R.: Waiblinger F. P., MDAV 29.4 (1986), 104; Kohl A., Anregung 34 (1988), 130

1144 QUACK H.: Nachlese zum Humboldt-Jahr, MDAV 29.2 (1986), 31f.

1145 CANCIK H.: Der Einfluß Friedrich Nietzsches auf Berliner Schulkritiker der wilhelminischen Aera, AU 30.3 (1987), 55–74 | R.: Töchterle K., AADI 16 (1988), 79

1146 CANCIK-LINDEMAIER H.: Opferphantasien. Zur imaginären Antike der Jahrhundertwende, 1987 ↗5560

1147 Dokument: Stellungnahme des Provinzialschulkollegiums zu Hannover zum Mißgriff des Oberlehrers L., 30. September 1892, AU 30.3 (1987), 108 [bzgl. Aufklärung über "geschlechtliche Verhältnisse, Irrungen und Sünden"]

1148 FLENTJE B./KROHN R./TRITTEL G.: Deutsch-, Latein- und Geschichtsunterricht vor 100 Jahren am Göttinger Gymnasium, AU 30.3 (1987), 7–24 | R.: Töchterle K., AADI 16 (1988), 80

1149 FRITSCH A.: Hermann Menge als Pädagoge, AU 30.3 (1987), 25–40 | R.: Töchterle K., AADI 16 (1988), 80

1150 HOMMEL H.: In memoriam Uldarici de Wilamowitz-Moellendorff 1987, LGB 31 (1987), 66–68

1151 Materialien zur Geschichte des Wahlfachs Latein an der Pädagogischen Hochschule Berlin, hg. FRITSCH A., Berlin (Zentralinst. f. Unterrichtswiss. u. Curriculumentwicklung) 1987, 119 S. | R.: Albert S., VL 23 (1987), 297f.

1152 MENSCHING E.: Die klassische Philologie an den Berliner Hochschulen 1945–1980. Versuch eines tabellarischen Überblicks, LGB 31 (1987), 69–84; auch in: ders., Nugae zur Philologie-Geschichte II, Berlin 1989, 99–114 | R. Gelzer M. (s. ↗1120)

1153 MENSCHING E.: Zur Geschichte der Klassischen Philologie in Bayern. Ein Versuch, Rudolf Pfeiffer 1937 zu helfen?, DASiU 34.3 (1987), 15–24; auch in: ders., Nugae zur Philologie-Geschichte II, Berlin 1989, 93–98 | R. Gelzer M. (s. ↗1120)

1154 NEUMEISTER S.: Latein, Stein des Anstoßes. Eine vorwiegend literarische Betrachtung, in: Latein und Romanisch. Romanistisches Kolloquium I, hg. DAHMEN W. u.a., Tübingen (Narr) 1987 (Tübinger Beiträge zur Linguistik 308), 374–389

1155 REIBNITZ B. v.: Nietzsches ‚Griechischer Staat' und das deutsche Kaiserreich, AU 30.3 (1987), 76–89 | R.: Töchterle K., AADI 16 (1988), 80f.

1156 STEPHAN-KÜHN F.: Matthias Ringmann (= Philesius Vogesigena) (1482–1511): Grammatica figurata. Saint Dié 1509, in: Handbuch zur Kinder- und Jugendliteratur. Vom Beginn des Buchdrucks bis 1570, hg. BRÜGGEMANN T., Stuttgart (Metzler) 1987, 344–361

1157 WESTPHALEN K.: Hat „Unrat" wirklich gelebt? Zur Typisierung des Gymnasiallehrers in wilhelminischer Zeit, AU 30.3 (1987), 45–54 | R.: Töchterle K., AADI 16 (1988), 82

1158 Zur Geschichte der Klassischen Philologie und des altsprachlichen Unterrichts III, hg. CANCIK H./NICKEL R., AU 30.3 (1987), 108 S. [1890–1914/18; vgl.a. ↗1123, ↗1134]

1159 BRAUNSCHWEIG H.: Vom Schweineschlachten – eine Lateinarbeit aus dem Jahre 1649, MLAS/SH 1988.2, 21–25

1160 JAEGER W.: Theodor Mommsen (geb. am 30. November 1817), LGB 32 (1988), 110–114

1161 LANDFESTER M.: Humanismus und Gesellschaft im 19. Jahrhundert. Untersuchungen zur politischen und gesellschaftlichen Bildung in Deutschland, Darmstadt (WBG) 1988, VIII & 225 S. | R.: Quack H., MLAS/SH 1990, 21f.

1162 MENSCHING E.: Über Werner Jaeger (geb. am 30. Juli 1888) und seinen Weg nach Berlin, LGB 32 (1988), 78–109; auch in: ders., Nugae zur Philologie-Geschichte II, Berlin 1989, 60–91 | R. Gelzer M. (s. ↗1120)

1163 PREUSSE U.: Humanismus und Gesellschaft. Zur Geschichte des altsprachlichen Unterrichts in Deutschland von 1890 bis 1933, Frankfurt/M. u.a. (Lang) 1988 (Europäische Hochschulschriften R.15, 39), X & 270 S. | R.: Sallmann K., MDAV 32.3 (1989), 61–65

1164 SCHÖNBERGER O.: Auch ein Jubiläum. Zur Entwicklung des altsprachlichen Unterrichts in den letzten 20 Jahren, DASiU 35.2 (1988), 19–23

1165 DERAEDT F.: De lingua Latina docenda quid Despauterius moneat, in: Latine «sapere, agere, loqui», 1989 ↗2083, 91–95

1166 FRICEK A.: Der Lateinunterricht und das Gedenkjahr 1938, EuU 139 (1989), 233–241

1167 FRITSCH A.: Ab Erasmo ad Asterigem. Exempla historica atque moderna Latine viva voce docendi, 1989 ↗2080

1168 FRITSCH A.: Die altsprachlichen Fächer im nationalsozialistischen Schulsystem, in: Schule und Unterricht im Dritten Reich, hg. DITHMAR R., Neuwied (Luchterhand) 1989, 135–162 I R.: Albert S., VL 25 (1989), 459–461; Sallmann K., MDAV 32.3 (1989), 61–65; Töchterle K., AADI 20 (1990), 127; LGB 34 (1990), 80f.

1169 LEGENDRE P.: "Die Juden interpretieren verrückt". Gutachten zu einem klassischen Text, Psyche 43.1 (1989), 20–39

1170 MENSCHING E.: Ein Nachruf auf Willy Morel (8.8.1894–9.4.1973), LGB 33 (1989), 110–124; auch in: ders., Nugae zur Philologie-Geschichte III, Berlin 1990, 48–63

1171 MENSCHING E.: Verfolgte Philologen im Berlin der dreißiger Jahre – Konrat Ziegler (1884–1974) vor Berliner Gerichten, LGB 33 (1989), 154–196; auch in: ders., Nugae zur Philologie-Geschichte III, Berlin 1990, 5–47

1172 MENSCHING E.: Zur Berliner Philologie in der späteren Weimarer Zeit – über Friedrich Solmsens Berliner Jahre (1922–1933), LGB 33 (1989), 26–76; auch in: ders., Nugae zur Philologie-Geschichte III, Berlin 1990, 64–114

1173 PIETSCH W. J.: 40 Jahre Latein-Lektüre in Österreich. Bilanz und Neubeginn, Ianus 10 (1989), 40–46 I R.: Töchterle K., AADI 20 (1990), 137

1174 REINHARDT H.: De Savonarolae ingenio didactico, in: Latine «sapere, agere, loqui», 1989 ↗2083, 123–138

1175 SCHIBEL W.: Lesen, Hören, Sprechen und Schreiben in der humanistischen Bildung des 15. und 16. Jahrhunderts, MLAS/BW 16/17.2 (1989), 7–20

1176 STAHLMANN I.: Schule als moralische Anstalt. Die Antike in den Schuldebatten 1792/93 in Frankreich, AU 32.4 (1989), 22–38 I R.: Töchterle K., AADI 20 (1990), 129f.

1177 FRITSCH A.: 40 Jahre Berliner Altphilologenverband, MDAV 33.2 (1990), 37–42

1178 FRITSCH A.: Zur Geschichte des altsprachlichen Unterrichts und des Altphilologenverbandes in Berlin (West), LGB 34 (1990), 38–59

1179 KIPF S.: Die altsprachliche Schullektüre in Deutschland von 1918 bis 1945. Ein Verzeichnis der Textausgaben, der Herausgeber, Autoren und Themen, hg. FRITSCH A., Berlin (FU, Zentralinstitut für Fachdidaktiken) 1990, 238 S. I R.: Nickel R., MDAV 33.3 (1990), 76; Pietsch W. J., Ianus 12 (1991), 90f.; Berner H.-U., Gymn. 99 (1992), 49f.

1180 MENSCHING E.: Sprachliche Probleme der Studierenden in einer früheren Zeit, LGB 34 (1990), 248–251; auch in: ders., Nugae zur Philologie-Geschichte IV, Berlin 1991, 117–120

1181 MENSCHING E.: Über Werner Jaeger im Berlin der zwanziger Jahre, LGB 34 (1990), 86–135, 171–207; auch in: ders., Nugae zur Philologie-Geschichte IV, Berlin 1991, 25–116

1182 SCHMADERER F.-O.: Praeceptor Bavariae – Friedrich Wilhelm von Thiersch, Schulreport 1990.1, 25f.

1183 DOHM H.: „tempora mutantur ...". Zu Kontinuität und Wandel im Lateinunterricht, in: Humanismus und Bildung 1, 1991 ↗369, 109–121

1184 DUBIELZIG U.: Eine Metamorphose des Lateinunterrichts, in: Florilegium Prati. Blütchen und Früchtchen vom ›Pratum Monacense Liberum‹ des Seminares für Klassische Philologie der Ludwig-Maximilians-Universität München, 6. Juli 1990, München 1991, 4–9 [am Beispiel Goethes und Wilamowitz']

1185 FRITSCH A.: Zum 400. Geburtstag von Jan Amos Comenius, MDAV 34.4 (1991), 102–104

1186 HOLZBERG N.: Erinnerungen an Alfred Heubeck (1914–1987), DASiU 38.2 (1991), 22–25; vgl.a. MEYERHÖFER H., Erinnerungen an Alfred Heubeck – Versuch eines Nachtrags, DASiU 39.1 (1992), 8f.

1187 MENSCHING E.: Eduard Norden (21.9.1868–13.7.1941) zum 50. Todestag, LGB 35 (1991), 66–110, 130–180; 36 (1992), 7–48

1188 SCHEFFTER Z./STARCKE J.: 21 Gebote für einen guten Lehrer aus dem Jahre 1621, MLAS/SH 1991, 9–13

1189 SCHLIPP W.: Mißbrauchte Latinität? Zu einem lateinischen Lehrbuch, Scrinium 36.1–2 (1991), 10–18 [W. Schaeffer, 'Lateinisches Lese- und Übungsbuch', 1941, im Vgl. mit Krüger, Ianua Nova, Ostia]

1190 SCHULZ H.: Lebendiges Latein auf deutscher Grundlage. Der Reformpädagoge Georg Rosenthal, LGB 35 (1991), 2–9

1191 ERDMANN E.: Die Römerzeit im Selbstverständnis der Franzosen und Deutschen. Lehrpläne und Schulbücher aus der Zeit zwischen 1850 und 1918, Bochum (Brockmeyer) 1992 (Dortmunder Arbeiten zur Schulgeschichte und zur historischen Didaktik 19/1), 318 S.

1192 MENSCHING E.: Texte von und über Eduard Norden, LGB 36 (1992), 204–231

1193 NORDEN M.: Erinnerungen aus Eures Vaters Leben, des Professors Dr. Eduard Norden, hg. MENSCHING E., LGB 36, Sonderheft (1992), 73 S. (122–194)

1194 RÖSSLER D.: Leben und Werk Heinrich Schliemanns, LGB 36 (1992), 199–203

1195 SEELE A.: Vergnügliches Übersetzen, 1992 ↗2003

1196 SEIDENSTICKER B.: Ulrich von Wilamowitz-Moellendorff, LGB 36 (1992), 2–6

1197 WEDDIGEN K.: Johann Amos Comenius, AU 35.4 (1992), 106f; 35.6, 88–106

F. Altsprachlicher Unterricht im internationalen Vergleich

Ausländische Beiträge wurden, wie wir im Vorwort dargelegt haben, nicht aufgenommen.
Ein Prospekt mit einer Übersicht zu den englischsprachigen Lehrmaterialien ist erhältlich bei: American Classical League – Teaching materials and ressource center, Miami University, Oxford, Ohio 45056.
Publikationen zur Lage des altsprachlichen Unterrichts in Deutschland, Österreich und in der Schweiz finden sich hauptsächlich in den Abschnitten C 1 und 2.

1198 BOVIT J. LE: Das Lateinprogramm für die Grundschulen in Columbia (USA), Mitteil. d. Dokumentationsstelle Alte Sprachen 3 (1971), 35–40

1199 CLASEN A.: Latein in England. Ziele – Wege – Unterschiede, Das Katharineum (Schulzeitung des Katharineums, Lübeck) 66 (1971), 9

1200 KYTZLER B.: Zu Gast am Leningrader Lehrstuhl für Klassische Philologie, MDAV 15.3 (1972), 21–23

1201 WÜLFING P.: Einführung in das Cambridge School Classics Project, in: Die Altertumswissenschaft im Schulunterricht, 1972 ↗962, 7–10

1202 GANTAR K.: Die Probleme der lateinischen Lektüre in Jugoslawien (insbesondere in Slowenien), DCG 12–13 (1972–73), 59–67

1203 IRMSCHER I./DUMMER G.: De linguae Latinae bienni Studio Germaniae orientalis, VL 9 (1973), 18–18

1204 KYTZLER B.: Latein in Leningrad, Anregung 19 (1973), 388; vgl. ders., Latein in der Sowjetunion, Schulfamilie 22 (1973), 90f. (zuerst in FAZ)

1205 STEINTHAL H.: L'enseignement des langues anciennes en Allemagne fédérale: ses methodes, in: Actes du IX Congrès de l'Association G. Budé Rome 1973, Paris 1973, 923–928

1206 VEREMANS J.: Die Lage des altsprachlichen Unterrichts in Westeuropa, in: Klassische Philologie, 1973 ↗967, 83–100

1207 RAFFERTY M.: Wer sagt, Latein sei tot?, MLAS/BW 5.2 (1974), 24f.; zuerst in: Los Angeles Times, übers. v. H. Vester

1208 VESTER H.: Erfolgskontrolle und Latein in den USA. Ein Bericht über zwei empirische Untersuchungen zum Transferproblem, Gymn. 81 (1974), 407–414

1209 SENONER R.: Lateinanforderungen in Italien, 1975ff. ↗1401, ↗1453

1210 SMITH J. E. S.: Grundkurse in den Altertumswissenschaften in England, Anregung 21 (1975), 285f.

1211 VESTER H.: Affektive Lernziele in amerikanischer Sicht, MDAV 18.4 (1975), 2–11

1212 VESTER H.: Curriculare Theorie und die Alten Sprachen. Ein Vergleich mit der gegenwärtigen Entwicklung in den Vereinigten Staaten, 1975 ↗445

1213 CUDRAY A./HELFER C.: De statu linguae Latinae in gymnasiis Francogallicis, VL 12 (1976), 203f.

1214 VESTER H.: Die alten Sprachen auf neuen Wegen. Ein Bericht über gegenwärtige Versuche in den Vereinigten Staaten, Gymn. 83 (1976), 333–351

1215 LEEMAN A.D. u.a.: Latein und Griechisch in den Schulen Europas, MDAV/Hs 24.3 (1977), 1–6; 24.4, 1–5

1216 MASCIANTONIO R.: De renatu linguarum antiquarum in scholis publicis Philadelphiae, VL 13 (1977), 43–46; auch in Vita Latina 67 (1977), 17–19

1217 PÖSCHL V.: Latein in Afrika, WHB 19 (1977), 29f.

1218 DECREUS F. u.a.: Étude comparée de la formation des professeurs et de la situation des langues anciennes dans les différents pays du Bureau International, DCG 17–18 (1977–78), 215–248

1219 WÜLFING P.: Bemerkungen über die Situation des altsprachlichen Unterrichts in den Mitgliedsländern des internationalen Büros, DCG 17–18 (1977–78), 249–259; auch in: Lampas 11 (1978), 45–52

1220 BÜKFALVÍ Z.: Lebendiges Erbe der Antike in Ungarn, FSU 22 (1978), 124f.

1221 DECREUS F.: Methodologische Probleme des Lateinunterrichts in Belgien, Anregung 24 (1978), 134f.

1222 HELFER C.: De studiis Latinitatis in Bulgaria restauratis, VL 14 (1978), 248

1223 OSCHLIES W.: Wiedereinführung der klassischen Bildung in Bulgarien, Gymn. 85 (1978), 339–342

1224 LUDWIG W.: Die alten Sprachen in den USA, Gymn. 86 (1979), 369–382 [Arbeitskreis DAV-Tagung 1978]

1225 WÜLFING P.: L'enseignement des langues anciennes en Europe, L'Athénée 69 (1980), 11–32

1226 BANÓ I.: Situation und Perspektive des Altsprachenunterrichts in den (Allgemeinbildenden) Schulen Ungarns, DCG 21 (1981), 245–248

1227 LUDWIG W. u.a.: Fremdsprachenpolitik in Europa. Stellungsnahme zu den „Homburger Empfehlungen" der Mommsen-Gesellschaft und des DAV, MDAV 24.4 (1981), 1–5 [zum Kolloquium 'Fremdsprachenpolitik in Europa' (11.–13.12.1979) in Bad Homburg; vgl.a. H. Holtermann, MDAV 24.1 (1981), 2–5; P. Wonka, MDAV 24.3 (1981), 8f.; 26.1 (1983), 1f.]

1228 OSCHLIES W.: „Ohne klassische Sprachen kann man nicht weitergehen". Zu Besuch im bulgarischen „Nationalgymnasium für antike Sprachen und Kulturen – Konstatin-Kyrill Philosoph", Gymn. 89 (1982), 277–282 I **R.**: Töchterle K., AADI 5 (1983), 59

1229 SALLMANN K.: „Klassische Klassen" in Polen. Zur Lage der Alten Sprachen an polnischen Schulen und Universitäten, ASiRPS 28.1 (1982), 26f.

1230 HOLM-LARSEN S.: Die Alten Sprachen im dänischen Bildungssystem, ASiRPS 29.2–3 (1983), 11–16

1231 NACHOV I.: Die Klassische Philologie in der UdSSR, ASiRPS 29.1 (1983), 10–15

1232 PODOSSINOV A.: Die alten Sprachen in der UdSSR, ASiRPS 29.1 (1983), 15–17

1233 SALLMANN K.: Altsprachlicher Unterricht in Jugoslawien, ASiRPS 29.2–3 (1983), 16f.

1234 WITTKE P.: Latein in Italien, MDAV 26.3 (1983), 6–9; 27.1 (1984), 1–7

1235 WÜLFING P.: Blick auf den altsprachlichen Unterricht in Italien, AADI 7 (1984), 101–104

1236 BERGER W.: Der gegenwärtige Stand des Unterrichts in den klassischen Sprachen in England, WHB 27 (1985), 28–36

1237 PRIEBSCH A.: Lateinunterricht in einer Highschool, MDAV/Ns 35.2 (1985), 20f.

1238 ALBERT S.: De statu condicionibusque Latinitatis, quae in Germania Foederata inveniuntur, VL 22 (1986), 220–222

1239 BERGER W.: Methoden und Lernziele des Lateinunterrichts an englischsprachigen Schulen, gezeigt am „Cambridge Latin Course", WHB 28 (1986), 14–36

1240 Gesprächskreis Europa über die Situation der Alten Sprachen in 11 Ländern, hg. WÜLFING P., Köln (Romiosini) 1986, 63 S. [vgl.a. ↗1247, ↗1254] **R.**: Burnikel W., MDAV 30.1 (1987), 34

1241 ALBERT S.: De remedio Latino litterariae eruditionis, VL 23 (1987), 273 [über einen Artikel in der 'Times', betr. USA]

1242 BOUGY P.: De linguis antiquis in Francogallia discendis, VL 23 (1987), 110f.

1243 SEITZ F.: Latein: Die Fachdidaktik in Italien, AHS 36 (1987), 252ff.

1244 KYTZLER B.: Classics in China, MDAV 31.2 (1988), 30–32

1245 PHILLIPS M.: Latein in Großbritannien, DASiU 35.1 (1988), 25–27

1246 WÜLFING P.: Latein und Altgriechisch in Europa – Bemerkungen zur aktuellen Situation, AADI 15 (1988), 65–72

1247 Berichte über die Situation der Alten Sprachen in einigen europäischen Ländern 1/2, AU 32.2 (1989), 69–90; 32.3, 84–93 ['Gesprächskreis Europa' II; vgl. a. ↗1240, ↗1254]

1248 IRMSCHER J.: Klassische Studien in der Volksrepublik Bulgarien, FSU 33 (1989), 571f.

1249 JELIC V.: Rhetorik im Schulwesen Jugoslawiens, 1989 ↗5513

1250 WÜLFING P.: Altsprachlicher Unterricht in einem europäischen Horizont, 1989 ↗1061

1251 ABENSTEIN R.: Ultra posse nemo obligetur! Unterricht in spanischer Latein-Diaspora, DASiU 37.1 (1990), 33–36

1252 OLSCHEWSKI B.: Humanistische Bildung und Gesellschaft in England – Zur Geschichte der altsprachlichen Bildung von 1902–1965, Frankfurt/M. (Lang) 1990, 297 S. | **R.:** Sallmann K., MDAV 33.4 (1990), 107–110

1253 WÜLFING P.: Latino e greco antico in Europa: Osservazioni sulla situazione attuale, in: Atti del convegno "Il Latino per un'Europa intelligente", organizzato dall'Unione Latina, Rom 1990, 77–98

1254 „Gesprächskreis Europa" III: Ausbildung der Lehrer der Alten Sprachen, AU 34.3 (1991), 82–97 [vgl.a. ↗1240, ↗1247; Teil IV folgt in AU 36.2 (1993), 69–84, 36.3, 77–82] **R.:** Niedermayr H., AADI 24 (1992), 49

1255 LURJE L./ZHMUD' L.: Die Perestroika und das Gymnasium, AU 33.5 (1991), 92–96 | **R.:** Gamper P., AADI 24 (1992), 52

1256 PODOSSINOV A.: Zur klassischen Bildung in Rußland, MDAV 34.4 (1991), 100–102

1257 WÜLFING P.: Eröffnungsansprache des Präsidenten des Internationalen Büros des Colloquium Didacticum Classicum, AU 34.3 (1991), 4–7 | **R.:** Niedermayr H., AADI 24 (1992), 52

1258 „Curribus cataphractis pugnatum est" – Latein im finnischen Rundfunk, DASiU 39.1 (1992), 7f.

1259 GANTAR K.: Die Latinität in Slowenien vom Mittelalter bis heute (1. Teil), Ianus 13 (1992), 22–27

1260 SALLMANN K.: Der Weg zu EUROCLASSICA, MDAV 35.1 (1992), 1–12 [zum neuen europäischen Verbund der Altphilologenverbände; Satzung]

Teil II Methodik des Sprach- und Lektüreunterrichts

G. Allgemeines zur Methodik des Lateinunterrichts

1261 SCHINDLER P.: Der Lehrer der Alten Sprachen, Stuttgart (Klett) 1950, 208 S. [zum Grammatikunterricht und zur Interpretation (mit Beispielen)]

1262 BAYER K.: Möglichkeiten moderner Methoden im Lateinunterricht, in: Moderner Unterricht an der Höheren Schule. FS des Wittelsbacher-Gymnasiums München, hg. FÄRBER H., München 1959, 89–116; zweiter Teil davon, u.d.T.: Möglichkeiten moderner Methoden im lateinischen Lektüreunterricht, in: Das Angebot der Antike, 1990 ↗21, 84–90

1263 MALL J.: Für eine Reform des Lateinunterrichts. Für eine Methode, die Goethe rühmte, mit der er unterrichtet wurde – ein Latein spielend gelernt. 500 Stimmen zum Thema, Berkheim (Selbstverl.) 1966, ^{2}1972, 272 S.

1264 BRAUN M.: Praktische Arbeit im lateinischen Grundkurs, in: Kollegstufenarbeit in den Alten Sprachen 1, 1971 ↗515, 55–58

1265 ERB J.: Gruppenunterricht in den Alten Sprachen, in: Kollegstufenarbeit in den Alten Sprachen 1, 1971 ↗515, 68–87; überarbeitete Fassung in: Fachdidaktisches Studium 2, 1982 ↗865, 246–265 [Lit.] **R.:** Gamper P., AADI 6 (1983), 75

1266 HEIL G.: Probleme der gegenwärtigen Unterrichtspraxis – zur Diskussion gestellt, MDAV 14.3 (1971), 1–5 **| R.:** Kohl A., Anregung 19 (1973), 54

1267 KOCH F.: Grundgedanken zur Arbeitsweise in einem lateinischen Leistungskurs, in: Kollegstufenarbeit in den Alten Sprachen 1, 1971 ↗515, 59–67

1268 MEYER T.: Gegenüberstellung von Partien aus: Hartmut von Hentig, Platonisches Lehren (Stuttgart 1966) und Roger Eikeboom, Rationales Lateinlernen (Göttingen 1970), MLAS/BW 2.1 (1971), 13–15 [↗755, ↗1824]

1269 WALTER H.-E.: Lateinunterricht bei Gehörlosen, Hörgeschädigte Kinder 8 (1971), 196–198

1270 WESTPHALEN K.: „Falsch motiviert"? Überlegungen zum Motivationsproblem im Lateinunterricht als zweiter Fremdsprache, AU 14.5 (1971), 5–20 **| R.:** Kohl A., Anregung 19 (1973), 56

1271 GRZESIK J.: Die Motivation des Lernens und ihre Förderung im Unterricht, in: Die Altertumswissenschaft im Schulunterricht, 1972 ↗962, 11f.

1272 STEINTHAL H.: Kooperative Unterrichtsversuche im Fach Latein, in: Theorie und Praxis des kooperativen Unterrichts 2.4, 1972 ↗1273, 7–28 [Themen u.a. zweisprachige Texte, Wörterlernen, Cicero, humanitas]

1273 Theorie und Praxis des kooperativen Unterrichts, 2 Resultate und Modelle in den Fächern. Heft 4: Alte Sprachen, hg. MEYER T./STEINTHAL H., Stuttgart (Klett) 1972, 96 S. **| R.:** Kohl A., Anregung 20 (1974), 203; Rutz W., ↗800

1274 THOMPSON W. B.: Ein klassischer Grundkurs ohne Sprachunterricht: Begründung, Anfänge, Praxis, in: Die Altertumswissenschaft im Schulunterricht, 1972 ↗962, 13–17

1275 BEYER K.: Zum Verhältnis von Sprach- und Lektüreunterricht, AU 16.2 (1973), 5–13 [Lit.] **R.:** Kohl A., Anregung 20 (1974), 200

Methodik allgemein   G

1276 HEILMANN W.: Ein Modell zur Sprachreflexion, in: Unterrichtsmodelle zur Sprachreflexion, [1973] ↗694, 24–27

1277 HÖHN W.: Möglichkeiten der Selbsttätigkeit des Schülers im Lateinunterricht (unter Berücksichtigung linguistischer Aspekte), in: Anregungen zur Arbeit mit den Rahmenrichtlinien im Bereich Sprachreflexion, 1973 ↗688, 119–142

1278 RIEDEL W.: Didaktische Modelle zur Sprachreflexion, in: Unterrichtsmodelle zur Sprachreflexion, [1973] ↗694, 12–23

1279 ERB J.: Unterrichtsverfahren für den Lateinunterricht auf der Orientierungsstufe, Anregung 20 (1974), 158–171

1280 BAYER K.: Grün des Lebens goldner Baum, Anregung 21 (1975), 364 [Abstraktion vs. Kreativität]

1281 NICKEL R.: Das Prinzip der 'historischen' Kommunikation im Lateinischen, MDAV/SH 1975.4, 5–7

1282 RIHL G. F.: Die Bedeutung des Lateinischen für das Englische aus der Sicht des Schulpraktikers, DASiU 22.2–3 (1975), 9–21

1283 WESTHÖLTER P.: Das Prinzip der "historischen" Kommunikation im Lateinunterricht, Die Höhere Schule 28 (1975), 308f.

1284 SALLMANN K.: Reflektorische Begegnung mit dem Lateinischen. Curricularer Versuch, die Sprachreflexion bei der Rezeption lateinischer Texte sichtbar zu machen (mit verschiedenen kooperativen Möglichkeiten), DCG 15–16 (1975–76), 229–240 [vgl.a. ↗1296]

1285 FRICEK A.: Vorschläge für einen erfolgreichen Lateinunterricht, AHS 25 (1976), 209–213

1286 MALL J.: De necessitate mutandae rationis linguae Latinae docendae, VL 12 (1976), 229–232. 376

1287 NICKEL R.: Kooperatives Lernen, München (List) 1976 (Harms Pädagogische Reihe – Schriften für die Schulpraxis 26), 67 S.; hier 62–64: Alte Sprachen

1288 GEBHARDT E.: Behandlung eines zweisprachigen Textes als Ersttext (Lateinischer Text mit künstlerisch gestalteter Übersetzung), in: Latein – Aufsätze zur Textarbeit, 1977 ↗1290, 29–31 [Mart. 2,16]

1289 KEULEN H.: Kooperative Schule und Fremdsprachenunterricht, Bildung aktuell 1977, 340f.

1290 Latein – Aufsätze zur Textarbeit, Sekundarstufe I, Wiesbaden 1977, ²1979 (HIBS–OR 2), 44 S.

1291 RIEDEL W.: Lateinische Texte im Unterricht als Bestandteile eines kommunikativen Handlungsspiels, in: Latein – Aufsätze zur Textarbeit, 1977 ↗1290, 32–44

1292 KNECHT A.: Gruppenarbeit im Altsprachunterricht, Gymnasium Helveticum 32 (1978), 415–419

1293 MALL J.: De ratione efficaciore Latine docendi, VL 14 (1978), 70–73

1294 OBERST H.: Comics als Gestaltungsmittel im altsprachlichen Unterricht, Paderborn (FEoLL) 1978 (Materialien zur Visualisationsforschung 1), 30 S. [v.a. zu ↗4214, ↗4643]

1295 REUTER H.: Gegenwärtige Situation der altsprachlichen Unterrichtspraxis, DASiU 25.3 (1978), 8–12

1296 SALLMANN K. u.a.: Reflektorische Begegnung mit dem Lateinischen. Ein Experiment an der Universität Mainz. Beih. zum Film 332781, Stuttgart (Klett) 1978 (Unterricht in Dokumenten), 60 S. [vgl.a ↗1284]
1297 Motivationshilfen im Lateinunterricht, hg. HANSEN J. G., AU 22.5 (1979), 99 S.
1298 STEINTHAL H.: Über stabile und rationale Motivation, AU 22.1 (1979), 11f.
1299 WILLER R.: Motivation im altsprachlichen Unterricht am Beispiel Latein, in: Fachdidaktisches Studium 1, 1979 ↗828, 54–69
1300 CLASEN A.: Hausaufgaben heute im altsprachlichen Unterricht, MLAS/SH 3.1–2 (1980), 2–12
1301 HANSEN J. G.: Vorschläge zur Strukturierung des Unterrichts. Τί πρῶτον, τί δ' ἔπειτα, τί δ' ὑστάτιον καταλέξω;, Anregung 26 (1980), 16–22 I R.: AADI 2 (1981), 21f.
1302 MUNDING H.: Schüler, Fächer, »Phänomene«. – Anmerkungen zum Problem der Lernmotivation auf der gymnasialen Mittelstufe, in: Möglichkeiten fächerübergreifender Zusammenarbeit in der Sekundarstufe I des Gymnasiums, Speyer 1980 (SIL–Schriftenreihe 12), 20–24; gekürzte Fassung in: MDAV 26.1 (1983), 4–8
1303 STARK W.: Möglichkeiten der Kooperation zwischen den Alten Sprachen und anderen Schulfächern, Impulse 3 (1980), 1–16
1304 VOGLER A.: Motivationshilfen für den Lateinunterricht, Anregung 26 (1980), 27–33 I R.: AADI 2 (1981), 25
1305 WESTPHALEN K.: Schülerbeanspruchung im Lateinunterricht, Anregung 26 (1980), 358–371 I R.: AADI 2 (1981), 26
1306 GLÜCKLICH H.-J.: Rhetorik, Unterrichtsmethode und Unterrichtsgegenstand (im Deutsch- und Lateinunterricht), Zeitschrift für Literaturwissenschaft und Linguistik 11.43–44 (1981), 90–109
1307 Lateinunterricht und Neue Sprachen, hg. GLÜCKLICH H.-J., AU 24.1 (1981), 75 S.
1308 WESTHÖLTER P.: Lernziele und Methoden der "historischen" Kommunikation im Lateinunterricht der Unter- und Mittelstufe des Gymnasiums, Die Höhere Schule 34 (1981), 159–164
1309 FEHL P.: Impulse zur Überwindung der Spezialisierung am Gymnasium. Vorschläge zur Kooperation zwischen den Fächern, Gymn. 89 (1982), 328–331
1310 RUF K.: Hausaufgaben? – Hausaufgaben!, LEU/L 37 (1982), 24 S. [Lit.]
1311 WAIBLINGER F. P./RIEGER E./BUTZ P.: Empfehlungen für sinnvolle Hausaufgaben in den Alten Sprachen, in: Handreichungen Hausaufgaben in Unter- und Mittelstufe des Gymnasiums, hg. Staatsinst. für Schulpädagogik, Donauwörth (Auer) 1983, 84–94
1312 GIESEKING K.: Zur Didaktik und Methodik der Alten Sprachen, MDAV/Ns 34.3 (1984), 2–7 I R.: Nickel R. ↗281
1313 HAPP E.: Die Beanspruchung von Schülern im Lateinunterricht, in: Tradition und Rezeption, 1984 ↗894, 108–133
1314 Die pädagogische Dimension des Lateinunterrichts. Ergebnisse des Arbeitskreises Latein beim 35. Gemener Kongreß, MDAV/NW 32.2 (1984), 3–8
1315 SCHÖNBERGER O.: Möglichkeiten der Zeiteinsparung im Lateinunterricht?, in: Handreichungen für den Lateinunterricht Jgst. 8–11, 2, 1984 ↗738, 6–8
1316 FRICEK A.: Ökonomische Methoden im Lateinunterricht, AHS 34 (1985), 147–152

1317 Gymnasium heute. Fächerübergreifender Unterricht der 5. und 6. Jahrgangsstufe, hg. Akademie für Lehrerfortbildung Dillingen, Dillingen 1985 (Akademiebericht 84), 191 S.; darin S. 142–180 Deutsch–Englisch–Latein [u.a. gramm. Fachbegriffe, Mythologie, Schulspiel, Comic]

1318 WÜLFING P.: Ancient Greek and Latin, Latin Teaching 36 (1985), 10–18

1319 FANSELAU H.: Latein-Unterricht und Musik, LGB 30 (1986), 8–10

1320 ASTEMER J.: „Binnendifferenzierung im Lateinunterricht", in: Empfehlungen für die Arbeit mit den RR Sek.I, 1987 ↗745, 2–24 [u.a. zu Plin. epist., Lektionen aus Litterae, Contextus]

1321 HEILMANN W.: Die Beziehung zwischen Textarbeit und Grammatikarbeit im Lateinunterricht der Sekundarstufe I, in: Handbuch für den Lateinunterricht, Sek.I, 1987 ↗19, 67–78

1322 HÖHN W.: Zum Textproblem, in: Handbuch für den Lateinunterricht, Sek.I, 1987 ↗19, 58–66

1323 NICKEL R.: Lateinunterricht auf der Sekundarstufe I, in: Handbuch für den Lateinunterricht, Sek.I, 1987 ↗19, 29–45

1324 NICKEL R.: Probleme des späteinsetzenden Lateinunterrichts, in: Handbuch für den Lateinunterricht, Sek.I, 1987 ↗19, 46–57

1325 OLBRICH W.: Gruppenarbeit in der Schulbibliothek, Die Höhere Schule 40 (1987), 92f.

1326 WEBER F. J.: Über den Begriff des Friedens. Ein fächerübergreifender Diskurs (Kurzfassung), MDAV/NW 35.4 (1987), 5–7

1327 WECHNER H.: Streifzüge durch Problemfelder des Lateinunterrichts, Latein-Forum 2 (1987), 2–9; 6 (1988), 33–40

1328 HENZE E.: Motivationsprobleme im altsprachlichen Unterricht, MDAV/Ns 38.2 (1988), 13–16

1329 SCHMID E. M.: Neue Wege in Latein, AHS 37 (1988), 186ff.

1330 SCHMITZ H.: „Aktualisierung" – das falsche Stichwort, Anregung 34 (1988), 113–114 | **R.:** Töchterle K., AADI 17 (1989), 96

1331 FURTSCHEGGER J.: Einige Gedanken zum Lateinunterricht (im Realgymnasium), Latein-Forum 9 (1989), 1–21

1332 SCHILLING H.: Wort und Wirklichkeit – ein Beitrag zum Thema „Sprache und Erziehung", Aachen o.J. [1989] (Orientierung 13), 3–23

1333 GLÜCKLICH H.-J.: Anschauung – Veranschaulichung – Visualisierung, AU 33.1–2 (1990), 30–43 | **R.:** Töchterle K., AADI 22 (1991), 17

1334 GLÜCKLICH H.-J.: Hercules und Cacus. Ein Beispiel für Veranschaulichung durch Umsetzung eines Textes in Bilder, AU 33.1–2 (1990), 56–64 [nach Liv. 1,7] **R.:** Töchterle K., AADI 21 (1991), 13

1335 LAHMER K.: Grundlegendes zum fächerübergreifenden Unterricht, EuU 140 (1990), 258ff.

1336 Veranschaulichung, AU 33.1–2 (1990), 123 S.

1337 BURANDT R.: Kriterien für den Unterricht in den Alten Sprachen (Bericht), MDAV 34.4 (1991), 106–109

1338 NICKEL R.: Latein in der Mittelstufe. Vorschläge zum Sprach- und Lektüreunterricht, Bamberg (Buchner) 1991 (Auxilia 23), 128 S. | **R.:** Kohl A., Anregung 38 (1992), 268; Senfter R., AADI 23 (1992), 48

1339 EYRAINER J.: Die Realität des Lateinunterrichts, in: Symposium Latein 2000, 1992 ↗1082, 142–148
1340 FURTSCHEGGER J.: Die "Unterrichtsprinzipien" im Lateinunterricht, Latein-Forum 17 (1992), 3–21
1341 STEPHAN-KÜHN F.: Virtus ja – Mädchen nein? Gedanken über das Feminine im Lateinunterricht, in: Frauen, Mädchen, Schule und Bildung, hg. STEHLING J. u.a., Soest 1992, 401–423

H. Leistungserhebung

1342 Abituraufgaben 1978–1985 Latein. Grund- und Leistungskurs (Kleines Latinum), LEU/L 44 (o.J.), 71 S. [B-W]
1343 Abituraufgaben 1986–1989 (Grund- Leistungskurs, Latinum, großes Latinum), LEU/L 50 (o.J.), 44 S. [B-W]
1344 Abiturprüfungsaufgaben Grundkurs Baden-Württemberg, Freising (Stark) [mit Lösungen, ab 1984 (wird jährlich neu überarbeitet)]
1345 Abiturprüfungsaufgaben Leistungskurs Baden-Württemberg, Freising (Stark) [mit Lösungen, ab 1987 (wird jährlich neu überarbeitet)]
1346 Abiturprüfungsaufgaben Grundkurs Bayern, Freising (Stark) [mit Lösungen, ab 1981 (wird jährlich neu überarbeitet)]
1347 Abiturprüfungsaufgaben Leistungskurs Bayern, Freising (Stark) [mit Lösungen, ab 1981 (wird jährlich neu überarbeitet)]
1348 Die Abiturprüfung im Fach Latein, Fuldatal o.J. (Schriftenreihe des HILF)
1349 Die Kursarbeit als schriftliche Form der Lernerfolgskontrolle in Leistungs- und Grundkursen des Faches Latein, hg. Ministerium für Unterricht und Sport, [Saarbrücken] o.J. [Sl]
1350 GLÜCK G.: Reifeprüfungen Latein (mit vollständigen Übersetzungen), München (Manz) 1977
1351 BAYER K.: Zur neuen Oberstufe: Neue Formen der Schulaufgabe in den Alten Sprachen, Anregung 15 (1969), 302–312; jetzt in: Das Angebot der Antike, 1990 ↗21, 105–110
1352 MASCHER K. H.: Bericht über Planung und Durchführung der zentralen lateinischen Klassenarbeit der 11. Klassen, MDAV/Ns Sondernummer 1970
1353 BALHAREK G.: Läßt sich der Schulerfolg im Lateinischen durch Tests prognostizieren? Der Fremdspracheneignungstest FTU 4–6 und die Leistung im Fach Latein, MLAS/ BW 2.1 (1971), 18–22
1354 FRANK J.-A.: 63 Tests zur lateinischen Wortkunde, Nürnberg (Auxilium) 1971, 61 S.
1355 HOFFMANN O.: Zur Fehlerbeurteilung im Lateinischen, Anregung 17 (1971), 192f.
1356 KRÜGER G.: Gesichtspunkte für die Beurteilung der Vor- und Nachteile des Informellen Tests und der üblichen Klassenarbeit (Resümee), MDAV/Ns 21.1 (1971), 12f.
1357 MAIER F.: Die Stellung schriftlich fixierter Fragen im Lektüreunterricht der Kollegstufe, in: Kollegstufenarbeit in den Alten Sprachen 1, 1971 ↗515, 99–105
1358 MAIER F.: Zur Fehlerbewertung im Lateinischen, Anregung 17 (1971), 262–264
1359 Bericht über die 2. zentrale Klassenarbeit im Lateinischen – Pädagogischer Versuch, MDAV/Ns 21.3 (1971), 1–12

1360 STEINTHAL H.: Hinweise für die Auswahl und Formulierung von Interpretationsfragen für die schriftliche Reifeprüfung in Latein und Griechisch, MLAS/BW 2.1 (1971), 15–18
1361 TODT E.: Die mündliche Leistung und ihre Bewertung, Anregung 17 (1971), 122f. I R.: Kohl A., Anregung 19 (1973), 64
1362 WEHRFRITZ H.: Die Facharbeit, in: Kollegstufenarbeit in den Alten Sprachen 1, 1971 ↗515, 93–98
1363 WESTPHALEN K.: Die Klausur, in: Kollegstufenarbeit in den Alten Sprachen 1, 1971 ↗515, 88–92
1364 BAYER K.: Konstruktionsfehler, Anregung 18 (1972), 235–240
1365 KRÜGER G.: Die Verwendung informeller Tests bei der schriftlichen Leistungskontrolle im Lateinunterricht, AU 15.4 (1972), 59–86
1366 LUDERER W.: Die Latein-Schularbeit und ihre Bewertung, EuU 122 (1972), 119–127
1367 PFISTER R.: Testverfahren im Unterricht. Gruppenarbeit, Teilnehmerreferate, Schlußdebatte, in: Linguistik für Latinisten, 1972 ↗2181, 72–75
1368 RIES W.: Übersetzung oder Interpretation? Anmerkungen und Vorschläge zur schriftlichen Abiturarbeit im Fach Latein, MLAS/BW 3.2 (1972), 16–21 [darin Interpretationsaufgabe zu Aug. civ.]
1369 RÖTTGER G.: Zur Fehlerbewertung im Lateinischen, Anregung 18 (1972), 107f.
1370 AULIKE B.: Grundsätzliche Informationen zu informellen Tests, MDAV/Ns 23.1–2 (1973), 19–21
1371 CLASEN A.: Leistungsmessung, MDAV/Ns 23.1–2 (1973), 7; auch in: MLAS/BW 5.1 (1974), 19f.
1372 HANSEN J. G.: Probleme der Leistungsmessung im fremdsprachlichen Kurs der Studienstufe (Beispiel: Latein), 1973 (IPTS-Studien, Beih. 3), 28 S.; auch in: AU 17.3 (1973), 5–22 [v.a. zur Interpretationsklausur, Textbsp. Ov. met., Neapler Relief]
1373 KNOKE F.: Bericht über die 3. zentrale Klassenarbeit (1972) – Informeller Test, MDAV/Ns 23.1–2 (1973), 8–19, 22–26
1374 KREFELD H.: Die Alten Sprachen im Zensurenspiegel, MDAV/NW 21.4 (1973), 3–5
1375 TIPP U.: Leistungsmessung in der Schule – Ein Problem für die Fachdidaktik, in: Zur Didaktik der Alten Sprachen in Universität und Schule, 1973 ↗791, 135–142
1376 WESTHÖLTER P. u.a.: Informeller Schulleistungs- und Einstufungstest Latein für die 9.–11. Jahrgangsstufe, Bildung aktuell 4 (1973), 196–200
1377 WOJACZEK G.: Probleme der Leistungsmessung in den Alten Sprachen, 1973 ↗970
1378 CLASEN A.: 10 Thesen zur Leistungsmessung in den Alten Sprachen, MDAV 17.3 (1974), 1f.
1379 GLÜCKLICH H.-J.: Gefährlicher Transfer – Zu Möglichkeit und Sinn der Leistungsmessung, AU 17.4 (1974), 91f. [u.a. zu Munding H. ↗1387]
1380 GLÜCKLICH H.-J.: Klassenarbeiten und Abiturprüfung auf der Studienstufe, AU 17.3 (1974), 23–45 [v.a. Interpretationsklausur; Aufgaben zu Caes. Gall., Sall.; vgl. Munding H. ↗1387]
1381 Handreichungen für die Leistungsmessung in der Kollegstufe, hg. HAPP E., München (ISP) 1974; hier 131–142 Beispiel einer Klausur im GK Latein (1. Kurshalbjahr)
1382 HEIL G.: Lernerfolgskontrolle, MDAV/Hs 21.2 (1974), 1–4 [Bericht über einen Fortbildungslehrgang]

1383 KNOKE F.: Altsprachliche Reifeprüfungen in Niedersachsen. Bericht und Auswertung von Reifeprüfungs-Arbeiten im Regierungsbezirk Hannover–Hildesheim, AU 17.3 (1974), 68–83

1384 MAIER F. u.a.: Zur Korrektur von Versionsschulaufgaben, Anregung 20 (1974), 264f.; 411; 21 (1975), 50; 127; 207

1385 MASCHER K.-H.: Zur herkömmlichen Korrektur herkömmlicher Klassenarbeiten in Latein, MDAV/Ns 24.1 (1974), 2–7

1386 MEISSNER B.: Reifeprüfungsaufgaben, AU 17.3 (1974), 46–67 [Aufgabenbsp.e zu Tib., Tac. ann.]

1387 MUNDING H.: Leistungsmessung als Gefahr, AU 17.3 (1974), 84–86 [zu Glücklich H.-J. ↗1380; vgl.a. ↗1379] **R.:** Kohl A., Anregung 22 (1976), 205

1388 NIEMEYER B.: Ein neues Korrekturzeichen: Konsequenz vor dem eigentlichen Fehler, Anregung 20 (1974), 53

1389 Zur Leistungsmessung, AU 17.3 (1974), 87 S.

1390 BAYER K.: Zur Objektivierung der Leistungsmessung. Bewertung altsprachlicher Schul- und Prüfungsaufgaben, Anregung 21 (1975), 95–101; jetzt in: Leistungsmessung im altsprachlichen Unterricht ↗1412, 38–46, sowie in: Das Angebot der Antike ↗21, 99–104; vgl.a. ↗1397]

1391 Beschlüsse der Kultusministerkonferenz: Einheitliche Prüfungsanforderungen in der Abiturprüfung, Latein, Neuwied (Luchterhand) 1975, 15 S.

1392 CLASEN A.: Leistungsmessung, Gymn. 82 (1975), 285–288 [Arbeitskreis DAV-Tagung 1974]

1393 Handreichung zum lernzielorientierten Lehrplan Latein, 1. Folge: Empfehlungen zur Leistungsfeststellung, hg. KM Rh-Pf, Mainz o.J. [1975], 45 & 7 S.

1394 ISNENGHI M.: Vorschlag zu einem Punktesystem bei der Beurteilung schriftlicher Arbeiten aus Latein, Die Österreichische Höhere Schule 27.1 (1975), 8–11

1395 KORNADT H.-J.: Objektive Leistungsbeurteilung und ihre Beziehung zur Lernzielsetzung, Gymn. 82 (1975), 240–265 [Lit.] **R.:** Kohl A., Anregung 22 (1976), 205

1396 KRACH J.: Die mündliche Abiturprüfung in den Alten Sprachen, Anregung 21 (1975), 422–424

1397 RAUSCH G.: Erste Anmerkungen zu dem für das Abitur 1975 in den Fächern Latein und Griechisch vorgelegten Korrekturschema des Staatsministeriums für Unterricht und Kultus, Anregung 21 (1975), 336f. [s.a. ↗1390]

1398 REUTER H.: Zentrale Fragestellungen zur Abiturprüfung in den Alten Sprachen auf der Kollegstufe, Anregung 21 (1975), 314–317

1399 ROHRMANN L.: Überlegungen zur Lernerfolgskontrolle in der Abiturprüfung, MDAV/Hs 22.1 (1975), 3–6; 22.2, 2–6 [Lit.]

1400 SEGL R.: Die mündliche Reifeprüfung in den Alten Sprachen, Anregung 21 (1975), 127–129

1401 SENONER R.: Lateinanforderungen in Italien, Anregung 21 (1975), 422; 23 (1977), 129; 24 (1978), 122; 25 (1979), 408 [Forts.: ↗1453]

1402 VOLKMANN C.: Probleme der Messung und Beurteilung schriftlicher Schülerleistungen, dargestellt an einer Lateinklausur auf der Sekundarstufe II. Pädagogische Prüfungsarbeit am Bezirk-Seminar I für das Lehramt am Gymnasium, Münster 1975

1403 CLASEN A.: Neue Wege der Leistungsmessung im Unterricht, 1976 ↗987

1404 CLASEN A.: Probleme der Übersetzungsklausur, dargestellt an der Positiv-Korrektur, in: Leistungsmessung im altsprachlichen Unterricht, 1976 ↗1412, 47–75

1405 GAUL D.: Die Übersetzungsklausur in Sekundarstufe I, MDAV/Hs 23.4 (1976), 1–7

1406 Handreichungen zu Klausur und Normenbuch: Latein/Griechisch (Übersetzungsklausur, Positivkorrektur), hg. BIERMANN W./CLASEN A., Kiel (Schmidt & Klaunig) 1976 (IPTS-Studien, Beih. 15), 57 S. | R.: Schulz P.-R. ↗1438

1407 HANSEN J. G.: „TAB" – Eignungsbewährung des Altsprachlichen Unterrichts, MDAV/NW 24.4 (1976), 7f. ['Test der akademischen Befähigung']

1408 HAPP E.: Zur Beurteilung einer Lateinschulaufgabe, in: Kollegstufenarbeit in den Alten Sprachen 2, 1976 ↗574, 134–139

1409 HEIL H. G.: Übersetzung als Lernerfolgskontrolle. Ein Vorschlag zur Positivkorrektur, AU 19.5 (1976), 37–53

1410 HROSS H.: Das Problem der schulischen Leistung, in: Leistungsmessung im altsprachlichen Unterricht, 1976 ↗1412, 7–13

1411 Lateinische Abiturprüfungen an Gymnasien in Bayern mit Latein als 2. Fremdsprache [& Komm.], mit Erl. hg. THALER O., fortgeführt v. KAPSNER A., Bamberg (BVB) [8]1976 [vgl. ↗1434]

1412 Leistungsmessung im altsprachlichen Unterricht, hg. BAYER K., Donauwörth (Auer) 1976 (Auer's didaktische Reihe für die Sekundarstufe 2), 143 S. | R.: Kohl A., Anregung 24 (1978), 126; Schulz P.-R. ↗1438

1413 MAIER F.: Probleme der Leistungsmessung im altsprachlichen Unterricht, in: Leistungsmessung im altsprachlichen Unterricht, 1976 ↗1412, 14–37 [Lit.]

1414 MAIER F./REUTER H.: Die zentrale Stellung der „zusätzlichen Aufgabe" in der schriftlichen Abiturprüfung, in: Kollegstufenarbeit in den Alten Sprachen 2, 1976 ↗574, 109–133

1415 MASCHER K. H.: Die „Positivkorrektur", ein neuer Ansatz der Leistungsmessung, MDAV 19.2 (1976), 1–5

1416 RIEDEL W.: Kritische Anmerkung zu dem Normenbuch für Latein, MDAV 19.2 (1976), 6–8

1417 SÖHNGEN G.: Kritische Überlegungen zum „Normenbuch" im Fach Latein, AU 19.2 (1976), 104–108 [vgl.a. ↗1432]

1418 STÄDELE A.: Lateinische und griechische Abiturprüfungsaufgaben in Bayern von 1950–1976, Anregung 22 (1976), 237–242

1419 STEINTHAL H.: Lernerfolgskontrolle in Latein, Sekundarstufe I (Kurzfassung), ASiRP 22.2 (1976), 18

1420 SUERBAUM W.: Leitlinien für lateinische Interpretationsklausuren. Überlegungen zu einer "neuen" Prüfungsform an Universität und Gymnasium, Anregung 22 (1976), 82–95

1421 TIPP U.: Neue Formen der Leistungsmessung in Latein: Schriftliche Fragen und obligatorische mündliche Abiturprüfung, in: Leistungsmessung im altsprachlichen Unterricht, 1976 ↗1412, 76–143

1422 WIDDRA K.: Lateinklausuren im Lektüreunterricht der S II und im Abitur, MDAV/Hs 23.4 (1976), 7f.

1423 Aus der Praxis – für die Praxis: Beispiele für Schulaufgaben (Klausuren) in der neugestalteten Oberstufe, in: Materialien zum Lateinunterricht in Mittel- und Oberstufe, 1977 ↗712, 55–81 [By]

H   Leistungserhebung

1424 CLASEN A.: DAV und Normenbücher, MDAV 20.1 (1977), 7–12
1425 HANSEN J. G./PETERSEN P.: Die Interpretationsaufgabe. Eine Matrix zur Aufgabenkonstruktion und Leistungsbewertung, Anregung 23 (1977), 386–394
1426 KEMPER H.: Die Normenbücher Latein/Griechisch, in: Abiturnormen gefährden die Schule, hg. FLITNER A./LENZEN D., München 1977, 150ff.
1427 KESSLER M.: Die Kurzarbeit im Lateinischen als Informations- und Motivationshilfe, Anregung 23 (1977), 159–162
1428 Lernzielkontrolle, Leistungserhebung, Leistungsbewertung, in: Handreichungen für den Lateinunterricht in der Kollegstufe 3.2, 1977 ↗711, 141–241
1429 MAIER F.: Hat sich das bayerische Abiturprüfungsmodell bewährt?, DASiU 24.3 (1977), 13–17
1430 REUTER H.: Die altsprachliche Schulaufgabe in der 11. Jahrgangsstufe. Übersetzung und Zusatzfragen, Anregung 23 (1977), 26–30
1431 RIEGER E.: Wortfehler und Konstruktionsfehler. Ein Beispiel für die Anwendung der Korrekturmatrix von 1975 für die altsprachlichen Prüfungsaufgaben, Anregung 23 (1977), 109–113
1432 SÖHNGEN G.: Kritische Einschätzung des "Normenbuchs" im Fach Latein, Die Höhere Schule 30 (1977), 237–239 [vgl.a. ↗1417]
1433 GERMANN A.: Die Lernerfolgskontrolle im lateinischen Anfangsunterricht (mit Beispielen), LEU/L 14 (1978), 2–22
1434 Lateinische Abiturprüfungen an Gymnasien in Bayern mit Latein als 1. Fremdsprache [& Komm.], mit Erl. hg. THALER O., fortgeführt v. KAPSNER A., Bamberg (BVB) [10]1978 (Kleine Schriften zu Erziehung und Unterricht 4), 75 & 80 S. [1946–1978; vgl. ↗1411]
1435 MAYER E.: Wie schwierig sind lateinische Übersetzungstexte?, Anregung 24 (1978), 160f.
1436 MAYER E.: Zur Einschätzung der Schwierigkeit von lateinischen Übersetzungstexten, Anregung 24 (1978), 283–296
1437 Schriftliche Form der Lernerfolgskontrolle, hg. Fachdidaktische Kommission Latein im Saarland, ASiRPS 24.2–3 (1978), 12–22
1438 SCHULZ P.-R.: Leistungsmessung, Gymn. 85 (1978), 54–59 [Besprechung von didaktischer Literatur]
1439 MEINCKE W./ZIEGESAR C. v.: Neugestaltete gymnasiale Oberstufe – Alte Sprachen. Abiturprüfung: Aufgabenstellung und -bewertung, 1978 ↗1003
1440 EISEN K. F.: Zum Problem der Übersetzung als Leistungskontrolle, AU 22.6 (1979), 4–22 I R.: Kohl A., Anregung 26 (1980), 191
1441 ELLER K. H.: Aufgabenstellung für Klausur und Hausarbeit, in: Handbuch für den Lateinunterricht, Sek.II, 1979 ↗12, 334–342
1442 GAUL D.: Vorschläge zur Übersetzungsklausur, in: Handbuch für den Lateinunterricht, Sek.II, 1979 ↗12, 357–376 [Lit.]
1443 JÖHRENS O.: Verfahren zur Fehlerberichtigung, AU 22.3 (1979), 103f.
1444 JONAS S.: Die Klassenarbeit im grammatischen Grundkurs. Ein Beispiel aus der Klasse 7, AU 22.3 (1979), 101–103
1445 MAIER F.: Hilfen und Beispiele zur Gestaltung der Schulaufgaben im Fach Latein und Griechisch, München (ISP) o.J. [1979], 18 & 9 S.
1446 MEYERHÖFER H.: Zur Struktur und Anwendung der Korrekturmatrix für altsprachliche Prüfungsaufgaben, Anregung 25 (1979), 123f.

1447 NICKEL R.: Schwierigkeit und Schwierigkeitsgrad, in: Handbuch für den Lateinunterricht, Sek.II, 1979 ↗12, 178–190 [Lit.]

1448 TIPP U.: Leistungserhebung und Leistungsbewertung, in: Fachdidaktisches Studium 1, 1979 ↗828, 122–162

1449 HEMPELMANN A.: Multiple-choice-Test im Archäologiekurs, MLAS/SH 3.1–2 (1980), 20ff.

1450 MEYERHÖFER H.: Zur Facharbeit in den Alten Sprachen, DASiU 27.2 (1980), 16–20

1451 Übersicht über die bisher gestellten Fragen in der zusätzlichen Aufgabe der Abiturprüfung in Griechisch und Latein (LK und GK) in den Jahren 1976–1980, zusammengestellt v. ISP München, Augsburg (Blasaditsch) 1980 (Handreichungen zur Fortbildung für den altsprachlichen Unterricht), 44 S.

1452 MAIER F.: Die „Interpretationsaufgabe" im lateinischen Lektüreunterricht. Ihr Stellenwert in der fachpolitischen und fachdidaktischen Diskussion, Anregung 27 (1981), 88–98; auch in: MLAS/SH 3.3 (1980), 3–12; MDAV 24.1 (1981), 5–16 ǀ **R.**: AADI 3 (1982), 38

1453 SENONER R.: Reifeprüfung Latein in Italien, Anregung 27 (1981), 135; 28 (1982), 59; 30 (1984), 53, 421; 34 (1988), 346; 36 (1990), 118; 38 (1992), 412

1454 STEINER J.: Reifeprüfung aus Latein. Gesetzliche Grundlage, IAU 3.1 (1981), 25–32 [dazu Zuschriften 33–38] **R.**: AADI 4 (1982), 51

1455 DREYER O.: Erfahrungen mit Abituraufgaben, MDAV/Ns 32.2–3 (1982), 18–21

1456 ERNST G.: Lateinische Prüfungsaufgaben für die 10. Jahrgangsstufe, Frankfurt/M. (Hirschgraben) 1982, 63 S.

1457 FRICEK A.: Die Schularbeiten im Lateinunterricht, AHS 31 (1982), 68f.

1458 GERMANN A.: Handreichungen zum Lateinunterricht in S I. Lernerfolgskontrolle bei der Autorenlektüre, LEU/L 36 (1982), 24 S. [B-W]

1459 KOLLER R./WAIBLINGER F. P.: Die Interpretationsaufgabe in der Abiturprüfung Latein und Griechisch, Anregung 28 (1982), 46–52 ǀ **R.**: Maier F., AADI 5 (1983), 57–58

1460 LUDERER W. u.a.: Zum Vorschlag für die Beurteilung der mündlichen Reifeprüfung, IAU 4.2 (1982), 34–42 [Reifeprüfung in Österreich]

1461 Abituraufgaben 1978–1983 Latein. Grund- und Leistungskurse (Kleines Latinum), LEU/L 39 (1983), 51 S. [B-W]

1462 ERNST G.: Lateinische Prüfungsaufgaben für die 11. Jahrgangsstufe, Frankfurt/M. (Hirschgraben) 1983, 62 S.

1463 PETERS A.: Zur Interpretationsaufgabe: Fragen bei der Aufgabenstellung, MDAV/NW 31.3 (1983), 5–10

1464 BARWIG I./HEUKING M. A.: Leistung, Leistungsmessung, Leistungsbeurteilung, MDAV/Ns 34.2 (1984), 2–12 [Lit.]

1465 BUCHTMANN E.: Die Interpretationsaufgabe als Bestandteil der Abiturklausur im Fache Latein. Kritische Beobachtungen zur EPA Latein, AU 27.1 (1984), 27–46. 80–90 ǀ **R.**: Siehs G., AADI 9 (1985), 123

1466 MAIER F.: Leistungserhebung im lateinischen Lektüreunterricht. Möglichkeiten und Beispiele, Bamberg (Buchner) 1984 (Auxilia 10), 144 S. [Lit.] **R.**: Königer W., MDAV 28.2 (1985), 54; Pietsch W. J., Ianus 9 (1987–88), 81–83

1467 PREISS L.: Leistungsfeststellung und Leistungsbeurteilung im Lateinunterricht, IAU 6 (1984), 58–70 ǀ **R.**: Töchterle K., AADI 9 (1985), 127f.

H Leistungserhebung

1468 ROHRMANN L.: Grundsätzliche Überlegungen zur Anlage und Korrektur der schriftlichen Arbeit im Lektüreunterricht des Faches Latein, AU 27.1 (1984), 5–18 I **R.**: Siehs G., AADI 9 (1985), 128

1469 SCHWAB H.: Der fatale Doppelstrich. Gedanken zu einer differenzierteren Beurteilung von Schularbeiten, IAU 6 (1984), 36–38 I **R.**:Töchterle K., AADI 9 (1985), 118

1470 SUERBAUM W.: Opus per exempla repraesentatum: Eine Zitatenklausur als Abschluß der Aeneis-Lektüre, 1984 ↗4806

1471 WIDDRA K.: Zur Art der Interpretationsaufgabe im Lateinunterricht der gymnasialen Oberstufe und in der Abiturprüfung. Überlegungen und Erfahrungen, AU 27.1 (1984), 19–26. 80–90 I **R.**: Siehs G., AADI 9 (1985), 129

1472 ZIELINSKI E.: Methodologie der Interpretationsaufgabe. Zu Problemen adäquater Aufgabenkonstruktion, AU 27.1 (1984), 47–72 [dazu vgl. Nickel R. ↗1976] **R.**: Siehs G., AADI 9 (1985), 129

1473 Zur Leistungsmessung II, hg. ROHRMANN L., AU 27.1 (1984), 90 S. [S. 77–79 Lit.]

1474 BUTZ P.: Lateinische und griechische Abiturprüfungsaufgaben in Bayern von 1977–1985, Anregung 31 (1985), 262–264

1475 HOLTERMANN H.: Klausuren mit dem Lexikon, MDAV 28.1 (1985), 2–7

1476 Beispiele für Facharbeitsthemen, hg. ISB, München 1986 (Materialien für den Lateinunterricht 1986/9), 12 S.

1477 Beispiele für Schulaufgaben für CURSUS LATINUS I–III, hg. ISB, München 1986 (Materialien für den Lateinunterricht 1986/4), 47 S.

1478 Beispiele für Schulaufgaben INSTRUMENTUM I–III, hg. ISB, München 1986 (Materialien für den Lateinunterricht 1986/5), 33 S.

1479 Beispiele für Schulaufgaben Jahrgangsstufe 9 bis 11 (Originallektüre), hg. ISB, München 1986 (Materialien für den Lateinunterricht 1986/6), 17 S. [Caes. Gall., Ov. met., Cic. Catil., Sall. Catil., Iug., Plin. epist.]

1480 Beispiele für Schulaufgaben Leistungskurs, hg. ISB, München 1986 (Materialien für den Lateinunterricht 1986/8), 21 S. [Cic. inv., Verr., off., leg., Sest.; Petron.; Hor. sat.]

1481 Beispiele für Schulaufgaben ROMA I–IV, hg. ISB, München 1986 (Materialien für den Lateinunterricht 1986/1), 36 S.

1482 LUDERER W.: Die magische Zahl Acht oder vernünftige Überlegungen zur Korrektur, IAU 8 (1986), 20–30

1483 MAIER F.: Zur Zahl der Schulaufgaben in der Unter- und Mittelstufe. Antrag an das Staatsministerium (Bayern), DASiU 33.3 (1986), 7–9

1484 MÜLLER W.: Der "schwere" Fehler. Gedanken zur valorisierenden Korrektur schriftlicher Arbeiten, IAU 8 (1986), 38–41

1485 BAYER K.: Mikrozensus und gezielte Prüfungsvorbereitung, DASiU 34.2 (1987), 12–16

1486 JÖHRENS O.: Vokabelarbeiten, 1987 ↗2429

1487 NIEDERMAYR H.: Fehleranalyse und Fehlertherapie, Latein-Forum 2 (1987), 10–31; auch in: Ianus 10 (1989), 24–39 I **R.**: Töchterle K., AADI 20 (1990), 128

1488 SIEBENBORN E.: Die Interpretationsaufgabe in der Oberstufe und im Abitur, MDAV/NW 36.2 (1988), 6–9; 36.3, 12–15; 36.4, 4–13

1489 STERNADL E.: CURSUS LATINUS I–IV, 155 Original-Schulaufgaben, Bamberg (Selbstverl.) ^{5}1990, 187 S.

1490 STERNADL E.: ROMA I–IV, 155 Originalschulaufgaben, Bamberg (Selbstverl.) ⁵1990, 189 S.

1491 BAYER K.: Stimmen unsere Bewertungen?, Anregung 37 (1991), 397–408 | **R.**: Niedermayr H., AADI 23 (1992), 33

1492 VESTER H.: Zur Benützung des Lexikons bei den Klausuren, MLAS/BW 19.1 (1991), 15–19 [Textbsp. Cic. off.]

1493 HASLBECK F.: Prüfungsaufgaben aus den philosophischen Werken Ciceros, in: Cicero als Philosoph, 1992 ↗3623, 113–136

1494 WESTPHALEN K.: Leistungswettbewerb – Sinn oder Unsinn? Kommentare aus der Sicht eines Erziehungswissenschaftlers, MDAV/NW 40.3-4 (1992), 9–16

I. Medieneinsatz

Römische 'Realien' (Wachstäfelchen, Schriftrollen u.a.m.) werden vertrieben vom Verlag BOZORGMEHRI (Panormastr. 23, 82211 Herrsching). Antike Literatur auf Schriftrollen verlegt auch U. HARSCH (s. S. 130).
Literatur zum Einsatz des PC im Unterricht ist im Abschnitt L 7 zusammengestellt.

1. Allgemeines

1495 MINKOS G.: Bildtafeln für den Lateinunterricht, FSU 18 (1974), 248f.

1496 STADELMANN E.: Eine Mediothek der Antike, Anregung 21 (1975), 110–112

1497 FRITSCH A.: Tuchtafel und Haftmaterial im Latein-Unterricht, Lehrmittel aktuell 1976.3, 51–56

1498 QUACK H.: Die Rolle des Bildes im Altsprachlichen Unterricht, MLAS/SH 2.1 (1979), 2f.

1499 STEINHILBER J.: Medienhandbuch zum Lateinunterricht. Anregungen – Beispiele – Literaturhinweise, Bamberg (Buchner) 1982 (Auxilia 6), 131 S. [ausführliche Lit.] | **R.**: Müller W., IAU 5 (1983), 75; ders., AADI 5 (1983), 69f.; Wölke H./Steinhilber J., LGB 27 (1983), 65f.; Wojaczek G., DASiU 30.3 (1983), 24f.; Kohl A., Anregung 30 (1984), 209

1500 HUNDSRUCKER W.: Medieneinsatz bei der Caesar-Lektüre. Zum Beispiel: Der Helvetierkrieg, 1983 ↗3350

1501 STEINHILBER J.: Medien und Motivation, Gymn. 91 (1984), 151–154 | **R.**:Töchterle K., AADI 9 (1985), 118

1502 Hinweise auf Medien und Stundenskizzen für CURSUS LATINUS I und INSTRUMENTUM I, hg. ISB, München 1986 (Materialien für den Lateinunterricht 1986/3), 3 & 8 S.

1503 WÖLKE H.: Die Medien der Landesbildstelle für den altsprachlichen Unterricht, LGB 30 (1986), 34–38 [Bl]

1504 KOWALEWSKI K.: Griechische und Römische Theaterbauten. Beispiele für Medieneinsatz im Lateinunterricht, in: Empfehlungen für die Arbeit mit den RR Sek.I, 1987 ↗745, 36–50 [Textbsp.: Vitr.]

1505 STEINHILBER J.: Zum Einsatz von Medien im Lateinunterricht der Sekundarstufe I, in: Handbuch für den Lateinunterricht, Sek.I, 1987 ↗19, 185—200

1506 STRATENWERTH D.: Bilder der Römer. Eine annotierte Bibliographie, LGB 31 (1987), 46–51

1507 ELBERN S.: Panorama der Antike, AU 33.1–2 (1990), 88–96 [kulturhistorische Zinnfiguren] **R.**: Gamper P., AADI 22 (1991), 17

1508 WEIDENMANN B.: Informative Bilder. Was sie können, wie man sie didaktisch nutzen und wie man sie nicht verwenden sollte, AU 33.1–2 (1990), 44–50 | **R.**: Töchterle K., AADI 22 (1991), 20

2. Lehrbuch, Textausgabe

Hier sind Arbeiten zu Konzeptionsfragen, Beurteilungskriterien und Einsatzmöglichkeiten von Unterrichtswerken, Textausgaben und sonstiger für den Lateinunterricht nützlicher Literatur (z.B. Jugendbücher) zusammengestellt. Beiträge zu konkreten Unterrichtswerken finden sich im Anschluß an das betreffende Werk selbst im Abschnitt O 1.

1509 BRIESSMANN A.: Text- und Arbeitsbücher für den Lateinunterricht der Kollegstufe, in: Kollegstufenarbeit in den Alten Sprachen 1, 1971 ↗515, 106–110

1510 FINK G.: Zur Neukonzeption eines Unterrichtswerks für Latein als zweite Fremdsprache, DASiU 19.3 (1971), 1–7 | **R.**: Kohl A., Anregung 19 (1973), 58

1511 HUBER W.: Vorschläge für den Aufbau einer altsprachlichen Kollegstufenbibliothek, in: Kollegstufenarbeit in den Alten Sprachen 1, 1971 ↗515, 111–116

1512 NICKEL R.: Das Partizip-Programm von Hermann Steinthal als Wiederholungsprogramm im Lateinunterricht einer 9., 10. und 11. Klasse, AU 14.4 (1971), 80–92 [↗2899; mit Bibliographie zum programmierten Lernen] **R.**: Kohl A., Anregung 19 (1973), 61

1513 ROEMER H.: Zur Reform des altsprachlichen Lehrbuchs, Gymn. 78 (1971), 363–372 | **R.**: Kohl A., Anregung 19 (1973), 62

1514 STEINTHAL H.: Lehrbuch und Methode im lateinischen Sprachunterricht, 1971 ↗1834

1515 STENGEL K.: Gedanken über ein modernes lateinisches Lehrbuch, MDAV/RhPf 1971.1–2, 2–5

1516 BRETTSCHNEIDER G.: Das linguistische Konzept des Cambridge Latin Course, in: Die Altertumswissenschaft im Schulunterricht, 1972 ↗962, 23f.

1517 KRÜGER G.: Das lateinische Unterrichtswerk von de Man im Schulversuch, MDAV/Ns 22.1 (1972), 1f.; auch in: MDAV/RhPf 1972.2, 1–3 [OA von 'redde rationem']

1518 MUIR J. V.: Die Praxis des Cambridge Latin Course, in: Die Altertumswissenschaft im Schulunterricht, 1972 ↗962, 25–27

1519 OBERG E.: Lehrprogramme (Latein/Griechisch), Anregung 18 (1972), 413f. [Literaturbericht]

1520 WÜLFING P.: Einführung in den Cambridge Latin Course, in: Die Altertumswissenschaft im Schulunterricht, 1972 ↗962, 18–22

1521 HÖHN W.: Arbeit mit einem Text in den ersten Stunden des lateinischen Anfangsunterrichts – in Anlehnung an vorhandenes Lehrbuchmaterial, in: Anregungen zur Arbeit mit den Rahmenrichtlinien im Bereich Sprachreflexion, 1973 ↗688, 18–39 [Bornemann]

1522 DASSOW I. u.a.: Latein-Lehrbücher für den Anfangsunterricht in der Sekundarstufe II, Kiel (Schmidt & Klaunig) 1973 (IPTS-Studien, Beih. 1), 30 S.

1523 NEUMANN G.: Das Lateinbuch der Gegenwart als Politikum, in: Das Schulbuch. Produkt und Faktor gesellschaftlicher Prozesse, Ratingen 1973, 105–118

1524 NINK L.: Erfahrungsbericht über die Arbeit mit dem Unterrichtswerk von De Man, MDAV/RhPf 1973.1–2, 3–7 [OA von 'redde rationem']
1525 GRUBER J.: Kriterien zur Beurteilung eines lateinischen Unterrichtswerks, Anregung 20 (1974), 232–236
1526 FRITSCH A.: Lateinsprachige Zeitschriften, MDAV 18.1 (1975), 7–11
1527 GLÜCKLICH H.-J.: Der Übersetzungskommentar, AU 18.1 (1975), 5–18 [Textbsp.: Verg. ecl. 1] R.: Kohl A., Anregung 22 (1976), 204
1528 LORENZ K.: Erläuterungen zu Abbildungen der Lehrbücher für Latein. Einführungslehrgang und Aufbaukurs, FSU 19 (1975), 387–391; 456–460 [zu ↗2646f.]
1529 MAEHLER H. u.a.: Bemerkungen zur Darstellung der Alten Welt in einigen Schulbüchern der Bundesrepublik, hg. Deutscher Archäologen-Verband, Köln 1975, 57 S. I R.: Kohns H. P., Gymn. 85 (1978), 438–441
1530 NEU E./HEINE R./PFISTER R.: Lateinische und griechische Grammatik, Gymn. 82 (1975), 545–560 [Besprechungen wichtiger Grammatiken]
1531 RIEDEL W.: Kritische Analyse der Konzeption lateinischer Lehrbücher, MDAV/Hs 22.3 (1975), 3–5
1532 BARIÉ P.: Überlegungen zur Konstruktion eines dreijährigen Lateinlehrgangs, MDAV 19.3 (1976), 8–13
1533 BARIÉ P./PRUTSCHER U.: Überlegungen zur Konstruktion eines Lehrgangs für Latein als 3. Fremdsprache, MDAV 19.3 (1976), 13–16
1534 Besprechungen lateinischer Unterrichtswerke, AU 19.3 (1976), 78 S.
1535 FRITSCH A.: Sprache und Inhalt lateinischer Lehrbuchtexte. Ein unterrichtsgeschichtlicher Rückblick, 1976 ↗1099
1536 GLÜCKLICH H.-J. u.a.: Neue Lehrbücher für den Lateinunterricht, ASiRP 22.2 (1976), 8–17 [↗2491, ↗2509, ↗2590, ↗2744]
1537 MEYER T.: Überlegungen zur Konstruktion eines grundständigen Lateinlehrgangs, MDAV 19.3 (1976), 1–7
1538 HAPP H.: Zur Erneuerung der lateinischen Schulgrammatiken, Frankfurt/M. u.a. (Diesterweg) 1977 (Schule und Forschung), V & 120 S. [Lit.]
1539 NICKEL R.: Lateinische Anfangslektüre mit den Aditus, MDAV/SH 1977.2, 18–23 [↗4994]
1540 Besprechungen lateinischer Unterrichtswerke II, AU 21.4 (1978), 115 S.
1541 FRITSCH A.: Die 'Lesestücke' im lateinischen Anfangsunterricht. Ein Beitrag zur Geschichte des lateinischen Lehrbuchs, AU 21.4 (1978), 6–37
1542 KLOWSKI J.: Cambridge Latin Course, AU 21.4 (1978), 105–115 I R.: Wülfing P., AU 22.2 (1979), 82; Kohl A., Anregung 26 (1980), 194
1543 Latein 2: Lehrbuch und Textarbeit im Anfangsunterricht, hg. DÖRSCHEL J., Wiesbaden 1978 (HIBS–MUS 13) [Bornemann B u. C, Grundkurs Latein, Ianua Nova, Krüger, Lingua Latina, Nota, Porta, redde rationem]
1544 MEYER T.: Überlegungen zur Konstruktion eines Lehrganges für Latein als 2. Fremdsprache, MDAV 21.1 (1978), 1–9
1545 FINK G.: Lateinische Unterrichtswerke – Versuch einer Zwischenbilanz, AU 22.1 (1979), 98–107
1546 GRÜDER G.: Das Schulbuch im Geflecht von Didaktik, Lehrplänen, Unterrichtswirklichkeit und Wirtschaft, AU 22.1 (1979), 86–92

1547 HERMES E.: Zur Didaktik des 'Beiwerks' im altsprachlichen Schulbuch, AU 22.1 (1979), 18–28

1548 PETERSEN P.: Mögliche Kriterien zur Beurteilung von lateinischen Lehrbüchern, MLAS/SH 2.1 (1979), 7–12

1549 WOJACZEK G.: Unterrichtswerke in den Alten Sprachen, in: Fachdidaktisches Studium 1, 1979 ↗828, 250–265 [zu Roma, Cursus Latinus und Instrumentum]

1550 JOHANNS F.: De condicionibus librisque scholaribus, VL 16 (1980), 200–203 [Cursus Latinus, Roma, Instrumentum]

1551 CLASEN A.: Schülerkommentare zu altsprachlichen Textausgaben, Gymn. 88 (1981), 387f. [Arbeitsbericht DAV-Tagung 1980] R.: AADI 3 (1982), 29

1552 KREYSER K.: Didaktische Grundsätze eines Lehrbuches der lateinischen Sprache mit audiovisuellen Hilfsmitteln für Studenten der Medizin, Veterinärmedizin und Pharmazie, AU 24.4 (1981), 99–104 | R.: AADI 4 (1982), 48

1553 NEMETH J.: Jugendbücher zur Antike, IAU 3.2 (1981), 5–13 [Romane, Fabeln, Sagen, Sachbücher, Schallplatten u.a.] R.: AADI 3 (1982), 31

1554 VRETSKA K.: Lateinische Wortkunden, IAU 3.1 (1981), 42–45 [Besprechungen]

1555 UNTERMANN J./WÜLFING P.: Wortkunde zwischen Wissenschaft und Unterricht – Zu neueren lateinischen Wortkunden, AU 24.4 (1981), 24–54 | R.: AADI 4 (1982), 53f.

1556 WOJACZEK G.: 150 Jahre C. C. Buchners Verlag (1832–1982), DASiU 29.3 (1982), 5–7

1557 BAUM S./LEMPP U.: Was ist wo abgebildet? Fundstellenindex zu den Abbildungen in lateinischen und griechischen Unterrichtswerken, AU 26.4, Beih. (1983), 16 S.

1558 HESSE G.: Die Welt der Antike im Taschenbuch, Anregung 29 (1983), 130–140 | R.: Maier F., AADI 7 (1984), 89

1559 HÖDL R./FUCHS R.: Jugendbücher zur Antike, IAU 5 (1983), 78f [drei Buchbesprechungen zur Reihe 'C.V.T. Im Dienste der Caesaren' v. H. D. Stöver]

1560 HORA A.: Lehrplan und Lehrbuch – Chance für „pädagogischen Freiraum" oder die Totalität der Verplanung?, 1983 ↗469

1561 PERLICH D.: Ziele, Methoden und Lehrbücher für spätbeginnendes Latein, MDAV/Ns 33.4 (1983), 20–22

1562 GLÜCKLICH H.-J.: Überblick über einige Schulausgaben der Aeneis und grundsätzliche Überlegungen zur Gestaltung von Textausgaben, 1984 ↗4805

1563 Hinweise auf Jugendbücher zur griechisch-römischen Antike, hg. ISB, München 1986 (Materialien für den Lateinunterricht 1986/2), 4 S.

1564 LECHLE H.: Zur Verwendung des Bildmaterials in den Lehrbüchern, MDAV/Ns 36.2 (1986), 2–6

1565 STÖSSL F.: Lateinischer Elementarunterricht in Österreich, EuU 136 (1986), 250–262, 319–331 [Austria Romana, Liber Latinus, Imperium Romanum, Roma Antiqua, Via Nova, Viaticum] R.: STUDENY E., Die Arbeit mit dem Liber Latinus A, EuU 137 (1987), 101–104; VRETSKA H., „Via nova" – „Via mala"?, a.O. 104–107; STEINER-KLEMENT M. A., a.O. 107–109 [zu Imperium Romanum]

1566 VESTER H.: Der Schülerkommentar – eine notwendige Determinante der Unterrichtsgestaltung?, AU 29.1 (1986), 89–91 | R.: Gamper P., AADI 13 (1987), 43f.

1567 WEDDIGEN K.: Lehrbuchtexte – Lehrbuchgrammatik, AU 31.6 (1988), 79–86 | R.: Vogl H., AADI 18 (1989), 112

1568 Anfangsunterricht und Lehrbuch, AU 32.5 (1989), 76 S.
1569 HORA A.: Grammatik im Lehrbuch, AU 32.5 (1989), 28–43 I **R.:** Gamper P., AADI 21 (1991), 15
1570 Jugendliteratur im Lateinunterricht, Latein-Forum 9 (1989), 43–48; 10 (1990), 2–5; 11 (1990), 3–10; 13 (1991), 42–44 [vgl.a. ↗1574]
1571 MEYER T.: Texte im Lehrbuch, AU 32.5 (1989), 4–27 [Cursus Novus, Roma B, Ostia, Ianua Nova Neubearb.] **R.:** Gamper P., AADI 22 (1991), 26
1572 VEIT G.: Jugendbücher als Komponenten des frühen Lateinunterrichts, MDAV/Ns 39.3 (1989), 20–23 [Lit.]
1573 KIPF S.: Die altsprachliche Schullektüre in Deutschland von 1918 bis 1945. Ein Verzeichnis der Textausgaben, der Herausgeber, Autoren und Themen, 1990 ↗1179
1574 Jugendbücher, Latein-Forum 14 (1991), 46–52 [Liste mit ca. 105 Titeln; weitere Rezensionen: 15 (1991), 57f.; 17 (1992), 65–73]
1575 NESEMANN M.: Für eine Übersetzungsgrammatik, AU 34.6 (1991), 70–85 I **R.:** Siehs G., AADI 24 (1992), 63
1576 QUACK H.: Information oder Bildung?, MLAS/SH 1991.1, 3–5 [Lehrbuchtext, am Bsp. Krüger, redde rationem]
1577 SCHLIPP W.: Mißbrauchte Latinität? Zu einem lateinischen Lehrbuch, 1991 ↗1189
1578 SMOLAK K.: Das Schulbuch als Medium der Lehrerbildung. Möglichkeiten und Probleme am Beispiel "Lateinlektüre", Ianus 13 (1992), 42-46
1579 LINDAUER J./WESTPHALEN K.: Grundständiger Lateinunterricht mit ROMA, Anregung 21 (1975), 102–105

3. Bildmaterial

Nur das Bildmaterial selbst (z.B. Fotos, Plakate, Overhead-Folien etc.) ist hier aufgeführt; didaktische Literatur zu dessen Einsatz findet sich in den Abschnitten I 1 und 4.

1580 GAILER J. E.: Neuer Orbis Pictus für die Jugend, Reutlingen 1835; Ndr. Dortmund (Bibliophile Taschenbücher) 1979, 710 S. [dt., lat., franz., engl.] **R.:** Groß N., VL 16 (1980), 218f.
1581 Grundzüge der römischen Architektur, Offenbach (Jünger), 6 Transparentsätze
1582 LOHMANN D.: Villa Romana Quinque Declinationum, München (Lindauer) o.J. [Poster; vgl. ↗1935]
1583 MÜLLER W./ZACH E.: Binnennorikum, Wien (SHB-Medienzentrum) o.J., 21 Overhead-Transparente & Beih., 107 Blatt I **R.:** Pietsch W. J., Ianus 10 (1989), 94f.; Töchterle K., AADI 20 (1990), 139f.
1584 PASCHOTTA H. H.: Die Antike. Übersichtsplan über Philosophie und Literatur, Jork o.J. [Wandplakat] **R.:** Maier F., DASiU 32.2 (1985), 19; Mader W., AADI 13 (1987), 45f.
1585 Römische Staatsarchitektur, Offenbach (Jünger), 4 Transparentsätze
1586 Das Römische Reich, Darmstadt (Perthes), 18 Transparente (Karten)
1587 Rom – die "Ewige Stadt", Offenbach (Jünger), 6 Overheadfolien (Karten u. Abb.)
1588 SCAGNETTI F./GRANDE G.: Roma Urbs imperatorum aetate, Stuttgart (Klett) [Stadtplan des antiken Rom, 100×120 od. 70×85 cm]

1589 WIDMER H.: Cursus Romanus ↗5319
1590 KOLLER H.: Orbis Pictus Latinus, Zürich u.a. (Artemis) 1976, ³1983, 515 S. | R.: Eichenseer P. C., VL 12 (1976), 366–369; ders., VL 19 (1983), 250–252; ders., VL 22 (1986), 282–284
1591 Die Römer in Bayern, München (LBS Südbayern) 1978, Medienpaket (6 sw-Folien, 5 Kopiervorlagen)
1592 HOLDERBACH H.: Lateinische Konjugation, Stuttgart (Klett) 1979, 25 Overhead-Transparente, methodisches Beih., 17 S. [vgl.a. ↗1603]
1593 MÜLLER W.: Bausteinsatz zu Liber Latinus I, Wien (SHB-Medienzentrum) 1982, 12 Overhead-Transparente mit Begleitheft, 25 S. | R.: Pirker K., AADI 7 (1984), 100
1594 MÜLLER W.: Realienkunde zu Caesar: Caesars Helvetierkrieg, 1982 ↗3347
1595 BAUM S./LEMPP U.: Was ist wo abgebildet? Fundstellenindex zu den Abbildungen in lateinischen und griechischen Unterrichtswerken, 1983 ↗1557
1596 EICHENSEER C.: Latinitas Viva: Pars tabularum imaginearum numero nonaginta, ²1984 ↗2054
1597 Bayern zur Römerzeit – Militärwesen, München (LBS Südbayern) 1985, Medienpaket mit 24 Dias, 7 Folien, 12 Kopiervorlagen, 16 Bastelbögen und Texten
1598 MÜLLER W.: Vergils Aeneis, 1985 ↗4810
1599 BAIER W./SPANN R.: Armes Latein. Stilblüten aus Lateinschulaufgaben, Herrsching (Bozorgmehri) 1986, 39 S. [Visualisierung von Fehlübersetzungen]
1600 STRATENWERTH D.: Bilder der Römer. Eine annotierte Bibliographie, 1987 ↗1506
1601 SCHLEMMER G./SPANN R.: Wir können alle etwas Latein, Herrsching (Bozorgmehri) 1990, 28 S. [dt. Lehnwörter aus d. Lateinischen in Zeichnungen dargestellt]
1602 Cursus declinationum. Übersicht über die lateinische Deklination, Stuttgart (Klett) 1992 [Dekl.-Übersicht aus 'Memoranda' (↗2846) als Lehrtafel/Poster]
1603 Lateinische Konjugation, Stuttgart (Klett) 1992 [Lehrtafel (138×187 cm); vgl.a. ↗1592]

4. Audiovisuelle Medien

1604 CLASEN A.: Colloquium Didacticum Classicum Quartum. Technische Hilfsmittel im Dienst des altsprachlichen Unterrichts, 1971 ↗940
1605 WIESE G.: Audiovisuelle Hilfsmittel im Lateinunterricht, in: Unterricht mit Lehr- und Lernmitteln, hg. DÖRING K. W., Weinheim (Beltz) 1971, 287–296
1606 MICKISCH H.: Audiovisuelle Mittel im altsprachlichen Unterricht, Anregung 18 (1972), 35–39
1607 GROTZ H.: Alte Sprachen in modernen Medien. Latein und Griechisch im Medienverbund, AV-Praxis 23.7 (1973), 29–31
1608 KREYSER K.: Audio-visuelle Hilfsmittel in Lateinkursen für Studenten, AU 17.3 (1974), 86f.
1609 LORENZ K.: Eine neue Lichtbildreihe für den Lateinunterricht, FSU 18 (1974), 36–40 [Erläuterungen zu "Antike Bauwerke in Bulgarien"]
1610 FINK G.: Latein – audiovisuell, AV-Praxis 25.3 (1975), 19–23
1611 PLATSCHEK H.: Audiovisuelle Mittel im altsprachlichen Unterricht, Anregung 21 (1975), 10–16

1612 KLIEN E.: Ton-Diareihe zu Ovids "Niobe", 1975–76 ↗4077
1613 REUTER H.: Zum Einsatz von audiovisuellen Hilfsmitteln, in: Handreichungen für den Lateinunterricht in der Kollegstufe 3.1, 1976 ↗706, 233–237
1614 ZINK N.: Einsatz des Videorecorders im Lateinunterricht der Sekundarstufe II, in: Zur Integration des Fernsehens in der Schule, hg. Zink N., Kaiserslautern 1976 (Schriftenreihe der G. M. Pfaff-Gedächtnisstiftung, 20), 41–61 [Tragödie, Epos]
1615 LORENZ K.: Lichtbilder für den Lateinunterricht, FSU 21 (1977), 141–146
1616 HANSEN J. G.: Filme, Tonbänder, Diaserien für den AU, MLAS/SH 1.1–2 (1978), 6
1617 KNOKE F.: Film-Material zur römischen und griechischen Antike, MDAV/Ns 28.2 (1978), 12
1618 FRANK R.: Cassettenlatein, Audiovision 10.9–10 (1979), 56–62
1619 ZINK N.: Audiovisuelle Mittel im Unterricht der Sekundarstufe II, in: Handbuch für den Lateinunterricht, Sek.II, 1979 ↗12, 343–356
1620 STEINHILBER J.: Medienverzeichnis Antike. Visuelle, auditive und audiovisuelle Medien zur römischen und griechischen Antike, Anregung 26 (1980), 394–407; auch in: MDAV 24.2 (1981), 1–8; 24.3, 1–6; Ergänzung in ↗1623, 82f.; s.a. ↗1499, 131–159
1621 BRUSS M./GERHARDT K.-H.: Eine Lichtbildreihe über römische Kulturdenkmäler, FSU 25 (1981), 614–623 [Erläuterungen zu: 'Römische Kulturdenkmäler in der Ungarischen Volksrepublik', o.O. o.J.]
1622 ZEROBIN J.: Latein im Österreichischen Rundfunk, DASiU 28.1 (1981), 16–21
1623 Audiovisuelle Medien im Lateinunterricht. Eine Zusammenfassung der Referate und praktischen Beispiele einer Fortbildungsveranstaltung vom November 1981, hg. Zentrale Erprobung audiovisueller Medien [Dante-Gymnasium, Wackersberger Str. 61, 81371 München], München 1982, 85 S.
1624 BIETZ W./KUNTZ F./SCHERF F.: Visuelle Medien im altsprachlichen Unterricht, in: Fachdidaktisches Studium 2, 1982 ↗865, 273–279 I **R.:** Gamper P., AADI 6 (1983), 74
1625 ROHRMANN L.: Auditive Mittel im altsprachlichen Unterricht, in: Fachdidaktisches Studium 2, 1982 ↗865, 266–272 I **R.:** Gamper P., AADI 6 (1983), 77f.
1626 STEINHILBER J.: Audiovisuelle Medien und ihr Einsatz im Lateinunterricht, in: Audiovisuelle Medien im Lateinunterricht, 1982 ↗1623, 8–32
1627 STEINHILBER J.: Bibliographie: Audiovisuelle Medien im Lateinunterricht, in: Audiovisuelle Medien im Lateinunterricht, 1982 ↗1623, 75–83
1628 PROCHASKA R. A.: Latein im Schulfunk, IAU 5 (1983), 54–58 I **R.:** Töchterle K., AADI 8 (1984), 112
1629 STEINHILBER J.: Audiovisuelle Medien und ihr Einsatz im Lateinunterricht, Anregung 29 (1983), 47–59 I **R.:** Maier F., AADI 7 (1984), 98
1630 KNAU H-L./STEINHILBER J./ZGOLL J.: Video im Lateinunterricht, Anregung 30 (1984), 252–262 [mit Videographie wichtiger Filme zur Antike] **R.:** Maier F., AADI 10 (1985), 138
1631 DRAHEIM J.: Hinweis auf Schallplatten: „Horaz in der Musik", AU 28.3 (1985), 92
1632 WERNER H.: Archäologie im Unterricht der alten Sprachen. Lichtbild-Reihen, 1985 ↗5681
1633 VEIT G.: Hörspiel und Tonband im Lateinunterricht, AU 33.1–2 (1990), 74–83 I **R.:** Gamper P., AADI 22 (1991), 31

5. Overhead-Projektor

1635 WEISS M.: Der Tageslichtprojektor im Unterricht mit Beispielen aus dem sprachlichen Bereich, Anregung 18 (1972), 29–34

1636 STEPHAN-KÜHN F.: Der Overheadprojektor im Lateinunterricht, Anregung 20 (1974), 257–260

1637 GROTZ H.: Einsatz von Arbeitstransparenten zur Strukturanalyse lateinischer Satzperioden, in: Materialien zum Lateinunterricht in Mittel- und Oberstufe, 1977 ↗712, 22–54

1638 STEINHILBER J.: Möglichkeiten der Overhead-Projektion, AU 21.1 (1978), 65–68

1639 MÜLLER W.: Der Overhead-Projektor im Latein-Unterricht, IAU 1 (1979), 16–19

1640 MÜLLER W.: Die „Bausteinmethode". Einsetzübungen am Tageslichtprojektor, Anregung 26 (1980), 183f. I **R.**: AADI 2 (1981), 23

1641 MÜLLER W.: »posse«. Verbalformen mit der Bausteinmethode am Overheadprojektor, 1980 ↗2253

1642 MÜLLER W.: Der Tageslichtprojektor im Lateinunterricht. Eine Einführung mit praktischen Beispielen, Bamberg (Buchner) 1981 (Auxilia 1), 80 S. [Lit.] **R.**: Gamper P., AADI 4 (1982), 48f.; Klien E., IAU 4.1 (1982), 38; Oberg E., MDAV/NW 30.4 (1982), 7f.; Ruck H., DASiU 29.1 (1982), 26; Janshoff F., Informationen zur Deutschdidaktik 9.2 (1984), 57f.; Kohl A., Anregung 30 (1984), 208f.

1643 EBNER K.: Geräte und Hilfsmittel zur Arbeitsprojektion, in: Audiovisuelle Medien im Lateinunterricht, 1982 ↗1623, 67–74

1644 MÜLLER W.: Der Tageslichtprojektor im Lateinunterricht, in: Audiovisuelle Medien im Lateinunterricht, 1982 ↗1623, 37–39

1645 PLATSCHEK H.: Folieneinsatz in einer 5. Jahrgangsstufe (L 1) – Unterrichtsskizze, in: Audiovisuelle Medien im Lateinunterricht, 1982 ↗1623, 33–36 [am Bsp. Roma I, c.18f.]

1646 HUNDSRUCKER W.: Zum Einsatz des Tageslichtprojektors im lateinischen Lektüreunterricht (Caesar, bell.Gall. I 3–5), 1983 ↗3351

1647 MÜLLER W.: Bausteine am Tageslichtprojektor im Lateinunterricht, AU 26.6 (1983), 47–60 [e-Konj., Pronomina, Metrik, hist. Ereignisse] **R.**: Siehs G., AADI 8 (1984), 111

6. Sprachlabor

1648 FINK G.: Pappus, Pipifax & Co. Lateinische Sprachlaborübungen für Fortgeschrittene, Anregung 18 (1972), 12–14

1649 OBERG E.: Fachbericht Latein im Sprachlabor, AU 15.4 (1972), 53–58

1650 OBERG E.: Lateinische Sprachübung im Labor – Konjugation, AU 15.4 (1972), 41–52

1651 SZIDAT J.: Latein im Sprachlabor, Bulletin Cila 16 (1972), 49–58; auch in: MLAS/BW 8 (1977), 14–21

1652 FINK G.: Programmierte Unterweisung und Sprachlabor im Lateinunterricht, 1973 ↗1843

1653 FINK G./NIEDERMEIER E.: Cursus Latinus: Mediothek, Sprachlaborübungen, 1974 ↗2506

1654 KAUTENBURGER P.: Die lateinischen Konjunktive im Sprachlabor – Anfangsunterricht 5. Klasse, AU 17.4 (1974), 92–95

1655 STEINHILBER J.: Bibliographie: Programmierte Instruktion und Sprachlabor, 1975 ↗1857
1656 TUSCH H.: Das Sprachlabor – auch für die Alten Sprachen?, AU 18.1 (1975), 72–74 [Lit.]
1657 GROTZ H.: Einsatz des Sprachlabors im altsprachlichen Unterricht, in: Fachdidaktisches Studium 1, 1979 ↗828, 278–293
1658 NOVOTNY U.: Einsatz des Sprachlabors bei Latein als zweiter Fremdsprache, Anregung 27 (1981), 301–314 [erweiterte Fassung von ↗1660] **R.**: AADI 4 (1982), 50
1659 FINK G.: Latein im Sprachlabor, in: Audiovisuelle Medien im Lateinunterricht, 1982 ↗1623, 55–66
1660 NOVOTNY U.: Das Sprachlabor bei Latein als 2. Fremdsprache, in: Audiovisuelle Medien im Lateinunterricht, 1982 ↗1623, 40–54

J. Kreativität, Produktive Rezeption

1. Allgemeines

1661 KEULEN H.: Kreativität und altsprachlicher Unterricht, Düsseldorf 1978 (Schriftenreihe des pädagogischen Instituts Düsseldorf 40), 48 S. [Lit.]
1662 KEULEN H.: Kreativität und altsprachlicher Unterricht, AU 22.1 (1979), 76–85
1663 RIEGER E.: Kreativität, in: Fachdidaktisches Studium 1, 1979 ↗828, 103–113 [Lit.]
1664 METZ J.: „Produktives Lernen" im LU einer heterogenen Gruppe, AU 30.4 (1987), 61–77 [u.a. Phädrus in Comics] **R.**: Senfter R., AADI 16 (1988), 93
1665 KEULEN H.: Spiel und Kreativität, [1989] ↗2143
1666 KRAFT M.: „Kreative Rezeption", Anregung 35 (1989), 339f.
1667 MAIER F.: Kreativität im lateinischen Lektüreunterricht. Schüler arbeiten an kleinen und großen Projekten, Anregung 35 (1989), 376–389 I **R.**: Töchterle K., AADI 21 (1991), 16
1668 MAIER F.: Zur bildenden Wirkung antiker Literatur. Planung und kreative Phantasie im Lektüreunterricht, 1990 ↗3112
1669 LAHMER K.: Querverbindungen – Kreativität. Unter besonderer Berücksichtigung der Alten Sprachen, Anregung 37 (1991), 249–255; auch in: Latein-Forum 13 (1991), 12–19 I **R.**: Niedermayr H., AADI 23 (1992), 34

2. Schultheater

1670 BRÜGGEMANN K.: Latein? Ja! Aber gesungen und getanzt! Ein Mini-Musical, Salzburg (Fidula) o.J. [Tonbandkassette] **R.**: Flurl W., DASiU 34.3 (1987), 32; Pietsch W. J., Ianus 10 (1989), 96
1671 BLANK O.: Puer vere Romanus. Ludus iocosus, Bamberg (Buchner) 1967, Ndr. 1988, 8 S. [1. Lateinjahr]
1672 SCHWINGE G.: Pyramus et Thisbe. Eine Groteske in lateinischer Sprache, Bamberg (Buchner) ²1967, 10 S. [3. Lateinjahr; vgl.a. Arnold F. ↗1711]

1673 BLANK O.: Iucundus Servus. Ludus iocosus, Bamberg (Buchner) 1972, Ndr.1989, 12 S. [1. Lateinjahr]

1674 KLINZ A.: Ludus de Theseo et Minotauro, DASiU 20.2 (1973), 24–26 [für das 1.–2. Lateinjahr]

1675 Fabulae I, v. SAUTER W./STEPHAN G./SCHIESSER G., Stuttgart (Klett) 1976, 27 S. [zwei lat.-dt. Schulspiele (Theseus u. Minotaurus; "De schola et doctrina"); 'Das tapfere Schneiderlein' auf Latein]

1676 Fabulae II, v. KUCHENMÜLLER W., Stuttgart (Klett) 1978, 16 S. ["Terror Sueborum" nach Caes Gall. 1,39–41; "Cicero et Catilina"]

1677 KÖSTNER H.: De potentia et fortuna. Fabella theatralis, VL 16 (1980), 67–70 [Damokles, nach Roma II 21]

1678 TRABERT K.: Fabula de Orpheo infelici, quomodo Eurydicam, uxorem amatam, iterum amiserit. Ein Unterrichtsspiel für die Jahrgangsstufe 6, DASiU 27.3 (1980), 24–27

1679 STRING M.: Herkules und die Ställe des Augias. Lateinisches Heldendrama in 3 Aufzügen mit deutschen Prologen, AU 24.3 (1981), 70–74 I **R.**: AADI 4 (1982), 52

1680 BRODERSEN K.: Nero Citharoedus (ludus scaenicus), IAU 4.2 (1982), 31–33

1681 OSSBERGER J.: Pyramus und Thisbe. Ein Bühnenstück nach Ovid, 1983 ↗4103

1682 BÖLLER F.: De origine Guntiae, Anregung 31 (1985), 180–184 I **R.**: Töchterle K., AADI 12 (1986), 24

1683 QUACK H.: Vis et mors in domo regia. Lateinisches Theaterspiel auf der Unterstufe, MLAS/SH 1986, 13–17

1684 HUBER H.: Der Streit um's Kleid. Spielszene zum Ferienkurs „Gekleidet wie im alten Rom", Römisch-Germanisches Museum Köln, AU 30.1 (1987), 84–94

1685 SIEWERT W.: Vide ac eme. Spectaculum televisorium, ASiRPS 33 (1987), 3–7 [lat. Werbespots]

1686 WAGNER N.: Error vel casus Guntiae. Ein Schülerstück, Anregung 33 (1987), 175–183 I **R.**: Töchterle K., AADI 17 (1989), 107f.

1687 KLAR R.: Perseus et Andromeda, LGB 33 (1989), 145–153 [lat. Schultheater für 5.–7. Kl.]

1688 DEMANDT B.: Philemon und Baucis. Schauspiel in 5 Akten nach Ovid, Metamorphosen VIII 611–724, 1990 ↗4141

1689 Fabulam agamus! Stücke für das lateinische Schultheater, Stuttgart (Klett) 1990 [dazu ↗1727] **R.**: Sörös M., Ianus 13 (1992), 72–74; Vogl H., AADI 24 (1992), 56–58

1690 —, 1 Komödien nach Plautus, v. PASS S./WEDDIGEN K., 48 S. [Amph., Most.]

1691 —, 2 Nach literarischen Vorlagen, v. EMRICH W. u.a., 40 S. [Caesarius, Schiller (Polykrates), Ov. (Pyramus & Thisbe)]

1692 —, 3 Burlesken, v. KUCHENMÜLLER W./BEHRENS J., 48 S.

1693 —, 4 Sketche, v. SCHRANZHOFER E./APPLETON R. B., 32 S.

1694 —, 5 Märchenstücke, v. SIEWERT W. u.a., 40 S.

1695 —, 6 Griechische Sagen I, v. AHLERS G. u.a., 48 S. [Arion, Theseus, Herkules, Io]

1696 —, 7 Griechische Sagen II, v. AHLERS G./KEYL F./STEINTHAL H., 56 S. [Odysseus, Argonauten]

1697 —, 8 Weihnachtsspiele, v. HENTIG H. v./SIEWERT W./KEYL F., 32 S.

1698 BIEDERMANN M. & R.: De Alcibiade Atheniensi Tragicomoedia, Anregung 37 (1991), 150–152 I **R.**: Niedermayr H., AADI 23 (1992), 44

1699 FINK G.: Die Meerfahrt der Trinker, AU 34.5 (1991), 82–85 [Cursus Latinus I 67; vgl. ↗1903]

1700 NADOLPH H.: O, quam pulchra est Panama, AU 34.5 (1991), 87–91 [Janosch-Übersetzung von Schülern]

1701 SCHUBERT W.: Ein Ausflug ins alte Rom. Ein lateinisches Theaterstück nicht nur für Lateiner, Frankfurt/M. u.a. (Diesterweg) 1991, 11 S. [1., 2. Lateinjahr] R.: Reinsbach J., LGB 35 (1991), 189f.; Vogl H., AADI 24 (1992), 56

1702 SCHUBERT W.: Fabulae Delirae oder: Die Märchenwelt steht Kopf. Ein lateinisches Theaterstück nicht nur für Lateiner, Frankfurt/M. u.a. (Diesterweg) 1991, 12 S. [1., 2. Lateinjahr] R.: Reinsbach J., LGB 35 (1991), 189f.; Vogl H., AADI 24 (1992), 56

1703 TISCHER S./EICHENSEER C.: Die Mauer der Vergangenheit, MDAV/Hs 38.3 (1991), 3–18 [Reise in die Römerzeit als Spielszene]

1704 ASSHOFF E.: Tempora mutantur nos et mutamur in illis. Heiter-besinnliche Szenen in römischen Altertümern der Stadt Trier. Geschrieben von Lateinschülern am Gymnasium Konz – Klasse 9a, Jahrgang 1989/90, Trier (Spee) 1992, 63 S. I R.: Fritsch A., MDAV 35.3 (1992), 129f.

1705 RAUSCHER H.: Darstellendes Spiel im altsprachlichen Unterricht, hg. AMTMANN P., München 1966 (Handbücher für musische und künstlerische Erziehung 7)

1706 SCHWINGE G.: Möglichkeiten des Unterrichtsspiels im Lateinunterricht, in: Probata – Probanda, 1974 ↗798, 189–200

1707 MENDNER S.: Terenz auf der Schulbühne, 1976/80 ↗4647, ↗4651

1708 SCHWINGE G: Das Spiel im altsprachlichen Unterricht. Dramatisierung von Prosatexten, Anregung 22 (1976), 177–179

1709 GROSS N.: Fabula Plautina Vendalinopoli ingeniosissime peracta, VL 16 (1980), 316f. [Men., Textbearb. aus 'redde rationem'; Vendalinopolis = St. Wendel, Sl]

1710 Antikes Drama auf der Schulbühne, hg. STEINTHAL H., AU 25.5 (1982), 88 S.

1711 ARNOLD F.: Pyramus und Thisbe – Latein auf der Bühne, MDAV/Ns 32.2–3 (1982), 4–6 [anhand ↗1672]

1712 HERRMANN D.: De Raptu Sabinarum, MDAV/Ns 32.2–3 (1982), 2–4 [nach 'redde rationem' c.31]

1713 MESSMER E.: Caesar und Bavarix im Lateinunterricht der 9. Jahrgangsstufe, Anregung 28 (1982), 188–195 I R.: Maier F., AADI 5 (1983), 67

1714 MÜLLER W.: Codex ursulinus (saec. XII.) entdeckt, IAU 4.1 (1982), 20f. [Lateinisches Faustspiel von einer Schülerin]

1715 SILBERBERGER U./MUTSCHLER B.: Altsprachliche Spieltexte in der Schule. Pädagogische Aspekte und Wirkungsmöglichkeiten des Schultheaters, AU 25.5 (1982), 41–48 I R.: Töchterle K., AADI 6 (1983), 78

1716 KOSIOL H.-G.: Erfahrungen mit Plautus in einem Grundkurs Darstellendes Spiel, 1983 ↗4225

1717 EYSELEIN K.: Theater an der Schule. Ein Beispiel: Carl Orff, Impulse 5 (1986), 1–7

1718 VEIT G.: Möglichkeiten und Schwierigkeiten des lateinischen Schultheaters, AU 29.5 (1986), 88–94 I R.: Töchterle K., AADI 15 (1988), 65

1719 WEISERT K.: Schulaufführung der ‚Adelphoe', 1986 ↗4652

1720 GRÖGER R.: Ein lateinisches Krippenspiel. Schüler einer sechsten Klasse inszenieren die Weihnachtsgeschichte, Anregung 35 (1989), 320–322 | **R.**: Töchterle K., AADI 21 (1991), 13

1721 SARHOLZ W.: Eine Lehrbuchlektion als szenisches Spiel. Ein Stundenbild, AU 32.5 (1989), 81–83 | **R.**: Gamper P., AADI 20 (1990), 137

1722 THOBÖLL R.: Theaterspielen mit Latein-Anfängern, AU 32.5 (1989), 76–81; mit erw. Einl. in: MDAV/NW 37.3 (1989), 8–12 [mit einem Schulspiel "Pyramus et Thisba"] **R.**: Gamper P., AADI 20 (1990), 139

1723 BAUER O.: Mut zum Schulspiel in lateinischer Sprache, Anregung 36 (1990), 24–31 | **R.**: Siehs G., AADI 23 (1992), 43f.

1724 LANDSHAMER L.: Wenn Alte Sprachen lebendig werden, Schulreport 1990.1 (1990), 23f. [mit einem Schulspiel nach Roma IV 3 (Plin.)]

1725 RÖSSLER I.: „Fabulae Latinae". Erfahrungsbericht über die Aufführung kurzer lateinischer Szenen einer dritten Klasse, Ianus 12 (1991), 102f.

1726 BAMMESBERGER A.: Steckenpferd überholt Paragraphenreiter. Fächerübergreifendes Spiel von lateinisch-bayrischen Theaterstücken im Lateinunterricht, DASiU 39.4 (1992), 5–8

1727 VEIT G.: Fabula agitur! Gedanken und Hilfen zum lateinischen Schultheater, Stuttgart (Klett) 1992 (Colloquium Didacticum 1), 112 S.

3. Exkursion, Klassenfahrt

1728 LORENZ K./WIRTMANN P.: Bulgarien im Altertum. Eine Studienreise von Altsprachenlehrern der DDR durch die Volksrepublik Bulgarien 1970, FSU 15 (1971), 141–148

1729 WOELK D.: Ein Besuch in Augusta Raurica (Kaiseraugst), MLAS/BW 2.1 (1971), 25–28

1730 DIETRICH J.: Das Stuttgarter Lapidarium I. Ein Exkursionsvorschlag für Unter- und Mittelstufe, MLAS/BW 4.1 (1973), 4–15

1731 BALENSIEFEN E.: Hellasfahrten – Erfahrungen, Erwägungen, Folgerungen, MLAS/BW 6.1 (1975), 25–27

1732 LINK H.: Studienfahrten nach Rom, ASiRPS 23.2–3 (1977), 11–17 [Lit.]

1733 HORA A./SEILER I.: Studienfahrt in die „Germania Romana" – ein Bericht, ASiRPS 24.1 (1978), 3–10 [Lit.]

1734 LÖWE G.: Fachexkursion der Altsprachenlehrer in die Ungarische Volksrepublik, FSU 22 (1978), 498f.

1735 KOCH E.: Argumente zur Durchführung von Studienfahrten in der Sek II. Stellungnahme des Niedersächs. Altphilologenverbandes, MDAV/Ns 29.2 (1979), 7f.

1736 PROCHASKA R. A.: Magdalensberg. Arbeitsblätter für eine archäologische Exkursion, IAU 2.2 (1980), 83–93 | **R.**: AADI 2 (1981), 23

1737 Etrurienfahrt, IAU 3.2 (1981), 34f.

1738 MOMMSEN P.: Studienfahrten an den Limes. Historisch-archäologische Einführung, Vorschläge zur Planung und Durchführung, Stuttgart (Klett) 1981, 27 S.

1739 BIETZ W./KUNTZ F./SCHERF F.: Exkursionen, in: Fachdidaktisches Studium 2, 1982 ↗865, 273–296 | **R.**: Töchterle K., AADI 6 (1983), 74

1740 GELDNER H./NICOLAI J./OHLEMANN S.: Arbeitsaufträge für Schüler bei einer Exkursion zu den Limeskastellen Saalburg und Zugmantel, ASiRPS 28.1 (1982), 19–20 [Lit.]

1741 ZACH E.: Magdalensberg und Parkmuseum. Beispiel einer Aktivexkursion, IAU 4.1 (1982), 26–33 | **R.**: Töchterle K., AADI 5 (1983), 70

1742 FALTNER M.: Studienfahrt nach Rom, Anregung 30 (1984), 415–418 | **R.**: Maier F., AADI 10 (1985), 137

1743 Studienfahrt nach Trier, LEU/L 41, 42 & 43 (1984), 75, 81 & 82 S. [u. zur röm. Wasserleitung in d. Eifel]

1744 BINDER G.: Die provinzialarchäologische Exkursion im Lateinstudium, Gymn. 92 (1985), 78–100 | **R.**: Töchterle K., AADI 11 (1986), 12f.

1745 GERMANN A.: Tagesexkursion zum Saalburgkastell. Eine Unterrichtseinheit für die Sekundarstufe I, AU 28.5 (1985), 32–61 [mit Schülermaterial (Fragen u. Aufgaben mit Lösungen)] **R.**: Gamper P., AADI 12 (1986), 25f.

1746 MOMMSEN P.: Die archäologische Feldexkursion als Schulveranstaltung, Gymn. 92 (1985), 72–77 | **R.**: Töchterle K., AADI 12 (1986), 28

1747 FINK G.: Wieder eine Reise wert: Birciana, AU 29.1 (1986), 91–94 | **R.**: Gamper P., AADI 13 (1987), 40

1748 WEBER I.: Eine Provinzschöne von besonderem Reiz. Ein Vorschlag für eine Schülerreise, Anregung 32 (1986), 201–202 [Kampanien]

1749 SCHIROK E.: Mit Schülern in die Provence, AU 31.2 (1988), 97–101 | **R.**: Gamper P., AADI 17 (1989), 105

1750 Studienfahrt in die Provence (I–IV), LEU/L 45–48 (o.J. [~1988]), 111, 91, 91 & 97 S. [I: Geschichte, Orange, Avignon, Tarascon; Troubadours; II: Fontaine de Vaucluse u. Mont Ventoux (F. Petrarca), Bogen v. Carpentras, Vaison-la Romaine u.a.; III: Arles, St. Gilles, Aigues-Mortes, Les-Saintes-Maries-de-la-Mer u.a.; IV: Les Baux, Nîmes, Pont du Gard u.a.]

1751 GELDNER H.: OPPIDA GALLICA in Rheinland-Pfalz und im Saarland. Caesar-Lektüre und Archäologie, Scrinium 34.1–2 (1989), 19–27

1752 STIMPEL M.: Nihil nos impediet – Nothing can stop us. Auf Hannibals Spuren über die Alpen, MLAS/BW 18.1 (1990), 19–23; auch in: MDAV 33.3 (1990), 61–66

1753 WISKIRCHEN H.-H.: Exkursionen zum Römerkanal in der Eifel, AU 33.1–2 (1990), 109–123 | **R.**: Gamper P., AADI 22 (1991), 32

1754 JOPP R.: Erlebnis + Bildung. Osterreisen mit SchülerInnen nach Rom, Neapel, Florenz, Assisi …, Latein-Forum 14 (1991), 2–8

1755 KLOSE W.: Eine fächerübergreifende Studienfahrt an den Golf von Neapel, Anregung 38 (1992), 186–189

1756 MÜHL K.: Archäologische Exkursionen im Lateinunterricht: Kulturfach Latein, in: Symposium Latein 2000, 1992 ↗1082, 211–218

1757 SCHIROK E.: Studienfahrt an den Golf von Neapel, LEU/L 56 (1992)

4. Sonstige Aktivitäten und Projekte

1758 HORN H.: »Sachwissen über die Antike«. Bericht über einen Wettbewerb am Gymnasium Windsbach, Anregung 20 (1974), 213

1759 DOHM H.: Bellum Gallicum VII 70 im Zeichentrickfilm, 1977 ↗3330

1760 HAAS H. A.: Erstausgabe eines lateinischen Jesuitendramas. Ein Unterrichtsversuch in der Studienstufe, AU 20.5 (1977), 42–57 [Editio princeps des 'Iodocus' erschienen in: 400 Jahre Gymnasium Confluentinum Görres-Gymnasium Koblenz 1582–1982, Koblenz 1982, 124–132]

1761 KAHL D.: Eine villa Romana im Schulhaus, Anregung 23 (1977), 86–92

1762 DUNGS K.: Cunctae anates meae ... „Deutsche Lateiner-Zeitung" eines Duisburger Gymnasiums, Das Rheinische Landesmuseum Bonn 1978.5, 75f.

1763 HUBER H.: Kreative Schülerarbeiten für den Lateinunterricht – Beispiel: ,Stadt-Spiel ohne Zeiten', 1979 ↗5702

1764 KRAPP H. J./MARX A.: Musik und Alte Sprachen. Musikalisch-literarische Abende als Beispiel der Zusammenarbeit, Impulse 3 (1980), 42–53, Anh. A–D; auch in: AU 23.5 (1980), 66–75 | **R.**: AADI 2 (1981), 14

1765 HODNIK E.: Versuch einer bildnerischen Gestaltung im Rahmen des Lateinunterrichts, IAU 4.2 (1982), 2–5 | **R.**: Töchterle K., AADI 6 (1983), 84

1766 DIETERLE A.: „Latein im Alltag – Latein lebt noch!", 1983 ↗5859

1767 Die Gewinner im Wettbewerb "Pickerl für Latein", IAU 5 (1983), 63–66 [mit Abb. der besten Aufkleber]

1768 HENSEL-JOHNE C.: Ein Comic entsteht im Lateinunterricht, AU 26.1 (1983), 75–77 [zu Caes. Gall.] **R.**:Töchterle K., AADI 7 (1984), 95

1769 SCHWAB H.: "Jugend übersetzt". Die Steirische Fremdsprachenolympiade (aus der Sicht des Lateiners), IAU 5 (1983), 59–62 | **R.**: Töchterle K., AADI 8 (1984), 112

1770 HAIDACHER H.: Certamen Ciceronianum Arpinas (18.–20.5.1984), IAU 6 (1984), 55–57

1771 FRITSCH A.: De Ludis Latinis Augustae Vindelicum factis, MDAV 28.3 (1985), 57–62

1772 LIESENFELD N.: Ein lateinischer Kalender – ein Versuch zu „Bild und Sprache", MDAV/ NW 34.2 (1986), 5–8 [vgl.a. ↗1780]

1773 4. Schülerwettbewerb Alte Sprachen des Landes Rheinland-Pfalz im Schuljahr 1987/88, Impulse 6 (1986), 92 S. [darin a. Arbeiten von Preisträgern, u.a. Drehbuch zu Ov. met. (Niobe)]

1774 TUNKEL H.-P.: Latein damals und heute. Bentheimer Gymnasiasten stellten Plakate zusammen, MDAV/Ns 36.2 (1986), 13f. [Ausstellung zum Thema 'Warum Latein?']

1775 FRITZ T.: Latein auf der Straße. Auf den Spuren der Alten Römer in Böblingen, AU 30.5 (1987), 77–80 | **R.**: Töchterle K., AADI 16 (1988), 89

1776 SUERBAUM W.: Summe eines Lebens – Summe einer Lektüre. Eine ,Leistungsmessung' der Rezeption von Tacitus' „Agricola", 1987 ↗4549

1777 WEDDIGEN K.: „Habemus hodie in cena ..." (Römisch kochen), AU 30.1 (1987), 78–83 [Rezepte nach Apic., Cato] **R.**: Siehs G., AADI 17 (1989), 108

1778 WEDDIGEN K.: Noch einmal: Römisch Kochen (Projekttage), AU 30.5 (1987), 81–84

1779 Erstmals in Bayern: Landeswettbewerb Alte Sprachen, Schulfamilie 37 (1988), 140–142

1780 LIESENFELD N.: „Bild und Sprache": Lateinische Kalender, AU 31.1 (1988), 6–21 [Herstellung von Kalendern nach Texten aus Petron., Ov. met.; vgl. ↗1772] **R.**: Vogl H., AADI 17 (1989), 103

1781 MAIER F.: 2000 Jahre ARA PACIS: Cicero, Horaz, Velleius, Tacitus im Gespräch über Augustus. Ein historisches Interview im Rundfunk-Studio, in: Lebendige Vermittlung lateinischer Texte, 1988 ↗3106, 105–116

1782 PLÖGER H.: Latein in Projektwochen, MLAS/SH 1988.1, 11–16

1783 SCHULZE-BERNDT H.: „Der letzte Römer", verirrt in Bad Bentheim – Gymnasiasten drehen eine Video-Komödie, AU 32.4 (1988), 81f

1784 HAIDACHER H.: Fremdsprachenolympiade Latein-Griechisch 1989, Ianus 10 (1989), 60f.

1785 HOLZER K.: T-Shirt und Ballonrock – antike Erfindungen, Ianus 10 (1989), 61f. I **R.**: Töchterle K., AADI 21 (1991), 14

1786 MAIER F.: Die „Germania" im Rundfunk-Studio, 1989 ↗4588

1787 NIEDERMAYR W.: Fremdsprachenolympiade Latein–Griechisch. Bundeswettbewerb 1989, Latein-Forum 9 (1989), 22–25

1788 RODE R.: Cicero, Catilina und die Rhetorik. Ein Videofilm, Anregung 35 (1989), 92–94 I **R.**: Töchterle K., AADI 20 (1990), 137

1789 SEITZ W.: Erste bundesweite „Fremdsprachenolympiade" in Latein und Griechisch in Linz, AHS 38 (1989), 311ff.

1790 WÖLKE H.: Berliner Schülerwettbewerb ‚Lebendige Antike', LGB 33 (1989), 90–96

1791 GROHN-MENARD C.: Caesaris expeditio in Germaniam. Ein Comic-Projekt in der Einführungsphase, 1990 ↗3388

1792 NIEDERMAYR H.: Das "Certamen Ciceronianum Arpinas". Ein internationaler Latein-Übersetzungswettbewerb, Latein-Forum 12 (1990), 30–36

1793 PIETSCH W. J.: Schüler/innen vertonen lateinische Lieder, AU 33.4 (1990), 59–67 [Plautus, Lehrbuch-Text] **R.**: Hötzl E., Ianus 12 (1991), 79f.; Mader W., AADI 22 (1991), 27

1794 RODE R.: Schüler drehen ein Video auf Latein, AU 33.1–2 (1990), 84–87 [Plaut. Mil.] **R.**: Gamper P., AADI 22 (1991), 28

1795 VOGL H.: Fremdsprachenolympiade – ein Bericht, Latein-Forum 11 (1990), 41–51

1796 BAMMESBERGER A.: Pax Europaea – eine 5. Lateinklasse stellt sich vor, DASiU 38.1 (1991), 25–27

1797 LIEBENWEIN W.: Kulturkunde-Quiz im lateinischen Elementarunterricht, Ianus 12 (1991), 99f.

1798 MÜLLER W.: Römersteine selbstgemacht, Ianus 12 (1991), 101f.; zuerst in: Die Schule, 1/1990, 11 [Meißeln von Inschriften]

1799 WEISS A.: Spectaculum Latinum in Klagenfurt, Latein-Forum 15 (1991), 32–48 [Latein–'Festival'; vgl.a. Weiss A., Ianus 13 (1992), 102f.]

1800 BRUNNER H.: Spectaculum Latinum Albisaxense in Graz. Projekt "Latein am Lichtenfels" vom 2. März bis 30. April 1992, Ianus 13 (1992), 103-105

1801 KIEFNER G.: … de Teutonis triumphavit. Undecim Certamen Cicerionianum Arpinas 1991. Eine Werbung, MDAV 35.1 (1992), 19f.

1802 SIEWERT W.: Latein in der Grundschule?, Scrinium 37.1–2 (1992), 29f.

K. Öffentlichkeitsarbeit

1803 BOECKMANN W.-D.: Latein heute? Zu einer Initiative am Gymnasium Großburgwedel, Hannoversche Allgemeine Zeitung Nr. 51 (2.3.1971) [vgl.a. ↗419; ↗433]

1804 Material zur Information der Eltern über den Unterricht in den alten Sprachen. Ausschuß für Didaktische Fragen im Deutschen Altphilologen-Verband, hg. BAYER K., München (Selbstverl.) 1973, 40 S.

1805 FRITSCH A.: Exempla Latinitatis passim dissipatae, 1976 ff. ↗5805

1806 DELBANCO H.: Orientierungsphase Latein/Französisch. Informationskurs in den 6. Klassen einer ländlichen O-Stufe, MDAV/Ns 27.4–28.1 (1977–78), 11–13

1807 KEULEN H.: Argumentationshilfen „Latein und Griechisch", MDAV/NW 26.3 (1978), 1–7; 26.4, 4–12

1808 KRAPP H. J.: Möglichkeiten der Öffentlichkeitsarbeit Altsprachlicher Gymnasien, Impulse 1 (1978), 19–27

1809 THEUERKAUF A.: Was wir tun und nicht lassen sollten, MDAV/Ns 28.3 (1978), 11f. [Werbung für Latein]

1810 WESTPHALEN K.: Münchner Gesprächskreis Alte Sprachen, DASiU 26.2 (1979), 1–5

1811 FEHL P./VOGT W.: Ratschläge zur Information über die Wahl zwischen Latein und Englisch als erste Fremdsprache, Impulse 4 (1980), 17–24

1812 GABRIEL B.: Werbung für Latein, AU 23.2 (1980), 132f. | **R.**: Töchterle K., AADI 1 (1981), 10

1813 KUNTZ F.: Lebendige Antike. Arbeitskreis eines Altsprachlichen Gymnasiums, Impulse 5 (1986), 8–15 [Vortragsreihe; S. 16–23 Verzeichnis der Themen; vgl.a. ↗1814]

1814 THOMAS W.: Fünfundzwanzig Jahre lebendige Antike, Impulse 5 (1986), 34–55 [vgl.a. ↗1813]

1815 MUNDING H.: Altphilologie und Öffentlichkeit, MDAV 30.3 (1987), 82f.

1816 SALLMANN K.: Schülerwettbewerbe – eine Form der Öffentlichkeitsarbeit, MDAV 30.3 (1987), 80f.

1817 NUSSER N.: Die Alten Sprachen am Gymnasium – den Eltern vorgestellt, DASiU 35.1 (1988), 15–24

1818 OFFERMANN H.: Latein als erste Fremdsprache. Eine Information für den Elternabend an der Grundschule, DASiU 35.1 (1988), 12–15

1819 Latein als erste Fremdsprache – Informationshilfen, MDAV/Ns 39.4 (1989), 18–22

Teil III   Didaktik und Methodik des Sprachunterrichts

L.   Unterrichtsverfahren im Sprachunterricht

1.   Allgemeines

Handreichungen und Materialien für die Spracherwerbs- und Systematisierungsphase (bisher 132 S. Arbeitsbögen & 84 S. Hinweise) erstellt der 'Arbeitskreis Lateinischer Sprachunterricht', gegr. v. Dr. G. Dietz. (Adr.: StD Werner Backhaus, Schubertstr. 36, 76275 Ettlingen).

1820   HOFFMANN F.: Der Lateinische Unterricht auf sprachwissenschaftlicher Grundlage. Anregungen und Winke, Leipzig u.a. 1914, ²1921, XIV & 199 S.; Ndr. Darmstadt (WBG) 1966; Stuttgart (Teubner), 1981

1821   WILSING N.: Die Praxis des Lateinunterrichts, 1 Probleme des Sprachunterrichts, Stuttgart (Klett) ²1964, Ndr. 1972, 204 S. [s.a. ↗3020]

1822   BAYER K.: Das Prinzip der partiellen Identität im lateinischen Grammatikunterricht. Methodologische „Neudarbietung" im lateinischen Grammatikunterricht, Anregung 13 (1967), 414–416; jetzt in: Das Angebot der Antike, 1990 ↗21, 81–83

1823   BAYER K.: Der lateinische Anfangsunterricht, in: Die Anfangsklassen des Gymnasiums, hg. BOHUSCH O., München (BSV) 1968, 109–120; jetzt in: Das Angebot der Antike, 1990 ↗21, 71–80 [Lit.]

1824   EIKEBOOM R.: Rationales Lateinlernen, dt. v. W. Vontin (nach einer unveröffentlichten Neufassung des Originals), Göttingen (Vandenhoeck & Ruprecht) 1970, 158 S. I **R.**: Broemser F., MDAV/RhPf 1971.1–2, 6–18; Meyer T. ↗1268; Pfister R., Gymn. 78 (1971), 244f.; Kohl A., Anregung 19 (1973), 58; Zerobin J., Anzeiger f. d. Altertumswiss. 28 (1975), 90–94

1825   ABEL F.: Spanisch und Italienisch im Lateinunterricht, MDAV 14.2 (1971), 7–11

1826   BIERMANN W.: Beiträge zur Praxis des dreijährigen Lateinkurses der Oberstufe, AU 14.4 (1971), 41–52 [Textbsp. Caes. Gall.] **R.**: Kohl A., Anregung 19 (1973), 57

1827   HEILMANN W.: Lateinischer Sprachunterricht als Hinführung zur Lektüre, AU 14.5 (1971), 21–32 I **R.**: Kohl A., Anregung 19 (1973), 59

1828   PERLICH D.: Programmierter Unterricht (Resümee), MDAV/Ns 21.1 (1971), 10f. [Lit.]

1829   PÜRZER U.: Überlegungen zu einer Neuorientierung des lateinischen Sprachunterrichts, MDAV/Hs 18.2 (1971), 2–6

1830   SCHNELLE O.: Sexta-Unterricht mit original-lateinischen Texten, MDAV/RhPf 1971.3–4, 3–11

1831   SCHÖNBERGER O.: Kleiner Hinweis auf moderne Fremdsprachen im Lateinunterricht, DASiU 19.1 (1971), 15–18

1832   Sprache und Sprachlehre IV, AU 14.2 (1971), 100 S.

1833   STEINTHAL H.: Latein programmiert – mit besonderer Berücksichtigung der gegenwärtigen Lage in Westdeutschland, DCG 11 (1971), 35–40

1834   STEINTHAL H.: Lehrbuch und Methode im lateinischen Sprachunterricht, AU 14.2 (1971), 51–69 I **R.**: Kohl A., Anregung 19 (1973), 63f.

1835 BARAN V.-N.: De ratione linguae Latinae adulescentibus docendae, Caesarodunum 7 (1972), 23–34

1836 HEILMANN W.: Sprachreflexion und lateinischer Sprachunterricht, in: Didaktische Überlegungen zu einer Revision des altsprachlichen Unterrichts, 1972 ↗528, 26–62

1837 NICKEL R.: Programmiertes Lernen im Lateinunterricht. Erfahrungen mit dem Schwerpunktprogramm H. Holtermann „Der Infinitiv", Gymn. 79 (1972), 62–68 [s. ↗2897]

1838 RIEDEL W.: Didaktischer Ansatz für das Fach Latein, AU 15.5 (1972), 83–87 [Sprachreflexion]

1839 AEBLI H.: Über das Lernen fremder Sprachen, Gymn. 80 (1973), 86–101

1840 BAUER R.: Anfangsunterricht in Latein als 2. Fremdsprache (Bericht über eine Fortbildungstagung für Lateinlehrer in Dillingen vom 28. bis 30.5.1973), 1973 ↗963

1841 BEYER K.: Vorschläge für einen linguistisch orientierten Anfangsunterricht im Lateinischen, AU 16.2 (1973), 14–32

1842 EIKEBOOM R.: Lernpsychologische Aspekte eines modernen Lateinunterrichts, in: Klassische Philologie, 1973 ↗967, 69–82

1843 FINK G.: Programmierte Unterweisung und Sprachlabor im Lateinunterricht, Gymn. 80 (1973), 206–208

1844 HEILMANN W.: Zur Didaktik des lateinischen Sprachunterrichts in der Sekundarstufe I, in: Zur Didaktik der Alten Sprachen in Universität und Schule, 1973 ↗791, 105–116

1845 SKAREK W.: Grundsätzliche Bemerkungen zur methodisch-didaktischen Arbeit, in: Klassische Philologie, 1973 ↗967, 20–26

1846 SOMMER E.-F.: Unterrichtseinheit: Der Oedipus-Mythos (Bornemann C, St. 42 B ff.), MDAV/Hs 20.4 (1973), 6–10

1847 EICHENSEER P. C.: De Austriaca magistrorum Graeciensium ratione scholari docendi innovata, VL 10/35 (1974), 82–84 [Graz]

1848 FRITSCH A.: Kinder- und Jugendbücher als begleitende Freizeitlektüre zum lateinischen Anfangsunterricht im 5. bis 7. Schuljahr, AU 17.1 (1974), 88–91 [Lit.]

1849 HÄRING L.: Der programmierte Unterricht, in: Programmierter Unterricht in den Alten Sprachen, 1974 ↗1852, 1–10

1850 HEINRICHS A.: Latein – eine Hilfe für Legastheniker?, Der Birklehof 39 (1974), 23ff.; auch in: MDAV/Ns 25.1–2 (1975), 15–19; MDAV/NW 23.2 (1975), 3–6

1851 MEYERHÖFER H.: Programmierter Unterricht im Fach Latein, in: Programmierter Unterricht in den Alten Sprachen, 1974 ↗1852, 11–15 [mit einer erklärenden Tabelle der vorliegenden Lernprogramme]

1852 Programmierter Unterricht in den Alten Sprachen, München (BSV) o.J. [1974] (Anregung, Sonderheft), 24 S.

1853 SCHÖNBERGER O.: Motivation im lateinischen Sprachunterricht, hg. Bayer. Staatsministerium für Unterricht und Kultus, Augsburg (Blasaditsch) 1974 (Handreichungen zur Fortbildung für den altsprachlichen Unterricht), 31 S.

1854 Einsatzmöglichkeiten von Lernprogrammen im Lateinunterricht, Kiel (Schmidt & Klaunig) 1975 (IPTS-Studien, Beih. 7)

1855 FINK G.: Kleine Gattungen als Begleitlektüre, AU 18.5 (1975), 13–23 [a. zu Texten in Unterrichtswerken]

1856 NICKEL R.: Die Funktion von Texten im einführenden lateinischen Sprachunterricht, MDAV/Hs 22.4 (1975), 1–6; auch in: MDAV/NW 24.3 (1976), 1–4; 24.4, 4–6

1857 STEINHILBER J.: Bibliographie: Programmierte Instruktion und Sprachlabor im Lateinunterricht, AU 18.4 (1975), 89–92

1858 STEINHILBER J.: Kritische Ansätze zur programmierten Instruktion im Lateinunterricht, AU 18.3 (1975), 71–74

1859 BARTELS K.: Die Rolle der Übersetzung im altsprachlichen Unterricht. Zielsetzungen und Erfahrungen, DCG 15–16 (1975–76), 190f.

1860 EMRICH E.: Die Funktion von „unechten" Texten im einführenden lateinischen Sprachunterricht (dargestellt an den Lektionen 36–40 des Unterrichtswerks ‚redde rationem'), AU 19.3 (1976), 68–72 [Ergänzung zu Nickel R. ↗2743]

1861 FRITSCH A.: Lectiunculae, VL 12 (1976), 46–48, 137f., 236–238, 336–338; 13 (1977), 61–63, 178f., 272f., 397–399 [kleine Erzählungen u. Dialoge aus alten lat. Schulbüchern, für den Anfangsunterricht (1./2. Lernjahr) geeignet]

1862 RIES W.: Asterix grammaticus. Oder: Was Schulmeistern in die Finger gerät …, AU 19.5 (1976), 73–76

1863 SIEWERT W.: De docendi ratione necessario delectabiliore, VL 12 (1976), 50–52

1864 Zur Gestaltung und Verwendung von Curriculum-Elementen im Fach Latein, Lehren und Lernen 2.4 (1976), 26–28 [vgl. ↗2282, ↗2399]

1865 BOECKMANN W.-D.: Die kompensatorische Spracherziehung im Lateinunterricht, 1977 ↗585

1866 KNECHT T.: Sprachwissenschaft im Anfangsunterricht, in: Lebendige Lektüre, 1977 ↗823, 156–171

1867 DE FLORIO–HANSEN I.: Möglichkeiten und Auswirkungen des gruppenunterrichtlichen Verfahrens im lateinischen grundlegenden Sprachunterricht, AU 20.1 (1977), 43–55

1868 RÖTTGER G.: Regelgrammatik und Sprachreflexion, AU 20.1 (1977), 56–71 [Textbsp.e Cic., Caes.]

1869 Handreichungen zum lateinischen Anfangsunterricht. Texte zur Begleitlektüre, LEU/L 11 (1978), 30 S. [B-W]

1870 Handreichungen zum lateinischen Anfangsunterricht (Kl. 5/6), LEU/L 12 (1978), 34 S. [B-W]

1871 Handreichungen zum lateinischen Anfangsunterricht (Kl. 5/6), LEU/L 13 (1978), 32 S. [B-W]

1872 Handreichungen zum lateinischen Anfangsunterricht, LEU/L 14 (1978), 36 S. [B-W]

1873 MAIER F.: Spracharbeit an Einzelsätzen – Relikt einer veralteten Methodik?, DASiU 25.2 (1978), 25–27; auch in: MDAV 21.3 (1978), 1–3; LGB 24.1 (1980), 8–10

1874 PFISTER R.: Probleme des Einzelsatzes, DASiU 25.3 (1978), 20–23; jetzt in: Lateinische Grammatik in Geschichte und Gegenwart, 1988 ↗2219, 76–82

1875 HÄRING L.: Programmierter Unterricht, in: Fachdidaktisches Studium 1, 1979 ↗828, 266–278 [mit einem Verzeichnis von Lernprogrammen; Lit.]

1876 HANSEN J. G.: Motivation im Lateinunterricht. I Beschreibung des motivationspsychologischen Umfeldes; II Beispiele aus der Unterrichtspraxis, AU 22.5 (1979), 4–17; 18–33 [Passiv, AcI, Strukturanalyse, Interpretation]

1877 HANSEN J. G.: Verständnisstufen im lateinischen Anfangsunterricht, AU 22.2 (1979), 3–12

1878 HEILMANN W.: Sprachreflexion im Lateinunterricht, in: Handbuch für den Lateinunterricht, Sek.II, 1979 ↗12, 108–132

1879 KLEMENT G.: Das Lebensrecht des Künstlers – Ein Beitrag zur Texterschließung auf der Unterstufe, MLAS/BW 10.1 (1979), 12–15 ['Ars Latina' 2, L 2B]

1880 LOHMANN D.: Die Rolle der muttersprachlichen Bindung im Lateinunterricht, AU 22.1 (1979), 49–62 [zu Phonetik, Wortschatz, Sachinformationen, Syntax, Casus-System]

1881 LÜTHJE E.: Asterix als Motivationshelfer im lateinischen Grammatikunterricht, AU 22.5 (1979), 34–47

1882 MAIER F.: Lateinunterricht zwischen Tradition und Fortschritt, 1 Zur Theorie und Praxis des lateinischen Sprachunterrichts, Bamberg (Buchner) 1979, ³1988, 324 S. [s.a. ↗3088, ↗3095] **R.:** Karl K., DASiU 26.3 (1979), 31f.; Königer W., MDAV 22.4 (1979), 14f.; Hansen J. G., Gymn. 87 (1980), 217–219; Kohl A., Anregung 26 (1980), 192; Vretska K., IAU 2.2 (1980), 132f.; Fritsch A., LGB 25 (1981), 13f.; Vester H., Südwestdt. Schulblätter 81 (1982), 51f.; Meyer T., Anzeiger f. d. Altertumswiss. 37 (1984), 52–54

1883 MAIER F.: Probleme des Anfangsunterrichts. Eine Standortbestimmung in der Didaktik und Methodik des sprachlichen Elementarunterrichts, MLAS/SH 2.3–4 (1979), 3–19

1884 NICKEL R.: Motivation im spätbeginnenden Lateinunterricht – Ein Plädoyer für ein genießendes Lernen, AU 22.5 (1979), 48–59

1885 RÖTTGER G.: Reflexion über Sprache und historischen Hintergrund – Latein und Griechisch im fortgeschrittenen Lernalter, AU 22.1 (1979), 29–34

1886 STEINTHAL H.: Über stabile und rationale Motivation, 1979 ↗1298

1887 GLÜCKLICH H.-J.: Lateinischer Grammatikunterricht und der neue Lehrplan Latein Sekundarstufe I Rheinland-Pfalz, ASiRPS 26.1 (1980), 3–15

1888 RÖTTGER G.: Griechisch und Latein für ältere Lernanfänger, MDAV 23.4 (1980), 1–7

1889 REUTER H.: Griechische Welt im Lateinunterricht der Unter- und Mittelstufe, in: Widerspiegelungen der Antike, 1981 ↗862, 140–167

1890 Sprachlehre und Spracherwerb, AU 24.4 (1981), 90 S.

1891 LINSENBOLZ R.: Materialien zur Gegenüberstellung von Latein und Englisch (Syntax, Phraseologie, Übersetzungstechnik), LEU/L 34 (1982), 54 S.

1892 NICKEL R.: Ist Latein keine Fremdsprache?, MDAV 25.1 (1982), 4–6 [zur fächerübergreifenden Fremdsprachendidaktik; vgl. ↗1895]

1893 FINK G.: Verdichten statt Verzichten – Probleme der Ökonomisierung im Lateinunterricht, AU 26.5 (1983), 24–30 I **R.:** Gamper P., AADI 8 (1984), 108

1894 Lateinischer Grammatikunterricht, hg. GLÜCKLICH H.-J., AU 26.5 (1983), 71 S.

1895 PFISTER R.: Latein ist eine Fremdsprache, MDAV 26.1 (1983), 2–4 [zur fächerübergreifenden Fremdsprachendidaktik; vgl. ↗1892] **R.:** Kohl A., Anregung 30 (1984), 207

1896 SCHMIDT-ATZERT L.: Fremdsprachenerwerb aus der Sicht des Psychologen, MDAV/Hs 30.3 (1983), 4–6

1897 WAIBLINGER F. P.: "Lernen lernen" im Fach Latein, in: Handreichungen für den Unterricht in der Jahrgangsstufe 5 des Gymnasiums, hg. ISP, München 1983, 86–95

1898 GLEIXNER H.: Strukturmodelle im Lateinunterricht, Anregung 30 (1984), 18–24 I **R.:** Maier F., AADI 9 (1985), 124

1899 MANNSPERGER B.: Latein lernen ohne Lehrbuch? Erfahrungen mit der Einführung ins Latein durch direkte Lektüre von Caesars Bellum Gallicum, AU 27.3 (1984), 34–43 I **R.:** Senfter R., AADI 9 (1985), 127

L 1   Methodik des Sprachunterrichts

1900 SCHÖNBERGER O.: Sprachreflexion im Lateinunterricht der Unter- und Mittelstufe, in: Handreichungen für den Lateinunterricht Jgst. 8–11, 2, 1984 ⌐738, 18–30
1901 SCHÖNBERGER O.: Stil und Stilistik im Lateinunterricht der Unter- und Mittelstufe, in: Handreichungen für den Lateinunterricht Jgst. 8–11, 2, 1984 ⌐738, 9–17
1902 WALTER H.: Das rückläufige Wörterbuch im Lateinunterricht, AU 27.4 (1984), 94–99 I R.: Töchterle K., AADI 10 (1985), 142
1903 LAMBERTZ T.: Die „Meerfahrt" der Trinker. Unterrichtsmodell zu Cursus Latinus I, Kap. 67, Anregung 31 (1985), 384–389 [vgl.a. ⌐1699] R.: Töchterle K., AADI 12 (1986), 27f.
1904 NICKEL R.: Die Funktion von Übersetzungen für die Erschließung lateinischer Texte, MDAV/Ns 35.2 (1985), 2–12
1905 SCHÖNBERGER O.: Deutscher und lateinischer Sprachunterricht. Fachübergreifende Bezüge, Anregung 31 (1985), 162–167 I R.: Töchterle K., AADI 11 (1986), 14
1906 RICHTER-REICHHELM J.: Die Verwendung von Originaltexten im Sprachunterricht bei Latein als dritter Fremdsprache, 1986 ⌐1049
1907 ASTEMER J.: Lateinlernen in der Förderstufe: Neue Schwerpunkte, AU 30.4 (1987), 16–26 [a. zur Lernpsychologie] R.: Senfter R., AADI 16 (1988), 87
1908 Auxilia Latina – Materialien für den L-2-Unterricht: Stundenskizzen – Arbeitspapiere – Unterrichtshilfen, hg. ISB, München ²1987, 49 S.
1909 DIEFENBACH D.: Welche Rolle soll die Interpretation im Lat. Anfangsunterricht spielen? (Klasse 7), in: Empfehlungen für die Arbeit mit den RR Sek.I, 1987 ⌐745, 25–29 [mit Beispiel aus Redde rationem]
1910 LECHLE H.: Optische Satzschließung, 1987 ⌐1983
1911 SIEHS G.: Suggestopädie und Superlearning, Latein-Forum 1 (1987), 3–12
1912 PITTL H.: Eine erste Lateinstunde, Latein-Forum 5 (1988), 19f.
1913 GAMPER P.: Aber Ballaststoffe sind doch gesund ..., Latein-Forum 7 (1989), 26–35 I R.: NIEDERMAYR H., Latein-Forum 9 (1989), 30–36
1914 BELDE D.: HAEGAR oder die Quadratur des Kreises, MDAV/Ns 40.1 (1990), 8–12 [⌐5302]
1915 CLASEN A.: Wege zur Anschaulichkeit. Ein Beitrag zur Praxis der Textarbeit, AU 33.1–2 (1990), 4–20 I R.: Töchterle K., AADI 22 (1991), 23
1916 HOTZ R.: Von den Schwierigkeiten eines Lateinanfängers. Analyse von Fehlern – Hinweise zu ihrer Vermeidung, in: Bildung durch Sprache, 1990 ⌐1921, 48–71
1917 KAUS E.: 'Das Zauberwort heißt Sprachreflexion' – Zu Geschichte und Funktion eines Leitbegriffs in der Didaktik des Lateinunterrichts, in: FS 450 Jahre Gymnasium Philippinum Weilburg 1540–1990, Weilburg/Lahn 1990, 121–125 I R.: Fritsch A., MDAV 33.4 (1990), 104
1918 KREFELD H.: Sprachunterricht in der Lektürephase, 1990 ⌐3111
1919 PFISTER R.: Formale Bildung im lateinischen Grammatikunterricht. Grundsätzliche Überlegungen und Beispiele, in: Bildung durch Sprache, 1990 ⌐1921, 15–29
1920 WEDDIGEN K.: Zugänge schaffen. Vorschläge zur Motivation im Lateinunterricht, AU 33.1–2 (1990), 21–29 I R.: Töchterle K., AADI 22 (1991), 32
1921 WESTPHALEN K. u.a.: Bildung durch Sprache. Beiträge zum lateinischen Grammatikunterricht. Für Josef LINDAUER zum 70. Geburtstag, Bamberg (Buchner) 1990 (Auxilia 24), 124 S. I R.: Kohl A., Anregung 38 (1992), 268

1922 WESTPHALEN K.: Einige Monita zum lateinischen Sprachunterricht. Mit kritischen Anmerkungen zur Schulbuchgestaltung, in: Bildung durch Sprache, 1990 ↗1921, 72–86
1923 Anfangsunterricht und Lehrbuch II, AU 34.5 (1991), 91 S.
1924 Ars memorandi (Lerntechniken), hg. MEYER T., AU 34.6 (1991), 110 S.
1925 DIETRICH J.: Die AcI-Maschine. Zur Visualisierung grammatischer Phänomene, AU 34.6 (1991), 96–100
1926 FINK G.: Grammatik kompakt. Vorschläge zur Ökonomisierung im lateinischen Sprachunterricht, AU 34.6 (1991), 46–52 I **R.**: Siehs G., AADI 24 (1992), 59
1927 FINK G.: Grammatik kompakt. Zur faßlichen, ökonomischen und effektiven Vermittlung "schwieriger" Stoffe im Lateinunterricht, Latein-Forum 15 (1991), 4–15 [Bsp.e: unregelmäßige Verben, 3. Dekl., nd-Formen, Abl. abs.]
1928 FRICEK A.: Vorschläge für eine erfolgreiche Vermittlung der lateinischen Grammatik, MDAV/Ns 41.3 (1991), 2–9
1929 FRITSCH A.: Sachkunde im Anfangsunterricht, AU 34.5 (1991), 4–22 I **R.**: Gamper P., AADI 24 (1992), 59f.
1930 HANLIN J. I./LICHTENSTEIN B. E.: Learning Latin through mythology, 1991 ↗5315
1931 LAHMER K.: Querverbindungen – Kreativität, 1991 ↗1669
1932 LOHMANN D.: Lernen und Behalten. Antike und moderne Gedächtnisschulung im Latein-Unterricht, AU 34.6 (1991), 17–32 I **R.**: Siehs G., AADI 24 (1992), 61
1933 NICKEL R.: Der Originaltext im einführenden Sprachunterricht, in: Latein in der Mittelstufe, 1991 ↗1338, 44–62
1934 PRIESEMANN G.: Über die dritte Stufe des Spracherwerbs, in: Humanismus und Bildung 1, 1991, 59–77 ↗369
1935 RAMPILLON U.: Fremdsprachen lernen – gewußt wie. Überlegungen zum Verständnis und zur Vermittlung von Lernstrategien und Lerntechniken, AU 34.6 (1991), 5–16 [z.B. 'Villa der fünf Deklinationen', vgl. ↗1582] **R.**: Siehs G., AADI 24 (1992), 50
1936 ROTHENBURG K. H. v.: Suggestopädie im altsprachlichen Unterricht, AU 34.6 (1991), 80–91 I **R.**: Siehs G., AADI 24 (1992), 50
1937 SCHWEMER G.: Übersetzungsformeln für nd-Gruppen, AU 34.6 (1991), 103–107
1938 VESTER H.: *Μηδὲν ἄγαν*. Grenzen der textorientierten Didaktik, in: Humanismus und Bildung 1, 1991 ↗369, 122–142
1939 ALT U./SCHULZ H.: Videmus Domitillam cantare ..., AU 35.4 (1992), 112–114 [Schülerzeichnung im Anfangsunterricht]
1940 FIÉVET C.: Apprendre à comprendre – Latein verstehen lernen, AU 35.4 (1992), 87–105
1941 FINK G.: Ein Ding der Unmöglichkeit? Zur Psychologie und Praxis des Unterrichts in Latein als 2. Fremdsprache, in: Symposium Latein 2000, 1992 ↗1082, 149–156
1942 Grundschüler begegnen Latein und den Römern. Anregungen für Unterrichtseinheiten aus drei Erfahrungsbereichen, AU 35.4 (1992)
1943 — SIEWERT W.: Mit den Römern in die Grundschule, a.O., 15–18
1944 — NADOLPH H.: Phantasie und Lateinlernen, a.O., 19–25
1945 — HANSEN S.: Herakles-Szenen, a.O., 26f.
1946 — HUBER H.: Vom Kaiserpalast zur Schulklasse, a.O., 28–41
1947 Üben und Verstehen, hg. WÜLFING P., AU 35.4 (1992), 105 S. [S.5–42 Sonderthema: Begegnung mit Sprachen in der Grundschule, vgl. ↗1949]

1948 WEDDIGEN K.: Motivationsversuch im lateinischen Anfangsunterricht, MDAV/NW 40.2 (1992), 6–16

1949 WÜLFING P.: Begegnung mit Sprachen und Kulturen in der Grundschule – auch mit Latein?, AU 35.4 (1992), 5–13 [Sprachsensibilisierung ('language awareness')]

2. Übersetzen

Da die Beiträge zu diesem Thema in der Regel den Lektüre- ebenso wie den Sprachunterricht betreffen, haben wir alle einschlägigen Titel hier versammelt.
Zum Thema 'Verwendung von Übersetzungen' ist auf den Abschnitt I 2 (bzw. das Stichwort Übersetz*ung* im Register) zu verweisen.

1950 SCHMIDT K.: Psychologische Voraussetzungen des Übersetzungsvorganges, AU 6.1 (1962), 5–50; jetzt in: Didaktik des altsprachlichen Unterrichts ↗5, 389–436

1951 BAYER K.: Latein – Gift für den deutschen Stil?, DASiU 19.1 (1971), 18–21

1952 GAUL D.: Ein Kommunikationsmodell für den Lateinunterricht, MDAV/Hs 19.4 (1972), 1–3

1953 NICKEL R.: Übersetzen und Übersetzung. Ein Plädoyer für die Verwendung von Übersetzungen im altsprachlichen Literaturunterricht, AU 15.4 (1972), 5–21

1954 SOMMER E.: Bemerkungen zum Dekodierungs-Prozeß, MDAV/Hs 19.4 (1972), 3–6 [Textbsp. Tac. hist.]

1955 MAIER F.: Das Übersetzen. Ein zentrales Thema der Altsprachlichen Fachdidaktik, in: Zur Didaktik der Alten Sprachen in Universität und Schule, 1973 ↗791, 121–134

1956 LOHMANN D.: Die Schulung des natürlichen Verstehens im Lateinunterricht unter Berücksichtigung der deutschen und lateinischen Satzstruktur, in: Didaktik des altsprachlichen Unterrichts, 1974 ↗5, 437–469

1957 SCHÖNBERGER O.: Ein vergebliches Plädoyer: Übersetzung aus dem Deutschen ins Lateinische, Anregung 20 (1974), 333f.

1958 WIDDRA K./GAUL D.: Aspekte der Textarbeit im Lateinunterricht der Sek.St. II – Probleme der Übersetzung und des Übersetzens, 1974 ↗976

1959 FINK G.: Was sonst als hin und her?, Anregung 21 (1975), 237–243

1960 GLÜCKLICH H.-J.: Übersetzen und Übersetzung im Unterricht, Gymn. 82 (1975), 288–291 [Arbeitskreis DAV-Tagung 1974]

1961 HERMES E.: Texterfassungslehre im lateinischen Erstlektüreunterricht, AU 18.5 (1975), 44–62 [Lit.]

1962 ZAPFE W.: Methodische Anleitung zum Verstehen und Übersetzen lateinischer Texte, AU 18.2 (1975), 79–89

1963 Grammatik und Übersetzung, AU 19.5 (1976), 72 S.

1964 HORNUNG R.: Gewußt, wo! Hauptfehlerquellen beim Übersetzen lateinischer Texte, Anregung 22 (1976), 406–410

1965 RÖTTGER G.: Die Ausdrucksformen des Verbs im Lateinischen und im Deutschen, Anregung 22 (1976), 295–299

1966 MAIER F.: Die Version aus dem Lateinischen. Ein grammatisches Begleitbuch für den Lektüreunterricht der 11. Jahrgangsstufe und der Kollegstufe, Bamberg (Buchner) 1977, ²1990, 205 S. I **R.**: Glücklich H.-J., ASiRPS 23.1 (1977), 15; Graßl H., DASiU

24.3 (1977), 23f.; Kohl A., Anregung 24 (1978), 129; Schmitz N., MDAV/NW 26.1 (1978), 4f.

1967 NICKEL R.: Lateinisch und Deutsch. Übersetzung und Sprachvergleich mit Übungstexten [& Lehrerheft], Freiburg u.a. (Ploetz) 1977 (Fructus 1), 88 & 45 S. [mit Bsp.en aus Catull., Cic., Verg., Hor., Mart. u.a.] **R.:** Kohl A., Anregung 24 (1978), 130; Vretska K., IAU 3.2 (1981), 28

1968 EISEN K. F.: Zum Problem der Übersetzung als Leistungskontrolle, 1979 ↗1440

1969 GLÜCKLICH H.-J.: Übersetzen aus den Alten Sprachen, dargestellt am Beispiel des Lateinischen, in: Fachdidaktisches Studium 1, 1979 ↗828, 92–102 [Lit.]

1970 GLÜCKLICH H.-J.: Übersetzen und Interpretieren im Lateinunterricht der Sekundarstufe II, 1979 ↗3142

1971 MAYER K. J.: Vom Übersetzen, Anregung 25 (1979), 197f.

1972 LUDERER W.: Typische Fehler beim Übersetzen aus dem Lateinischen, Anregung 27 (1981), 363–370 I **R.:** AADI 4 (1982), 48

1973 RUF K.: Übersetzungsmethoden im Lateinunterricht, LEU/L 27 (1981), 49 S.

1974 LÖWE G.: Zum Übersetzen in den altsprachlichen Fächern, FSU 28 (1984), 92–95

1975 LUDERER W.: Lateinische Texte: Übersetzen und Interpretieren, 1985 ↗1043

1976 NICKEL R.: Übersetzen ohne Verstehen?, AU 28.2 (1985), 91f. [anknüpfend an Zielinski E. ↗1472] **R.:** Töchterle K., AADI 12 (1986), 17

1977 FUHRMANN M.: Vom Übersetzen aus dem Lateinischen, Anregung 32 (1986), 222–225 [vgl.a. ↗1985] **R.:** Töchterle K., AADI 13 (1987), 40

1978 WEDDIGEN K.: Eine „parodistische" Übersetzung des ‚Miles gloriosus', 1986 ↗4229

1979 BEIL A.: Grundübersetzung. Zur Anbahnung des Verstehens, Anregung 33 (1987), 25–36 I **R.:** Töchterle K., AADI 16 (1988), 87

1980 GLÜCKLICH H.-J.: Satz- und Texterschließung, 1987 ↗2371

1981 GRUBER J.: Übersetzen und Textverständnis. Zum Lateinunterricht in der Mittelstufe, Anregung 33 (1987), 13–21 I **R.:** Töchterle K., AADI 16 (1988), 89

1982 HECKENER A.: Textarbeit und Übersetzen in Beispielen, in: Handbuch für den Lateinunterricht, Sek.I, 1987 ↗19, 79–85

1983 LECHLE: Optische Satzerschließung, AU 30.1 (1987), 37–49 I **R.:** Siehs G., AADI 16 (1988), 92

1984 NICKEL R.: Die Funktion von Übersetzungen für die Erschließung lateinischer Texte, in: Handbuch für den Lateinunterricht, Sek.I, 1987 ↗19, 390–400

1985 FUHRMANN M.: Vom Übersetzen aus dem Lateinischen, Freiburg (Ploetz) ²1988, 35 S. [u.a Vergleich von Hor.-, Tac.- u. Cic.-Übers.; vgl.a. Fritsch A., Bericht über einen Vortrag von Fuhrmann zu diesem Thema, LGB 34 (1990), 72f.]

1986 HERMES E.: Wortschatz und Grammatik bei der Texterschließung, AU 31.6 (1988), 55–78 [Textbsp.e aus Val.Max., Caes., Cic., Gell.] **R.:** Vogl H., AADI 18 (1989), 114

1987 LOHMANN D.: Latein – ein Ratespiel?, AU 31.6 (1988), 29–54 [u.a. zur Drei-Schritt-Methode; s.a. AU 32.4 (1989), 77] **R.:** Weddigen K., AU 32.4 (1989), 90 f.; KIEFNER G., a.O. 91–94; Heilmann W. ↗1991; Vogl H., AADI 18 (1989), 114f.

1988 LAHMER K.: Gedächtnisleistungen beim Übersetzen, AU 32.1 (1989), 90–94 I **R.:** Gamper P., AADI 19 (1990), 125

1989 NICKEL R.: Übersetzen können – Übersetzungen gebrauchen können, AU 32.1 (1989), 48–58

1990 DISSELKAMP C.: Das Bild als Hilfe beim Dekodieren, AU 33.1–2 (1990), 51–55 [mit Bildern zu Plin., Mart.] **R.**: Töchterle K., AADI 22 (1991), 23

1991 HEILMANN W.: Texterschließung – ein Ratespiel oder mehr?, AU 33.3 (1990), 6–15 [Kritik an D. LOHMANN ↗1987; dazu s. Lohmann, a.O. 16–23, HERMES E., AU 33.4, 82–86] **R.**: Vogl H., AADI 22 (1991), 17f. u. 19

1992 WEDDIGEN K.: Grammatik, Semantik, Text und Übersetzung, AU 33.3 (1990), 25–42 [a. zum Begriff der Sprachtechnik] **R.**: Vogl H., AADI 22 (1991), 31f.

1993 FUHRMANN M.: Vom Übersetzen antiker Autoren: ausgangs- oder zielsprachenorientiert? (Resümee), MDAV/Ns 41.4 (1991), 2f. [vgl.a. Berres T. ↗1996]

1994 NESEMANN M.: Für eine Übersetzungsgrammatik, 1991 ↗1575

1995 NICKEL R.: Übersetzen und muttersprachliche Bildung, in: Latein in der Mittelstufe, 1991 ↗1338, 6–43

1996 BERRES T.: An die Freunde des Übersetzens, MDAV/Ns 42.3–4 (1992), 16–18 [zu Fuhrmann M. ↗1993]

1997 FICHTL A.: Sprachkenntnisse und Analysefähigkeit als Voraussetzung für die Übersetzungsleistung, DASiU 39.1 (1992), 3–7

1998 FINK G.: „... da rauschte Phoebus' Leier". Grenzen und Möglichkeiten angemessenen Übersetzens antiker Dichter, AU 35.1 (1992), 34–47 [u.a. Übers.-Vergleich Ov. met.]

1999 FUHRMANN M.: Die gute Übersetzung. Was zeichnet sie aus, und gehört sie zum Pensum des altsprachlichen Unterrichts?, AU 35.1 (1992), 4–20 [u.a. zur Geschichte des Übersetzens seit der Goethezeit; Schadewaldt; Tacitus' Kunstprosa; Übersetzungsvergleich Hor. sat. 2,6]

2000 Die Kunst des Übersetzens, hg. FUHRMANN M./SEELE A., AU 35.1 (1992), 58 S.

2001 MÜLLER A.: Bemerkungen zum Übersetzen, AU 35.4 (1992), 57–70

2002 RISS E.: Ex tempore textus fit – ex tempore textus recipiatur!, Anregung 38 (1992), 323–325 [Vorgabe des Verständnishorizontes durch den Lehrer]

2003 SEELE A.: Vergnügliches Übersetzen, AU 35.1 (1992), 21–33 ["Geschichte des Übersetzens bis zur Goethezeit" als Unterrichtsprojekt anhand von Caecilius' Menander-Übers.]

3. Übungsmethoden

Übungsbeispiele finden sich v.a. auch in den in P 1 aufgeführten Lehrprogrammen und Lernhilfen.

2004 LOHMANN D.: Villa Romana Quinque Declinationum, o.J. ↗1582

2005 PRIDIK K.-H.: Übungen zur Syntax, AU 16.4 (1973), 118–120 I **R.**: Kohl A., Anregung 20 (1974), 202

2006 REEKER H.-D.: Der Einsatz des CEs „Demonstrativpronomina" in Verbindung mit Ars Latina Band I, Lektion 37–41, Lehren und Lernen 2.4 (1976), 62–64 [B-W Jgst.5/6; zu ↗2399]

2007 STEINHILBER J.: Motivationspsychologische Aspekte des Übens im Lateinunterricht, Anregung 22 (1976), 371–376

2008 STEINHILBER J.: Formenübungen im lateinischen Anfangsunterricht, AU 21.4 (1978), 116–119

2009 STEINHILBER J.: Wortschatzübungen im lateinischen Anfangsunterricht, 1978 ↗2410

2010 FINK G.: Handreichungen zum Lateinunterricht in Kl. 5/6 und S I: Übung im Lateinunterricht, LEU/L 20 (1979), 39 S. [B-W; Lit.]

2011 MÜLLER W.: Die „Bausteinmethode". Einsetzübungen am Tageslichtprojektor, 1980 ↗1640

2012 LEMPP U.: Übungen zur Formenlehre während der Lektüre, LEU/L 33 (1982), 38 S.

2013 LÖWE G.: Übungsmaterial zur Wiederholung am Beginn des zweiten Unterrichtsjahres in Latein, FSU 26 (1982), 410–412, 436

2014 MALL J.: Formeln, Wortspiele, Sentenzen und Verse als Musterbeispiele zur lateinischen Grammatik, AU 25.3 (1982), 100–104 | **R.:** Töchterle K., AADI 5 (1983), 67

2015 FINK G.: Übung und Übungsformen im Lateinunterricht, AU 26.6 (1983), 5–23 | **R.:** Siehs G., AADI 8 (1984), 108

2016 NICKEL R.: Hinweise zur Übung des Prädikativums, AU 26.5 (1983), 45–57 | **R.:** Kienpointner M., AADI 7 (1984), 96

2017 STEINHILBER J.: Die Übung im lateinischen Sprachunterricht. Grundlagen – Methoden – Beispiele, Bamberg (Buchner) 1986 (Auxilia 13), 136 S. [Lit.] **R.:** Bayer E., Besprechungen, Annotationen 11.11 (1986), 36

2018 HECKENER A.: Übungsformen, in: Handbuch für den Lateinunterricht, Sek.I, 1987 ↗19, 125–138

2019 HEILMANN W.: Lernpsychologische Grundlagen des Übens im einführenden lateinischen Sprachunterricht, in: Handbuch für den Lateinunterricht, Sek.I, 1987 ↗19, 104–124

2020 LÖWE G.: Lateinische und griechische Texte zur Wiederholung, Ergänzung und Kontrolle, FSU 31 (1987), 371f. [zu ↗2645]

2021 KLEIN F.: Bilder im Reich der Worte – Plädoyer für bildgestützte Präsentations- und Übungsformen im lateinischen Anfangsunterricht, MDAV 31.3 (1988), 60–64

2022 MALL J.: Latinitate optima originali, non magistrorum, cum gaudio docebis disces linguam Latinam, Calliano/Trento (Manfrini) 1988; Ndr. Münster (Aschendorff) 1989, 272 S. [5500 Beispielsätze (Sentenzen, Dichterzitate u.v.m.), nach gramm. Phänomenen (Formenlehre u. Syntax) gegliedert; vgl.a. ↗2014] **R.:** Fritsch A., MDAV 34.3 (1991), 88–90; Maier F., DASiU 38.3 (1991), 25

2023 SCHRANZHOFER E.: „Humor ist, wenn man trotzdem lacht." Visualisierung von Fehlübersetzungen im Lateinunterricht, Anregung 34 (1988), 313–317 | **R.:** Töchterle K., AADI 18 (1989), 116

2024 KLEIN F.: Der Tandembogen – eine partnerbezogene Übungsform im lateinischen Grammatikunterricht, MDAV 32.3 (1989), 46–50

2025 TOST O.: Übungsblätter zu Imperium Romanum B1, Latein-Forum 10 (1990), 14–29 [↗2612]

2026 CORDES C./TIECKE E.: Dekathlon Linguae Latinae – ein Modell, MDAV/Ns 41.3 (1991), 9–12 [Vokabel-, Grammatik- u. Übersetzungswettbewerb]

2027 ERDT W.: Mit Schere und Klebe, 1991 ↗2148

2028 MAYER E.: Einprägung im Wiederholungsprogramm, AU 34.6 (1991), 60–69 [u.a. 'Grammatiklieder']

2029 MEYER T.: Merkverse, AU 34.6 (1991), 53–59 I **R.**: Siehs G., AADI 24 (1992), 62
2030 Cursus declinationum. Übersicht über die lateinische Deklination, 1992 ↗1602
2031 ESSER D.: „Ohne Flei_ kein Prei_". Üben in kreativ-produktiven Übungsformen, AU 35.4 (1992), 42–56
2032 MEYER T.: Räumliche Strukturierung des Verbums, AU 34.6 (1992), 37–45 I **R.**: Siehs G., AADI 24 (1992), 62
2033 Üben und Verstehen, 1992 ↗1947

4. Latine loqui

2034 HEIGL P.: Latein Basiskurs, Offenbach (Jünger), Lehrbuch, 4 Tonkassetten
2035 BLANKE D.: Die alten Sprachen und das Problem einer internationalen Welthilfssprache, Altertum 19 (1973), 184–194 [vgl.a. IRMSCHER J., Latein als Kommunikationsmittel heute?, Das Altertum 34 (1988), 60f.]
2036 FAHR H.: Sprechsituationen im lateinischen Anfangsunterricht, AU 16.1 (1973), 88f.
2037 SEDLAK W.: Situativer Sprachunterricht, diskutiert anhand einer Übertragung didaktisch-methodischer Elemente des Englischunterrichts auf das Fach Latein, AU 16.2 (1973), 33–55 I **R.**: Kohl A., Anregung 20 (1974), 203
2038 KORDA V.: Wiener Redensarten auf Lateinisch, LL 29 (1974–75), 27f.
2039 BURNIKEL W.: Loquamur Latine, sodales? Notae et exercitationes ad Cic. in Verr. act. 2,IV 94/95, 1976 ↗3582
2040 EICHENSEER C.: Ad docendam Linguam Latinam quid valeat viva vox (Zur Mündlichkeit im Lateinunterricht), VL 12 (1976), 95–107
2041 FRITSCH A.: Computemus Latine, VL 12 (1976), 37–41
2042 GLÜCKLICH H.-J.: Ist aktives Lateinsprechen ein begründetes Lernziel oder eine sinnvolle Methode? Kritische Bemerkungen zum Lateinsprechkurs ‚Loquerisne Latine?', ASiRP 22.1 (1976), 21–25 [Zu einem Seminar von G. PAUCKER; vgl.a. VL 11 (1975), 40–42; 82f.]
2043 BORNEMANN E.: Colloquia scholaria, VL 14 (1978), 65–68 [Auszug aus Bornemann C]
2044 FRITSCH A.: Locutiones simplices et breves ad usum ludi Latini, VL 14 (1978), 58–64
2045 FRITSCH A.: De utilitate Latine loquendi, VL 14 (1978), 138–142
2046 EICHENSEER P. C.: Lateinsprechkurse: Werden und Wirkung, Gymn. 86 (1979), 383–394 [Arbeitskreis DAV-Tagung 1978]
2047 FRANK R.: Cassettenlatein, 1979 ↗1618
2048 EGGER K. u.a.: Elementa artis didacticae ad Latinitatem vivam docendam. Acta conventus de re didactica linguae Latinae die 28 Martii a. MCMLXXX Romae impulsu ac favore Operis Fundati cui nomen «Latinitas» habiti, Vatican 1980 (Latinitas 1), 72 S.
2049 EICHENSEER P. C.: De exercitationibus Latine loquendi, VL 16 (1980), 242f.
2050 LICOPPE C.: Quomodo domi de cottidianis colloquamur, VL 16 (1980), 66
2051 EGGER K.: Latine discere iuvat, Vatican ³1982 (Latinitas 2), 128 S.
2052 EICHENSEER C.: Latinitas Viva, Saarbrücken (Societas Latina)
2053 —, Pars introductoria, ²1982, XI & 45 S.
2054 —, Pars tabularum imaginearum numero nonaginta, ²1984, 6 & XC S.

2055 —, Pars lexicalis, ²1982, VIII & 353 S.

2056 —, Pars cantualis, 1986, 175 S.

2057 SCHÖNBERGER A.: Quomodo novae methodi in institutione Latina adhiberi possint, VL 18 (1982), 473

2058 EICHENSEER C.: Latinitas viva: Colloquia latina. Phonetice Latina, hg. Societas Latina, Saarbrücken 1983 [zwei Tonbandkassetten mit Beih.; vgl. a. ↗2238] **R.**: Töchterle K., AADI 9 (1985), 131; Buchner H., DASiU 30.3 (1983), 22

2059 FRINGS U.: „Fernsehsendungen" auf Latein, AU 26.6 (1983), 102f.

2060 FRITSCH A.: „Lateinreden auch?", LGB 27 (1983), 57–64; 27.4, 57–64 [mit Phraseologie wichtiger Wendungen]; Sdr. (mit leicht veränderter Einleitung): Frankfurt/M. (Diesterweg) 1984, 20 S.

2061 GRÖGER R.: Ein Cicero zum Nikolaus, Anregung 29 (1983), 395f. | **R.**: Maier F., AADI 8 (1984), 110

2062 ALTENBURG O.: Sprach- und Sprechübungen zur Germania des Tacitus, Lehrproben und Lehrgänge 1984, 19–65

2063 Latein aktiv – Lateinischer Sprachführer. Lateinisch sprechen und diskutieren, v. EICHENSEER C., Berlin u.a. (Langenscheidt) 1984, 1985, 48 S. | **R.**: Fritsch A., LGB 29 (1985), 29f.; Immè G., VL 21 (1985), 147; Uffer L. M., Schweizer Schule 73.7 (1986), 31

2064 FRITSCH A.: Res cottidianae – locutiones ac loci, I De tempestate, II A mane ad vesperam, III Quin tu is dormitum?, IV Sermo epistularis, VL 21 (1985), 256–270, 328–338, 496–505; 22 (1986), 21–27

2065 RIEDL W.: Schafkopfen – auf Lateinisch, 1985 ↗2132

2066 BURNIKEL W.: Medias in res, MDAV 29.3 (1986), 55–60 [lat. Schulaussprache, Lateinsprechen]

2067 FRITSCH A.: De Latine colloquendi exercitationibus, in: Index scholarum Ludis Latinis Augustanis habitarum, hg. STROH W., Freising 1986, 2–4

2068 HEILMANN W.: De Latine in scholis loquendo, VL 22 (1986), 54–56

2069 HILGENBERG D.: Sprechen wie Petrarca. Professor Wilfried Stroh, lat. Valahfridus, möchte die Sprache Roms wiederbeleben, Die Zeit 10.10.1986, 84

2070 SCHILLING R.: Un «secret» didactique: la pratique du latin vivant, in: Hommages à Jozef Veremans, hg. DECREUS F./DEROUX C., Bruxelles 1986 (Collection Latomus 193), 293–298

2071 ALBERT S.: Cottidie Latine loquamur. Textus de rebus cottidianis hodiernisque, Saarbrücken (Societas Latina) 1987, 105 S. | **R.**: Eichenseer C., MDAV/Hs 35.1 (1988), 9f.; Ströhlein H., MDAV 31.2 (1988), 45f.

2072 NITSCHE M.: Doch mal auf lateinisch "Tor" jubeln, Die Welt 214 (15.9.1987), 26

2073 OERTEL H.-L.: Elementa Latine loquendi vel scribendi in academicam magistrorum futurorum institutionem inducenda, VL 23 (1987), 104–106

2074 SALLMANN N.: Discipuli hodierni quid de viva Latinitate sentiant, VL 23 (1987), 161f.; auch in: MDAV/NW 35.4 (1987), 4f.

2075 ROHACEK M.: Sermo cottidianus, Ianus 9 (1987–88), 58–64 | **R.**: Töchterle K., AADI 18 (1989), 115

2076 AESCHLIMANN U.: RUMOR VARIUS – aus Freude am lebendigen Latein, Gymnasium Helveticum 42 (1988), 71–74 [↗5283]

2077 EICHENSEER C.: Quid intersit inter Latine loqui et Latine scribere, VL 24 (1988), 228–233
2078 PESSARRA I.: Lateinsprechen liegt im Trend der Zeit, MDAV/NW 36.1 (1988), 10–12
2079 STROH W.: De Latinis litteris hoc tempore docendis. Oratio m. Febr. A. D. MCMLXXXVIII ... in Academia Kamuzu prope urbem Kasungu habita, München (Sodalitas Ludis Latinis faciundis) 1988, 25 S.
2080 FRITSCH A.: Ab Erasmo ad Asterigem. Exempla historica atque moderna Latine viva voce docendi, VL 25 (1989), 173–181; mit Anmerkungen in: LGB 33 (1989), 134–144
2082 FRITSCH A.: De sermone familiari e Phaedri quoque libellis discendo, in: Latine «sapere, agere, loqui», 1989 ↗2083, 9–20
2083 Latine «sapere, agere, loqui», in: FS C. EICHENSEER, hg. ALBERT S., Saarbrücken (Societas Latina) 1989, 220 S. | **R.**: Wengler H., LGB 34 (1990), 79f.
2084 PLEBEJUS M.: Ex Cathedra. Latein für Hochstapler, Frankfurt/M. (Eichborn) 1989, 102 S.
2085 SALLMANN K.: De lapsu inter Latine loquendum dialogus Tullii et Catonis, in: Latine «sapere, agere, loqui», 1989 ↗2083, 197–206
2086 EICHENSEER C.: Die Grundlagen für lebendes Latein, MDAV/Hs 37.1 (1990), 17–25
2087 FRITSCH A.: Lateinsprechen im Unterricht. Geschichte – Probleme – Möglichkeiten, Bamberg (Buchner) 1990 (Auxilia 22), 160 S. [Lit.] **R.**: Albert S., MDAV/Hs 37.2 (1990), 22–24; Schulze W., MDAV/NW 38.4 (1990), 9f.; Wengler H., LGB 34 (1990), 247; Hübner P. (Petrus Agellarius), Ianus 12 (1991), 80f.; Oertel H.-L., DASiU 38.2 (1991), 26f.; Sallmann K., MDAV 34.1 (1991), 20f.; Schibel W., MLAS/BW 19.1 (1991), 24–26; Töchterle K., AADI 23 (1992), 44f.
2088 HEYDEN S.: Formulae latine loquendi pueriles (1528), hg. WEDDIGEN K., Stuttgart (Klett) 1990, 128 S. | **R.**: Töchterle K., AADI 23 (1992), 37
2089 WEIDNER W.: "Latinitas Viva". Bericht über den Lehrgang "Lebendiges Latein", 1990 ↗1069
2090 PLEBEJUS M.: Non plus ultra. Mehr Latein für Hochstapler, Frankfurt/M. (Eichborn) 1991, 102 S.
2091 SCHULZ H.: Lebendiges Latein auf deutscher Grundlage. Der Reformpädagoge Georg Rosenthal, 1991 ↗1190
2092 WEIDNER W.: "Latinitas Viva". Bericht über den Lehrgang "Neue Wege im Lateinunterricht: Lebendiges Latein, Bundeswettbewerb", 1991 ↗1075
2093 ALBERT S.: Cottidianum Vocabularium Scholare, Saarbrücken (Societas Latina) 1992, 104 S. | **R.**: Fritsch A., MDAV 35.3 (1992), 125
2094 EICHENSEER C.: Latein als Kommunikationssprache von heute, Lebende Sprachen 37 (1992), 97–100 | **R.**: Fritsch A., MDAV 35.4 (1992), 173
2095 PFAFFEL W.: Ein bislang unbekannter Filser-Brief, DASiU 39.3 (1992), 26
2096 ROTHENBURG K. H. v. (Rubricastellanus): Meine ersten Wörter und Sätze LATEIN, München (ars edition) 1992, 48 S. | MDAV 35.4 (1992), 185
2097 STROH W.: Valahfridi oratio: Lateinreden in der Schule?, in: Symposium Latein 2000, 1992 ↗1082, 43–47

5. Cantare Latine

Lateinische Lieder veröffentlicht regelmäßig die Zeitschrift *Vox Latina*; diese sind hier nicht im einzelnen aufgeführt.

2098 Cantate Latine. Ein Liederbuch für den Lateinunterricht, hg. SIEWERT W., Boppard u.a. (Fidula) o.J., 64 S.

2099 Cantica Latina. 20 Kanons und Lieder für den lateinischen Anfangsunterricht, hg. FRITSCH A., Berlin (Pädag. Hochschule, Latein-Seminar in d. Abt. 5) 1973, ^{2}1974/75

2100 FRITSCH A.: Latine cantemus!, Tiro [↗5284] 22.9–10 (1975), 9–11 [lat. Texte zu deutschen Kanons]

2101 FRITSCH A.: Quin in scholis Latinis experimur Latine cantare, VL 13 (1977), 286–293

2102 BARIÉ P.: Canere aude, AU 22.5 (1979), 73–79 [u.a. Songs von B. Dylan, W. Biermann]

2103 OBERG E.: Cantus de lepore, in: Impulse für die lateinische Lektüre, 1979 ↗3197, 256–268 [Lied aus d. J. 1575]

2104 SIEWERT W.: Das Lied im lateinischen Anfangsunterricht, AU 23.5 (1980), 53–65 [Lateinische Kanons und Lieder s. Beih. 88–104] **R.**: AADI 2 (1981), 25; Eichenseer P. C., VL 17 (1981), 116f.

2105 SPANN R.: „Mit Musik geht alles besser." Warum nicht auch in Latein?, Anregung 27 (1981), 206–207

2106 WAGNER B.: Der Lateinlehrer mit der Laute, AU 28.3 (1985), 84–86 | **R.**: Siehs G., AADI 12 (1986), 31

2107 EICHENSEER C.: Latinitas Viva: Pars cantualis, 1986 ↗2056

2108 FLIEDNER H.: Die Bremer Stadtmusikanten, MDAV/Ns 39.3 (1989), 16f.

2109 PIETSCH W. J.: Centurio Unicus. Ein lateinisches Lied – von Agnes Tilz, 5b, vertont, in: Jber. Akad. Gymn. Graz 1989/90, 26–29 [Text: Soldatenlied aus 'Via Nova' 2, c.29]

2110 PIETSCH W. J.: Schüler/innen vertonen lateinische Lieder, 1990 ↗1793

6. Spielerisches Lernen

Antike Brettspiele sind erhältlich bei Ulrich HARSCH (Lilienthalstr. 5, 86159 Augsburg; dazu vgl. WÖLKE H., ASiRPS 33 (1987), 45f., LGB 31.2 (1987), 59f., MDAV 30.2 (1987), 72f., DASiU 36.2 (1989), 45f.). Ferner gibt es vom Landschaftsverband Westfalen-Lippe/Referat für Museumspädagogik (Warendorfer Str. 24, 48145 Münster) eine Zusammenstellung von 'Römischen Spielen' (mit Literaturhinweisen). Ein Würfelspiel "Auf Caesars Spuren" wird vertrieben von der Melsunger Spiele-Börse (Dessauer Str. 3, 34212 Melsungen). Rätsel u.ä. erscheinen regelmäßig in den unter U genannten Schülerzeitschriften sowie in der *Vox Latina*.

2111 SCHMIED O.: Lebendiges Latein. 500 lateinische Rätsel in deutschen und lateinischen Reimzeilen, Bad Dürkheim (Beacon) o.J., 64 S.

2112 SPANN R.: Rätselspaß mit Latein. Ein Buch zum Vertiefen und Erweitern des lateinischen Wortschatzes (ab 3./4. Lateinjahr), München (Manz), 96 S.

2113 KRATZER H.: Rätsel im Lateinunterricht, Anregung 20 (1974), 231

2114 FRITSCH A./STEINHILBER J.: Aenigma poeticum, VL 12 (1976), 142f. [lat. Kreuzworträtsel mit Versen aus Ov. u. Phaedr.]

2115 MISSFELDT W.: Comics zur Analyse lateinischer Sätze, 1976 ↗5290

2116 SCHMIED O.: Lebendiges Latein. 500 lateinische Rätsel in deutschen und lateinischen Reimzeilen, Bad Dürkheim (Beacon–Koerber) o.J. [1976], 64 S.

2117 WEIS H.: Bella Bulla. 2000 lateinische Sprachspielereien, Bonn (Dümmler) [6]1976, [7]1985, 202 S.

2118 ADAMEK P.: Bileams Eselin in der Lateinstunde, Anregung 23 (1977), 52

2119 SPANN R.: Die lateinischen unregelmäßigen Verben in Kreuzworträtseln, Herrsching (Bozorgmehri) 1977, [3]1986, 36 S. I **R.**: Weber B., VL 15 (1979), 216f.

2120 BLANK O.: Fabulae dialogicae versibus formatae, Bamberg (Buchner) 1978, 13 S. [2./3. Lateinjahr]

2121 HUBER H.: Kreative Schülerarbeiten für den Lateinunterricht – Beispiel: ‚Stadt-Spiel ohne Zeiten', 1979 ↗5702

2122 SCHWINGE G.: Das Spiel im altsprachlichen Unterricht, in: Fachdidaktisches Studium 1, 1979 ↗828, 114–121 [Lit.]

2123 SIEWERT W.: Lude Latine – Latine laetare – Spiel im Lateinunterricht!?, ASiRPS 25.2–3 (1979), 3–19 [Lit.]

2124 STEINHILBER J.: Motivation durch Unterrichtsspiel. Didaktische Dominos und Lottos im Fremdsprachenunterricht, Anregung 25 (1979), 166–172

2125 Lateinisches Kartenspiel zur Bestimmung von Deklinationsformen, v. STEINHILBER J., Frankfurt/M. (Hirschgraben) 1981; seit 1986 Selbstverl. J. Steinhilber (Rufacher Weg 41B, 12349 Berlin) [vgl.a. ↗2145]

2126 STEINHILBER J.: „Alea" – ein didaktisches Würfelspiel für den lateinischen Anfangsunterricht, AU 24.1 (1981), 74–76 I **R.**: AADI 4 (1982), 51

2127 STEINHILBER J.: Kartenspiel Latein zur Bestimmung von Deklinationsformen, München (Manz) u.a. o.J. [1981], 48 Karten, 1 Faltblatt I **R.**: Müller W., IAU 4.2 (1982); Siehs G., AADI 4 (1982), 55

2128 Casus in Comics, 1982 ↗5297

2129 STEINHILBER J.: Didaktik des Spiels im Fremdsprachenunterricht, Frankfurt/M. (Hirschgraben) 1982 (Reflexion & Praxis), 156 S. [Lit.]

2130 STEINHILBER J.: Die Valeurmethode. Ein didaktisches Kartenspiel aus Schweden, Spielmittel 1982.4, 58–61 [vgl.a. ↗2145]

2131 HEY G.: Lernen durch Spielen. Lernspiele im lateinischen Sprachunterricht, Bamberg (Buchner) 1984 (Auxilia 8), 100 S. [Lit.] **R.**: Müller W., IAU 7 (1985), 101; Wölke H., LGB 29 (1985), 76f.; Schulverwaltungsblatt für Niedersachsen 37 (1985), 303f.

2132 RIEDL W.: Schafkopfen – auf Lateinisch, Anregung 31 (1985), 123–124

2133 FINK G.: Minimus. Das endgültige Lateinbuch, München u.a. (Heyne) 1986, 123 S. I **R.**: Gamper P., AADI 13 (1987), 39

2134 RIECHE A.: Römische Spiele zum Nachspielen, AU 29.3 (1986), 88f. I **R.**: Siehs G., AADI 15 (1988), 63

2135 SPANN R.: Rätsel zum Stoff des 1. Lateinjahres, Kranzberg (Spann) [4]1986, 48 S.

2136 STEINHILBER J.: Lude Latine. Lateinische Rätsel und Spiele für das 1. Lateinjahr, München (Manz) 1986, 96 S. [vgl.a. ↗2142, ↗2145]

2137 STEPHAN-KÜHN F.: Ludus Latinus – ein lateinisches Kartenspiel aus dem Jahre 1509, AU 29.3 (1986), 75–87 I **R.**: Siehs G., AADI 15 (1988), 64

2138 HAMMER J.: Spielerische Elemente im Lateinunterricht, Latein-Forum 3 (1987), 6–19
2139 SCHÖNBERGER A.: Ludendo discimus – Quomodo discipuli Latinis ludis delectentur, VL 3 (1987), 400f.
2140 STEINHILBER J.: Didaktische Rätsel für den Lateinunterricht, Anregung 33 (1987), 37–47 I **R.:** Töchterle K., AADI 17 (1989), 107
2141 Forum Romanum. Ein taktisches Spiel für 2–6 Spieler ab 10 J. (ein Brettspiel), Stuttgart (Franckh) 1988 [vgl. AU 33.1–2 (1990), 125f.] **R.:** Gamper P., AADI 22 (1991), 24
2142 STEINHILBER J.: Lude Latine 2. Lateinische Lernspiele Stammformen leichtgemacht, München (Manz) 1988, 152 S. [ab 2. Lateinjahr; vgl. ↗2136]
2143 KEULEN H.: Spiel und Kreativität. Spiel und Spiele, Spielerisches im und zum Altsprachlichen Unterricht, Aachen o.J. [~1989] (Orientierung 11), 74 S. [Anhang mit Rezeptionsbeispielen, Bildern, Strukturskizzen, u.a. zu Caes., Sall.]
2144 OERTEL H.-L.: Rom in Rätseln. Ein Wettbewerb für die 6. Klasse, DASiU 36.2 (1989), 14–18
2145 STEINHILBER J.: Die Valeurmethode – ein Kartenspiel für den Lateinunterricht, MDAV 32.1 (1989), 10–15 [vgl. ↗2125, ↗2130]
2146 STEINHILBER J.: Lude Latine 3. Lateinische Rätsel und Spiele für das 3. Lateinjahr, München (Manz) 1990, 99 S.
2147 WEISS A./POPELLER M.: Spiele im Lateinunterricht, Latein-Forum 10 (1990), 30–49
2148 ERDT W.: Mit Schere und Klebe, AU 34.6 (1991), 100–103 ['Puzzle' als Grammatikwiederholung]

7. Computereinsatz

2149 Computerunterstützter Lateinunterricht, Mitteil. d. Deutschen Forschungsgemeinschaft 3 (1973), 47f.; auch in: MDAV/NW 22.4 (1974), 6f.
2150 KEIL I.: Computer-unterstützter Unterricht in Latein, Anregung 19 (1973), 384–388
2151 MEYERHOFF D.: Computer-Unterstützung beim Lernen lateinischer und/oder griechischer Stammformen, AU 23.2 (1980), 133–136 I **R.:** Töchterle K., AADI 1 (1981), 2
2152 HÄRING L.: BASIC und PASCAL gegen Latein?, in: Et scholae et vitae, 1985 ↗277, 97–102
2153 HEID U.: Wortschatzlernen mit dem Computer: Was taugen die kommerzialisierten Vokabeltrainingsprogramme?, Sprache und Literatur in Wissenschaft und Unterricht 58 (1986), 68–84 [fachübergreifend]
2154 FLIKSCHUH W.: Lateinische Formenlehre mit Computerhilfe, MDAV 30.4 (1987), 105f. [zum Computer-Programm Omniflex, vgl. ↗2999]
2155 GIERTH U.: Computer statt Cäsar und Xenophon?, AU 30.4 (1987), 83f.
2156 PÖTKE R.: Dädalus und Ikarus in Computeranimation. Motivation zur Ovidlektüre, Anregung 33 (1987), 168–174 I **R.:** Töchterle K., AADI 16 (1988), 94
2157 BELDE D.: Lateinunterricht: Wieviel Technik ist sinnvoll?, Schulpraxis 8.5–6 (1988), 96f.
2158 FINKE E.: Latein aus dem Computer – eine Chance?, MLAS/BW 16/17.3 (1989), 17–19
2159 LIEBENWEIN W.: Latein und Computer – ein Zwischenbericht, Ianus 10 (1989), 20–23 I **R.:** Töchterle K., AADI 21 (1991), 15f.

2160 HEBERLEIN F.: Computergestützte Textrecherche im Lateinischen, Anregung 36 (1990), 83–90 I **R.**: Siehs G., AADI 23 (1992), 46

2161 PRANKEL D.: Latein und Computersprachen, 1990 ↗360

2162 REITERMAYER A.: Computer und Lernen – Die Ohnmacht der Vernunft?, Ianus 11 (1990), 86–101 I **R.**: Töchterle K., AADI 22 (1991), 27

2163 SCHMIDT E.: Lateinische Metrik mit dem Computer, Anregung 36 (1990), 330–331 [zu ↗2975] **R.**: OBERG E., „Metrisieren"?, Anregung 37 (1991), 256f.

2164 SIEHS G.: Die Integration des Computers im Unterricht auch oder gerade in Latein, Latein-Forum 11 (1990), 11–18

2165 Computer im Fremdsprachenunterricht – Spielzeug oder Werkzeug?, hg. Akademie für Lehrerfortbildung, Dillingen 1991 (Aademiebericht 180), 145 S.

2166 HINZ U.: Verba Mutantur 1 – Ein Computer-Lernprogramm zur Bestimmung lateinischer Verbformen, AU 34.6 (1991), 92–95 [↗3006]

2167 SCHLÖGL H.: Computate! Triumphate! Computerprogramm für Latein im Praxistest, AHS 40 (1991), 281ff. [↗2972]

2168 SCHULZE-BERNDT H.: Keine Scheu vor dem Computer, AU 34.6 (1991), 92

2169 HOFFMANN A.-D.: Computer im Lateinunterricht – Was ist derzeit möglich?, Latein-Forum 18 (1992), 34–52

2170 HOFFMANN A.-D.: Computer und Lateinunterricht, Dipl. Innsbruck 1992, 268 S.

2171 REITERMAYER A.: Lateinsoftware in Österreich. Eine Bestandsaufnahme und eine Rück-/Vorschau, Ianus 13 (1992), 79–82 [Lit.]

2172 STRATENWERTH D.: Computerprogramme für das Lateinische, LGB 36 (1992), 77–87 [Besprechung von 11 Programmen]

M. Linguistik

1. Grundsätzliches

2173 HENTIG H. v.: Linguistik, Schulgrammatik, Bildungswert. Eine neue Chance für den Lateinunterricht, Gymn. 73 (1966), 143–160; jetzt in: Didaktik des altsprachlichen Unterrichts ↗5, 129–158

2174 PFISTER R.: Thesen zu Linguistik und Sprachunterricht, Anregung 15 (1969), 374–376; auch in: MDAV 14.1 (1971), 14–19; jetzt in: Didaktik des altsprachlichen Unterrichts ↗5, 159–162 [vgl.a. ↗2182, ↗2179]

2175 KLOWSKI J.: Was ist die generative Transformationsgrammatik und welche Bedeutung könnte sie für den altsprachlichen Unterricht haben?, AU 14.2 (1971), 5–19 I **R.**: Kohl A., Anregung 19 (1973), 136

2176 LAVENCY M.: Sprachwissenschaft und philologische Interpretation, in: Fortwirkende Antike, 1971 ↗760, 66–77

2177 NEUMANN G.: Neue Fragestellungen und Ergebnisse der Sprachwissenschaft, Gymn. 78 (1971), 334–349 I **R.**: Kohl A., Anregung 19 (1973), 136

2178 PAPE S./ZIFONUN G.: Grammatik und Lateinunterricht, Linguistik und Didaktik 2 (1971), 262–278

2179 UNTERMANN J.: Zu Raimund Pfisters ‚Thesen zu Linguistik und Sprachunterricht', Gymn. 78 (1971), 177–182 [↗2174] **R.**: Kohl A., Anregung 19 (1973), 137

2180 HAPP H.: Zur 'funktionellen' Sprachwissenschaft, AU 16.1 (1972), 64–87

2181 PFISTER R./SCHMITT-BRANDT R./WACKERL G.: Linguistik für Latinisten (Dokumentation einer Einführungstagung), hg. Akademie für Lehrerfortbildung Dillingen, Dillingen 1972 (Akademiebericht 9), 80 S.

2182 PFISTER R.: Schlußwort zu den Thesen zu Linguistik und Sprachunterricht, Gymn. 79 (1972), 314–330; jetzt in: Didaktik des altsprachlichen Unterrichts ↗5, 232–251 [vgl. ↗2174] **R.**: Kohl A., Anregung 20 (1974), 204

2183 WACKERL G.: Sprachsoziologie: Sprachbarrieren und Latein, in: Linguistik für Latinisten, 1972 ↗2181, 65–71

2184 BEYER K./CHERUBIM D.: Linguistik und alte Sprachen. Eine Polemik?, Gymn. 80 (1973), 251–279 [Lit.]

2185 HEILMANN W.: Generative Transformationsgrammatik im Lateinunterricht, AU 16.5 (1973), 46–64

2186 HEILMANN W.: Strukturelle Sprachbetrachtung im Lateinunterricht, AU 16.5 (1973), 7–25

2187 HENTSCHKE A. B.: Strukturelle Grammatik im Lateinunterricht – Ihre Möglichkeiten, dargestellt am Problem der Gerundialformen, AU 16.5 (1973), 26–45 [Lit.]

2188 Linguistik I, hg. HERMES E., AU 16.5 (1973), 119 S.

2189 NICKEL R.: Linguistik – Kennzeichnung des Sachgebietes und seiner Rolle innerhalb der Seminarausbildung, 1973 ↗785

2190 Zum Problem von Grammatik und Sprachausbildung, hg. FLASHAR H., AU 16.1 (1973), 87 S.

2191 HEUPEL C.: Reflexion über Sprache im Lateinischen, in: Didaktik des altsprachlichen Unterrichts, 1974 ↗5, 252–274; auch in AU 17.4 (1974), 5–20

2192 LATACZ J.: Klassische Philologie und moderne Linguistik, Gymn. 81 (1974), 67–89 [Lit.]

2193 Linguistik II, AU 17.4 (1974), 90 S.

2194 ZIELINSKI E.: Grammatische Begriffsbildung im Lateinunterricht und Valenzgrammatik, AU 17.4 (1974), 34–58

2195 BARIÉ P.: Zur linguistischen Beschreibung von Texten im altsprachlichen Unterricht, AU 18.2 (1975), 38–64 [Textbsp. Phaedr.; vgl.a. ↗2362]

2196 SCHEER R.: Terminologische Barrieren zwischen Antike und Moderne, in: Antike Texte – moderne Interpretation, [1975] ↗3130, 94 S.

2197 SCHÖNBERGER O.: Anmerkungen zur Beziehung der Sprachen Latein und Deutsch, MDAV 18.3 (1975), 3–5

2198 Textstruktur und Textverständnis, AU 18.2 (1975), 92 S.

2199 GUTACKER B.: Lateinunterricht und Transfer sprachlicher Fertigkeiten, Diss. Frankfurt/M. 1976

2200 NEU E.: Die Bedeutung linguistischer Forschung für den Lateinunterricht, ASiRP 22.1 (1976), 3–16

2201 SCHMÜDDERICH L.: Sprache und Wirklichkeit, MDAV/NW 24.4 (1976), 1–4

2202 DÖNNGES/HAPP: Veröffentlichungen zum Thema Dependenzgrammatik, 1976/77 s. ↗2281, ↗2283, ↗2286f., ↗2289

2203 BÖHM B.: Pragmatik im Lateinunterricht, MDAV/Hs 24.2 (1977), 1–3

2204 KNECHT T.: Sprachwissenschaft im Anfangsunterricht, 1977 ↗1866

2205 NEUMANN G.: Die Normierung des Lateinischen, Gymn. 84 (1977), 199–212 [vgl.a. ↗2207] R.: Kohl A., Anregung 24 (1978), 128

2206 TUSCH H.: Abstraktion der Dingwelt durch die Sprache – Abstraktion der Sprache durch die Zahl. Eine linguistische Prädestination des Lateinischen, aufgezeigt am Beispiel des lateinischen Verbs, Anregung 23 (1977), 49f.

2207 UNTERMANN J.: Korreferat zu Günter Neumann: Die Normierung des Lateinischen, Gymn. 84 (1977), 279–283 [vgl. ↗2205]

2208 RUF K.: Handreichungen zum Grammatikunterricht in Kl. 5/6 und S I: Linguistik im Lateinunterricht, LEU/L 17 (1979), 52 S. [B-W]

2209 SEITZ F.: Linguistik und Lateinunterricht. Literaturbericht und Bestandsaufnahme, AHS 28 (1979), 161–163

2210 BAYER D.: Kurze etruskische Sprachbetrachtungen in Jahrgangsstufe 11, Anregung 28 (1982), 385–393 | R.: Maier F., AADI 5 (1983), 63–64; Kohl A., Anregung 30 (1984), 209

2211 KORN K.: Sprache oder Linguistik?, Gymn. 89 (1982), 1–3

2212 MAIER F.: Die Bedeutung der Sprache in zeitkritischer und zukunftsorientierter Literatur, DASiU 30.2 (1983), 13–16; auch in: MDAV 27.3 (1984), 9–14

2213 Verzeichnis grundlegender grammatischer Fachausdrücke, Anregung 29 (1983), 292–298 [KMK-Beschluß 26.2.1982]

2214 RÖTTGER G.: Kontrastgrammatik Lateinisch-Deutsch, AU 27.3 (1984), 21–33 [Textbsp. aus Liv., Caes. Gall.] R.: Senfter R., AADI 9 (1985), 128

2215 HELMS P.: Sprachwissenschaftliche Aspekte im Lateinunterricht, FSU 30 (1986), 437–441, 445; 608–613 [Lit.]

2216 GAMPER P.: Kontrastive Grammatik und Sprachreflexion, Latein-Forum 1 (1987), 13–19; auch in: Ianus 9 (1987–88), 1–7 | R.: Töchterle K., AADI 18 (1989), 114

2217 MUNDING H.: Aere perennius? Bemerkungen zu strukturalistischen Tendenzen in der Klassische Philologie, MDAV 30.2 (1987), 52–55

2218 NAGEL W.: Ein modernes Kommunikationsmodell, auf den römischen Historiker Tacitus angewandt, Anregung 34 (1988), 174–176; auch in: Latein-Forum 7 (1989), 18–21 | R.: Töchterle K., AADI 17 (1989), 103

2219 PFISTER R.: Lateinische Grammatik in Geschichte und Gegenwart. Gesammelte Beiträge, Bamberg (Buchner) 1988 (Auxilia 17), 160 S. | R.: Kohl A., Anregung 35 (1989), 118f.; Töchterle K., AADI 17 (1989), 104

2220 KIENPOINTNER M.: Zur grammatikalischen Terminologie im Latein- und Deutschunterricht, Latein-Forum 7 (1989), 2–9

2221 PFISTER R.: 'Randscharf' und 'kernprägnant', die fuzzy sets und die Grammatik, MDAV 32.3 (1989), 43–46

2222 STRATENWERTH D.: Linguistik als Desiderat der Unterrichtspraxis, LGB 33 (1989), 97–109

2223 WÜLFING P.: La linguistique latine et l'enseignement du latin, in: Actes du Ve Colloque de linguistique latine, hg. LAVENCY M./LONGRÉE D., Louvain-la-Neuve 1989, 228–238

Linguistik   M 1

2224 MÜLLER A.: Eine neue Latein-Grammatik, AU 34.5 (1991), 71–76 [PINKSTER H., Lateinische Syntax und Semantik, Tübingen (Francke) 1988 (UTB)]
2225 NESEMANN M.: Für eine Übersetzungsgrammatik, 1991 ↗1575
2226 KIENPOINTNER M.: Kontrastive Grammatik, AU 35.4 (1992), 71–86

2. **Laut- und Formenlehre**

a. Phonetik und Aussprache

2227 PFISTER R.: Zur Lautstruktur des Lateinischen, Münchener Studien zur Sprachwissenschaft 1 (1952), 5–19; jetzt in: Lateinische Grammatik in Geschichte und Gegenwart, 1988 ↗2219, 11–26
2228 PFISTER R.: Graphem, Phonem, Morphem, 1972 ↗2246
2229 MANGOLD M.: Phonetik und Phonologie des Lateinischen in der Schulgrammatik, in: Probleme der lateinischen Grammatik, hg. STRUNK K., Darmstadt (WBG) 1973 (WdF 93), 59–71 [Lit.]
2230 GLÜCKLICH H.-J.: Korrekte Aussprache des Lateinischen – Ein Lernziel?, AU 19.4 (1976), 108–111
2231 STROH W.: Kann man es lernen, lateinische Verse zu sprechen?, 1981 ↗5526
2232 BICK H./BUCHNER H.: Zur Aussprache des Lateinischen im Anfangsunterricht und in der Anfangslektüre, hg. Institut für Unterrichtsmitschau und didaktische Forschung, München 1982, Tonbandkassette (90 min.) & Beih. I **R.**: Töchterle K., AADI 9 (1985), 131; Wojaczek G., DASiU 30.3 (1983), 23f.
2233 EICHENSEER C.: Aussprache zweit- oder drittrangig?, MDAV 25.2 (1982), 3–5
2234 HECK T.: Ubi sunt qui aiunt ζώσης φωνῆς? Oder: Vom Nutzen korrekter Lateinaussprache, MDAV 25.4 (1982), 11–13
2235 TEUBER B./FEHLING D.: Zur Aussprache und Rezitation lateinischer Verse, Gymn. 91 (1984), 536–544 [zu Tonbandkassetten der Societas Latina; vgl.a. ↗2238]
2236 BURNIKEL W.: Medias in res, 1986 ↗2066
2237 STROH W.: Aussprache des Lateinischen in Prosa und Poesie, 1987 ↗1052
2238 FEHLING D.: Zur Aussprache und Rezitation lateinischer Texte. Latinitas viva: Fünf weitere Phonokassetten der Societas Latina, Gymn. 95 (1988), 556–558 [vgl.a. ↗2235]
2239 MATTHIESSEN K.: Zur Aussprache und Rezitation altgriechischer und klassischer lateinischer Texte, Gymn. 95 (1988), 74–76 [zu Tonbandkassetten und einschläg. Lit.]
2240 JÖHRENS O.: Lautgesetze im Lateinunterricht, Anregung 36 (1990), 180–183 [Vokalschwächung, Assimilation, Rhotazismus] **R.**: Niedermayr H., AADI 22 (1991), 24f.

b. Morphologie

2241 Pronomina, Präpositionen und Konjunktionen, hg. Nürnberger Lehrinstitut, Nürnberg (Auxilium) ²1971 (Mit einem Griff – auf einen Blick. Latein III)
2242 Das Substantiv und Adjektiv, hg. Nürnberger Lehrinstitut, Nürnberg (Auxilium) ²1971 (Mit einem Griff – auf einen Blick. Latein II)
2243 Das Verbum, hg. Nürnberger Lehrinstitut, Nürnberg (Auxilium) ²1971 (Mit einem Griff – auf einen Blick. Latein I)

2244 STRANSKY N.: Die Genusbestimmung der lateinischen Substantive der III. Deklination nach einer neuen Methode, Die österreichische Höhere Schule 23 (1971), 9–13 [vgl.a. ↗2245]
2245 LACHAWITZ G.: Zur Genusbestimmung der lateinischen Substantiva der 3. Deklination, Die österreichische Höhere Schule 24 (1972), 14–16 [vgl.a. ↗2244]
2246 PFISTER R.: Graphem, Phonem, Morphem, in: Linguistik für Latinisten, 1972 ↗2181, 39–43
2247 NEU E.: Morphologische Analyseverfahren im altsprachlichen Grammatikunterricht, AU 19.5 (1976), 54–72
2248 BENEDICTER K. u.a.: Stundenentwurf zu Cursus Latinus I 59. Komparation des Adjektivs: Komparativ, Anregung 23 (1977), 238–241 I R.: Kohl A., Anregung 24 (1978), 124
2249 REEKER H.-D.: Vorschläge zur horizontalen Durchnahme der Konjugationsklassen, LEU/L 13 (1978), 10–21
2250 STEINHILBER J.: Formenübungen im lateinischen Anfangsunterricht, 1978 ↗2008
2251 STRUNK K.: Probleme der lateinischen Formenlehre in Forschung und Unterricht, Gymn. 86 (1979), 425–443
2252 BAUER R.: An eine Latein-Schülerin, Anregung 26 (1980), 324–325 [zu den Ausgangsvarianten -is und -es im Akk.Pl.]
2253 MÜLLER W.: »posse«. Verbalformen mit der Bausteinmethode am Overheadprojektor, IAU 2.2 (1980), 70–73 I R.: AADI 2 (1981), 23
2254 LETTNER F.: Cursus latinus: Einführung des Indikativ Präsens Passiv. Ein Unterrichtsvorschlag, Anregung 27 (1981), 192–195 I R.: AADI 3 (1982), 37
2255 NEU E.: Die sprachhistorische Komponente in Lateinstudium und Lateinunterricht, Gymn. 88 (1981), 274–297 I R.: AADI 4 (1982), 49
2256 PFISTER R.: Formenbildungsregeln in der lateinischen Grammatik, Münchener Studien zur Sprachwissenschaft 41 (1982), 151–168 [überarb. Sdr. zur Tagung des DAV, Bonn 1988, 16 S.]
2257 REEKER H.-D.: Handreichungen zum Lateinunterricht S I: Wiederholung der finiten Verbformen (Schüler- und Lehrerheft), LEU/L 31 & 32 (1982), 39 & 38 S. [B-W]
2258 TSCHENTSCHER H.: Träumereien zur u-Deklination in einem Zeitungsartikel aus dem Jahre 1844, Gymn. 92 (1985), 209–212
2259 FLIKSCHUH W.: Lateinische Formenlehre mit Computerhilfe, 1987 ↗2154
2260 JÖHRENS O.: Überlegungen zum Komparativ im Lateinunterricht, MDAV/Hs 37.4 (1990), 5f.
2261 VOGL H.: Verbalformen – Zusammenfassung, Latein-Forum 17 (1992), 55–62

3. Syntax

2262 SOMMER F.: Vergleichende Syntax der Schulsprachen, Leipzig u.a. ^{3}1931; Ndr. Darmstadt 1971
2263 GLINZ H.: Die Sprachen in der Schule. Skizze einer vergleichenden Satzlehre für Latein, Deutsch, Französisch und Englisch, Düsseldorf ^{2}1965
2264 MÜLLER W.: Gerundiv, AU 14.2 (1971), 70–77 I R.: Kohl A., Anregung 19 (1973), 136

Syntax M 3

2265 PAPE S./ZIFONUN G.: Grammatik und Lateinunterricht, Linguistik und Didaktik 2 (1971), 262–278; jetzt in: Didaktik des altsprachlichen Unterrichts ↗5, 206–231
2266 SCHMÜDDERICH L.: Die grammatische Funktion der Komparation, AU 14.2 (1971), 78–82 | **R.**: Kohl A., Anregung 19 (1973), 136
2267 HEINE R.: Vermutungen zum lateinischen Partizip, Gymn. 79 (1972), 209–238
2268 PFISTER R.: Prädikationsbezogene Satzbetrachtung, in: Linguistik für Latinisten, 1972 ↗2181, 50–65
2269 PFISTER R.: Zur Geschichte der lateinischen Grammatik, 1972 ↗1088
2270 SCHMITT-BRANDT R.: Modell einer generativen Syntaxtheorie für das Lateinische, in: Linguistik für Latinisten, 1972 ↗2181, 44–49
2271 SCHÖNBERGER O.: Interpretation einer Fabel im lateinischen Sprachunterricht, DASiU 20.3 (1972), 7–10 [zu den Demonstrativpronomina]
2272 SZANTYR A.: Mißverstandene *quod*-Sätze, Gymn. 79 (1972), 499–511
2273 BARIÉ P.: Phrasenstruktur oder Dependenzrelation. Überlegungen im Vorfeld einer lateinischen Syntaxtheorie, AU 16.5 (1973), 65–119 [Lit.]
2274 HAPP H.: Kontrastive Grammatik und lateinische Stilübungen, AU 16.1 (1973), 32–63 [Lit.] | **R.**: Kohl A., Anregung 20 (1974), 204
2275 PFISTER R.: Prädikationsbezogene Sprachbetrachtung im Lateinischen, Münchener Studien zur Sprachwissenschaft 31 (1973), 151–167; jetzt in: Lateinische Grammatik in Geschichte und Gegenwart, 1988 ↗2219, 110–125 | **R.**: Kohl A., Anregung 22 (1976), 208
2276 STEINTHAL H.: Zur Praxis einer transformationell-generativen Grammatik im Lateinunterricht, Gymn. 80 (1973), 101–128
2277 VISCHER R.: Probekapitel zu einer kontrastiven Syntax des Lateinischen und Deutschen, AU 16.1 (1973), 18–31
2278 ELFLEIN W.: Die Transformation als Methode der Sprachbetrachtung (Entwurf eines Unterrichtsversuchs über die Funktionen des Adjektivs und des Partizips), AU 17.4 (1974), 21–33
2279 KÜSTER F.: Satzglieder und Satzinhaltsglieder, AU 17.4 (1974), 59–90 [Lit.]
2280 EISEN K. F.: Die Behandlung des ACI mit Methoden der generativen Transformationsgrammatik, AU 18.2 (1975), 90–92
2281 DÖNNGES U.: Dependenzgrammatik im Lateinunterricht. Bericht über den Aufbau eines durchgeführten Halbjahreskurses, AU 19.2 (1976), 43–60
2282 FREIMANN H. u.a.: Curriculum-Element Latein. Einführung in die Finalsätze, Lehren und Lernen 2.7 (1976), 44–51 & Sonderdruck für Schüler, 16 S.
2283 HAPP H.: Möglichkeiten einer Dependenzgrammatik des Lateinischen, Gymn. 83 (1976), 35–58; auch in ↗2288, 11–34 [Lit.]
2284 PFISTER R.: Zur Geschichte von Subjekt und Prädikat, Münchener Studien zur Sprachwissenschaft 35 (1976), 105–119; jetzt in: Lateinische Grammatik in Geschichte und Gegenwart, 1988 ↗2219, 126–140
2285 WALETZKI W.: Alte Sprachen und Neue Mathematik. Was die lateinische Grammatik auch beinhaltet, Anregung 22 (1976), 233–236 [Anwendung von math. Begriffen auf grammatische Sachverhalte]
2286 DÖNNGES U./HAPP H.: Dependenz-Grammatik und Latein-Unterricht, Göttingen (Vandenhoeck & Ruprecht) 1977, 287 S. [vgl.a. HAPP H., Grundfragen einer Dependenz-

Grammatik des Lateinischen, Göttingen (Vandenhoeck & Ruprecht) 1976, 597 S.]
R.: Barié P., ASiRPS 25.1 (1979), 11–13; Röttger G., MDAV/NW 27.4 (1979), 12–15; Töchterle K., Anzeiger f. d. Altertumswiss. 34 (1981), 146–150

2287 DÖNNGES U.: Versuche und Erfahrungen mit Dependenz-Grammatik im Lateinunterricht, in: Zur Anwendung der Dependenz-Grammatik auf den Latein- und Griechisch-Unterricht, 1977 ⤻2288, 89–124

2288 DÖNNGES U./HAPP H.: Zur Anwendung der Dependenz-Grammatik auf den Latein- und Griechisch-Unterricht. Vier Aufsätze, Heidelberg (Winter) 1977 (Gymn. Beih. 8), 149 S.

2289 HAPP H.: Möglichkeiten und Grenzen bei der unterrichtlichen Anwendung einer Dependenz-Grammatik des Lateinischen, in: Zur Anwendung der Dependenz-Grammatik auf den Latein- und Griechisch-Unterricht, 1977 ⤻2288, 35–87 [Lit.]

2290 HEILMANN W.: Probleme der grammatischen Beschreibung im Lateinunterricht, Gymn. 84 (1977), 212–230

2291 HÖHN W.: Korreferat zu Willibald Heilmann: Probleme der grammatischen Beschreibung im Lateinunterricht, Gymn. 84 (1977), 284–290 [⤻2290]

2292 SCHÖNBERGER O.: Sprache und Wirklichkeit. Die lateinische Grammatik und ihr „Sitz im Leben", DASiU 25.2 (1977), 9–24

2293 BERCHER A./LOHMANN D.: Curriculum-Element: Die Kongruenz im lateinischen Anfangsunterricht, LEU/L 12 (1978), 28–34 [B-W]

2294 FUNK G./REEKER H.-D.: Überlegungen und Anregungen zum Grammatischen Anfangsunterricht, LEU/L 12 (1978), 3–24

2295 KRÖMER D.: Grammatik contra Lexikon: rerum potiri, Gymn. 85 (1978), 239–258

2296 LOHMANN D.: Funktionale Sprachbetrachtung am Beispiel des Attributs, LEU/L 13 (1978), 3–9

2297 LOHMANN D.: Vorschlag zu einer graphischen Differenzierung der Satzglieder, LEU/L 12 (1978), 25–27

2298 NICKEL R.: Die latente Finalität des cum *causale*, MLAS/SH 1.3 (1978), 5–7

2299 PFISTER R.: Zur Geschichte der Tiefenstruktur in der Lateinischen Grammatik, Münchener Studien zur Sprachwissenschaft 37 (1978), 131–147; jetzt in: Lateinische Grammatik in Geschichte und Gegenwart, 1988 ⤻2219, 141–155

2300 PLENIO W.: Statistische Untersuchungen zur lateinischen Syntax, 1978 ⤻1001

2301 WALETZKI W.: Kondizionalsatz und Wirklichkeit, Anregung 24 (1978), 223–227

2302 GLÜCKLICH H.-J.: Ziele und Formen des altsprachlichen Grammatikunterrichts, in: Fachdidaktisches Studium 1, 1979 ⤻828, 222–240 [Lit.]

2303 HORNUNG R.: Indirekte Rede auf einen Blick. Vom Beginn der Lektüre bis zur Kollegstufe, Anregung 25 (1979), 333–335 [vgl.a. ⤻2312]

2304 LUDERER W.: Zur Darstellung von lateinischen Perioden und zu den Schwierigkeiten ihrer Übersetzung, Anregung 25 (1979), 304–310 [wieder abgedruckt in: IAU 3.1 (1981), 1–11] **R.**: AADI 3 (1982), 38

2305 MAIER F.: Statistische Untersuchung zur lateinischen Syntax, München (ISP) o.J., 51 S.; Kurzfassung: AU 22.1 (1979), 63–75

2306 VISCHER R.: Kontrastiver Grammatikunterricht, in: Handbuch für den Lateinunterricht, Sek.II, 1979 ⤻12, 232–253 [Lit.]

Syntax   M 3

2307 HELM C.: Der Ablativus absolutus. Eine Unterrichtsreihe im Lateinunterricht einer 9. Klasse mit grundständigem Latein, Braunschweig (Selbstverlag) 1980, 54 S. І **R.**: Maier F., AADI 2 (1981), 17

2308 KLOWSKI J.: Vorschlag zu einer Durchforstung der lateinischen Syntax, AU 23.4 (1980), 66–68 І **R.**: Töchterle K., AADI 1 (1981), 11

2309 LAU D.: Die Entwicklung der periodischen Satzstruktur im Lateinischen und ihre Vermittlung im Unterricht der Sekundarstufe I, Bielefelder Beiträge zur Sprachlehrforschung 9 (1980), 72–105 & Textbeil. 106–115 [u.a. Plaut., Lucr., Varro, Cic., Caes., Aug.; Lit.]

2310 PRIESEMANN G.: Vom Logos zum Eidos. Zum Problem einer eidetischen Grammatik, MLAS/SH 3.1–2 (1980), 13–19; 3.3 (1980), 13–19

2311 RICHTER-REICHHELM J.: Zur Häufigkeit lateinischer Kasusfunktionen, LGB 24.3–4 (1980), 3–10

2312 WALETZKI W.: Indirekte Rede – auf einen Blick, Anregung 26 (1980), 43–44 [vgl.a. ↗2303]

2313 HEBERLEIN F.: Die Diskussion um die nd-Formen und der Lateinunterricht, Gymn. 88 (1981), 151–172 І **R.**: AADI 3 (1982), 37

2314 MEYER T.: Memoranda. Merkbeispiele und Anregungen zur Behandlung der lateinischen Grammatik (Schüler- und Lehrerheft), LEU/L 23 & 24 (1981), 29 & 45 S.

2315 SCHMÜDDERICH L.: Zur Frage des genus verbi des Abl. mit prädikativem PPP (sog. abl. abs.), MDAV/NW 29.4 (1981), 3–5

2316 WITTSTOCK O.: Zur Frage des ablativus absolutus mit dem Partizip Perfekt Passiv, AU 24.4 (1981), 91–98 І **R.**: AADI 4 (1982), 54

2317 NICKEL R.: Abl. abs. mit P.P.P. und Partizip Aorist Aktiv, MDAV/NW 30.2 (1982), 6f.

2318 RÖTTGER G.: Die drei Genera und die Nominalform des Verbs, MDAV/NW 30.2 (1982), 7–10

2319 GLÜCKLICH H.-J.: Aufbau und Lernbarkeit der lateinischen Grammatik. – Mit einer Gliederung der lateinischen Grammatik und einer Tafel der Satzpositionen und Füllungsarten, AU 26.5 (1983), 5–23 І **R.**: Gamper P., AADI 8 (1984), 109

2320 GLÜCKLICH H.-J.: Das Prädikativum, AU 26.5 (1983), 31–44 І **R.**: Kienpointner M., AADI 7 (1984), 94

2321 KLOSS G./OTT C.: Zu den Kasusfunktionen in lateinischen poetischen Texten, LGB 27 (1983), 8–11

2322 VESTER H.: Grammatikeinführung – an Einzelsätzen oder an Texten?, MLAS/BW 14 (1983), 4–12; auch in: Anregung 30 (1984), 375–383 І **R.**: Maier F., AADI 10 (1985), 140

2323 DRESCHER M. H./MAIER F./GLEIXNER H.: „Analysieren Sie nach einer Ihnen geläufigen Methode …", Anregung 30 (1984), 25–28 І **R.**: Maier F., AADI 9 (1985), 123f.

2324 TERHOEVEN G.: Imperfekt – Perfekt – Präteritum, MDAV 27.2 (1984), 15–17 І **R.**: PFISTER R., MDAV 27.4 (1984), 9–13; Meßmer E., a.O., 13

2325 VESTER H.: Zum Prädikativum, Anregung 30 (1984), 237–244 І **R.**: Maier F., AADI 10 (1985), 140f.

2326 WALETZKI W.: Logische Bemerkungen zur Satzanalyse, Anregung 30 (1984), 203–204

2327 JÖHRENS O.: Attribute, MDAV 28.1 (1985), 7–17

2328 MILLER A.: Das Supinum I, Anregung 31 (1985), 265–269 І **R.**: Töchterle K., AADI 12 (1986), 28

2329 MISSFELDT W.: Die „göttliche" Steigerung, MLAS/SH 1985, 28–32; auch in Anregung 32 (1986), 47–50 | **R.:** Töchterle K., AADI 13 (1987), 41

2330 PFISTER R.: Adverbial und adverbal, MDAV 28.2 (1985), 44–46 | **R.:** Jöhrens O., MDAV 29.4 (1986), 97

2331 SCHÖNBERGER O.: Zwei Bedingungssätze, in: Et scholae et vitae, 1985 ↗277, 67–72 [Cic. nat.deor., Aug. conf.]

2332 WISSEMANN M.: Der Konjunktiv – ein Stiefkind der Fachdidaktik?, AU 28.3 (1985), 80–82 | **R.:** Siehs G., AADI 12 (1986), 32

2333 BEIL A.: Übersetzungsprobleme bei Relativsätzen, MDAV/NW 34.4 (1986), 15–17

2334 LECHLE H.: nd-Blöcke, Anregung 32 (1986), 27–31 | **R.:** Töchterle K., AADI 13 (1987), 40f.

2335 LUDERER W.: Darstellung einer livianischen Periode, Anregung 32 (1986), 386–389 | **R.:** Töchterle K., AADI 13 (1987), 41

2336 WEDDIGEN K.: Zum lateinischen Konjunktiv als Modus im Hauptsatz, AU 29.3 (1986), 90f. | **R.:** Siehs G., AADI 15 (1988), 65f.

2337 GLÜCKLICH H.-J.: ‚Basisgrammatik' des Lateinischen, in: Handbuch für den Lateinunterricht, Sek.I, 1987 ↗19, 86–103

2338 HÖHN W.: „Syntax und Formenlehre im Rahmen der Sprachreflexion im Lateinunterricht der Sekundarstufe I", in: Empfehlungen für die Arbeit mit den RR Sek.I, 1987 ↗745, 30–35 [mit Beispiel aus Ostia]

2339 KIRSCH G.: Ein Beitrag zur lateinischen Satzanalyse, MDAV 30.3 (1987), 83–86

2340 LAMBERTZ T.: Die lateinischen nd-Formen. Versuch einer didaktischen Neukonzeption und ihre sprachwissenschaftliche Begründung, Anregung 33 (1987), 374–385; 34 (1988), 34–44 | **R.:** Töchterle K., AADI 16 (1988), 91; 17 (1989), 103

2341 VESTER H.: Zum Verhältnis von Prädikativum und Adverbialbestimmung, Gymn. 94 (1987), 346–366

2342 BEIL A.: Das sinnerschließende Übersetzen der -nd-Formen im Unterricht, MDAV/NW 36.2 (1988), 3–6

2343 SENFTER R.: Die 'Entsorgung' von Gerundium und Gerundivum, Latein-Forum 5 (1988), 1–5

2344 VESTER H.: Einige Hinweise zum Prädikativum, MLAS/BW 16/17.1 (1988), 5–12; auch in Anregung 35 (1989), 235–242 | **R.:** Töchterle K., AADI 20 (1990), 139

2345 VESTER H.: nd-Formen und kein Ende, Anregung 34 (1988), 241–249 | **R.:** Töchterle K., AADI 18 (1989), 116

2346 FLIEDNER H.: Überlegungen zum Konjunktiv in lateinischen Hauptsätzen, AU 32.4 (1989), 95f.

2347 HEBERLEIN F.: Gerundivkonstruktion: Interne Struktur und 'Diathese', Gymn. 96 (1989), 49–72

2348 BAYER K.: Ungeliebte Lateingrammatik? Lernprobleme der Schüler – Anregungen für Lehrer, in: Bildung durch Sprache, 1990 ↗1921, 30–47

2349 MÜLLER A.: Gallia est omnis oder Das Prädikativum, AU 33.3 (1990), 60–75 | **R.:** Kienpointner M., AADI 22 (1991), 26

2350 VESTER H.: Lateingrammatik und Schulpraxis. Neue Tendenzen und Perspektiven, in: Bildung durch Sprache, 1990 ↗1921, 100–121

2351 BLUSCH J.: Lateinische Finalsätze, Anregung 37 (1991), 387–396

4. Textlinguistik

2352 PFISTER R.: Strukturalismus und Lateinunterricht, Gymn. 76 (1969), 457–472; jetzt in: Lateinische Grammatik in Geschichte und Gegenwart, 1988 ↗2219, 83–109

2353 ELSNER K.: Vordergrund und Hintergrund im Lateinischen?, AU 16.2 (1973), 56–61 [Imperfekt]

2354 RIEDEL W.: Grammatik des situativen Hörerbezugs, in: Unterrichtsmodelle zur Sprachreflexion, [1973] ↗694, 28–30

2355 BEYER K.: Die Analyse kommunikativen Geschehens. Eine lernzielorientierte Unterrichtsreihe in einer Klasse 11, AU 18.3 (1975), 21–32 [Reden aus Sall. Catil.]

2356 HÖHN W.: Der textgrammatische Betrachtungsaspekt und seine Bedeutung für die Lernerfolgskontrolle im Lateinunterricht, AU 18.2 (1975), 65–78 [Textbsp.e aus Phaedr. u. Lehrbüchern]

2357 NICKEL R.: Experimentelles Lesen und strukturale Analyse lateinischer Texte im Unterricht, AU 18.2 (1975), 22–37

2358 GLÜCKLICH H.-J.: Lineares Dekodieren, Textlinguistik und typisch lateinische Satzelemente, AU 19.5 (1976), 5–63 [Lit.]

2359 HÖHN W.: Textlinguistik und Lateinunterricht, in: Latein – Aufsätze zur Textarbeit, 1977 ↗1290, 12–18

2360 SEITZ F.: Zur semantischen Struktur lateinischer Texte, AHS 26 (1977), 61–63

2361 SEITZ F.: Beispiele zur Textbeschreibung im Lateinunterricht. Möglichkeiten auf textlinguistischer Grundlage, EuU 128 (1978), 43–56

2362 BARIÉ P.: Probestück einer linguistischen Textbeschreibung, in: Handbuch für den Lateinunterricht, Sek.II, 1979 ↗12, 228–231 [Phaedr. 1,24; entnommen aus ↗2195]

2363 HÖHN W.: Lateinischer Anfangsunterricht unter Berücksichtigung textgrammatischer Gesichtspunkte, AU 22.2 (1979), 13–18

2364 HÖHN W.: Zur Anwendung textlinguistischer Verfahren im Lateinunterricht der Sekundarstufe II, in: Handbuch für den Lateinunterricht, Sek.II, 1979 ↗12, 133–150

2365 FUHRMANN M.: Beispiele narrativer Strukturen bei römischen Historikern, 1980 ↗1018

2366 GLÜCKLICH H.-J./NICKEL R./PETERSEN P.: Interpretatio. Neue lateinische Textgrammatik, 1980 ↗2835

2367 TÖCHTERLE K.: Textwissenschaftliche Aspekte bei der unterrichtlichen Behandlung von Plinius Ep. X 96 und 97, 1980 ↗4279

2368 FINK G.: Ein Hauch von Laissez faire? Neros Erziehung als Gegenstand textgrammatischer Reflexion, 1981 ↗3146

2369 VESTER H.: Zum Verhältnis von Didaktik und beruflicher Praxis, dargestellt am Beispiel der Texterschließungslehre, 1983 ↗874

2370 PETERSEN P.: Arbeitsgruppe: Strukturanalysen und Strukturbilder im Lateinunterricht, MLAS/SH 1985, 21ff.

2371 GLÜCKLICH H.-J.: Satz- und Texterschließung, AU 30.1 (1987), 5–32 [Textbsp.e aus Sall., Caes.] **R.:** Siehs G., AADI 16 (1988), 89

2372 NIEMANN K.-H.: Texterschließung und Grammatikverständnis im lateinischen Anfangsunterricht, AU 30.1 (1987), 64–76 I **R.:** Siehs G., AADI 16 (1988), 93

2373 VESTER H.: Bemerkungen zum Tempusrelief bei Caesar, Anregung 33 (1987), 155–157 I
R.: Töchterle K., AADI 17 (1989), 107
2374 VESTER H.: Zum Umgang mit den Erzähltempora, AU 30.1 (1987), 50–63 I R.: Siehs G., AADI 17 (1989), 107
2375 Grammatik – Semantik – Textverstehen, hg. SCHAREIKA H., AU 31.6 (1988), 107 S.
2376 MÜLLER A.: Zur Satz- und Texterschließung, AU 31.6 (1988), 106f.
2377 SIEWERT W.: Zur Semantik und Funktion der Tempora in lateinischen Texten, AU 31.6 (1988), 87–105 [Textbsp.e u.a. Cic., Verg., Phaedr., Plin.] R.: Elsner K., AU 32.4 (1989), 94f., dazu Siewert, AU 33.5 (1990), 96–100; Vogl H., AADI 18 (1989), 116
2378 WEDDIGEN K.: Thema und Rhema. Überlegungen zu einer Methode der Texterfahrung, AU 31.6 (1988), 7–28 [Textbsp.e u.a Hor., Caesarius, Caes.] R.: Vogl H., AADI 18 (1989), 112
2379 HÖHN W.: Zur Arbeit an Originaltexten unter textgrammatischen und textpragmatischen Gesichtspunkten, MDAV/Hs 36.3 (1989), 2–9 [Textbsp. Phaedr.]
2380 WÖLKE H.: Der Unterschied zwischen Imperfekt und Perfekt. Eingeführt anhand des Lehrbuches OSTIA, Lektion 10, LGB 33 (1989), 83–86
2381 CONTI S./PROVERBIO G.: Latein und Textlinguistik, AU 33.3 (1990), 76–88 I R.: Vogl H., AADI 22 (1991), 23
2382 Grammatik – Semantik – Textverstehen II, hg. SCHAREIKA H., AU 33.3 (1990), 88 S.
2383 KIENPOINTNER M.: Lateinische und deutsche Texte – kontrastiv betrachtet, Latein-Forum 18 (1992), 1–15 [kontrastive Textgrammatik]
2384 VESTER H.: Textgrammatik und Lateinunterricht, in: Verstehen, Übernehmen, Deuten, 1992 ↗939, 132–157 [Textbsp.e aus Caes., Cic., Catull., Tac.]

N. Wortschatz

2385 FRANK J.-A.: 63 Tests zur lateinischen Wortkunde, 1971 ↗1354
2386 LEITZ A.: Die Verwendung des Wörterbuchs im Unterricht und in der Klassenarbeit, AU 14.4 (1971), 53–71 I R.: Kohl A., Anregung 19 (1973), 60f.
2387 STEINTHAL H.: Zum Aufbau des Wortschatzes im Lateinunterricht, AU 14.2 (1971), 20–50 [Wortmenge, -bedeutung, Lernziele u. -methoden] R.: Kohl A., Anregung 19 (1973), 64
2388 WINDMEIER H.: Quidam, quaedam, quoddam – ein gewisser? Überlegungen zur Berechtigung einer Wortgleichung, MDAV/NW 19.1 (1971), 6–12; auch in: AU 16.2 (1973), 62–71
2389 STEINTHAL H.: Berichtigung und Festigung lateinischer Wortkenntnisse, in: Theorie und Praxis des kooperativen Unterrichts 2.4, 1972 ↗1273, 29–37
2390 HILBERT K.: Feldbezogene Wortschatzarbeit auf der Oberstufe, MLAS/BW 4.2 (1973), 18–29; auch in: AU 17.5 (1974), 17–29
2391 NEU E.: Zu den lateinischen Empfindungsimpersonalia, AU 16.2 (1973), 71–80
2392 BÜCHNER K.: Utile und honestum, in: Probata – Probanda, 1974 ↗798, 5–21
2393 MÜNCHOW H.: Erschließen von Fremdwörtern im Lateinunterricht, FSU 18 (1974), 343–346

2394 MÜNCHOW H.: Sichere Wortschatzkenntnisse im Fach Latein, FSU 18 (1974), 600–603

2395 ERB J.: Immanitas – oder: Was ist Größe, Anregung 21 (1975), 367f.

2396 GEGENSCHATZ E.: Otium – Negotium, Anregung 21 (1975), 371f.

2397 PÖSCHL V.: Otium, MLAS/BW 6.2 (1975), 4f.

2398 SCHÖNBERGER O.: Kluges Wörterlernen oder dumpfes Vokabelbüffeln. Wie lernt man lateinische Wörter? (Merkblatt für Schüler), DASiU 22.2–3 (1975), 23f.

2399 HUMPF H.: Einführung in die besondere Struktur der lateinischen Demonstrativpronomina „hic–iste–ille", Lehren und Lernen 2.4 (1976), 29–61; 37–44 Schülermaterialien [vgl.a. ↗2006]

2400 BAYER K.: Gong-Latein, DASiU 24.2 (1977), 4–10 [statistische Untersuchung zur Häufigkeit der Fremdwörter in der Fernseh-Illustrierten]

2401 BAYER K.: Lehn- und Fremdwörter auf -el, DASiU 24.3 (1977), 3–12

2402 FINK G.: Die Arbeit mit Langenscheidts Großem Schulwörterbuch Lateinisch–Deutsch im Rahmen der Anfangslektüre, Berlin u.a. (Langenscheidt) 1977 (Langenscheidt-Mitteilungen für den Philologen, Sonderheft 12), 38 S.

2403 HILBERT K.: Feldbezogene Wortschatzarbeit, LEU/L 3 (1977), 2–9

2404 PÖSCHL V.: Invidia · Dignitas, MLAS/BW 8 (1977), 7–10, 10–14

2405 STEINTHAL H.: Hinweise zur Einführung in den Gebrauch des Lexikons, LEU/L 3 (1977), 10–16

2406 UNTERMANN J.: Zur semantischen Organisation des lateinischen Wortschatzes, Gymn. 84 (1977), 313–339

2407 Einführung in den Gebrauch und die Arbeit mit dem lateinischen Wörterbuch, 1978 ↗996

2408 GERMANN A.: Hinweise und Anregungen zum Wörterlernen und zur Wortschatzarbeit im lateinischen Anfangsunterricht, LEU/L 14 (1978), 23–36

2409 LÖWE G.: Ein lateinischer Text zur Einführung oder Kontrolle der Wörterbuchbenutzung, FSU 22 (1978), 34–36 ['aus dem Preisedikt des Diokletian', Art Warenliste]

2410 STEINHILBER J.: Wortschatzübungen im lateinischen Anfangsunterricht, AU 21.3 (1978), 88–92

2411 KNECHT T.: Fragen der lateinischen Synonymik, in: Verpflichtung der Antike, 1979 ↗839, 176–193

2412 MADER M.: Handreichungen zum Lateinunterricht in Sekundarstufe I und II: Lateinische Wörter im Sprachvergleich (Zu Motivation und Transfer in der lateinischen Wortschatzarbeit), LEU/L 18 (1979), 36 S. [B-W]

2413 MEUSEL H.: Zur Arbeit am lateinischen Wortschatz, AU 22.2 (1979), 19–29 [u.a. zu Semantik, Valenzgrammatik, Feldtheorie, Grundwortschatz]

2414 RAAB K.: Wortschatz und Wortkunde, in: Fachdidaktisches Studium 1, 1979 ↗828, 241–249 [Lit.]

2415 KAHL D.: Aliquid haeret – aber wieviel?, Anregung 26 (1980), 307–310

2416 GÖSSWEIN U.: Vergleichende Sprachbetrachtung in den ersten Lateinjahren, AU 24.1 (1981), 39–50 I **R.**: AADI 3 (1982), 36f.

2417 HAVERSATH J.-B.: Lateinunterricht und vergleichende Sprachbetrachtung, AU 24.1 (1981), 69–74 I **R.**: AADI 3 (1982), 37

2418 HENNIG G.: Fremdworterschließung im fakultativen Lateinunterricht, FSU 25 (1981), 453–455

2419 KLOWSKI J.: Zur Lexikonarbeit im Lateinunterricht, AU 24.4 (1981), 55–71 I **R.**: AADI 4 (1982), 48

2420 MADER M.: Berührungen lateinischer und neusprachlicher Wortbildung. Materialien und Hinweise für den Unterricht, AU 24.1 (1981), 4–14 I **R.**: AADI 3 (1982), 38

2421 THUROW R.: Psychologische Analyse des Wortschatzerwerbs im Lateinunterricht, AU 24.4 (1981), 5–23 I **R.**: AADI 4 (1982), 53

2422 UNTERMANN J./WÜLFING P.: Wortkunde zwischen Wissenschaft und Unterricht – Zu neueren lateinischen Wortkunden, 1981 ↗1555

2423 ABEL F.: Bemerkungen eines Romanisten zu einer lateinischen Wortkunde, Gymn. 89 (1982), 332–336 [zu M. Mader ↗2863]

2424 FRINGS U.: „Vokabelschlacht" als Lernhilfe, AU 26.6 (1983), 100f. I **R.**: Siehs G., AADI 8 (1984), 109

2425 MEISSNER H.: Lernpsychologie und lateinische Wortkunde, AU 27.5 (1984), 79–85 I **R.**: Gamper P., AADI 10 (1985), 139

2426 SCHÖNBERGER O.: Wortkundliches Prinzip und Wortkunde im Lateinunterricht, in: Handreichungen für den Lateinunterricht Jgst. 8–11, 2, 1984 ↗738, 31–61

2427 STEINHILBER J.: Zur Einführung neuer Vokabeln, AU 27.5 (1984), 86–88 I **R.**: Gamper P., AADI 10 (1985), 140

2428 BEIL A.: Ein Tip zur Wortkunde-Arbeit, MDAV/NW 33.2 (1985), 7f.

2429 JÖHRENS O.: Vokabelarbeiten, MDAV/Hs 34.2 (1987), 2–4

2430 MEUSEL H.: Wortschatzarbeit, in: Handbuch für den Lateinunterricht, Sek.I, 1987 ↗19, 139–160

2431 SCHNEIDER M.: Vokabellernen – aber wie?, Latein-Forum 3 (1987), 2–5

2432 GAMPER P.: Fremdwörterkunde, Latein-Forum 5 (1988), 6–18

2433 KUBIK C.: Wörterlernen mit dem Lateinbuch. Probleme und Möglichkeiten, AU 32.5 (1989), 61–72 [zum Problem der "verschiedenen Bedeutungen"] **R.**: Gamper P., AADI 21 (1991), 15

2434 PETERSMANN B.: Lateinischer Wortschatz – Schatz der Nibelungen?, AU 32.5 (1989), 44–60 ["Wer ihn besitzt, den sehre die Sorge, und wer ihn nicht hat, den nage der Neid!"…] **R.**: Gamper P., AADI 20 (1990), 136f.

2435 KNECHT T.: Fremdwortlatein, in: Die Antike als Begleiterin, 1990 ↗922, 42–54

2436 LAHMER K.: Anregungen zur Vokabelvermittlung in den Alten Sprachen, Anregung 36 (1990), 91–95 I **R.**: Gamper P., AADI 22 (1991), 18

2437 STRUNZ F.: Traum und Wahrheit. Gedanken zum Etymon des Wortes „Traum" und seiner Familie in einigen europäischen Sprachen, Anregung 36 (1990), 253–257

2438 BEIL A.: Vokabelliste (englisch – lateinisch – deutsch), MDAV/NW 39.1 (1991), 4–16

2439 FRICEK A.: Die großartige Anschaulichkeit der lateinischen Sprache, MDAV/Hs 38.2 (1991), 6–20 [u.a. zu deutschen Lehnwörtern]

2440 STEINKÜHLER M.: Semperne aliquid haeret? Zur Wortschatzarbeit während der Lektürephase (U II), MLAS/SH 1991, 8f.

2441 WESTPHALEN K.: Theo Sommers lateinisches Lexikon, 1991 ↗5964

2442 AUSSERHOFER M.: Lateinische Stammformen in deutschen, lateinischen und englischen Wörtern. Eine Handreichung für den Lehrer, Bozen (Pädagogisches Institut) 1992, 129 S. I **R.**: Fritsch A., MDAV 35.4 (1992), 186

2443 MADER M.: Grundwortschatz im Kontext. Lateinische Zitate, Sentenzen, Sprichwörter, Verse, Wortspiele, Inschriften, Wendungen, Formeln und Floskeln, LEU/L 55 (1992), 56 S.

O. Lehrmittel

1. Sprachlehrbücher · Unterrichtswerke

Um den Überblick zu erleichtern, sind die Unterrichtswerke alphabetisch geordnet. Im Anschluß an das jeweilige Werk stehen ggf. Besprechungen in der Sekundärliteratur.

2444 Ars Latina. Für Schulen mit grundständigem Latein. Überarbeitete Neuauflage, bearb. BOEKHORST G./REIF A., Paderborn (Schöningh) | **R.**: Kohl A., Anregung 34 (1988), 116

2445 —, Übungsbuch I, ^{2}1983, 207 S.

2446 —, Übungsbuch II, 1985, 213 S.

2447 —. Grammatik, 1977, 294 S.

2448 Austria Romana. Ein Lesebuch für den lateinischen Anfangsunterricht, v. GASSNER H., neu bearb. MALCHER L./REIDINGER W., Wien (ÖBV) o.J.

2449 —, 1. Band für das 1. Lernjahr. Text, Erklärungen und Übungen, Lektionsvokabular, 143 S.

2450 —, 1. Band, Beiheft für das 1. und 2. Lernjahr. Übersicht über die Formenlehre, alphabetisches Wörterverzeichnis, 152 S.

2451 —, 2. Band für das 2. Lernjahr. Text, Erklärungen und Übungen, Lektionsvokabular, 165 S.

2452 —, 2. Band, Beiheft für das 2. Lernjahr. Übungsbeispiele zur Satzlehre, systematische Zusammenfassung der Grammatik, 103 S.

2453 BIERMANN W.: Lehrbuch der Lateinischen Sprache, Düsseldorf (Schwann) 1971 [für Latein als spätbeginnende Fremdsprache, Kurse] **R.**: Bleileven G., MDAV/NW 20.3 (1972), 4–7; Hagel R., MDAV/RhPf 1973.1–2, 13–15

2454 —, Teil I: Übungstext

2455 —, Teil II: Vokabular

2456 —, Teil III: Grammatik

2457 —, Teil IV: Lehrerhandbuch, 118 S.

2458 KREUTER H.: Erfahrungen mit Wilhelm Biermanns ‚Lehrbuch der Lateinischen Sprache', AU 19.3 (1976), 63–68

2459 BORNEMANN E.: Lateinisches Unterrichtswerk. Ausgabe A [3 Bde.], Frankfurt/M. (Hirschgraben) $^{2/3}$1973

2460 Bornemann, Lateinisches Unterrichtswerk. Neue Ausgabe A: Lehrgang für Latein als 1. Fremdsprache (5.–7. Schuljahr), hg. BORNEMANN E., neu bearb. GEBHARDT E./KROH P., Frankfurt/M. (Cornelsen–Hirschgraben)

2461 —, I/1: Texte und Übungen, 1985, 80 S.

2462 —, I/2: Wortschatz und Begleitgrammatik, 1985, 72 S.
2463 —, II/1: Texte und Übungen, 1986, 96 S.
2464 —, II/2: Wortschatz und Begleitgrammatik, 1986, 104 S.
2465 —, III/1: Texte und Übungen, 1987, 120 S.
2466 —, III/2: Wortschatz und Begleitgrammatik, 1987, 120 S.
2467 —. Lehrerhandbuch zu den Bänden I bis III, 1988, 80 S.
2468 BORNEMANN E./ADAMI F.: Lateinische Sprachlehre, Frankfurt/M. (Hirschgraben) 1952, [8]1970, 291 S. [für die Ausgaben A und C]
2469 BORNEMANN E.: Kurzgefaßte lateinische Sprachlehre, Frankfurt/M. (Hirschgraben) 1954, 12., neubearb. Aufl. 1968, [19]1983, 148 S. [für die Ausgaben A und C]
2470 Bornemann: Lateinisches Unterrichtswerk – Ausgabe B. Lehrgang für Latein als 3. Fremdsprache und für Sprachkurse, hg. BORNEMANN E., Frankfurt/M. (Hirschgraben)
2471 —, Lese- und Übungsbuch, [14]1975, 244 S.
2472 —, Kurzgefaßte lateinische Sprachlehre, [12]1968, 148 S.
2473 —, Sammelband, [14]1975, 392 S.
2474 Bornemann, Lateinisches Unterrichtswerk. Neue Ausgabe C: Lehrgang für Latein als 2. Fremdsprache, hg. BORNEMANN E., neu bearb. GEBHARDT E. u.a., Frankfurt/M. (Hirschgraben) I **R.**: Gamper P., AADI 3 (1982), 32f.; 6 (1983), 79–81
2475 —, I/1: Texte und Übungen, [2]1983, 96 S.
2476 —, I/2: Wortschatz und Begleitgrammatik, [2]1983, 96 S.
2477 —, II/1: Texte und Übungen, 1982, [2]1984, 96 S.
2478 —, II/2: Wortschatz und Begleitgrammatik, 1982, [2]1984, 112 S.
2479 —, Lehrerhandbuch zu den Bänden I und II, 1983, 128 S.
2480 BORNEMANN E./ADAMI F.: Lateinische Sprachlehre ↗2468
2481 BORNEMANN E.: Kurzgefaßte lateinische Sprachlehre ↗2469

2482 Contextus. Eine Einführung in das Lateinische als 2. Fremdsprache, v. GAUL D. u.a., Frankfurt/M. u.a. (Diesterweg)
2483 —, Teil 1, 1974, 150 S.
2484 —, Lehrerheft, [2]1978, 16 S.
2485 —, Lehrerhandbuch zu Teil 1, o.J., 77 S.
2486 —, Teil 2, 1978, 168 S.
2487 —, Schülerarbeitsheft zu Teil 2, 1981, 115 S.
2488 —, Lehrerheft, 1978, 24 S.
2489 —, Teil 3, 1979, 172 S.
2490 —, Lehrerheft, 1979, 24 S.
2491 HÖHN W.: Bericht über ‚Contextus', ein neues Lehrbuch für Latein als zweite Fremdsprache, ASiRP 22.2 (1976), 9–11
2492 KREGELIUS M.: ‚Contextus' – Eine Einführung in das Lateinische als zweite Fremdsprache, AU 19.3 (1976), 5–16

2493 Cursus Latinus. Latein als zweite Fremdsprache, hg. BAYER K., Bamberg (Buchner) u.a. I **R.**: DASiU 23.1–2 (1976); DASiU 24.3 (1977); Wojaczek G., 1979 ↗1549; Stratenwerth D., LGB 24.3–4 (1980), 14f.; Seit 1976 erscheinen in DASiU Informationen vom Autorenteam u.d.T. "Neues vom Cursus".

Lehrbücher, Unterrichtswerke O 1

2494 —, Texte und Übungen I, v. BENEDICTER K./FINK G., 1973, ²1978, 216 S. | **R.**: Heigl A., DASiU 25.3 (1978), 37f.
2495 —, Grammatisches Beiheft I, v. MAIER F./BAUER R./GROSSER H., 1973, 144 S.
2496 —, Arbeitsheft I, v. BENEDICTER K./FINK G., 1974, ²1981, 83 & IX S.
2497 —, Texte und Übungen II, v. HOTZ R./KUDLA H., 1973, ²1979, 235 S.
2498 —, Grammatisches Beiheft II, v. MAIER F./BAUER R./GROSSER H., 1973, 176 S.
2499 —, Arbeitsheft II, v. FINK G./NIEDERMEIER E., 1975, ²1981, 73 & 8 S.
2500 —, Methodisches Beiheft II, v. HOTZ R./KUDLA H., 1985, 139 S.
2501 —, Texte und Übungen III, v. FINK G./BENEDICTER K., 1974, ²1980, 196 S.
2502 —, Grammatisches Beiheft III, v. MAIER F./BAUER R./GROSSER H., 1975, 128 S.
2503 —, Arbeitsheft III, mit Arbeitsmaterialien für den „Übergang zur Lektüre", v. FINK G./BENEDICTER K., 1977, 68 & 44 S.
2504 —, Wortspeicher. Wortschatz aus den Bänden I/II, v. BENEDICTER K. u.a., 1974, 84 S.
2505 —, Wortspeicher. Wortschatz aus den Bänden I–III, v. BENEDICTER K. u.a., 1974, ²1980, 116 S.
2506 —, Mediothek, Sprachlaborübungen, v. FINK G./NIEDERMEIER E., 1974, 44 S. | **R.**: Albert S., VL 23 (1987), 295
2507 FLEISCHER M.: Das neue Unterrichtswerk »Cursus Latinus«. Ein Erfahrungsbericht, Anregung 20 (1974), 26–31
2508 BENEDICTER K.: Entstehung, Aufbau und Verwendung des neuen Unterrichtswerkes CURSUS LATINUS für Latein als 2. Fremdsprache, Anregung 21 (1975), 29–35
2509 FINK G.: Texterschließung und Grammatikunterricht anhand des Unterrichtswerks ‚Cursus Latinus', ASiRP 22.2 (1976), 15–17
2510 BAUER R.: Ein Vergleich der Unterrichtswerke Exercitia Latina und Cursus Latinus, 1977 ↗2553
2511 FISCHBACH S.: Das Übungsbuch ‚Cursus Latinus' im Lateinunterricht einer 5. Klasse eines altsprachlichen Gymnasiums. Didaktische und methodische Probleme der Adaption, AU 21.4 (1978), 55–76 | **R.**: Bayer K., AU 21.5 (1978), 68f.
2512 KRACKER D.: ‚Cursus Latinus' – Latein auf neuem Kurs?, AU 21.4 (1978), 77–93 | **R.**: Bayer K., AU 21.5 (1978), 68–70
2513 PRADT H.: Cursus Latinus – Idee und Wirklichkeit methodischer Phantasie. Ein Rechenschaftsbericht aus drei Jahren *Cursus*, MLAS/BW 12–13 (1981–82), 15–18

2514 Cursus Latinus compactus. Latein als zweite Fremdsprache, hg. BAYER K., Bamberg (Buchner) u.a.
2515 —, Texte und Übungen I, v. BENEDICTER K./FINK G., 1987, 208 S. [vgl.a. ↗2540]
2516 —, Grammatisches Beiheft I, v. GROSSER H./MAIER F., 1987, 152 S.
2517 —, Accursus I A. Kapitel 1–30, v. FINK G., 1991, 35 & 8 S. [Arbeitsheft]
2518 —, Accursus I B. Kapitel 31–60, v. KESSLER M., 1991, 48 & 8 S.
2519 —, Texte und Übungen II, v. HOTZ R./KUDLA H./RAAB K., 1988, 216 S.
2520 —, Grammatisches Beiheft II, v. GROSSER H./MAIER F., 1988, 136 S.
2521 —, Accursus II, v. FINK G./NIEDERMEIER E./RAAB K., 1990, 63 & 12 S.
2522 —, Texte und Übungen III, v. BENEDICTER K./FINK G., 1989, 148 S.
2523 —, Wortspeicher I–III, v. BENEDICTER K. u.a., 1989, 96 S.

2524 Cursus Novus. Lateinisches Unterrichtswerk in zwei Bänden, hg. BAYER K., Bamberg (Buchner) u.a. I **R.**: Meyer T. ⟶1571
2525 —, Texte und Übungen I, v. BENEDICTER K./FINK G./KESSLER M., 1981, 228 S.
2526 —, Grammatisches Beiheft I, v. BAUER R./GROSSER H./MAIER F., 1981, 180 S.
2527 —, Arbeitsheft I, v. BENEDICTER K./FINK G., 1983, 96 & 12 S.
2528 —, Texte und Übungen II, v. HOTZ R./KUDLA H./RAAB K., 1982, 264 S.
2529 —, Grammatisches Beiheft II, v. BAUER R./GROSSER H./MAIER F., 1982, 206 S.
2530 —, Arbeitsheft II, v. FINK G./NIEDERMEIER E., 1984, 84 & 12 S.
2531 —, Wortspeicher, v. BENEDICTER K. u.a., 1987, 118 S.

2532 Cursus Novus compactus. Lateinisches Unterrichtswerk, hg. BAYER K., Bamberg (Buchner) u.a. [für Latein als zweite Fremdsprache] **R.**: Gamper P., AADI 20 (1990), 133
2533 —, Texte und Übungen, v. BENEDICTER K. u.a., 1989, 324 S.
2534 —, Grammatisches Beiheft A (Lektionen 1–50), v. GROSSER H./MAIER F., 1989, 142 S.
2535 —, Grammatisches Beiheft B (Lektionen 51–90), v. GROSSER H./MAIER F., 1989, 160 S.
2536 —, Succursus. Arbeitsheft A, v. FINK G./NIEDERMEIER E., 1991, 64 & 12 S.
2537 —, Succursus. Arbeitsheft B, v. FINK G., 1991, 68 & 16 S.
2538 —, Methodisches Beiheft A (Lektionen 1–50), 1991, 183 S. [Beih. B in Vorb.]
2539 —, Handreichungen für den Lehrer (Lektionen 1–30), v. FINK G./SCHIROK E., 1991, 66 S.
2540 BAYER K.: Lateinbegleiter für die Eltern zu Cursus Latinus compactus I mit Erläuterungen zur eigenen Information, Bestimmung der in den Texten vorkommenden Verbalformen und Analyse aller Sätze der Übersetzungstexte, München (Lindauer) 1992 (LHU 28), 222 S.

2541 Cursus Latinus – System-Grammatik, 1979 ⟶2832
2542 Vokabeltrainer lateinische Verben. Zu Cursus Latinus und Cursus Novus, v. BAYER K./FINK G., Bamberg (Buchner) u.a. 1985 (Mediothek), 116 & 12 S.

2543 Elementa Latinitatis, v. MANGOLD P., Basel 1992 [Lehrgang für Universitätskurse, konzipiert für das Lateinobligatorium der Univ. Basel; dazu ⟶2662f.]
2544 —. Übungsbuch, Formalia, 151 S.
2545 —. Syntax, Vocabula, 75 S.

2546 Exercitationes Grammaticae. Übungen zur Satzlehre und zur Technik des Übersetzens im Anschluß an Ianua Linguae Latinae, v. WECKER O., Göttingen (Vandenhoeck & Ruprecht) [11]1979, 69 S.

2547 Exercitationes Novae. Übungsbuch für den lateinischen Grammatikunterricht neben der Lektüre, v. PAPENHOFF H./GAPPA H., Göttingen (Vandenhoeck & Ruprecht) [4]1975, 117 S.

2548 Exercitia Latina. Für Latein als zweite Fremdsprache, Bamberg (Buchner) u.a.
2549 —, I Elementarbuch, v. HORNUNG R., 1962, [12]1977, 165 S.
2550 —, II Übungsbuch, v. VOIT L., 1962, [10]1977, 183 S.
2551 —, III Übungsbuch, v. HUBER O., 1964, [8]1975, 166 S.
2552 —, IV Übungs- und Lesebuch, v. HORNUNG R., 1965, [7]1979, 128 S.

Lehrbücher, Unterrichtswerke   O 1

2553 BAUER R.: Anfangsunterricht in Latein als 2. Fremdsprache. Ein Vergleich der Unterrichtswerke Exercitia Latina und Cursus Latinus, Anregung 23 (1977), 17–20

2554 Fontes. Lehrgang für Latein als 3. Fremdsprache und für späteren Beginn, v. GLÜCKLICH H.-J./HOLTERMANN H./ZAPFE W., Göttingen (Vandenhoeck & Ruprecht) 1979, 225 S. | **R.**: Gamper P., AADI 1 (1981), 3–4

2555 —. Lehrerheft, 1980, 75 S.

2556 Fundamentum Latinum. Lateinische Sprachlehre, v. BROER W. u.a., Düsseldorf (Schwann) 1952, ^{34}1986, 224 S.

2557 Fundamentum Latinum, v. KLAUS K. u.a., Düsseldorf (Schwann)

2558 —. Ausgabe A (für Schulen mit Latein als 1. Fremdsprache), 1956–60, 3 Bde. & Lehrerhandbuch

2559 —. Ausgabe B (für Schulen mit Latein als 2. Fremdsprache), 2 Bde. & Lehrerhandbücher, 112 & 68 (I), 184 & 48 S. (II)

2560 —. —, Paradigmen zur lateinischen Formenlehre, 32 S.

2561 —. Ausgabe C. Kurzgefaßter Lehrgang der lateinischen Sprache, 1958, ^{23}1987, 208 S.

2562 —. —, Lehrerhandbuch, 1970, 64 S.

2563 Lateinische Grammatik, v. THROM H., Frankfurt/M. (Hirschgraben) ^{5}1970, 336 S. [für Fundamentum Latinum B und C]

2564 Novum Fundamentum Latinum. Lehr-, Übungs-, Lese- und Sachbuch für Latein als dritte Fremdsprache oder als zweite in Klasse 9 sowie in der Sekundarstufe II, v. KLINGELHÖFER H., Frankfurt/M. (Hirschgraben) 1977, 232 S. | **R.**: Meißner G., LGB 24.2 (1980), 16f.

2565 —, Ergänzungsheft. Vertiefungsübungen, 88 S.

2566 —, Lehrerhandbuch, 56 S.

2567 Grundkurs Latein, v. STOSCH W./RICHTER-REICHHELM J., Frankfurt/M. u.a. (Diesterweg) 1976, 201 S. & Lehrerheft, 59 S.

2568 BLEILEVEN G.: ‚Grundkurs Latein' – Ein konservatives Übungsbuch?, AU 21.4 (1978), 94–104 | **R.**: Stosch W./Richter-Reichhelm J., AU 21.5 (1978), 70–72

2569 HELZEL G.: Liber Latinus, Hamburg 1987, 99 S. | **R.**: Albert S., VL 24 (1988), 144–146

2570 Ianua Linguae Latinae. Ausgabe A, Göttingen (Vandenhoeck & Ruprecht)

2571 —. Band I. Lese- und Übungsbuch für den Lateinunterricht der 7. Klasse (1. Lateinjahr), v. WECKER O./HOLTERMANN H., ^{14}1974, 174 S.

2572 —, Band II. Lese- und Übungsbuch für den Lateinunterricht der 8. Klasse (1. Lateinjahr), v. WECKER O./HOLTERMANN H./PAPENHOFF H., ^{12}1972, 156 S.

2573 Ianua Linguae Latinae. Ausgabe B. Lese- und Übungsbuch für die Kurzformen des Lateinunterrichts (Klasse 7–11 oder 9–13), v. WECKER O./HOLTERMANN H., Göttingen (Vandenhoeck und Ruprecht) ^{10}1968, ^{12}1974, 254 S.

2574 Ianua Linguae Latinae. Ausgabe C. Für den wahlfreien Lateinunterricht und für Universitätskurse, v. WECKER O., Göttingen (Vandenhoeck und Ruprecht) ^{9}1975, 173 S.

2575 Ianua Linguae Latinae. Ausgabe D. Übungsbuch für den grundständigen Lateinunterricht, v. SCHLÜTER H., Göttingen (Vandenhoeck und Ruprecht) [vgl.a. ↗2546]

O 1　　　　　　　　　　　　　　　　　　　　　　　　　　Lehrbücher, Unterrichtswerke

2576 —, Band I, ³1966, 111 S.
2577 —, Band II, ³1972, 141 S.
2578 —, Band III, ³1974, 90 S.

2579 Ianua Nova. Ausgabe A. Lehrgang für Latein als 1. oder 2. Fremdsprache, hg. HOLTERMANN H./BAUMGARTEN H., Göttingen (Vandenhoeck & Ruprecht) I **R.**: Trimborn W., MDAV/NW 26.1 (1978), 13f.
2580 —, Teil I, v. SCHLÜTER H./STEINICKE K., 1970, ⁸1978, 136 & 51 S.
2581 —, Teil II, v. PAPENHOFF H./GAPPA H., 1971, ⁷1978, 142 & 32 S.
2582 —, Teil III, 1973
2583 Ianua Nova. Ausgabe B: Kurzausgabe. Lehrgang für Latein als 2. oder 3. Fremdsprache, hg. HOLTERMANN H., Göttingen (Vandenhoeck & Ruprecht)
2584 —, Teil I & II, v. SCHLÜTER H./STEINICKE K. (I)/PAPENHOFF H./GAPPA H. (II), ⁴1979, 216 & 72 S.
2585 —, Teil III. Lektüre. Klassische und mittellateinische Prosa und Dichtung, hg. HOLTERMANN H., ⁵1981, 176 S.
2586 —, Ausgaben A und B: Begleitgrammatik zu Teil I und II, v. SEEBASS R./SEIDEL H./BAUMGARTEN H., 1970, ⁴1974, 176 S. I **R.**: Neu E. u.a. ↗1530, 545–551
2587 —, Wortkunde. Wortfamilien – Wortbildung – Gesamtverzeichnis, v. HOLTERMANN H., 1977, 126 S.
2588 Rätsel zu Ianua Nova, v. STEINHILBER J., 1978, 16 & 1 S.
2589 BOMMES P.: ‚Ianua Nova' – Das ideale Lehrbuch oder die Quadratur des Kreises, AU 19.3 (1976), 17–24 I **R.**: Henze E., AU 19.5, 76–78
2590 HOLTERMANN H.: Ziele und Methoden des Grammatikunterrichts mit der ‚Ianua Nova', ASiRP 22.2 (1976), 11–13

2591 Ianua Nova Neubearbeitung. Lehrgang für Latein als 1. oder 2. Fremdsprache, hg. HOLTERMANN H./BAUMGARTEN H., Göttingen (Vandenhoeck & Ruprecht) [vgl.a. ↗2977f.] **R.**: Behr K., MDAV 31.3 (1988), 75–77; Meyer T. ↗1571
2592 —, Teil I (& Vokabelheft), v. SCHLÜTER H./STEINICKE K., 1986, 100 & 43 S.
2593 —, Teil II (& Vokabelheft), v. PAPENHOFF H./GAPPA H., 1987, 160 & 36 S.
2594 —, Begleitgrammatik, v. BAUMGARTEN H./SEEBASS R., 1987, 162 S.
2595 Rätsel zu Ianua Nova Neubearbeitung, v. STEINHILBER J., 1988, 16 & 1 S.
2596 Lehrerheft. Erläuterungen und Vorschläge für den Unterricht, 1989, 151 S.
2597 MÜLLER A.: Zur Begleitgrammatik der Ianua Nova Neuauflage, MDAV/Ns 37.4 (1987), 13–17; auch in: MDAV 31.2 (1988), 41–45 I **R.**: Baumgarten H., MDAV/Ns 38.1 (1988), 19–21; auch in: MDAV 31.3 (1988), 78–80
2598 STEFFAN H.: Ianua Nova Neubearbeitung, AU 34.5 (1991), 23–37 I **R.**: Gamper P., AADI 24 (1992), 64

2599 Imperium Romanum. Lehrbuch der lateinischen Sprache, v. SCHEER R./KLEMENT M. A., Wien (ÖBV u.a.) [vgl.a. ↗2884]
2600 —, Textband 1, 1975, 40 S.
2601 —, Arbeitsbuch 1 · Lektionsvokabular 1–14, 1975, 187 S.
2602 —, Textband 2, 1975, 56 S.

2603 —, Arbeitsbuch 2 · Lektionsvokabular 15–23, 1975, 79 S.
2604 —, Grammatikabriß, Lateinisches Wörterverzeichnis, Deutsch-lateinisches Wörterverzeichnis, Kulturkundliche Erläuterungen (zu Teil 1 & 2), 1975, 136 S.
2605 Imperium Romanum. Ausgabe A. Lehrbuch der lateinischen Sprache für die 3./4. Klasse Gymnasium, v. SCHEER R./STEINER-KLEMENT M. A., Wien (ÖBV u.a.)
2606 —, Textband I, 1988, 51 S.
2607 —, Arbeitsbuch I · Lektionsvokabular 1–15, 1988, 187 S.
2608 —, Textband II, 1988, 60 S.
2609 —, Arbeitsbuch II · Lektionsvokabular 16–23, 1988, 115 S.
2610 —, Grammatikabriß · Lateinisches Wörterverzeichnis · Deutsch-lateinisches Wörterverzeichnis · Kulturkundliche Erläuterungen, 1988, 143 S.
2611 Imperium Romanum. Ausgabe B. Lehrbuch der lateinischen Sprache für die 5./6. Klasse Realgymnasium, v. SCHEER B./STEINER-KLEMENT M. A., Wien (ÖBV)
2612 —, Textband 1 und Grammatik, 1989, 56 & 144 S. [5. Jgst.; vgl.a. ↗2025]
2613 —, Arbeitsbuch 1, 1989, 200 S.
2614 —, Textband 2, 1990, 44 S. [6. Jgst.]
2615 —, Arbeitsbuch 2, 1990, 104 S.
2616 —, Grammatikabriß · Lateinisches Wörterverzeichnis · Kulturkundliche Erläuterungen, 1989, 143 S.
2617 —, Methodisch-didaktische Hinweise, 1978, 15 S.

2618 Initia. Lateinisches Lehrbuch, v. OOMEN G./RICHTER G./VITALIS G., Paderborn (Schöningh) u.a. [Latein als 3. Fremdsprache]
2619 —, Übungsbuch, [9]1976
2620 —, Sprachlehre, 1972

2621 Instrumentum. Lateinisches Unterrichtswerk, hg. HAPP E. u.a., Bamberg (Buchner) u.a. I **R.**: Wojaczek G. ↗1549; Zerobin J., Anzeiger f. d. Altertumswiss. 36 (1983), 270f.
2622 Instrumentum I, v. HERRMANN J., 1978, [2]1980, 256 S. I **R.**: Droth H., DASiU 26.1 (1979), 47–52
2623 Arbeitsheft I, v. HERRMANN J., 1988, 79 & 21 S.
2624 Lehrerheft zu Instrumentum I, v. PFISTER R., 1985, 120 S. I **R.**: Kittel W., DASiU 32.4 (1985), 23; Kohl A., Anregung 32 (1986), 117
2625 Instrumentum II, v. FLURL W./TIPP U., 1979, [2]1981, 212 S. I **R.**: Hopp J., DASiU 26.3 (1979), 36–40
2626 Lehrerheft zu Instrumentum II, 1983, 119 S.
2627 Instrumentum III, v. HERRMANN J. u.a., 1980, 132 S.
2628 Lehrerheft zu Instrumentum III, v. FLURL W./PFISTER R., o.J., 87 S. I **R.**: Fleischmann R., DASiU 35.1 (1988), 36f.
2629 Vocabula. Wortschatz aus den Bänden Instrumentum I–III, v. TIPP U., 1981, 96 S. I **R.**: Gamper P., AADI 3 (1982), 31f.
2630 PFISTER R.: Instrumentum. Lateinische Grammatik, Bamberg (Buchner) u.a. [7]1979, 211 S. [bis zur sechsten Auflage Teil des Unterrichtswerkes Exercitia Latina ↗2548]
2631 HAPP E.: Zwei Bemerkungen zum »Instrumentum«, DASiU 19.3 (1971), 8–12 I **R.**: Kohl A., Anregung 19 (1973), 59

2632 Intensivkurs Latein, v. RICHTER-REICHHELM J./STOSCH W., Frankfurt/M. u.a. (Diesterweg) [Latein als 3. Fremdsprache und später]
2633 —. Texte und Übungen, 1986, 288 S.
2634 —. Grammatik und Vokabular, 1986, 199 & 3 S.
2635 —. Hinweise für den Lehrer, 1987, 32 S.

2636 Krüger: Lateinisches Unterrichtswerk / Ausgabe A, hg. KRÜGER M., bearb. HILLEN H. J./MEURER H., Frankfurt/M. u.a. (Diesterweg) [Latein als 2. Fremdsprache]
2637 —, Teil 1. Übungsbuch; Grammatischer Anhang, ^{12}1974, XVI, 175 & 20 S.
2638 —, Teil 2. Übungsbuch; Grammatischer Anhang, ^{7}1970, XII, 206 & 32 S. | **R.**: Schmüdderich L., MDAV/NW 24.1 (1976), 11–13
2639 Krüger: Lateinisches Unterrichtswerk / Ausgabe B. Übungsbuch, hg. KRÜGER M., Frankfurt/M. u.a. (Diesterweg), XVI & 244 S. [Latein als 3. Fremdsprache]
2640 Krüger: Lateinisches Unterrichtswerk. Neufassung, v. HILLEN H. J., Frankfurt/M. u.a. (Diesterweg) [Latein als 2. Fremdsprache; vgl.a. ↗3002]
2641 —, 1. Teil. Text- und Übungsbuch; Grammatisches Beiheft, 1984, XII, 196 & 24 S.
2642 —, 2. Teil. Text- und Übungsbuch; Grammatisches Beiheft, 1986, XII, 178 & 39 S.

2643 Langenscheidts Kurzlehrbuch: 30 Stunden Latein für Anfänger, v. RATHKE G., Berlin u.a. (Langenscheidt) 1952, erw. 1990, 112 S. [Selbstunterricht]

2644 Langenscheidts praktisches Lehrbuch Latein. Ein Standardwerk für Anfänger, v. RÖSLER K., Berlin u.a. (Langenscheidt) 1975, 208 S. [Selbstunterricht]

2645 Lateinisches Lehrbuch, Berlin (Volk und Wissen)
2646 —, Einführungslehrgang, v. HUCHTHAUSEN L./PÖGL A./KLEINERT J., 1969, Neubearb. 1973, 123 S. | **R.**: Fröbisch G., MDAV/Ns 21.2 (1971), 11f.
2647 —, Aufbaukurs, v. WITZMANN P./HUCHTHAUSEN L./KLEINERT J., 1972, 142 S. | **R.**: Fröbisch G., MDAV/Ns 25.1-2 (1975), 21–23
2648 —, Abiturkurs, v. LÖWE G./WITZMANN P., 1973, 204 S.
2649 Kurze Lateinische Sprachlehre, v. KAUCZOR J./KLEINERT J., 1973, 84 S. | **R.**: Kauczor/Kleinert, FSU 18 (1974), 413–415
2650 Unterrichtshilfen zum Lateinischen Lehrbuch – Einführungslehrgang (2 Bde.), v. KLEINERT J., 1969/70
2651 KUCZYNSKI J.: Ein neues Lateinisches Lehrbuch, FSU 17 (1973), 192f. [Ideologisches Lob des marxistisch geprägten Lateinunterrichts]
2652 LÖWE G.: Abiturkurs Latein. Zum Lehrplan für Latein und zum Lateinischen Lehrbuch – Abiturkurs, 1973 ↗692
2653 ROGOSKY W.-W.: Arbeit mit Abbildungen im Lateinischen Lehrbuch, FSU 19 (1975), 34–37
2654 BECHER I.: Der fakultative Lateinunterricht an der Erweiterten Oberschule der DDR und das „Lateinische Lehrbuch Einführungslehrgang", 1984 ↗736

2655 Lateinisches Unterrichtswerk, hg. LEITSCHUH M. u.a., Bamberg (Buchner) u.a.
2656 —, I Lateinisches Elementarbuch für die 1. Klasse, v. HÄFNER S., ^{13}1962, 209 S.

2657 —, II Übungsbuch für die 2. Lateinklasse, v. PFISTER R., ¹⁴1975, 180 S.
2658 —, III Übungsbuch für die 3. Lateinklasse, v. LINDAUER J., 1961, ¹⁴1974, 166 S.
2659 —, IV Übungsbuch für die 4. Lateinklasse, v. BINDER R., ¹²1977, 124 S.
2660 —, V Übungsbuch für die 5. Lateinklasse, v. FIEDLER W., ⁹1976, 123 S.

2661 Latinitas. Latein-Kurzlehrgang für ältere Lernanfänger und für Fortgeschrittene zur intensiven Wiederholung, v. RÖTTGER G., München (Lindauer) 1980, 60 S. [vgl.a. Wittke P. ↗895]

2662 Latinitas Classica (für Aufbaukurs I), v. MANGOLD P., Basel 1992, 135 S. [zu ↗2543]
2663 Latinitas Postclassica (für Aufbaukurs II), v. MANGOLD P., Basel 1992, 140 S. [Zu ↗2543]

2664 Latinum. Lehrgang für den späterbeginnenden Lateinunterricht, v. SCHLÜTER H./STEINIKKE K., Göttingen (Vandenhoeck & Ruprecht) 1992, 196 S.
2665 —. Grammatisches Beiheft, 1993
2666 —. Lehrerheft, 1992, 72 S.

2667 Lectiones Latinae. Lateinisches Unterrichtswerk / Neufassung, Bamberg (Buchner) u.a.
2668 —, I Elementarbuch für die erste Klasse (Sexta), v. SCHÖRNER G., 1969, ⁶1974, 222 S.
2669 —, II Übungsbuch für die sechste Klasse (Quinta), v. LANIG K., 1968, ⁵1975, 204 S.
2670 —, III Übungsbuch für die dritte Klasse (Quarta), v. KÄSS S., 1961, 196 S.
2671 —, IV Übungsbuch für die vierte Klasse (Untertertia), v. FECH U., 1963, 190 S.
2672 —, V Übungsbuch für die neunte Klasse, v. BAYER K., ²1970, 168 S.
2673 —. Lateinische Grammatik, v. RUBENBAUER H./HOFMANN J. B., ⁶1960, 283 S. [vgl.a. ↗2827]

2674 Lectiones Latinae. Lateinisches Lehrbuch für Erwachsene. Mit einem grammatischen Anhang und einem Schlüssel für die Übungen, v. SCHNEIDER I., Hamburg (Buske) ²1990, XVIII & 297 S. [1. Aufl. Leipzig (VEB) 1967; hervorgegangen aus: Lateinisches Übungsbuch für Universitätskurse, Berlin 1955, ⁸1966]

2675 Legere. Latein ab Jahrgangsstufe 9, v. NICKEL R., Bamberg (Buchner) u.a.
2676 —, Teil 1: Texte und Übungen, 1991, 128 S.
2677 —, Teil 2: Grammatik und Vokabeln, 1991, 161 S.
2678 Lector. Lehrerheft zu Legere, 1991, 92 S.

2679 Liber Latinus A, hg. GAAR E./SCHUSTER M./STUDENY E., Wien (ÖBV u.a.) [vgl.a. ↗2881–2883]
2680 —, I. Teil, 1956
2681 —, II. Teil, ⁹1967, 186 S.
2682 —, III. Teil, 1960, ⁸~1970, 144 S.

2683 Liber Latinus B. Neubearbeitung, v. GAAR E./SCHUSTER M., neu bearb. VICENZI O./SKAREK W., Wien (ÖBV)
2684 —, I. Teil, 1992, 136 S. [5.,6. Jgst.]
2685 —, II. Teil, 1992, 168 S. [6.,7. Jgst.]

2686 Lingua Latina. Lateinisches Unterrichtswerk, v. RÖTTGER G., Frankfurt/M. u.a. (Diesterweg) 1973, 169 S. [Latein als 3. (oder 2.) Fremdsprache; dazu s.a. ↗2913] **R.**: Schulz-Vanheyden E., MDAV/NW 26.1 (1978), 14f.
2687 —. Arbeitsheft, 1976, II & 46 S.
2688 —. Lehrerheft. Methodisch-didaktische Erläuterungen, 29 S.
2689 —. Programmierte lehrbuchbegleitende Transfertexte, 1976, 153 & 47 S.
2690 GOTTSCHALK R./SCHLAPBACH M./SCHUMANN A.: ‚Lingua Latina', AU 19.3 (1976), 37–52
2691 RÖTTGER G.: Lingua Latina, AU 19.3 (1976), 72–75

2692 Lingua Latina per se illustrata [4 Bd.e], v. ØRBERG H. H., Kopenhagen (Museum Tusculanum [Njalsgade 94, DK–2300 Kopenhagen]) 1981, ²1991; Bd. 1 (Familia Romana) a. Stuttgart (Klett) 1992, 328 S. [Lateinlehrgang nach einsprachiger direkter Methode, auf Lateinsprechen angelegt] **R.**: Gamper P., AADI 4 (1982), 45
2693 —. Exercitia Latina, 168 S.

2694 Litterae. Unterrichtswerk für spätbeginnendes Latein, v. NICKEL R., Bamberg (Buchner) u.a. | **R.**: Baumgartner J., Schweizerische Lehrerzeitung 128.4 (1983), 27; Gamper P., AADI 5 (1983), 61–63
2695 —, A Lesestücke und Übungen, 1982, 176 S.
2696 —, B Grammatik und Vokabeln, 1982, 188 S.
2697 —, Arbeitsheft, 1991, 94 & 20 S.
2698 Litteratus. Lehrerheft zu Litterae, 1982, 87 S.

2699 Nota, v. FUHRMANN M. u.a., Stuttgart (Klett) [für Latein als 3. Fremdsprache; Kurse]
2700 —. Lese- und Arbeitsbuch, 1976, 257 S.
2701 Notula – Zusatzheft, 1977, 64 S.
2702 Enodatio – Lösungsheft, 1976, 89 S.
2703 Adnotatio – Lehrerband, 1976, 42 S.
2704 KNITTEL H.: ‚Nota' – Spätbeginnender Lateinunterricht, AU 19.3 (1976), 53–62 | **R.**: Kohl A., Anregung 24 (1978), 128; Steinthal H., AU 19.3 (1976), 76f.
2705 NEUHAUSEN K. A.: Neuere lateinische Unterrichtswerke für die Universität, 1984 ↗2712

2706 Orbis Romanus. Lateinisches Unterrichtswerk, Paderborn (Schöningh)
2707 —. Lehrgang Latein. Für Latein als 2. oder 3. Fremdsprache, bearb. STEPHAN-KÜHN F./STEPHAN F., 1985, 2., überarb. Aufl. 1990, 196 S. | **R.**: Baumgartner J., Basler Schulblatt 47.10 (1986), Beil. Buchbespr.; Kohl A., Anregung 34 (1988), 116
2708 —. Einführung in die lateinische Sprache. Für Latein als 3. Fremdsprache, Lateinkurse in der S II, v. SCHMEKEN H., 1978, überarb. Aufl. 1992, 215 S. & Lehrerbegleitheft 110 S.
2709 —. Elementargrammatik, v. SCHMEKEN H., 1975, 125 S.
2710 —. Elementarwortschatz, v. SCHMEKEN H., 1975, 77 S.
2711 —. Lesebücher, 1975 ↗4995, ↗4996
2712 NEUHAUSEN K. A.: Neuere lateinische Unterrichtswerke für die Universität, AU 27.3 (1984), 11–20 [Orbis Romanus, Nota]

Lehrbücher, Unterrichtswerke O 1

2713 Ostia. Lateinisches Unterrichtswerk in zwei Bänden, v. SIEWERT W./STRAUBE W./WEDDIGEN K., Stuttgart (Klett) [für Latein als 1. oder 2. Fremdsprache] **R.**: Baumgartner J., Basler Schulblatt 46.11 (1985), Beil. Buchbespr., 7; Gamper P., AADI 17 (1989), 97f.; Meyer T. ↗1571

2714 Ostia I. Lese- und Arbeitsbuch (einschl. Begleitgrammatik), 1985, 303 S. I **R.**: Strohmeier P., IAU 8 (1986), 99f.

2715 —, Vocabularium, 1986, 32 S.

2716 Ostia II. Lese- und Arbeitsbuch (einschl. Begleitgrammatik), 1986, 321 S. I **R.**: Strohmeier P., Ianus 9 (1987–1988), 92f.

2717 —, Vocabularium, 1987, 34 S.

2718 Lehrerkommentar zu Ostia I und II, v. WEDDIGEN K. u.a., 1988, 254 S.

2719 Consiliuncula procedendi. Tips zur Stoffverteilung, 1992

2720 Vorschläge für Klassenarbeiten zu Band I und II, bearb. SIEWERT W. u.a., 1992, 48 S.

2721 „Latein muß sein!?" Informationsschrift für Eltern. Zur Sprachenwahl und zum Lehrwerk Ostia, 1992

2722 KOCH-OEHMEN R.: Das Lehrbuch „Ostia" an der Gesamtschule, AU 32.5 (1989), 73–76 I **R.**: Gamper P., AADI 21 (1991), 15

2723 NIEMANN K.-H.: Das lateinische Unterrichtswerk Ostia, AU 34.5 (1991), 38–55 I **R.**: Gamper P., AADI 24 (1992), 63; Vester H., AU 35.4 (1992), 109–112

2724 Porta, bearb. WILSING N./HERMES E./HENSCH T., Stuttgart (Klett) [für Latein als 2. Fremdsprache]

2725 —. Lese und Übungsbuch I, ^{6}1971, 144 S.

2726 —. Zusatzheft I. Zusätzliche Übungen mit Aufgaben zum Sprachvergleich Lateinisch–Französisch, 1974, 24 S.

2727 —. Lehrerheft, 95 S.

2728 —. Lese und Übungsbuch II, 1975, 142 S.

2729 —. Zusatzheft II. Zusätzliche Übungen mit Aufgaben zum Sprachvergleich Lateinisch–Französisch, 1974, 22 S.

2730 —. Lehrerheft, 79 S.

2731 redde rationem. Auf der Grundlage des holländischen Lehrgangs von A. G. de Man und G. M. J. te Riele, bearb. BLOCH G. u.a., Stuttgart (Klett) [für Latein als 1. und 2. Fremdsprache]

2732 —. Orationes. Textband für den ganzen Lehrgang, 1972, 149 S.; auch in drei Einzelheften lieferbar (c.1–25, 26–50, 51–75; 43, 41 & 62 S.)

2733 —. Arbeitsbuch 1, Lektion 1–25, v. MALMS J., 1973, 200 S.

2734 —. verbarium I (Lektionsvokabular), 1979, 32 S. I **R.**: Zach E., AADI 6 (1983), 81

2735 —. Arbeitsheft 1.1, 1974, 32 S.

2736 —. Arbeitsheft 1.2, 1974, 32 S.

2737 —. Arbeitsbuch 2, Lektion 26–50, 1974, 224 S.

2738 —. verbarium II, 1980, 41 S. I **R.**: Zach E. (s. ↗2734)

2739 —. Arbeitsheft 2.1, 1974, 32 S.

2740 —. Arbeitsheft 2.2, 1974, 32 S.

2741 —. Arbeitsbuch 3, Lektion 51–75, 1975, 206 S.

2742 —, verbarium III, 1981, 53 S. I **R.**: Zach E. (s. ↗2734)

2743 NICKEL R.: ‚redde rationem' – Zur Didaktik und Methodik des lateinischen Anfangsunterrichts, AU 19.3 (1976), 25–36

2744 STEINTHAL H.: Ziele und Methoden des lateinischen Grammatikunterrichts aus der Sicht des Unterrichtswerks ‚Redde rationem', ASiRP 22.2 (1976), 14f.

2745 Roma. Unterrichtswerk für Latein als 1. Fremdsprache, hg. LINDAUER J./WESTPHALEN K., Bamberg (Buchner) u.a. | **R.:** Wojaczek G., ↗1549; Seit 1988 erscheinen in DASiU Informationen vom Autorenteam u.d.T. "Roma Report".

2746 Roma I. Römisches Leben, v. ERNSTBERGER R./RAMERSDORFER H., 1975, 263 S. | **R.:** Kohl A., Anregung 22 (1976), 209; Hadamovsky W., Anzeiger f. d. Altertumswiss. 32 (1979), 118

2747 Roma Express I (Übungsbuch und Schlüssel), v. ERNSTBERGER R./RAMERSDORFER H., 1981, 72 & 39 S. | **R.:** Vretska K., IAU 4.1 (1982), 44; Siehs G., AADI 3 (1982), 33

2748 Lehrerheft zu Roma I, 1978, 94 S.

2749 Roma II. Sagen, Fabeln und Legenden, v. BOSCH W./HÄRING L., 1976, 231 S. | **R.:** Hadamovsky W. (s. ↗2746)

2750 Roma Express II, v. BOSCH W./HÄRING L., 1981, 80 & 40 S. | **R.:** Siehs G., AADI 3 (1982), 33

2751 Lehrerheft zu Roma II, 1978, 31 S.

2752 Roma III. Geschichten aus der Alten Welt, v. HERTEL G./WOJACZEK G., 1977, 196 S. | **R.:** Philipp G., DASiU 25.1 (1978), 35–38

2753 Roma Express III, v. HERTEL G./WOJACZEK G., 1991, 72 & 39 S.

2754 Lehrerheft zu Roma III, v. HERTEL G./WOJACZEK G., 1991, 144 S.

2755 Roma IV. Römisches Denken, Reden und Handeln, v. BRUMBERGER H./JÄGER G./RAUBOLD A., 1978, 142 S. | **R.:** Philipp G., DASiU 25.3 (1978), 35f.

2756 Lehrerheft zu Roma IV, o.J., 80 S.

2757 Wortschatz Roma I–IV, v. HERTEL G., 1980, 52 S. | **R.:** Vretska K., IAU 3.1 (1981), 45

2758 FINK G.: ‚Roma' – Ein neues Unterrichtswerk für Latein als 1. Fremdsprache, AU 21.4 (1978), 38–54 | **R.:** WESTPHALEN K., Fachpolitische Aspekte eines neuen Unterrichtswerks, AU 21.5 (1978), 67f.; Kohl A., Anregung 26 (1980), 194

2759 KIEFNER G.: ROMA – opus intempestivum? Marginalien zur Lateinbuch-Diskussion, MLAS/BW 10.2 (1979), 6–10

2760 Roma B. Unterrichtswerk für Latein in zwei Bänden, hg. LINDAUER J./WESTPHALEN K., Bamberg (Buchner) u.a. [vgl. dazu ↗5319] **R.:** Meyer T. ↗1571

2761 —. Texte und Übungen I, v. ERNSTBERGER R./RAMERSDORFER H., 1984, ²1991, 159 S.

2762 —. Grammatik und Wortschatz I, v. ERNSTBERGER R./RAMERSDORFER H., 1984, ²1991, 150 S.

2763 —. Roma Express B I, v. ERNSTBERGER R./RAMERSDORFER H., 1990, 86 & 56 S.

2764 Realienkundliches zu Roma B I, 1993, ~120 S.

2765 Deutsch-lateinisches Wörterverzeichnis zu Roma B I, v. KUNZ H., 1987, ²1991

2766 —. Texte und Übungen II, v. HERTEL G./WOJACZEK G., 1985, ²1990, 128 S.

2767 —. Grammatik und Wortschatz II, v. HERTEL G./WOJACZEK G., 1985, 152 S.

2768 —. Roma Express B II, v. HERTEL G./WOJACZEK G., 1992, 80 & 51 S.

2769 Wortschatzheft Roma B, v. ERNSTBERGER R./HERTEL G./RAMERSDORFER H., 1988, 112 S.

2770 Lehrerhandbuch zu Roma B, Didaktische und methodische Grundüberlegungen, 1986, 51 S.
2771 WESTPHALEN K.: Das didaktische Konzept von Roma B, Bamberg (Buchner) u.a. 1986, 22 S.

2772 Roma C. Unterrichtswerk für Latein in drei Bänden, hg. LINDAUER J./WESTPHALEN K., Bamberg (Buchner) u.a. [für Latein als zweite Fremdsprache]
2773 Roma C I, v. ERNSTBERGER R./RAMERSDORFER H., 1987, 240 S.
2774 Roma Express C I, v. ERNSTBERGER R./RAMERSDORFER H., 1991, 70 & 43 S.
2775 Roma C II, v. ERNSTBERGER R. u.a., 1988, 224 S.
2776 Roma Express C II, v. ERNSTBERGER R. u.a., 1992, 60 & 40 S.
2777 Roma C III, v. HERTEL G./WOJACZEK G., 1989, 224 S.
2778 Wortschatzheft Roma C, v. HERTEL G., 1990, 64 S.
2779 Tabellarische Grammatik Roma C, 1991, 40 S. [Sdr. der S. 186–224 aus Roma C III]

2780 Roma antiqua, v. SEITZ F., Eisenstadt (Rötzer) | R.: Kienpointner M., AADI 2 (1981), 17f.
2781 —, 1. Teil. Lektionen; Übungen; Grammatik; Lehrerheft, 1979, 96, 90, 100 & 28 S.
2782 —, 2. Teil. Lektionen; Übungen; Vokabeln, 1980, 160, 40 & 77 S.

2783 SCHMEKEN H.: Einführung in die lateinische Sprache. Für Latein als 3. Fremdsprache, Lateinkurse in der Sek.II, Paderborn (Schöningh) 1978, 215 & 110 (Lehrerbegleitheft) S. [s.a. ↗2823, ↗2853]

2784 TROLL P.: Lateinische Sprachlehre, Frankfurt/M. u.a. (Diesterweg) o.J., [16]1973, XI & 224 S. [dazu s.a. ↗2818]

2785 Via Nova. Lateinisches Unterrichtswerk, Wien u.a. (Langenscheidt) [OA v. Macnaughton E. G./McDougall T. W., London (Longman) 1974; vgl.s. ↗2885, ↗3012] R.: Nagel W., IAU 4.2 (1982), 46–48; ders., AADI 5 (1983), 63; Petersmann B., IAU 5 (1983), 70–73
2786 —. Lehrbuch 1, v. PIETSCH W. J./PROCHASKA R. A., 1982, 4., neubearb. Aufl.. 1988, 288 S. | R.: Nickel R., Gymn. 91 (1984), 174
2787 —. Grammatisches Beiheft, v. SCHÖRNER G., 17 S.
2788 —. Lehrerhandreichungen 1, v. PIETSCH W., 1983, [2]1991, 68 S. | R.: Liebenwein W., Ianus 12 (1991), 84–86
2789 —. Lehrbuch 2, bearb. PROCHASKA R. A./RINNER W., Wien u.a. (Langenscheidt) 1983, 3., neubearb. Aufl. 1989, 272 S. | R.: Nagel W., AADI 7 (1984), 91; Gamper P., AADI 20 (1990), 133; Nickel R., Gymn. 92 (1985), 215
2790 —. Lehrerhandreichungen 2, v. PIETSCH W. J., 1982
2791 Viaticum. Lateinische Übungsbücher zu Via Nova (2 Bde.), v. STROHMEIER, Wien u.a. (Langenscheidt) 1985, 96 & 112 S. | R.: Töchterle K., AADI 14 (1987), 49

2792 Vita Romana. Lateinisches Unterrichtswerk. Ausgabe A, bearb. KRACKE A. u.a., Stuttgart (Klett) | R.: Stratenwerth D., MDAV/Bl 20.3 (1974), 4f.
2793 —. Teil I, [9]1972
2794 —. Zusätzliche Übungen zu Teil I, 1975
2795 —. Lehrerheft zu Teil I, 1973
2796 —. Teil II, [6]1972

O 1 Lehrbücher, Unterrichtswerke

2797 —. Lehrerheft zu Teil II, 1966
2798 Vita Romana B. Übungsbuch mit Grammatik, v. HAEGER F., Stuttgart (Klett) [für Latein als 3. Fremdsprache; Kurse]
2799 —. Schülerband, 1973, 139 S.
2800 —. Zusatzheft, 1978, 35 S.
2801 —. Lehrerheft, 1976, 19 S.

2802 ZEROBIN J.: Einführung in das Latein, Wien (Ueberreuter u.a.)
2803 —. I, Texte · Grammatik, 1977, 112 S.
2804 —. I, Übungen · Vokabel, 1977, 48 S.
2805 —. I, Übungen · Lösungen, 1978, 48 S.
2806 —. II, Texte · Grammatik, 1978, 103 S.
2807 —. II, Übungen · Vokabel, 1978, 76 S.
2808 —. II, Übungen · Lösungen, 1979, 24 S.
2809 —. Hinweise zur Benutzung · Lehrstoffverteilung, 1977, 16 S.

2. Grammatiken

2810 WALCH M.: Latein-Grammatik-Lexikon, Wien (Hora)
2811 SCHMIDT H./WECKER O./RÖTTGER G.: Lateinische Sprachlehre. Nach August Waldeck. Mit einer Einführung in die Technik des Übersetzens, Göttingen (Vandenhoeck & Ruprecht) ^{9}1960, ^{16}1980, 231 S.
2812 EIKEBOOM R./HOLTERMANN H.: Programmierte Lateinische Grammatik, Göttingen (Vandenhoeck & Ruprecht) 1967, ^{7}1980, VIII, 222 & 27 S. [OA Groningen 1966]
2813 Programmierte lateinische Grammatik in Einzelheften, bearb. ZEROBIN J., Göttingen (Vandenhoeck & Ruprecht)
2814 —, Heft 1: Die -nd-Formen. Gerundium und Gerundivum, bearb. ZEROBIN J., 1969, ^{3}1979, 32 S.
2815 —, Heft 3: Die ersten Regeln und Begriffe der Sprachenlehre, bearb. OBERG E., 1972, 32 S.
2816 —, Lehrerheft, ^{2}1970, 24 S.
2817 —. Testbogen zu den Reihen 1–31, v. SCHNORR H., 1970, 40 S.
2818 HAUSSIG C./TROLL P./STOSCH W.: Lateinische Kurzgrammatik, Frankfurt/M. u.a. (Diesterweg) 1969, ^{15}1974, 112 S. [zu ↗2784] **R.:** Diekstall L., MDAV/NW 19.3 (1971), 10f.
2819 RÖTTGER G.: Lateinische Grammatik. Römisches Sprachdenken zur Zeit Ciceros und Cäsars, Frankfurt/M. u.a. (Fischer) 1969, 141 S.
2820 LINNENKUGEL A./FRILING P.: Lateinische Grammatik, Paderborn (Schöningh) 1970, 186 S.
2821 HABENSTEIN E./ZIMMERMANN H.: Lateinische Sprachlehre, Stuttgart (Klett) 1971, 160 S.
2822 HILLEN H.-J.: Lateinische Grammatik, Frankfurt/M. (Diesterweg) 1971, XII & 288 S. I **R.:** Pfister R., MDAV 16.2, Beih. (1973), 17–19
2823 SCHMEKEN H.: Elementargrammatik, Paderborn (Schöningh) 1971, 128 S. [zu ↗2783] **R.:** Vollmer D., MDAV/NW 20.4 (1972), 8–11; Pfister R., MDAV 16.2, Beih. (1973), 19

2824 KLEINERT J./KAUCZOR J.: Kurze lateinische Sprachlehre, 1973 ↗2649
2825 Langenscheidts Kurzgrammatik Latein, Berlin u.a. (Langenscheidt) 1973, 80 S.
2826 BAYER K./LINDAUER J.: Lateinische Grammatik. Auf der Grundlage von Landgraf–Leitschuh, Bamberg (Buchner) u.a. 1974, ^{2}1983, X & 274 S. | **R.**: Weiß M., DASiU 22.1 (1975), 20–22; Kohl A., Anregung 22 (1976), 208
2827 RUBENBAUER H./HOFMANN J. B.: Lateinische Grammatik. Für das Universitätsstudium, bearb. HEINE R., Bamberg (Buchner) u.a. 1975, ^{11}1989, XXI & 375 S. [Neubearb. v. ↗2673] **R.**: Neu E. u.a. ↗1530, 551–557; Kohl A., Anregung 22 (1976), 208f.; Glücklich H.-J., ASiRPS 23.1 (1977), 14f.; Königer W., MDAV 20.2 (1977), 16
2828 STEHLE M.: Lateinische Grammatik, Stuttgart (Klett) 1976, ^{9}1990, 176 S.
2829 Lateinische Schulgrammatik, hg. STUDENY E., Frankfurt/M. (Diesterweg) 1977 [vgl.a. ↗2847]
2830 MAIER F.: Die Version aus dem Lateinischen, 1977 ↗1966
2831 summarium. Lateinische Kurzgrammatik, bearb. MALMS J./HELLWIG A., Stuttgart (Klett) 1978 , ^{2}1985, 161 S.
2832 BAUER R./GROSSER H./MAIER F.: Cursus Latinus – System-Grammatik, hg. BAYER K., Bamberg (Buchner) u.a. 1979, 264 S.
2833 Langenscheidts Lern- und Übungsgrammatik Latein, 1979 ↗2933
2834 PFISTER R.: Lateinische Grammatik, ^{7}1979 ↗2630
2835 GLÜCKLICH H.-J./NICKEL R./PETERSEN P.: Interpretatio. Neue lateinische Textgrammatik [& Lehrerhandbuch], Freiburg u.a. (Ploetz) 1980, 297 & 104 S. | **R.**: Siebenborn E., MDAV/NW 28.4 (1980), 5–8; Vretska K., IAU 2.2 (1980), 133f.; Töchterle K., AADI 1 (1981), 4–5; Kohl A., Anregung 28 (1982), 103; Vester H., Südwestdt. Schulblätter 81 (1982), 54f.
2836 STEHLE M.: Lateinische Grammatik, Stuttgart ^{9}1982, 176 S.
2837 Stammformen wichtiger lateinischer Verben, Bamberg (Buchner) u.a. 1983, 18 S. [Sdr. der S. 87–104 aus ↗2826]
2839 SCHNEIDER I.: Lateinische Formenlehre, Leipzig (VEB) ^{6}1984, Ndr. Berlin u.a. (Langenscheidt–Enzyklopädie) 1991 , 192 S.
2840 THROM H.: Lateinische Grammatik, Düsseldorf (Schwann) 1984, ^{17}1987, 336 S.
2841 HÜGI M.: Comes. Grammatik für den Lateinunterricht, Stuttgart (Klett) 1986, 215 S.
2842 GAAR E./SCHUSTER M.: Lateinische Grammatik, Wien (ÖBV) 1988, 264 S.
2843 BAUMGARTEN H.: Compendium. Kurze systematische Grammatik für den Lateinunterricht, Göttingen (Vandenhoeck & Ruprecht) 1991, 100 S.
2844 GAAR E./SCHUSTER M./VICENZI O.: Abriß der lateinischen Sprachlehre. Kurzgefaßter Lehrgang des Lateinischen, Neubearbeitung, Wien (ÖBV) ^{9}1992, ~184 S. [5. Jgst.]
2845 LINDAUER J./VESTER H.: Lateinische Grammatik. Wort – Satz – Text, Bamberg (Buchner) u.a. 1992, 224 S. | **R.**: Wölke H., MDAV 36.1 (1993), 72f.
2846 MEYER T.: Memoranda. Grammatisches Grundwissen Latein, Stuttgart (Klett) 1992, 112 S.
2847 STUDENY E.: Lateinische Schulgrammatik. Neubearbeitung, Wien (ÖBV) 1992, 176 S. [5. Jgst.; vgl. ↗2829]
2848 Subsidia Latina. Autorenbezogene Begleitgrammatik – Mittelstufe, v. KOLLER R./MAIER F., Bamberg (Buchner) 1993, 136 S. [zu Nep., Caes., Cic., Sall.]

3. Wortkunden, Schulwörterbücher, Vokabelkarteien

Lexika wurden nur aufgenommen, sofern aus ihrem Titel hervorging, daß sie für den Schulgebrauch bestimmt sind.

2849 Langenscheidts Schulwörterbuch Lateinisch–Deutsch / Deutsch–Lateinisch, v. PERTSCH E./LANGE-KOWAL E. E., Berlin u.a. (Langenscheidt), 512 S. [~ 35 000 Stichwörter]

2850 TROLL P.: Lateinische Wortkunde, Frankfurt/M. (Diesterweg) ^{10}1967, ^{12}1973, 59 S.

2851 LEITSCHUH M./HOFMANN J. B.: Lateinische Wortkunde, Bamberg (Buchner) u.a. ^{13}1963, ^{14}1968, 139 S.

2852 Grund- und Aufbauwortschatz Latein, v. HABENSTEIN E./HERMES E./ZIMMERMANN H., Stuttgart (Klett) 1970, 155 S. [vgl.a. ↗2859] R.: Pfister R., MDAV 16.2 (1973, Beih.), 21f.

2853 SCHMEKEN H.: Lateinischer Elementarwortschatz, Paderborn (Schöningh) 1973, 77 S. [zu ↗4981] R.: Kohl A., Anregung 20 (1974), 205

2854 FRIZ W.: Lateinische Wortkunde, bearb. SCHMID W., Göttingen (Vandenhoeck & Ruprecht) ^{17}1974, IV & 105 S.

2855 BLOCH G.: Lernvokabular zu Caesars Bellum Gallicum, 1976 ↗3328

2856 KESSLER M./RAAB K.: Lateinische Wortkunde, Bamberg (Buchner) u.a. 1976, ^{2}1993, 436 & 24 S. I R.: Vretska K., IAU 3.1 (1981), 45

2857 HABENSTEIN E.: Lateinische Wortkunde auf Grund der Wortbildungslehre, Stuttgart (Klett) ^{14}1977, 84 S. [1. Aufl. ~1940]

2858 VISCHER R.: Lateinische Wortkunde für Anfänger und Fortgeschrittene, Stuttgart (Teubner) 1977, ^{2}1989, 231 S. I R.: Kohl A., Anregung 24 (1978), 133; Vretska K., IAU 3.1 (1981), 43

2859 Grund- und Aufbauwortschatz Latein, v. HABENSTEIN E. u.a., neu bearb. HERMES E., Stuttgart (Klett) 1978, 150 S. [vgl. ↗2413] R.: Vretska K., IAU 3.1 (1981), 42f.

2860 LINDAUER J.: Lateinische Wortkunde. Bildung, Bestand und Weiterleben des lateinischen Wortschatzes, Bamberg (Buchner) u.a. 1978, 192 S. I R.: Seitz W., DASiU 25.3 (1978), 34; Kohl A., Anregung 26 (1980), 194; Vretska K., IAU 3.1 (1981), 43f.

2861 Vocabularium fundamentale. Grundwortschatz lateinischer Schriftsteller, v. BABELIOWSKY J. K. L. u.a., deutsche Bearb. v. LEIMBACH R., Frankfurt/M. u.a. (Diesterweg) 1978, 264 S. I R.: Vretska K., IAU 3.1 (1981), 42

2862 LORENZ S./HARTUNG A.: Lateinische Wortkunde, Frankfurt/M. (Hirschgraben) 1979, 144 S.

2863 MADER M.: Lateinische Wortkunde für Alt- und Neusprachler, Stuttgart (Kohlhammer) 1979, XVI & 240 S. I R.: Vretska K., IAU 3.1 (1981), 44f.; Abel F. ↗2423

2864 STOWASSER J./PETSCHENIG M./SKUTSCH F.: Der kleine Stowasser. Lateinisch-deutsches Schulwörterbuch, überarb. PICHL R. u.a., Wien (HPT) u.a. 1979, XXXII & 507 S.

2865 Langenscheidts Großes Schulwörterbuch Lateinisch–Deutsch, bearb. PERTSCH E., Berlin u.a. (Langenscheidt) 1983, 1338 S.; inhaltsgleich mit: Langenscheidts Handwörterbuch Lateinisch–Deutsch, 1971 [~ 30 000 Stichwörter]

2866 Langenscheidts Grundwortschatz Latein. Ein nach Sachgebieten geordnetes Lernwörterbuch mit Satzbeispielen, v. FINK G., Berlin u.a. (Langenscheidt) 1987, 143 & XV S.

[1900 Wörter] **R.**: Albert S., VL 23 (1987), 599f.; Müller W., Ianus 9 (1987–88), 80; ders., AADI 15 (1988), 59

2867 SCHÜMANN B. F.: Caesars Wortschatz. Vollständiges Lexikon, ^{7}1987 ↗3267

2868 Grundwortschatz Latein nach Sachgruppen, v. HERMES E./MEUSEL H., Stuttgart (Klett) 1988, ^{2}1991, 240 S. I **R.**: Pirker K., Ianus 10 (1989), 89f.; Gamper P., AADI 17 (1989), 98f.

2869 HENKE R.: Lateinische Elementarwortkunde zu frühchristlichen Autoren, Münster (Aschendorff) 1990, 47 S. I **R.**: Richter-Reichhelm J., LGB 35 (1991), 17f.; Wissemann M., MDAV/NW 39.4 (1991), 16f.; Kohl A., Anregung 37 (1991), 120

2870 Vokabelkartei Latein, Stuttgart (Klett) 1991 [Wortbestand wie ↗2868]

2871 ALBERT S.: Cottidianum Vocabularium Scholare, 1992 ↗2093

P. Weitere Hilfsmittel

1. Übungsmaterialien, 'Lernhilfen', Lernprogramme

2872 Abiturprüfungsaufgaben Grundkurs ↗1344; ↗1346

2873 Abiturprüfungsaufgaben Leistungskurs ↗1345; ↗1347

2874 ANTON R.: Die Stammformen und Bedeutungen der lateinischen unregelmäßigen Verben. Anleitung zu Konjugation von etwa 1600 Verben, Hollfeld (Bange) 6. Aufl.

2875 Buchners Grammatik Begleiter Latein. Falttafel mit Übersichten zu den Deklinationen, Konjugationen und zur Syntax, Bamberg (Buchner) o.J., 4 S.

2876 Falt-Tafel Lateinische Grammatik, Melsungen (Bernecker) o.J.

2877 LEITSCHUH M.: Musterbeispiele zur lateinischen Satzlehre, Bamberg (Buchner) o.J., ^{8}1981 (Schülerhilfen 4), 39 S.

2878 NIKOL A.: Latein 1. Übungen mit Lösungen für das erste Lateinjahr in zwei Bänden, Hollfeld (Bange)

2879 NIKOL A.: Latein 2. Übungen mit Lösungen für das zweite Lateinjahr, Hollfeld (Bange)

2880 Die schicke Schiebe-Tafel, Melsungen (Bernecker) o.J. [5 Schiebe-Tafeln: Konjugation; Deklination; unregelmäßige Verben; esse, ire, ferre, velle; AcI, NcI (getrennt zu beziehen)]

2881 SCHINDLER F.: Probeschularbeiten zum Liber Latinus A I & II, Wien (Hora), 2 Bde.

2882 SCHINDLER F.: Repetitorium zum Liber Latinus A I & II, Wien (Hora), 2 Bde.

2883 SCHINDLER F.: Systematisches Übungsmaterial zum Liber Latinus A I & II, Wien (Hora), je 2 Bd.e

2884 WALCH M.: Probeschularbeiten zum Imperium Romanum I & II, Wien (Hora), 2 Bde.

2885 WALCH M.: Probeschularbeiten zur Via nova I & II, Wien (Hora), 2 Bde.

2886 WOYTE O.: Latein-Gerüst [4 Bd.e (Formenlehre; Übungsaufgaben und Schlüssel zur Formenlehre; Satzlehre; Übungsaufgaben und Schlüssel zur Satzlehre)], Hollfeld (Bange)

2887 STRUENSEE R.: Latein kurz und bündig. Latein-Skelett, Würzburg (Vogel) 1959, ^{3}1966, 100 S.

2888 WEINZIERL N.: Hilfsbuch zur lateinischen Formenlehre »Unregelmäßige Verben«, München (Manz) 1960, ^{4}1972 (Grundkenntnisse 2), 171 S.
2890 SCHERTZ W.: Von Cäsar bis Livius. Anleitung und Beispiele zum Übersetzen lateinischer Schulklassiker mit Lösungen in programmierter Form. Stoff des 4.–6. Lateinjahres, München (Lindauer) 1963, ^{2}1978 (LHU 18), 144 S.
2891 WESTPHALEN K.: Lateinisches Grundwissen. Zur Vertiefung und Wiederholung Stoff des ersten Lateinjahres (mit Lösungsheft), München (Lindauer) 1965 (LHU 19), 158 & 31 S.
2892 EIKEBOOM R./HOLTERMANN H.: Programmierte Lateinische Grammatik, 1967 ⌁2812
2893 WESTPHALEN K.: Lateinische unregelmäßige Verben. Wiederholungskurs mit Kurzgrammatik und Formenlehre, München (Lindauer) 1967 (LHU 22), 63 S.
2894 BENEDIKT E./MALICSEK H.: Deutsche Sprachlehre für Lateinanfänger. Präparationen zu Liber Latinus A 1. Lehrprogramm (2 Bde.), Wien (ÖBV) 1968, 199 & 192 S.
2895 KOHL A.: Lateinische Satzlehre. Zur Vertiefung und zur Wiederholung. Stoff 3./4. Lateinjahr. 150 Übungen, München (Lindauer) 1968, ^{2}1983 (LHU 25), 102 & 48 S. I R.: Ellebrecht R., Besprechungen, Annotationen 14.4 (1989), 26
2896 Langenscheidts Grammatiktafel Latein, bearb. SCHÖRNER G., Berlin u.a. (Langenscheidt) 1968, 16 S.
2897 HOLTERMANN H.: Der Infinitiv (& Lehrerbegleitheft), Stuttgart (Klett) 1969 (Schwerpunktprogramm Latein), 64 & 17 S. [vgl.a. ⌁1837]
2898 SPRING S.: Wiederholung der 3. Deklination, Passiv der a-Konjugation (& Lehrerbegleitheft), München (BSV) 1969, ^{2}1972, 52 & 49 S.
2899 STEINTHAL H.: Das Partizip (& Lehrerbegleitheft), Stuttgart (Klett) 1969 (Schwerpunktprogramm Latein), 140 & 24 S. [vgl.a. ⌁1512]
2900 HOTZ R.: Lateinische Formenlehre zur Vertiefung und Wiederholung. Stoff des 2./3. Lateinjahres, München (Lindauer) 1970 (LHU 23), 175 & 54 S. I R.: Kohl A., Anregung 19 (1973), 137
2901 ZEILHOFER G.: Komparativ und Superlativ, München (BSV) 1970 (bsv Lehrprogramme Latein), 43 & 77 S. I R.: Schönberger O., MDAV 15.2 (1972), 19
2902 GLÜCK G.: Reifeprüfung Latein, München (Manz) 1971, 93 S.
2903 HAGENOW W.: Grundbegriffe der Grammatik, Frankfurt/M. (Hirschgraben) 1971, ^{4}1990, 32 S. [Lernprogramm] R.: Pfister R., MDAV 16.2, Beih. (1973), 17
2904 Lateinische Reimregeln. Zum leichteren Erlernen des genus und der Deklinationen, Bamberg (Buchner) 1971 (Schüler-Hilfen 1), 16 S.
2905 BOHN R./OBERG E.: Programmierte lateinische Satzlehre, Düsseldorf (Schwann) 1972, 209 S. [Bearbeitung v. BLUM Y./BRISSON C.: 22 leçons programmées de syntaxe latine, Paris 1967]
2906 Memoriae manda. Merksätze zur lateinischen Grammatik aus Poesie und Prosa, hg. STREIB A., Bamberg (BVB) ^{3}1972 (Kleine Schriften zur Erziehung und Unterricht, 11), 32 S.
2907 ROTHENBURG K. H. v.: Übersetzungstechnik I. Ovid, Metamorphosen II 680–706, 1972 ⌁4073
2909 HAGENOW W.: Der Ablativus absolutus, Frankfurt/M. (Hirschgraben) 1973, ^{2}1981, 68 S. [Lernprogramm]
2910 STOCK L.: Lateinisch: Grammatik, München (Mentor) 1973 (Mentor-Repetitorien), 128 S.

Übungsmaterialien, Lernprogramme   P 1

2911 Compendium Linguae Latinae. Hilfsbuch zur lateinischen Lektüre, bearb. HAEGER F./ SCHMIDT K., Stuttgart (Klett) ^{6}1975, 132 S.

2912 HAGENOW W.: Der a.c.i., Frankfurt/M. (Hirschgraben) 1975, 68 S.

2913 RÖTTGER G.: ROMA. Lehrprogramm zur Texterschließung, Frankfurt/M. u.a. (Diesterweg) 1975, 32 & VIII S. [zur selbständigen Arbeit mit Lingua Latina ↗2686] R.: Kahlenberg K., MDAV/Bl 22.1 (1976), 7

2914 SPRING S.: Wiederholung der a-Deklination – Genusregeln der a- und o-Deklination, München (BSV) ^{3}1975 (bsv Lehrprogramme Latein), 42 & 44 S.

2915 BENSCH K.: Übungen für das 4. Lateinjahr, München (Manz) ^{3}1976, 119 S.

2916 GANSER H.: Final- und Konsekutivsätze, München (BSV) 1976 (bsv Lehrprogramme Latein)

2917 FINK G.: Abitur Latein. Eine Anleitung zu methodischer, wirksamer Vorbereitung mit speziellen Hinweisen für die Kollegstufe. 20 Aufgaben mit Lösungen, München (Lindauer) 1976 (LHU 24), 144 S.

2918 LANG W.: Training Latein II: Grammatiktips und Übersetzungshilfen ab dem 3. Lateinjahr, Stuttgart (Klett) 1976, 99 S. & 18 Folien | R.: Helfer C., VL 13 (1977), 108f.

2919 Lateinische Grammatik in Frage und Antwort. Eine Wiederholungs-Kartei für Anfänger und Fortgeschrittene, v. STOCK L., Berlin u.a. (Langenscheidt) 1976, 200 Karteikarten

2920 LINDEMANN H.: Übungen für das 2. Lateinjahr [2 Bd.e], München (Manz) ^{5}1976/77, 95 & 96 S.

2921 BENSCH K.: Übungen für das 1. Lateinjahr [2 Bd.e], München (Manz) ^{10}1977/^{7}1979, $^{11/8}$1982, 92 & 95 S.

2922 FINK G.: TTT Latein 1 (Tips, Tricks, Training), München (Manz) 1977, 110 S.

2923 FINK G.: TTT Latein 2 (Tips, Tricks, Training), München (Manz) 1977, 112 S.

2924 Langenscheidts Verb-Tabellen Latein, bearb. STOCK L., Berlin u.a. (Langenscheidt) 1977, 62 S.

2925 BERGER W./SCHEER R.: Die Latein-Matura. Ein Führer zu Matura und Abitur mit Übungstexten und Erklärungen, Wien (Braumüller) ^{3}1978, 179 S. | R.: Haider A., AHS 28 (1979), 95; Kohl A., Anregung 26 (1980), 194

2926 LANG W.: Training Latein III: Übersetzungsübungen für Fortgeschrittenen, Stuttgart (Klett) 1978, 79 S.

2927 NIEDERMEIER E./FINK G.: TTT Latein 3 (Tips, Tricks, Training), München (Manz) 1978, 96 S. [unregelmäßige Verben]

2928 BENSCH K.: Übungen für das 3. Lateinjahr, München (Manz) ^{5}1979, 120 S.

2929 GROTZ H.: TTT Latein 4 (Tips, Tricks, Training), München (Manz) 1979, 134 S. [u.a. Kasuslehre, Partizipialkonstruktionen, nd-Formen]

2930 HERMES E.: Grammatik lateinischer Prosatexte. Materialien zur grammatischen Vertiefung der Lektüre, Stuttgart (Klett) 1979

2931 HUBER R.: Lateinvorbereitung in den Jahrgangsstufen 5 und 6. Ein unterrichtsbegleitendes Lehr- und Übungsbuch für Schüler, München (Moderne VerlagsGmbH) 1979, 144 S.

2932 LANG W.: Training Latein I: Übersetzungsübungen für den Anfänger, Stuttgart (Klett) 1979, ^{2}1980, 127 S.

2933 Langenscheidts Lern- und Übungsgrammatik Latein, v. STOCK L., Berlin u.a. (Langenscheidt) 1979, ^{9}1992, 239 S. [Übungsteil mit Lösungen]

2934 FINK G./GROTZ G.: TTT Latein 5 (Tips, Tricks, Training), München (Manz) 1980, 124 S.
2935 SEITZ W.: Das 1. Lateinjahr. Für Latein als 1. Fremdsprache. Zur Vertiefung und Wiederholung des in der Schule Gelernten, München (Lindauer) 1980 (LHU 27), 142 & 29 S. I **R.**: Fanslau V., DASiU 27.3 (1980), 34–37
2936 HELLWIG A./BIETZ W.: Fehler-ABC Latein, Stuttgart (Klett) 1981, 117 S. [Vokabeltraining und Übungen zur Formenlehre] **R.**: Vretska K., IAU 4.2 (1982), 54; Zach E., AADI 6 (1983), 81
2937 LOCK G.: bsv lift Latein. Richtig gliedern – richtig verstehen. Trainingskurs für das Latein-Abitur, München (BSV) 1981, 75 & 38 S.
2938 Casus in Comics, 1982 ↗5297
2939 KITTEL W./REICHEL B.: Latein für das 1. und 2. Lernjahr. Deklinieren, konjugieren und einfache Syntax, München (Mentor) 1983, 176 & 32 S.
2940 STEINER-KLEMENT M. A.: Latein positiv! 1. Lernjahr (mit Lösungsheft), Wien (ÖBV) 1983, 150 S.; ²1992, 222 S. [begleitend für die Unterrichtswerke Austria Romana, Imperium Romanum, Liber Latinus A und B gedacht; vgl.a. ↗2947ff., ↗2957] **R.**: Gamper P., AADI 7 (1984), 91f., Leisch M., IAU 8 (1986), 108f.
2941 STEINHILBER J.: Lateinisches Lernprogramm. Das Relativpronomen (& Lehrerbegleitheft), Donauwörth (Auer) 1983, 88 & 16 S. I **R.**: Wimmer, MDAV/NW 33.2 (1985), 8f.
2942 WERNER J.: TTT Latein 6: Caesar, 1983 ↗3357
2943 METZGER G./REHN H.: Latein für das 3. und 4. Lernjahr. Vollständige Satzlehre – Syntax (mit Lösungsheft), München (Mentor) 1984, 111 S.
2944 BENEDICTER K.: Lateinische unregelmäßige Verben in Sprachmustern, München (Lindauer) 1986 (Mediothek), 92 S.
2945 BRANDHOFER F.: Übungen zum Lateinunterricht. Übersetzungsübungen zum Lektüreunterricht (mit Lösungen), 1, München (Manz) 1986, 128 S. [Jgst. 7–9; für Latein als 2. Fremdspr.; vgl. ↗2952] **R.**: Ellebracht R., Besprechungen, Annotationen 14.1 (1989), 24
2946 METZGER G.: Wiederholung. Formenlehre · Satzlehre · Satzanalyse · Stilmittel, Freising (Stark) 1986, ³1991, 104 S.
2947 STEINER-KLEMENT M. A.: Latein positiv! A (mit Lösungsheft), Wien (ÖBV) 1986, 136 S. [Autorenlektüre; vgl.a. ↗2940, ↗2957] **R.**: Bayer E., Besprechungen, Annotationen 11.11 (1986), 38
2948 STEINER-KLEMENT M. A.: Latein positiv! E (mit Lösungsheft), Wien (ÖBV) 1986, 96 S. [Autorenlektüre]
2949 STEINER-KLEMENT M. A.: Latein positiv! G – Grammatikabriß. Begleitband zur Autorenlektüre, Wien (ÖBV) 1986, 92 S. [Autorenlektüre]
2950 NICKEL R.: Cäsar lesen – kein Problem!, 1987 ↗3374
2951 SCHÜMANN B. F.: ars grammatica. Satz- und Formenlehre für Caesar- und Cicerolektüre, Hamburg (Buske) ²1987, 17 S.
2952 BRANDHOFER F.: Übungen zum Lateinunterricht. Übersetzungsübungen zum Lektüreunterricht, 2, München (Manz) 1988, 121 S. [Jgst. 9–11; für Latein als 2. Fremdspr.; vgl. ↗2945] **R.**: Ellebracht R., Besprechungen, Annotationen 14.1 (1989), 24
2953 GAAR E.: Initia litterarum Latinarum. Zur Einführung in die Schriftstellerlektüre (& Beih.), Wien (ÖBV) 1988, 116 S.
2954 HUBER H.: Lateinstart mit Spaß! Übersetzungen mit Übungen für Anfänger im 1. und 2. Lernjahr, München (Mentor) 1988, 192 S. I **R.**: Strohmeier P., Ianus 10 (1989), 91f.

Übungsmaterialien, Lernprogramme   P 1

2955 NICKEL R.: Ovid lesen – kein Problem! Kofferpacken mit Ovid, 1989 ↗4140
2956 SCHÜMANN B. F.: 500 Vokabeln zu Caesar. Ein Lernbuch, 1989 ↗3259
2957 STEINER-KLEMENT M. A.: Latein positiv! 2. Lernjahr (mit Lösungsheft), Wien (ÖBV) 1989, 236 S. [vgl.a. ↗2940, ↗2947ff.]
2958 AUFFARTH J./HAUSMANN F.: Übersetzen mit System. Neue Übersetzungstechniken für lateinische Texte in der Oberstufe, München (Mentor) 1990, 192 S. | **R.**: Töchterle K., AADI 23 (1992), 37
2959 ENDRES W./BOHN A./PREISSER K.: Der Latein-Trainer. Grammatik- und Übersetzungsmethodik, Weinheim u.a. (Beltz) 1990, 192 & 32 S.
2960 HERMES E./MAYER G.-R.: Training Latein: Formenlehre, Satzlehre, Wortschatz, Stuttgart (Klett) 1990, ²1992, 142 S. [ab 3. Lernjahr]
2961 HERMES E./MEUSEL H.: Training Latein: Übersetzungstests für Fortgeschrittene, Stuttgart (Klett) 1992, 95 S. & Beil. (Klausuraufgaben) [ab 3. Lernjahr]
2962 HERMES E./MAYER G.-R.: Training Latein: Übersetzungsübungen, Stuttgart (Klett) 1990, 151 S. [ab 4. Lernjahr]
2963 METZGER G./REHN H.: Satzbau mit System. Regeln und Übungen zur lateinischen Syntax, München (Mentor) ³1990, 122 S.
2964 NICKEL R.: Nepos lesen – kein Problem! Übungen zur Wiederholung der Grammatik, 1991 ↗4002
2965 BAYER K.: Lateinbegleiter für die Eltern zu Cursus Latinus compactus I, 1992 ↗2540
2966 BERTHOLD M./STEINER-KLEMENT M. A.: Positiv Training Latein. 1. Lernjahr, mit Lösungsheft, Wien (ÖBV) 1992, 200 S.
2967 HERMES E./MEUSEL H.: Training Latein: Texte verstehen, übersetzen, interpretieren, Stuttgart (Klett) 1992, 123 S. & Lösungsheft

2. Software, elektronische Wörterbücher

2968 ABL ABS – der ABLativus ABSolutus, v. PORTEN E., Bad Kreuznach (Pädagog. Zentrum des Landes Rheinland-Pfalz) 1986, 1 Disk. | **R.**: Hoffmann A.-D. ↗2170, 98–104
2969 Barney's Vokabeltrainer 5.7, v. HOFFMANN B. [Adr.: Bernd Hoffmann, Kayserbergstr. 17, 76829 Landau/Pfalz] **R.**: Stratenwerth D. ↗2172
2970 Bestimm, v. SEILER M., (Selbstverl.; M. S., Chesa Sül Mout, CH–7524 Zuoz/Engadin [zur Satzanalyse]
2971 Caesar – Lateinischer Vokabel- und Flexionstrainer, v. HAMMERL/PHILIPPS, Gersthofen (Vortex-Soft)
2972 Computate! Triumphate! Latein im 1. Lernjahr. Grammatik, Übungen, Tests, v. STEINER-KLEMENT M. A./HOLZINGER M./GRIESSL J., Wien (ÖBV) 1991, 2 Disk. [zu Imperium Romanum ↗2611); vgl.a. ↗2167]
2973 COUVERT, v. SEIFERT N., Bamberg (Buchner), Installationsdiskette; Datenbank leer; Demodiskette; Wortschatzdateien Roma, Roma B, Roma C, Legere; je 1 Disk.
2974 Grundwortschatz Latein, v. VAZANSKY G., Rietberg (United Software [KW "ingenio", Hauptstr.70, 33397 Rietberg]) 1988, 3 Disk. | **R.**: Hoffmann A.-D. ↗2170, 69–74
2975 Hexamat, v. RÖHRL M., (Selbstverl.; M. R., Jägerstr. 27, 83308 Trostberg) o.J. [zur "Metrisierung"] **R.**: Schmidt E. ↗2163

2976 Ianua Nova Form, v. HARBECK G./SSYMANK V., Duisburg (CoMet) 1990, 1 Disk. [weitgehend mit Omnibus Form (↗2996) identisch, in Grammatik u. Wortschatz auf Ianua Nova Neubearb. (↗2591) abgestimmt] **R.**: Hoffmann A.-D. ↗2170, 55f.
2977 Ianua Nova Neubearbeitung. Trainingsprogramm Formen, v. HARBECK G./SSYMANK V., Duisburg (CoMet), 1 Disk. (5,25"/3,5"), Begleitheft
2978 Ianua Nova Neubearbeitung. Trainingsprogramm Vokabeln, v. HARBECK G./SSYMANK V., Duisburg (CoMet), 1 Disk. (5,25"/3,5"), Begleitheft
2979 Imperium Romanum. Textmeister, Wien (ÖBV) 1991, 4 Disk. [↗2611]
2980 Kleines Latinum. Hi/Tec Vokabeltrainer 1.1, Griesheim (College-Verlag [Raiffeisenstr. 2, 64347 Griesheim]) | **R.**: Stratenwerth D. ↗2172
2981 Langenscheidts Elektronischer Vokabeltrainer alpha 8 Latein, Berlin u.a. (Langenscheidt) 1984 | **R.**: Werber O., AU 28.3 (1985), 88–90; Töchterle K., AADI 9 (1985), 131; Frings U., Gymn. 94 (1987), 161f.
2982 Latein, v. WILLNER P., Krefeld (Pädagogik und Hochschulverlag) 1990, 2 Disk. (5,25") | **R.**: Hoffmann A.-D. ↗2170, 148–154
2983 Latein 1.0, v. ABELN J., Steinfeld (Selbstverl. [J. A., Danziger Str. 8a, 24888 Steinfeld]) | **R.**: Stratenwerth D. ↗2172
2984 Latein Grundwortschatz, Wien (Ingenio) o.J., 1 Disk. (3,5"/5,25")
2985 Latein Vokabeltrainer Liber Latinus A I und II, Wien (Ingenio) o.J., je 1 Disk. [↗2679]
2986 Latein Zeitentrainer, Wien (Ingenio), 1 Disk. (3,5"/5.25")
2987 Der lateinische AcI, v. RICHTER C., Ortenberg (Selbstverl., s.u.) 1986, 1 Disk. | **R.**: Hoffmann A.-D. ↗2170, 136–141
2988 Lateinische Deklination, Substantive und Pronomina, v. RICHTER C., Ortenberg (Selbstverl. [In den Wingerten 49, 63683 Ortenberg]) 1988, 1 Disk. | **R.**: Hoffmann A.-D. ↗2170, 130–133
2989 Lateinische Konjugation, v. RICHTER C., Ortenberg (Selbstverl., s.o.) 1985, 1 Disk. | **R.**: Hoffmann A.-D. ↗2170, 134f.
2990 Latflex I – Trainer zur lateinischen Formenlehre, Berlin (Gipemo Soft [Bautzener Str. 16, 10829 Berlin]) | **R.**: Stratenwerth D. ↗2172
2991 Latino – Lernprogramm für angehende Lateiner in Schule, VHS, für Selbststudium und Nachhilfe, v. PECHHOLD W.-D./SCHIELER C., Ottobrunn (SES Software Entwicklungen Schieler [Sudetenstr. 7, 85521 Ottobrunn]) 1990, 2 Disk. | **R.**: Hoffmann A.-D. ↗2170, 142–147; Stratenwerth D. ↗2172
2992 —. Version 1.3 für Ianua Nova Neubearbeitung, 3 Disk. 5,25" DD (od. 2 HD) od. 2 Disk. 3,5", Begleitheft [↗2172]
2993 Lernfiler, v. RICHTER C., Ortenberg (Selbstverl.) [Programm zur Verwendung vorgegebener oder Erstellung individueller Lerndateien; Adr. s. ↗2988]
2994 Modularer Sprachlehrgang Latein, v. ZIEGLER G. H., Wien (Ingenio) 1991, 7 Disk. (3,5"/5,25") [Grammatik und Wortschatz] **R.**: Hoffmann A.-D. ↗2170, 155–163
2995 Omnescit, v. FLIKSCHUH W., Montabaur (Selbstverl. [Albertstr. 5, 56410 Montabaur]) 1986, 1 Disk. [zur Formenlehre] **R.**: Hoffmann A.-D. ↗2170, 111–115
2996 Omnibus Form. Trainingsprogramm zum Üben lateinischer Formen, v. HARBECK G./SSYMANK V., Duisburg (CoMet) 1990, 1 Disk. (3,5"/5,25") [ab 1. Lateinjahr] **R.**: Hoffmann A.-D. ↗2170, 49–54; Stratenwerth D. ↗2172

2997 Omnibus Satz. Trainingsprogramm zum Analysieren lateinischer Sätze, v. HARBECK G./ SSYMANK V., Duisburg (CoMet) 1991, 1 Disk. (3,5"/5,25") [ab 2. Lateinjahr] **R.**: Hoffmann A.-D. ↗2170, 57–63; Stratenwerth D. ↗2172

2998 Omnibus Wort. Trainingsprogramm zum Lernen lateinischer Vokabeln, v. HARBECK G./ SSYMANK V./STEEN M., Duisburg (CoMet) 1990, 1 Disk. (3,5"/5,25") [ab 1. Lateinjahr] **R.**: Hoffmann A.-D. ↗2170, 64–68; Stratenwerth D. ↗2172

2999 Omniflex Computer-Lernprogramm für die lateinische Formenlehre, v. FLIKSCHUH W., Montabaur (Selbstverl.) 1986, 1 Disk. [Vertrieb s. ↗2995] **R.**: Hoffmann A.-D. ↗2170, 116–125

3000 Pauk Roma, v. WIGGERMANN J., Bamberg (Buchner), 1 Disk. [Vokabeltrainer]

3001 PC-Vokabel 2.2, v. OTTER R., [Adr.: R. O., Zeilweg 4, 97618 Hohenroth] **R.**: Stratenwerth D. ↗2172

3002 Puerilia. Ein Spielprogramm für den Lateinunterricht auf der Grundlage des Lateinischen Unterrichtswerkes (Krüger) – Neufassung, v. SCHWERDTFEGER J., Frankfurt/M. u.a. (Diesterweg) 1990, 2 Disk. [↗2640] **R.**: Hoffmann A.-D. ↗2170, 92–97; Stratenwerth D. ↗2172

3003 Transiflex. Konjugationsprogramm mit deutscher Übersetzung, v. FLIKSCHUH W., Montabaur (Selbstverl.) 1986, 1 Disk. [Vertrieb s. ↗2995] **R.**: Hoffmann A.-D. ↗2170, 126–129

3004 VALERIA. Übungsprogramm zu einfachen Satzkonstruktionen, v. WILLÉE G., Bonn [Inst. f. Kommunikationsforschung u. Phonetik, Poppelsdorfer Allee 47, 53115 Bonn]

3005 VARUS. Übungsprogramm zu den römischen Zahlen, v. WILLÉE G., Bonn [vgl. ↗3004]

3006 Verba mutantur 1, v. HINZ U. [Beschreibung u. Bezugsadr. s. ↗2166]

3007 Versmaßanalyse Hexameter und Pentameter, v. BOUS H. u.a., Mainz (Informationsstelle Schule und Computer im KM) 1988, 1 Disk. | **R.**: Hoffmann A.-D. ↗2170, 105–110

3008 Vocabularium Latinum I, v. VÖLKER P., Lampertheim (Topware) 1991, 1 Disk. | **R.**: Hoffmann A.-D. ↗2170, 169–175

3009 Vokabel Trainer Latein, Niedernhausen (Falken-Software) | **R.**: Stratenwerth D. ↗2172

3010 Vokabeln greifen an. Spiele zum Testen und Lernen der wichtigsten lateinischen Vokabeln, v. HALL J. W., Berlin u.a. (Langenscheidt Software) 1985

3011 Vokabeltrainer Latein, v. STOVER M., Rosenheim (Co.Tec) 1989, 2 Disk. 5,25" | **R.**: Hoffmann A.-D. ↗2170, 84–91

3012 Vokabeltrainer Latein, Via Nova I, v. VAZANSKY G.Rietberg (United Software [s. ↗2974]) 1986, 2 Disk. [zu ↗2785] **R.**: Hoffmann A.-D. ↗2170, 82f.

3013 VokaTra. Vokabeltrainer zum Selbstbelegen für Englisch, Französisch, Spanisch, Italienisch und Latein, v. UTHOFF B., Frankfurt/M. u.a. (Diesterweg), 1 Disk. & Begleitheft, 22 S.

3014 Windowteacher, v. RICHTER C. [Vokabelprogramm; Vertrieb s. ↗2993]

3015 Wortschatztrainer Latein, v. LEHMBERG P./MARSCHALL E., Bamberg (Markt & Technik) 1984, 2 Disk.

3016 Wortschatztraining Fremdsprachenrätsel Latein, v. ZIEGLER G. H., Wien (Ingenio) 1990, 1 Disk. (3,5"/5,25") | **R.**: Hoffmann A.-D. ↗2170, 164–168

3017 Zeitentrainer Latein, v. VAZANSKY G.Rietberg (United Software [s. ↗2974]) 1988, 1 Disk. | **R.**: Hoffmann A.-D. ↗2170, 75–81

Teil IV Didaktik und Methodik des Lektüreunterrichts

Q. Allgemeines zum lateinischen Lektüreunterricht

3018 BAYER K.: Vorfragen in einer Lektürestunde der 6. Klasse, 1957 ⌐3887

3019 MAYER J. A.: Die Konzentration auf das Exemplarische. Ein Überblick, AU 7.3 (1964), 5–30; jetzt in: Didaktik des altsprachlichen Unterrichts ⌐5, 277–311

3020 WILSING N.: Die Praxis des Lateinunterrichts, 2 Probleme der Lektüre, Stuttgart (Klett) ²1964, Ndr. 1972, 156 S. [Interpretationsbsp.e aus Caes., Sall., Cic., Liv., Plin., Sen., Tac., Catull., Verg.; s.a. ⌐1821]

3021 HÄNDEL P.: Der Vergleich im Lateinunterricht der Oberstufe, in: Fortwirkende Antike, 1971 ⌐760, 134–149 [Bsp.e: Catilinarische Verschwörung; Verg. Aen. – Ov. met., Hor.; Liv. – Pol.]

3022 BENKENDORFF K.-A.: Zur frühen Lektüre im Lateinunterricht, MLAS/BW 3.2 (1972), 10–16

3023 KÖHLER K.: Lateinstützkurs für Untersekundaner, MLAS/BW 3.2 (1972), 21–25

3024 NICKEL R.: Textes d'approche auch im Lateinunterricht, IPTS-Studien 11 (1972), 51–56

3025 NICKEL R.: Übersetzen und Übersetzung. Ein Plädoyer für die Verwendung von Übersetzungen im altsprachlichen Literaturunterricht, 1972 ⌐1953

3026 HEILMANN W.: Möglichkeiten der Sprachreflexion bei der Lektüre von Texten, DCG 12–13 (1972–73), 68–77 [Textbsp.: Plin. epist.]

3027 HILBERT K.: VACILLANTIS TRUTINE LIBRAMINE. Ein Beispiel curricularen Arbeitens, Mitteil. d. Dokumentationsstelle Alte Sprachen 4 (1973), 22–29 [Mittellat. Gedicht]

3028 KLOWSKI J.: Thesen zur Verwendung von Übersetzungen im altsprachlichen Unterricht, AU 16.3 (1973), 90–92 I **R.**: Kohl A., Anregung 20 (1974), 20

3029 LOHMANN D.: Dialektisches Lernen: Motivationshilfe, Interpretationshilfe, Transfer, Stuttgart (Klett) 1973

3030 NICKEL R.: Probleme des altsprachlichen Literaturunterrichts, Lütjensee (Albrechts) 1973 (Anregungen und Informationen 14), 17 S.

3031 RIEDEL W.: Operationalisierungsbeispiel zu den Rahmenrichtlinien Latein ab Kl. 9: a. Probleme eines Kurses Latein III in Klasse 9 und 10 (Arbeitsgruppenprotokoll); b. Naturrecht und positives Recht – Unterrichtsbeispiel zum Lernbereich III b (berufsbezogenes Latein), in: Anregungen zur Arbeit mit den Rahmenrichtlinien im Bereich Sprachreflexion, 1973 ⌐688, 82–118

3032 ZIELINSKI E.: Arbeit mit Texten im Lateinunterricht der Sekundarstufe I – am Beispiel zweier lateinischer Originaltexte, in: Anregungen zur Arbeit mit den Rahmenrichtlinien im Bereich Sprachreflexion, 1973 ⌐688, 60–81 [Gell., Liv.]

3033 HEIL H. G.: Vorüberlegungen zur Durchnahme poetischer Texte im altsprachlichen Unterricht, AU 19.4 (1974), 92–107 [v.a. zum Thema Ästhetik]

3034 KEULEN H.: Original oder Übersetzung?, Anregung 20 (1974), 16–22; auch in: Antike Texte – moderne Interpretation, [1975] ⌐3130, 77–83 I **R.**: Kohl A., Anregung 22 (1976), 205

3035 KLOWSKI J.: Die kontrastive Grammatik in der Praxis. Ein Bericht über die sprachliche Arbeit an Sallusts ‚Catilina' mit einer zweisprachigen Ausgabe, AU 17.5 (1974), 5–16

3036 Lernziel und Lektüre [Umschlagtitel: L. u. Lateinlektüre]. Unterrichtsprojekte im Fach Latein, hg. RÖMISCH E., Stuttgart (Klett) 1974 (AU 27, Beih.), 173 S. ׀ **R.**: Germann A. u. E., MLAS/BW (1974), 28–31; Heinzmann M., MDAV 18.3 (1975), 14; Kohl A., Anregung 22 (1976), 207; Nickel R., Gymn. 84 (1977), 552f.

3037 WÜLFING P.: Lateinische Anfangslektüre im heutigen Schulunterricht, IPTS-Studien 17 (1974), 103–121; vgl.a. ders., MDAV/NW 21.4 (1973), 8f. ׀ **R.**: Töchterle K., AADI 6 (1983), 87f.

3038 FUHRMANN M.: Lateinische Anfangslektüre, Gymn. 82 (1975), 279f. [Arbeitskreis DAV-Tagung 1974]

3039 GLÜCKLICH H.-J.: Der Übersetzungskommentar, 1975 ↗1527

3040 HAPP E.: Zu den Problemen des Lektüreunterrichts im curricularen System, in: Antike Texte – moderne Interpretation, [1975] ↗3130, 46–49

3041 HEILMANN W.: Textverständnis aus der Textstruktur bei der Lektüre lateinischer Prosa. Ein Beispiel für Sprachreflexion, AU 18.2 (1975), 5–21

3042 KLOWSKI J.: Die Übergangslektüre – didaktische Überlegungen, AU 18.5 (1975), 5–12

3043 MAIER F.: Zur Didaktik des Lektüreunterrichts in der Sekundarstufe I, aufgezeigt an einem Beispiel der lateinischen Anfangslektüre, in: Plädoyer für Erziehung, hg. ISP, Donauwörth (Auer) 1975, 203–222 [Caes.]

3044 SCHIRNDING A. v.: Antike Texte – Denkmäler der Reflexion, in: Antike Texte – moderne Interpretation, [1975] ↗3130, 50–52

3045 WÜLFING P.: Die Anfangslektüre des Kölner Arbeitskreises, AU 18.5 (1975), 79–92 [Textbearbeitung Cic. Verr.; s. ↗3579; vgl.a. ↗3037, ↗3059]

3046 Zur lateinischen Übergangslektüre, hg. FUHRMANN M./KLOWSKI J., AU 18.5 (1975)

3047 HEILMANN W.: Zum Vergleichen im lateinischen Literaturunterricht, AU 19.4 (1976), 81–91 [Textbsp.e aus 'Aditus']

3048 MAIER F.: Der Übersetzungsvergleich. Ein Unterrichtsverfahren im Lektüreunterricht der Kollegstufe, 1976 ↗3135

3049 RADECKER F.: Überlegungen zur Methode des Lateinunterrichts in einem Grundkurs der Kollegstufe, in: Kollegstufenarbeit in den Alten Sprachen 2, 1976 ↗574, 98–108

3050 VESTER H.: Die gedruckte Übersetzung im altsprachlichen Unterricht, Anregung 22 (1976), 147–161

3051 BENDER K.: Didaktische Aspekte des lateinischen Literaturunterrichts der Sekundarstufe II, ASiRPS 23.2–3 (1977), 3–11 [Lit.]

3052 GEBHARDT E.: Mögliche Methoden und Arbeitsweisen bei der Verwendung zweisprachiger Texte, in: Latein – Aufsätze zur Textarbeit, 1977 ↗1290, 26–28

3053 GLÜCKLICH H.-J.: Lateinische Lektüre in der Sekundarstufe I, Kiel 1977 (IPTS-Arbeitspapiere zur Unterrichtsfachberatung Latein) [u.a. Caesar]

3054 GRASSL H./KÖHLER R.: Lernzieltabellen für den Lektüreunterricht, Anregung 23 (1977), 254–257

3055 KLINZ A.: Ideologiekritische Betrachtungen im lateinischen Lektüreunterricht, DASiU 24.1 (1977), 2–12 [am Bsp. von Cic., Caes., Liv.]

3056 MAIER F.: Lehrplan Latein: Direktive oder Unterrichtshilfe? Zum lateinischen Lektüreunterricht in der Mittelstufe, Anregung 23 (1977), 367–377; 24 (1978), 18–26

3057 NICKEL R.: Voraussetzungen und Möglichkeiten der Arbeit mit zweisprachigen Texten: didaktische Grundlagen – Diskussionsstand – Erfahrungen, in: Latein – Aufsätze zur Textarbeit, 1977 ↗1290, 19–25

3058 TSCHIRKY I.: Aktive Gruppenarbeit in Latein (am Beispiel der Lektüre von Lyrikern/ Epikern), AU 20.2 (1977), 77f.

3059 WÜLFING P.: Werkstattgespräch aus dem Kölner Arbeitskreis 'Lateinische Anfangslektüre', MDAV/NW 25.4 (1977), 1–6 [vgl.a. ↗3045]

3060 BIETZ W.: Didaktische Probleme bei Sonderformen altsprachlicher Kurse in der Sekundarstufe II, in: Der altsprachliche Unterricht im heutigen Gymnasium, 1978 ↗8, 65–73

3061 FRINGS U.: Comics im Lateinunterricht?, Gymn. 85 (1978), 47–54

3062 KLOWSKI J.: Vorschläge zur Übergangslektüre (Kurzfassung), MDAV/NW 26.1 (1978), 12

3063 NICKEL R.: Begleitlektüre, Übergangslektüre, Anfangslektüre, MLAS/SH 1.4 (1978), 2–11

3064 NICKEL R.: Vergleichende Lektüre nach übergeordneten Themen. Zur Methodik des lateinischen Lektüreunterrichts, MDAV 21.2 (1978), 4–9

3065 NICKEL R.: Vergleichendes Lernen im lateinischen Lektüreunterricht, AU 21.5 (1978), 6–18

3066 NICKEL R.: Ziele und Formen des lateinischen Lektüreunterrichts, in: Der altsprachliche Unterricht im heutigen Gymnasium, 1978 ↗8, 200–219

3067 PÖHLMANN E.: Möglichkeiten und Grenzen fächerübergreifender Arbeit in den lernzielorientierten Lehrplänen der Alten Sprachen in der Mainzer Studienstufe, in: Der altsprachliche Unterricht im heutigen Gymnasium, 1978 ↗8, 149–169 [am Bsp. Prometheus-Mythos]

3068 Vergleichende Lektüre, AU 21.5 (1978), 72 S.

3069 CLASEN A.: Der Übergang vom Lehrbuch zur Lektüre, Gymn. 86 (1979), 407–411 [Arbeitskreis DAV-Tagung 1978]

3070 FRICEK A.: Gedanken zum lateinischen Lektüreunterricht auf der Oberstufe, AHS 28 (1979), 209–214

3071 GLÜCKLICH H.-J.: Arbeitsweisen und Organisationsformen im lateinischen Lektüreunterricht der Sekundarstufe II, AU 22.2 (1979), 36–42

3072 GLÜCKLICH H.-J.: Reorganisation und Erweiterung der Grammatikkenntnisse während der Lektüre, in: Handbuch für den Lateinunterricht, Sek.II, 1979 ↗12, 220–227

3073 NICKEL R.: Die Arbeit mit Übersetzungen, in: Handbuch für den Lateinunterricht, Sek.II, 1979 ↗12, 191–205 [Lit.]

3074 NICKEL R.: Lernzielorientierte Leitfragen, AU 22.2 (1979), 30–35

3075 SCHOENEN G. H.: Textvergleich in der lateinischen Erstlektüre, AU 22.3 (1979), 19–30

3076 WÜLFING P.: Etude des textes et réalités des sociétés antiques: un équilibre à trouver dans l'enseignement des langues anciennes, Bulletin de l'Association G.Budé 38 (1979), 411–421

3077 WÜLFING P.: Literaturtheorie im Lateinunterricht – die didaktischen Aspekte, in: Handbuch für den Lateinunterricht, Sek.II, 1979 ↗12, 285–299

3078 FRINGS U.: Filtertexte im Lateinunterricht, ASiRPS 27.1 (1981), 3–12 [Textbsp.e Catull, Tac., Phaedr.]

Methodik des Lektüreunterrichts   Q

3079 KLOWSKI J.: Zur Didaktik der alten Sprachen: Die Probleme der Anfangslektüre in Latein und Griechisch, in: Handbuch Schule und Unterricht 5.1, hg. TWELLMANN W., Düsseldorf (Schwann) 1981, 393–408 [Ter., Caes., Morus; Lit.] **R.**: Töchterle K., AADI 4 (1982), 42

3080 MAIER F.: Zur Theorie und Praxis des lateinischen Lektüreunterrichtes, 1982 ↗1027

3081 KLINZ A.: Politische Bildung in den Alten Sprachen – Unterrichtspraktische Vorschläge, in: Fachdidaktisches Studium 2, 1982 ↗865, 222–239 [Bsp.e u.a. Cic. Manil.; Sall., Catil.; Lit.] **R.**: Gamper P., AADI 6 (1983), 75

3082 MAIER F.: Der lateinische Lektüreunterricht auf der Sekundarstufe I, in: Fachdidaktisches Studium 2, 1982 ↗865, 63–86 [Lit.] **R.**: Töchterle K., AADI 6 (1983), 85

3083 MAIER F.: Leitfragen im altsprachlichen Lektüreunterricht, in: Fachdidaktisches Studium 2, 1982 ↗865, 37–47 | **R.**: Töchterle K., AADI 6 (1983), 75

3084 MAIER F.: Texte als Lerninhalte, in: Fachdidaktisches Studium 2, 1982 ↗865, 9–20 | **R.**: Töchterle K., AADI 6 (1983), 75f.

3085 SCHÖNBERGER O./GRUBER J.: Griechisches im Lateinunterricht, in: Fachdidaktisches Studium 2, 1982 ↗865, 101–109 | **R.**: Gamper P., AADI 6 (1983), 86

3086 WÜLFING P.: Lateinische Anfangslektüre, in: Fachdidaktisches Studium 2, 1982 ↗865, 48–62 [mit Caes., Ter., Gell. und Nep. z.B.]

3087 MAIER F.: Der lateinische Lektüreunterricht in der Mittelstufe, in: Handreichungen für den Lateinunterricht Jgst. 8–11, 1, 1984 ↗737, 6–44 [Lit.]

3088 MAIER F.: Lateinunterricht zwischen Tradition und Fortschritt, 2 Zur Theorie des lateinischen Lektüreunterrichts, 1984, ²1987, 302 S. [s.a. ↗1882, ↗3095] **R.**: Fritsch A., LGB 28 (1984), 65f.; Karl K., DASiU 31.3 (1984), 27–29; Königer W., MDAV 27.4 (1984), 16f.; Clasen A., MLAS/SH 1985, 24–27; Frings U., MDAV/NW 33.1 (1985), 8f.; Hansen J. G., Gymn. 92 (1985), 213–215; Hentschel O., MDAV/Ns 35.4 (1985), 4–8; Töchterle K., AADI 10 (1985), 138f.; Karl K., IAU 8 (1986), 102f.; Kohl A., Anregung 32 (1986), 116f.

3089 STEPHAN-KÜHN F.: Lateinische Lektüre in der 10. und 11. Jahrgangsstufe, Gymn. 91 (1984), 105–118 [Lit.] **R.**: Töchterle K., AADI 9 (1985), 129

3090 BINDER G.: Originaltext und Bearbeitung. Wieviel Veränderung verträgt ein Originaltext?, Gymn. 92 (1985), 132–150 | **R.**: Töchterle K., AADI 11 (1986), 13

3091 FINK G.: Grammatikarbeit bei der Dichterlektüre, dargestellt am Beispiel Ovid, AU 28.3 (1985), 32–45 [u.a. Satzanalyse, ut] **R.**: Siehs G., AADI 12 (1986), 25

3092 GLÜCKLICH H.-J.: Immer wieder Grammatik – immer wieder Textverständnis, AU 28.3 (1985), 5–18 | **R.**: Siehs G., AADI 12 (1986), 26

3093 Grammatik im Lektüreunterricht, hg. GLÜCKLICH H.-J., AU 28.3 (1985)

3094 HEILMANN W.: Reflexion und Identifikation im Lateinunterricht, MDAV/Ns 35.3 (1985), 3–17 [Textbsp. Caes. Gall.]

3095 MAIER F.: Lateinunterricht zwischen Tradition und Fortschritt, 3 Zur Praxis des lateinischen Lektüreunterrichts, 1985, ²1988, 412 S. [Bsp.e aus Caes., Cic., Ov., Tac., Verg. u.a.; s.a. ↗1882, ↗3088] **R.**: Fritsch A., LGB 30 (1986), 60f.; Karl K. DASiU 33.3 (1986), 10–12; Königer W., MDAV 29.3 (1986), 83; Töchterle K., AADI 12 (1986), 28; Weidner W., MDAV/Hs 33.5 (1986), 2f.; Bayer E., Besprechungen, Annotationen 12.1 (1987), 40; Clasen A., MLAS/SH 1987.2, 26–29; ders., Anregung 33 (1987), 398–400; Keulen H., MDAV/NW 35.1 (1987), 9–14; Kohl A., Anregung 34 (1988), 115;

Schwarz F. F., Gymn. 95 (1988), 430–432; Vester H., MLAS/BW 16/17.1 (1988), 21f.; Vretska H., Ianus 10 (1989), 92f.

3096 MUNDING H.: Antike Texte – aktuelle Probleme. Existentieller Transfer im altsprachlichen Unterricht, 1985 ↗3163

3097 PFAFFEL W.: Grammatikneudurchnahme im Rahmen der Übergangslektüre. Bearbeitung des plautinischen ‚Rudens' für die lateinische Gliedsatzlehre, AU 28.3 (1985), 58–79 [vgl. dazu ↗4218] **R.**: Siehs G., AADI 12 (1986), 30

3098 WEIKUSAT F.: Grammatikunterricht mit der Hannibalvita des Nepos, AU 28.3 (1985), 46–57 [Gerundiv, Deponentia, Abl. abs.] **R.**: Siehs G., AADI 12 (1986), 31f.

3099 BUCHTMANN E.: Ein fachspezifischer Weg zur Textarbeit im Dichtungskurs (Planungsüberlegungen für ein Folgekurssystem im Lateinunterricht der Qualifikationsphase), AU 29.6 (1986), 4–24 I **R.**: Gamper P., AADI 15 (1988), 60

3100 MAIER F.: Aktualisierende Vermittlung lateinischer Texte, 1987 ↗1055

3101 MAIER F.: Lebendige Vermittlung von Literatur. Zu Aktualität und Aktualisierung lateinischer Texte, Anregung 33 (1987), 321–329; jetzt in: Lebendige Vermittlung lateinischer Texte ↗3106, 5–17 I **R.**: Töchterle K., AADI 16 (1988), 92

3102 PFISTER R.: Latein ohne Lektüre?, MDAV 30.2 (1987), 51f.

3103 Satz- und Texterschließung, hg. GLÜCKLICH H.-J., AU 30.1 (1987), 76 S.

3104 SCHNEIDER B.: Handschriftenkunde und Textkritik im Lateinunterricht der gymnasialen Oberstufe, LGB 31 (1987), 94–117 [Lit.]

3105 MAIER F.: Aktualität und Aktualisierung antiker Texte. Ein altes Unterrichtsprinzip – neu durchdacht, Gymn. 95 (1988), 414–424

3106 MAIER F.: Lebendige Vermittlung lateinischer Texte. Neue Lektüre- und Interpretationsanstöße, Bamberg (Buchner) 1988 (Auxilia 18), 173 S. I **R.**: Burnikel W., MDAV 31.4 (1988), 103f.; Olbrich W., DASiU 35.3 (1988), 24f.; Hey G., MLAS/SH 1989.1, 25–27; Kohl A., Anregung 35 (1989), 118; Vogl H., AADI 19 (1990), 125f.

3107 MARIACHER J.: Probleme mit der Lateingrammatik in der Oberstufe des Gymnasiums, Latein-Forum 6 (1988), 12–14

3108 OLBRICH W.: 9. Klasse Latein – Ein Jahresbericht, in: Jber. AEG 1988/89, 43–45

3109 GLÜCKLICH H.-J.: Zeitgemäßer Humanismus. Möglichkeiten und Probleme seiner Verwirklichung am Beispiel der lateinischen Mittelstufenlektüre, Gymn. 96 (1989), 468–477

3110 ROTHENBURG K. H. v.: Comics im Lateinunterricht, LGB 33 (1989), 2–10

3111 KREFELD H.: Sprachunterricht in der Lektürephase. Anmerkungen zu Zielen und Methoden, in: Bildung durch Sprache, 1990 ↗1921, 87–99

3112 MAIER F.: Zur bildenden Wirkung antiker Literatur. Planung und kreative Phantasie im Lektüreunterricht, Gymn. 97 (1990), 549–565

3113 NIEDERMAYR H.: Lateinischer Lektüreunterricht auf neuen Wegen, in: Jber. Akad. Gymn. Innsbruck 1990/91, 23–26

3114 DISSELKAMP C.: Ganzheitliche Texterschließung, AU 34.6 (1991), 107–110

3115 GLÜCKLICH H.-J.: "Lateinische Texte verstehen und erleben", 1991 ↗1079

3116 NICKEL R.: Texte zur Übergangs- und Interimslektüre, in: Latein in der Mittelstufe, 1991 ↗1338, 63–78

R. Interpretation

3117 Interpretationen lateinischer Schulautoren mit einer didaktischen Einführung, hg. KREFELD H., Frankfurt/M. (Hirschgraben) 1968, ²1970, 266 S. [zu Cic., Caes., Sall., Verg., Hor., Ov., Liv., Sen., Tac. u.a.] **R.:** Bayer K., Gymn. 79 (1972), 250f.; Brühl E., MDAV/NW 20.2 (1972), 8f.; Gieseking K., MDAV/Ns 22.1 (1972), 9f.

3118 LAVENCY M.: Sprachwissenschaft und philologische Interpretation, 1971 ↗2176

3119 RÖMISCH E.: Aspekte der Oberstufenlektüre im Lateinunterricht, AU 14.5 (1971), 33–51 [Textbsp.e Cic. Planc., Verg. Aen.] **R.:** Kohl A., Anregung 19 (1973), 62

3120 RÖTTGER G.: Das sprachliche Kunstwerk im altsprachlichen Unterricht, AU 14.5 (1971), 52–71 [am Bsp. Sall. Catil.] **R.:** Kohl A., Anregung 19 (1973), 62

3121 MAIER F.: Das »wandernde« Interpretationsheft. Ein methodischer Vorschlag zum altsprachlichen Lektüreunterricht, Anregung 18 (1972), 145–148

3122 RIEDEL W.: Typen situativer Determinanten eines Textes, MDAV/Hs 19.4 (1972), 6–8; 20.1 (1973), 2f. [Textbsp. Catull]

3123 BARIÉ P.: Die »mores maiorum« in einer vaterlosen Gesellschaft. Ideologiekritische Aspekte literarischer Texte, aufgezeigt am Beispiel des altsprachlichen Unterrichts, Frankfurt/M. u.a. (Diesterweg) 1973, 128 S. ǀ **R.:** Königer W., MDAV/Bl 20.1 (1974), 7f.; Jäger G., Anregung 23 (1977), 330; Kohl A., Anregung 20 (1974), 200

3124 KNECHT T.: »Lektüre nach Maß«, Anregung 19 (1973), 262–264

3125 MAIER F. u.a.: Ziele und Ansätze moderner Interpretation altsprachlicher Texte, Anregung 19 (1973), 49f., 194–196, 262–264, 331f., 401; 20 (1974), 51f., 113-115, 190f.

3126 RÖMISCH E.: Lektüremodelle, in: Klassische Philologie, 1973 ↗967, 101–120 [Phaedr., Caes., Liv.]

3127 MAIER F.: Interpretationsebenen im Lektüreunterricht. Grundlagen einer altsprachlichen Lektüredidaktik, Anregung 20 (1974), 365–373

3128 MUNDING H.: »Existentieller Transfer« bei lateinischen Historikern, Anregung 20 (1974), 292–303 [vgl.a. ↗3365] **R.:** Kohl A., Anregung 22 (1976), 206

3129 SCHÖNBERGER O.: Thema oder Text? Erfassen der Kunstform eines antiken Werkes, Anregung 20 (1974), 113–115; auch in: Antike Texte – moderne Interpretation, [1975] ↗3130, 53–56

3130 Antike Texte – moderne Interpretation, hg. HÖRMANN F., München (BSV) o.J. [1975] (Anregung, Sonderheft), 94 S. ǀ **R.:** MDAV 20.2 (1977), 13f.; Kohl A., Anregung 24 (1978), 124

3131 GLÜCKLICH H.-J.: Texterschließung, Interpretationskunde und fächerübergreifende Denkmodelle, in: Antike Texte – moderne Interpretation, [1975] ↗3130, 30–36

3132 KLOWSKI J.: Der Modellcharakter antiker Texte, in: Antike Texte – moderne Interpretation, [1975] ↗3130, 25f.

3133 LEGGEWIE O.: Zur Interpretation auf der Oberstufe, in: Werte der Antike, 1975 ↗811, 117–133 [Textbsp.: Sall. Catil., Iug. (Zerstörung Karthagos, Imperialismus); Reden ('Staats- u. Parteidenken im republ. Rom')]

3134 MUNDING H.: Antike Texte als Botschaft, in: Antike Texte – moderne Interpretation, [1975] ↗3130, 5f.

3135 MAIER F.: Der Übersetzungsvergleich. Ein Unterrichtsverfahren im Lektüreunterricht der Kollegstufe, in: Kollegstufenarbeit in den Alten Sprachen 2, 1976 ↗574, 78–90

3136 NEUMEISTER C.: Die methodische Interpretation eines lyrischen Gedichtes, gezeigt am Beispiel einer Horaz-Ode, 1976 ↗3793

3137 PIETSCH W. J.: Die Interpretation als Leistung des Schülers. Ein Beitrag zur Cicero- und Sallust-Lektüre der 6. Klasse, in: Jber. Akad. Gymn. Graz 1976, 4–10

3138 HILBERT K.: Hinweise zur Interpretation, LEU/L 4 (1977), 2–9

3139 MEYER T.: Sachwissen (Realien), LEU/L 4 (1977), 10–12

3140 STAFFHORST U.: Zur Interpretationsarbeit auf der Oberstufe, in: Jber. Bismarck-Gymnasium Karlsruhe 1978/79, 63–69

3141 ELLER K. H.: Übersetzungsvergleich als Interpretationsansatz, in: Handbuch für den Lateinunterricht, Sek.II, 1979 ↗12, 206–219 [Textbsp. u.a. Hor. carm.]

3142 GLÜCKLICH H.-J.: Übersetzen und Interpretieren im Lateinunterricht der Sekundarstufe II, in: Handbuch für den Lateinunterricht, Sek.II, 1979 ↗12, 151–177 [Lit.]

3143 Impulse für die lateinische Lektüre. Von Terenz bis Thomas Morus, 1979 ↗3197

3144 NICKEL R.: Die sogenannten Stilmittel und die Interpretation lateinischer Texte, AU 22.6 (1979), 31–42 ❘ R.: Kohl A., Anregung 26 (1980), 193

3145 NAGEL W.: Neue psychologische Erkenntnisse und antike Dichtung. Versuch einer modernen Interpretation von Ovid, Tristia IV 10, 1980 ↗4161

3146 FINK G.: Ein Hauch von Laissez faire? Neros Erziehung als Gegenstand textgrammatischer Reflexion, AU 24.4 (1981), 72–76 [Tac. ann.] R.: Nagel W., AADI 4 (1982), 47

3147 GELDNER H.: Das „Drehbuch" des Livius zum Porsenna–Krieg, 1981 ↗3908

3148 GLÜCKLICH H.-J.: Fachstudium als Vorbereitung erfolgreichen Unterrichtens. Interpretationsmethoden, Textanalyse, Grammatiklehre, 1981 ↗854

3149 HOHNEN P.: Unterrichtswirklichkeit und Interpretationsprozeß. Ein Beitrag zur Interpretationsmethodik, AU 24.2 (1981), 64–84 [Bsp.e: Sen. epist., Catull] R.: Töchterle K., AADI 3 (1982), 29

3150 KLINZ A.: Der Übersetzungsvergleich als Interpretationshilfe und Mittel zum Textverständnis, AU 24.4 (1981), 77–90 ❘ R.: AADI 4 (1982), 48

3151 MAIER F.: Ovid: Dädalus und Ikarus · Der Prinzipat des Augustus. Interpretationsmodelle, Bamberg (Buchner) 1981, ²1989 (Auxilia 2), 144 S. [Lit.] R.: Frentz W., MDAV/NW 30.3 (1982), 9f.; Ruck H., DASiU 29.1 (1982), 24; Töchterle K., AADI 3 (1982), 38; Vretska K., IAU 4.1 (1982), 38f.; Kohl A., Anregung 30 (1984), 269

3152 PIETSCH W. J.: Schüler interpretieren. Beiträge zur Dichterlektüre aus dem Lateinunterricht der 7. und 8. Klasse, in: Jber. Akad. Gymn. Graz 1981, 11–23

3153 NICKEL R.: Die Interpretation im altsprachlichen Unterricht, in: Fachdidaktisches Studium 2, 1982 ↗865, 21–36

3154 FAHR R.: „Lacrimans exsul feror". Eine psychoanalytisch-biologistische Interpretation von Vergils Aeneis, 1983 ↗4796

3155 FRINGS U.: Textbearbeitungen, Filtertexte und vergleichendes Interpretieren, AU 26.6 (1983), 80–99 [Bsp.e aus Liv., Petron., Cic., Catull.] R.: Siehs G., AADI 8 (1984), 108

3156 KLINZ A.: Übersetzungsvergleich poetischer Texte im altsprachlichen Unterricht, Anregung 29 (1983), 171–185 ❘ R.: Maier F., AADI 7 (1984), 89

3157 PETERS A.: Zur Interpretationsaufgabe: Fragen bei der Aufgabenstellung, 1983 ↗1463

3158 SIEBENBORN E.: Interpretation und Interpretationsaufgabe im Lateinunterricht, MDAV/NW 31.2 (1983), 4–12

3159 STEINER W.: Ein Beitrag zur Interpretation im Lateinunterricht, IAU 6 (1984), 39–41 [Beispiel einer Schülerinterpretation von Catull carm. 14 und 58 in einer Schulaufgabe]

3160 WIDDRA K.: Zur Art der Interpretationsaufgabe im Lateinunterricht der gymnasialen Oberstufe und in der Abiturprüfung, 1984 ↗1471

3161 ZIELINSKI E.: Methodologie der Interpretationsaufgabe. Zu Problemen adäquater Aufgabenkonstruktion, 1984 ↗1472

3162 LUDERER W.: Lateinische Texte: Übersetzen und Interpretieren, 1985 ↗1043

3163 MUNDING H.: Antike Texte – aktuelle Probleme. Existentieller Transfer im altsprachlichen Unterricht, Bamberg (Buchner) 1985 (Auxilia 12), 130 S. [Lit.] **R.:** Gamper P., AADI 12 (1986), 29f.

3164 BEIL A.: Basisinterpretation, MDAV/NW 34.2 (1986), 8–10

3165 SCHÖNBERGER O.: Von Nepos bis zum Neuen Testament. Interpretationen lateinischer Prosatexte, Bamberg (Buchner) 1986 (Auxilia 14), 96 S. | **R.:** Bayer E./Schmid E., Besprechungen, Annotationen 12.4 (1987), 31f.

3166 ZIELINSKI E.: Ein „aristotelisches" Horazgedicht. Exemplarische Textarbeit an der Horazode 2,10, 1986 ↗3808

3167 BARIÉ P.: Poetische Sprachstruktur und Textverständnis. Konturen einer Didaktik lateinischer Poesie, AU 30.5 (1987), 20–38 [Textbsp.: Ov. met. 10,17–26] **R.:** Töchterle K., AADI 16 (1988), 87

3168 EYSELEIN K.: Über Bild, Klang und Rhythmus in lateinischer Dichtung, AU 30.5 (1987), 39–48 | **R.:** Töchterle K., AADI 16 (1988), 89

3169 GLÜCKLICH H.-J.: Interpretation im Lateinunterricht. Probleme und Begründungen, Formen und Methoden, AU 30.6 (1987), 43–59 | **R.:** Töchterle K., AADI 16 (1988), 89

3170 Theorie und Praxis der Interpretation, hg. GLÜCKLICH H.-J., AU 30.6 (1987), 99 S.

3171 SCHINDLER W.: Interpretationsweisen im Literaturunterricht der Alten Sprachen, AU 30.6 (1987), 4–16 [u.a. zu historischer u. kommunikationstheoretischer Interpretation, Gadamers Hermeneutik] **R.:** Töchterle K., AADI 15 (1988), 58

3172 SCHÖNBERGER O.: Rudimenta interpretandi, Anregung 33 (1987), 22–24 | **R.:** Töchterle K., AADI 17 (1989), 106

3173 SCHÖNBERGER O.: Von Catull bis zu den Carmina Burana. Interpretation poetischer Texte, Bamberg (Buchner) 1987 (Auxilia 15), 143 S. [Catull., Verg., Ov., Hor., Phaedr., Carmina Burana] **R.:** Bayer E., Besprechungen, Annotationen, 13.1 (1988), 26; Kohl A., Anregung 35 (1989), 118

3174 SIEBENBORN E.: Textbegriffe und Interpretationsweisen. Zur semantischen Struktur als Grundlage unterrichtlichen Interpretierens, AU 30.6 (1987), 17–42 [Textbsp.e aus Tac., Hor., Caes.] **R.:** Töchterle K., AADI 17 (1989), 106

3175 VESTER H.: Zum Umgang mit den Erzähltempora, 1987 ↗2374

3176 MAIER F.: Lebendige Vermittlung lateinischer Texte. Neue Lektüre- und Interpretationsanstöße, 1988 ↗3106

3177 HORSTMANN A.: Das Fremde und das Eigene. Assimilation als hermeneutischer und bildungstheoretischer Begriff, AU 34.1–2 (1991), 37–56 | **R.:** Töchterle K., AADI 23 (1992), 33

3178 LOHMANN D.: Blickrichtungen des Interpretierens, MLAS/BW 19.2 (1991), 3–8

S. Autorenlektüre

1. Grundsätzliches

3179 GEGENSCHATZ E.: Zur Zielsetzung der Lektüre im Lateinunterricht, AU 9.2 (1966), 56–78; jetzt in: Didaktik des altsprachlichen Unterrichts, 1974 ↗5, 312–340

3180 KLINZ A.: Die Schulschriftsteller, in: Lateinausbildung im Studienseminar, 1966 ↗756, 74–150. 297–303 [Lit., u.a. Fundstellenverzeichnisse zu den behandelten Autoren (Caes., Cic., Sall., Liv., Tac., Ov., Hor., Verg.)]

3181 HADAMOVSKY W.: Der Lektüre-Kanon als Problem des pädagogischen Humanismus, in: Praktika otu protou diethnous Kyprologikou sunedriou (Leukosia, 14–17. 4. 1969), 1, hg. KARAGIORGI B./CHRISTODOULOU A., Leukosia 1972, 120–126

3182 SUERBAUM W.: Vor dem Ende der Ganzschrift-Lektüre?, 1973 ↗3668

3183 FUHRMANN M.: Caesar oder Erasmus? Überlegungen zur lateinischen Lektüre am Gymnasium, Gymn. 81 (1974), 394–407; jetzt in: Alte Sprachen in der Krise?, 1976 ↗182, 83–94 | R.: Kohl A., Anregung 22 (1976), 204; Munding H., Anregung 23 (1977), 194f., Klowski J., a.O. 410f. [s.a. (zu dem zugrundeliegenden Vortrag): Gaul D., MDAV/Hs 21.1 (1974), 4–6; Storch H., MLAS/BW 5.2 (1974), 21f.; vgl.a. Kahlenberg K. ↗3185, Lauff S. ↗3194]

3184 HAPP E.: Terenz statt Caesar als Anfangslektüre, 1974 ↗4638

3185 KAHLENBERG K.: Caesar oder Erasmus. Überlegungen zur lateinischen Lektüre am Gymnasium, MDAV 17.2 (1974), 12–14 [zu Fuhrmann M. ↗3183; vgl.a. ↗3194]

3186 MAIER F.: Autoren- und Werklektüre innerhalb des curricularen Systems, Anregung 20 (1974), 23–25; auch in: Antike Texte – moderne Interpretation, [1975] ↗3130, 65–76 | R.: Kohl A., Anregung 22 (1976), 205

3187 FUHRMANN M.: Über kleine Gattungen als Gegenstand der Anfangslektüre, AU 18.5 (1975), 24–43

3188 GLÜCKLICH H.-J.: Anfangslektüre, ASiRP 21.1 (1975), 7–12; 21.2, 3–6 [Lit.]

3189 KEULEN H.: Einseitigkeit des bisherigen Lektürekanons, in: Antike Texte – moderne Interpretation, [1975] ↗3130, 40f.

3190 KNECHT T.: Überlegte Auswahl der Lektüregegenstände und Deutungsaspekte, in: Antike Texte – moderne Interpretation, [1975] ↗3130, 37–39

3191 WESTPHALEN K.: Latein ohne Richtschnur? Zum Problem des Lektürekanons, Anregung 21 (1975), 18–28; auch in: Antike Texte – moderne Interpretation, [1975], ↗3130, 84–94]

3192 WESTPHALEN K.: Lektürekanon?, Gymn. 82 (1975), 282f. [Arbeitskreis DAV-Tagung 1974]

3193 SUERBAUM W.: Werklektüre oder thematische Sequenzen-Lektüre? Betrachtungen zu einem Problem der Curriculumplanung, 1976 ↗3673

3194 LAUFF S.: Utrum Caesarem an Erasmum legamus (De scriptoribus primis in gymnasio legendis), VL 13 (1977), 66–70 [vgl. Fuhrmann M. ↗3183]

3195 Lektüre und „Kanon" in der Sekundarstufe I, 1978 ↗999

3196 GLÜCKLICH H.-J.: Lateinische Lektüre auf der Sekundarstufe I, AU 22.3 (1979), 5–18 [Lit., a. zu Caes., Ov. met., ars, Catull., Ter.]

3197 Impulse für die lateinische Lektüre. Von Terenz bis Thomas Morus, hg. KREFELD H., Frankfurt/M. (Hirschgraben) 1979, 295 S. I **R.**: Königer W.., MDAV 22.4 (1979), 15; Kohl A., Anregung 26 (1980), 248; Voit L., Gymn. 88 (1981), 181–183; Töchterle K., Anzeiger f. d. Altertumswiss. 36 (1983), 127

3198 KIEFNER G.: Alternativen zur Lektüre von Caesars Bellum Gallicum, 1979 ↗1007

3199 Lateinische Lektüre auf der Sekundarstufe I, hg. GLÜCKLICH H.-J., AU 22.3 (1979), 100 S.

3200 MAIER F.: Auch Caesar ein Schriftsteller der Anfangslektüre. Zu den Problemen des lateinischen Lektürebeginns, in: Erbe, das nicht veraltet, 1979 ↗827, 142–176

3201 OBERLE G.: Handreichungen zum Lateinunterricht in Kl. 5/6 und S I: Seria et Iocosa. Texte zur Begleit- und Übergangslektüre, LEU/L 19 (1979), 45 S. [B-W; s.a. ↗5296]

3202 SENONER R.: Autorenlektüre oder thematische Lektüre? Versuch einer Kombination, IAU 2.2 (1980), 94f. I **R.**: AADI 2 (1981), 25

3203 FUHRMANN M.: Humanistische Texte als (Anfangs-) Lektüre, 1981 ↗1026

3204 BARIÉ P.: Aut Caesar aut nihil? 10 Thesen zur Dominanz des Bellum Gallicum auf der Mittelstufe, 1982 ↗3343

3205 BRANDHOFER F. J./RIEGER E./FIRNKES M.: Lateinische Dichterlektüre I. Unterrichtsprojekte zu Phädrus und Ovid, Bamberg (Buchner) 1982 (Auxilia 4), 124 S. [Sek.I; Lit.] **R.**: Ruck H., DASiU 30.1 (1983), 26f.; Töchterle K., AADI 5 (1983), 64; Vretska K., IAU 5 (1983), 74

3206 GÖSSWEIN U. u.a.: Lateinische Dichterlektüre II. Unterrichtsprojekte zu Martial, Terenz, Catull, Bamberg (Buchner) 1982 (Auxilia 5), 102 S. [Sek.I; Lit.] **R.**: Nagel W., AADI 5 (1983), 65; Ruck H., DASiU 30.1 (1983), 26f.; Vretska K., IAU 5 (1983), 74

3207 Lateinische Anfangslektüre, AU 25.4 (1982), 81 S.

3208 GRUBER J.: Lektüren für Latein als erste Fremdsprache in den Jahrgangsstufen 9–11. Spätantike, christliche, mittelalterliche, humanistische, neulateinische Texte sowie Texte von lokalgeschichtlicher Bedeutung, in: Handreichungen für den Lateinunterricht Jgst. 8–11, 1, 1984 ↗737, 157–235 [mit ausführlichem Verzeichnis von Abkürzungen in Inschriften; Lit.]

3209 SCHÖNBERGER O.: Anmerkungen zur Lektüre christlicher, mittelalterlicher und neuerer lateinischer Texte, DASiU 31.2 (1984), 17–28; 31.3, 8–18

3210 KARL K.: Das Kind nicht mit dem Bade ausschütten. Zum Lektüreplan Latein, Anregung 32 (1986), 86–88 I **R.**: Töchterle K., AADI 13 (1987), 35

3211 STROH W.: Text oder Lernziel? Ein Sondervotum zum altsprachlichen Lektüreunterricht, 1986 ↗648

3212 Zur römischen Dichtung. Kurse in der Sekundarstufe II, AU 29.6 (1986), 100 S.

2. Einzelne Autoren und anonyme Werke

a. Antike

AMBROSIUS

3213 Alexanders Gespräch mit den Brahmanen (Vita bragmanorum Sancti Ambrosii), bearb. SCHWARZ F. F., LL 31 (1976–77), 1–16
3214 GRUBER J.: Ambrosius, Hymnus Ad galli cantum, in: Europäische Literatur in lateinischer Sprache, 1987 ↗5444, 84–86

AMMIANUS MARCELLINUS

3215 GÄRTNER H.: Kaiser Julians letzter Tag. Anmerkungen zur Darstellung Ammians (Res gestae 25,3), in: Neue Perspektiven, 1989 ↗920, 65–95

APICIUS

3216 ZELFEL M.: Zu Gast bei Apicius in Preßbaum (NÖ), IAU 4.2 (1982), 28–33 [mit Rezepten] R.: Töchterle K., AADI 5 (1983), 70
3217 BAUR E.: Kochen mit Apicius, Latein-Forum 11 (1990), 22–38

APULEIUS

3218 Amor und Psyche. Ein Liebesmärchen des Apuleius [& Lehrerkomm.], v. BARIÉ P./EYSELEIN K., Freiburg (Ploetz) 1983 (Fructus 11), 84 & 84 S.
3219 SALLMANN K.: Apuleius und seine Zeit, in: Relata I, 1975 ↗984, 110–132 [Textbsp.: met. 8,18–21]
3220 BARIÉ P./EYSELEIN K.: Zur Deutung von Amor und Psyche im Unterricht – ein Plädoyer für den (tiefen-) psychologischen Gesichtspunkt, MDAV 26.2 (1983), 15–22
3221 FRINGS U.: Der goldene Esel und geistiger Widerstand im Dritten Reich, MDAV/NW 32.3 (1984), 7–10
3222 FINK G.: Der Hexer. Gerüchte und Geschichten von Apuleius, G 1989.9, 22–24

AUGUSTINUS

3223 Augustinus: De civitate dei, bearb. ZEPF M., Heidelberg (Kerle) (Heidelberger Texte 27), 134 & 38 S.
3224 Augustinus: De civitate dei, bearb. KLOESEL H., Paderborn (Schöningh) 1953, ^{4}1968, 142 & 96 S.
3225 Augustinus: Von den Ursachen der Größe Roms. De civitate dei Buch V, bearb. GROSS K., Bamberg (BVB) 1960, ^{3}1972 (Am Born der Weltliteratur B 7), 39 & 18 S.
3226 Augustin: Gottesstaat (Auswahl), bearb. WILSING N., Stuttgart (Klett) 1974, 56 & 24 S.

3227 Augustinus: De civitate dei. Mit Begleittexten (Text; Schülerkomm.; Lehrerkomm.), bearb. BUCHNER H., Bamberg (Buchner) 1977 (Text u. Komm.), 1981 (Lehrerkomm.) (ratio 3), 95, 64 & 67 S. | **R.**: Gunermann H., DASiU 25.2 (1978), 30–35; zum Lehrerkomm.: Siehs G., AADI 3 (1982), 33; Vretska K., IAU 5 (1983), 77; Fàbrega V., MDAV/NW 31.4 (1983), 12f.; Kohl A., Anregung 30 (1984), 212

3228 Augustinus: C o n f e s s i o n e s , Frauenfeld (Huber) (Editiones Helveticae)

3229 S. Aureli Augustini Confessiones. Erweiterte Auswahl aus den ersten zehn Büchern, bearb. FISCHER P. J., Münster (Aschendorff) 1963, 139 & 203 S. | **R.**: Bungarten H. ↗39

3230 Augustinus: Confessiones. Auswahl aus den ersten 10 Büchern, bearb. SIEWERT W., Münster (Aschendorff) 1987, 211 & 119 S. | **R.**: Kohl A., Anregung 34 (1988), 116f.

3231 HESS W.: Elemente einer Einführung in die Logik und die platonistische Philosophie der Logik anhand von Augustinus-Texten, AU 15.2 (1972), 59–94 | **R.**: Kohl A., Anregung 20 (1974), 201

3232 ALFONSI L.: Augustin und die antike Schule, AU 17.1 (1974), 5–16 [Zuerst: Sant'Agostino e i metodi educativi dell'antichità, Studi Romani 19 (1971), 253–263, übers. Kauer H. G.]

3233 WALTER P.: Aurelius Augustinus: Gladiator – Circensium sordes, in: Aditus. Neue Wege zum Latein (Lehrerhandbuch), 1975 ↗4994, 252–271

3234 ZRENNER W.: "Nodutus", "Limentinus" etc. nur Götter für Naive, oder Reste philosophischer Visionen? Gedanken nach einer Augustinus-Lektüre, AHS 26 (1977), 234–237

3235 GEGENSCHATZ E.: Ein collegium logicum in Augustins Schrift 'De quantitate animae', in: Erbe, das nicht veraltet, 1979 ↗827, 62–96

3236 THRAEDE K.: Christliche Romideologie und theologische Romkritik in Augustins De civitate dei, in: Verpflichtung der Antike, 1979 ↗839, 117–159

3237 STEIDLE W.: Gedanken zur Komposition von Augustins Confessionen, in: Struktur und Gehalt, 1983 ↗871, 86–101

3238 GRUBER J.: Augustinus, in: Europäische Literatur in lateinischer Sprache, 1987 ↗5444, 55–66

3239 FRANK K. S.: Augustinus, incidi in libros (Augustinus und die Philosophie), in: Antikes Denken – Moderne Schule, 1988 ↗319, 286–296

3240 MAYER C.: Tempus vestigium aeternitatis – Augustins Zeitauslegung im 11. Buch seiner Confessiones, LEU/L 49 (1988), 116–145

3241 MAYER C.: Der gebildete Christ – Die Rettung des antiken Erbes für die christliche Welt durch Augustin, LEU/L 52 (1991), 102–129

AUSONIUS

3242 KYTZLER B.: Römischer Alltag bei Ausonius, 1990, 208f. ↗1063

BOETHIUS

3243 Boethius: Consolatio Philosophiae. Auswahl, bearb. HERRMANN F. X., Münster (Aschendorff) 1974, 69 & 120 S.; ²1981, 81 & 124 S. | **R.**: Michels M., MDAV/RhPf 1974.3-4, 14; Brühl E., MDAV/NW 23.1 (1975), 10–12

3244 GEGENSCHATZ E.: Zufall, Freiheit und Notwendigkeit – ein philosophisch-geschichtlicher Exkurs im Kommentar des Boethius zur Aristotelischen Schrift 'De interpretatione', in: Erbe, das nicht veraltet, 1979 ↗827, 5–61

3245 GRUBER J.: Boethius, De consolatione Philosophiae, in: Europäische Literatur in lateinischer Sprache, 1987 ↗5444, 66–71

3246 GRUBER J.: Interpretationen zur *Consolatio Philosophiae* des Boethius, Anregung 38 (1992), 169–181, 222–233

CAESAR

3247 MEISSNER G.: Kleine fachdidaktische Bibliographie zur Caesarlektüre, LGB 25 (1981), 54–57

3248 Literatur zu Caesar und Cicero, 1990 ↗88

3249 C. Julius Caesar: Auswahl aus seinen Werken (Bellum Gallicum, Bellum civile, bearb. HAAS H., Einl. v. GELZER M., Heidelberg (Kerle) 1947, ^{7}1957 (Heidelberger Texte 1), 184 S.

3250 —. Wörterverzeichnis mit Erläuterungen, v. SCHMÖLDER W., 88 S.

3251 Caesar: Auswahl aus Bellum Gallicum, Bellum Civile, bearb. LAMMERT F., Stuttgart (Klett) 1955, Ndr. 1984 (Litterae Latinae), 54 & 16 S.

3252 Cicero und Caesar zwischen Republik und Diktatur (Text und Kommentar), 1964 ↗3483

3253 Caesar (Text; Komm.; Lehrerbegleitband), bearb. DOBESCH G./WENK W., Wien (HPT) 1988 (Orbis Latinus 6), 104, 132 & 110 S. I **R.**: Schwarz F. F., Ianus 11 (1990), 116–118; Senfter R., AADI 23 (1992), 39f.

3254 Caesar (TKomm.; Lehrerbegleitheft), bearb. ZACH E., Wien (Braumüller) 1988 (Latein in unserer Welt), 68 & 32 S. I **R.**: Töchterle K., AADI 17 (1989), 99

3255 OPPERMANN H.: Caesar, in: Interpretationen lateinischer Schulautoren, 1970 ↗3117, 28–50

3256 SCHWARZ F. F.: Caesars Aufstieg zur Macht. Ein kritischer Leitfaden zum Beginn der Caesar-Lektüre, in: Jber. Realgymn. Graz 98, 1971, 13–45

3257 Caesar im Unterricht der Gymnasien (Kurzberichte), MDAV/Bl 18.3 (1972), 2; 4–5

3258 GLÜCKLICH H.-J.: Rhetorik und Führungsqualität – Feldherrnreden Caesars und Curios, AU 18.3 (1975), 33–64 [Lit.]

3259 SCHÜMANN B. F.: 500 Vokabeln zu Caesar. Ein Lernbuch, Hamburg (Schümann) 1977, 28 S.; Hamburg (Buske) ^{4}1989, 32 S.

3260 MAIER F.: Auch Caesar ein Schriftsteller der Anfangslektüre, 1979 ↗3200

3261 FINK G.: Caesarbild und Caesarlektüre, AU 23.3 (1980), 32–40 I **R.**: Siehs G., AADI 1 (1981), 9

3262 TSCHIEDEL H. J.: Zu Caesars literarischer Aktualität, in: Widerspiegelungen der Antike, 1981 ↗862, 78–103 [Asterix, Brecht, Jens, Wilder]

3263 RIPPER W.: Caesar, Darmstadt (Kamprath-Helène) o.J. [~1982] (Lehrhefte für das Kurssystem der gymnasialen Oberstufe. Latein, 4 & 5)

3264 Caesar im Unterricht. Unterrichtsprojekte – Hilfsmittel – Textinterpretationen, hg. MAIER F., Bamberg (Buchner) 1983 (Auxilia 7), 152 S. I **R.**: Vretska K., IAU 5 (1983), 75f.;

Gamper P., AADI 7 (1984), 95f.; Kohl A., Anregung 30 (1984), 212; Wölke H., LGB 28 (1984), 17f.

3265 Pompeius und Caesar, 1987 ↗5391

3266 SCHÜMANN B. F.: ars grammatica. Satz- und Formenlehre für Caesar- und Cicerolektüre, 1987 ↗2951

3267 SCHÜMANN B. F.: Caesars Wortschatz. Vollständiges Lexikon, Hamburg (Buske) [7]1987, 253 S.

3268 ZINK N.: Caesar, in: Handbuch für den Lateinunterricht, Sek.I, 1987 ↗19, 232–241

3269 OLBRICH W.: Ein neuer Einstieg in die Cäsarlektüre, Anregung 35 (1989), 228–230 | R.: Töchterle K., AADI 20 (1990), 136

3270 GLÜCKLICH H.-J.: Soldaten für Caesar? Vier Szenen aus den ‚Commentarii', AU 33.5 (1990), 74–81 | R.: Gamper P., AADI 23 (1992), 45

3271 PETERSMANN G.: Caesar als Historiograph, Ianus 11 (1990), 2–7 | R.: Töchterle K., AADI 22 (1991), 27

3272 SCHWARZ F. F.: Caesar oder der Triumph der Verwirklichung, Ianus 11 (1990), 8–14 | R.: Töchterle K., AADI 22 (1991), 29

3273 RÜPKE J.: Wer las Caesars *bella* als *commentarii*?, Gymn. 99 (1992), 201–226

De bello civili

3274 Caesar: De bello civili. Kritisch geprüfte Ausgabe, bearb. GREVE R., Paderborn (Schöningh) 1975, 143 & 128 S.

3275 Caesar: Bellum civile. Auswahl, bearb. HEMPELMANN G., Münster (Aschendorff) 1978/1979, [2]1983/84, 148 & 84 S. | R.: Frentz W., MDAV/NW 28.2 (1980), 5f.; Kohl A., Anregung 26 (1980), 196

3276 DOBLHOFER E.: Curio bei Caesar, AU 16.3 (1973), 42–50

3277 MAURACH G.: Caesar-Interpretationen (B.C. 3,41–93), Gymn. 81 (1974), 49–63

3278 KÜPPERS E.: Cäsar als Alternative zu Cäsar. Vorschläge zur Anfangslektüre, AU 25.4 (1982), 53–65 [civ. in Verbindung mit Cicero-Briefen] R.: Feurstein D., AADI 6 (1983), 85

3279 RENGER C.: Täuschung über Quantitäten oder Aufhellung von Qualitäten? Zu Methode und tendenziöser Darstellung in Caesars Bürgerkrieg am Beispiel der Beschaffungsmaßnahmen, Gymn. 92 (1985), 190–198

3280 MÜLLER A.: Muß es das Bellum Gallicum sein?, AU 35.4 (1992), 107–109

De bello Gallico

3281 MEISSNER G.: Kurzbibliographie zu Caesars Bellum Gallicum. Didaktische Literatur und Fundstellenverzeichnis, in: Caesar im Unterricht, 1983 ↗3264, 141–151

3282 Caesar: De bello Gallico. Kritisch geprüfte vollständige Textausgabe, bearb. FLUCK H., Paderborn (Schöningh) o.J., 176 S.

3283 C. Julius Caesar: De bello Gallico (Auswahl), bearb. RAU R., Stuttgart (Klett) o.J., 100 & 28 S.

3284 Caesar: Commentarii Belli Gallici, Frauenfeld (Huber) (Editiones Helveticae)

3285 Caesar: Commentarii de bello Gallico. Eine Auswahl, hg. ECKSTEIN F., Frankfurt/M. (Hirschgraben) 1950, [14]1988, 100 & 76 S.

3286 C. Iulii Caesaris Commentarii de bello Gallico, bearb. LINDEMANN H., Bamberg (Buchner) 1962 (Aus dem Schatze des Altertums B, 8), 104 & 80 S.

3287 C. Iulius Caesar: Commentarii Belli Gallici. Vollständiger, kritisch geprüfter Text (einschließlich des 8. Buches von A. Hirtius), hg. HORNIG G., Frankfurt/M. (Diesterweg) 1965, ^{9}1974, 175 S.

3288 —. Erläuterungen zu Buch I–IV, Teil A: Schülerkommentar, v. HORNIG G., Frankfurt/M. (Diesterweg) 1964, ^{5}1973, 68 S.

3289 —. —, Teil B: Lehrerkommentar, 1965, ^{2}1968, 149 S. | R.: Bungarten H. ↗39

3290 —. Erläuterungen zu Buch V–VIII, Teil A: Schülerkommentar, v. HORNIG G., Frankfurt/M. (Diesterweg) 1969, 212 & IV S.

3291 —. —, Teil B: Lehrerkommentar, 1973, 328 & VI S. | R.: Kohl A., Anregung 20 (1974), 207

3292 Caesar: Bellum Gallicum (Kurzauswahl), hg. BRANDS R., Münster (Aschendorff) 1971/73 | R.: Studnik H. H., MDAV/NW 22.4 (1974), 9f.

3293 Caesar: Bellum Gallicum. Vollständige Ausgabe (Text; Wortkunde & Komm. [2 Bde.]), bearb. GUTHARDT A., Münster (Aschendorff) 1973 (Text) / 1971/72 (Komm.), 273; 224 & 304 S. | R.: Berning W., MDAV/NW 20.1 (1972), 8–10; 21.2 (1973), 7–9; ders., MDAV 16.2, Beih. (1973), 22

3294 C. Iulius Caesar: Commentarii de bello Gallico. Auswahl (TKomm.; Zusatzheft 'Informelle Tests'), bearb. ERNST G. & E., Frankfurt/M. u.a. (Diesterweg) 1977, 110 & 55 S. | R.: Gruber J., DASiU 25.3 (1978), 31f.; Kohl A., Anregung 24 (1978), 185

3295 Caesar: De bello Gallico. Textauswahl mit Wort- und Sacherläuterungen; Arbeitskommentar mit Zweittexten, v. GLÜCKLICH H.-J., Stuttgart (Klett) 1977, ^{2}1991, 120 & 33 S. [dazu s. ↗3362] R.: Burnikel W., ASiRPS 24.1 (1978), 14–16; Gruber J., DASiU 25.3 (1978), 31f.; Kohl A., Anregung 24 (1978), 185

3296 Caesar: Bellum Gallicum. Vollständige, kritische Textausgabe. Mit ausführlicher Einleitung, Sacherklärungen und ausgewähltem Bildmaterial, v. TSCHIEDEL H.-J./RAMMING G., Paderborn (Schöningh) 1978, Text 233 S.; Erläuterungen 7 Einzelbände, zus. 239 S. | R.: Frentz W., MDAV/NW 28.2 (1980), 5f.; Fàbrega V., MDAV/NW 29.4 (1981), 8–10; Kohl A., Anregung 28 (1982), 106

3297 Caesar: De bello Gallico. Auswahl (Buch I, II, VII und Ethnographien), bearb. HAAS H., Einl. u. Eigennamenverz. v. GELZER M., Freiburg (Ploetz) ^{4}1981 (Heidelberger Texte 30), 119 S.

3298 Caesar: Commentarii Belli Gallici. Text mit Großauswahl aus den Büchern I–VII; Erläuterungshefte (I–IV, V–VII), hg. KARL K., Bamberg (BVB) 1984, ^{2}1987 (Testimonia), 108, 44 & 46 S. | R.: Kohl A., Anregung 35 (1989), 121

3299 Caesaris Bellum Helveticum picturis narratum, 1987 ↗5307

3300 C. Iulius Caesar: Commentarii 1 (Text mit Erläuterungen), hg. KEMPKES W., Velbert (Bastians) 1988 (gradatim), 128 S. [sog. textinterne Umformung]

3301 Auswahl aus Nepos, Caesar, Ovid, ^{14}1988 ↗5006

3302 C. Iulius Caesar: Commentarii rerum gestarum belli Gallici Liber I–VIII · Vollständiger Text einschließlich des 8. Buches von A. Hirtius, bearb. ZINK N., Frankfurt/M. u.a. (Diesterweg) 1988, 162 & 125 S. | R.: Töchterle K., AADI 17 (1989), 99

3303 Caesar: Der Gallische Krieg. Auswahl mit Begleittexten, bearb. MAIER F./VOIT H., Bamberg (Buchner) 1990 (ratio 14), 188 S. | R.: Burnikel W., MDAV 33.2 (1990), 52f.;

Caesar S 2

Deinlein B., DASiU 37.2 (1990), 27; Fritsch A., LGB 34 (1990), 213f.; Keulen H., MDAV/NW 38.2 (1990), 16–19; Quack H., MLAS/SH 1991, 15

3304 Caesar: Bellum Gallicum. Auswahl aus Buch I, II, IV, V, VI, VII, bearb. GUTHARDT A., Münster (Aschendorff) 1991, 183 & 361 S. | **R.**: Froesch H., Scrinium 37.1–2 (1992), 26f.; Kohl A., Anregung 38 (1992), 269; Wölke H., LGB 36 (1992), 54f.

3305 Caesar: Bellum Gallicum (Text; Komm.; Lehrerheft), hg. HÖFFLER-PREISSMANN U., Frankfurt/M. (Cornelsen–Hirschgraben) 1992, 128, 128 & 80 S.

3306 Caesar: Der Gallische Krieg – Kurzausgabe. Auswahl mit Begleittexten, bearb. MAIER F./VOIT H., Bamberg (Buchner) 1992 (ratio 32), 108 S.

3307 BAYER K.: Caesar im Unterricht, in: Die Alten Sprachen im Gymnasium, hg. HÖRMANN F., München (BSV) 1968 (Das Bildungsgut der Gymnasien, Klass. Reihe 4), 67–92; jetzt in: Das Angebot der Antike, 1990 ↗21, 135–152

3308 HAFFTER H./RÖMISCH E.: Caesars Commentarii de Bello Gallico: Interpretationen – Didaktische Überlegungen, Heidelberg (Kerle) 1971 (Heidelb.Texte, Did.R. 4), 96 S. | **R.**: Jung M., MLAS/BW 4.1 (1973), 21f.; Vretska K., Gymn. 80 (1973), 552f.; Floren F. J., MDAV/NW 23.1 (1975), 12–14

3309 HAFFTER H.: Der Politiker und Feldherr Caesar in seinem Werk De bello Gallico (Interpretationen), in: Caesars Commentarii de Bello Gallico, 1971 ↗3308, 5–52

3310 MAIER F./REITER H.: Latein (1. Fremdsprache) in einer 9. Klasse. (Entwurf zu einer Lehrprobe: Caesar, BG I 40), 1971 ↗761

3311 RÖMISCH E.: Didaktische Überlegungen zur Caesarlektüre, in: Caesars Commentarii de Bello Gallico, 1971 ↗3308, 53–96

3312 SCHEDA G.: Caesars Marsch nach Vesontio (B.G. I 38), AU 14.1 (1971), 70–74 | **R.**: Kohl A., Anregung 19 (1973), 205

3313 SCHÖNBERGER O.: Caesar, Dumnorix, Divitiacus. Zu Caesar, De bello Gallico I 16–20, Anregung 17 (1971), 378–382

3314 BAYER K.: Lernziele der Cäsar-Lektüre. Interpretation der Dumnorix-Kapitel (BG 5,1–8), AU 15.5 (1972), 5–25; jetzt in: Das Angebot der Antike ↗21, 153–171

3315 GLÜCKLICH H.-J.: Das erste Buch des ‚Bellum Gallicum' im Schulunterricht, AU 15.5 (1972), 44–82

3316 MUNDING H.: Cäsar-Lektüre aus der Sicht des 'kleinen Mannes' (Zu BG I 1–29), AU 15.5 (1972), 87–89

3317 MUNDING H.: Politische Bildung und Caesar-Lektüre, AU 15.5 (1972), 26–43; jetzt in: Antike Texte – aktuelle Probleme ↗3163, 50–73

3318 SCHIEFFER R.: Die Rede des Critognatus (B. G. VII 77) und Caesars Urteil über den Gallischen Krieg, Gymn. 79 (1972), 477–494

3319 SCHÖNBERGER O.: Politisches Denken bei der Caesar-Lektüre, DASiU 20.2 (1972), 2f.

3320 Zur Caesar-Lektüre II, AU 15.5 (1972), 90 S.

3321 KLINZ A.: Schlagwort und Propaganda. Ihre Bedeutung bei der Caesar-Lektüre, AU 17.1 (1974), 85–88

3322 KLUG W.: Caesar BG VII 88 – Versuch einer inhaltsbezogenen Strukturanalyse, MLAS/BW 5.2 (1974), 23f.

3323 MUNDING H.: »Existentieller Transfer« bei lateinischen Historikern, 1974 ↗3128

3324 MAIER F.: Zur Didaktik des Lektüreunterrichts in der Sekundarstufe I, aufgezeigt an einem Beispiel der lateinischen Anfangslektüre, 1975 ↗3043

3325 HÄNDEL P.: Caesars Rheinübergang. Caesar b.G. IV 17, DCG 15–16 (1975–76), 104–114

3326 SCHWARZ F. F.: Caesars Rheinübergang. Caesar, b.G. IV 17, DCG 15–16 (1975–76), 115–127

3327 BICKEL W.: Das Keltenbild Caesars im Vergleich mit dem Keltenbild der Archäologie, Schule und Museum 1 (1976), 46–54

3328 BLOCH G.: Lernvokabular zu Caesars Bellum Gallicum, AU 19.4, Beih. (1976), 16 S. [600 Vokabeln]; erweiterte Neuausgabe: Stuttgart (Klett) 1992, 24 S.

3329 BRATVOGEL F. W.: Empirisches Textverstehen am Beispiel der Caesarlektüre, AU 20.5 (1977), 25–41 | R.: Kohl A., Anregung 24 (1978), 185

3330 DOHM H.: Bellum Gallicum VII 70 im Zeichentrickfilm. Versuch einer Textübertragung mit den Mitteln des Films, Anregung 23 (1977), 150–158 [vgl.a. ↗3332]

3331 CLASEN A.: Der Griff nach Britannien. Caesar als Anfangslektüre, in: Neue Wege bei der Caesar-Lektüre, 1978 ↗3335, 45 S.; überarb. Fassung in: Caesar im Unterricht ↗3264, 27–55

3332 DOHM H./POWIERSKI R.: Caesar „Bellum Gallicum" VII 70 im Zeichentrickfilm. Versuch einer Textübertragung mit den Mitteln des Films, in: Neue Wege bei der Caesar-Lektüre, 1978 ↗3335, 51 S. [vgl.a. ↗3330]

3333 KOSTER S.: Certamen centurionum (Caes. Gall. 5,44), Gymn. 85 (1978), 160–178

3334 LATACZ J.: Zu Cäsars Erzählstrategie (BG I 1–29: Der Helvetierfeldzug), AU 21.3 (1978), 70–87

3335 Neue Wege bei der Caesar-Lektüre, Kiel (Schmidt & Klaunig) 1978 (Beiträge für Unterricht und Lehrerbildung 7), 45 & 51 S.

3336 SCHMÜDDERICH L.: Die Charakterisierung Ariovists durch Caesar auf dem Hintergrund der Selbstdarstellung Caesars (BG I 35,4/36,5ff.), MDAV/NW 26.2 (1978), 5–7

3337 RINNER W.: Latein – unzeitgemäß oder zeitlos? Caesar und Dumnorix, ein Beispiel manipulierter Information, in: Jber. Akad. Bundesgymn. Graz, Expos. Stift Rein 1978/79, 30–34 [vgl.a. ↗3356]

3338 BURANDT R.: Erfahrungen mit der Caesar-Lektüre, MDAV/Ns 29.2 (1979), 9f.

3339 GÖRLER W.: Caesar als Erzähler (am Beispiel von BG II 15–27), AU 23.3 (1980), 18–31 | R.: Siehs G., AADI 1 (1981), 10

3340 Übungstexte zu Caesar und Ovid, hg. SCHINDLER F., Wien (Braumüller) 1980, 79 S. | R.: Vretska K., IAU 5 (1983), 76

3341 MENSCHING E.: Über die Considius-Episode im Bellum Gallicum (I 21–22), LGB 25 (1981), 35–45 [a. zu d. Roman K. H. Strobl, Heerkönig Ariovist, 1927]

3342 OTT. A./WOLF H.-J.: Ein neuer Weg zur Caesarlektüre in der zehnten Klasse der Gymnasien, AU 24.3 (1981), 53–69 | R.: AADI 4 (1982), 50

3343 BARIÉ P.: Aut Caesar aut nihil? 10 Thesen zur Dominanz des Bellum Gallicum auf der Mittelstufe, MDAV 25.4 (1982), 7–11 | R.: MUNDING H., Eine Lanze für Cäsar, MDAV 26.2 (1983), 1–3; Entgegnung von Barié: MDAV 27.1 (1984), 7–11

3344 MAIER F.: CAESAR redivivus. Politische Bildung am Zentralautor der Mittelstufe, in: Information aus der Antike, 1982 ↗866, 168–201; auch in: Handreichungen für den Lateinunterricht Jgst. 8–11, 1, 1984 ↗737, 65–101 [Lit.] R.: Töchterle K., AADI 5 (1983), 66

3345 MAURACH G.: Caesar, BG 5,43f.: Der Zenturionenwettstreit, Gymn. 89 (1982), 468–478

3346 MESSMER E.: Caesar und Bavarix im Lateinunterricht der 9. Jahrgangsstufe, 1982 ↗1713

3347 MÜLLER W.: Realienkunde zu Caesar: Caesars Helvetierkrieg, Stuttgart (Klett) 1982, 42 Overhead-Transparente mit Begleitheft, 20 S.; zuerst Wien 1978 | **R.**: Pirker K., AADI 7 (1984), 99f.

3348 RINNER W.: Eine Niederlage und ihre "Überwindung" in der Darstellung durch Caesar (Zu B.G. V 27ff.), IAU 4.2 (1982), 13–20 | **R.**: Töchterle K., AADI 6 (1983), 86

3349 GOTTWALD R.: Cäsar und die Helvetier – Cäsarrezeption im Jugendbuch, Anregung 29 (1983), 315–318 | **R.**: Maier F., AADI 8 (1984), 110

3350 HUNDSRUCKER W.: Medieneinsatz bei der Caesar-Lektüre. Zum Beispiel: Der Helvetierkrieg, in: Caesar im Unterricht, 1983 ↗3264, 117–140

3351 HUNDSRUCKER W.: Zum Einsatz des Tageslichtprojektors im lateinischen Lektüreunterricht (Caesar, bell.Gall. I 3–5), IAU 5 (1983), 9–17; auch in: Handreichungen für den Lateinunterricht Jgst. 8–11, 1, 1984 ↗737, 123–140 | **R.**: Töchterle K., AADI 8 (1984), 110

3352 KEULEN H.: Politisches Denken bei der Caesar-Lektüre in der 10. Klasse. Das erste Kapitel des Helvetier-Krieges I 2, in: Caesar im Unterricht, 1983 ↗3264, 66–75 (erweiterte Fassung); zuerst in: Festschrift 150 Jahre Burggymnasium Essen, 1974, 53–57

3353 MAIER F.: Caesar und die Schüler heute. Das Bellum Gallicum im Zentrum der Mittelstufen-Lektüre, in: Caesar im Unterricht, 1983 ↗3264, 5–26

3354 OLBRICH W.: Ein mittelalterlicher Paralleltext zur Caesar-Lektüre. Aus: Geoffrey of Monmouth, Historia Regum Britanniae, in: Caesar im Unterricht, 1983 ↗3264, 56–65

3355 OLFRIED W.: Vercingetorix als Romanheld. Ein Hinweis auf Hans Dieter Stövers Römerkrimis, 1983 ↗5863

3356 RINNER W.: Erfassen der Tendenz in Caesars Bellum Gallicum. Die Darstellung des Dumnorix – ein Beispiel manipulierter Information?, in: Caesar im Unterricht, 1983 ↗3264, 76–86 [vgl.a. ↗3337]

3357 WERNER J.: TTT Latein 6 (Tips–Tricks–Training): Caesar, München (Manz) 1983, 80 S.

3358 ZEITLER W.: Der Germanienexkurs im 6. Buch von Caesars Bellum Gallicum. Ein Unterrichtsprojekt zum Abschluß der Caesar-Lektüre, in: Caesar im Unterricht, 1983 ↗3264, 87–116

3359 KARL K.: Auswahlvorschlag zur Caesar-Lektüre, in: Handreichungen für den Lateinunterricht Jgst. 8–11, 1, 1984 ↗737, 102–122

3360 MANNSPERGER B.: Latein lernen ohne Lehrbuch? Erfahrungen mit der Einführung ins Latein durch direkte Lektüre von Caesars Bellum Gallicum, 1984 ↗1899

3361 CANCIK H.: Rationalität und Militär. Caesars Kriege gegen Mensch und Natur, MDAV/Ns 35.1 (1985), 7–14; jetzt in: Lateinische Literatur, heute wirkend, 2 ↗5910, 7–29 [Lit.; Zusammenfassung in ↗1051]

3362 GLÜCKLICH H.-J.: Sprache und Leserlenkung in Caesars Bellum Helveticum. Textbeschreibungen, Tafelbilder und Unterrichtsvorschläge. Ein Kommentar zu BG I 1–30, Stuttgart (Klett) 1985, 105 S. [zur Textausg. ↗3295]

3363 MAIER F.: Caesar als Schulautor – viel Feind, viel Ehr? Zwei Beispiele für eine sach- und problemorientierte Interpretation, in: Lateinunterricht 3, 1985 ↗3095, 37–66

3364 MÜHLHEIM U.: Vercingetorix und Caesar. Ein Lektüreprojekt zum Gallischen Krieg, hg. Referendarvertretung im Bayer. Philologenverband, München 1985 (Gymnasialpädagogische Reihe 12), 58 S.

3365 MUNDING H.: Virtutem extendere factis? – Transfer-Schritte zu Caesar, BG I 33,2–4 (mit Schaubildern), in: Antike Texte – aktuelle Probleme, 1985 ↗3163, 74–85 [urspr. Teil von ↗3128]

3366 NIEMANN K.-H.: Erweiterung und Wiederholung von Grammatikkenntnissen bei der Lektüre von Caesars ‚Bellum Gallicum', AU 28.3 (1985), 19–31 [or.obl., Pronomina, Tempora, nd-Formen] **R.**: Siehs G., AADI 12 (1986), 30

3367 WOLF H.: Schülerarbeiten zu Caesar BG I 31 ff., AU 28.1 (1985), 74–84 I **R.**: Töchterle K., AADI 11 (1986), 14

3368 CANCIK H.: Disziplin und Rationalität. Zur Analyse militärischer Intelligenz am Beispiel von Caesars 'Gallischem Krieg', Saeculum 37 (1986), 166–181

3369 HEYDENREICH R.: Non praetereunda oratio Critognati videtur. Ein Vorschlag zur Caesarlektüre in der Mittelstufe, Anregung 32 (1986), 18–26 I **R.**: Töchterle K., AADI 13 (1987), 40

3370 SCHÖNBERGER O.: C. Julius Caesar, in: Von Nepos bis zum Neuen Testament, 1986 ↗3165, 23–35

3371 HOLZBERG N.: Die ethnographischen Exkurse in Caesars Bellum Gallicum als erzählstrategisches Mittel, Anregung 33 (1987), 85–98 I **R.**: Töchterle K., AADI 16 (1988), 90f.

3372 MAIER F.: Herrschaft durch Sprache. Erzähltechnik und politische Rechtfertigung bei Caesar (BG IV 24–31), Anregung 33 (1987), 146–154; jetzt in: Lebendige Vermittlung lateinischer Texte ↗3106, 39–52 I **R.**: Töchterle K., AADI 16 (1988), 92f.

3373 MENSCHING E.: Über Caesar und Vercingetorix im 20. Jahrhundert, in: Lateinische Literatur, heute wirkend 1, 1987 ↗5910, 110–125

3374 NICKEL R.: Cäsar lesen – kein Problem! Übungen zur Cäsar-Lektüre. Texte und Aufgaben – Übersetzungshilfen – Lösungen, Bamberg (Buchner) 1987, 48 & 32 S.

3375 SENFTER R.: Caesarlektüre: ein Vorschlag, Latein-Forum 1 (1987), 23–43 [1; 4,16.18f.; 6,13–24]

3376 VESTER H.: Bemerkungen zum Tempusrelief bei Caesar, 1987 ↗2373

3377 FRICEK A.: Die Helvetier bei Caesar (Caesar, bell. Gall. I$_{1-29}$). Eine gegenwartsbezogene Interpretation, EuU 138 (1988), 657–664

3378 LUND A. A.: Zur Frage nach der Urbevölkerung Britanniens (Caes. Gall. 5,12,1–3. Tac. Agr. 11), Gymn. 95 (1988), 493–504

3379 MENSCHING E.: Caesars Bellum Gallicum. Eine Einführung, Frankfurt/M. u.a. (Diesterweg) 1988, 191 S. [als Handreichung für Lateinlehrer konzipiert] **R.**: Frentz W., MDAV/NW 37.1 (1989), 15f.; Töchterle K., AADI 18 (1989), 115; Kohl A., Anregung 36 (1990), 120; Hentschel O., MDAV/Ns 41.4 (1991), 5–17; Böhm V., Ianus 13 (1992), 49f.

3380 ROSNER U.: Die Römer als Ordnungsmacht in Gallien. Zu Caesar, Bellum Gallicum VI 11–24, AU 33.5 (1988), 5–22 I **R.**: Töchterle K., AADI 18 (1989), 115f.

3381 SCHMITZ H.: Menschenopfer und Totenbräuche bei den Kelten. Ein Beitrag zur Cäsarlektüre, Anregung 34 (1988), 169–173 I **R.**: Töchterle K., AADI 17 (1989), 105

3382 SCHÖNBERGER O.: Darstellungselemente in Caesars Bellum Gallicum 7,25.26, Gymn. 95 (1988), 141–153

3383 STERNADL E.: 150 Original-Schulaufgaben Gaius Julius Caesar und Cornelius Nepos mit Zusatzaufgaben, Bamberg (Selbstverl.) ²1988, 204 S.

3384 DOBESCH G.: Caesar als Ethnograph, WHB 31 (1989), 16–51

3385 GELDNER H.: OPPIDA GALLICA in Rheinland-Pfalz und im Saarland. Caesar-Lektüre und Archäologie, 1989 ↗1751

3386 PITTL H.: Caesar b.g. VI,13, Latein-Forum 9 (1989), 26–29

3387 Caesar als Erzählstratege, hg. GLÜCKLICH H.-J., AU 33.5 (1990), 95 S.

3388 GROHN-MENARD C.: Caesaris expeditio in Germaniam. Ein Comic-Projekt in der Einführungsphase, AU 33.1–2 (1990), 69–72 [4,16–19] R.: Gamper P., AADI 21 (1991), 13f.

3389 LOHMANN D.: Leserlenkung im Bellum Helveticum, AU 33.5 (1990), 56–73 I R.: Gamper P., AADI 22 (1991), 25

3390 RÜPKE J.: Gerechte Kriege – gerächte Kriege. Die Funktion der Götter in Caesars Darstellung des Helvetierfeldzuges, AU 33.5 (1990), 5–13 I R.: Gamper P., AADI 22 (1991), 28

3391 SIEBENBORN E.: BELLUM IUSTUM. Caesar in der abendländischen Tradition des Gerechten Krieges, AU 33.5 (1990), 39–55 [Cicero u.a.; Begleittext S.54f.] R.: Gamper P., AADI 22 (1991), 29

3392 SUERBAUM W.: Caesaris Bellum Helveticum picturis narratum. Zum Caesar-Comic des Grafen von Rothenburg, AU 33.5 (1990), 82–95; jetzt in: ders., In Klios und Kalliopes Diensten, Bamberg (Buchner) 1993, 180–193 [zu ↗5707] R.: Gamper P., AADI 22 (1991), 30

3393 TRÜTER W.: Lektürebegleitende Grammatikarbeit – Unterrichtsmaterial zu Caesar, Helvetierkrieg, MLAS/SH 1990, 12–14

3394 NICKEL R.: Hinführung zu Caesar, in: Latein in der Mittelstufe, 1991 ↗1338, 79–92

3395 SCHÜTZ W.: Die Blindheit des Publius Considius – Faktendarbietung und Leserlenkung in Caesars commentarii, MLAS/BW 19.1 (1991), 3–15

3396 WÜLFING P.: Caesars Bellum Gallicum: ein Grundtext europäischen Selbstverständnisses, MDAV/Hs 35.4 (1988), 6–21; auch in AU 34.4 (1991), 68–84

3397 ZIEGLMEIER A.: Helvetio-Germani, AU 34.5 (1991), 96 [Caesars 'Bellum Helveticum' als Komödie von N. Frischlin (1589)]

3398 STORCH H.: Caesar als Stratege, Politiker, Erzähler – Interpretierende Lektüre von Bellum Gallicum IV 1–15, MLAS/BW 20.1 (1992), 4–16

CATULLUS

3399 Catullus: Carmina Selecta, Frauenfeld (Huber) (Editiones Helveticae)

3400 Catull, Tibull, Properz. Auswahl, bearb. ELKELES G., Münster (Aschendorff) 1962, ¹¹1978 (Text), ⁸1979 (Komm.), 64 & 62 S.

3401 C. Valerius Catullus: Auswahl aus den Carmina, bearb. HEINE R., Frankfurt/M. u.a. (Diesterweg) 1970, ³1975, 55 S. [dazu s. ↗3411] R.: Kohl A., Anregung 19 (1973), 275; Schwarz W., MDAV 16.1 (1973), 28f.

3402 C. Valerius Catullus: Carmina, bearb. HAMBURGER O., neu bearb. FIEDLER W., Bamberg (BVB) ²1973 (Am Born der Weltliteratur B 24), 55 & 40 S.

3403 Catull und Tibull: Eine Auswahl, bearb. FLUCK H., Paderborn (Schöningh) 1975, 40 S.

3404 Catull, bearb. PÖSCHL V., Eigennamenverz. v. WLOSOK A., Heidelberg (Kerle) 1977, 3. erw. Aufl. 1983 (Heidelberger Texte 31), 129 S.

3405 Catull: Gedichte. Mit Erläuterungen, Arbeitsaufträgen und Begleittexten, bearb. GLÜCKLICH H.-J., Göttingen (Vandenhoeck & Ruprecht) 1980, ²1986 (Exempla 1), 57 & 37 S. [Lehrerkomm. ↗3425] **R.**: Siehs G., AADI 1 (1981), 6; Frentz W., MDAV/NW 30.3 (1982), 6

3406 Dichtung im Vergleich. Gaius Valerius Catullus und Marcus Valerius Martialis, bearb. OFFERMANN H., Frankfurt/M. u.a. (Diesterweg) 1984 (Modelle), 78 & 53 S. [vgl.a. ↗3441] **R.**: Töchterle K., AADI 9 (1985), 119f.

3407 Catull und Vagantenlyrik (Text; Komm.; Lehrerbegleitband), bearb. LACHAWITZ G., Wien (HPT) 1986 (Orbis Latinus 3), 64, 47 & 32 S. | **R.**: Töchterle K., AADI 13 (1987), 38f.; Plepelits K., Ianus 9 (1987–88), 86–88; Berner H. U., MDAV 33.1 (1990), 15–17; Niedermayr H., Ianus 12 (1991), 89f. (zum Lehrerbd.); ders., AADI 23 (1992), 37f.

3408 Catull: Römische Dichtung II [& Lehrerheft], bearb. NOWOTNY E., Wien (Braumüller) 1986 (Latein in unserer Welt), 48 & 24 S. | **R.**: Plepelits K., Ianus 9 (1987–88), 86–88; Niedermayr H., AADI 13 (1987), 37f.

3409 Catull: Leben, Lieben, Leiden. Catulls Lesbia-Gedichte mit Begleittexten [& Lehrerheft], bearb. NICKEL R., Bamberg (Buchner) 1987 (ratio 25), 51 & 30 S.

3410 CATULL: Carmina (Text; Komm.; Lehrerheft), hg. PFAFFEL W., Bamberg (BVB) 1988 (Testimonia), 44, 43 & 64 S. | **R.**: Wojaczek G., DASiU 35.3 (1988), 29; Kohl A., Anregung 35 (1989), 121

3411 HEINE R.: C. Valerius Catullus: Auswahl aus den Carmina – Interpretationen, Frankfurt/M. u.a. (Diesterweg) 1970, 111 S. [zur Textausg. ↗3401]

3412 GLÜCKLICH H.-J.: Catulls 60. Gedicht und die Gefahren biographischer Interpretation, Anregung 20 (1974), 378–381; auch in: Antike Texte – moderne Interpretation, [1975] ↗3130, 42–45

3413 OFFERMANN H.: Catull in der 12. und 13. Klasse, DASiU 21.1–2 (1974), 1–5

3414 ONETTI S./MAURACH G.: Catullus 35, Gymn. 81 (1974), 481–485

3415 PIETSCH W. J.: Catull: Odi et amo; vivamus, mea Lesbia, Der österr. Schulfunk 8 (1975), 13

3416 DEN HENGST D.: Catulls Carmen 76, DCG 15–16 (1975–76), 58–73 [mit Leitfragen]

3417 LEEMAN A. D.: Catulls Carmen 76, DCG 15–16 (1975–76), 41–57

3418 KLOWSKI J.: Catull, Vaganten, Beatniks, AU 19.4 (1976), 63–80; vgl.a. ders., Anregung 21 (1975), 383f. ['Gegenliteratur']

3419 PIETSCH W. J.: Clodia oder Glück und Verzweiflung (Catull., c. 51, 58, 70), Der österr. Schulfunk 4 (1976), 12

3420 GRAF A.: Catull, Lyriker in einer sich wandelnden Welt, LEU/L 1 (1977), 15f., 20–22

3421 GELDNER H.: Die Entwicklung der Liebe Catulls zu Lesbia. Eine Unterrichtsreihe, Anregung 25 (1979), 379–391

3422 MEUSEL H.: Catull-Gedichte im Unterricht, in: Impulse für die lateinische Lektüre, 1979 ↗3197, 44–68

3423 OFFERMANN H.: Catull in Schule und Proseminar, ein Vergleich, in: Verpflichtung der Antike, 1979 ↗839, 194–224 [Anh. zur Didaktik der Textkritik]

3424 SCHÖNBERGER O.: Interpretation eines Catull-Epigramms (109), Anregung 25 (1979), 221–225; auch in: Lateinische Dichterlektüre II, 1982 ↗3206, 94–101

3425 GLÜCKLICH H.-J.: Catulls Gedichte im Unterricht, Göttingen (Vandenhoeck & Ruprecht) 1980, ²1990 (Consilia 1), 89 S. [Texte ↗3405] **R.**: Decreus F., DCG 21 (1981), 471–473; Siehs G., AADI 1 (1981), 6; Frentz W., MDAV/NW 30.3 (1982), 6; Kohl A., Anregung 28 (1982), 107

3426 SIEGMANN E.: Interpretationsversuch dreier Catullgedichte, in: Vorschläge und Anregungen, 1980 ↗846, 93–110 [43, 76, 85]

3427 THOMAS W.: Latein und Lateinisches im Musiktheater Carl Orffs, 1980 ↗5837

3428 GALL D.: Die dichterische Gestaltung von Konflikterfahrungen und Grundproblemen der menschlichen Existenz bei Catull und Ovid, in: Gymnasiale Oberstufe – Latein 2, [1981] ↗730, 7–66 [NRW GK 12/1]

3429 Catull-Gedichte im Dialekt (Schülerarbeiten), AU 25.5 (1982), 95 [c. 1, 5, 70, 109 auf fränkisch]

3430 GELDNER H.: Catullus elegantissimus poeta. Eine Unterrichtsreihe in der Sekundarstufe II, Anregung 28 (1982), 239–248 I **R.**: Maier F., AADI 5 (1983), 65

3431 HÜRFELD H.: Catull c. 51 – Sappho frgm. 2 D, in: Lateinische Dichterlektüre II, 1982 ↗3206, 88–93

3432 OFFERMANN H.: Zur Catull-Lektüre. Verstehen durch Vergleichen, in: Lateinische Dichterlektüre II, 1982 ↗3206, 58–87 I **R.**: Kohl A., Anregung 30 (1984), 264

3433 WÜLFING P.: Auf der Suche nach einem Sinn, AU 25.4 (1982), 94–96 [c.70] **R.**: Feurstein D., AADI 5 (1983), 70

3434 SUCHLAND K.-H.: „Die Klage um den Bruder". Ugo Foscolo und Gaius Valerius Catullus – Eine vergleichende Betrachtung zum Fortleben lateinischer Poesie in der italienischen Literatur, Anregung 28 (1982), 233–238 I **R.**: Maier F., AADI 5 (1983), 70

3435 BURCK E.: Catull, carmen VIII, AU 26.3 (1983), 5–18. 96 I **R.**: Töchterle K., AADI 7 (1984), 93f.

3436 ERB J.: Catull-Lektüre in der Jahrgangsstufe 11, in: Handreichungen für den Lateinunterricht Jgst. 8–11, 2, 1984 ↗738, 243–258 [Lit.]

3437 MISSFELDT W.: Römischer Jugendstil – die Visualisierung von Catull carmen 5, MLAS/SH 1984, 16–19

3438 HODNIK E.: Motivvergleiche: Catull und deutsche Liebeslyrik, IAU 7 (1985), 78–82 I **R.**: Töchterle K., AADI 12 (1986), 26f.

3439 OLBRICH W.: Catull und die Politik (oder: Wie politisch ist das Unpolitische), DASiU 32.1 (1985), 11–15; auch in: Gymn. 93 (1986), 47–51 I **R.**: Töchterle K., AADI 13 (1987), 43

3440 TISCHLEDER H. J.: Lyrik und Humor am Beispiel von Gedichten des Catull und Horaz, ASiRPS 31 (1985), 10–22

3441 OFFERMANN H.: Catull – Martial. Dichtung im Vergleich, Anregung 32 (1986), 226–235, 316–325 [vgl. Ausg. ↗3406] **R.**: Töchterle K., AADI 13 (1987), 41f.

3442 SYNDIKUS H. P.: Catull und die Politik, Gymn. 93 (1986), 34–47 I **R.**: Töchterle K., AADI 13 (1987), 43

3443 WIDDRA K.: Wirklichkeitserfahrung und Wirklichkeitsdeutung bei Catull. Ein Lateinkurs der Qualifikationsphase, AU 29.6 (1986), 80–100; geringfügig erweiterte Fassung in: MDAV/Hs 34.2 (1987), 5–13; 34.3, 6–14 [Hs. Sek.II; vgl.a. Senfter R. ↗3452] **R.**: Gamper P., AADI 15 (1988), 66

S 2   Catull

3444 ELLER K. H.: Catull, in: Handbuch für den Lateinunterricht, Sek.I, 1987 ↗19, 291–299

3445 GLÜCKLICH H.-J.: Zwischen Patriarchat und Matriarchat – Catull als Identifikations- und Kontrastperson, in: Lateinische Literatur, heute wirkend 1, 1987 ↗5910, 65–80

3446 SCHÖNBERGER O.: Zwei Catull-Gedichte (carmen 50 und carmen 70), in: Exempla Classica, 1987 ↗910, 122–140; auch in: Von Catull bis zu den Carmina Burana, 1987 ↗3173, 3–31

3447 MAIER B.: Mit Catull in Sirmio, Anregung 34 (1988), 165–168 | **R.**: Töchterle K., AADI 17 (1989), 103

3448 MAIER F.: Hommage an einen geliebten Ort. Gedichte im Vergleich – Ein Beitrag zur Antike-Rezeption, 1988 ↗5920

3449 STADLER H.: Catull, carmen 85 und Ovid, Amores 3, 11b im Vergleich, Anregung 34 (1988), 392–394

3450 OFFERMANN H.: Nugae – Catullgedichte in Prosa, DASiU 36.4 (1989), 8–17

3451 KARL K.: Catullinterpretationen. Zu den Gedichten 1 und 45 und 51, Anregung 36 (1990), 373–381 | **R.**: Mader W., AADI 22 (1991), 25

3452 SENFTER R.: Catull-Lektüre: Ein Dossier, Latein-Forum 12 (1990), 37–56 [Lektüreplan, Konzeption nach Widdra K. ↗3443]

3453 STROH W.: Lesbia und Juventius: ein erotischer Liederzyklus im Corpus Catullianum, in: Die Antike als Begleiterin, 1990 ↗922, 134–158

3454 STRUNZ F.: Catulli Carmina. Zur Interpretation der ludi scaenici Carl Orffs, 1990 ↗5946

3455 HÖTZL E.: Die musikalische Dimension des römischen Dichters Catull im 20. Jahrhundert, Ianus 12 (1991), 24–27 | **R.**: Mader W., AADI 23 (1992), 46

3456 NAGEL W.: Der Psychiater bei Catull, Latein-Forum 14 (1991), 33–35; auch in: Anregung 38 (1992), 26–28 [Catulls Verhalten in der Lesbia-Beziehung aus der Sicht eines Psychiaters]

3457 PETERSMANN G.: Catull im Neuen Lehrplan der AHS, Ianus 12 (1991), 40–48

3458 ALBRECHT M. v.: Catull – Dichter der Liebe und Gestalt seiner Epoche, AU 35.2 (1992), 4–24 [vgl.a. Fritsch A., Bericht über d. Vortrag von v. Albrecht, 'Catull als Liebesdichter', LGB 35 (1991), 113f.]

3459 FLADT C.: Catulls carmen 70 in Nachdichtungen einer 11. Klasse, AU 35.2 (1992), 40f.

3460 LEICHER E.: Neoterische Gedichte als Bausteine eines zeitgenössischen Musikdramas. Planung und Erprobung einer Unterrichtssequenz zu den "Catulli carmina" von Carl Orff als Abschluß einer Unterrichtsreihe zu ausgewählten Gedichten Catulls in einem Grundkurs 11, Impulse 8 (1992), 85–126 [pädagog. Hausarbeit, 1986]

3461 STORCH H.: Nähe und Ferne. Hinweise zu einer Lektüre der Liebesgedichte Catulls, AU 35.2 (1992), 25–39

CELSUS

3462 Celsus: De medicina, prooemium, hg. DREYER O., AU 15.3, Beih. 2 (1972), 3–13 [zu ↗3463]

3463 DREYER O.: Lektüre des Proömiums von Celsus' Schrift ‚De medicina', AU 15.3 (1972), 20–58 [Text: ↗3462]

CICERO

3464 Literatur zu Caesar und Cicero, 1990 ↗88

3465 RÖMISCH E.: Cicero, in: Interpretationen lateinischer Schulautoren, 1970 ↗3117, 51–74
3466 Zur Cicero-Lektüre III, AU 17.2 (1974), 73 S.
3467 FRICEK A.: Der Ehrbegriff bei Cicero, AHS 25 (1976), 157–159
3468 BURNIKEL W.: Cicero als Erzähler (Zusammenfassung), ASiRPS 24.1 (1978), 13f.
3469 CALLIES H.: Cicero und die Krise seiner Zeit (Zusammenfassung), MDAV/Ns 30.1 (1980), 12f.
3470 McDERMOTT W. C.: Suetonius and Cicero, 1980 ↗4496
3471 FINCKH R.: Fragen an Cicero, Gymn. 89 (1982), 511–518 [fingierter Briefwechsel einer Schülerin mit Cicero]
3472 GLÜCKLICH H.-J.: Römischer Staat, römisches Wesen und die Bestimmung des Menschen in der Deutung Ciceros und Vergils, 1982 ↗1029
3473 RIPPER W.: Cicero, Darmstadt (Kamprath–Helène) o.J. [~1982] (Lehrhefte für das Kurssystem der gymnasialen Oberstufe. Latein, 7)
3474 FUHRMANN M.: Cicero. Über Macht und Ohnmacht eines Intellektuellen in der Politik, AU 29.2 (1986), 7–16 | **R.**: Kienpointner M., AADI 15 (1988), 61
3475 SCHÜMANN B. F.: ars grammatica. Satz- und Formenlehre für Caesar- und Cicerolektüre, 1987 ↗2951
3476 SCHWARZ F. F.: Cicero oder der Triumph des Entwurfes, Ianus 11 (1990), 15–22 | **R.**: Töchterle K., AADI 22 (1991), 29
3477 STERNADL E.: 150 Original-Schulaufgaben Marcus Tullius Cicero und Gaius Sallustius mit Zusatzaufgaben, Bamberg (Selbstverl.) 1992, 190 S.

Reden

3478 JÄGER G.: Bibliographische Hinweise, in: Rede und Rhetorik im Lateinunterricht, 1992, 143–151 ↗3495

3479 Cicero: Orationes selectae I, bearb. SONTHEIMER W., Stuttgart (Klett) o.J., Ndr. 1978, 44 S. [Manil., Deiot.]
3480 Cicero: Orationes selectae III, bearb. SONTHEIMER W., Stuttgart (Klett) o.J., Ndr. 1985, 52 & 32 S. [Verr.II, Manil., prov., Mil.]
3481 Cicero: Orationes, Frauenfeld (Huber) (Editiones Helveticae)
3482 Cicero: Auswahl aus den Reden, hg. RÖMISCH E., Frankfurt/M. (Hirschgraben) 1952, [10]1987, 71 & 61 S. [Verr., Arch., Phil. 4, 7, Tod Ciceros (Liv., Val.Max.)]
3483 Cicero und Caesar zwischen Republik und Diktatur (Text und Kommentar), bearb. RÖTTGER G., Göttingen (Vandenhoeck & Ruprecht) 1964, [2]1971 (Atrium Linguae Latinae 5), 44 & 67 S.
3484 Cicero consul. Reden aus dem Jahre 63 v. Chr., bearb. BLOCK A., Göttingen (Vandenhoeck & Ruprecht) 1970 (Atrium Linguae Latinae 7), 59 & 57 S.
3485 Cicero: Orationes selectae II, bearb. SONTHEIMER W., Stuttgart (Klett) 1976, 56 & 32 S. [S.Rosc., leg.agr., Phil.]

3486 Cicero: Reden, bearb. BÖHM V. u.a., Wien (HPT) 1989 (Orbis Latinus 8), 80 & 96 S. | **R.:** Niedermayr H., Ianus 11 (1990), 111–114; Töchterle K., AADI 20 (1990), 135

3487 Ciceros Reden (Text; Komm.; Lehrerbegleitheft), bearb. SCHEPELMANN W./ZACH E., Wien (Braumüller) 1990 (Latein in unserer Welt), 48, 40 & 24 S. | **R.:** Niedermayr H., Ianus 12 (1991), 87–89; ders., AADI 21 (1991), 11

3488 PRIMMER A.: Rhetorik als Thema der Cicerolektüre, DCG 12–13 (1972–73), 21–28 [vgl.a. ↗3519]

3489 WEISCHE A.: Ciceros Streben nach Klarheit und Fülle des Ausdrucks in der Entwicklung seiner Redekunst (Zusammenfassung), MDAV/NW 32.1 (1984), 2f.

3490 ADAMIETZ J.: Ciceros Verfahren in den Ambitus-Prozessen gegen Murena und Plancius, Gymn. 93 (1986), 102–117

3491 KLINZ A.: Sprache und Politik bei Cicero und den römischen Historikern, 1986 ↗5506

3492 Rhetorik am Beispiel Ciceros, hg. FUHRMANN M./SCHULZE W., AU 29.2 (1986), 82 S.

3493 GROSS N. J.: Ein berühmter Rechtsanwalt: Marcus Tullius Cicero, Neue Juristische Wochenschrift 41 (1988), 302–307; auch in: Scrinium 36.3 (1991), 3–15

3494 CLASSEN C. J.: Cicero – heute?, Neue Juristische Wochenschrift 42 (1989), 367–369; auch in: Scrinium 37.1–2 (1992), 12–17

3495 JÄGER G. u.a.: Rede und Rhetorik im Lateinunterricht. Zur Lektüre von Ciceros Reden, Bamberg (Buchner) 1992 (Auxilia 26), 152 S.

3496 STROH W.: Worauf beruht die Wirkung ciceronischer Reden?, in: Rede und Rhetorik im Lateinunterricht, 1992 ↗3495, 5–37

Pro Archia

3497 SCHULZE W.: Literaturbericht: Ciceros Rede für den Dichter Archias unter Berücksichtigung des Phänomens „Rhetorik" im Lateinunterricht und der Fächerkooperation (Abgeschlossen Februar 1983), Anregung 29 (1983), 260–268

3498 Cicero: Pro Archia, bearb. RIES W., Heidelberg (Kerle) (Heidelberger Texte 18)

3499 M. Tulli Ciceronis Pro Archia Poeta oratio, bearb. SCHÖNBERGER O., Bamberg (BVB) ^{3}1963 (Am Born der Weltliteratur B, 22), 55 S. | **R.:** Bungarten H. ↗39

3500 CICERO: Rede für Archias. Vollständige Ausgabe, bearb. BREITSCHÄDEL W., Münster (Aschendorff) 1963, ^{14}1981, 38 S.

3501 Orator Perfectus. Ciceros Reden Pro Archia und Pro Ligario und die rhetorische Theorie (Text und Kommentar), hg. ZINK N., Frankfurt/M. u.a. (Diesterweg) 1968, ^{3}1973 (Modelle), 55 & 59 S. | **R.:** Schwarz W., MDAV 15.2 (1972), 14f.; vgl.a. Fritsch A.: Bericht über die Fortbildungsveranst. v. N. Zink 'Ciceros Orator perfectus', LGB 31 (1987), 38

3502 Cicero: Pro Archia poeta oratio, hg. SCHÖNBERGER O., Bamberg (BVB) ^{8}1980 (Testimonia), 36 & 32 S. | **R.:** Töchterle K., AADI 2 (1981), 18

3503 Cicero: Pro Archia poeta. Textausgabe mit Wort- und Sacherläuterungen; Arbeitskommentar; Zweittexte, v. SIEBENBORN E., Stuttgart (Klett) 1986, 32, 20 & 78 S. | **R.:** Töchterle K., AADI 16 (1988), 84

3504 ALBRECHT M. v./VESTER H.: Ciceros Rede pro Archia. Deutung und unterrichtliche Behandlung, Heidelberg 1970 (Heidelb.Texte, Did.R. 2), 45 S. | **R.:** Versnel H. S., Gymn.

79 (1972), 74–78; Kaiser W., MDAV 16.2 (1973, Beih.), 12; Floren F. J., MDAV/NW 23.1 (1975), 12–14

3505 VRETSKA K.: Rhetorik als Interpretationsmittel (Cicero, Pro Archia 21), in: Verpflichtung der Antike, 1979 ↗839, 160–175

3506 SCHULZE W.: Ciceros Archiasrede im Lateinunterricht, AU 29.2 (1986), 40–54 | R.: Kienpointner M., AADI 15 (1988), 63

3507 SPANG K.: Marcus Tullius Cicero: Rede für den Dichter A. Licinius Archia (pro Archia poeta), in: Rede, Bamberg (Buchner) 1987 (Themen Texte Interpretationen 9), 129–148 [darin 131–138 (gekürzter) Text in d. Übers. v. Fuhrmann M.; 141–146 ALBRECHT M. v.: Die Einleitung der Rede Ciceros und die Zweckmäßigkeit der *argumantatio extra causam* (zuerst Gymn. 69, 1969)]

Pro Caelio

3508 STÖGER T.: Ciceros Verteidigungsrede für Caelius. Unterrichtsmodell zu Roma III, Kap. 34, Zeile 1–6, Anregung 35 (1989), 179–185 | R.: Töchterle K., AADI 20 (1990), 138

In Catilinam

3509 M. Tullius Cicero: In Catilinam (4 Reden), bearb. PREISENDANZ K., Einl. u. Eigennamenverz. v. GELZER M., Heidelberg (Kerle) [3]1960/61 (Heidelberger Texte 12), 84 & 58 S.

3510 Cicero: Reden gegen Catilina. Vollständige Ausgabe, bearb. HEUSCH H., Münster (Aschendorff) 1961, [43]1987 (Text), 1952, [26]1985 (Komm.), 70 & 132 S.

3511 Cicero: In L. Catilinam oratio prima, in: Sallust, De coniuratione Catilinae, 1975 ↗4366

3512 M. Tullius Cicero: Orationes in Catilinam, Stuttgart (Klett) [4]1976, 70 S. [reprographischer Ndr. aus der Ausgabe von H. Bornecque, Paris 1926 (Coll. Budé) & 26seitige Einführung eines Anonymus]

3513 Sermo Latinus. M. Tulli Ciceronis in L. Catilinam oratio prima, bearb. BAUER A., Frankfurt/M. u.a. (Diesterweg) 1977, [2]1980 (Modelle), 79 S.

3514 Cicero: In L. Catilinam orationes quattuor, bearb. FEIX J., Paderborn (Schöningh) 1979, 115 S.

3515 Cicero: Erste Rede gegen Catilina. Mit Begleittexten (Text; Komm.; Lehrerheft), bearb. JÄGER G., Bamberg (Buchner) [2]1980 (Lehrerheft 1983) (ratio 17), 32, 56 & 43 S. | R.: Töchterle K., AADI 2 (1981), 18; Vretska K., IAU 3.2 (1981), 27; Waiblinger F. P., DASiU 28.1 (1981), 31–35; Kohl A., Anregung 30 (1984), 266

3516 Cicero: Reden gegen Catilina I und II [& Lehrerheft], hg. FIRNKES M., Bamberg (BVB) 1985 (Testimonia), 61, 36 & 120 S. | R.: Kohl A., Anregung 35 (1989), 121

3517 UNGERN-STERNBERG J. v.: Ciceros erste Catilinarische Rede und Diodor XL 5a, Gymn. 78 (1971), 47–54 | R.: Kohl A., Anregung 19 (1973), 208

3518 NIEBAUM P.: „concordia ordinum"? Unterrichtsversuch in einer Klasse 11 mit ausgewählten Texten zur sozialen Situation der ciceronischen Zeit, 1974 ↗5120

3519 PRIMMER A.: Historisches und Oratorisches zur ersten Catilinaria, Gymn. 84 (1977), 18–38 [erw. Fassung von ↗3488]

3520 RÖMISCH E.: Cicero, Oratio in Catilinam I, LEU/L 1 (1977), 2f., 19

3521 ARTH M.: Bemerkungen zu Cicero, in Cat. 1,18, IAU 2.2 (1980), 1–12 | R.: AADI 2 (1981), 21

3522 STROH W.: Über Absicht und Verlauf von Ciceros erster Catilinarie, DASiU 29.1 (1982), 7–15; erw. in: MDAV/Ns 36.1 (1986), 2–15

3524 VESTER H.: Eine oft gelesene, aber auch manchmal mißverstandene Cicerostelle, Gymn. 95 (1988), 17–20 [1,5] **R.:** ANLIKER K./MAYER K., Gymn. 96 (1989), 110–112

3525 FRICEK A.: Rhetorische Beobachtungen an Ciceros Catilinaria I., Anregung 35 (1989), 231–235 I **R.:** Töchterle K., AADI 21 (1991), 13

3526 RODE R.: Cicero, Catilina und die Rhetorik. Ein Videofilm, 1989 ↗1788

3527 DALFEN J.: Zur Interpretation von Ciceros erster Rede gegen Catilina, Ianus 11 (1990), 23–31 I **R.:** Töchterle K., AADI 22 (1991), 23

3528 VRETSKA H.: Rhetorische Vernichtung des Gegners. Cicero, In Catilinam 1,1,1, Anregung 37 (1991), 243–248; zuerst in: Skripten zur Lehrerfortbildung des BM f. U.u.K., 1987, 25–31

De haruspicum responso

3529 RÖTTGER G.: Interpretation und Sprachreflexion (Cicero, De haruspicum responsis 18f.), Anregung 20 (1974), 221–231 I **R.:** Kohl A., Anregung 22 (1976), 207

De lege agraria

3530 Cicero: De lege agraria oratio secunda. Die zweite Rede über das Siedlergesetz, bearb. KESSLER M./EYRAINER J., Bamberg (BVB) 1989 (Testimonia), 48 & 60 S. I **R.:** Grotz H., DASiU 37.3 (1990), 21f.

3531 KESSLER M.: Es muß nicht immer Catilina sein. Ciceros zweite Rede „Über das Siedlergesetz" als Alternative im Lektürebereich ‚Rhetorik', Anregung 36 (1990), 13–17; erw. Fassung in: Rede und Rhetorik im Lateinunterricht ↗3495, 54–80 I **R.:** Niedermayr H., AADI 22 (1991), 25

De lege Manilia (De imperio Cn. Pompei)

3532 Cicero: De imperio Cn. Pompei und Pro L. Murena. Vollständige Ausgabe, bearb. REIS H., Münster (Aschendorff) 1960 u.ö., 115 & 104 S.

3533 Cicero: De imperio Cn. Pompei (sive de lege Manilia) ad Quirites oratio, bearb. BERNERT E., Paderborn (Schöningh) 1975, 45 & 24 S.

3534 Cicero: De imperio Cn. Pompei, bearb. BORST J., Bamberg (BVB) [5]1980, [6]1982 (Texte der Weltliteratur), 47 & 27 S.

3535 Cicero: De imperio Cn. Pompei, bearb. HAUG A., Frankfurt/M. u.a. (Diesterweg) 1984 (Modelle), 64 & 22 S. I **R.:** Gamper P., AADI 9 (1985), 120

3536 M. Tullius Cicero: De imperio Cn. Pompei ad Quirites oratio, hg. KEMPKES W., Velbert (Bastians) 1990 (gradatim), 143 S. [sog. textinterne Umformung]

3537 Cicero: De imperio Cn. Pompei [& Lehrerheft], hg. ERNST G., Frankfurt/M. (Cornelsen–Hirschgraben) 1991, 80 & 48 S. I **R.:** Kohl A., Anregung 38 (1992), 269f.

3538 LUMPP H.: Cicero: Pirata – Verbrechen und menschliche Gesellschaft, in: Aditus. Neue Wege zum Latein (Lehrerhandbuch), 1975 ↗4994, 243–251

3539 KLINZ A.: Politische Bildung in den Alten Sprachen – Unterrichtspraktische Vorschläge, 1982 ↗3081

3540 LERETZ J.: Lektüre von Ciceros Rede De imperio Cn. Pompei, in: Handreichungen für den Lateinunterricht Jgst. 8–11, 1, 1984 ⤤737, 141–156 [Lit.]

3541 FINK G.: Geld und Gloria. Interpretationsgesichtspunkte bei der Lektüre von Ciceros Rede De imperio Cn. Pompei, AU 29.2 (1986), 30–39 | **R.**: Kienpointner M., AADI 15 (1988), 61

3542 HAUG A.: Cicero als Redner – Interpretationsbeispiele zur „Pompeiana", in: Handbuch für den Lateinunterricht, Sek.I, 1987 ⤤19, 242–251

Pro Ligario

3543 Orator Perfectus. Ciceros Reden Pro Archia und Pro Ligario und die rhetorische Theorie, ³1973 ⤤3501

3544 Cicero: Pro M. Marcello. Pro Q. Ligario, 1975 ⤤3546

3545 ZINK N.: Rhetorik – Beredsamkeit. Cicero pro Ligario. Einleitung, Übersetzung, Kommentar, Frankfurt/M. u.a. (Diesterweg) 1983 (Schule und Forschung), 80 S. | **R.**: Kienpointner M., AADI 7 (1984), 92f.; Hesse M., MDAV/NW 33.2 (1985), 11f.; Stindtmann H., LGB 30 (1986), 31

Pro Marcello

3546 Cicero: Pro M. Marcello. Pro Q. Ligario, bearb. ATZERT K., Paderborn (Schöningh) 1975, 76 & 36 S. [mit den zugehörigen Briefen an Marcellus und Ligarius]

3547 ALBRECHT M. v.: Ciceros Reden für Marcellus. Epideiktische und nicht-epideiktische Elemente, in: Die Antike in literarischen Zeugnissen, 1988 ⤤913, 7–16

3548 VRETSKA H.: Cicero, Pro Marcello, Ianus 11 (1990), 32–44 | **R.**: Töchterle K., AADI 22 (1991), 31

Pro Milone

3549 Cicero: Pro Milone, mit Kommentar des Q. Asconius, bearb. ZIEGLER K., neu bearb. GÄRTNER H. A., Heidelberg (Kerle) ²1977 (Heidelberger Texte 16), 95 S.

3550 Cicero: Pro T. Annio Milone ad iudices oratio. Mit dem Kommentar des Q. Asconius Pedianus (lateinisch und deutsch), hg. NÜSSLEIN T., Bamberg (BVB) 1981, ²1983 (Testimonia), 112 & 78 S. | **R.**: Kohl A., Anregung 28 (1982), 108; Ruck H., DASiU 29.1 (1982), 25

3551 ANZINGER S.: Silent leges inter arma. Rhetorische Taktik in Ciceros Rede für Milo, in: Rede und Rhetorik im Lateinunterricht, 1992 ⤤3495, 81–108

Pro Murena

3552 Cicero: De imperio Cn. Pompei und Pro L. Murena, 1960 ⤤3532

3553 Cicero: Pro Murena, bearb. KLOTZ A./STENGEL K., Heidelberg (Kerle) ²1961 (Heidelberger Texte 32), 36 S.

Orationes Philippicae

3554 Vom Machtkampf nach Caesars Ermordung. Cicero gegen Antonius im Herbst des Jahres 44. Textpartien aus Cicero, Oratio Philippica II. Für die Übergangslektüre adaptiert

S 2   Cicero

vom Kölner Arbeitskreis „Lateinische Anfangslektüre", Frankfurt/M. u.a. (Diesterweg) 1987 (Modelle), 120 S. [s.a. ↗3584]

3555 Cicero: Oratio Philippica secunda, hg. WEISS H., Bamberg (BVB) 1992 (Testimonia), 48, 40 & 48 (Lehrerheft) S.

3556 Cicero: Sechste Philippische Rede. Mit Texten zur Rhetorik, bearb. OLBRICH W., Bamberg (Buchner) 1988 (ratio 26), 64 S.

3557 Cicero: Orationes Philippicae – Sexta, Septima, Nona, bearb. NISSEN T., Paderborn (Schöningh) 1975, 57 S.

3558 BINDER G./WÜLFING P.: Didaktische Überlegungen zu […] „Vom Machtkampf nach Caesars Ermordung". Lehrerinformation, 1980 ↗3584 [zu ↗3554]

3559 SENONER R.: Zur „themenorientierten Autorenlektüre". Ciceros 7. Philippica in der 1. Klasse Lyzeum (3. Lateinjahr), DASiU 27.3 (1980), 23f.

3560 KRÖNER H.-O.: Ciceros 9. Philippica: Cicero und Servius Sulpicius Rufus. Zugleich ein Beitrag zu: Cicero und der römische Staat, AU 29.2 (1986), 69–82 I **R.:** Kienpointner M., AADI 15 (1988), 62

3561 OLBRICH W.: Die vergebliche Beschwörung von Einheit und Freiheit. Ciceros sechste Philippische Rede, in: Rede und Rhetorik im Lateinunterricht, 1992 ↗3495, 109–122

In Pisonem

3562 REISCHMANN H.-J.: Rhetorische Techniken der Diffamierungskunst – dargestellt an Ciceros Invektive ‚In Pisonem', AU 29.2 (1986), 57–64 I **R.:** Kienpointner M., AADI 15 (1988), 62

Pro rege Deiotaro

3563 Cicero: Rede für König Deiotarus. Text mit Erläuterungen, Arbeitsaufträge, Begleittexte und Stilistik, bearb. GLÜCKLICH H.-J., Göttingen (Vandenhoeck & Ruprecht) 1988 (Exempla 11), 54 S. [Lehrerkomm. ↗3565]

3564 RIES W.: Ciceros Rede Pro rege Deiotaro. Ein Vorschlag zur Lektüre, Anregung 22 (1976), 300–306

3565 GLÜCKLICH H.-J.: Ciceros Rede für König Deiotarus. Interpretation und Unterrichtsvorschläge, Göttingen (Vandenhoeck und Ruprecht) 1988 (Consilia 11), 72 S. [Text ↗3563]

3566 BOTERMANN H.: Die Generalabrechnung mit dem Tyrannen. Ciceros Rede für den König Deiotarus, Gymn. 99 (1992), 320–344

Pro Sex. Roscio

3567 Cicero: Pro Sex. Roscio Amerino oratio, bearb. NISSEN T., Paderborn (Schöningh) 1969, 56 & 50 S.

3568 Cicero: Pro Sex. Roscio, bearb. MÜLLER S., Freiburg (Ploetz) ^{2}1982 (Heidelberger Texte 15), 66 S. I **R.:** Töchterle K., AADI 5 (1983), 63

3569 Cicero: Rede für Roscius. Vollständige Ausgabe, bearb. GUTHARDT A., Münster (Aschendorff) 1985, 72 & 95 S. I **R.:** Kohl A., Anregung 34 (1988), 118

3570 BAYER K.: Wider die permanente Revolution – Zur Interpretation von Ciceros Rede pro Sex. Roscio Amerino, Anregung 9 (1963), 312–319; jetzt in: Das Angebot der Antike, 1990 ↗21, 172–180

3571 OFFERMANN H.: Cicero, Pro Sex. Roscio Amerino 2,6, AU 17.2 (1974), 65–73

3572 PHILIPP G.: Stilistische Beobachtungen zu Ciceros Rosciana, DASiU 27.1 (1980), 29–37

3573 OFFERMANN H.: Cicero, Pro Sex. Roscio Amerino 2,6, in: Rede und Rhetorik im Lateinunterricht, 1992 ↗3495, 38–53

Pro Sestio

3574 Cicero: Pro Sestio. Mit Begleittexten, bearb. GUNERMANN H., Bamberg (Buchner) 1985 (ratio 24), 59 & 40 S. | **R.**: Flurl W., DASiU 32.3 (1985), 21f.

3575 SCHEER R.: Cicero und das Establishment. Zur Interpretation von Cic. Sest. 96–99, Anregung 20 (1974), 95–98

3576 GUNERMANN H.: Cicero, Pro Sestio 20ff., DASiU 32.4 (1985), 13–21

3577 CHRISTES J.: Cum dignitate otium (Cic. Sest. 98) – eine Nachbereitung, Gymn. 95 (1988), 303–315

In Verrem

3578 Cicero: Orationes in Verrem, bearb. GREVE R., Paderborn (Schöningh) 1975, 167 & 112 S.

3579 Cicero gegen Verres. Anklage wegen Amtsmißbrauchs gegen einen römischen Provinzstatthalter. Ciceros Rede gegen Verres II 4, adaptiert vom Arbeitskreis „Lateinische Anfangslektüre" am Institut für Altertumskunde der Universität Köln, hg. ZINK N., Frankfurt/M. u.a. (Diesterweg) o.J. [1975], [3]1990 (Modelle), 112 S. [s.a. ↗3045, ↗3584] **R.**: Liedtke G., MDAV/Bl 22.3 (1976), 5

3580 Cicero: Reden gegen Verres. Auswahl, bearb. VOIGT W., Münster (Aschendorff) [8/9]1987, 166 & 149 S.

3581 VISCHER R.: Ciceros ‚In C. Verrem actio prima' als problembezogene Lektüre, AU 17.2 (1974), 26–49 [v.a. Vergleich zw. röm. u. bundesdt. Strafprozeß]

3582 BURNIKEL W.: Loquamur Latine, sodales? Notae et exercitationes ad Cic. in Verr. act. 2, IV 94/95, VL 12 (1976), 62–71

3583 RÖMISCH E.: Cicero. In Verrem, LEU/L 2 (1977), 2f.

3584 BINDER G./NIEMEYER H. G./WÜLFING P.: Didaktische Überlegungen zu „Cicero gegen Verres", „Vom Vesuvausbruch des Jahres 79 n. Chr." und „Vom Machtkampf nach Caesars Ermordung". Lehrerinformation, Frankfurt/M. u.a. (Diesterweg) 1980, [2]1989 (Modelle), 50 S. [zu ↗3554, ↗3579, ↗4251; dazu a. Diaserien erhältlich] **R.**: Töchterle K., AADI 2 (1981), 21; ders., AADI 16 (1988), 84f.; Reinsbach J., LGB 32 (1988), 68–70

3585 FUHRMANN M.: Narrative Techniken in Ciceros Zweiter Rede gegen Verres, AU 23.3 (1980), 5–17 | **R.**: Siehs G., AADI 1 (1981), 10

3586 MAIER F.: Z.B.: Der Kulturräuber Verres. Projektorientiertes Arbeiten im lateinischen Lektüreunterricht, Pädagogik 41.7–8 (1989), 34–38; jetzt in: Das Projektbuch II, hg. BASTIAN J./GUDJONS H., Hamburg (Bergmann + Helbig) 1990, 195–208

3587 SCHMITZ D.: Zeugen im Verres-Prozeß nach Ciceros Darstellung, Gymn. 96 (1989), 521–531

3588 KAUS E.: „Affectation catonischer Simplicität" (zu Cic. Verr. 2,4,4f.), Gymn. 99 (1992), 146–156

3589 MAIER F.: Kulturkriminalität in der Antike oder: Redekunst als Waffe. Cicero gegen Verres – Ein Unterrichtsmodell, besonders für Latein als 2. Fremdsprache, DASiU 39.1 (1992), 13f., 21–30; 39.2, 16–23

Rhetorische Schriften

3590 DÖPP S.: Weisheit und Beredsamkeit. Gedanken zu ihrer Relation bei Cicero, Quintilian und Augustinus, 1982 ↗5500

3591 DÖPP S.: Die Nachwirkungen von Ciceros rhetorischen Schriften bei Quintilian und in Tacitus' Dialogus. Eine typologische Skizze, in: Reflexionen antiker Kulturen, 1986 ↗905, 7–26

Brutus

3592 Cicero: Brutus, bearb. BARWICK K., Heidelberg (Kerle) 1949 (Heidelberger Texte 14), 154 S.

De inventione

3593 STAFFHORST U.: Helena in jedem Weibe? Zum Prooemium des 2. Buches von Ciceros Schrift „De inventione", Gymn. 99 (1992), 193–200

Orator

3594 Cicero: Orator, v. SEEL O., Heidelberg (Kerle) 1952 (Heidelberger Texte 21), 156 S.

De oratore

3595 SCHÖNBERGER O.: Romanus homo, Anregung 21 (1975), 400 [3,168]

3596 ALBRECHT M. v.: Das Bildungsideal in Ciceros Schrift 'De oratore', LEU/L 52 (1991), 130–152

3597 ALBRECHT M. v.: Ciceros rhetorisches Bildungsideal in „De oratore" mit besonderer Berücksichtigung des Sokrates, in: Die Antike im Brennpunkt, 1991 ↗924, 7–25

Philosophische Schriften

3598 LERETZ H.: Kurzbibliographie zu Ciceros philosophischen Schriften, in: Cicero als Philosoph, 1992 ↗3623, 137–150

3599 Cicero: Philosophische Schriften, hg. RÖMISCH E., Frankfurt/M. (Hirschgraben) 1954, ^{13}1986, 71 & 82 S. [rep., nat.deor., Tusc., off., fin.]

3600 Cicero: Staatsphilosophie, bearb. ELKELES G., Paderborn (Schöningh) 1975, 83 & 70 S. [Auswahl aus rep. (mit Somnium), leg., off., ad Qu.fr.]

3601 Die Philosophie der Stoa. Aus den Schriften Ciceros und Senecas, 1975 ↗5155

3602 Politische und soziale Probleme der römischen Republik. Cicero als Vermittler antiken Staatsdenkens, bearb. SCHEER R., Wien (Braumüller u.a.) 1975 (Lateinische Lesetexte 2), 41 & 13 S.

3603 M. Tullius Cicero: Philosophische Schriften in Auswahl, bearb. SONTHEIMER W., Stuttgart (Klett) ^{9}1975, 60 & 20 S. [off., Tusc., nat.deor., Lael.]

Cicero S 2

3604 Rom und die Philosophie. Auswahl aus den Schriften Ciceros und Erläuterungen (& Lehrerkontrollheft), bearb. PESTER H. E., Paderborn (Schöningh) 1977, 112 & 32 S. I **R.**: MDAV/NW 27.3 (1979), 10f.; Kohl A., Anregung 24 (1978), 132; 26 (1980), 195

3605 Accedere ad rem publicam – a re publica recedere?, 1979 ↗5071

3606 Omnia scire. Kritik und Funktion der Wissenschaft bei Cicero, bearb. ELLER G., Frankfurt/M. u.a. (Diesterweg) 1980 (Modelle), 84 S. I **R.**: Vretska K., AADI 1 (1981), 6–7

3607 STEINMEYER H.: Der virtus-Begriff bei Cicero und Seneca, AU 17.2 (1974), 50–59

3608 ZÖFEL A.: Handreichungen zum Kursthema CICERO, MDAV/Bl 22.2 (1976), 4–6; MDAV/Bl 22.3 (1976), 3–5 [zu Cic., leg., rep., off.; Lit.]

3609 BLÄNSDORF J.: Griechische und römische Elemente in Ciceros Rechtstheorie, in: Relata II, 1977 ↗995, 62–83 & 4 S. Texte [v.a. rep., leg.]

3610 FRICEK A.: Ciceros Gedanken über den Tod und die stoische Philosophie, AHS 26 (1977), 232–234

3611 ILTING K.-H.: Antike und moderne Ethik. Zur Lektüre ciceronischer Texte im Lateinunterricht in der Sekundarstufe II, Gymn. 84 (1977), 149–167

3612 GÖRLER W.: Das Problem der Ableitung ethischer Normen bei Cicero, AU 21.2 (1978), 5–19 I **R.**: Kohl A., Anregung 26 (1980), 197

3613 BAYER K.: Vorsokratikerlektüre im Lateinunterricht?, 1980 ↗5174

3614 STROHM H.: Zur Eigenart römischen Philosophierens – Interpretationen zu Cicero und Seneca, 1981 ↗5594

3615 OBERG E.: Philosophische Texte von Cicero in Kurzlehrgängen, MDAV/NW 31.4 (1983), 3–10

3616 WEBER-SCHÄFER P.: Ciceros Staatstheorie und ihre Bedeutung für die moderne Politikwissenschaft, Gymnasim 90 (1983), 478–493

3617 KLUG W.: Zur Lektüre philosophischer Texte Ciceros im Unterricht. Ein Vorschlag, Anregung 30 (1984), 106–110 I **R.**: Maier F., AADI 9 (1985), 125

3618 FRICEK A.: Die Bedeutung der Cicerolektüre für die juristische Vorbildung, ASiRPS 33 (1987), 12–25

3619 GRIFFIN M.: Philosophy for Statesmen: Cicero and Seneca, in: Antikes Denken – Moderne Schule, 1988 ↗319, 132–150

3620 DALFEN J.: Cicero philosophus (1. Teil), Ianus 13 (1992), 5–12 [Tusc., Lucullus, Orat.]

3621 ERLER M.: Cicero und ‚unorthodoxer' Epikurismus, Anregung 38 (1992), 307–322

3622 HASLBECK F.: Prüfungsaufgaben aus dem philosophischen Werken Ciceros, 1992 ↗1493

3623 LERETZ H. u.a.: Cicero als Philosoph. Lektüreprojekte für die Oberstufe, Bamberg (Buchner) 1992 (Auxilia 25), 151 S.

Academici libri

3624 LEFÈVRE E.: Cicero als skeptischer Akademiker. Eine Einführung in die Schrift Academici libri, in: Antikes Denken – Moderne Schule, 1988 ↗319, 108–132

Cato maior de senectute

3625 Cicero: Cato Maior, bearb. HERTER H., Heidelberg (Kerle) 1949, ^{2}1980 (Heidelberger Texte 19), 71 S.

3626 Cicero: Cato maior de senectute. Vollständige Ausgabe, bearb. LEGGEWIE O., Münster (Aschendorff) [8]1986, 56 & 30 S.

3627 FRICEK A.: Was können wir Menschen des 20. Jahrhunderts aus Ciceros „De senectute" lernen?, Scrinium 37.1–2 (1992), 18–24

De finibus

3628 Cicero: De finibus bonorum et malorum. Buch I, III und IV, bearb. BERNERT E., Paderborn (Schöningh) 1965, Ndr. 1975, 131 & 104 S. I **R.**: Bungarten H. ⟶39

3629 JUNGE C.: Epikurs Ethik im Lateinunterricht, 1974 ⟶5582

3630 PATZIG G.: Cicero als Philosoph, am Beispiel der Schrift De finibus, Gymn. 86 (1979), 304–322

3631 LERETZ H.: Was ist der Mensch? Fragen aus der philosophischen Anthropologie der Antike (nach De finibus 5,34–44), in: Cicero als Philosoph, 1992 ⟶3623, 36–48

Laelius de amicitia

3632 M. Tullius Cicero: Laelius (vollständig) – De re publica (Auswahl), bearb. HOMMEL H., Einl. v. MEISTER K., Heidelberg (Kerle) (Heidelberger Texte 2), 132 & 50 S.

3633 Cicero: Laelius de amicitia. Vollständige Ausgabe, bearb. TRIMBORN W., Münster (Aschendorff) 1963, [17]1977, 59 & 44 S.

3634 Cicero: Laelius de amicitia, bearb. SCHWARZ F. F., LL Sonderheft 2 (1970), 20 S.

3635 Cicero: Laelius de amicitia, bearb. FITZEK A., Paderborn (Schöningh) 1975, 77 S.

3636 Persönliche Bindung und Gemeinschaft. Cicero: Laelius De amicitia, bearb. ZINK N., Frankfurt/M. (Diesterweg) 1977, 95 S. I **R.**: Kohl A., Anregung 24 (1978), 187

De legibus

3637 M. Tullius Cicero: De legibus, bearb. ZIEGLER K./GÖRLER W., Heidelberg (Kerle) 1963, [3]1979 (Heidelberger Texte 20), 171 S. I **R.**: Heck E., Anzeiger f. d. Altertumswiss. 34 (1981), 245f.

3638 HEUSS A.: Ciceros Theorie vom römischen Staat, 1975 ⟶981

3639 BLÄNSDORF J.: Das Naturrecht in der Verfassung – Von Ciceros Staatstheorie zum modernen Naturrechtsdenken, in: Lateinische Literatur, heute wirkend 2, 1987 ⟶5910, 30–59 [Lit.]

De natura deorum

3640 Cicero: De natura deorum. Auswahl, bearb. GRÖHE G., Münster (Aschendorff) 1983 (Text); 1982 (Komm.), 144 & 79 S. I **R.**: Frentz W., MDAV/NW 32.1 (1984), 8; Kohl A., Anregung 30 (1984), 265

3641 Cicero: Vom Wesen der Götter. Mit Briefen Senecas und mit Begleittexten, bearb. FLURL W./JÄGER G., Bamberg (Buchner) 1989 (ratio 27), 104 & 95 S. I **R.**: Kohl A., Anregung 36 (1990), 120f.

3642 BROEMSER F.: Cotta gegen Balbus in ‚De natura deorum III', ASiRPS 23.2–3 (1977), 20–23

3643 JÄGER G.: Das sogenannte Höhlengleichnis des Aristoteles. Überlegungen zu Cicero, De natura deorum 2,95, in: Humanismus und Bildung 2, 1991 ↗370, 51–60

3644 JÄGER G.: Das Wesen der Götter (De natura deorum, Auswahl), in: Cicero als Philosoph, 1992 ↗3623, 49–75

De officiis

3645 M. Tullius Cicero: De officiis. Gesamtausgabe für die Kollegstufe, bearb. SCHÖNBERGER O., Bamberg (BVB) 1974 (Texte der Weltliteratur B 18); [2]1980 (Testimonia), 134 & 88 S. | **R.**: Weiß M., DASiU 22.1 (1975), 24f.; Kohl A., Anregung 22 (1976), 272; Vretska K., Gymn. 83 (1976), 263–265; Gamper P., AADI 2 (1981), 19

3646 Cicero: De officiis. Auswahl, bearb. GRÖHE G., Münster (Aschendorff) 1981, 196 & 124 S.

3647 Cicero: De officiis (Textauswahl mit Wort- und Sacherläuterungen, Lernwortschatz; Arbeitskomm. mit Zweittexten; Lehrerkomm.), v. ILTING K.-H./KABIERSCH J., Stuttgart (Klett) 1986, 84, 31 & 28 S. | **R.**: Berner H.-U., MDAV/NW 35.3 (1987), 9f.; Töchterle K., AADI 16 (1988), 84

3648 FLEMMING O.: Cicero, De officiis, LEU/L 2 (1977), 8–13

3649 GLÜCKLICH H.-J.: Ciceros ‚De officiis' im Unterricht, AU 21.2 (1978), 20–44 | **R.**: Kohl A., Anregung 26 (1980), 197

3650 GLÜCKLICH H.-J./MÜLLER H.-J.: Ciceros Wertung der Berufe (De officiis 1,150–151). Materialien für eine Unterrichtseinheit, ASiRPS 28.1 (1982), 2–8

3651 STEINER W.: Ein kleiner Beitrag zur politischen Bildung im Lateinunterricht, IAU 6 (1984), 42–46 | **R.**: Töchterle K., AADI 9 (1985), 128

3652 SCHÖNBERGER O.: M. Tullius Cicero, in: Von Nepos bis zum Neuen Testament, 1986 ↗3165, 36–51

3653 NICKEL R.: Das Recht auf Leben und Unversehrtheit in Ciceros Schrift ‚De officiis' (3,21–32), in: Die Antike als Begleiterin, 1990 ↗922, 55–72

3654 SCHÖNBERGER O.: Lebensform und Beruf (De officiis 1,115–120), in: Cicero als Philosoph, 1992 ↗3623, 76–91

De re publica

3655 SUERBAUM W.: Studienbibliographie zu Ciceros De re publica, Gymn. 85 (1978), 59–88

3656 M. Tullius Cicero: De re publica (Auswahl), bearb. HOMMEL H. ↗3632

3657 M. Tullius Cicero: De re publica (Auswahl), bearb. SONTHEIMER W., Stuttgart (Klett) o.J., 55 & 28 S.

3658 Cicero: De re publica. Auswahl, bearb. ATZERT K., Münster (Aschendorff) 1950, [26]1982 (Text), [15]1982 (Komm.), 132 & 128 S.

3659 Cicero: De re publica, bearb. PANITZ H., Bamberg (BVB) 1958, [3]1975 (Texte der Weltliteratur), 96 & 59 S.

3660 Cicero: De re publica. Vollständige Textausgabe, bearb. SCHWAMBORN E., Paderborn (Schöningh) 1958, Ndr. 1975, 152 & 268 S.

3661 Cicero: Das Werk vom Staat. Auswahl, mit Vorbereitungsheft, bearb. BAUERSCHMIDT H./ HÄFNER S., Bamberg (Buchner) [5]1971 (Aus dem Schatze des Altertums B 1), 51 & 54 S.

3662 M. Tullius Cicero: De re publica, bearb. LUDWIG G., Frankfurt/M. u.a. (Diesterweg) ³1972, 71 S.

3663 Cicero: De re publica. Mit Begleittexten, bearb. WEINOLD H., Bamberg (Buchner) 1974 (ratio 2), 64, 43 & 71 S. [vgl.a. ↗3664] **R.**: Keulen H., DASiU 22.2–3 (1975), 31–35; Hadamovsky W., Anzeiger f. d. Altertumswiss. 32 (1979), 116f.

3664 Cicero: Staatslehre. De re publica in Auswahl mit Begleittexten (Text und Kommentar), bearb. WEINOLD H., Bamberg (Buchner) 1985 (ratio 19), 71 & 54 S.

3665 Cicero: De re publica. Textauswahl mit Wort- und Sacherläuterungen, Lernwortschatz; Arbeitskommentar mit Zweittexten, v. GUNERMANN H., Stuttgart (Klett) 1990, 80 & 48 S.

3666 Cicero: De re publica. Vollständige Ausgabe, bearb. THOSS H., Münster (Aschendorff) 1992, 2 Bde., zus. 467 S. | **R.**: Wojaczek G., DASiU 40.1 (1993), 19

3667 SCHÖNBERGER O.: Cicero, De re publica. Entwurf einer Projektliste für ein Semester-Thema im Leistungskurs im Lateinischen, Anregung 18 (1972), 73–77 [Lit.]

3668 SUERBAUM W.: Vor dem Ende der Ganzschrift-Lektüre? Ein bayerischer curricularer Lehrplan „Politisches Denken der Römer" in der Sicht eines Fachwissenschaftlers, Anregung 19 (1973), 230–237; auch in: Antike Texte – moderne Interpretation ↗3130, 57–64 [vgl.a. ↗3673] **R.**: Kohl A., Anregung 20 (1974), 203; zu dem zugrundeliegenden Vortrag: Maier F., DASiU 20.1 (1973), 12–15

3669 KAISER E.-P.: Interpretation von Cicero, De re publica I 43, AU 17.2 (1974), 60–64

3670 KOHNS H. P.: Consensus iuris – communio utilitatis (zu Cic.rep. I. 39), Gymn. 81 (1974), 485–498

3671 FRICEK A.: Die einzelnen Staatsformen bei Cicero, AHS 25 (1976), 141–143

3672 KOHNS H. P.: Prima causa coeundi. Zu Cic. rep. I 39, Gymn. 83 (1976), 209–214

3673 SUERBAUM W.: Werklektüre oder thematische Sequenzen-Lektüre? Betrachtungen zu einem Problem der Curriculumplanung anhand eines Curricularen Lehrplans „Politisches Denken der Römer – Cicero, De re publica", in: Kollegstufenarbeit in den Alten Sprachen 2, 1976 ↗574, 31–49 [erw. Fassung von ↗3668]

3674 GLÜCKLICH H.-J.: Veränderung des Autoritätsbegriffes. Zur textlinguistischen Erschließung von *Cicero, de re publica* II 56–59, MLAS/SH 1.4 (1978), 12ff.

3675 TÖCHTERLE K.: Ciceros Staatsschrift im Unterricht. Eine historische und systematische Analyse ihrer Behandlung in den Schulen Österreichs und Deutschlands, Innsbruck (Wagner) 1978 (Commentationes Aenipontani 24), 170 S. | **R.**: Kost K., Gymn. 86 (1979), 200f.; Richter W., Anzeiger für d. Altertumswiss. 33 (1980), 175–178; Vretska K., IAU 4.2 (1982), 53

3676 FRÜCHTEL E.: Rechtsprinzip oder Menschenbild? Zur Interpretation von Cicero, De re publica III 12–19, Anregung 25 (1979), 19–24

3677 CAMBEIS H.: Das monarchische Element und die Funktion der Magistrate in Ciceros Verfassungsentwurf, Gymn. 89 (1982), 237–260

3678 MUNDING H.: Bemerkungen zu Ciceros Staatstheorie in Rep. I aus gymnasialdidaktischer Sicht, Anregung 28 (1982), 92–99; jetzt in: Antike Texte – aktuelle Probleme ↗3163, 114–127 | **R.**: Maier F., AADI 5 (1983), 67

3679 BAYER D.: Der Traum des Scipio, Anregung 30 (1984), 422–423

3680 OLBRICH W.: Ciceros „Somnium Scipionis" – episch und dramatisch, Anregung 30 (1984), 97–105 | **R.**: Maier F., AADI 9 (1985), 127

3681 RIPPER W.: Cicero: De re publica, Darmstadt (Kamprath–Helène) o.J. [~1984] (Lehrhefte für das Kurssystem der gymnasialen Oberstufe. Latein, 10)

3682 SCHLÖR J.: Antikes Denken als Herausforderung zu politischem Engagement, Anregung 30 (1984), 204–205

3683 SCHLÖR J.: Blick von oben, AU 27.5 (1984), 78f. [rep. 6,15ff. im Vgl. mit Äußerungen der Astronauten Mitchell, Armstrong] **R.**: Gamper P., AADI 10 (1985), 139

3684 SCHÖNBERGER O.: Ciceros „Somnium Scipionis" als exemplarische Lektüre und Einführung in die Philosophie, Anregung 30 (1984), 93–96 I **R.**: Maier F., AADI 9 (1985), 128

3685 KLEEMANN F.: Bestandteile und Wirkung der Mischverfassung in Ciceros Darstellung (de re publica I 54, 65–70) und in der Bundesrepublik Deutschland, ASiRPS 32 (1986), 7–19 [Preisträger im 'Schülerwettbewerb Alte Sprachen']

3686 MERKLIN H.: Zum Verhältnis von Theorie und Praxis in Ciceros 'De re publica', in: Wegweisende Antike, 1986 ↗302, 51–66

3687 WOJACZEK G.: Struktur und Initiation – Beobachtungen zu Ciceros Somnium Scipionis, in: Reflexionen antiker Kulturen, 1986 ↗905, 144–190

3688 MEYERHÖFER H.: Platons Πολιτεία – Ciceros De re publica. Versuch eines Vergleichs, Anregung 33 (1987), 218–231; jetzt in: Cicero als Philosoph ↗3623, 92–112 I **R.**: Töchterle K., AADI 16 (1988), 80

3689 FUHRMANN M.: Scipios Traum: Philosophische Verheißung in drängender politischer Lage, LEU/L 49 (1988), 68–95

3690 MAIER F.: Der Staat als Ungeheuer: Hobbes' Leviathan im Vergleich mit Ciceros De re publica. Eine Textauswahl mit Interpretation, in: Lebendige Vermittlung lateinischer Texte, 1988 ↗3106, 141–173 [vgl.a. ↗4939]

3691 WÜBERT B.: Cicero: Somnium Scipionis – Gedanken zur Sphärenharmonie, Anregung 34 (1988), 298–307 I **R.**: Töchterle K., AADI 18 (1989), 116

3692 CHRISTES J.: Bemerkungen zu Cicero, De re publica 1,60; 2,21–22; 2,30; 3,33, Gymn. 96 (1989), 38–48

3693 LAMBERTZ T.: Das Problem der Gerechtigkeit. Unterrichtsmodell zu Cicero, De re publica, 3,33, Anregung 35 (1989), 81–91 I **R.**: Töchterle K., AADI 19 (1990), 125

3694 GLÜCKLICH H.-J.: Res publica – res populi? Ciceros Staatsschrift im Lateinunterricht von 1990, 1990 ↗1064

3695 MEYERHÖFER H.: Die Fortentwicklung staatsphilosophischer Prinzipien bei Platon, Aristoteles und Cicero im Vergleich, 1990 ↗5184

3696 STADLER H.: Freiheit und ihre Grenzen. Ciceros Platonübersetzung De rep. I 66ff., Anregung 36 (1990), 244–249 [zu Plat. rep. 562d–563d] **R.**: Töchterle K., AADI 22 (1991), 30

3697 KOHLER M.: Die Lucretia-Erzählung bei Cicero (De re publica, II 44–46), Livius (Ab urbe condita, I 56,4–60,3) und Ovid (Fasti, 2. Buch, 711–852). Besonderheiten ihrer Darstellung und deren Funktion, MDAV/NW 39.4 (1991), 8–10

Timaeus

3698 BAYER K.: Antike Welterklärung, ausgehend von Ciceros Timaeus sive de universo, in: Struktur und Gehalt, 1983 ↗871, 122–148

Tusculanae disputationes

3699 Cicero: Tusculanae disputationes. Auswahl, bearb. BERNERT E., Münster (Aschendorff) 1958 u.ö., 142 & 104 S.

3700 Cicero: Tusculanae disputationes, bearb. SCHÄFER M., Bamberg (Buchner) ³1971 (Aus dem Schatze des Altertums B, 2), 88 & 64 S.

3701 Seele, Tod und Unsterblichkeit. Philosophie als Lebenshilfe in Ciceros Tusculanen I, bearb. ELLER K. H., Frankfurt/M. u.a. (Diesterweg) 1986 (Modelle), 84 S. I R.: Töchterle K., AADI 14 (1987), 49f.

3702 SEGL R.: Descriptio expetendarum fugiendarumve rerum? Versuch einer Hinführung zur philosophischen Ethik, Anregung 17 (1971), 98–103 I R.: Kohl A., Anregung 19 (1973), 63

3703 FRICEK A.: Die Bedeutung der Tusculanae disputationes für den Unterricht, AHS 25 (1976), 234–237

3704 LERETZ H.: Das Lob der Philosophie und die Tugend (Tusculanae disputationes 5,1–11,37–40), in: Cicero als Philosoph, 1992 ↗3623, 19–35

Briefe

3705 Cicero: Briefe aus der Zeit der Herrschaft Caesars, v. DAHLMANN H., Freiburg (Ploetz) 1949 (Heidelberger Texte 17), 128 S.

3706 Cicero: Briefe, bearb. DUSCHL J., Bamberg (Buchner) 1966, ³1975 (Aus dem Schatze des Altertums B, 15), 44 & 46 S.

3707 Cicero und seine Welt. Aus den Briefen, hg. RÖMISCH E., Frankfurt/M. (Hirschgraben) 1970, ⁴1987, 78 & 93 S.

3708 Cicero: Pro M. Marcello. Pro Q. Ligario, 1975 ↗3546

3709 Cicero: Erinnerungen und Briefe, bearb. SONTHEIMER W., Stuttgart (Klett) 1975, 56 & 16 S.

3710 Cicero: Briefe. Cicero und seine Zeit, bearb. PHILIPS H., Paderborn (Schöningh) 1979, 107 & 152 S. I R.: Frentz W., MDAV/NW 28.3 (1980), 9f.; Kohl A., Anregung 28 (1982), 108

3711 Cicero: Ausgewählte Briefe II, bearb. VOIGT W., Münster (Aschendorff) 1985, 191 & 128 S. [ad Q.fr. 1,1] R.: Kohl A., Anregung 32 (1986), 119f.

3712 Profugus solo patrio. Römische Exilliteratur: Cicero – Ovid – Seneca, bearb. KRÜGER H., 1990 ↗5044

3713 Cicero: Briefe, bearb. FLURL W. u.a., Bamberg (Buchner) 1991 (ratio 22), 128 S.

3714 Epistularum genera multa... Cicero – Plinius. Authentische Briefliteratur am Ende der römischen Republik und in der frühen Kaiserzeit, bearb. PRUTSCHER U./VOGT W., Frankfurt/M. u.a. (Diesterweg) 1991, 112 S. I R.: Wölke H., LGB 35 (1991), 56f.; Gamper P., AADI 23 (1992), 38

3715 PRUTSCHER U.: Der Brief als Medium der persönlichen Mitteilung. Eine lernzielorientierte Auswahl aus Cicero und Plinius, 1976 ↗5049

3716 RÖMISCH E.: Cicero, Briefe, LEU/L 6 (1977), 3–5

3717 SCHMITZ D.: Ciceros Briefe. Eine Unterrichtssequenz für die Jahrgangsstufe 11, AU 32.1 (1989), 22–40 [Textbsp. fam. 5,16; Begleittexte von Erasmus, Morus, Petrarca] **R.:** Gamper P., AADI 20 (1990), 138

3718 LAUSBERG M.: Cicero – Seneca – Plinius. Zur Geschichte des römischen Prosabriefes, 1991 ↗5489

Ad familiares

3719 STRNAD O.: Kann es „amicitia" im Spannungsfeld der Politik geben?, MDAV/NW 36.3 (1988), 5–12

Q. CICERO

3720 Petitio magistratuum – Wahlen in Rom. Q. Ciceronis commentariolum petitionis ad Marcum fratrem. Text mit Wort- und Sacherläuterungen, Interpretation, Zweittexte und Arbeitsanleitungen, v. ERNST G., Frankfurt/M. u.a. (Diesterweg) 1979 (Modelle), 64 S.

3721 ERNST G.: Q. Ciceros Commentariolum petitionis im Oberstufenunterricht. Ein Beitrag zur Aktualisierung im Lateinunterricht, Anregung 24 (1978), 153–159

3722 ZINK N.: Commentariolum petitionis, in: Handbuch für den Lateinunterricht, Sek.I, 1987 ↗19, 362–365

CLAUDIANUS

3723 Claudius Claudianus: De raptu Proserpinae, bearb. SCHWARZ F. F., LL 29 (1974–75), 9–27

CURTIUS RUFUS

3724 Geschichte Alexanders des Großen, bearb. BRANDMAIR A., Paderborn (Schöningh) o.J., 83 & 46 S.

3725 Curtius Rufus: Alexander in Indien und Babylon. Auswahl aus den Büchern VIII, IX und X der Alexandergeschichte, bearb. AMENDT K., Bamberg (BVB) ^{2}1966, 60 & 12 S.

3726 Curtius Rufus: Leben und Taten Alexanders des Großen, bearb. SCHÖNFELD H., Frankfurt/M. u.a. (Diesterweg) ^{4}1966, ^{5}1972, 56 S.

3727 Curtius Rufus: Das Bild der Persönlichkeit Alexanders des Großen, bearb. LEITSCHUH M., Bamberg (Buchner) ^{6}1979 (Aus dem Schatze des Altertums B, 4), 47 & 22 S.

3728 Q. Curtius Rufus: Das Leben Alexanders des Großen. Textauswahl aus Buch III, V–X, bearb. ELLER G., hg. ZINK N., Frankfurt/M. u.a. (Diesterweg) 1989, 61 S. | **R.:** Töchterle K., AADI 19 (1990), 123

3729 OSSBERGER J.: Das Alexander-Bild in der Lektüre des Curtius Rufus und der Literatur des europäischen Mittelalters, Anregung 25 (1979), 147–158

3730 ELLER G.: Curtius Rufus, der Alexanderroman, in: Handbuch für den Lateinunterricht, Sek.I, 1987 ↗19, 300–307

3731 HOLZBERG N.: Hellenistisches und Römisches in der Philippos-Episode bei Curtius Rufus (III 5,1–6,20), in: Die Antike in literarischen Zeugnissen, 1988 ↗913, 86–104

Digesta

3732 WALDSTEIN W.: Was ist Gerechtigkeit? (Zu Ulpians Definition, Digesten 1,1,10 pr.), WHB 21 (1979), 1–16 [gekürzte Fassung, zuerst in: FS Werner Flume I, hg. JAKOBS H. H., Köln (Schmidt) 1978, 213–232]

Ennius

3733 HEILMANN W.: Dichtung als Experiment. Fragmente aus Ennius' Annalen, AU 33.6 (1990), 5–19 I **R.**: Niedermayr H., AADI 23 (1992), 46

3734 CLASSEN C. J.: Ennius: ein Fremder in Rom, Gymn. 99 (1992), 121–145

Eucherius

3735 GEGENSCHATZ E.: Der Bericht des Eucherius über das Martyrium des hl. Mauritius und der ‚thebäischen Legion', in: Neue Perspektiven, 1989 ↗920, 96–140 [zur 'passio Acaunensium martyrum']

Eugippius

3736 Aus dem Leben des Hl. Severin. Auswahl aus Eugippius, bearb. VICENZI O., Wien (HPT u.a.) 1957

3737 Eugippius: Vita Sancti Severini. Mit Einführung, Übersetzungshilfen, Erläuterungen und einem Anhang, hg. NÜSSLEIN T., Bamberg (BVB) 1985 (Testimonia), 178 S. I **R.**: Wojaczek G., DASiU 33.1 (1986), 25f.; Kohl A., Anregung 35 (1989), 125

3738 Eugippius: Vita sancti Severini, bearb. BECKER P., Münster (Aschendorff) ^{6}1990, 68 S.

3739 Eugippius: Vita S. Severini · Gregor d. Gr.: Vita S. Benedicti und Regula S. Benedicti (TKomm.; Lehrerheft), hg. NÜSSLEIN T., Bamberg (BVB) 1990 (Testimonia), 99 & 91 S.

3740 GRUBER J.: Eugippius, Vita Sancti Severini, in: Europäische Literatur in lateinischer Sprache, 1987 ↗5444, 17–25

3741 BERSCHIN W.: Livius und Eugippius. Ein Vergleich zweier Schilderungen des Alpenübergangs, 1988 ↗3915

Eutropius

3742 OBERG E.: Kenntnis römischer Geschichte, Anregung 27 (1981), 99f. I **R.**: AADI 4 (1982), 50

3743 OBERG E.: Warum nicht Eutrop?, AU 24.1 (1981), 76f. I **R.**: AADI 4 (1982), 50

Gallus

3744 MARKWALD G.: Carmina Domina Digna: Ein neues Gallusfragment, LGB 25 (1981), 67–69

GELLIUS

3745 Aulus Gellius: Noctes Atticae, bearb. FINK G., München (Lindauer) 1975, 48 S. | R.: Kohl A., Anregung 22 (1976), 210; Lühr F. F., MDAV/Bl 22.4 (1976), 4–6

3746 Gellius: Noctes Atticae, bearb. FEIX J., Paderborn (Schöningh) 1977, 66 S.

3747 FINK G.: Ex noctibus Atticis lux?, Anregung 20 (1974), 268–270

3748 LÜHR F.-F.: Res inauditae, incredulae. Aspekte lateinischer Unterhaltungsliteratur bei Petronius, Plinius dem Jüngeren und Gellius, 1976 ↗4172

GERMANICUS

3749 VOIT L.: Die geteilte Welt. Zu Germanicus und den augusteischen Dichtern, Gymn. 94 (1987), 498–524 [u.a. auch zu Ov.,Verg., Hor., Arat.]

HISTORIA APOLLONII REGIS TYRI

3750 Aus lateinischen Romanen, 2 Historia Apollonii regis Tyri, bearb. PETERSMANN H., LL 32 (1977–78), 33–40

3751 Historia Apollonii regis Tyri. Ein antiker Roman von einem unbekannten Verfasser, bearb. NIEMANN K.-H., Stuttgart (Klett) 1992, 73 S. | R.: Wölke H., LGB 37 (1993), 50f.

3752 HOLZBERG N.: Die ‚Historia Apollonii regis Tyri' und die ‚Odyssee'. Hinweis auf einen möglichen Schulautor, Anregung 35 (1989), 363–375 | R.: Töchterle K., AADI 21 (1991), 14

3753 NIEMANN K.-H.: Ein antiker Roman als frühe Lektüre, AU 34.4 (1991), 18–35 | R.: Töchterle K., AADI 24 (1992), 63

HISTORIA AUGUSTA

3754 GRUBER J.: Überlegungen zu einer Lektüreauswahl aus der Historia Augusta, in: Struktur und Gehalt, 1983 ↗871, 50–70

3755 GRUBER J.: Die Historia Augusta als Anfangslektüre, in: Europäische Literatur in lateinischer Sprache, 1987 ↗5444, 8–12 [Text: Vita Aureliani 33f., Vita Zenobiae S. 120–122]

HORATIUS

3756 Horatius: Opera Omnia, Frauenfeld (Huber) (Editiones Helveticae)

3757 Q. Horatius Flaccus: Auswahl aus seinen Dichtungen, bearb. HOMMEL H., Heidelberg (Kerle) 1950, ^{2}1967 (Heidelberger Texte 6), 192 & 237 S.

3758 Horaz: Ausgewählte Gedichte, bearb. FAESSLER F., Münster (Aschendorff) 1965, ^{13}1984, 280 S.

3759 —. Schülerkommentar, 1 Oden und Epoden; 2 Satiren und Episteln, v. NUMBERGER K., ^{2}1973/^{2}1976, 238 & 364 S. [vgl.a. ↗3789] R.: MDAV/RhPf 1974.1–2, 11; Kohl A., Anregung 24 (1978), 188

3760 Horaz. Eine neue Auswahl aus dem Gesamtwerk, bearb. VOIT L., Bamberg (Buchner) 1966 (Aus dem Schatze des Altertums B 20), 80 S.

3761 Horaz: Kurzauswahl, nebst Proben aus Tibull und Properz, bearb. KÖTHE-PACHALI G. J., Münster (Aschendorff) ^{3}1969, 129 S.

3762 Horaz: Gedichte, bearb. RÖVER E., Stuttgart (Klett) 1976, 68 & 44 S. [mit Suet. Vita Horatii]

3763 Horaz: Auswahl aus den Carmina, Epoden, Satiren und Episteln, bearb. DOBLHOFER E., Paderborn (Schöningh) 1984, 196 S. | R.: Kohl A., Anregung 32 (1986), 120; Töchterle K., AADI 11 (1986), 11

3764 Dichter und Staatsmacht, 1984 ↗5116

3765 Horaz (Text; Komm.; Lehrerheft), bearb. SALOMON F. u.a., Wien (HPT) 1986, ^{2}1991; 1992 (Lehrerheft) (Orbis Latinus 4), 88, 88 & 80 S. | R.: Doblhofer E., Ianus 10 (1989), 84–86; Berner H. U., MDAV 33.1 (1990), 15–17; Keckes E., Ianus 13 (1992), 59–61; Mader W., AADI 23 (1992), 40

3766 Horaz, bearb. DÖNT E., Wien (Braumüller) 1991 (Latein in unserer Welt), 87 & 24 S. | R.: Keckes E., Ianus 13 (1992), 59–61; Mader W., AADI 23 (1992), 40f.

3767 RÖVER E./OPPERMANN H.: Lehrerkommentar zu Horaz, Stuttgart (Klett) o.J., 136 S.

3768 RÖMISCH E.: Horaz, in: Interpretationen lateinischer Schulautoren, 1970 ↗3117, 153–175

3769 "Horaz im Unterricht der gymnasialen Oberstufe" (Kurzberichte), MDAV/Bl 21.3 (1975), 3–8

3770 MAIER F.: Paßt Horaz in ein modernes Curriculum? Zu Problemen der Dichterlektüre im curricularen System, in: Werte der Antike, 1975 ↗811, 134–160

3771 RIES W.: Schemel oder Priap, Schemel oder Tisch. Produktive Horazlektüre in Brechts Galilei, 1976 ↗5807

3772 SCHMITZ H.: Brecht und Horaz, 1976 ↗5808

3773 RÖMISCH E.: Horaz, LEU/L 7 (1977), 7–13

3774 DINGEL J.: Die Magd als Königstochter: Sklaven bei Horaz, Gymn. 86 (1979), 121–130

3775 NICKEL R.: Xenophon und Horaz, Gymn. 87 (1980), 145–150

3776 Hinweis auf Schallplatten: „Horaz in der Musik", 1985 ↗1631

3777 ROHRMANN L.: Augustus und seine Zeit im Spiegel römischer Dichtung. Ein Kursvorschlag mit Texten von Horaz und Vergil, 1986 ↗5093

3778 ZACH E.: Horaz in Gruppenarbeit (Ein schülerorientiertes Unterrichtsmodell), IAU 8 (1986), 69–73

3779 FUHRMANN M.: Wielands Horaz: ein philologischer Weg zu einer philosophischen Betrachtung des Lebens, 1988 ↗5917

3780 STORCH H./THUROW R.: Arbeitskreis Horaz, in: Antikes Denken – Moderne Schule, 1988 ↗319, 211–235

3781 DOBLHOFER E.: Horaz für die Jugend: Auswahlvorschläge, Ianus 10 (1989), 1–10 | R.: Töchterle K., AADI 21 (1991), 12f.

3782 FRICEK A.: Horazens Gedanken über die Bedeutung des Dichters, MDAV/Ns 42.3–4 (1992), 10–16; auch in: EuU 143 (1993)

3783 FRITSCH A.: Von Comenius zu Horaz, MDAV 35.4 (1992), 145–148

3784 ROHACEK M. u.a.: Zum 2000. Todestag des Horaz, Ianus 13 (1992), 1–4 [Gedichte als Rezeptionsdokumente]

Carmina

3785 Qu. Horatius Flaccus: Carmina. Oden und Epoden in Auswahl, bearb. BENGL H., Bamberg (BVB) ²1976, 76 & 55 S.

3786 Q. Horatius Flaccus: Carpe diem. Eine Einführung in die Welt der horazischen Lyrik, bearb. ELLER K. H., Frankfurt/M. u.a. (Diesterweg) 1986 (Modelle), 58 S. I **R.**: Töchterle K., AADI 14 (1987), 50f.

3787 PÖSCHL V.: Die Kleopatraode des Horaz (c. I 37), in: Interpretationen lateinischer Schulautoren, 1970 ↗3117, 120–152

3788 KORZENIEWSKI D.: Exegi monumentum. Hor. carm. 3,30 und die Topik der Grabgedichte, Gymn. 79 (1972), 380–388

3789 NUMBERGER K.: Lehrerkommentar zu den lyrischen Gedichten. Interpretationen zu 97 der 121 Horazgedichte, Münster (Aschendorff) 1972, ²1988, XXVIII & 615 S. I **R.**: Kohl A., Anregung 20 (1974), 273; Weber F. J., MDAV/NW 22.1 (1974), 9f.

3790 PRIMMER A.: Textinterpretation eines lateinischen Schulautors: Horaz, in: Klassische Philologie, 1973 ↗967, 46–68 [am Bsp. 2,20]

3791 KORZENIEWSKI D.: Sume superbiam. Eine Bemerkung zu Hor. carm. 3,30, Gymn. 81 (1974), 201–209 [Horaz und die griechische Epigrammatik]

3792 SEEL O.: Freiheit und Bindung des Dichters, zu Horaz Ode 1, 32, in: Probata – Probanda, 1974 ↗798, 22–43

3793 NEUMEISTER C.: Die methodische Interpretation eines lyrischen Gedichtes, gezeigt am Beispiel einer Horaz-Ode (II. 3), AU 19.4 (1976), 5–38 [Lit.]

3794 SEIDENSTICKER B.: Zu Horaz, C. 1,1–9, Gymn. 83 (1976), 26–34

3795 BÖHM A.: Horaz Od. II, 10 – eine "Schicksalsode"?, WHB 19 (1977), 26–28 [u.a. zu einem Briefwechsel zwischen Nietzsche und Strindberg]

3796 DOBLHOFER E.: Eine wundersame Errettung des Horaz – Versuch einer Modellinterpretation von carm. 1,22, AU 20.4 (1977), 29–44 [mit Vertonungen von Fleming, Gow; Résumé des zugrundeliegenden Vortrags in MDAV/Bl 21.4 (1975), 3–5; DCG 15–16 (1975–76), 241–244]

3797 RÖMISCH E.: Horaz, Nullam, Vare, sacra… (c. I 18), AU 20.3 (1977), 14–28 [Lit.]

3798 SCHÖNBERGER O.: Interpretation zweier Horaz-Oden (c. II 19 und III 9), Anregung 23 (1977), 291–302 [zu 3,1 vgl.a. ↗3810]

3799 RÖMISCH E.: Zwei Horazoden. Interpretation von c. 3,9 und c. 1,10 für den Unterricht, Heidelberg (Kerle) 1979 (Heidelb.Texte, Did.R. 11), 61 S.

3800 EISENBERGER H.: Bilden die horazischen Oden 2,1–12 einen Zyklus?, Gymn. 87 (1980), 262–274

3801 VRETSKA H.: Horaz, c. I 9 – Versuch einer Annäherung, AU 23.1 (1980), 23–39 I **R.**: Derndorfer H., AADI 2 (1981), 26

3802 WEDER H.: Die wiederentdeckte Horazode, MDAV 23.3 (1980), 10–12

3803 ALBRECHT M. v.: Horazens Pompeius-Ode und Puškin, in: Der Mensch in der Krise, 1981 ↗5434, 16–39 [2,7]

3804 VOIT L.: Horaz – Merkur – Augustus (zu Hor. c. II 17, I 10, I 2), Gymn. 89 (1982), 479–496

3805 PIETSCH W. J.: AEQUAM MEMENTO. Zur Horaz-Ode 2,3. Eine interpretierende und wirkungsgeschichtliche Skizze, in: Jber. Akad. Gymn. Graz 1982/83, 3ff.; auch in IAU 5 (1983), 40–53 | **R.**: Töchterle K., AADI 8 (1984), 111f.

3806 VOGT G.: Einladung ins Rettungsboot. Der Zusammenhang von poetischer Struktur, philosophischer Konzeption und biographischer Bedeutung in carmen III 29 des Horaz, AU 26.3 (1983), 36–60, 96 | **R.**: Töchterle K., AADI 7 (1984), 98f.

3807 KLINZ A.: Angeregt durch Horazoden, MDAV/Ns 35.2 (1985), 21f. [dt. Nachdichtungen von 1,9.11.22; 2,10]

3808 ZIELINSKI E.: Ein „aristotelisches" Horazgedicht. Exemplarische Textarbeit an der Horazode 2,10 (Rectius vives, Licini), AU 29.6 (1986), 25–52 | **R.**: Gamper P., AADI 15 (1988), 66

3809 BARIÉ P.: Der Schwan, die Biene und der poetische Anspruch des Horaz. Möglichkeiten und Grenzen strukturaler Interpretation, AU 30.6 (1987), 60–80 [4,2] **R.**: Töchterle K., AADI 16 (1988), 87

3810 SCHÖNBERGER O.: Horaz – Interpretation einer Ode (c. III 9), in: Von Catull bis zu den Carmina Burana, 1987 ↗3173, 76–89

3811 HOHNEN P.: Zeugnisse der Altersreflexion bei Horaz, Gymn. 95 (1988), 154–172

3812 McGANN M. J.: Moral Dimensions and Critical Approaches in Horace, in: Antikes Denken – Moderne Schule, 1988 ↗319, 180–192

3813 TENNERT K.: Horaz zum Zusammensetzen (carmen II 3) – die Schwierigkeiten dichterischer Wortstellung, MLAS/SH 1988.2, 6–10

3814 ELLER K. H.: Horaz – der unbekannte Dichter. Interpretationshilfen für Unterricht und Studium zu Carmina Buch I–IV, Frankfurt/M. u.a. (Diesterweg) 1989, VI & 127 S. | **R.**: Kohl A., Anregung 36 (1990), 121; Lachawitz G., Ianus 12 (1991), 81f.

3815 LOHMANN D.: "Dulce et decorum est pro patria mori" – Zu Horaz c. III 2, in: Schola Anatolica. FS H. Steinthal, hg. AMMANN B. u.a., Tübingen (Verlag der Osianderschen Buchhandlung) 1989, 336–372

3816 PLENIO W.: Hybris und Maß – zu Horaz I 3 und II 10, MLAS/SH 1989.1, 16–22

3817 LOHMANN D.: Methoden bei der Übersetzung lateinischer Texte – Horaz c. III 2, MDAV 33.2 (1990), 18–24 | **R.**: Mall J., MDAV 35.2 (1992), 73f.; Nisbet R.G.M., MDAV 35.3, 105; Munding H., MDAV 35.4, 161f. [vgl.a. ↗3825]; Lohmann D., a.O. 162–164

3818 MAIER B.: Horaz: Rückkehr zum einfachen Leben (Carm. I 31), Einflüsse der Kindheit, Anregung 36 (1990), 250–252 | **R.**: Töchterle K., AADI 22 (1991), 25

3819 MAURACH G.: Die Liebesdichtung des Horaz, MDAV/Ns 40.3–4 (1990), 9–19 [insbes. 1,13; 4,11]

3820 SCHINDLER W.: Die Sprache der Poesie in der „Soracte"-Ode des Horaz, AU 33.6 (1990), 31–45 | **R.**: Niedermayr H., AADI 22 (1991), 28

3821 HILTBRUNNER O.: Die drei Stufen der maiestas und Horaz (carm. 3,6,5), Gymn. 98 (1991), 17–38

3822 LOHMANN D.: Horaz carmen III 2 und der Zyklus der „Römer-Oden", AU 34.3 (1991), 62–75 | **R.**: Niedermayr H., AADI 24 (1992), 61

3823 NICKEL R.: Eine Hinführung zu Horaz in der 7. Klasse des Gymnasiums, Ianus 12 (1991), 28–39 [entspricht Jgst.11 in D] **R.**: Senfter R., AADI 23 (1992), 47f.

3824 BUDACK S.: Eine Bemerkung zu Horaz, c. I, 34, MLAS/BW 20.2 (1992), 8–10
3825 MUNDING H.: Zu Horaz, carmen III 2, Anregung 38 (1992), 24f.
3826 NAGEL K.: Horaz: Carpe diem (c. I 11), MDAV/Ns 42.3–4 (1992), 4–10
3827 SCHMIDT E. A.: Horazische Liebeslyrik. Thesen und Interpretationen zur Einführung, AU 35.2 (1992), 42–53 [1,30; 1,1–12; 3,28]
3828 STORCH H.: Variationen der Liebe. Zur Liebeslyrik des Horaz im Unterricht, AU 35.2 (1992), 54–64 [Kategorien der Interpretation am Bsp. c. 1,5.17.22]

Carmen saeculare

3829 SCHMIDT P. L.: Horaz' Säkulargedicht – ein Prozessionslied?, AU 28.4 (1985), 42–53 |
   R.: Töchterle K., AADI 12 (1986), 30

Epistulae

3830 Qu. Horatius Flaccus: Episteln, bearb. HAAG B., Bamberg (BVB) o.J. (Am Born der Weltliteratur B, 17), 40 & 60 S.

3831 VOIT L.: Das Sabinum im 16. Brief des Horaz, Gymn. 82 (1975), 412–426
3832 FRICEK A.: Die Horazepistel I 1. Eine gegenwartsbezogene Interpretation, MDAV/Hs 36.3 (1989), 9–15

Epodi

3833 Qu. Horatius Flaccus: Carmina. Oden und Epoden in Auswahl, ²1976 ↗3785

3834 SCHMIDT E. A.: Amica vis pastoribus. Der Jambiker Horaz in seinem Epodenbuch, Gymn. 84 (1977), 401–423
3835 SCHÄFER E.: Die 16. Epode des Horaz als Gegenstand der Rezeption, AU 21.1 (1978), 50–64 [Texte v. M. C. Sarbievius, F. Hölderlin s. Beil. 18–24]
3836 SCHMIDT E. A.: Archilochos, Kallimachos, Horaz. Jambischer Geist in drei Epochen, WHB 20 (1978), 1–17
3837 WENGLER H.: Es war ein Traum… Ein textlinguistischer Interpretationsversuch zu Gedichten von Horaz und Heinrich Heine (Epode 16 und "In der Fremde", III), LGB 32 (1988), 2–7
3838 CHRISTES J.: Die 14. Epode des Horaz – ein Vorbote seiner Liebeslyrik?, Gymn. 97 (1990), 341–356

Saturae (Sermones)

3839 Q. Horatius Flaccus: Satiren, bearb. HAAG B., Bamberg (BVB) 1966, ³1981, 47 & 104 S. |
   R.: Töchterle K., AADI 4 (1982), 45

3840 CLASSEN C. J.: Eine unsatirische Satire des Horaz? Zu Hor. sat. I 5, Gymn. 80 (1973), 235–250
3841 SAUTER W.: Horaz-Satiren in neuer Übersetzung, AU 18.4 (1975), 78–88 [1,5.8.9; 2,6.8]
3842 FRICEK A.: Die Horazsatire I im Unterricht. Eine gegenwartsbezogene Untersuchung, AHS 27 (1978), 186f.; 213–215

3843 DOBLHOFER E.: Gedanken zur Cena Cocceiana (Horaz, sat. 1,5,50–70), IAU 2.2 (1980), 52–63 I R.: AADI 2 (1981), 21
3844 LATACZ J.: Horazens sogenannte Schwätzersatire, AU 23.1 (1980), 5–22 I R.: Derndorfer H., AADI 1 (1981), 11; Kohl A., Anregung 28 (1982), 109
3845 STEINMETZ F.: Menschliches Gewinnstreben – Betrachtungen nach einer Satire des Horaz, ASiRPS 26.2–3 (1980), 5–11 [1,1]
3846 VOIT L.: Ein kleines Horazproblem. Horaz und sein Gegner in der Sat. I 4, Gymn. 87 (1980), 401–410
3847 STREFFING W.: Die Welt der Römer im Spiegel der Satire am Beispiel von Senecas Apocolocyntosis und der Horaz-Satiren 1.1 und 1.9, [1981] ↗4431
3848 STROH W.: Einführende Bemerkungen zur Quidam-Satire des Horaz (sat. 1,9), Anregung 27 (1981), 45–50 [zu ↗3849] R.: AADI 4 (1982), 52
3849 ZGOLL J.: Film im Lateinunterricht. Ein Leistungskurs Latein verfilmt Horazens Satire 1,9, Anregung 27 (1981), 51f. [vgl. dazu ↗3848] R.: AADI 4 (1982), 50
3850 BAYER D.: Versuch über Horaz Sat. I 8, AU 25.4 (1982), 88–94 I R.: Feurstein D., AADI 6 (1983), 83
3851 LITTLE D.: Civium ardor prava iubentium: Öffentliche Meinung in den Satiren des Horaz, Gymn. 91 (1984), 379–411
3852 DOHM C.: Die Fabel von der Stadt- und Landmaus im Rahmen der horazischen Satire II 6, MLAS/SH 1985, 4–16
3853 SCHIESSER H.: Horatii satira metro soluta textuque prosaico reddita discipulis deputata (sat. 1,1), VL 21 (1985), 512–514
3854 SEECK G. A.: Über das Satirische in Horaz' Satiren oder: Horaz und seine Leser, z.B. Maecenas, Gymn. 98 (1991), 534–547

HYGINUS

3855 Antike Mythen. Hyginus, Fabulae, bearb. RÖTTGER G., Frankfurt/M. u.a. (Diesterweg) 1978 (Modelle), 104 S.

3856 RÖTTGER G.: Mythos und Religiosität. Eine Variation im lateinischen Lektüreunterricht, 1980 ↗5193

IUVENALIS

3857 MAIER B.: Der Sturz des Sejan in Juvenals zehnter Satire (Verse 56–113). Ein Beispiel für eine ernsthafte Satire, Anregung 24 (1978), 97–103
3858 ELLER K. H.: Juvenal als Idylliker und als Dichter des liebevollen Realismus, ASiRPS 27.2 (1981), 13–17 [Lit.]
3859 MAIER B.: Juvenal – Dramatiker und Regisseur. Am Beispiel der zehnten Satire, AU 26.4 (1983), 49–53 I R.: Töchterle K., AADI 8 (1984), 110
3860 MOHILLA G.: Hyperbolische Kritik. Juvenal und Thomas Bernhard, WHB 29 (1987), 37–52
3861 EHLERS W.-W.: Juvenals 12. Satire – Zur Geschichte einer Fehlinterpretation, 1991 ↗1073

LACTANTIUS

3862 Lactantius: Eine Auswahl aus der Epitome, De ira Dei und De mortibus persecutorum, bearb. CRONE G., Paderborn (Schöningh) o.J.; ²1964 (Komm.), 96 & 52 S.

3863 Lactantius: Divinae Institutiones, Fünftes Buch [& Lehrerkomm.], bearb. HROSS H., München (Kösel) 1963 (Humanitas Christiana 2), 128 & 61 S.

3864 Laktanz: Das Ende der Christenverfolger (De mortibus persecutorum), bearb. WEBER E., LL 34 (1979–80), 17–32

3865 LÜHR F.-F.: Weltreiche und Lebensalter – Ein Kapitel Laktanz, AU 21.5 (1978), 19–35 [inst.]

3866 WLOSOK A.: Die Anfänge christlicher Poesie lateinischer Sprache: Laktanzens Gedicht über den Vogel Phoenix, in: Information aus der Vergangenheit, 1982 ↗866, 129–167

LAUDATIO TURIAE

3867 Die sogenannte LAUDATIO TURIAE. Ein Menschenschicksal im Schatten der Bürgerkriege, bearb. RÖMER F., LL 31 (1976–77), 33–43 [Anh.: Plin. epist. 5, 16]

3868 BAYER K.: Laudatio Turiae, in: Exempla Classica, 1987 ↗910, 7–36

LIVIUS

3869 Livius: Ab urbe condita. Auswahl aus dem Gesamtwerk, bearb. HUGENROTH H., Münster (Aschendorff) 1967, ¹¹1979 (Text), 1970 (Komm.), 240 & 155 S.

3870 Titus Livius: Ab urbe condita. Eine Auswahl, bearb. ELLER G., hg. ZINK N., Frankfurt/M. u.a. (Diesterweg) 1989, 100 S. I **R.:** Wölke, H., LGB 33 (1989), 128–130; Fladerer E. und L., Ianus 12 (1991), 59f.

3871 Livius, bearb. RÖMER F., Wien (HPT) 1991 (Orbis Latinus 11), 88 & 80 S. I **R.:** Fladerer E. u. L., Ianus 12 (1991), 58f.; Niedermayr H., AADI 23 (1992), 41

3872 Livius: Ab urbe condita. 1. Dekade (Libri I–X), bearb. BURCK E., Heidelberg (Kerle) ⁵1967 (Heidelberger Texte 7), 288 S.

3873 Titus Livius: Ab urbe condita. Auswahl aus der 1. Dekade (Text; Komm. [Übersetzungen u. Interpretationen]), hg. PETZOLD K.-E./PANITZ H., Frankfurt/M. (Hirschgraben) 1971, 80 & 78 S. I **R.:** Kohl A., Anregung 19 (1973), 277

3874 Livius: Bilder aus der altrömischen Geschichte. Auswahl aus der 1. Dekade, bearb. LEITSCHUH M., Bamberg (Buchner) ²1974 (Aus dem Schatze des Altertums B, 5), 88 & 35 S.

3875 Livius: Ab urbe condita. I. Dekade (Auswahl), bearb. GEISAU H. v., Paderborn (Schöningh) 1975, 135 & 126 S.

3876 Libertas. Der Kampf der Plebs um soziale Gerechtigkeit. Auswahl aus Livius „Ab urbe condita", 1. Dekade, mit Begleittexten und Erläuterungen, bearb. SCHULZ M., Paderborn (Schöningh) 1981, 157 S. I **R.:** Hillen H. J., MDAV/NW 30.3 (1982), 13–15

3877 Livius: Ab urbe condita. Textauswahl aus dem II. Buch mit Wort- und Sacherläuterungen, Abbildungen; Arbeitskommentar mit Zweittexten; Lehrerkommentar, v. MEUSEL H.,

Stuttgart (Klett) 1977, 1983 (Lehrerkomm.), 56, 64 & 75 S. I **R.**: Töchterle K., AADI 8 (1984), 105–107

3878 Livius: Römische Geschichte. Auswahl aus der 1. und 3. Dekade, bearb. MÜLLER A., Münster (Aschendorff) 1969, Ndr. 1988 (Text), 1970, [5]1985 (Komm.), 234 & 104 S.

3879 Livius: Römische Geschichte. Kurzauswahl aus der ersten und dritten Dekade, bearb. REMPE J., Münster (Aschendorff) [48]1970/71 I **R.**: Pabst W., MDAV/Ns 22.2–3 (1972), 38f.

3880 Livius: Römische Geschichte. Auswahl aus der 1., 3. und 4. Dekade, bearb. SONTHEIMER W., Stuttgart (Klett) 1981, 92 S.

3881 Livius, Scipio Africanus Maior (Auswahl aus der 3. und 4. Dekade), bearb. FORSTNER M., Paderborn (Schöningh) 1972, 56 S.

3882 Livius: Ab urbe condita. 3. Dekade (Libri XXI–XXX) (Hannibalischer Krieg), bearb. BURCK E., Heidelberg (Kerle) [2]1958 (Heidelberger Texte 11), 288 S.

3883 T. Livius: Hannibal. Roms erbittertster Gegner im zweiten Punischen Krieg, bearb. LEITSCHUH M., Bamberg (Buchner) [7]1966 (Aus dem Schatze des Altertums B, 3), 76 & 16 S.

3884 Livius: Ein Kampf um die Weltherrschaft, bearb. THALER O./KAPSNER A., Bamberg (BVB) [4]1979 (Texte der Weltliteratur)

3885 Livius: Ab urbe condita. III. Dekade (Auswahl), bearb. LIMPER W., Paderborn (Schöningh) o.J., 80 & 44 S.

3886 Livius: De lege Oppia abroganda oder: Die Frauen proben den Aufstand. Mit Begleittexten [& Lehrerheft], bearb. ERB J., Bamberg (Buchner) 1975 (ratio 4), 68 & 47 S. [34,1–8] **R.**: Weiß M., DASiU 22.1 (1975), 22f.; Kohl A., Anregung 22 (1976), 274; Hadamovsky W., Anzeiger f. d. Altertumswiss. 32 (1979), 116f.

3887 BAYER K.: Vorfragen in einer Lektürestunde der 6. Klasse (Livius 21,6–12), Anregung 3 (1957), 297–302; jetzt in: Das Angebot der Antike, 1990 ↗21, 91–98

3888 GÄHRKEN B.: Livius, in: Interpretationen lateinischer Schulautoren, 1970 ↗3117, 196–217

3889 STEINMETZ P.: Eine Darstellungsform des Livius, Gymn. 79 (1972), 191–208

3890 TRÄNKLE H.: Livius und Polybius, Gymn. 79 (1972), 13–31

3891 PABST W.: Die Ständekämpfe in Rom als Beispiel für einen politisch-sozialen Konflikt, 1973 ↗5335

3892 MEUSEL H.: Die römische Auffassung der Geschichtsschreibung – Ausgewählte Stellen aus der 1. Dekade des Livius (Lernziele, Operationalisierung, Lernkontrollen), in: Lernziel und Lektüre, 1974 ↗3036, 67–146 [Menenius Agrippa, Porsenna, Horatius Cocles, Mucius Scaevola, M. Manlius (Galliereinfall), Manlius Torquatus; Vergleichstext v. Nietzsche]

3893 MUNDING H.: ›Existentieller Transfer‹ bei lateinischen Historikern, 1974 ↗3128

3894 RÖMISCH E.: Mucius Scaevola (Livius II 12). Die Interpretation als Ansatz zur Lernzielbestimmung, in: Lernziel und Lektüre 1974 ↗3036, 45–66

3895 BLÄNSDORF J.: Titus Livius: Invidia – Neid und Eifersucht, in: Aditus. Neue Wege zum Latein (Lehrerhandbuch), 1975 ↗4994, 272–294

3896 RADKE G.: Grenzen der Information und des Interesses bei Livius (Beispiele aus dem 4. Jh. v. Chr.), in: Werte der Antike, 1975 ↗811, 72–99

3897 BARIÉ P.: Mythisierte Geschichte im Dienst einer politischen Idee. Grundkurs Historiographie am Beispiel Livius, AU 19.2 (1976), 35–42 [Lit.]

3898 MEUSEL H.: Livius. Römische Auffassung der Geschichtsschreibung, LEU/L 6 (1977), 6–13

3899 OSSBERGER J.: Der Ständekampf zwischen der Plebs und dem Senat in der ersten Dekade des Livius. Eine Unterrichtseinheit für die 11. Jahrgangsstufe (L1), Anregung 23 (1977), 231–237

3900 PABST W.: Cn. Marcius Coriolanus – Einzelkämpfer oder Gruppenrepräsentant. Ein Beitrag zur quellenkritischen Liviuslektüre, AU 20.5 (1977), 73–81 [v.a. Vergleich mit Dion. Hal.]

3901 SCHMIDT A.: Die Verginia-Erzählung bei Livius als Beispieltext für den Übergang von der Freiheit zur Sklaverei, Anregung 23 (1977), 303–305; auch in: Handreichungen für den Lateinunterricht in der Kollegstufe 3.2, 1977 ↗711, 127–123

3902 VESTER H.: Livius, Cato Censorius, Scipio Maior, Aemilius Paullus, LEU/L 2 (1977), 4–7 [Résumé des Vortrags in ↗972; vgl.a. ↗3903]

3903 VESTER H.: Cato Censorius – ein Politiker in einer Zeit des Umbruchs, AU 21.3 (1978), 39–53 I **R.:** Kohl A., Anregung 26 (1980), 198

3904 VETTER E.: Die Darstellung des römischen Gründungsmythos bei Livius (Liv. 1,1–16), DCG 19 (1979), 183–219 [Äneas; Mars; Rea Silvia; Romulus]

3905 BURCK E.: Optima cum pulchris animis romana iuventus (Verg. Aen. 10, 362–379; Liv. 22,50,4–12), 1980 ↗4778

3906 DOBESCH G.: Livius und die älteste Geschichte der Kelten in den Ostalpen, IAU 2.2 (1980), 43–51 I **R.:** AADI 2 (1981), 21

3907 ZELZER K.: Zum Hintergrund der Erwähnung des Antenor bei Livius 1,1, IAU 2.2 (1980), 115–120

3908 GELDNER H.: Das „Drehbuch" des Livius zum Porsenna–Krieg, Anregung 27 (1981), 185–191 I **R.:** AADI 3 (1982), 36

3909 RICHTER-REICHHELM J.: Bilder zu Livius, 1983 ↗5865

3910 BAYER K.: Römer kritisieren Römer. Zu Livius 38,44,9–50,3, Anregung 30 (1984), 15–17; jetzt in: Das Angebot der Antike ↗21, 181–184 I **R.:** Maier F., AADI 9 (1985), 122

3911 MENSCHING E.: Bemerkungen zur Entstehung von Livius' Geschichtswerk, LGB 28 (1984), 54–61; 29.1 (1985), 2–11

3912 GLEIXNER H.: Verginia. Ein Prozeßskandal als Einführung in das römische Zivilprozeßrecht (Livius III 44–48), 1985 ↗5543

3913 HEILMANN W.: Coniuratio impia. Die Unterdrückung der Bacchanalien als Beispiel für römische Religionspolitik, 1985 ↗5557

3914 SCHÖNBERGER O.: Titus Livius, in: Von Nepos bis zum Neuen Testament, 1986 ↗3165, 52–64

3915 BERSCHIN W.: Livius und Eugippius. Ein Vergleich zweier Schilderungen des Alpenübergangs, AU 31.4 (1988), 37–46 I **R.:** Gamper P., AADI 17 (1989), 100f.

3916 MEUSEL H.: Horatier und Curiatier. Ein Livius-Motiv und seine Rezeption, AU 31.5 (1988), 66–90 [u.a. zu Aug. civ., Macchiavelli, Reliefs in Schloß Weikersheim, David, Brecht] **R.:** Töchterle K., AADI 18 (1989), 115

3917 GRUBER J.: Plädoyer für Livius, in: Die Antike als Begleiterin, 1990 ↗922, 26–41

3918 KOHLER M.: Die Lucretia-Erzählung bei Cicero (De re publica, II 44–46), Livius (Ab urbe condita, I 56,4–60,3) und Ovid (Fasti, 2. Buch, 711–852), 1991 ↗3697

3919 WILHELM E.: Der Streit über die „Lex Oppia" oder: Die Darstellung eines kleinen Konflikts bei Livius, Scrinium 36.1–2 (1991), 3–7

3920 HOLZBERG N.: Metamorphosen des römischen Mythos in Antike, Mittelalter und Neuzeit am Beispiel der Lucretia-Legende, 1992 ↗5970

LUCANUS

3921 BOHNENKAMP K. E.: Zu Lucan 1,674–695, Gymn. 86 (1979), 171–177

3922 WOYTEK E.: Lucans Epos über den Bürgerkrieg, WHB 24 (1982), 14–32

3923 SCHÖNBERGER O.: Aneignung antiker Gedanken in deutscher Literatur, 1984 ↗5876

3924 GLAESSER R.: Lucans Synkrisis des Pompeius und Caesar. Hinweis auf einen in der Schule – zu Unrecht – nicht gelesenen Dichter, AU 31.3 (1988), 53–67 [1,120–157] **R.:** Töchterle K., AADI 17 (1989), 101f.

3925 HARICH H.: Catonis Marcia. Stoisches Kolorit eines Frauenportraits bei Lucan (II 326–350), Gymn. 97 (1990), 212–223

3926 NIEDERBUDDE A.: Der Mensch in der Gewalt der Natur. Ein Vergleich von Homer, Od. V 291–399, Vergil, Aen. I 81–156, und Lucan, Bell. Civ. V 560–677, 1991 ↗4831

LUCILIUS

3927 KOSTER S.: Neues virtus-Denken bei Lucilius, in: Begegnungen mit Neuem und Altem, 1981 ↗848, 5–26

LUCRETIUS

3928 Lukrez: De rerum natura. Auswahl, bearb. BROEMSER F., Münster (Aschendorff) 1970, ⁴1986 (Text), ⁴1984 (Komm.), 80 & 64 S.

3929 T. Lucretius Carus: De rerum natura, bearb. ELLER K. H., hg. ZINK N., Frankfurt/M. u.a. (Diesterweg) 1988, 107 S. | **R.:** Senfter R., AADI 17 (1989), 99f.

3930 SCHÖNBERGER O.: Lukrez im lateinischen Leistungskurs. Vorschlag für ein Semesterthema und seine Durchführung, in: Kollegstufenarbeit in den Alten Sprachen 1, 1971 ↗515, 51–54

3931 KEULEN H.: Hat das Fach Latein auf der gymnasialen Oberstufe noch einen Sinn (Entwurf eines Lukrez-Curriculums), Mitteil. d. Konrad-Adenauer-Gymnasiums Langenfeld 5.7 (1973), 13–16

3932 BLÄNSDORF J.: Dichtung und Naturwissenschaft im römischen Lehrgedicht, 1975 ↗5458

3933 RÖSLER W.: Vom Scheitern eines literarischen Experiments – Brechts „Manifest" und das Lehrgedicht des Lucrez, Gymn. 82 (1975), 1–25

3934 KEULEN H.: Das Problem der Aufklärung in Rom und die Emanzipation des Individuums durch wissenschaftliche Weltanschauung, in: Kollegstufenarbeit in den Alten Sprachen 2, 1976 ↗574, 64–77

3935 MANUWALD B.: Die Kulturentstehungslehre des Lukrez (5,925–1457) (Zusammenfassung), ASiRPS 24.1 (1978), 10f.

3936 KLINZ A.: Lukrezens Atomlehre und die moderne Atomwissenschaft, AU 22.2 (1979), 80–82

3937 KLINZ A.: Lukrezlektüre, in: Impulse für die lateinische Lektüre, 1979 ↗3197, 19–43

3938 MUNDING H.: Wie kann "existentieller Transfer" auf nichtpolitische Texte ausgedehnt werden? Beispiel: Lukrez (Résumé), Acta Philologica Aenipontana 4 (1979), 63f.

3939 SYNDIKUS H. P.: Die Rede der Natur. Popularphilosophisches in den Schlußpartien des 3. Buches des Lukrez, AU 26.3 (1983), 19–35 | **R.:** Töchterle K., AADI 7 (1984), 98

3940 MAIER B.: Der Erlöser Epikur. Einige Gedanken zu Lukrez, De rerum natura III 1–30, Anregung 30 (1984), 179–183 | **R.:** Maier F., AADI 9 (1985), 126

3941 SALLMANN K.: Moderne Gedankengänge bei Lukrez (Zusammenfassung), ASiRPS 30 (1984), 14–16

3942 SALLMANN K.: Lukrez' Herausforderung an seine Zeitgenossen, Gymn. 92 (1985), 435–464 [Vergleichstexte: Ov., Alexis u.a.]

3943 MAIER B.: Lukrez: Über die Träume. Gedanken zu De rerum natura IV 962–1035, Anregung 32 (1986), 326–330 | **R.:** Töchterle K., AADI 13 (1987), 41

3944 ZACHER K.-D.: Über die leidenschaftliche Liebe. Lukrez 4,1058 ff. in Verbindung mit modernen Zweittexten, AU 29.3 (1986), 4–21 | **R.:** Siehs G., AADI 15 (1988), 66

3945 MAIER B.: Das Phänomen des Erdbebens – von Lukrez erklärt. De rerum natura VI 538–607, Anregung 33 (1987), 232–235 | **R.:** Töchterle K., AADI 16 (1988), 92

3946 BARIÉ P.: Poesie als Medium der Wahrheit. Gedanken zum Selbstverständnis des Dichters Lukrez, AU 33.6 (1990), 20–30 | **R.:** Niedermayr H., AADI 23 (1992), 43

3947 BARIÉ P.: „... ut veteres Graium cecinere poetae". Zur Bedeutung mythischer Bilder und Szenen im Werk des Lukrez, AU 35.3 (1992), 5–23 [Phaëthon, Iphigenie, Unterwelt, Epikur–Herkules]

3948 ELLER K. H.: Hominum divumque voluptas. Aspekte der Lukrezischen Venus, AU 35.3 (1992), 34–45

3949 EYSELEIN K.: Anschauung und Symbol. Zur Bedeutung des Poetischen in der Naturschilderung des Lukrez, AU 35.3 (1992), 24–33

3950 REITZ C.: Lukrez in der Forschung der letzten dreißig Jahre, AU 35.3 (1992), 68–80

3951 SCHINDLER W.: Naturzustand und Kulturentstehung. Ein Unterrichtsthema für die Oberstufe (De rerum natura V 925–1457), AU 35.3 (1992), 46–67

MARTIALIS

3952 Martialis: Epigrammata, Frauenfeld (Huber) (Editiones Helveticae)

3953 Martial: Epigramme, bearb. KOBLIGK H., Stuttgart (Klett) 1966, 28 & 6 S.

3954 Martial: Epigramme, bearb. STEPHAN-KÜHN F., Paderborn (Schöningh) 1976 u.ö., 68 S. [mit Sprachlaborübungen zur Metrik] **R.:** Studnik H. H., MDAV/NW 25.1 (1977), 9; Kohl A., Anregung 24 (1978), 189

3955 Martial: Epigramme (TKomm.; Lehrerheft), hg. GÖSSWEIN U., Bamberg (BVB) 1982 (Testimonia), 72 & 45 S. | **R.:** Kohl A., Anregung 30 (1984), 266; Töchterle K., AADI 9 (1985), 120f.

3956 Dichtung im Vergleich. Gaius Valerius Catullus und Marcus Valerius Martialis, 1984 ↗3406

3957 STEPHAN-KÜHN F.: Martial als Anfangslektüre – eine Anregung, Anregung 20 (1974), 412f.

3958 HUGENSCHMIDT A.: Marcus Valerius Martialis: Römisches Leben, in: Aditus. Neue Wege zum Latein (Lehrerhandbuch), 1975 ↗4994, 160–180

3959 WEISCHE A.: Vorschläge zur Martial-Interpretation (Kurzfassung), MDAV/NW 23.3 (1975), 10f.

3960 GÖRLER W.: Martial über seine ländliche Heimat (Epigramm I, 49), MLAS/BW 7 (1976), 6–13

3961 STEPHAN-KÜHN F.: Martial als Schulautor – Versuch einer Lernzielanalyse, Anregung 22 (1976), 162–171

3962 GÖSSWEIN U.: Familien- und Sexualerziehung im Lateinunterricht am Beispiel eines Martial-Modells für die Kollegstufe, in: Familien- und Sexualerziehung in den bayerischen Schulen, Bd. 4 Hilfen für den Unterricht in den Gymnasien, hg. LINTI H., Donauwörth (Auer) 1982, 151–166

3963 GÖSSWEIN U.: Martial-Lektüre in der Mittelstufe/Sekundarstufe I, in: Lateinische Dichterlektüre II, 1982 ↗3206, 4–30; auch in: Handreichungen für den Lateinunterricht Jgst. 8–11, 2, 1984 ↗738, 119–152 [Lit.] R.: Kohl A., Anregung 30 (1984), 266f.

3964 SCHÄFER E.: Martials machbares Lebensglück (Epigr. 5,20 und 10,47), AU 26.3 (1983), 74–95 [zu 10,47 vgl. Frings U. ↗5604] R.: Töchterle K., AADI 7 (1984), 97

3965 STEPHAN-KÜHN F.: Aspekte der Martial-Interpretation, AU 26.4 (1983), 22–48 | R.: Töchterle K., AADI 8 (1984), 112f.

3966 BURNIKEL W.: Wer war Martial? Briefwechsel zwischen Sabella und Violentilla, herausgegeben und mit Anmerkungen versehen von einem Freund des Dichters, MDAV 27.2 (1984), 5–14 [fiktiver Briefwechsel]

3967 CLASSEN C. J.: Martial, Gymn. 92 (1985), 329–349 | R.: Kohl A., Anregung 32 (1986), 120

3968 LECHLE H.: Stilistische Untersuchungen in einer 8. Klasse? – Martial III, 43, MDAV 28.3 (1985), 66–68

3969 BURNIKEL W.: Martial in der Schule, Gymn. 93 (1986), 12–14 | R.: Töchterle K., AADI 13 (1987), 40

3970 OFFERMANN H.: Catull – Martial. Dichtung im Vergleich, 1986 ↗3441

3971 HEYDENREICH R.: Heuristische Martiallektüre, Anregung 33 (1987), 111–116 | R.: Töchterle K., AADI 16 (1988), 90

3972 KIEFNER G.: LUDUS MARTIALIS. Martials Schulmeister-Epigramm IX 68, MLAS/BW 16/17.1 (1988), 12–16

3973 SCHWINDEN L.: Das gallische Tuch auf gallo-römischen Denkmälern und in der Darstellung des Stadtrömers Martial, 1990 ↗5738

3974 SPIELMANN M./TIEFENBRUNNER M.: Unterrichtsvorschläge zu den Epigrammen Martials, Latein-Forum 12 (1990), 57–67

Minucius Felix

3975 Minucius Felix: Octavius. Vollständige Ausgabe, bearb. GEISAU H. v., Münster (Aschendorff) 1946, ⁵1978 (Text), ⁴1978 (Komm.), 95 & 125 S.

3976 M. Minucius Felix: Octavius. Die Apologie im Grundriß [& Lehrerheft], bearb. LINDAUER J., München (Kösel) 1964 (Humanitas Christiana 3), 127 & 27 S.

3977 Antike und Christentum im Dialog. Octavius von Minucius Felix – Zeugnis eines kulturellen Wandels, bearb. ELLER K. H., Frankfurt/M. u.a. (Diesterweg) 1980 (Modelle), 85 S. [im Vgl. mit Cic. nat.deor.] **R.**: Derndorfer H., AADI 1 (1981), 7

3978 GRUBER J.: Frühchristliche Apologetik: Minucius Felix, Octavius, in: Europäische Literatur in lateinischer Sprache, 1987 ⤳5444, 46–52 [Lit.]

Moretum

3979 WEDDIGEN K.: ... inque diem securus. Das „Moretum" als Schullektüre, AU 34.4 (1991), 5–17

Nepos

3980 Nepos: Vitae (Auswahl), bearb. MAYER H. G., Einl. v. MEISTER K., Heidelberg (Kerle) (Heidelberger Texte 10), 124 & 34 S.

3981 Nepos: De viris illustribus, bearb. WILSING N., Stuttgart (Klett) 1952, ³1978, 40 & 12 S.

3982 Cornelius Nepos: De viris illustribus. Auswahl, bearb. KIRFEL E.-A., Münster (Aschendorff) 1972, 7. Aufl. Ndr. 1988, 124 & 131 S.

3983 Nepos: De viris illustribus, bearb. OOMEN G., Paderborn (Schöningh) 1975, 74 & 46 S. [Milt., Them., Arist., Paus., Alk., Thras., Epam., Hann., Cato, Att.]

3984 Cornelius Nepos: De viris illustribus, hg. HOFMANN H./PIETSCHMANN J., Bamberg (BVB) 1983, ²1987 (Testimonia), 132 S. | **R.**: Kohl A., Anregung 30 (1984), 267; Töchterle K., AADI 9 (1985), 121; Wojaczek G., DASiU 33.4 (1986), 27

3985 Cornelius Nepos: Lebensbeschreibungen berühmter Männer, bearb. LEITSCHUH M., Bamberg (Buchner) ¹¹1987 (Aus dem Schatze des Altertums B, 19), 56 & 42 S.

3986 Auswahl aus Nepos, Caesar, Ovid, ¹⁴1988 ⤳5006

3987 Nepos: Berühmte Männer. Mit Begleittexten, bearb. RIEGER E., Bamberg (Buchner) 1989 (ratio 28), 64 S. [praef., Paus., Alc., Hann.] **R.**: Kohl A., Anregung 36 (1990), 122

3988 Cornelius Nepos: Atticus. Portrait eines Menschen in unruhiger Zeit, bearb. ELLER K. H., Frankfurt/M. u.a. (Diesterweg) 1981 (Modelle), 58 S. | **R.**: Vretska K., IAU 4.2 (1982), 59; Frentz W., MDAV/NW 31.3 (1983), 15f.

3989 Cornelios Nepos: Hannibal. Text mit Erläuterungen, Arbeitsaufträge, Begleittexte, Stilistik und Übungen zu Grammatik und Texterschließung, bearb. GLÜCKLICH H.-J./REITZER S., Göttingen (Vandenhoeck & Ruprecht) 1985, ²1988 (Exempla 8), 55 S. [Ham., Hann.; Lehrerkomm. ⤳3995]

3990 SCHÖNBERGER O.: Politische Erziehung bei der lateinischen Anfangslektüre. Cornelius Nepos, Alcibiades, Kap. 9 und 10, Anregung 22 (1976), 13–16

3991 ALTEVOGT H.: Die Atticusvita des Cornelius Nepos, in: Impulse für die lateinische Lektüre, 1979 ↗3197, 69–84

3992 REITZER S.: Die Hannibal-Vita des Cornelius Nepos als lateinische Anfangslektüre, ASiRPS 29.2–3 (1983), 19–22

3993 SCHÖNBERGER O.: Cornelius Nepos – Ein mittelmäßiger Schriftsteller, DASiU 30.2 (1983), 20–30; zuerst in: Das Altertum 16 (1970), 175–189

3994 RIEGER E.: Nepos – eine Möglichkeit erster Originallektüre, in: Handreichungen für den Lateinunterricht Jgst. 8–11, 1, 1984 ↗737, 45–64 [Lit.]

3995 GLÜCKLICH H.-J./REITZER S.: Die Hannibalbiographie des Nepos im Unterricht, Göttingen (Vandenhoeck und Ruprecht) 1985 (Consilia 8), 56 S. [Text: ↗3989]

3996 WEIKUSAT F.: Grammatikunterricht mit der Hannibalvita des Nepos, 1985 ↗3098

3997 SCHÖNBERGER O.: Cornelius Nepos, in: Von Nepos bis zum Neuen Testament, 1986 ↗3165, 3–22 [Thras., Alc.]

3998 ELLER K. H.: Nepos-Lektüre, in: Handbuch für den Lateinunterricht, Sek.I, 1987 ↗19, 209–221

3999 STERNADL E.: Gaius Julius Caesar und Cornelius Nepos, 150 Originalschulaufgaben, 1988 ↗3383

4000 HOLZBERG N.: Literarische Tradition und politische Aussage in den Feldherrnviten des Cornelius Nepos, Anregung 35 (1989), 14–27 | **R.**: Töchterle K., AADI 19 (1990), 125

4001 SCHÖNBERGER O.: Die Dion-Tragödie – ein Lehrstück des Cornelius Nepos, Anregung 36 (1990), 320–329 | **R.**: Niedermayr H., AADI 22 (1991), 28

4002 NICKEL R.: Nepos lesen – kein Problem! Übungen zur Wiederholung der Grammatik, Bamberg (Buchner) 1991, 52 & 8 S.

4003 NICKEL R.: Nepos-Lektüre für „schwache Lateiner". Ein Beispiel für die Neudurchnahme und die Wiederholung der Grammatik im Lektüreunterricht, in: Latein in der Mittelstufe, 1991 ↗1338, 108–125

OVIDIUS

4004 Ovid: Auswahl aus seinen Dichtungen, bearb. HAAS H., Einl. v. MEISTER K., Heidelberg (Kerle) (Heidelberger Texte 3), 212 & 120 S.

4005 —. Wörterverzeichnis mit Erläuterungen, v. HIEDELL H., 4. Aufl., 120 S.

4006 Ovid: Metamorphosen in Auswahl und Stücke aus den Fasten, bearb. RAU R., Stuttgart (Klett) 1960, [13]1979, 43 & 16 S. [enth. außerdem: Phaedrus, Fabeln]

4007 P. Ovidius Naso: Metamorphosen und Elegien, bearb. LEITSCHUH M., Bamberg (Buchner) [9]1969 (Aus dem Schatze des Altertums B, 22), 36 S.

4008 P. Ovidius Naso: Eine Auswahl aus dem Gesamtwerk, hg. SLABY H., Frankfurt/M. u.a. (Diesterweg) [3]1969, [4]1972, 105 & 58 S.

4009 Ovid: Auswahl aus den „Metamorphosen", „Fasten" und „Tristien". Anhang: Fabeln des Phaedrus, bearb. BERNERT E., Paderborn (Schöningh) 1970, 118 & 95 S.

4010 Ovid: Kurzauswahl aus den Metamorphosen, Fasten und Tristien, bearb. WOLBERS G., Münster (Aschendorff) 1970, 78 & 90 S.

4011 Ovid: Metamorphosen · Fasti · Elegien aus der Verbannung, bearb. FIEDLER W., Bamberg (BVB) [6]1973, [10]1987 (Texte der Weltliteratur), 80 & 56 S. | **R.**: Derndorfer H., AADI 2 (1981), 19

4012 Ovid: Ausgewählte Gedichte aus den Metamorphosen und der elegischen Dichtung, bearb. LEGGEWIE O., Münster (Aschendorff) [50]1978 (Text), [36]1978 (Komm.), 160 & 148 S. I R.: Hross H., DASiU 26.1 (1979), 42–45

4013 Übungstexte zu Caesar und Ovid, 1980 ↗3340

4014 Dichter und Staatsmacht, 1984 ↗5116

4015 Ovid: Metamorphosen und andere Dichtungen. Mit Begleittexten, bearb. BENEDICTER K. u.a., Bamberg (Buchner) 1987 (ratio 15), 132 S. [mit Texten aus fast. 3f.; ars 1] R.: Philipp G., DASiU 34.4 (1987), 23

4016 Ovid (& Lehrerbegleitheft), v. NOWOTNY E., Wien (Braumüller) [2]1987 (Latein in unserer Welt), 96 S. I R.: Doblhofer E., IAU 8 (1986), 85–88; Vretska H., Ianus 10 (1989), 93

4017 Ovid, bearb. DIVJAK J./RATKOWITSCH C., Wien (HPT) 1988 (Orbis Latinus 7), 103 & 122 S. I R.: Doblhofer E., Ianus 10 (1989), 83f.; Senfter R., AADI 23 (1992), 41f.

4018 Auswahl aus Nepos, Caesar, Ovid, [14]1988 ↗5006

4019 RÖMISCH E.: Ovid, in: Interpretationen lateinischer Schulautoren, 1970 ↗3117, 176–195

4020 BÖMER F.: Der Kampf der Stiere. Interpretationen zu einem poetischen Gleichnis bei Ovid (am. II 12,25f., met IX 46ff.) und zur Frage der „Erlebnisdichtung" der augusteischen Zeit, Gymn. 81 (1974), 503–513

4021 MEUSEL H.: Zur Wortschatzarbeit bei der Ovidlektüre, in: Metamorphosen Ovids im Unterricht, 1976 ↗4078, 136–152

4022 RIEGER E.: Ovid – ein unsterblicher Bildner, DASiU 27.1 (1980), 2–28 [Bildmaterial zur Ovid-Rezeption in der Kunst]

4023 ALBRECHT M. v.: Dichter und Leser – am Beispiel Ovids, Gymn. 88 (1981), 222–235 I R.: AADI 3 (1982), 35

4024 WISSMÜLLER H.: Einige Bemerkungen zu Ovid, DASiU 28.3 (1981), 17–30

4025 RIPPER W.: Ovid, Darmstadt (Kamprath–Helène) o.J. [~1982] (Lehrhefte für das Kurssystem der gymnasialen Oberstufe. Latein, 6)

4026 WISSMÜLLER H.: Goethe und Ovid, DASiU 29.2 (1982), 24–28

4027 HOHEN P.: Ovidlektüre in den zwanziger Jahren, 1984 ↗1128

4028 PETERSEN P.: Semantische und metrische Strukturanalyse als Einführung in die Ovid-Lektüre, MLAS/SH 1984, 9–15

4029 FINK G.: Grammatikarbeit bei der Dichterlektüre, dargestellt am Beispiel Ovid, 1985 ↗3091

4030 Zur Dichtung der Kaiserzeit IV – Ovid, AU 28.1 (1985), 64 S.

4031 ALBRECHT M. v.: Ovidlektüre heute, in: Lateinische Literatur, heute wirkend 1, 1987 ↗5910, 23–50 [u.a. zur Erysichthon-Erzählung im Vgl. mit Kallimachos, Lucan, C. F. Meyer, Bonifatius-Vita]

4032 ELLER K. H.: Ovid als Schulautor I, in: Handbuch für den Lateinunterricht, Sek.I, 1987 ↗19, 252–254

4033 BÖMER F.: Über das zeitliche Verhältnis zwischen den Fasten und den Metamorphosen Ovids, Gymn. 95 (1988), 207–221

4034 DIVJAK J.: Zur Gestaltung der Ovidlektüre im Unterricht, Ianus 12 (1991), 1–9 [dazu ↗4157] R.: Töchterle K., AADI 23 (1992), 44

Carmina amatoria

4035 Ovids Ars amatoria und Remedia amoris. Untersuchungen zum Aufbau, hg. ZINN E., Stuttgart (Klett) 1970 (AU 13, Beih. 2), 120 S. [darin PRIDIK K.-H., Bibliographie zu den Carmina amatoria (1936–1968), 110–116] **R.:** Kohl A., Anregung 19 (1973), 280

4036 NEUMEISTER K.: Ovid als Schulautor II, in: Handbuch für den Lateinunterricht, Sek.I, 1987 ⤴19, 255–262 [am., ars]

Amores

4037 BURCK E.: Ovid, Amores 1,3 im Rahmen der römischen Liebesdichtung, AU 20.4 (1977), 63–81

4038 SCHMIDT P. L.: ‚... unde utriusque poetae elegans artificium admirari licebit'. Zur Ovid-Rezeption des Petrus Lotichius Secundus (el. 2, 7), 1980 ⤴4942

4039 RIEDER W.: Ovids Amores als Lektüre in der Jahrgangsstufe 11, in: Handreichungen für den Lateinunterricht Jgst. 8–11, 2, 1984 ⤴738, 231–242

4040 KOSTER S.: Ovid und die Elegie, in: Klassische Antike und Gegenwart, 1985 ⤴898, 7–26 [2,4; 3,9.13]

4041 BUCHHEIT V.: Ovid und seine Muse im Myrtenkranz, Gymn. 93 (1986), 257–272 [mit Bezügen zu Verg. u.a.]

4042 STADLER H.: Catull, carmen 85 und Ovid, Amores 3, 11b im Vergleich, 1988 ⤴3449

4043 HOLZBERG N.: Ovids Amores und das Ethos der elegischen Liebe bei Tibull und Properz, AU 35.2 (1992), 69–79

4044 LEININGER B.: Ovids Amores. Ein Lektüreprojekt für die 10. bzw. 11. Jahrgangsstufe, in: Amor ludens, 1992 ⤴5453, 9–46

4045 RICHTER-REICHHELM J.: Die römische Liebeselegie – Ein Kontrastprogramm zur Caesar-Lektüre, 1992 ⤴4696

4046 SCHMIDT-BERGER U.: Tenerorum lusor amorum. Zur Lektüre von Ovids „Amores", AU 35.2 (1992), 80–100

Ars amatoria

4047 Ovid: Ars amatoria, bearb. PETERSEN O./WEISS H., AU 25.4, Beih., Stuttgart (Klett) (1982), 32 S. [vgl. ⤴4051] **R.:** Feurstein D., AADI 6 (1983), 82

4048 Ovid: Ars amatoria. Texte mit Erläuterungen, Arbeitsaufträge, Begleittexte, metrischer und stilistischer Anhang, bearb. FINK G./NIEMANN K.-H., Göttingen (Vandenhoeck & Ruprecht) 1983, ³1991 (Exempla 5), 72 S. [Lehrerkomm. ⤴4053] **R.:** Kohl A., Anregung 32 (1986), 121

4049 LUTZ M.: Auswahl aus Ovids ‚Ars amatoria' als erste Lektüre der Dichtung und als Vorbereitung für die ‚Metamorphosen' (geeignet für das 4./5. Lateinjahr), AU 19.1 (1976), 64–67

4050 STROH W.: Ovids Liebeskunst und die Ehegesetze des Augustus, Gymn. 86 (1979), 323–352

4051 PETERSEN O./WEISS H.: Ovids Ars amatoria im Unterricht einer 10. Klasse, AU 23.4 (1982), 23–35 [zur Textausg. ⤴4047] **R.:** Feurstein D., AADI 6 (1983), 86

4052 FINK G.: Ovid als Psychologe – Interpretatorische Schwerpunkte bei der Lektüre der *ars amatoria*, AU 26.4 (1983), 4–11; auch in IAU 5 (1983), 2–8 I **R.**: Töchterle K., AADI 8 (1984), 108

4053 FINK G./NIEMANN K.-H.: Ovids 'Ars amatoria' im Unterricht, Göttingen (Vandenhoeck und Ruprecht) 1983 (Consilia 5), 53 S. [Text: ↗4048]

4054 PETERSEN O./WEISS H.: Ovids Einsatz mythologischer Stoffe. Ein Vergleich ausgewählter Mythen in „Metamorphosen" und „Ars amatoria", 1985 ↗4116

Remedia amoris

4055 SCHOPLICK V.: Lebensbewältigung in der römischen Kaiserzeit. Ovids „Remedia amoris" und andere Texte, AU 28.1 (1985), 52–64 [Alltagsleben, Liebe, Krankheit, Tod; Plin., Mart., Sen. epist.] **R.**: Töchterle K., AADI 11 (1986), 14

Epistulae heroidum

4056 ALBRECHT M. v.: Rezeptionsgeschichte im Unterricht. Ovids Briseïs-Brief, AU 23.6 (1980), 37–53 [vgl.a. ↗5812] **R.**: AADI 2 (1981), 20f.; Kohl A., Anregung 28 (1982), 110

4057 STEINMETZ P.: Die literarische Form der Epistulae Heroidum Ovids, Gymn. 94 (1987), 128–145

Fasti

4058 GLADIGOW B.: Ovids Rechtfertigung der blutigen Opfer. Interpretationen zu Ovid, fasti I 335–456, AU 14.3 (1971), 5–23 I **R.**: Kohl A., Anregung 19 (1973), 279

4059 SEITZ F.: Ovid, Arion. Textstruktur und Text als Ganzes, AHS 26 (1977), 255–257

4060 BÖMER F.: Wie ist Augustus mit Vesta verwandt? Zu Ov. fast. III 425f. und IV 949f., Gymn. 94 (1987), 525–528

4061 KOHLER M.: Die Lucretia-Erzählung bei Cicero (De re publica, II 44–46), Livius (Ab urbe condita, I 56,4–60,3) und Ovid (Fasti, 2. Buch, 711–852), 1991 ↗3697

Metamorphoses

4062 Ovid: Auswahl aus den Metamorphosen und der elegischen Dichtung, bearb. LEGGEWIE O., 1978 ↗4012

4063 Metamorphosen. Mythos und Naturreligion in Ovids Großgedicht, bearb. ELLER K. H., Frankfurt/M. u.a. (Diesterweg) 1980 (Modelle), 126 & 95 S. I **R.**: Vretska K., AADI 1 (1981), 7–8

4064 Ovid: Metamorphosen (Text; Komm.; Lehrerheft), bearb. PRIDIK K. H., Stuttgart (Klett) 1981, 72, 16 & 23 S. I **R.**: Vretska K., IAU 3.2 (1981), 30f.; Gamper P., AADI 4 (1982), 45f.

4065 Ovid: Metamorphosen. Texte mit Erläuterungen; Arbeitsaufträge, Begleittexte, metrischer und stilistischer Anhang, bearb. ALBRECHT M. v. u.a., Göttingen (Vandenhoeck & Ruprecht) 1984, ²1989 (Exempla 7), 115 S. [Lehrerkomm. ↗4105] **R.**: Töchterle K., AADI 9 (1985), 121; Kohl A., Anregung 32 (1986), 121

4066 Narziß. Der Mythos als Metapher von Ovid bis heute, 1984 ↗5191

4067 P. Ovidius Naso: Metamorphosen Buch I, Vers 1–150 [& Lehrerheft], hg. OBERG E., Frankfurt/M. (Cornelsen–Hirschgraben) 1987 (Explicata latinitas), 32 & 16 S. [Originaltext + Textbearbeitung; dazu a. Tonkassette] R.: Albert S., MDAV/Hs 34.4 (1987), 8f.; dies., VL 23 (1987), 600f.; Liebenwein W., Ianus 9 (1987–88), 78f.; Kohl A., Anregung 34 (1988), 120; Stoffels M., MDAV/NW 36.2 (1988), 13f.; Schulz H., LGB 35 (1991), 55f.; ders., MDAV 34.2 (1991), 59f.

4068 Ovid: Metamorphosen und andere Dichtungen, 1991 ↗4015

4069 SCHWINGE G.: Pyramus et Thisbe. Eine Groteske in lateinischer Sprache, ²1967 ↗1672

4070 DIETZ G.: Phaethon (Met. I 747 – II 400), in: Phaethon und Narziß bei Ovid, 1970 ↗4072, 5–46

4071 HILBERT K.: Der gespaltene Narziß (Met. III 407–510), in: Phaethon und Narziß bei Ovid, 1970 ↗4072, 47–80

4072 DIETZ G./HILBERT K.: Phaëthon und Narziß bei Ovid, Heidelberg (Kerle) 1970 (Heidelb.Texte, Did.R. 3), 80 S. I R.: Hammer G., MLAS/BW 2.1 (1971), 29f.; Versnel H. S., Gymn. 79 (1972), 74–78; Kaiser W., MDAV 16.2, Beih. (1973), 13f.; Kohl A., Anregung 19 (1973), 279; Floren F. J., MDAV/NW 23.1 (1975), 12–14; Clade R., ASiRP 22.1 (1976), 32

4073 ROTHENBURG K. H. v.: Übersetzungstechnik I. Ovid, Metamorphosen II 680–706 (Lehrheft; Lehrerheft; Antwortheft), München (BSV) 1972 (bsv Lehrprogramme Latein), 184 & 44 S.

4074 VICENZI O.: Victa iacet pietas. Gedanken über Ovid, Metam. I 89–100, und den Lateinunterricht an den Gymnasien in Österreich, Anregung 19 (1973), 122–124 I R.: Klowski J., a.O. 331f.

4075 ROSE S.: Publius Ovidius Naso: Liebe, in: Aditus. Neue Wege zum Latein (Lehrerhandbuch), 1975 ↗4994, 150–159

4076 VÖGLER G.: Der Begriff der „Metamorphose" bei Ovid. Am Beispiel der Erzählung von den „Lykischen Bauern" und von „Philemon und Baucis", AU 18.1 (1975), 19–36

4077 KLIEN E.: Ton-Diareihe zu Ovids "Niobe", DCG 15–16 (1975–76), 259f.

4078 RÖMISCH E.: Metamorphosen Ovids im Unterricht, Heidelberg 1976 (Heidelb.Texte, Did.R. 9), 135 S. I R.: MDAV 20.4 (1977), 13f.; Kohl A., Anregung 24 (1978), 190

4079 HILBERT K.: Ovid, Metamorphosen (Auswahl), LEU/L 1 (1977), 8–14

4080 ALBRECHT M. v.: Ovids Arachne-Erzählung, MLAS/BW 10.1 (1979), 4–12; auch in: Der Mensch in der Krise, 1981 ↗5434, 40–52 [Lit.]

4081 CLADE R.: Menschlicher Wille und göttliche Ordnung. Eine Lektüreeinheit aus Ovids ‚Metamorphosen', AU 22.3 (1979), 39–56; auch in ↗732

4082 ERREN M.: Die Metamorphose des Maulbeerbaums. Ein Mimus bei Ovid, AU 22.4 (1979), 87–91

4083 LATACZ J.: Ovids 'Metamorphosen' als Spiel mit der Tradition, in: Verpflichtung der Antike, 1979 ↗839, 5–49

4084 MAURACH G.: Ovids Kosmologie: Quellenbenutzung und Traditionsstiftung, Gymn. 86 (1979), 131–148

4085 SCHIRNDING A. v.: Ovid, Pyramus und Thisbe, Metamorphosen IV 55–166. Ein Unterrichtsbeispiel aus Klasse 9, IAU 1.2 (1979), 20–22

4086 RIEGER E.: Der Mensch im Spannungsfeld zwischen eigenem Wollen und gottgerechtem Sollen, I Ovids Metamorphosen als Einführung in die Dichterlektüre; II Ein Unterrichtsprojekt zu Ovid: Niobe – Mensch und Schicksal, Anregung 26 (1980), 215–221; 294–306 I **R.**: AADI 2 (1981), 23f.

4087 MAIER F.: Latein in der Mittelstufe (Sekundarstufe I) – Ein Fach ohne Profil und ohne Prestige? Beispiel: Ovid, Metamorphosen VIII 183–235, in: Widerspiegelungen der Antike, 1981 ↗862, 104–139 [vgl.a. ↗605f.]

4088 MAIER F.: Ovid: Dädalus und Ikarus. Die Wirkung eines antiken Mythologems, in: Dädalus und Ikarus · Der Prinzipat des Augustus, 1981 ↗3151, 5–46

4089 BRANDHOFER F. J.: Ovid als Autor für Latein als zweite Fremdsprache, in: Lateinische Dichterlektüre I, 1982 ↗3205, 80–123 I **R.**: Kohl A., Anregung 30 (1984), 268

4090 BROEMSER F.: Bemerkungen zu „Der verliebte Kyklop" (Ovid., Met. 13,750–897), ASiRPS 28.2 (1982), 3–10

4091 CANCIK H.: Die Jungfrauenquelle. Ein religionswissenschaftlicher Versuch zu Ovid, Met. 3,138–255, AU 25.6 (1982), 52–75 I **R.**: Töchterle K., AADI 6 (1983), 84

4092 ELLER K. H.: Die Metamorphose bei Ovid und Nonnos. Mythische Poesie im Vergleich, AU 25.6 (1982), 88–98 I **R.**: Töchterle K., AADI 6 (1983), 74f.

4093 ELLER K. H.: Ovid und der Mythos von der Verwandlung. Zum mythologischen und poetischen Verständnis des Metamorphosen-Gedichts, Frankfurt/M. u.a. (Diesterweg) 1982 (Schule und Forschung), 100 S. I **R.**: Frentz W., MDAV/NW 30.3 (1982), 10f.; Feurstein D., AADI 5 (1983), 64; Kohl A., Anregung 30 (1984), 268f.; Liebenwein W., Ianus 10 (1989), 88

4094 HOHNEN P.: Ovid als Anfangslektüre?, AU 25.4 (1982), 36–52 I **R.**: Feurstein D., AADI 6 (1983), 84f.

4095 LACHAWITZ G.: Ovids *Pyramus und Thisbe* – eine aus lernzielorientierten Fragen entwikkelte Interpretation, AU 25.4 (1982), 82–88 I **R.**: Feurstein D., AADI 6 (1983), 85

4096 NESCHKE-HENTSCHKE A.: Vom Mythos zum Emblem. Die Perseuserzählung in Ovids Metamorphosen (IV. 607 – V. 249), AU 25.6 (1982), 76–87 I **R.**: Töchterle K., AADI 6 (1983), 86

4097 RIEGER E.: Ovids Metamorphosen als Schwerpunkt der Dichterlektüre in der Mittelstufe/ Sekundarstufe I, in: Lateinische Dichterlektüre I, 1982 ↗3205, 54–79 [vgl.a. ↗4109] **R.**: Kohl A., Anregung 30 (1984), 269

4098 BAYER D.: Wieland und Dädalus, DASiU 30.1 (1983), 14–25

4099 CLADE R.: Ovids Metamorphosen – eine moderne Schullektüre?, ASiRPS 29.2–3 (1983), 4–10

4100 FRICEK A.: Ovids Ausführungen über die vier Zeitalter (Met I, 89–162) und Deucalion und Pyrrha (Met I, 313–416), EuU 133 (1983), 376–382

4101 FROESCH H.: Lautmalerei in den Metamorphosen Ovids, AU 26.4 (1983), 12–21 I **R.**: Töchterle K., AADI 8 (1984), 109

4102 HENDEL R.: Pygmalion. Das Motiv der Liebe zur Puppe in Texten von Goethe bis Lem, AU 26.1 (1983), 56–68 [a. zu Storm, Hoffmann, Jean Paul, Bukowski] **R.**: Töchterle K., AADI 7 (1984), 94f.

4103 OSSBERGER J.: Pyramus und Thisbe. Ein Bühnenstück nach Ovid, AU 26.4 (1983), 58–61 I **R.**: Töchterle K., AADI 8 (1984), 111

4104 PRIMMER A.: Ovids Metamorphosen in neuer Sicht, WHB 25 (1983), 15–39 I **R.**: Töchterle K., AADI 8 (1984), 112

4105 ALBRECHT M. v.: Interpretationen und Unterrichtsvorschläge zu Ovids 'Metamorphosen', Göttingen (Vandenhoeck und Ruprecht) 1984, ²1990 (Consilia 7), 104 S. [Text: ↗4065] R.: Töchterle K., AADI 9 (1985), 121; Kohl A., Anregung 32 (1986), 121

4106 FRICEK A.: Gedanken zu Ovids Pyramus und Thisbe. Eine gegenwartsbezogene Interpretation, Anregung 30 (1984), 245–251 | R.: Maier F., AADI 10 (1985), 137

4107 KARL K.: Pyramus und Thisbe. Ein Unterrichtsprojekt zu Ovid, DASiU 31.3 (1984), 22–18

4108 NIEMANN K.-H.: Philemon und Baukis. Die Rezeption eines ovidischen Themas in einem Hörspiel von Leopold Ahlsen, Anregung 30 (1984), 314–321 | R.: Maier F., AADI 10 (1985), 139

4109 RIEGER E.: Ovids Metamorphosen als Schwerpunkt der Dichterlektüre in der Mittelstufe, in: Handreichungen für den Lateinunterricht Jgst. 8–11, 2, 1984 ↗738, 186–230 [Lit.; vgl.a. ↗4097]

4110 CANCIK-LINDEMAIER H./CANCIK H.: Ovids Bacchanal. Ein religionswissenschaftlicher Versuch zu Ovid, Met. IV 1–415, AU 28.2 (1985), 42–61 | R.: Töchterle K., AADI 12 (1986), 24f.

4111 HOHNEN P.: „Philemon und Baucis". Zur Methodik der Metamorphosen-Lektüre, AU 28.1 (1985), 16–26 [8,611–724; insbes. zur 'filmischen Projektion'] R.: Töchterle K., AADI 12 (1986), 27

4112 MAIER F.: Ikarus – ein Symbol für Träume des Menschen. Anstöße zu rezeptionsgeschichtlichen Exkursen, in: Lateinunterricht 3, 1985 ↗3095, 194–216

4113 MAIER F.: Orpheus und Eurydike – ein „unüberwindlicher" Mythos. Eine Unterrichtseinheit in der Ovid-Lektüre, in: Lateinunterricht 3, 1985 ↗3095, 132–165

4114 MOMMSEN P.: Philosophische Propädeutik an den „Metamorphosen" des Ovid, AU 28.1 (1985), 27–41 [Interpretationen] R.: Töchterle K., AADI 12 (1986), 29

4115 MUNDING H.: Versuch eines Brückenschlags von Ovid zum Fach Chemie in Klasse 9. Ein Erfahrungsbericht (Met. I 1–86), in: Antike Texte – aktuelle Probleme, 1985 ↗3163, 106–113

4116 PETERSEN O./WEISS H.: Ovids Einsatz mythologischer Stoffe. Ein Vergleich ausgewählter Mythen in „Metamorphosen" und „Ars amatoria", AU 28.1 (1985), 42–51 [Cephalus & Procris, Daedalus & Ikarus, Mars & Venus, Sabinerinnen, Pasiphae, Bacchus & Ariadne] R.: Töchterle K., AADI 11 (1986), 13f.

4117 RIEGER E.: Sed vetuere patres. Nachdenkliches zu Ovids „Pyramus und Thisbe" (Met. IV 55–166), in: Et scholae et vitae, 1985 ↗277, 57f.

4118 TÖCHTERLE K.: Ovids „Weltalter". Eine textlinguistische Interpretation, AU 28.1 (1985), 4–15 [1,89–150] R.: Töchterle K., AADI 11 (1986), 14

4119 VOIT L.: Caesars Apotheose in der Darstellung Ovids, in: Et scholae et vitae, 1985 ↗277, 49–56

4120 FRICEK A.: Gedanken zu Ovids Metamorphose „Philemon und Baucis" (Met VIII$_{618-724}$), EuU 136 (1986), 671–677

4121 KRAFT M.: Die Gestalt der Fama: bei Vergil – bei Ovid – in der europäischen Literatur, 1986 ↗4814

4122 MAIER F.: Der Gott des antiken Mythos – eine Herausforderung für den aufgeklärten Menschen? Anstöße zur Ovid-Interpretation in der Mittelstufe, in: Reflexionen antiker Kulturen, 1986 ↗905, 78–99 [a. zum Vergleich mit NT; vgl.a. ↗4131]

4123 SONDEREGGER E.: Die Flügel des Dädalus (zu Ovid), Gymn. 93 (1986), 520–532
4124 ALBRECHT M. v.: Ovidlektüre heute, 1987 ↗4031
4125 BIEDERMANN R.: Narziß und Echo – novitas furoris?, Anregung 33 (1987), 368–373 | R.: Töchterle K., AADI 16 (1988), 88
4126 FRICEK A.: Abwechslung in der Lektüre von Ovids Metamorphosen, Anregung 33 (1987), 274
4127 FRICEK A.: Welche Erkenntnisse kann der Schüler aus Ovids Metamorphose „Orpheus und Eurydike" für sein künftiges Leben gewinnen?, MDAV 30.3 (1987), 86–88
4128 MISSFELDT W.: Vom Ursprung des Quakens – zur Verwandlung der lykischen Bauern (Ovid, met. 6,370–381), MLAS/SH 1987.2, 18–23
4129 SCHÖNBERGER O.: Ovid, Philemon und Baucis (Metamorphosen VIII 612–726), in: Von Catull bis zu den Carmina Burana, 1987 ↗3173, 53–76
4130 FRICEK A.: Vergilische Themen bei Ovid, DASiU 35.1 (1988), 28–35
4131 MAIER F.: Wie halten wir es mit den antiken Göttern. Ovids „Lykische Bauern" als Unterrichtsmodell (Metamorphosen VI 313–381), in: Lebendige Vermittlung lateinischer Texte, 1988 ↗3106, 53–85 [erweiterte Fassung von ↗4122]
4132 PITTL H.: Narziß und Echo (Ovid met. III, 339–510), Latein-Forum 4 (1988), 18–34
4133 PLENIO W.: Apoll und Daphne (Met. I 452–567) – Unterrichtsmodell für den Lateinunterricht, MLAS/SH 1988.2, 10–16
4134 TOST O.: Ransmayr Christoph, Die letzte Welt. "Unter anderem ein Ovid-Roman", Latein-Forum 6 (1988), 15–32
4135 ERLACH T.: Ovids Kosmogonie. Gestaltung und Sinn eines mythischen Ansatzes, MDAV/NW 37.3 (1989), 3–8
4136 FRICEK A.: Gedanken zu Ovids ‚Daedalus und Icarus', Met VIII 183–235. Eine gegenwartsbezogene Interpretation, Scrinium 34.3 (1989), 3–9
4137 FRICEK A.: Gedanken zur Metamorphose "König Midas", Ovid, Met XI 85–143, MDAV/Ns 39.4 (1989), 12–18 [Lit.]
4138 GÄRTNER H.: Der „Drachenkampf" des Cadmus. Zu Ovid, Met. 3,50–98, Anregung 35 (1989), 299–313 | R.: Töchterle K., AADI 21 (1991), 13
4139 LAHMER K.: Hesiod, Ovid und moderne Friedenstheorien. Ein Beitrag zur Friedenserziehung, Ianus 10 (1989), 16–19
4140 NICKEL R.: Ovid lesen – kein Problem! Kofferpacken mit Ovid, Bamberg (Buchner) 1989, 48 & 9 S.
4141 DEMANDT B.: Philemon und Baucis. Schauspiel in 5 Akten nach Ovid, Metamorphosen VIII 611–724, LGB 34 (1990), 60–71 [8.–10. Kl.]
4142 FRICEK A.: Gedanken zu Ovids Metamorphose "Niobe" (Met VI 146–312). Eine gegenwartsbezogene Interpretation, MDAV/Hs 37.3 (1990), 17–22 | R.: JÖHRENS O., Nochmals Ovids Metamorphose Niobe – kritische Anmerkungen, MDAV/Hs 38.1 (1991), 18f.
4143 Schülerzeichnungen zu Ovids Metamorphosen, hg. SPANN R., Herrsching (Bozorgmehri) 1990, 100 S.
4144 SMITH R.A.: Ov. met. 10.475: An Instance of "Meta-allusion", Gymn. 97 (1990), 458–460
4145 DÖLLER G.: Pygmalion – Der Traum vom idealen Menschen. Beispiel für eine schülerorientierte Unterrichtsreihe in einem Grundkurs 11.1 (Ovid, Met. X v. 243–297), MDAV/NW 39.4 (1991), 11–15

4146 HEBERT B.: Ovid und die bildende Kunst: Vorschläge zum Ikaros-Thema, Ianus 12 (1991), 19–23 | R.: Töchterle K., AADI 23 (1992), 46

4147 NICKEL R.: Ovids Metamorphosen in der Mittelstufe, in: Latein in der Mittelstufe, 1991 ↗1338, 93–107

4148 TÖCHTERLE K.: Ovid und Ransmayr. Ein Vergleich, Latein-Forum 14 (1991), 36–45; gekürzte Fassung: Gegen das Große und Ganze, für das Kleine und Viele, Pannonia 18.5 (1990–91), 12f.; vgl.a. ders.: Spiel und Ernst, Ernst und Spiel. Ovid und "Die letzte Welt" von Christoph Ransmayr, Antike und Abendland 38 (1992), 95–106

4149 CAMBEIS H.: Weltentstehungslehren – Ein Vergleich der Einleitungspassage von Ovids Metamorphosen (1, 1–88) und des Beginns der Vulgata (Genesis 1,1–2,3), Impulse 8 (1992), 8–84 [pädagog. Hausarbeit, 1986; Lit.]

4150 FRICEK A.: Gedanken zu Ovids "Ceyx und Alcyone" (metam. XI 410–748). Eine gegenwartsbezogene Interpretation, MDAV/Hs 39.3 (1992), 11–22

4151 GAULY B. M.: Ovid, Venus und Orpheus über Atalanta und Hippomenes. Zu Ov. met. 10,560–707, Gymn. 99 (1992), 435–454

4152 HOLZBERG N.: Romanhafte Episoden in Ovids Metamorphosen und in den Caesar-Viten. Zwei Anregungen zum Textvergleich im Lektüreunterricht, in: Amor ludens, 1992 ↗5453, 47–75

Nux

4153 BURY E.: Zum Nachtisch: NUX. Einführung in die Poesie mit der (ovidischen) Elegie, AU 34.4 (1991), 36–53 [Text S. 41–47] R.: Niedermayr H., AADI 24 (1992), 59

Exildichtung

4154 HELZLE E.: Unterrichtseinheiten für Klasse 11, thematisch bestimmte Autorenlektüre. Ovids Briefgedichte vom Schwarzen Meer. Klage und Anklage eines Schriftstellers aus der Emigration (Schüler- und Lehrerheft), LEU/L 8 & 9 (1977/78), 27 & 34 S.

4155 DOBLHOFER E.: Ovids Exilpoesie – Mittel, Frucht und Denkmal dichterischer Selbstbehauptung, AU 23.1 (1980), 59–80 | R.: Derndorfer H., AADI 1 (1981), 9; Kohl A., Anregung 28 (1982), 110

4156 FROESCH H.: Exul poeta – Ovid als Chorführer verbannter oder geflohener Autoren, in: Lateinische Literatur, heute wirkend 1, 1987 ↗5910, 51–64 [Lit.]

4157 DIVJAK J.: Ovidrezeption – Vergleichstexte zur Verbannungsliteratur, Ianus 13 (1992), 115–119 [zu ↗4034]

4158 Profugus solo patrio. Römische Exilliteratur: Cicero – Ovid – Seneca, bearb. KRÜGER H., 1990 ↗5044

Tristia

4159 BESSLICH S.: Ovids Winter in Tomis. Zu trist. III 10, Gymn. 79 (1972), 177–191

4160 DOBLHOFER E.: Ovids Abschied von Rom – Versuch einer Modellinterpretation von trist. 1,3, AU 23.1 (1980), 81–97 | R.: Derndorfer H., AADI 1 (1981), 9

4161 NAGEL W.: Neue psychologische Erkenntnisse und antike Dichtung. Versuch einer modernen Interpretation von Ovid, Tristia IV 10, Anregung 26 (1980), 372–375 | R.: AADI 2 (1981), 23

4162 MAIER F.: Hommage an einen geliebten Ort. Gedichte im Vergleich – Ein Beitrag zur Antike-Rezeption, 1988 ↗5920
4163 SCHUBERT W.: Zu Ov. Trist. 3,9, Gymn. 97 (1990), 154–164
4164 BRETZIGHEIMER G.: Exul ludens. Zur Rolle von relegans und relegatus in Ovids Tristien, Gymn. 98 (1991), 39–76 | R.: Sigot E., AADI 24 (1992), 58f.

PETRONIUS

4165 Petronius: Cena Trimalchionis, bearb. DAUM G., Paderborn (Schöningh) 1964, Ndr. 1975, 96 S. | R.: Bungarten H. ↗39
4166 Petronius: Cena Trimalchionis, mit zwei Ausschnitten aus den übrigen Teilen des „Satyricon", hg. STÄDELE A., Bamberg (BVB) 1976, ²1980 (Testimonia), 56 & 37 S. | R.: Gößwein U., DASiU 23.4 (1977), 26; Kohl A., Anregung 24 (1978), 190; Töchterle K., AADI 2 (1981), 19f.
4167 Aus lateinischen Romanen, 1 Petronius, bearb. PETERSMANN H., LL 32 (1977–78), 17–32
4168 Petron. Das Gastmahl des Trimalchio (Cena Trimalchionis) bearbeitet für die frühe Lektüre, v. BODAMER C./HUBER J., LEU/L 26 (1981), 55 S.
4169 Petron: Cena Trimalchionis, bearb. BODAMER C./HUBER J., Stuttgart (Klett) 1983, 48 & 16 S. [dazu ↗4174] R.: Töchterle K., AADI 7 (1984), 93
4170 BAIER W./SPANN R.: Petronii cena Trimalchionis. Libelli pictographici, 1990 ↗5314

4171 FRINGS U.: Titus Petronius Arbiter: Witz, Satire, Ironie?, in: Aditus. Neue Wege zum Latein (Lehrerhandbuch), 1975 ↗4994, 112–149
4172 LÜHR F.-F.: Res inauditae, incredulae. Aspekte lateinischer Unterhaltungsliteratur bei Petronius, Plinius dem Jüngeren und Gellius, AU 19.1 (1976), 5–19
4173 MÜLLER C. W.: Die Novelle von der Witwe von Ephesus – Petron oder Aristeides von Milet? (Zusammenfassung), ASiRPS 24.1 (1978), 12f.
4174 BODAMER C./HUBER J.: Petrons Cena Trimalchionis als erste Autorenlektüre, AU 25.4 (1982), 4–22 [zur Textausg. ↗4169] R.: Feurstein D., AADI 6 (1983), 84
4175 GELDNER H.: Encolpios – das Auge des Lesers. Eine Methode der Texterschließung in Petrons Cena Trimalchionis, ASiRPS 30 (1984), 11–14
4176 FRINGS U.: Lesedidaktisches zur ‚Witwe', AU 28.4 (1985), 54–75. 90–99 [Rezeptionen: ma Volksbuch, Huygens, La Fontaine (Texte im Anhang), Lessing, Fry] R.: Töchterle K., AADI 12 (1986), 25
4177 GLAVIČ E.: Zähmung eines Werwolfs (Petron, Sat. 61,6–62), IAU 7 (1985), 74–77 | R.: Töchterle K., AADI 12 (1986), 26
4178 BÖMER F.: Die Witwe von Ephesus, Petron 111,1f. und die 877. in Tausendundeiner Nacht, Gymn. 93 (1986), 138–140
4179 GLEI R.: Coleum Iovis tenere? Zu Petron 51,5, Gymn. 94 (1987), 529–538
4180 SPENNEMANN K.: Das Kursthema „Gesellschaftskritik in der römischen Satire", gezeigt am Beispiel von Petrons Cena Trimalchionis (Kurzfassung), MDAV/NW 37.4 (1989), 11–13
4181 SPENNEMANN K.: Gesellschaftskritik in der römischen Satire: Petrons „Cena". Ergebnisse eines Unterrichtsprojekts in der Oberstufe, Anregung 36 (1990), 169–179 | R.: Niedermayr H., AADI 22 (1991), 29

4182 MAI K.: Das Grabmal des Trimalchio (Petron, Satyricon 71). Ein literarischer Einstieg in die Inschriftenkunde, LEU/L 54 (1991)

4183 HÖFLINGER M.: Das süße Leben. Party bei Trimalchio, G 1992.9, 24f.

PHAEDRUS

4184 Phaedrus: Ausgewählte Fabeln, bearb. RAU R., Stuttgart (Klett) 1960, ^{13}1990, 43 & 16 S. [enth. außerdem: Ov. met., fast.]

4185 Phaedrus: Fabeln. Auswahl, mit Proben aus dem deutschen, französischen und englischen Fabelschatz, bearb. LEGGEWIE O., Münster (Aschendorff) 1972, 63 & 48 S. | **R.**: Diekstall L., MDAV/NW 22.3 (1974), 10f.

4186 Fabeln des Phaedrus, 1975 ↗4009

4187 Phaedrus: Fabeln, hg. FIRNKES M., Bamberg (BVB) 1981 (Testimonia), 80 S. | **R.**: Derndorfer H., AADI 3 (1982), 33; Kohl A., Anregung 28 (1982), 111

4188 Phaedrus: Fabeln, bearb. ELLER K. H., Frankfurt/M. u.a. (Diesterweg) 1982 (Modelle), 54 S. | **R.**: Töchterle K., AADI 6 (1983), 82f.; Wissemann M., MDAV/NW 32.3 (1984), 12f.

4189 Phaedrus: Unterhaltung und Weisheit [& Lehrerheft], hg. OBERG E., Frankfurt/M. (Cornelsen–Hirschgraben) 1989 (Explicata latinitas), 32 & 16 S. [mit Prosafassungen; dazu a. Toncassette] **R.**: May G., Ianus 11 (1990), 111; Schulz H., LGB 35 (1991), 55f.; Töchterle K., AADI 21 (1991), 11f.;

4190 Exemplis discimus. Phaedrus' Fabeln und Beispiele ihrer Bearbeitung durch La Fontaine, Lessing, Gleim und Schlegel, bearb. ELLER K. H., hg. ZINK N., Frankfurt/M. u.a. (Diesterweg) ^{2}1990, 100 S. | **R.**: Töchterle K., AADI 21 (1991), 11; LGB 35 (1991), 18f.

4191 Phaedrus: Fabeln: „Stark – schwach" (Text- und Arbeitsheft; Lehrerheft), bearb. MISSFELDT W., Stuttgart (Klett) 1990, 40 & 24 S. [Abb.; Übergangslektüre]

4192 HIRSCH F.: Phaedrus – Unterrichtsversuch in einer 10. Klasse, in: Lernziel und Lektüre, 1974 ↗3036, 12–44

4193 CHRISTES J./NICKEL R./SCHINDLER W.: Phaedrus: Die Fabel, in: Aditus. Neue Wege zum Latein (Lehrerhandbuch), 1975 ↗4994, 1–45

4194 CANCIK H.: Versuche zum Glück. Interpretationen zu Phaedrus, Plinius d.Ä., Epiktet, Bibel und Kirche 33 (1978), 122–130; auch in: MLAS/BW 11.1 (1980), 4–12 [Lit.]

4195 NIEMANN K.-H.: Die Fabel als Spiegel menschlichen Verhaltens und als Anstoß zur Verhaltensänderung, AU 22.3 (1979), 57–81 [Texte s. Beil. 2–5; Paralleltexte v. Aesop, La Fontaine, Lessing, Anouilh, Arntzen, Thurber, Luther, Busch]

4196 FIRNKES M.: Phaedrus als Autor in der Mittelstufe, in: Lateinische Dichterlektüre I, 1982 ↗3205, 4–53; erweiterte Fassung in: Handreichungen für den Lateinunterricht Jgst. 8–11, 2 ↗738, 71–118 [Lit.] **R.**: Kohl A., Anregung 30 (1984), 269

4197 DJURANOVIC M.: Tierfabeln des Phaedrus als Anfangslektüre in einer 10. Klasse (Gattungsaspekte und Sprachvergleich), Fulda 1984 [Pädagogische Prüfungsarbeit]

4198 SCHÖNBERGER O.: Phaedrus-Lektüre in der Mittelstufe, in: Handreichungen für den Lateinunterricht Jgst. 8–11, 2, 1984 ↗738, 62–70

4199 WISSEMANN M.: Erste Dichterlektüre im Lateinunterricht, MDAV 27.3 (1984), 7–9 [am Beispiel Phaedrus]

4200 FRITSCH A.: Phaedrus als Schulautor, LGB 29 (1985), 34–69; auch in DASiU 33.1 (1986), 15–24; 33.2, 20–27; 33.3, 17–26; 33.4, 13–25
4201 ELLER K. H.: Phaedrus, in: Handbuch für den Lateinunterricht, Sek.I, 1987 ↗19, 201–208
4202 SCHÖNBERGER O.: Phaedrus, Zwei Fabeln (I 13; V 7), in: Von Catull bis zu den Carmina Burana, 1987 ↗3173, 90–117
4203 FRITSCH A.: Phaedri libellos legere. Weitere Anregungen zur Phaedruslektüre, LGB 32 (1988), 126–146; auch in: DASiU 36.2 (1989), 19–22. 27–43
4204 OBERG E.: Wer ist meine Mutter? Phaedrus III 15 im Lateinunterricht, AU 31.1 (1988), 40–54 I **R.**: Vogl H., AADI 17 (1989), 103f.
4205 HEINTZE H. v.: Das Grabmal des Phaedrus, 1989 ↗5735
4206 OBERG E.: Phaedrus – ein Autor auch für die Oberstufe (Kurzfassung), MDAV/NW 37.4 (1989), 9f.
4207 FRITSCH A.: Äsop und Sokrates bei Phaedrus. Ein Beitrag zur thematischen Orientierung der Phaedruslektüre, LGB 34 (1990), 218–240
4208 DEMANDT A.: Politik in den Fabeln Aesops, Gymn. 98 (1991), 397–419 [Lit.]
4209 HOLZBERG N.: Phaedrus in der Literaturkritik seit Lessing, Anregung 37 (1991), 226–242 I **R.**: Töchterle K., AADI 23 (1992), 46f.
4210 KOSTER S.: Phaedrus: Skizze seiner Selbstauffassung, in: Die Antike im Brennpunkt, 1991 ↗924, 59–87
4211 SCHÖNBERGER O.: Vita humana. Zur Leistung der Fabel-Lektüre, in: Humanismus und Bildung 2, 1991 ↗370, 95–105

PLAUTUS

4212 Plautus: A u l u l a r i a , Frauenfeld (Huber) (Editiones Helveticae)
4213 Plautus: M i l e s   g l o r i o s u s . Vollständige Ausgabe, bearb. FRANZMEIER W., Münster (Aschendorff) [11]1978, 72 & 75 S.
4214 Plautus in Comics. Die Gespenstergeschichte (M o s t e l l a r i a) mit dem lateinischen Text dargestellt v. H. OBERST, Zürich u.a. (Artemis) 1971, [7]1978 (Lebendige Antike 16), 78 S. I **R.**: Nickel R., Gymn. 79 (1972), 542f. [vgl.a. Oberst H. ↗1294]
4215 Handreichungen zum Lehrplan Latein S I: Plautus, Mostellaria (bearb. für die frühe Lektüre), v. SCHWEMER G., LEU/L 16 (1979), 37 S. [B-W]
4216 Plautus: Mostellaria (Die Gespensterkomödie). Text mit Erläuterungen, Arbeitsaufträge, Begleittexte und Stilistik, bearb. GLÜCKLICH H.-J., Göttingen (Vandenhoeck & Ruprecht) 1981, [2]1985 (Exempla 3), 97 S. [Lehrerkomm. ↗4222] **R.**: Feurstein D., AADI 4 (1982), 46; Kohl A., Anregung 30 (1984), 269
4217 Plautus: R u d e n s , bearb. THIERFELDER A., Heidelberg (Kerle) 1949 (Heidelberger Texte 13), 115 & 32 S.
4218 Plautus: Rudens. Lateinische Übergangslektüre zur Einübung bzw. Wiederholung der Gliedsatzlehre [& Lehrerheft], bearb. PFAFFEL W., Bamberg (Buchner) 1990 (ratio 29), 55 & 64 S. [dazu a. Tonkassette; vgl.a. ↗3097] **R.**: Utz U., DASiU 37.4 (1990), 25
4219 T. Macchius Plautus: S t i c h u s (Einleitung, Text, Kommentar), bearb. PETERSMANN H., Heidelberg 1973
4220 Plautus: T r i n u m m u s , hg. TAMBORNINO J., Paderborn (Schöningh) 1953, 56 S.

4221 DINGEL J.: Herren und Sklaven bei Plautus, Gymn. 88 (1981), 489–504

4222 GLÜCKLICH H.-J.: Die »Mostellaria« des Plautus im Unterricht, Göttingen (Vandenhoeck und Ruprecht) 1981 (Consilia 3), 64 S. [Text: ↗4216] **R.:** Feurstein D., AADI 4 (1982), 46; Kohl A., Anregung 30 (1984), 269

4223 STOCKERT W.: Zur sprachlichen Charakterisierung der Personen in Plautus' „Aulularia", Gymn. 89 (1982), 4–14

4224 WEDDIGEN K.: Der Miles gloriosus als Spiel, AU 25.5 (1982), 93–95 | **R.:** Töchterle K., AADI 5 (1983), 70

4225 KOSIOL H.-G.: Erfahrungen mit Plautus in einem Grundkurs Darstellendes Spiel, LGB 27 (1983), 18–21

4226 MAURACH G.: Plautus, Bacchides 1,1–3,3, MDAV/Ns 33.1 (1983), 2–16

4227 PFAFFEL W.: Grammatikneudurchnahme im Rahmen der Übergangslektüre. Bearbeitung des plautinischen ‚Rudens' für die lateinische Gliedsatzlehre, 1985 ↗3097

4228 SCHINDLER W.: Das komische Spiel der Rollenfigur in Plautus' ‚Persa', AU 29.5 (1986), 44–59 | **R.:** Töchterle K., AADI 15 (1988), 63

4229 WEDDIGEN K.: Eine „parodistische" Übersetzung des ‚Miles gloriosus', AU 29.5 (1986), 60–74; 75–85 (Text) | **R.:** Töchterle K., AADI 15 (1988), 65

4230 GLÜCKLICH H.-J.: Plautus-Lektüre, in: Handbuch für den Lateinunterricht, Sek.I, 1987 ↗19, 263–290

4231 MAURACH G.: Eine entlarvte Vortäuschung: Plaut. Trin. 301–401, Gymn. 94 (1987), 298–306

4232 PFAFFEL W.: Mut zur Komödie! Ein Plädoyer für Plautus und Terenz, in: Die Antike in literarischen Zeugnissen, 1988 ↗913, 131–159

4233 SCHINDLER W.: Die lächerliche Erziehung. Vier Szenen aus den Bacchides des Plautus, AU 31.1 (1988), 55–77 | **R.:** Vogl H., AADI 17 (1989), 97f.

4234 SPORER M.: Zwischendurch: Plautus, Latein-Forum 6 (1988), 2–11 [a. zur Prosafassung des 'Miles' in 'Fontes']

4235 Komödien nach Plautus, 1990 ↗1690

4236 HOFFMANN Z.: Die *nova flagitia* bei Plautus, Gymn. 98 (1991), 180–186

PLINIUS MAIOR

4237 C. Plinius Secundus: Naturalis Historia. Textauswahl aus der Kosmologie mit Begleittexten von Apianus, Melanchthon, Copernicus, bearb. WEDDIGEN K., Stuttgart (Klett) 1985, 32 S. [aus B. 2; 7; 23] **R.:** Gamper P., AADI 16 (1988), 85; Pirker K., Ianus 9 (1987–88), 84

4238 CANCIK H.: Versuche zum Glück. Interpretationen zu Phaedrus, Plinius d.Ä., Epiktet, 1980 ↗4194

4239 WINKLER G.: Ein antiker Götz von Berlichingen, IAU 3.2 (1981), 21–23 [über M. Sergius Silus, ein Ahne des Catilina] **R.:** AADI 4 (1982), 54

4240 STÄDELE A.: „... servire se dicunt". Plinius und Tacitus über die „Knechtschaft" der Germanen und Britannier, Anregung 30 (1984), 370–374 | **R.:** Maier F., AADI 10 (1985), 140

4241 SEECK G. A.: Plinius und Aristoteles als Naturwissenschaftler, Gymn. 92 (1985), 419–434

4242 SALLMANN K.: «Iam flumina inficimus» Quid Plinius in naturali historia de terra tuenda docuerit, VL 22 (1986), 83–86
4243 STEINERT H.: Ehrenrettung für den Sachbuchautor Plinius, MLAS/SH 1989.1, 4–6
4244 SPORER M.: Der "Admiral mit der Mentalität eines Schiffskochs" – oder: Abschied vom Heldentum des Flottenkommandanten Gaius Plinius Secundus, 1991 ↗4300

PLINIUS MINOR

4245 Plinius: Epistulae, Frauenfeld (Huber) (Editiones Helveticae)
4246 Plinius, bearb. NOWOTNY E., Wien (Braumüller) (Latein in unserer Welt), 116 S.
4247 Plinius der Jüngere: Briefe. Auswahl, bearb. SCHEDA G., Münster (Aschendorff) 1950, [14]1985 (Text), [12]1978 (Komm.), 172 & 84 S.
4248 Plinius: Epistulae (Auswahl), bearb. WILSING N., Stuttgart (Klett) 1970 u.ö., 44 & 24 S.
4249 Plinius: Briefe. Leben und Kultur der frühen römischen Kaiserzeit, bearb. PHILIPS H., Paderborn (Schöningh) 1975, 99 S. | R.: Kohl A., Anregung 24 (1978), 190
4250 Humanitas in einer Welt des Friedens. Der Mensch der Kaiserzeit nach den Briefessays Plinius' des Jüngeren, hg. ELLER K. H., Frankfurt/M. u.a. (Diesterweg) 1977 (Modelle), 79 S. | R.: Kohl A., Anregung 24 (1978), 191
4251 Vom Vesuvausbruch des Jahres 79 n. Chr. – Bericht des jüngeren Plinius in zwei Briefen über den Tod seines Onkels, Plinius' des Älteren. Text nach Plinius Caecilius Secundus, epist. VI 16 und 20, adaptiert vom Kölner Arbeitskreis „Lateinische Anfangslektüre", Frankfurt/M. u.a. (Diesterweg) 1979 (Modelle), 111 S. [s.a. ↗3584, ↗4272]
4252 Plinius: Briefe (mit Begleittexten), bearb. BENEDICTER K., Bamberg (Buchner) 1980 (ratio 9), 128 S. | R.: Gamper P., AADI 2 (1981), 20; Philipp G., DASiU 28.1 (1981), 28–31; Vretska K., IAU 3.2 (1981), 26; Kohl A., Anregung 30 (1984), 269f.
4253 Plinius: Briefe – Auswahl, bearb. BENGL H., Bamberg (BVB) o.J., [8]1980 (Texte der Weltliteratur), 60 & 30 S. | R.: Gamper P., AADI 2 (1981), 20
4254 Plinius: Briefe. 14 ausgewählte Briefe kommentiert und mit den wichtigsten Textvarianten versehen, v. PHILIPS H., Paderborn (Schöningh) 1986 (UTB 1399), 147 S. | R.: Töchterle K., AADI 14 (1987), 51; Kohl A., Anregung 34 (1988), 120
4255 Plinius: Epistulae, bearb. KEMPKES W., Velbert (Bastian) 1987 (gradatim), 149 S. [sog. textinterne Umformung]
4256 Plinius der Jüngere: Briefe [& Lehrerheft], hg. KÖNIGER H., Frankfurt/M. (Cornelsen–Hirschgraben) 1990, 80 & 104 S.
4257 Epistularum genera multa… Cicero – Plinius, 1991 ↗3714
4258 Plinius (& Lehrerbegleitband), bearb. RÖMER F., Wien (HPT) 1991 (Orbis Latinus 14), 64, 64 & 40 S. | R.: Gamper P., Ianus 13 (1992), 55–58; ders., AADI 23 (1992), 42
4259 Plinius: Epistulae (Text; Komm.; Lehrerheft), bearb. KARL K./LÜHR J., Bamberg (BVB) 1992 (Testimonia), 64, 40 & 40 S.
4260 Streiflichter aus der römischen Kaiserzeit – Tacitus und Plinius, bearb. VRETSKA H./ KÖNIGSHOFER U., Wien (Braumüller) 1992 (Latein in unserer Welt), 128 & 105 S.

4261 ERB J.: Zur Pliniuslektüre in der 11. Klasse – Vorbereitung der Kollegstufe, Anregung 18 (1972), 78–84

4262 STEIN A.: Plinius in der Mittelstufe, MDAV/RhPf 1972.1, 1–3; auch in: AU 15.5 (1972), 89f.

4263 BROEMSER F.: Pliniusbriefe und anderes für die Mittelstufe, MDAV/RhPf 1973.3, 2–5

4264 BUTZ H. R.: Gaius Plinius Caecilius Secundus: Weissagungen, Träume, Erscheinungen, in: Aditus. Neue Wege zum Latein (Lehrerhandbuch), 1975 ↗4994, 83–94

4265 JÖRDER H./MEYER D.: Gaius Plinius Caecilius Secundus: Katastrophen, in: Aditus. Neue Wege zum Latein (Lehrerhandbuch), 1975 ↗4994, 181–209

4266 LÜHR F.-F.: Res inauditae, incredulae. Aspekte lateinischer Unterhaltungsliteratur bei Petronius, Plinius dem Jüngeren und Gellius, 1976 ↗4172

4267 PHILIPS H.: Zeitkritik bei Plinius dem Jüngeren. Interpretation von epist. 2,6, Anregung 22 (1976), 363–370

4268 PRUTSCHER U.: Der Brief als Medium der persönlichen Mitteilung. Eine lernzielorientierte Auswahl aus Cicero und Plinius, 1976 ↗5049

4269 LEFÈVRE E.: Plinius-Studien I. Römische Baugesinnung und Landschaftsauffassung in den Villenbriefen (2,17; 5,6), Gymn. 84 (1977), 519–541 [mit Abb., Lit.]

4270 LEFÈVRE E.: Plinius-Studien II. Diana und Minerva. Die beiden Jagd-Billette an Tacitus (1,6; 9,10), Gymn. 85 (1978), 37–47

4271 PIETSCH W. J.: Der Sklave als Rechtsbrecher (Plin. ep. III, 14), Der österr. Schulfunk 4 (1978), 42

4272 BINDER G.: Bericht über eine Bearbeitung der Plinius-Briefe 6,16 und 6,20 durch den Kölner Arbeitskreis ‚Lateinische Anfangslektüre‘, MLAS/SH 2.2 (1979), 2–17 [vgl. ↗4251]

4273 RÖMISCH E.: Der Mensch in einer Katastrophensituation (Plinius ep. VI 20), in: Impulse für die lateinische Lektüre, 1979 ↗3197, 124–137

4274 SCHÖNBERGER O.: Die Vesuv-Briefe des jüngeren Plinius, DASiU 26.1 (1979), 6–28 [vgl.a. ↗4296]

4275 BINDER G./WÜLFING P.: Didaktische Überlegungen zu ... „Vom Vesuvausbruch des Jahres 79 n. Chr.". Lehrerinformation, 1980 ↗3584 [zu ↗4251]

4276 GAMPER P.: Kurzreferat über methodisch-didaktische Fragen der Pliniuslektüre am Gymnasium, DCG 20 (1980), 96–107

4277 MUTH R.: Plinius der Jüngere und Kaiser Trajan über die Christen (Interpretation zu Plin. Ep. X 96 und 97), DCG 20 (1980), 72–95 [Lit.; vgl. ↗4280]

4278 OFFERMANN H.: Bemerkungen zu den Sklavenbriefen des Plinius, DASiU 27.1 (1980), 37–44; auch in: MDAV 23.4 (1980), 7–12

4279 TÖCHTERLE K.: Textwissenschaftliche Aspekte bei der unterrichtlichen Behandlung von Plinius Ep. X 96 und 97, DCG 20 (1980), 108–116

4280 MUTH R.: Plinius d.J. und Kaiser Trajan über die Christen. Interpretationen zu Plin. ep. X 96.97, in: Information aus der Vergangenheit, 1982 ↗866, 96–128; überarbeitete Fassung in: Handreichungen für den Lateinunterricht Jgst. 8–11, 1, 1984 ↗737, 382–427 [Lit.; vgl.a. ↗4277]

4281 NIEMANN K.-H.: Elemente erzählerischer Gestaltungskunst bei Plinius d. J. – Ein Beispiel für Interimslektüre auf der Sekundarstufe I, ASiRPS 28.1 (1982), 9–16 [6,16; 1,6]

4282 SAUER R.: Der Ausbruch des Vesuvs. Zur Lektüre und Interpretation von Plinius ep. VI 16, Anregung 29 (1983), 167–170 | **R.**: Maier F., AADI 7 (1984), 97

4283 ERB J.: Die Lektüre von Plinius-Briefen in der Jahrgangsstufe 11, in: Handreichungen für den Lateinunterricht Jgst. 8–11, 1, 1984 ↗737, 373–381 [Lit.]

4284 PHILIPS H.: Ein lesenswerter Brief. Interpretation von Plinius, Epist. VII 26, Anregung 30 (1984), 184–190

4285 SPERLICH M.: Die Villen des Plinius und die preußische Schloß- und Gartenarchitektur, 1985 ↗1041

4286 VRETSKA K.: Der Christenbrief des Plinius und Umliegendes, für den Unterricht vielleicht Dienliches, IAU 7 (1985), 51–73 [Tert. apol., Min.Fel. Oct., NT, Märtyrerakten u.a.] **R.:** Töchterle K., AADI 12 (1986), 30f.

4287 GRUBER J.: Die Christenbriefe des Plinius, in: Europäische Literatur in lateinischer Sprache, 1987 ↗5444, 43f. [Lit.]

4288 LEFÈVRE E.: Plinius-Studien III. Die Villa als geistiger Lebensraum (1,3; 1,24; 2,8; 6,31; 9,36), Gymn. 94 (1987), 247–262

4289 RÖMER F.: Vom Spuk zur Politik. Der Gespensterbrief des Jüngeren Plinius, WHB 29 (1987), 26–36

4290 SUERBAUM W.: Aktualisierte Plinius-Briefe, in: Lateinische Literatur, heute wirkend 2, 1987 ↗5910, 74–116 [u.a. zu den Vesuv- u. Christen-Briefen; Lit.]

4291 WÜLFING P.: Die Briefsammlung des Plinius' des Jüngeren, in: Handbuch für den Lateinunterricht, Sek.I, 1987 ↗19, 308f.

4292 LEFÈVRE E.: Plinius-Studien IV. Die Naturauffassung in den Beschreibungen der Quelle am *Lacus Larius* (4,30), des *Clitumnus* (8,8) und des *Lacus Vadimo* (8,20), Gymn. 95 (1988), 236–269 [mit Abb.]

4293 BURY E.: Humanitas als Lebensaufgabe. Prolegomena zu einer Neukonzeption der Lektüre der Plinius-Briefe, AU 32.1 (1989), 42–64 | **R.:** Gamper P., AADI 19 (1990), 123f.

4294 HÖFLINGER M.: Briefe aus der Provinz. Die Sorgen des Statthalters Plinius – Gunst für einen Schriftsteller, G 1989.9, 19–21

4295 LEFÈVRE E.: Plinius-Studien V. Vom Römertum zum Ästhetizismus. Die Würdigung des älteren Plinius (3,5), Silius Italicus (3,7) und Martial (3,21), Gymn. 96 (1989), 113–128

4296 SCHÖNBERGER O.: Die Vesuv-Briefe des jüngeren Plinius (VI 16 und 20), Gymn. 97 (1990), 526–548 [überarbeitete Fassung von ↗4274]

4297 BICHLER R.: Plinius' Christenbrief und die Rolle der Frauen in frühchristlichen Ämtern, Latein-Forum 13 (1991), 3–11

4298 HAGENOW G.: Humanitas (Plinius Sec. Epistula Lib. VIII 8), MDAV 34.1 (1991), 1f.

4299 LAUSBERG M.: Cicero – Seneca – Plinius. Zur Geschichte des römischen Prosabriefes, 1991 ↗5489

4300 SPORER M.: Der "Admiral mit der Mentalität eines Schiffskochs" – oder: Abschied vom Heldentum des Flottenkommandanten Gaius Plinius Secundus, Latein-Forum 15 (1991), 25–31 [6,16]

POMPEIUS TROGUS

4301 AUFFARTH C.: „Gott mit uns!" Eine gallische Niederlage durch Eingreifen der Götter in der augusteischen Geschichtsschreibung (Pompeius Trogus 24. 6–8), AU 33.5 (1990), 14–38 [TÜbers. S. 17–23] **R.:** Gamper P., AADI 23 (1992), 43

PRECATIO TERRAE

4302 BALZERT M.: Aktualisiert: Gebet an die Erde – Precatio Terrae, MLAS/BW 20.1 (1992), 21–25

PROPERTIUS

4303 Catull, Tibull, Properz, 1962 ↗3400

4304 BUCHWALD W.: Cynthias Schwur. Properz 1,15,35f., Gymn. 81 (1974), 64
4305 ELLER K. H.: My genius is no more than a girl. Ezra Pounds ‚Homage to Sextus Propertius', AU 19.4 (1976), 39–62 [Lit.]
4306 GLÜCKLICH H.-J.: Zeitkritik bei Properz, AU 20.4 (1977), 45–62 [Lit.]
4307 PETERSMANN G.: Der Gallus-Papyrus von Quasr Ibrim und die Monobiblos des Properz, IAU 2.2 (1980), 74–82
4308 ELLER K. H.: Properz-Interpretationen, ASiRPS 33 (1987), 7–12 [1,6.17.20; 4,5]
4309 ELLER K. H.: Thesen zur Aktualität des Properz, AU 30.5 (1987), 53–57 I R.: Töchterle K., AADI 16 (1988), 88
4310 HOLZBERG N.: Ovids Amores und das Ethos der elegischen Liebe bei Tibull und Properz, 1992 ↗4043
4311 RICHTER-REICHHELM J.: Die römische Liebeselegie – Ein Kontrastprogramm zur Caesar-Lektüre, 1992 ↗4696

PRUDENTIUS

4312 FUHRMANN M.: Ad galli cantum. Ein Hymnus des Prudenz (cath. I) als Paradigma christlicher Dichtung, AU 14.3 (1971), 82–106 [TÜbers. Anh. S.18–20]
4313 GNILKA C.: Interpretation frühchristlicher Literatur. Dargestellt am Beispiel des Prudentius, in: Impulse für die lateinische Lektüre, 1979 ↗3197, 138–180
4314 GRUBER J.: Prudentius, in: Europäische Literatur in lateinischer Sprache, 1987 ↗5444, 86f.

QUEROLUS

4315 Anonymus: Querolus sive Aulularia, bearb. EMRICH W., Stuttgart (Klett) 1988, 32 S. [dazu s. Emrich W., AU 6.1 (1962), 78–100 (Lit.)]

QUINTILIAN

4316 NICKEL R.: Bildung und Sprache – Quintilian und die Erziehungswissenschaft. Eine Curriculumsequenz für die Sekundarstufe II, Würzburg (Ploetz) 1976, 104 S. I R.: Kohl A., Anregung 28 (1982), 111
4317 ERNST G.: Gedanken zum Jahr des Kindes – aus dem 1. Jahrhundert nach Christus, DASiU 26.2 (1979), 28–30

4318 DÖPP S.: Die Nachwirkungen von Ciceros rhetorischen Schriften bei Quintilian und in Tacitus' Dialogus, 1986 ↗3591

4319 SCHMITZ U.: Quintilian – ein fortschrittlicher Pädagoge? Eine Unterrichtseinheit für Klasse 11, AU 31.1 (1988), 22–38 | R.: Vogl H., AADI 17 (1989), 105f.

4320 FRICEK A.: Die Erziehungsgrundsätze des römischen Redelehrers Quintilian (35 n. Chr.– 100 n. Chr.) und die moderne Pädagogik, EuU 140 (1990), 484–493

4321 LÜTH C.: Quintilians „Unterweisung in der Redekunst", Neue Sammlung 30 (1990), 83–88

4322 HESS S.: Schule und Lehrer bei Quintilian – Anmerkungen zum Erziehungskonzept in der 'Institutio oratoria', LEU/L 52 (1991), 77–101

RES GESTAE DIVI AUGUSTI

4323 Monumentum Ancyranum. Der Tatenbericht des Augustus. Vollständiger lateinischer und griechischer Text, bearb. WIRTZ R., Münster (Aschendorff) 8. Aufl., 52 S.

4324 Augustus. Monumentum Ancyranum und Sueton, Augustus (in Auswahl), bearb. BORST H./HROSS H., Bamberg (BVB) 1965 (Am Born der Weltliteratur B, 25), 71 & 31 S.

4325 Der Tatenbericht des Kaisers Augustus, bearb. WEBER E., LL 29 (1974–75), 1–8

4326 Römischer Prinzipat. Der Tatenbericht des Augustus – Rechtfertigung und Kritik [& Lehrerheft], bearb. PETERSEN P., Freiburg (Ploetz) 1977 (Fructus 4), 96 & 88 S. [mit Zusatztexten] R.: Kohl A., Anregung 24 (1978), 131; Vretska K., IAU 3.2 (1981), 28f.

4327 Augustus: Monumentum Ancyranum · Sueton: Divus Augustus, bearb. KRÜGER G., Stuttgart (Klett) o.J., Ndr. 1978, 28 & 19 S.

4328 WELWEI K.-W.: Augustus als vindex libertatis. Freiheitsideologie und Propaganda im frühen Prinzipat, AU 16.3 (1973), 29–41 | R.: Kohl A., Anregung 20 (1974), 206

4329 HOBEN W.: Caesar-Nachfolge und Caesar-Abkehr in den Res gestae divi Augusti, Gymn. 85 (1978), 1–19

4330 URBAN R.: Tacitus und die Res gestae divi Augusti. Die Auseinandersetzung des Historikers mit der offiziellen Darstellung, 1979 ↗4619

4331 SCHMITT H. H.: Zum literarischen Selbstzeugnis des Herrschers. Die *Res gestae Divi Augusti* im Vergleich, in: Die Antike in literarischen Zeugnissen, 1988 ↗913, 160–183

4332 FISCHER T.: Ideologie in Schrift und Bild: Augustus als der »Vater« seiner Söhne und des Vaterlands, 1990 ↗5407

RUTILIUS NAMATIANUS

4333 KORZENIEWSKI D.: Reiseerlebnisse des Rutilius Namatianus, Gymn. 86 (1979), 541–556

SALLUSTIUS

4334 Sallust: Catilinae coniuratio – Bellum Iugurthinum – Orationes et epistulae excerptae de Historiis – Epistulae ad Caesarem senem, bearb. HAAS H./RÖMISCH E., Einl. v. GELZER M., Heidelberg (Kerle) 3.erw.1953 (Heidelberger Texte 8), 188 S.

4335 Die Krise der Republik – Sallust, bearb. SCHEER R., Wien (Braumüller) 1975 (Lateinische Lesetexte 3), 43 & 14 S. [Catil., Iug.] **R.**: Wachsmuth D., Gymn. 84 (1977), 62f.

4336 Sallustius: De coniuratione Catilinae liber. De bello Iugurthino liber (Auswahl). Epistulae ad Caesarem senem de re publica. Historiae (Fragmente), bearb. LEGGEWIE O., Paderborn (Schöningh) 1979, 192 S.

4337 Sallust, bearb. WINKLER W., Wien (HPT) 1987, ^{2}1990 (Orbis Latinus 5), 80 & 93 S. | **R.**: Gamper P., AADI 16 (1988), 85f.; Ableitinger D., Ianus 10 (1989), 78f.; Berner H. U., MDAV 33.1 (1990), 15–17

4338 Sallust, bearb. HAIDER A./ZACH E., Wien (Braumüller) 1990 (Latein in unserer Welt), 68 & 68 S. | **R.**: Gamper P., Ianus 12 (1991), 64–68; Gamper P., AADI 21 (1991), 12

4339 KLINZ A.: Sallust, in: Interpretationen lateinischer Schulautoren, 1970 ↗3117, 75–96

4340 KLINZ A.: Wertvorstellungen als Formkräfte des Römertums. Ihre Bedeutung bei der Sallustlektüre, DASiU 22.2–3 (1975), 3–8

4341 KLINZ A.: superbia bei Sallust, AU 23.5 (1980), 80–82 | **R.**: AADI 2 (1981), 22

4342 KLINZ A.: Brevitas Sallustiana. Studien zum Sprachstil Sallusts, Anregung 28 (1982), 181–187 | **R.**: Maier F., AADI 5 (1983), 66

4343 RIPPER W.: Sallust, Darmstadt (Kamprath–Helène) o.J. [~1983] (Lehrhefte für das Kurssystem der gymnasialen Oberstufe. Latein, 8)

4344 GROTZ H.: Die Sallust-Lektüre in der Jahrgangsstufe 11, in: Handreichungen für den Lateinunterricht Jgst. 8–11, 1, 1984 ↗737, 270–350 [Lit.]

4345 KLINZ A.: Sallust als Schulautor. Didaktische Hinweise, Interpretationsbeispiele, Bamberg (Buchner) 1985 (Auxilia 11), 108 S. [Lit.] **R.**: Ableitinger D., IAU 7 (1985), 99; Hentschel O., MDAV/Ns 35.3 (1985), 17–19; Berner H.-U., MDAV/NW 34.2 (1986), 11f.; Töchterle K., AADI 12 (1986), 27; Wölke H., LGB 30 (1986), 15; Kohl A., Anregung 35 (1989), 123f.

4346 NEUMEISTER C.: Neue Tendenzen und Ergebnisse der Sallustforschung (1961–1981), Gymn. 93 (1986), 51–68 | **R.**: Töchterle K., AADI 13 (1987), 41

4347 MAURACH G.: Unbehagen an Sallust, MDAV/Ns 38.3 (1988), 2–8 [u.a. zu Catil. 1; 61]

4348 HAIDER A.: C. Sallustius, Rerum Romanorum florentissimus auctor, Ianus 12 (1991), 10–18 | **R.**: Gamper P., AADI 23 (1992), 45f.

4349 STERNADL E.: 150 Original-Schulaufgaben Marcus Tullius Cicero und Gaius Sallustius mit Zusatzaufgaben, 1992 ↗3477

De bello Iugurthino

4350 Sallust: Bellum Iugurthinum, bearb. HAAS H./RÖMISCH E., Heidelberg (Kerle) (Heidelberger Texte 25), 89 S.

4351 Sallust: Bellum Iugurthinum und Auswahl aus den Historien, bearb. KLINZ A., Münster (Aschendorff) 1971, ^{3}1983 (Text), ^{6}1983 (Komm.); 1976 (Lehrerkomm.), 87 & 46 & 128 S. [s.a. ↗4356] **R.**: Schwarz W., MDAV 15.2 (1972), 13f.; Schönberger O., DASiU 24.3 (1977), 24f.; Studnik H. H., MDAV/NW 25.1 (1977), 10f.; MDAV 20.3 (1977), 14; Kohl A., Anregung 24 (1978), 191f.; Vretska K., IAU 5 (1983), 76

4352 Sallust: Bellum Iugurthinum, bearb. SPACH G., Bamberg (BVB) ^{4}1981 (Texte der Weltliteratur B 4), 94 S.

4353 Sallust: Bellum Iugurthinum. Mit Begleittexten, bearb. FALTENBACHER M., Bamberg (Buchner) 1980 (ratio 8), 91 S. | R.: Philipp G., DASiU 27.1 (1980), 46f.; Töchterle K., AADI 1 (1981), 8; Hillen H. J., MDAV/NW 30.3 (1982), 12f.; Kohl A., Anregung 30 (1984), 270

4354 HOLTERMANN H.: Antike Wertsynthesen im Unterricht, MDAV/RhPf 1972.2, 3–5 [Vgl. von Iug. 7,5 mit Thuk. 2,40,3]

4355 LENDLE O.: Erwägungen zum Jugurtha-Proömium Sallusts, 1976 ↗988

4356 KLINZ A.: Lehrerkommentar zu Bellum Iugurthinum und Historien in Auswahl, Münster (Aschendorff) 1976, ²1986, 121 S. [Text ↗4351]

4357 LEFÈVRE E.: Argumentation und Struktur der moralischen Geschichtsschreibung der Römer am Beispiel von Sallusts Bellum Iugurthinum, Gymn. 86 (1979), 249–277

4358 WIDDRA K.: Motivierende Lektüre von Sallusts ‚Bellum Iugurthinum', AU 22.5 (1979), 60–72

De coniuratione Catilinae

4359 Sallustius: Coniuratio, Frauenfeld (Huber) (Editiones Helveticae)

4360 C. Sallustius Crispus: Catilinae Coniuratio. Mit ausgewählten Stücken aus Ciceros Reden gegen Catilina, bearb. LANG H., neu hg. BORNEMANN E., Frankfurt/M. u.a. (Diesterweg) 1948, ¹⁹1974, 74 S.

4361 C. Sallustius Crispus: Catilinae coniuratio, bearb. HAAS H./RÖMISCH E., Heidelberg (Kerle) 1953, ³1978 (Heidelberger Texte 24), 60 S.

4362 Sallust: Die Verschwörung Catilinas, bearb. BAER J., neu bearb. LUIBL H., Bamberg (Buchner) ⁵1969 (Aus dem Schatze des Altertums B, 23), 46 & 26 S.

4363 Sallust: Coniuratio Catilinae, hg. SEEMANN H. W., Frankfurt/M. (Hirschgraben) 1969, 68 & 44 S. | R.: MDAV/NW 19.1 (1971), 4–6]

4364 Sallust: Catilina und Briefe an Caesar. Vollständige Ausgabe, mit Anhang. Ausgewählte Texte aus Ciceros Reden, bearb. KLINZ A., Münster (Aschendorff) 1971, 96 & 56 S. | R.: Studnik H. H., MDAV/NW 20.4 (1972), 7f.; Vretska K., IAU 5 (1983), 76

4365 Sallusti Coniuratio Catilinae. Gesellschaftskrise, soziale Revolution, Rebellion, bearb. VOGT W./ZINK N., Frankfurt/M. u.a. (Diesterweg) 1974, ²1977 (Modelle), 143 S. | R.: Michels M., ASiRP 21.1 (1975), 15; Werner, MDAV/Bl 21.2 (1975), 7f.; Kohl A., Anregung 22 (1976), 276; Vester H., Südwestdt. Schulblätter 75 (1976), 52f.; Vretska K., Gymn. 83 (1976), 136f.

4366 Sallust: De coniuratione Catilinae, bearb. SONTHEIMER W., Stuttgart (Klett) 1975, ¹⁶1991, 59 & 35 S. [enth. außerdem: Cic. Catil. 1]

4367 C. Sallustius Crispus: Coniuratio Catilinae, bearb. SCHRÖFEL E., neu bearb. FIEDLER W., Bamberg (BVB) ⁵1976 (Texte der Weltliteratur B, 5), 62 & 24 S.

4368 Sallust: Coniuratio Catilinae. Text mit Wort- und Sacherläuterungen; Arbeitskommentar und Zweittexte, Lernwortschatz; Lehrerkommentar, v. BLÄNSDORF J./LEDERBOGEN E., Stuttgart (Klett) 1984, 87, 49 & 44 S.

4369 Sallust: De coniuratione Catilinae. Mit Begleittexten, bearb. WEHLEN W., Bamberg (Buchner) 1986, ²1989 (ratio 16), 56 & 48 S.

4370 Sallust: Coniuratio Catilinae, hg. KARL K., Bamberg (BVB) 1987 (Testimonia), 61 & 29 S.

4371 C. Sallustius Crispus: Catilinae Coniuratio. Teil 1: Text; Teil 2: Übersetzungshilfen. Mit einem Essay zum Verständnis des Werkes, v. ZINK N., Frankfurt/M. u.a. (Diesterweg) 1992, 44 & 40 S. I **R.**: Vogl H., AADI 24 (1992), 55

4372 HARMS B.: C. Sallustius Crispus, Catilinae Coniuratio. Lehrerkommentar, Frankfurt/M. u.a. (Diesterweg) 1962, ⁴1978, 160 S.

4373 MORLANG W.: Zur Beschäftigung mit der Rhetorik im Lateinunterricht. Das Verhältnis von Redner und Zuhörern am Anfang der Caesar-Rede und der Cato-Rede (Sallust: De coniuratione Catilinae 51,2–8 und 52,2–10), Anregung 17 (1971), 227–232 I **R.**: Kohl A., Anregung 19 (1973), 61

4374 MUNDING H.: Römisches Erbe – einmal anders gesehen. Zu Sallust Catilina 6–13, AU 14.5 (1971), 72–80; jetzt in: Didaktik des altsprachlichen Unterrichts ↗5, 341–352, und in: ders., Antike Texte – aktuelle Probleme ↗3163, 36–49 I **R.**: Kohl A., Anregung 19 (1973), 61

4375 SCHMÜDDERICH L.: Res publica und Toleranz in Sallusts ‚Coniuratio Catilinae', AU 14.1 (1971), 64–69; vgl.a. ders., Zum res publica-Begriff in Sallusts 'Coniuratio Catilinae', MDAV/NW 19.1 (1971), 3f. [u.a. im Vgl. mit Cic.] **R.**: Kohl A., Anregung 19 (1973), 339f.

4376 KLOWSKI J.: Das Problem des Sittenverfalls. Zu Sallust ‚Catilinae coniuratio' 6–13, AU 15.3 (1972), 86–88 [dazu vgl. Munding H. ↗4380] **R.**: Kohl A., Anregung 20 (1974), 277

4377 PAPENHOFF H.: Sprache als Mittel bewußt geformter Darstellung historischen Geschehens: Umsturzversuch und Reaktion in einem bestehenden politischen System und ihre historiographische Darstellung (Sallusts Catilina), MDAV/Ns 22.2–3 (1972), 3–8

4378 SCHÖNDORF K.: Lernzieldiagnose zu Sallust, Catilina 1–13, Anregung 18 (1972), 290

4379 GUGEL H.: Sallusts Catilinae Coniuratio – ein curriculares Unterrichtsmodell, Anregung 19 (1973), 20–30

4380 MUNDING H.: „Überzeitliche Werte"? Nochmals zu Sallust Cat. 6–13, AU 16.2 (1973), 86–89 [zu Klowski J. ↗4376] **R.**: Kohl A., Anregung 20 (1974), 277

4381 NIEMEYER B.: Lernzieldiagnose zu Sallust, Catilina 1–13, Anregung 19 (1973), 264f.

4382 KLINZ A.: Die Reden Cäsars und Catos bei Sallust (Cat. 51/52). Versuch einer curricularen Erschließung, Anregung 20 (1974), 374–377

4383 KLOWSKI J.: Die kontrastive Grammatik in der Praxis. Ein Bericht über die sprachliche Arbeit an Sallusts ‚Catilina' mit einer zweisprachigen Ausgabe, 1974 ↗3035

4384 SUERBAUM W.: Sallust über die Schwierigkeiten, Geschichte zu schreiben (Cat. 3, 2), in: Gegenwart der Antike, 1974 ↗793, 83–103; jetzt in: ders., In Klios und Kalliopes Diensten, Bamberg (Buchner) 1993, 48–68

4385 VICENZI O.: Virtuti omnia parent. Gedanken über Sallust, Einleitung zur Coniuratio Catilinae, und den Lateinunterricht an den Gymnasien in Österreich, Anregung 20 (1974), 172f.

4386 BEYER K.: Die Analyse kommunikativen Geschehens. Eine lernzielorientierte Unterrichtsreihe in einer Klasse 11, 1975 ↗2355

4387 SCHMÜDDERICH L.: Zur Staats- und Gesellschaftstheorie in Sallusts ‚Catilina', AU 18.3 (1975), 65–70

4388 MOSER H.: Die Reden Caesars und Catos bei Sallust (Cat. 51/52), Anregung 23 (1977), 93–96

4389 VESTER H.: Sallust, Coniuratio Catilinae. Die Krise des röm. Staates im 1. Jhd. v. Chr., LEU/L 1 (1977), 4–7, 19f.

4390 SCHMÜDDERICH L.: Welche Umstände die Verschwörung des Catilina möglich machten, und welcher Praktiken sich Catilina zur Erreichung seines Zieles bediente (Sall. Cat. 16; 20; 36ff.), MDAV/NW 26.1 (1978), 5–8

4391 FROESCH H.: Sallust und das Lexikon – Anregungen zum Einsatz des lateinischen Lexikons bei der Sallustlektüre, AU 22.6 (1979), 23–30

4392 FUHRMANN M.: Sallusts ‚Catilina' als historische Schrift im Unterricht, AU 22.2 (1979), 43–51

4393 SCHMÜDDERICH L.: Sempronia (Sall. Cat. 25), MDAV/NW 27.2 (1979), 5–7

4394 HAIDER A.: Die Krise der Gesellschaft als Nährboden für Revolution und Anarchie. Ein Unterrichtsbeispiel zur politischen Bildung: Sallust, bell. Cat. 36,4–39,5 "Pathologie-Exkurs", AHS 29 (1980), 111–115

4395 KLINZ A.: Der Mittelexkurs in Sallusts „Catilina" (Cat. 36,4–39,4). Versuch einer Interpretation, Anregung 26 (1980), 92–96 I **R.:** AADI 2 (1981), 22

4396 MAIER F.: Sallusts „Catilinarische Verschwörung" als Denkmodell. Ein Beispiel für „Politische Erziehung im Lateinunterricht", Anregung 26 (1980), 81–91 [vgl.a. ↗4400] **R.:** AADI 2 (1981), 22

4397 NEUMEISTER C.: Die Geschichtsauffassung Sallusts im „Catilina" und ihre Behandlung in der Sekundarstufe II, Frankfurt/M. u.a. (Diesterweg) 1983 (Schule und Forschung), 72 S. I **R.:** Rosenplenter L., LGB 27 (1983), 49; Gamper P., AADI 8 (1984), 111; Frentz W., MDAV/NW 32.2 (1984), 11f.; Vester H., Südwestdt. Schulblätter 83 (1984), 35–37

4398 FRICEK A.: Die Rede des Caesars bei Sallust, EuU 134 (1984), 674–678

4399 FRICEK A.: Die Rede Catos und ihre Folgen (Sallust, Bellum Catilinae, Kap. 52), EuU 135 (1985), 526–532

4400 MAIER F.: Politische Bildung an Sallusts ‚Denkmodellen'. Zur Problematik der Aktualisierung antiker Geschichtswerke, in: Lateinunterricht 3, 1985 ↗3095, 13–36

4401 GLÜCKLICH H.-J.: Gute und schlechte Triebe in Sallusts „Catilinae coniuratio", AU 31.5 (1988), 23–41 I **R.:** Töchterle K., AADI 18 (1989), 114

4402 KARL K.: Die Reden Cäsars und Catos in Sallusts „Catilinae Coniuratio", Anregung 34 (1988), 156–164 I **R.:** Töchterle K., AADI 17 (1989), 101

4403 MUNDING H.: Catilina 6–13: Der sog. „Sittenexkurs". Absichten Sallusts und mögliche Deutungen des Textes aus heutiger Sicht., Anregung 35 (1989), 165–178 I **R.:** Töchterle K., AADI 20 (1990), 136

4404 HALBIG C.: Die „Verschwörung des Catilina" – Selbstdarstellung zweier Akteure, MDAV/NW 39.2–3 (1991), 15–23

Historiarum reliquiae

4405 Sallust: Bellum Iugurthinum und Auswahl aus den Historien, bearb. KLINZ A., 1971 ↗4351

4406 BLÄNSDORF J.: Populare Opposition und historische Deutung in der Rede des Volkstribunen Licinius Macer in Sallusts Historien – Zur Ideologie Sallusts und seiner Interpreten (Sall., Hist. III fr. 48), DCG 15–16 (1975–76), 201–216; auch in: AU 21.3 (1978), 54–69

4407 KLINZ A.: Lehrerkommentar zu Bellum Iugurthinum und Historien in Auswahl, 1976
↗4356

4408 KLINZ A.: Sallust als Geschichtsdenker, Gymn. 85 (1978), 511–526

SALVIANUS

4409 GRUBER J.: Salvianus ‚De gubernatione dei'. Eine spätlateinische Ergänzung zur Oberstufenlektüre, AU 21.2 (1978), 60–67; 68–72 (Textbeil.) | **R.:** Kohl A., Anregung 26 (1980), 244

4410 GRUBER J.: Salvianus, De gubernatione dei, in: Europäische Literatur in lateinischer Sprache, 1987 ↗5444, 12–17; Textbsp.e 122–125

SENECA

4411 LEEMAN A. D.: Das Todeserlebnis in Senecas Denken, Gymn. 78 (1971), 322–333 | **R.:** Kohl A., Anregung 19 (1973), 341

4412 FRINGS U.: Seneca und Nero. Zur Lebenswirklichkeit im tyrannischen Staat, 1973 ↗4614

4413 BÜTLER H.-P./SCHWEIZER H. J.: Seneca im Unterricht, Heidelberg (Kerle) 1974 (Heidelb.Texte, Did.R. 7), 119 S. | **R.:** Kohl A., Anregung 22 (1976), 278

4414 LORETTO F.: Seneca als Kritiker der traditionellen römischen Denkweise, IAU 2.1 (1980), 27–33 | **R.:** Töchterle K., AADI 1 (1981), 11–12

4415 BOEFT J. D.: Bericht über den Arbeitskreis Seneca, in: Antikes Denken – Moderne Schule, 1988 ↗319, 261–264

4416 KREFELD H.: Senecas Lehre vom Menschen, Gymn. 96 (1989), 376–384

4417 MAURACH G.: Senecas Humanismus. Herausforderung, Chance, Defizit, Gymn. 96 (1989), 366–375

4418 FINK G.: Ein Lehrer vor Gericht. Der Tod des Seneca, G 1992.9, 20–22

Tragödien

4419 Seneca: M e d e a . Vollständige Ausgabe, bearb. STEINDL E., Münster (Aschendorff) ³1978, 84 S. | **R.:** Kohl A., Anregung 26 (1980), 242

4420 Seneca: O e d i p u s , Frauenfeld (Huber) (Editiones Helveticae)

4421 SCHWEIZER H. J.: Zur Lektüre von Senecas Dramen, in: Seneca im Unterricht, 1974 ↗4413, 74–119 [insbes. Phaedr., Tro.]

4422 HILBERT K.: Seneca, Thyestes, LEU/L 7 (1977), 14–19

4423 MAIER B.: Das Medeabild des Seneca, AU 25.5 (1982), 89–93 | **R.:** Töchterle K., AADI 6 (1983), 85

Apocolocyntosis

4424 Seneca: Apokolokyntosis. Ludus Senecae de morte Claudii Neronis. Mit einigen Kürzungen, bearb. BROEMSER F., Münster (Aschendorff) 1973, 47 S. | **R.:** Studnik H. H., MDAV/NW 21.3 (1973), 11f., auch in MDAV/RhPf 1974.1–2, 8–10

4425 Seneca: Apokolokyntosis, hg. STÄDELE A., Bamberg (BVB) 1975 (Texte der Weltliteratur B 29), 28 & 26 S. | **R.:** Kohl A., Anregung 22 (1976), 278

4426 Seneca: Apocolocyntosis. Die Satire auf den Tod des Kaisers Claudius, bearb. WEBER E., LL 30 (1975–76), 9–16

4427 Lucius Annaeus Seneca: Divi Claudii Apokolokyntosis. Himmel- und Höllenfahrt eines römischen Kaisers (Einleitung und Text; Erläuterungen; Lehrerheft), v. BINDER G., Frankfurt/M. u.a. (Diesterweg) 1987 (Modelle), 107, 58 & 43 S. | **R.**: Lühr F.-F., LGB 31 (1987), 130f.; Töchterle K., AADI 16 (1988), 86; Arth M., Ianus 10 (1989), 81; Töchterle K., AADI 24 (1992), 55f. (zum Lehrerheft)

4428 STÄDELE A.: Zur Motivation im Lateinunterricht. Die Lektüre von Senecas Apokolokyntosis auf der Oberstufe, Anregung 21 (1975), 163–167

4429 SCHOLZ U. W.: Seneca, Apocolocyntosis 2, Gymn. 86 (1979), 165–170

4430 ARTH M.: L. Annaeus Seneca – Apocolocyntosis oder Gestaltungsmöglichkeiten einer humorvollen Unterrichtseinheit, IAU 2.1 (1980), 9–26 | **R.**: Töchterle K., AADI 1 (1981), 8

4431 STREFFING W.: Die Welt der Römer im Spiegel der Satire am Beispiel von Senecas Apocolocyntosis und der Horaz-Satiren 1.1 und 1.9, in: Gymnasiale Oberstufe – Latein 2, [1981] ↗730, 67–120 [NRW GK 12/2]

4432 BINDER G.: Der Sklave Claudius. Senecas Apocolocyntosis und ihr Komödien-Finale, AU 34.4 (1991), 54–67 | **R.**: Töchterle K., AADI 24 (1992), 58

Philosophische Schriften

4433 Seneca: Prosaschriften. Eine Auswahl, hg. RICHTER W., Frankfurt/M. (Hirschgraben) 1955, ³1968, 61 & 78 S. [epist., benef., prov., tranqu., cons.Marc., cons.Helv.]

4434 L. Annaeus Seneca filius vel philosophus, bearb. KRAUSE W./LORETTO F., LL 28 (1973–74), 1–24

4435 Die Philosophie der Stoa. Aus den Schriften Ciceros und Senecas, 1975 ↗5155

4436 Philosophie als Lebenshilfe. Seneca und Epikur [& Lehrerheft], v. NICKEL R., Freiburg u.a. (Ploetz) 1982 (Fructus 10), 68 & 52 S. | **R.**: Studnik H. H., MDAV/NW 31.3 (1983), 14f.

4437 KREFELD H.: Anpassung und Widerstand. Senecas Philosophie und der Staat seiner Zeit, in: Fortwirkende Antike, 1971 ↗760, 124–133

4438 STEINMEYER H.: Der virtus-Begriff bei Cicero und Seneca, 1974 ↗3607

4439 BLÄNSDORF J./NICKEL R.: Lucius Annaeus Seneca: Individuum und Gesellschaft, in: Aditus. Neue Wege zum Latein (Lehrerhandbuch), 1975 ↗4994, 95–111

4440 HELZLE E.: Seneca. Die persönliche Gestaltung des Lebens durch L. Annaeus Seneca, LEU/L 6 (1977), 14–20

4441 STROHM H.: Zur Eigenart römischen Philosophierens – Interpretationen zu Cicero und Seneca, 1981 ↗5594

4442 OSSBERGER J./GLEISS R.: Seneca und die Naturphilosophie. Ein Versuch einer Betrachtung aus philologischer und naturwissenschaftlicher Sicht, Anregung 28 (1982), 361–371 | **R.**: Maier F., AADI 5 (1983), 68

4443 RUTZ W.: Stoa und Stahlbeton. Bemerkungen zur Seneca-Rezeption in Grass' Roman „örtlich betäubt", 1982 ↗5853

4444 FREINBICHLER W.: Ein Beitrag zur Interpretation der Seneca-Lektüre, IAU 8 (1986), 2–5 [Senecas Philosophie in Beziehung zu Kurzfilmen gesetzt; mit Filmographie]

4445 MAURACH G.: Die Gültigkeit von Senecas Kerngedanken, in: Lateinische Literatur, heute wirkend 2, 1987 ↗5910, 60–73
4446 LORETTO F.: Seneca in der Schule, Ianus 9 (1987–88), 34–57 I **R.**: Töchterle K., AADI 18 (1989), 115
4447 GIGON O.: Seneca und der Tod, LEU/L 49 (1988), 96–115
4448 GRIFFIN M.: Philosophy for Statesmen: Cicero and Seneca, 1988 ↗3619
4449 SCHWARZ F. F.: Der Mensch gehört sich selbst. Seneca und Jean Améry über 'Freiheit und Tod', in: Antikes Denken – Moderne Schule, 1988 ↗319, 244–260
4450 SETAIOLI A.: Modernità del pensiero di Seneca sul linguaggio e l'espressione, in: Antikes Denken – Moderne Schule, 1988 ↗319, 236–243
4451 SCHMIDT-BERGER U.: Naturgemäß leben – philosophisch sterben. Zu Seneca und zur Wirkungsgeschichte der Stoa: Vorschläge zu einer Seneca-Lektüre nach übergeordneten Themen, LEU/L 51 (1990), 84 S. [Anhang: Vergleich Plut. (Tod Catos) – Tac. (Tod Senecas), 'der Tod des Philosophen' u. Boeth. in der Malerei]
4452 VAGELPOHL U.: "War Seneca ein Christ?", MDAV/Ns 40.2 (1990), 8–16 [Textcollage: Dialog zwischen Seneca und Dante]
4453 KREFELD H.: Seneca und das Christentum, in: Seneca und wir, 1992, 105–124 ↗4454
4454 KREFELD H.: Seneca und wir. Zugänge zur Aktualität seiner Lehre, Bamberg (Buchner) 1992 (Auxilia 31), 128 S.
4455 KREFELD H.: Senecas Lehre vom Bösen und wir, in: Verstehen, Übernehmen, Deuten, 1992 ↗939, 63–82; erweiterte Fassung in: Seneca und wir, 1992 ↗4454, 59–104 [Vergleichstexte, u.a. AT]

De beneficiis

4456 FRICEK A.: Was lehrt uns Menschen der Gegenwart Senecas Werk über die Wohltaten (de beneficiis), MDAV/Ns 40.3–4 (1990), 2–4

De brevitate vitae

4457 BLÄNSDORF J.: Das Paradoxon der Zeit. Zeitbesitz und Zeitverlust in Senecas Epistulae Morales und De Brevitate Vitae, 1983 ↗4475
4458 NICKEL R.: Werbung für Philosophie. Senecas Protreptikos ad Paulinum de brevitate vitae, MLAS/SH 1986, 5–12; 1987, 5–10

De clementia

4459 KENNEL W. v.: Die Hauptdisposition in Senecas De clementia (I, 3, 1), AU 22.6 (1979), 61–64

Consolatio ad Helviam

4460 Profugus solo patrio. Römische Exilliteratur: Cicero – Ovid – Seneca, bearb. KRÜGER H., 1990 ↗5044

Epistulae morales

4461 L. Annaeus Seneca. Epistulae morales. Auswahl, bearb. BAST J., Paderborn (Schöningh) ^{3}1964, 72 & 125 S.

4462 L. Annaeus Seneca: Epistulae morales (Auswahl), bearb. KRÜGER G., Stuttgart (Klett) ⁴1975, 32 & 16 S.

4463 L. Annaeus Seneca: Epistulae morales ad Lucilium, bearb. THALER O., neu bearb. KAPSNER A., Bamberg (BVB) ⁶1977 (Texte der Weltliteratur B, 15), 68 & 28 S.

4464 Philosophandum est. Seneca ad Lucilium – Selbstzeugnisse eines philosophischen Lebens, bearb. ELLER K. H., Frankfurt/M. u.a. (Diesterweg) 1978 (Modelle), 105 S.

4465 Seneca, epistulae morales ad Lucilium, mit: Tacitus, Annales XV 60–64 (Text, Komm., Lehrerheft), bearb. ROHRMANN L./WIDDRA K., Stuttgart (Klett) 1979, 56, 44 & 16 S. [Texte über Lebensphilosophie und Tacitus' Bericht über Senecas Tod] **R.**: Lühr F.-F., LGB 25 (1981), 48–50; Vretska K., IAU 3.2 (1981), 30

4466 Seneca: Ad Lucilium epistulae morales. Auswahl, bearb. KIRFEL E.-A., Münster (Aschendorff) ²1981, ³1989 (Text), ²1986 (Komm.), 135 & 95 S. | **R.**: Kohl A., Anregung 28 (1982), 112; Frentz W., MDAV/NW 31.4 (1983), 13f.

4467 Seneca: Epistulae morales. Auswahl, Einführung in Senecas Denken, Interpretationshilfen und -aufgaben, bearb. MAURACH G., Paderborn (Schöningh) 1987, 144 S.

4468 KREFELD H.: Seneca, in: Interpretationen lateinischer Schulautoren, 1970 ↗3117, 218–235

4469 KREFELD H.: Zur Operationalisierung von Lernzielen im Lateinunterricht. Dargestellt an Senecas 53. Brief, 1973 ↗545

4470 BÜTLER H.-P.: Die Epistulae morales im Unterricht, in: Seneca im Unterricht, 1974 ↗4413, 5–73

4471 REINHART G.: Unterrichtseinheiten für Klasse 11/13 Autorenlektüre: Homo Animal Rationale. Grundsätze stoischer Lebensführung und ihre künstlerische Darstellung in Senecas 1. Epistelbuch, LEU/L 5 (1977), 29 S.

4472 ROHRMANN L.: Philosophie im Dienst der Lebensbewältigung. Senecas ‚Epistulae morales' im Unterricht, AU 21.2 (1978), 45–59

4473 STÜCKELBERGER A.: Seneca: Der Brief als Mittel der persönlichen Auseinandersetzung mit der Philosophie, DCG 20 (1980), 133–148

4474 VOIT L.: Zum 74. Brief der epistulae morales Senecas, IAU 2.2 (1980), 96–104 | **R.**: AADI 2 (1981), 26

4475 BLÄNSDORF J.: Das Paradoxon der Zeit. Zeitbesitz und Zeitverlust in Senecas Epistulae Morales und De Brevitate Vitae, Freiburg u.a. (Ploetz) 1983 (Heidelb.Texte, Did.R. 13), 96 S. [mit Hinweisen zur Durchführung im Unterricht von BRECKEL E. 72–85]

4476 LEFÈVRE E.: Der Mensch und das Schicksal in stoischer Sicht. Senecas 51. und 107. Brief, AU 26.3 (1983), 61–73 | **R.**: Töchterle K., AADI 7 (1984), 95

4477 MAURACH G.: Senecas Briefe als Mittel zur Lebensgestaltung (Zusammenfassung), MDAV/NW 32.1 (1984), 3f.

4478 KREFELD H.: Senecas Aneignung griechischer Philosophie. Dargestellt an dem 65. Brief der Epistulae morales, in: Reflexionen antiker Kulturen, 1986 ↗905, 60–77

4479 SCHÖNBERGER O.: L. Annaeus Seneca, in: Von Nepos bis zum Neuen Testament, 1986 ↗3165, 65–79

4480 REINHART G./SCHIROK E.: Senecas Epistulae morales. Zwei Wege ihrer Vermittlung, Bamberg (Buchner) 1988 (Auxilia 19), 159 S. [Lit.] **R.**: Kohl A., Anregung 35 (1989), 124; Senfter R., AADI 17 (1989), 100

4481 FREISE H.: Die Bedeutung der Epikur-Zitate in den Schriften Senecas, Gymn. 96 (1989), 532–556
4482 LAUSBERG M.: Cicero – Seneca – Plinius. Zur Geschichte des römischen Prosabriefes, 1991 ↗5489
4483 KREFELD H.: Körper, Geist und Gott. Senecas 65. Brief und seine Aktualisierung im Unterricht, in: Seneca und wir, 1992, 5–58 ↗4454

De ira

4484 BÄUMER Ä.: Seneca über die menschliche Destruktivität, DASiU 26.3 (1979), 15–19

De providentia

4485 Seneca: De providentia. Vollständige Ausgabe, bearb. FRANZMEIER W., Münster (Aschendorff) 1985, 31 & 16 S. | R.: Studnik H. H., MDAV/NW 21.3 (1973), 11f., auch in MDAV/RhPf 1974.1–2, 8–10

De vita beata

4486 Seneca: De vita beata. Vollständige Ausgabe, bearb. KILB J., durchges. LEGGEWIE O., Münster (Aschendorff) 1956, 8. Aufl. o.J., 76 S.
4487 Lucius Annaeus Seneca: De vita beata, bearb. SCHNEIDER K., Bamberg (BVB) ²1970 (Am Born der Weltliteratur B 20), 43 & 8 S.
4488 Seneca: De vita beata. Mit Anmerkungen zu Stileigentümlichkeiten Senecas, bearb. KRÜGER G., Stuttgart (Klett) 1976, ²1980, 32 & 12 S.
4489 Seneca: De vita beata. Vollständige Ausgabe – Neubearbeitung, bearb. GUTHARDT A., Münster (Aschendorff) 1988, 52 & 64 S. | R.: Bommes P., MLAS/SH 1989.1, 27–29; Kohl A., Anregung 35 (1989), 124; Wimmer H., MDAV/NW 37.3 (1989), 16f.

4490 HOLK G.: Darf ein Philosoph Reichtum erwerben? – Seneca, De vita beata 23–24,3, MDAV/Ns 37.3 (1987), 2–8
4491 NAGEL K.: Darf ein Philosoph Reichtum erwerben? (Seneca: De vita beata 21–22), MDAV/Ns 38.2 (1988), 11f.

STATIUS

4492 CANCIK H.: Amphitheater: Zum Problem der 'Gesamtinterpretation' am Beispiel von Statius, Silve II 5: Leo mansuetus, AU 14.3 (1971), 66–81 [TÜbers.; Begleittexte v. Mart., Aus., Aug., Prud., s. Anh. S. 12–17] R.: Kohl A., Anregung 19 (1973), 57f.
4493 CANCIK-LINDEMAIER H.: Ein Mahl vor Hercules. Ein Versuch zu Statius, Silve IV 6: Hercules Epitrapezios, AU 14.3 (1971), 43–65 [TÜbers.: Anh. S. 4–11; Vergleichstexte aus Mart.] R.: Kohl A., Anregung 19 (1973), 341

SUETONIUS

4494 Augustus. Monumentum Ancyranum und Sueton, Augustus, 1965 ↗4324
4495 Sueton: Divus Augustus, bearb. KRÜGER G., 1984 ↗4327

4496 MCDERMOTT W. C.: Suetonius and Cicero, Gymn. 87 (1980), 485–495
4497 SCHÄFER E: Der Mythos von den Cäsaren, z.B. Caligula, 1980 ↗5836
4498 FRINGS U.: Neros Tod. Sueton, Nero 47–49, Anregung 31 (1985), 229–238 | **R.:** Töchterle K., AADI 12 (1986), 25
4499 WACKER I.: Sueton als Schullektüre. Sueton: Divus Iulius als Zweittext zur Caesarlektüre, AU 31.3 (1988), 4–23 [Text S. 10–17] **R.:** Töchterle K., AADI 17 (1989), 107

SULPICIA

4500 PROBST S. & V.: Frauendichtung in Rom: Die Elegien der Sulpicia, 1992 ↗4695
4501 TSCHIEDEL H. J.: Die Gedichte der Sulpicia (Tib. 3,13–18) – Frauenlyrik?, 1992 ↗4697

SULPICIUS SEVERUS

4502 KLEIN R.: Die Praefatio der Martinsvita des Sulpicius Severus. Form, Inhalt und überzeitliche Bedeutung, AU 31.4 (1988), 5–32 | **R.:** Gamper P., AADI 17 (1989), 102

SYMMACHUS

4503 WALTER E.: Die dritte Relatio des Symmachus und die Entgegnungen des Bischofs Ambrosius von Mailand und des Prudentius, AU 20.2 (1977), 5–20

TACITUS

4504 LERETZ H.: Kurzbibliographie zu den historischen Werken (mit Fundstellenverzeichnis), in: Tacitus in der Schule II, 1989 ↗4528, 115–126

4505 Tacitus (Text; Komm.; Lehrerbegleitband), bearb. RÖMER F., Wien (HPT) 1992 (Lehrerband 1993) (Orbis Latinus 16), 105, 89 & 80 S. | **R.:** Albert S., MDAV/Hs 40.3 (1993), 12f.
4506 Streiflichter aus der römischen Kaiserzeit – Tacitus und Plinius, 1992 ↗4260
4507 KLINZ A.: Tacitus, in: Interpretationen lateinischer Schulautoren, 1970 ↗3117, 236–261
4508 BURCK E.: Die Vorbereitung des taciteischen Menschen- und Herrscherbildes in der Dichtung der frühen römischen Kaiserzeit, in: Politik und literarische Kunst im Werk des Tacitus, 1971 ↗4510, 37–60 [Luc., Sil., Sen., Stat.]
4509 HAFFTER H.: Pasquill, Pamphlet und Invektive bei Tacitus, in: Politik und literarische Kunst im Werk des Tacitus, 1971 ↗4510, 100–110
4510 Politik und literarische Kunst im Werk des Tacitus, hg. RADKE G., Stuttgart (Klett) 1971 (AU 14, Beih. 1), 151 S. | **R.:** Kohl A., Anregung 20 (1974), 278
4511 RICHTER W.: Tacitus als Stilist. Ein Kapitel philologischer Forschungsgeschichte, in: Politik und literarische Kunst im Werk des Tacitus, 1971 ↗4510, 111–128
4512 PÖSCHL V.: Tacitus als Politologe, in: Zeitkritik bei Tacitus, 1972 ↗4513, 5–32
4513 PÖSCHL V./KLINZ A.: Zeitkritik bei Tacitus, Heidelberg (Kerle) 1972 (Heidelb.Texte, Did.R. 6), 68 S. | **R.:** Kohl A., Anregung 22 (1976), 279

4514 HÄUSSLER R.: Tacitus in unserer Zeit, MDAV/NW 21.1 (1973), 5–10; 21.2 (1973), 5–7

4515 KLINZ A.: Tacitus, in: Werte der Antike, 1975 ⇗811, 100–116

4516 TILL R.: Tacitus als Ethnograph und Geschichtsschreiber, in: Lebendige Lektüre, 1977 ⇗823, 96–119

4517 DEININGER J.: Brot und Spiele. Tacitus und die Entpolitisierung der plebs urbana, Gymn. 86 (1979), 278–303

4518 BORZSÁK S.: Alexander d. Gr. als Muster taciteischer Heldendarstellung, Gymn. 89 (1982), 37–56

4519 NAGEL W.: Einstiegsmotivation und Gruppenarbeit im Lateinunterricht (am Beispiel der Tacitus-Lektüre), IAU 4.1 (1982), 22–25; auch in: Anregung 29 (1983), 239–242, sowie in: EuU 133 (1983), 373–376] R.: Töchterle K., AADI 5 (1983), 67f.; Maier F., AADI 8 (1984), 111

4520 STÄDELE A.: Tacitus und die Barbaren, 1986 ⇗4546

4521 ALBRECHT M. v.: Die Gedankenwelt des Tacitus zwischen Tradition und Zukunft, AU 31.5 (1988), 54–64 I R.: Töchterle K., AADI 18 (1989), 113

4522 NAGEL W.: Ein modernes Kommunikationsmodell, auf den römischen Historiker Tacitus angewandt, 1988 ⇗2218

4523 BECKER C.: Wertbegriffe im antiken Rom. Ihre Geltung und ihr Absinken zum Schlagwort, in: Tacitus in der Schule II, 1989 ⇗4528, 94–109 [zuerst München (Hueber) 1967]

4524 HOLZTRATTNER F.: Unterschiedliche Wertungen römischer Außenpolitik bei Tacitus, Ianus 10 (1989), 11–15 I R.: Töchterle K., AADI 21 (1991), 15

4525 KLINZ A.: Tacitus als Geschichtsdenker. Kategorien seines historischen Urteils, in: Tacitus in der Schule II, 1989 ⇗4528, 80–93

4526 MAIER F.: Roms Weltherrschaft im Spiegel der Meinungen. Calgacus-Rede und Cerialis-Rede im Vergleich, in: Tacitus in der Schule II, 1989 ⇗4528, 34–44

4527 MAIER F.: Unterrichtsprotokolle zur Tacitus-Lektüre. Zur Information und Anregung, in: Tacitus in der Schule II, 1989 ⇗4528, 110–114

4528 MAIER F. u.a.: Tacitus in der Schule II. Vorschläge zur Lektüre der historischen Werke, Bamberg (Buchner) 1989 (Auxilia 21), 128 S. [Agr., ann., dial., hist.; vgl. ⇗4589] R.: Kohl A., Anregung 36 (1990), 124; Fladerer E. und L., Ianus 12 (1991), 62–64;

4529 WALLACE-HADRILL A.: Reading Tacitus: Rome Observed, AU 34.3 (1991), 76–82 [vultus und habitus: Schilderung der Mimik]

Opera minora

Agricola

4530 Tacitus: De vita Iulii Agricolae, bearb. HAAS H., Heidelberg (Kerle) (Heidelberger Texte 29), 56 S.

4531 KLUG W.: Wörterverzeichnis, Freiburg (Ploetz), 106 S. [zu den Heidelberger Textausgaben ⇗4530, ⇗4559, ⇗4566]

4532 P. Cornelii Taciti Dialogus de oratoribus · De vita et moribus Iulii Agricolae, bearb. SCHMECK H., 1956 ⇗4557

4533 Tacitus: De vita et moribus Iulii Agricolae, bearb. KLINZ A., Münster (Aschendorff) 1959, ^{5}1980, 46 & 40 S.

4534 Tacitus: Agricola [& Lehrerheft], hg. STÄDELE A., Bamberg (BVB) 1985 (Testimonia), 72 & 71 S. I **R.**: Kohl A., Anregung 35 (1989), 124

4535 Tacitus: De vita et moribus Iulii Agricolae. Vollständige Ausgabe, bearb. VOGEL J., Münster (Aschendorff) 1992, 88 & 72 S.

4536 STRAUB J.: Imperium et Libertas. Eine Tacitus-Reminiszenz im politischen Programm Disraelis, in: Spiegel der Geschichte, FS M. Braubach, hg. REPGEN K./SKALWEIT S., Münster (Aschendorff) 1964; auch in: Politik und literarische Kunst im Werk des Tacitus, 1971 ↗4510, 9–22 [Calgacus-Rede]

4537 STEINMETZ P.: Die literarische Form des 'Agricola' des Tacitus, in: Politik und literarische Kunst im Werk des Tacitus, 1971 ↗4510, 129–141

4538 KLINZ A.: Tacitus' Agricola – Interpretationen für den Unterricht, in: Zeitkritik bei Tacitus, 1972 ↗4513, 33–68

4539 HAEDICKE W.: Nur ein Tacitus-Kapitel. Agricola 21, AU 18.3 (1975), 74–77

4540 MEHL A.: Ubi solitudinem faciunt, pacem appellant. Ein antikes Zitat über römischen, englischen und deutschen Imperialismus, Gymn. 83 (1976), 281–288

4541 JARECKI W.: Agricola und Benno – zwei Biographien, AU 22.6 (1979), 64–67

4542 LAUSBERG M.: Caesar und Cato im Agricola des Tacitus, Gymn. 87 (1980), 411–430

4543 BINDER G.: Irland und die Iren. Tac. Agr. 24, Gymn. 88 (1981), 430–437

4544 STÄDELE A.: „... servire se dicunt". Plinius und Tacitus über die „Knechtschaft" der Germanen und Britannier, 1984 ↗4240

4545 KLINZ A.: Gedanken zur Vorrede von Tacitus' Agricola (Agr. 1–3), IAU 8 (1986), 6–10

4546 STÄDELE A.: Tacitus und die Barbaren, in: Reflexionen antiker Kulturen, 1986 ↗905, 123–143

4547 STORCH H.: Tacitus' Agricola als Maßstab für Geltung und Zerfall des römischen Tugendkanons, AU 29.4 (1986), 36–49 I **R.**: Töchterle K., AADI 15 (1988), 64

4548 STÄDELE A.: Tacitus' „Agricola" in der Jahrgangsstufe 11. Eine Alternative, Anregung 33 (1987), 99–110 I **R.**: Töchterle K., AADI 17 (1989), 107

4549 SUERBAUM W.: Summe eines Lebens – Summe einer Lektüre. Eine ‚Leistungsmessung' der Rezeption von Tacitus' „Agricola", AU 30.6 (1987), 82–99; jetzt in: ders., In Klios und Kalliopes Diensten, Bamberg (Buchner) 1993, 142–159 ['Was bleibt?' Produktive Rezeption als Lernzielkontrolle] **R.**: Töchterle K., AADI 17 (1989), 107

4550 DIHLE A.: Tacitus' „Agricola" und das Problem der historischen Biographie, AU 31.5 (1988), 42–52 I **R.**: Töchterle K., AADI 18 (1989), 113

4551 GÄRTNER H.: Zu Tacitus' „Agricola", Anregung 34 (1988), 229–240 I **R.**: Töchterle K., AADI 18 (1989), 114

4552 STÄDELE A.: Tacitus über Agricola und Domitian (Agr. 39–43), Gymn. 95 (1988), 222–235

4553 KLINZ A.: virtus und virtutes in Tacitus' „Agricola". Zur Bedeutung und Rolle eines Zentralbegriffes, in: Tacitus in der Schule II, 1989 ↗4528, 3–15

4554 KLINZ A.: terror und terrere in Tacitus' „Agricola", AU 34.1–2 (1991), 109f.

4555 BLESSING R.: Antiker Imperialismus? Untersuchungen anhand des Melierdialogs von Thukydides und der Calgacusrede aus Tacitus' Agricola, MDAV/Ns 42.2 (1992), 10–18

4556 STEINMETZ P.: Überlegungen zum Agricola des Tacitus (Kurzfassung), Scrinium 37.1–2 (1992), 8–10

Dialogus de oratoribus

4557 P. Cornelii Taciti Dialogus de oratoribus · De vita et moribus Iulii Agricolae (Vollständige Ausgabe), bearb. SCHMECK H., Paderborn (Schöningh) 1956, 83 & 93 S.

4558 Tacitus: Dialogus de oratoribus. Vollständige Ausgabe, bearb. LEGGEWIE O., Münster (Aschendorff) 1963, ²1972, 99 S.

4559 Tacitus: Dialogus de oratoribus, bearb. HAAS H., Heidelberg (Kerle) 1967 (Heidelberger Texte 9), 76 S. [dazu ↗4531]

4560 FRICEK A.: Die Bedeutung der Messalarede im Dialogus de oratoribus, AHS 31 (1982), 209–212

4561 DÖPP S.: Die Nachwirkungen von Ciceros rhetorischen Schriften bei Quintilian und in Tacitus' Dialogus, 1986 ↗3591

4562 HEILMANN W.: ‚Goldene Zeit' und geschichtliche Zeit im Dialogus de oratoribus. Zur Geschichtsauffassung des Tacitus, Gymn. 96 (1989), 385–405

4563 MAIER F.: Die Redekunst auf dem Prüfstand. Der „Dialogus de oratoribus" als Lektüregegenstand, in: Tacitus in der Schule II, 1989 ↗4528, 58–79

De origine et situ Germanorum

4564 LERETZ H.: Kurzbibliographie zur „Germania" (mit Fundstellenverzeichnis), in: Tacitus in der Schule I, 1989 ↗4589, 131–134

4565 Tacitus: Germania (Kommentar), v. KNOKE F., Heidelberg (Quelle & Meyer) o.J., 47 S. | **R.**: Bungarten H. ↗39

4566 Tacitus: Germania, bearb. HAAS H., Einl. v. MEISTER K., Freiburg (Ploetz) 1952 (Heidelberger Texte 23), 64 S. [dazu ↗4531]

4567 P. Cornelius Tacitus: De origine et situ Germanorum, bearb. SCHULZ H., Frankfurt/M. u.a. (Diesterweg) ⁴1971 (²1966), 76 & 148 S. [Lehrerkomm. s. ↗4577]

4568 Tacitus: Germania, bearb. FIEDLER L., Bamberg (BVB) ⁵1974 (Am Born der Weltliteratur B 2), 40 & 31 S.

4569 P. Cornelius Tacitus: Germania, bearb. SONTHEIMER W., Stuttgart (Klett) 1975, ¹⁰1986, 24 & 16 S.

4570 Tacitus: Germania, bearb. VITZER J., Paderborn (Schöningh) 1975, 64 & 80 S.

4571 Tacitus: De origine et situ Germanorum (TKomm.; Lehrerheft), hg. STÄDELE A., Bamberg (BVB) 1983 (Testimonia), 78 & 55 S. | **R.**: Kohl A., Anregung 30 (1984), 270; Töchterle K., AADI 9 (1985), 121f.

4572 Tacitus: Germania. Vollständige Ausgabe, bearb. KRETSCHMER A., Münster (Aschendorff) 1986, 79 & 98 S. | **R.**: Kohl A., Anregung 34 (1988), 121f.

4573 P. Cornelius Tacitus: De origine et situ Germanorum liber, bearb. HAUG A., hg. ZINK N., Frankfurt/M. u.a. (Diesterweg) 1987, 80 S. | **R.**: Vogl H., AADI 18 (1989), 113

4574 JANKUHN H.: Die Glaubwürdigkeit des Tacitus in seiner ‚Germania' im Spiegel archäologischer Beobachtungen, in: Politik und literarische Kunst im Werk des Tacitus, 1971 ↗4510, 142–151

4575 KOCH H.: A victore (Tac. Germ. 2,3), Gymn. 79 (1972), 32–49

4576 KOCH H.: Zum Verständnis des „Namenssatzes" in Tacitus' Germania, Gymn. 82 (1975), 426–448 І **R.**: Kohl A., Anregung 22 (1976), 278

4577 SCHULZ H.: Publius Cornelius Tacitus, De origine et situ Germanorum. Lehrerkommentar, Frankfurt/M. u.a. (Diesterweg) [5]1975

4578 FUHRMANN M.: Einige Dokumente zur Rezeption der taciteischen ‚Germania', AU 21.1 (1978), 39–49 [Texte aus Rudolf v. Fulda, Piccolomini, Campano, Bebel, Beatus Rhenanus s. Beil. 11–17]

4579 BRUNN N. W.: Kritische Bemerkungen zur Germania des Tacitus, Gymn. 87 (1980), 431–435

4580 ALTENBURG O.: Sprach- und Sprechübungen zur Germania des Tacitus, 1984 ↗2062

4581 LERETZ J.: Die Lektüre der Germania des Tacitus in der Jahrgangsstufe 11, in: Handreichungen für den Lateinunterricht Jgst. 8–11, 1, 1984 ↗737, 351–372 [Lit.]

4582 STÄDELE A.: „… servire se dicunt". Plinius und Tacitus über die „Knechtschaft" der Germanen und Britannier, 1984 ↗4240

4583 KOLB H.: Die guten Wilden. Das Germanenbild des Tacitus, G 1986.3, 17f.

4584 WEISSENBERGER R./GEIN E.: Agricola sive de origine et situ Bavarorum, AU 29.4 (1986), 65–68 [L. Thoma, 'Agricola', mit lat. Übers.] **R.**: Töchterle K., AADI 15 (1988), 59f.

4585 BÄUMEL E./SCHMID A.: Tafelbilder und Sachhefteinträge zur „Germania"-Lektüre, in: Tacitus in der Schule I, 1989 ↗4589, 101–113

4586 CLASEN A.: Tacitus als Kritiker seiner Zeit. Ein Lektüreprojekt „Germania", in: Tacitus in der Schule I, 1989 ↗4589, 5–78

4587 KOLLER R.: Die „Germania" – ein Politikum. Oder: Zur Geschichte des Mißbrauchs einer antiken Schrift, in: Tacitus in der Schule I, 1989 ↗4589, 79–100

4588 MAIER F.: Die „Germania" im Rundfunk-Studio. Von Schülern einer 11. Jahrgangsstufe inszeniert, in: Tacitus in der Schule I, 1989 ↗4589, 114–130

4589 MAIER F. u.a.: Tacitus in der Schule I. Vorschläge zur Lektüre der Germania, Bamberg (Buchner) 1989 (Auxilia 20), 136 S. [vgl. ↗4528] **R.**: Fladerer E. u. L., Ianus 12 (1991), 60–62

4590 STÄDELE A.: Neues von der Germania des Tacitus. Oder: Das Ende einer Legende, Anregung 36 (1990), 156–168 І **R.**: Gamper P., AADI 22 (1991), 30

Opera maiora

4591 P. Cornelius Tacitus: Auswahl aus Annalen 11–16 und Historien I–V, nebst Agricola, 1–3 und Sulpicius Severus, Chronica II 30, 2–6, bearb. RÖVER E., Stuttgart (Klett) o.J., 87 & 38 S.

4592 Tacitus: Annalen und Historien. Eine Auswahl, hg. ECKSTEIN F., Frankfurt/M. (Hirschgraben) [2]1960, [5]1972, 116 & 88 S.

4593 STEINTHAL H.: Tacitus, Historien und Annalen. Mensch und Politik, LEU/L 6 (1977), 21–23

4594 KIERDORF W.: Die Proömien zu Tacitus' Hauptwerken. Spiegel einer Entwicklung, Gymn. 85 (1978), 20–36

4595 HELDMANN K.: Libertas Thraseae servitium aliorum rupit. Überlegungen zur Geschichtsauffassung im Spätwerk des Tacitus, Gymn. 98 (1991), 207–231 І **R.**: Sigot E., AADI 24 (1992), 60f.

Ab excessu divi Augusti (Annales)

4596 SUERBAUM W.: Zweiundvierzig Jahre Tacitus-Forschung: Systematische Gesamtbibliographie zu Tacitus' Annalen 1939–1980, in: Aufsteig und Niedergang der römischen Welt II 33.2, hg. HAASE W., Berlin u.a. (de Gruyter) 1990, 1032–1476; hier 1123–1127 Tacitus im Schulunterricht

4597 Tacitus: Annalen – Ab excessu divi Augusti. Vollständiger Text mit kurzgefaßtem kritischem Apparat [3 Bde. (I/II, III–VI, XI–XVI)], v. DREXLER H., Freiburg (Ploetz) o.J. (Heidelberger Texte 28), 81, 104 & 164 S.

4598 —, 4 Eigennamenverzeichnis, v. WEIDEMANN U., 111 S.

4599 Tacitus: Ab excessu divi Augusti (Annalen). Auswahl, bearb. HAAS E., Einl. v. MEISTER K., Heidelberg (Kerle) (Heidelberger Texte 5), 222 & 28 S.

4600 Tacitus: Annales, Frauenfeld (Huber) (Editiones Helveticae)

4601 Tacitus: Annalen, bearb. BRIESSMANN A., Bamberg (Buchner) 1964 (Aus dem Schatze des Altertums B, 9), 67 & 59 S. | **R.**: Bungarten H. ↗39

4602 Tacitus: Die Annalen (Ab excessu divi Augusti libri). Auswahl, bearb. WAGNER M., Paderborn (Schöningh) 1975, 184 & 104 S.

4603 P. Cornelius Tacitus: Annalen. Auswahl aus den Büchern 1–6 nebst Agricola 1–3 und Historien I 1; 15; 16, bearb. RÖVER D., Stuttgart (Klett) 1976, 92 & 36 S. [Lehrerkomm. s. ↗4608]

4604 Tacitus: Annalen (Ab excessu divi Augusti libri). Auswahl, bearb. BROEMSER F., Münster (Aschendorff) 1977, 192 & 187 S.

4605 Tacitus: Annalen. Mit Begleittexten, bearb. WEINOLD H., Bamberg (Buchner) 1977 (ratio Werkstattausgaben), 102 S. | **R.**: DASiU 24.3 (1977), 31f.

4606 Tacitus: Rom unter der Regierung des Nero (Auswahl aus Buch XII–XVI der Annalen), bearb. HAMBURGER O., Bamberg (BVB) o.J., ^{3}1978 (Texte der Weltliteratur B, 12), 108 & 23 S.

4607 Tacitus: Annalen. Mit Begleittexten (Text; Komm; Lehrerheft), bearb. WEINOLD H., Bamberg (Buchner) 1979 (ratio 10), 102, 111 & 36 S. | **R.**: Philipp G., DASiU 27.1 (1980), 48–50; Vretska K., IAU 3.2 (1981), 27

4608 RÖVER E./TILL R.: Lehrerkommentar zu Tacitus, Annalen 1–6, nebst Agricola 1–3 und Historien I 1; 15; 16, Stuttgart (Klett) 1962, 160 S. [zur Ausg. ↗4603]

4609 RÖVER E./TILL R.: Lehrerkommentar zu Tacitus, Annalen 11–16, Historien 1–5, Stuttgart (Klett) 1969, 155 S.

4610 LEHMANN G. A.: Tacitus und die 'imitatio Alexandri' des Germanicus Caesar, in: Politik und literarische Kunst im Werk des Tacitus, 1971 ↗4510, 23–36

4611 SCHETTER W./USLAR R. v.: Zu den pontes longi (Tac., ann. 1,63,3), Gymn. 78 (1971), 202–224 | **R.**: Kohl A., Anregung 19 (1973), 343

4612 SUERBAUM W.: Der Historiker und die Freiheit des Wortes. Die Rede des Cremutius Cordus bei Tacitus, Ann. 4,34/35, in: Politik und literarische Kunst im Werk des Tacitus, 1971 ↗4510, 61–99; jetzt in: ders., In Klios und Kalliopes Diensten, Bamberg (Buchner) 1993, 9–47

4613 MERKER M.: Die Gestalt des Tiberius im Lateinunterricht. Ein neues Leitthema der Tacitus-Lektüre, AU 15.2 (1972), 123–130 | **R.**: Kohl A., Anregung 20 (1974), 278

4614 FRINGS U.: Seneca und Nero. Zur Lebenswirklichkeit im tyrannischen Staat, AU 16.3 (1973), 51–84 [a. zu Sen. epist., ot.]

4615 VRETSKA H.: Rom brennt! – Wer ist der Täter? Eine spannende Kapitelfolge in den Annalen (XV 38–44), in: Jber. priv. Gymn. Graz, 1975, 1–8; auch in: IAU 6 (1984), 47–54; überarbeitete Fassung in: Tacitus in der Schule 2 ↗4528, 45–57 | **R.:** Töchterle K., AADI 9 (1985), 129

4616 FRICEK A.: Das Nerobild bei Tacitus, AHS 25 (1976), 90–92

4617 SUERBAUM W.: Eine Unterrichtssequenz aus der Sicht eines Fachwissenschaftlers: Zur Behandlung der Pisonischen Verschwörung (Tacitus, ann. XV 48–74), in: Handreichungen für den Lateinunterricht in der Kollegstufe 3.1, 1976 ↗706, 167–229; leicht überarb. in: ders., In Klios und Kalliopes Diensten, Bamberg (Buchner) 1993, 69–112 [Lit.]

4618 BAIER K.: Tiberii suspensa semper et obscura verba. Interpretation von Tacitus ann. I 12 nach pragmatischen Gesichtspunkten, Anregung 23 (1977), 13–16

4619 URBAN R.: Tacitus und die Res gestae divi Augusti. Die Auseinandersetzung des Historikers mit der offiziellen Darstellung, Gymn. 86 (1979), 59–74

4620 VESTER H.: Der pannonische Aufstand in der Darstellung des Tacitus (ann. I 16–34). Ursachen, Ablauf und Verhaltensweisen, in: Impulse für die lateinische Lektüre, 1979 ↗3197, 85–102

4621 FINK G.: Ein Hauch von Laissez faire? Neros Erziehung als Gegenstand textgrammatischer Reflexion, 1981 ↗3146

4622 MEHL A.: Bemerkungen zu Dios und Tacitus' Arbeitsweise und zur Quellenlage im „Totengericht" über Augustus, Gymn. 88 (1981), 54–64

4623 SCHÖNBERGER O.: Arminius und Segestes – ein deutsches Problem (Tac. Ann. I 58. 59), DASiU 28.2 (1981), 6–8

4624 PIETSCH W. J.: Agrippina: Mord im Herrscherhaus (Tacitus Ann. XIV, 3–13), Der österr. Schulfunk 8 (1983), 36

4625 STÄDELE A.: Et commotus his Avitus ... – Barbarenschicksale bei Tacitus, in: Et scholae et vitae, 1985 ↗277, 59–66 [ann. 13,54–56 u.a.]

4626 CANCIK-LINDEMAIER H./CANCIK H.: Zensur und Gedächtnis. Zu Tacitus, Annales IV 32–36, AU 29.4 (1986), 16–35 | **R.:** Töchterle K., AADI 15 (1988), 60

4627 CLASSEN C.-J.: Zum Anfang der Annalen des Tacitus, AU 29.4 (1986), 4–15 [1,1–14] Töchterle K., AADI 15 (1988), 60f.

4628 MAURACH G.: Tacitus und Rubens. Zwei Bilder von Senecas Tod, Gymn. 97 (1990), 507–525 & Tab. I–IV; Kurzfassung in MDAV/Ns 40.1 (1990), 2–8

4629 STÄDELE A.: Die Darstellung des Thrasea Paetus in den Annalen des Tacitus, in: Die Antike als Begleiterin, 1990 ↗922, 110–123

4630 LEBEK W. D.: Tacitus und das Jahr 19 n. Chr.: Neue Einsichten durch neue Funde, in: Die Antike im Brennpunkt, 1991 ↗924, 110–137

Historiae

4631 Tacitus: Historiarum libri, bearb. TILL R., Einl. v. GELZER M., Heidelberg (Kerle) 1963 (Heidelberger Texte 33), 267 S. [Lehrerkomm. s. ↗4609]

4632 Tacitus: Historien. Auswahl, bearb. STEIN A., Münster (Aschendorff) 1977, 136 & 95 S. | **R.:** Kohl A., Anregung 24 (1978), 193

4633 RÖVER E./TILL R.: Lehrerkommentar zu Tacitus, Annalen 11–16, Historien 1–5, 1969 ↗4609

4634 CARDAUNS B.: Mechanismen der Angst. Das Verhältnis von Macht und Schrecken in der Geschichtsdarstellung des Tacitus, in: Antike Historiographie in literaturwissenschaftlicher Sicht, 1981 ↗1023, 52–54

4635 STÄDELE A.: Die Rede des Q. Petilius Cerialis (Tac. hist. 4, 73 f.). Eine Interpretation für die Schule, Anregung 28 (1982), 215–226; leicht gekürzt in: Tacitus in der Schule II, 1989 ↗4528, 16–33 I **R.**: Maier F., AADI 5 (1983), 69

4636 STORCH H.: Antriebe der Geschichte und Bewertungen des Handelns in den Historien des Tacitus – auf der Ebene der vitia, affectus, casus, MLAS/BW 14 (1983), 3f.

4637 MAIER B.: Othos Rede an die Prätorianer. Gedanken zu Tacitus, Historiae I 37–38, Anregung 31 (1985), 168–173 I **R.**: Töchterle K., AADI 12 (1986), 28

TERENTIUS

4638 HAPP E.: Terenz statt Caesar als Anfangslektüre, in: Probata – Probanda, 1974 ↗798, 168–188 [vgl.a. ders., MDAV/NW 21.4 (1973), 7f.]

4639 ZINK N.: Terenz, in: Handbuch für den Lateinunterricht, Sek.I, 1987 ↗19, 222–231

4640 PFAFFEL W.: Mut zur Komödie! Ein Plädoyer für Plautus und Terenz, 1988 ↗4232

4641 HÖFLINGER M.: Der Dichter aus Afrika. Terenz und seine Komödien, G 1990.10, 21f.

Adelphoe

4642 Terenz: Die Brüder (Adelphoe), hg. NIEBERGALL V., Frankfurt/M. u.a. (Diesterweg) ³1969, ⁵1973, 48 S.

4643 Terenz: Die Brüder, in Comics gezeichnet von H. OBERST, mit ausführlichem. Wörterverzeichnis, München (Heimeran) 1975 (Dialog mit der Antike 5), 93 S.; 3. Aufl. u. d. T.: Terenz in Comics, München–Zürich (Artemis) 1981 (Lebendige Antike 16) I **R.**: NIEMANN K.-H., Gedanken zu Terenz' Adelphoe in Comics, ASiRPS 23.1 (1977), 7–11; BINDER K., Die Terenz-Comics aus der Sicht des Kunsterziehers, a.O. 11f.; Frings U. ↗3061, 49–52 [vgl.a. Oberst H. ↗1294]

4644 Terenz: Die Brüder. Mit Begleittexten [& Lehrerheft], bearb. MEYER T., Bamberg (Buchner) 1978 (ratio 6), 103 & 60 S. I **R.**: Reischl B., DASiU 25.3 (1978), 28–31; Philipp G., DASiU 27.1 (1980), 45f. (zum Lehrerheft); Töchterle K., Anzeiger f. d. Altertumswiss. 36 (1983), 126; Kohl A., Anregung 30 (1984), 332

4645 Terenz: Adelphoe (Die Brüder). Text mit Wort- und Sacherläuterungen, Arbeitsaufträge, Begleittexte und Stilistik, bearb. GLÜCKLICH H.-J., Göttingen (Vandenhoeck & Ruprecht) 1987 (Exempla 10), 112 S. [Lehrerkomm. ↗4653] **R.**: Kohl A., Anregung 34 (1988), 122

4646 Gymnasium 9. Schuljahr, Latein, Terenz "Die Brüder". Beiheft zum Film 33 2551, Stuttgart (Klett) 1975 (Unterricht in Dokumenten), 24 S.

4647 MENDNER S.: Terenz auf der Schulbühne, Anregung 22 (1976), 139f.

4648 MEYER T.: Lernziele und Praxis des Lateinunterrichts. Unterrichtsmodell: Die „Adelphen" des Terenz auf der Sekundarstufe II, in: Praxis des offenen Unterrichts. Das

Konzept einer neuen kooperativen Didaktik, hg. ULSHÖFER R./GÖTZ T., Freiburg 1976, 199–224

4649 MEYER T.: Terenz' Adelphoe, LEU/L 1 (1977), 17 f., 22

4650 HAPP E.: Das Erzieherische bei der Lektüre einer römischen Komödie – Überlegungen anhand der Adelphen des Terenz, in: Vorschläge und Anregungen, 1980 ↗846, 160–181; Kurzfassung in: Impulse für die lateinische Lektüre, 1979 ↗3197, 11–18 [a. zum Thema Erziehung überhaupt (Plat., Cic.)]

4651 MENDNER S.: Terenz auf der Schulbühne, AU 23.2 (1980), 136–144 | R.: Töchterle K., AADI 1 (1981), 12

4652 WEISERT K.: Schulaufführung der ‚Adelphoe', AU 29.5 (1986), 99 | R.: Töchterle K., AADI 15 (1988), 66

4653 GLÜCKLICH H.-J.: Interpretationen und Unterrichtsvorschläge zu den 'Adelphoe' des Terenz, Göttingen (Vandenhoeck und Ruprecht) 1987 (Consilia 10), 104 S. [Text: ↗4645] R.: Kohl A., Anregung 34 (1988), 122

Andria

4654 Terenz: Andria, bearb. THIERFELDER A., Heidelberg (Kerle) 1960 (Heidelberger Texte 22), 121 & 26 S.

Eunuchus

4655 Terenz: Eunuchus [& Lehrerheft], bearb. FLURL W., Bamberg (Buchner) 1975 (ratio 1), 100 & 84 S. | R.: Kohl A., Anregung 22 (1976), 279; Hadamovsky W., Anzeiger f. d. Altertumswiss. 32 (1979), 116f.

4656 PRIMMER A.: Zur Lektüre von Terenz' Eunuchus, in: Verpflichtung der Antike, 1979 ↗839, 93–116

4657 BLÄNSDORF J.: Philologische Prinzipien einer Aufführung des terenzischen Eunuchus, AU 25.5 (1982), 5–20 | R.: Töchterle K., AADI 6 (1983), 83f.

4658 JÄGER G.: Der „Eunuchus" des Terenz als Lektüre der Mittelstufe/Sekundarstufe I, in: Lateinische Dichterlektüre II, 1982 ↗3206, 31–57; leicht überarb. Fassung in: Handreichungen für den Lateinunterricht Jgst. 8–11, 2, 1984 ↗738, 153–185 [Lit.] R.: Kohl A., Anregung 30 (1984), 332

Heautontimorumenos

4659 Terenz: Heautontimorumenos. Der Selbstquäler (Text und Kommentar), bearb. LIETZMANN K., Münster (Aschendorff) 1974, ²1983 (Text), 1975, ²1982 (Komm.), 67 & 55 S.

4660 LEFÈVRE E.: „Ich bin ein Mensch. Nichts Menschliches ist mir fremd", in: Wegweisende Antike, 1986 ↗302, 39–49 [v.a. zur Rezeption]

TERTULLIANUS

4661 Q. S. Tertullianus: Apologeticum, bearb. BRÜHL E., Münster (Aschendorff) 1962 & 1966, 121 & 123 S. | R.: Bungarten H. ↗39

4662 MAIER B.: Die Götterpolemik (Kapitel 10–15) in Tertullians Apologeticum. Eine Anregung zur Tertullianlektüre, Anregung 26 (1980), 176–182 | **R.**: AADI 2 (1981), 22

4663 ARTH M.: Tertullians Apologeticum im Unterricht, IAU 7 (1985), 30–50 | **R.**: Töchterle K., AADI 12 (1986), 23

4664 MAIER B.: Kritik der heidnischen Irreligiosität. Tertullians Apologeticum (Kapitel 13–15), AU 28.2 (1985), 88–90 | **R.**: Töchterle K., AADI 12 (1986), 28

4665 GRUBER J.: Tertullianus, Ad uxorem 2,3,3–2,6,2, in: Europäische Literatur in lateinischer Sprache, 1987 ↗5444, 40–43

TESTAMENTUM NOVUM

4666 Texte zu den Hochfesten der Kirche aus der Nova Vulgata, mit Erläuterungen, v. RIKKERT E., Münster 1981 (Arbeitshilfen für die katholische Schule in freier Trägerschaft 10), 65 S. [Weihnachten, Ostern, Pfingsten; Lit.]

4667 Christentum und römische Welt, 1984 ↗5246

4668 DAHEIM J.: Einführung in die Rhetorik an Texten aus dem ‚Neuen Testament', AU 22.3 (1979), 94–100 [Texte: Act. 17,22–31; 24,10–21; 26,1–23 s. Beil. 12–15]

4669 BOSSHARD P.: Das Markus–Evangelium als lateinische Anfangslektüre, Anregung 27 (1981), 53–59 | **R.**: AADI 3 (1982), 35

4670 CANCIK H.: Die Schriften des Neuen Testaments und die antike Literatur, in: Das Christentum in der antiken Welt, 1981 ↗4671, 63–101 [Lit.]

4671 Das Christentum in der antiken Welt, hg. Olshausen E., Stuttgart 1981 (Humanistische Bildung 4), 108 S. | **R.**: Kohl A., Anregung 29 (1983), 408

4672 BARIÉ P.: Der sprach- und formgeschichtliche Zugang zum Neuen Testament in didaktischer Hinsicht. Überlegungen zu einer Synoptikerlektüre im Griechischunterricht der gymnasialen Oberstufe, AU 25.2 (1982), 5–44 [auf L.U. übertragbar]

4673 CANCIK H.: Die Berufung des Johannes. Prophetische Tradition des Alten in der Geschichtsschreibung des Neuen Testaments, AU 25.2 (1982), 45–62 [Lk 3]

4674 KAMLAH E.: Das Problem der Interpretation mythischer Redeform im Neuen Testament. Dargestellt an zwei christologischen Texten, AU 25.2 (1982), 80–90 [I Kor 15,3–5; Phil 2,5–11]

4675 Das Neue Testament im altsprachlichen Unterricht, hg. Barié P., AU 25.2 (1982), 90 S.

4676 LINDEMANN A.: Christus als Ende des Gesetzes. Zur Begründung ethischer Normen in der paulinischen Theologie, AU 26.2 (1983), 71–90 [Röm, Gal, Phil, I Kor; Mk; Ex, Dtn, Lev]

4677 FRINGS U.: Judas Iskarioth – der Antiheilige. Sein Bild im Neuen Testament und in ausgewählten Rezeptionsdokumenten, AU 29.1 (1986), 5–23 [a. zur Vulgata-Lektüre allg.] **R.**: Gamper P., AADI 13 (1987), 33

4678 SCHÖNBERGER O.: Neues Testament, in: Von Nepos bis zum Neuen Testament, 1986 ↗3165, 80–95

4679 BARIÉ P.: Latein und die Bibel – Überlegungen zu einer Vulgatalektüre, in: Handbuch für den Lateinunterricht, Sek.I, 1987 ↗19, 351–361

4680 TISCHLER G.: Gottes- und Menschenbild in Stoa und Bibel – ein Vergleich, 1992 ↗5189

TESTAMENTUM VETUS

4681 Christentum und römische Welt, 1984 ↗5246

4682 Die Geschichte von Joseph und seinen Brüdern, bearb. OLBRICH W., Bamberg (Buchner) 1991 (ratio 23), 52 S. | **R.**: Fink I., DASiU 38.3 (1991), 27

4683 THÜRLEMANN F.: Parallellektüre von klassischen und biblischen Texten im Lateinunterricht, Anregung 18 (1972), 249f.

4684 HOLTERMANN H.: Vulgata-Lektüre in einer 10. Klasse, AU 22.2 (1979), 52–60

4685 EYSELEIN K.: Kosmogonische Mythen im Unterricht der Oberstufe, AU 25.6 (1982), 39–51 [u.a. zu Gen 1f.] **R.**: Töchterle K., AADI 6 (1983), 75

4686 HARDMEIER C.: Die judäische Unheilsprophetie als Antwort auf einen Gesellschafts- und Normenwandel im Israel des 8. Jahrhunderts vor Christus, AU 26.2 (1982), 20–44 [Am, Jes, Mi, Prov, Ps]

4687 CAMBEIS H.: Weltentstehungslehren – Ein Vergleich der Einleitungspassage von Ovids Metamorphosen und des Beginns der Vulgata, 1992 ↗4149

TIBULLUS

4688 Catull, Tibull, Properz, 1962 ↗3400

4689 Catull und Tibull: Eine Auswahl, bearb. FLUCK H., Paderborn (Schöningh) 1975, 40 S.

4690 SCHWARZ F. F.: Sehnsucht und Wirklichkeit. Reflexionen zu pax und bellum bei Tibull (I 10), AU 23.1 (1980), 40–58 | **R.**: Derndorfer H., AADI 1 (1981), 12

4691 WIMMEL W.: Graphischer Versuch zum Aufbau einer tibullischen Elegie (1,1), Gymn. 89 (1982), 289–295

4692 NEUMEISTER C.: Tibull, in: Handbuch für den Lateinunterricht, Sek.I, 1987 ↗19, 333–340

4693 MÜLLER A.: Tibull IV 3, MDAV/Ns 39.3 (1989), 18

4694 HOLZBERG N.: Ovids Amores und das Ethos der elegischen Liebe bei Tibull und Properz, 1992 ↗4043

4695 PROBST S. & V.: Frauendichtung in Rom: Die Elegien der Sulpicia, AU 35.6 (1992), 19–36

4696 RICHTER-REICHHELM J.: Die römische Liebeselegie – Ein Kontrastprogramm zur Caesar-Lektüre, LGB 36 (1992), 58–69

4697 TSCHIEDEL H. J.: Die Gedichte der Sulpicia (Tib. 3,13–18) – Frauenlyrik?, in: Verstehen, Übernehmen, Deuten, 1992 ↗939, 118–131

VALERIUS MAXIMUS

4698 Valerius Maximus: Facta et dicta memorabilia, bearb. SIEGFRIED H., München (Lindauer) 1975, 48 S. | **R.**: Kohl A., Anregung 22 (1976), 210

4699 RÖMER F.: Ein Glanzstück römischer Memorabilienliteratur (Val. Max. 2,6,8), WHB 31 (1989), 52–65

VARRO

4700 WOYTEK E.: Marcus Terentius Varro und seine Satura Menippea, WHB 14 (1972), 22–32
4701 SUERBAUM W.: Römisches „Aussitzen", DASiU 32.1 (1985), 16f. ["Romanus sedendo vincit."]

VERGILIUS

4702 RIEGER E.: Literaturverzeichnis zu Vergil, in: Handreichungen für den Lateinunterricht Jgst. 8–11, 2, 1984 ↗738, 284–301

4703 Vergil: Aeneis, Bucolica, Georgica. Auswahl, bearb. FREYER J., Münster (Aschendorff) 1948, ^{21}1961 (Text), ^{16}1962 (Komm.) u.ö., 192 & 198 S.
4704 Publius Vergilius Maro: Ausgewählte Dichtungen, bearb. HERZOG-HAUSER G., Wien (HPT) 1949, 102 S.; II. Teil: Kommentar v. MALICSEK H., ^{7}1970, 198 S.
4705 Vergil: Auswahl aus dem Gesamtwerk, bearb. BAYER K., Bamberg (Buchner) 1968, ^{4}1988 (Aus dem Schatze des Altertums B, 13), 104 & 167 S. | R.: Naumann H., MDAV/NW 30.3 (1982), 7f.
4706 Vergilius: Auswahl. Bucolica, Georgica, Aeneis, bearb. REMARK P., Paderborn (Schöningh) 1971, 88 & 71 S.
4707 Vergil: Aeneis · Georgica · Bucolica, bearb. HABENSTEIN E., Stuttgart (Klett) ^{9}1976, 75 & 55 S.
4708 Vergil: Bucolica, Georgica, Aeneis. Auswahl, bearb. PREISENDANZ K., Heidelberg (Kerle) o.J., ^{6}1980 (Heidelberger Texte 4), 256 & 140 S.
4709 —. Wörterverzeichnis mit Erläuterungen, v. HESS S., 140 S.
4710 Dichter und Staatsmacht, 1984 ↗5116
4711 Vergil (Text; Komm.; Lehrerbegleitband), bearb. KAUTZKY W./RATKOWITSCH C., Wien (HPT) 1986, ^{2}1991 (Orbis Latinus 2), 88, 87 & 64 S. [ecl. 1; 4; Aen., Ausw.; im Lehrerheft Aufbauanalyse der Aeneis v. PRIMMER A. (6–15)] R.: Töchterle K., AADI 13 (1987), 39; Berner H. U., MDAV 33.1 (1990), 15–17; Gamper P., Ianus 11 (1990), 103–107; Leitner G., Ianus 13 (1992), 65f.
4712 Vergil: Auswahl aus seinen Werken: Bucolica, Georgica, Aeneis, bearb. NAUMANN H./KRAFFT P., Paderborn (Schöningh) 1989, 100 & 99 S.
4713 Vergil (Texte; Komm.; Lehrerbegleitheft), bearb. LACHAWITZ G., Wien (Braumüller) 1991 (Latein in unserer Welt), 76, 60 & 24 S. | R.: Leitner G., Ianus 13 (1992), 62–65; Niedermayr H., AADI 23 (1992), 42

4714 ALTEVOGT H.: Vergil, in: Interpretationen lateinischer Schulautoren, 1970 ↗3117, 97–119
4715 WLOSOK A.: Vergil in der neueren Forschung, Gymn. 80 (1973), 129–151
4716 WLOSOK A.: Vergil, in: Gegenwart der Antike, 1974 ↗793, 104–126 [Romideologie und Augustuspanegyrik, v.a. Aen. 4]
4717 FINK G.: Vergilius vivus vivificus, Anregung 21 (1975), 370f.
4718 DELZ J.: Vergil und die bildende Kunst, DCG 17–18 (1977–78), 62–67 [Lit.]

4719 NAUMANN H.: Was wissen wir von Vergils Leben?, AU 24.5 (1981), 5–16 I **R.**: AADI 4 (1982), 49
4720 PIETSCH W.: Vergils zweitausendster Todestag in Presse und Austellung, IAU 3.2 (1981), 36–39
4721 Römische Dichtung (Vergil), hg. Staatl. Akademie für Lehrerfortbildung, Informationsdienst für die Lehrerfortbildung in Baden-Württemberg 1981.5, 4 S.
4722 Zu Vergils 2000. Todestag, hg. NAUMANN H., AU 23.5 (1981), 103 S.
4723 PIETSCH W. J.: Ave, Vergil, in: Jber. Akad. Gymn. Graz 1981/82, 3–13
4724 BAYER K.: Der Dichter Vergil gibt dem mächtigen Octavian einen Rat. Zur Vorgeschichte des 16. Januar 27 v. Chr., Anregung 28 (1982), 45 I **R.**: Maier F., AADI 5 (1983), 64
4725 GLÜCKLICH H.-J.: Römischer Staat, römisches Wesen und die Bestimmung des Menschen in der Deutung Ciceros und Vergils, 1982 ↗1029
4726 LOHE P.: Zur Lage des Vergilunterrichts in Berlin, LGB 26 (1982), 34–37; auch in: MDAV/NW 31.1 (1983), 13–16
4727 NAUMANN H.: Publius Vergilius Maro: 15.10.70 v. Chr. – 21.9.19 v. Chr. Zum 2000. Todestag des großen römischen Dichters, Anregung 28 (1982), 281–287 I **R.**: Maier F., AADI 5 (1983), 68
4728 PIETSCH W.: Das Vergil-Jubiläum auf Briefmarken, IAU 4.2 (1982), 6–12 I **R.**: Töchterle K., AADI 6 (1983), 86
4729 RIEKS R.: Vergil – klassisches Vermächtnis und aktuelle Herausforderung. Zum 2000. Todestag des Dichters am 21. September 1982, DASiU 29.3 (1982), 8–12
4730 TAEGERT W.: Aspekte der Vergilrezeption, DASiU 29.3 (1982), 19–30; auch in: MDAV/NW 31.1 (1983), 1–12 [u.a. zur Kunst und Musik]
4731 ALBRECHT M. v.: Einheit und Vielfalt von Vergils Lebenswerk, Gymn. 90 (1983), 123–143
4732 LEFÈVRE E.: Vergil: Propheta retroversus, Gymn. 90 (1983), 17–40 I **R.**: Kohl A., Anregung 30 (1984), 333
4733 MAIER F.: Vergils Werke in den Lehrplänen der Länder der Bundesrepublik Deutschland, Gymn. 90 (1983), 273–285 I **R.**: Töchterle K., AADI 8 (1984), 111
4734 SCHMITTHENNER W.: Die Zeit Vergils, 1983 ↗5370
4735 STRASBURGER H.: Vergil und Augustus, Gymn. 90 (1983), 41–76 I **R.**: Kohl A., Anregung 30 (1984), 333
4736 WLOSOK A.: Vergil als Theologe: Iuppiter – pater omnipotens, Gymn. 90 (1983), 187–202
4737 NAUMANN H.: 125 Jahre „Vita Donatiana" des Vergil. Zur Geschichte einer Fehlzuweisung, in: Et scholae et vitae, 1985 ↗277, 33–40
4738 ROHRMANN L.: Augustus und seine Zeit im Spiegel römischer Dichtung. Ein Kursvorschlag mit Texten von Horaz und Vergil, 1986 ↗5093
4739 HEINTZE H. v.: Die antiken Bildnisse Vergils, Gymn. 94 (1987), 481–497 [mit Abb.]
4740 FRICEK A.: Vergilische Themen bei Ovid, 1988 ↗4130
4741 TOST O.: Hermann Brochs "Der Tod des Vergil", 1988 ↗5924
4742 GLEI R.: Von Probus zu Pöschl: Vergilinterpretation im Wandel, Gymn. 97 (1990), 321–340
4743 KUTTNER H./AIEDÒ P. DE: Vergil und Dante, Latein-Forum 14 (1991), 9–25

Aeneis

4744 SUERBAUM W.: Hundert Jahre Vergil-Forschung: Eine systematische Arbeitsbibliographie mit besonderer Berücksichtigung der Aeneis, in: Aufstieg und Niedergang der römischen Welt II 31.1, hg. HAASE W., Berlin u.a. (de Gruyter) 1980, 3–358; hier 80–82 Die Aeneis im Schulunterricht

4745 SUERBAUM W.: Bibliographische Hinweise zur Aeneis-Lektüre im Unterricht, in: Vergils Aeneis, 1981 ↗4786, 144–147

4746 Vergil: Aeneis. Eine Auswahl, hg. CLAUSING A., Frankfurt/M. (Hirschgraben) 1953, ^{11}1982, 80 & 77 S.

4747 Vergil: Aeneis, bearb. SPACH G., Bamberg (BVB) ^{2}1966, ^{6}1981 (Texte der Weltliteratur B, 14), 106 & 61 S. | R.: Töchterle K., AADI 4 (1982), 47

4748 Vergilius: Aeneis I–VI. Vollständiger kritischer Text, bearb. SCHMECK H., Paderborn (Schöningh) 1975, 208 S.

4749 Vergilius: Aeneis, Buch VI. Vollständige Ausgabe mit Kommentar und Arbeitsaufgaben, bearb. STEPHAN-KÜHN F., Paderborn (Schöningh) 1980, 171 S. | R.: Grotz H., DASiU 27.2 (1980), 28f.; Vretska K., IAU 2.2 (1980), 134; Siehs G., AADI 1 (1981), 8; Kohl A., Anregung 28 (1982), 113f.; Naumann H., MDAV/NW 30.3 (1982), 8f.

4750 P. Vergilius Maro: Aeneis. Sunt lacrimae rerum, bearb. ELLER G., Frankfurt/M. u.a. (Diesterweg) 1982 (Modelle), 117 S. | R.: Maier F., AADI 6 (1983), 83

4751 Vergil: Aeneis. Texte mit Erläuterungen, Arbeitsaufträge, Begleittexte, Interpretationsgesichtspunkte, metrischer Anhang und Stilistik, bearb. GLÜCKLICH H.-J., Göttingen (Vandenhoeck & Ruprecht) 1984, ^{3}1990 (Exempla 6), 115 S. [Lehrerkomm. ↗4803] R.: Töchterle K., AADI 9 (1985), 122; Kohl A., Anregung 32 (1986), 124

4752 Vergilius: Aeneis VII–XII. Vollständiger kritischer Text, textkritisches Nachwort mit Hinweisen auf die handschriftliche Überlieferung, v. SUERBAUM W., Paderborn (Schöningh) 1986, 168 S. | R.: Kohl A., Anregung 34 (1988), 122

4753 Vergil: Aeneis. Textauswahl mit Wort- und Sacherläuterungen, Lernwortschatz, Namensverzeichnis; Arbeitskommentar mit Zweittexten, v. BURY E., Stuttgart (Klett) 1987, 100 & 56 S. | R.: Töchterle K., AADI 16 (1988), 86

4754 FAUTH W.: Funktion und Erscheinung niederer Gottheiten in Vergils Aeneis, Gymn. 78 (1971), 54–75 | R.: Kohl A., Anregung 19 (1973), 345

4755 HEILMANN W.: Aeneas und Euander im achten Buch der Aeneis, Gymn. 78 (1971), 76–89 | R.: Kohl A., Anregung 19 (1973), 345

4756 SCHMIDT A.: Neptun als Retter der Aeneaden (Vergil, Aen. I 124–156) und Kafkas »Poseidon«. Eine vergleichende Interpretation mit Schülern der 11. oder 12. Klasse, Anregung 17 (1971), 165–169 | R.: Kohl A., Anregung 19 (1973), 345

4757 SCHÖNBERGER O.: Versuch eines „unkonventionellen Einstiegs" in Vergils Aeneis, DASiU 19.2 (1971), 10–12 [anhand eines Gedichts von Heinz Piontek]

4758 BUCHHEIT V.: Junos Wandel zum Guten – Verg. Aen. 1, 279–282, Gymn. 81 (1974), 499–503

4759 GALINSKY G. K.: „Troiae qui primus ab oris ..." (Aen. I 1), Gymn. 81 (1974), 182–200 [überarb. und aus dem Engl. übers.; zuerst in: Latomus 28 (1969), 3–18]

4760 KRAMER F.: Vergil – Jesus – Marx: drei Verkünder gesellschaftlicher Real-Utopien, Anregung 20 (1974), 309–314

4761 ADAM B.: Das fatum in der Aeneis als Ausgangspunkt für ihre Erschließung, Anregung 21 (1975), 408–410

4762 BLÜMEL A.: Zum Anfang des 2. Buches der ‚Aeneis' des Vergil, AU 18.1 (1975), 56–67 [Lit.; a. zur Rezeption]

4763 VRETSKA K.: Vergil, Aeneis I,1–7 – Ein Interpretationsversuch zur "Motivierung" der Vergillektüre, DCG 15–16 (1975–76), 245–258; auch in: AU 20.4 (1977), 5–13

4764 SCHEER R.: Vergil als Dichter des Mit-Leidens. Eine Kurzinterpretation zu Verg. Aen. 3, 568–683, Anregung 22 (1976), 17–20

4765 RÖMISCH E.: Vergil: Aeneis und Eklogen, LEU/L 7 (1977), 3–6

4766 WLOSOK A.: Die Didotragödie in Vergils 'Aeneis', in: Relata II, 1977 ↗995, 16–45 [vgl. dies., Vergils Didotragödie. Ein Beitrag zum Problem des Tragischen in der Aeneis, in: Studien zum antiken Epos, hg. GÖRGEMANNS H./SCHMIDT E. A., Meisenheim 1976 (Beiträge zur Klass. Philologie 72), 228–250]

4767 BIERMANN W.: Infelix Dido. Entwurf einer Curriculumsequenz, AU 18.1 (1978), 37–55

4768 BLÜMEL A.: Die Harpyien und der alte Mann von Restelo. Funktionsvergleich von Vergil, Aeneis III 210ff. und Camões, Lusiaden IV 94–104, DASiU 25.1 (1978), 15–21

4769 KÖVES-ZULAUF T.: Camilla, Gymn. 85 (1978), 182–205; 408–436

4770 VRETSKA K.: Der Schluß von Vergils Aeneis. Versuch einer Modellinterpretation, Anregung 24 (1978), 215–222 | R.: Kohl A., Anregung 26 (1980), 244

4771 ZINTZEN C.: Die Laokoon-Episode in Vergils Aeneis II, ASiRPS 24.1 (1978), 11f.

4772 DINGEL J.: Vergils Aeneis: das erwartete und das unerwartete Epos, MLAS/BW 10.2 (1979), 3–6

4773 HANAKAM H.: Armorum legumque parens. Ein Begleittext zur thematischen Aeneislektüre, Anregung 25 (1979), 81–84 [Claud. carm.]

4774 STEPHAN-KÜHN F.: Interpretationsaspekte der Dichterlektüre: Zum Metrum im 6. Buch der Aeneis, Anregung 25 (1979), 299–303

4775 SUERBAUM W.: Vergils Aeneis. Zur Problematik der Rezeption eines klassischen Werkes in der Forschung und im Gymnasialunterricht, in: Erbe, das nicht veraltet, 1979 ↗827, 97–141; aktualisierter Ndr. in: Vergils Aeneis, 1981 ↗4786, 5–45

4776 VRETSKA K.: Die Aeneis als ein Ganzes, IAU 1 (1979), 4–15

4777 ZRENNER W.: Crëusa mater et coniunx, AHS 28 (1979), 187–189 [Gedicht nach Aen. 2,706ff.]

4778 BURCK E.: Optima cum pulchris animis romana iuventus (Verg. Aen. 10, 362–379; Liv. 22,50,4–12), IAU 2.2 (1980), 13–26

4779 CANCIK H.: Der Eingang in die Unterwelt. Ein religionswissenschaftlicher Versuch zu Vergil, Aeneis 6,236–272, AU 23.2 (1980), 55–69 | R.: Töchterle K., AADI 1 (1981), 8–9

4780 PIETSCH W.: Laokoon. Bemerkungen zur Episode in der Äneis, zur Wirkungsgeschichte und zur unterrichtlichen Behandlung eines antiken Mythologems, Anregung 26 (1980), 158–175 | R.: AADI 2 (1981), 23

4781 OLBRICH W.: Vergil und Berlioz – Dido und Äneas in der Oper „Die Trojaner", Anregung 27 (1981), 177–184 | R.: Töchterle K., AADI 4 (1982), 50f.

4782 SUERBAUM W.: Das Ende der Aeneis – bei Vergil (und im Gymnasium), in: Vergils Aeneis, 1981 ↗4786, 46–103

4783 SUERBAUM W.: Gedanken zur modernen Aeneis-Forschung, AU 24.5 (1981), 67–103; jetzt in: ders., In Klios und Kalliopes Diensten, Bamberg (Buchner) 1993, 309–345 | **R.:** Kohl A., Anregung 28 (1982), 114; Töchterle K., AADI 4 (1982), 53

4784 SUERBAUM W.: Parcere subiectis et debellare superbos. Zur Rezeption des Zweikampfes zwischen Aeneas und Turnus seit der Spätantike, in: Vergils Aeneis, 1981 ↗4786, 104–125 [bei Lact., Claud., Prud. u.a.]

4785 SUERBAUM W.: Sunt lacrimae rerum. Die pazifistische Aeneis-Deutung im Spiegel eines modernen amerikanischen Gedichts, in: Vergils Aeneis, 1981 ↗4786, 126–144 [von W. Stafford]

4786 SUERBAUM W.: Vergils Aeneis. Beiträge zu ihrer Rezeption in Geschichte und Gegenwart, Bamberg (Buchner) 1981 (Auxilia 3), 148 S. [Lit.] **R.:** Naumann H., MDAV/NW 30.3 (1982), 6f.; Ruck H., DASiU 29.2 (1982), 31f.; Töchterle K., AADI 4 (1982), 52f.; Vretska K., IAU 4.1 (1982), 39f.; Wölke H., LGB 27 (1983), 29f.; Buchheit V., Gymn. 91 (1984), 172–174; Kohl A., Anregung 30 (1984), 333;

4787 VÖGLER G.: Gleichnisse und Bilder in der Dido-Episode von Vergils Aeneis, AU 24.5 (1981), 48–66 | **R.:** Töchterle K., AADI 4 (1982), 54

4788 BERGER W.: Vergilius, pater hesperiae, Anregung 28 (1982), 288f. | **R.:** Maier F., AADI 5 (1983), 64

4789 FRICEK A.: Das Prooemium der Aeneis im Unterricht, EuU 132 (1982), 493–498

4790 MÜLLER W.: Vergils Fama – auch eine Form der Interpretation, IAU 4.1 (1982), 18f. [Schülerzeichnung] **R.:** Töchterle K., AADI 5 (1983), 67

4791 PRIMMER A.: Die Problematik des geschichtlichen Handelns in der "Aeneis", 1982 ↗1028

4792 ROHACEK M.: De Aenea pacificatore, IAU 4.2 (1982), 21–24 [Versuch eines 13. Gesangs der Aeneis, 1. Preis des internationalen Wettbewerbs 'Premio Internazionale Valle d'Aosta' 1981]

4793 SCHÖNBERGER O.: Die Bärin, DASiU 29.3 (1982), 13–18 [Erzählung über Vergil und die Aeneis]

4794 SENONER R.: Equus Troianus (Episode aus der Aeneis, frei nach Vergil), IAU 4.2 (1982), 25–27 | **R.:** Töchterle K., AADI 6 (1983), 87

4795 EFFE B.: Epische Objektivität und auktoriales Erzählen. Zur Entfaltung emotionaler Subjektivität in Vergils Aeneis, Gymn. 90 (1983), 171–186 [mit Vergleichstexten aus Hom. und Apoll. Rhod.]

4796 FAHR R.: „Lacrimans exsul feror". Eine psychoanalytisch-biologistische Interpretation von Vergils Aeneis, Anregung 29 (1983), 377–382 | **R.:** Maier F., AADI 8 (1984), 108; Suerbaum W. ↗4818, 91–97

4797 LAUSBERG M.: Iliadisches im ersten Buch der Aeneis, Gymn. 90 (1983), 203–239

4798 RIEKS R.: Affekt und Struktur in Vergils Aeneis, Gymn. 90 (1983), 144–170

4799 SUERBAUM W.: Die Aeneis als Schultext, Gymn. 90 (1983), 258–272 | **R.:** Töchterle K., AADI 8 (1984), 113f.

4800 SUERBAUM W.: Ein neuer Aeneis-Zyklus: darkness visible, Anregung 29 (1983), 1–25; jetzt in: ders., In Klios und Kalliopes Diensten, Bamberg (Buchner) 1993, 346–370 | **R.:** Maier F., AADI 7 (1984), 98; Kohl A., Anregung 30 (1984), 333

4801 SUERBAUM W.: Titel- und Schlußbilder für Vergils Aeneis, MDAV/Ns 33.4 (1983), 17–20 [vgl.a. ↗4807]

4802 BINDER G.: Aitiologische Erzählungen und Augusteisches Programm in Vergils Aeneis (Zusammenfassung), MDAV/NW 32.1 (1984), 2

4803 GLÜCKLICH H.-J.: Interpretationen und Unterrichtsvorschläge zu Vergils 'Aeneis', Göttingen (Vandenhoeck & Ruprecht) 1984, ²1988 (Consilia 6), 125 S. [Text ↗4751] **R.:** Töchterle K., AADI 9 (1985), 122; Kohl A., Anregung 32 (1986), 124

4804 GLÜCKLICH H.-J.: Leidenschaft, Vernunft und Sinn des Lebens – Vergils Aeneis als Schullektüre, Gymn. 91 (1984), 40–60 | **R.:** Töchterle K., AADI 9 (1985), 124; Kohl A., Anregung 32 (1986), 124f.

4805 GLÜCKLICH H.-J.: Überblick über einige Schulausgaben der Aeneis und grundsätzliche Überlegungen zur Gestaltung von Textausgaben, Gymn. 91 (1984), 119–134 | **R.:** Töchterle K., AADI 9 (1985), 124

4806 SUERBAUM W.: Opus per exempla repraesentatum: Eine Zitatenklausur als Abschluß der Aeneis-Lektüre, in: Handreichungen für den Lateinunterricht Jgst. 8–11, 2, 1984 ↗738, 259–283

4807 SUERBAUM W.: Ut poesis pictura? Bilder zum Titel, zum Anfang und zum Schluß von Vergils Aeneis, in: Tradition und Rezeption, 1984 ↗894, 35–55 [vgl.a. ↗4801]

4808 GERLACH E.: Giovanni Boccaccios Aeneasgenealogie und Vergils Aeneis. Ein Unterrichtsprojekt, Anregung 31 (1985), 14–24 | **R.:** Töchterle K., AADI 12 (1986), 25

4809 MAIER F.: Die Aeneis in Hermann Brochs „Der Tod des Vergil". Ein rezeptionsgeschichtlicher Exkurs im lateinischen Lektüreunterricht, in: Et scholae et vitae, 1985 ↗277, 41–48

4810 MÜLLER W.: Vergils Aeneis, Stuttgart (Klett) 1985, 17 Overhead-Transparente mit Beih., 16 S. | **R.:** Töchterle K., AADI 13 (1987), 44f.

4811 SCHNEIDER B.: Bilder zur Aeneis aus humanistischer Zeit, LGB 29 (1985), 18–24 [mit 4 Abb.]

4812 SUERBAUM W.: „Und der Stern zog ihnen voraus" Zum Motiv der göttlichen Leitung der Fahrt des Aeneas bei Vergil und in der vorvergilischen Tradition, in: Et scholae et vitae, 1985 ↗277, 22–32; jetzt in: ders., In Klios und Kalliopes Diensten, Bamberg (Buchner) 1993, 392–402

4813 BÖMER F.: Aeneas landet bei Cumae. Zu Verg. Aen. VI 2 und Ov. met. XIV 102ff., Gymn. 93 (1986), 97–101

4814 KRAFT M.: Die Gestalt der Fama: bei Vergil – bei Ovid – in der europäischen Literatur, AU 29.3 (1986), 22–32; 33–39 (Material) [u.a. G. Chaucer] **R.:** Siehs G., AADI 15 (1988), 62

4815 FRICEK A.: Die Dolchstoßlegende in der lateinischen Literatur, EuU 137 (1987), 418–425 [Aen. 2]

4816 OLBRICH W.: Jan Novák: Dido e versibus Vergili composita (Schallplatte audite 63413), DASiU 34.1 (1987), 18f.

4817 SCHÖNBERGER O.: Vergil, Aeneis VI 703–751: Offenbarung durch den Vater, in: Von Catull bis zu den Carmina Burana, 1987 ↗3173, 32–52

4818 SUERBAUM W.: Vergil nineteen eighty-four – Anstöße der ›Aeneis‹-Interpretation, in: Lateinische Literatur, heute wirkend 1, 1987 ↗5910, 81–109; jetzt in: ders., In Klios und Kalliopes Diensten, Bamberg (Buchner) 1993, 403–431 [u.a. zu C. Wolf, M. Butor]

4819 TSCHIEDEL H. J.: Anchises und Aeneas. Die Vater-Sohn-Beziehung im Epos des Vergil, in: Exempla Classica, 1987 ↗910, 141–167

4820 BAUER W.: Vergils Aeneis in der Jahrgangsstufe 11, Anregung 34 (1988), 89–102 I **R.:** Töchterle K., AADI 17 (1989), 100

4821 WLOSOK A.: Vergils "Jenseits" (Aeneis VI) in der Buchmalerei von der Spätantike bis zur Renaissance, LEU/L 49 (1988), 146–185 [mit Abb., Aufbauschema des 6. Buchs; Lit.]

4822 FINK G.: Von Troja an den Tiber – Die »Aeneis«: Roms Staatslegende, G 1989.7, 4–7

4823 FRICEK A.: Gedanken zu Vergils Didobuch (Aeneis, IV 1–705). Eine gegenwartsbezogene Interpretation, MLAS/SH 1989.1, 6–15

4824 PÖSCHL V.: Die Aeneis und die heutige westliche Welt, MLAS/BW 16/17.3 (1989), 7–17

4825 FUNKE H.: parcere subiectis ..., AU 33.6 (1990), 53–64 I **R.:** Niedermayr H., AADI 22 (1991), 24

4826 MAIER F.: Das Gesicht des Krieges in Vergils Aeneis. Bilder als Anstoß und Ergebnis der Interpretation, Anregung 36 (1990), 306–319; leicht veränderte Fassung in: Würzburger Jahrbücher N.F. 16 (1990), 101–116 I **R.:** Niedermayr H., AADI 22 (1991), 25f.

4827 SEEWALD M.: Der Zorn der Juno – die Einleitung zur „Aeneis" Vergils und eine Nachdichtung von Blumauer, MLAS/BW 18.1 (1990), 17–19

4828 HORAK R.: Parodie, Travestie ... und Vergil, in: Jber. Akad. Gymn. Innsbruck 1990/91, 29–31; auch in: Ianus 13 (1992), 76–79 [Laokoon, Dido]

4829 FROESCH H.: Arma virumque cano. Beobachtungen zu den Eingangswörtern der Aeneis, Anregung 37 (1991), 309–312 I **R.:** Töchterle K., AADI 23 (1992), 45

4830 MAIER F.: Die Nacht vor Didos Tod, Anregung 37 (1991), 146–149 I **R.:** Niedermayr H., AADI 23 (1992), 47

4831 NIEDERBUDDE A.: Der Mensch in der Gewalt der Natur. Ein Vergleich von Homer, Od. V 291–399, Vergil, Aen. I 81–156, und Lucan, Bell. Civ. V 560–677, Anregung 37 (1991), 153–167 I **R.:** Niedermayr H., AADI 23 (1992), 35

4832 RUSSEGGER H.: Vergils "Aeneis" als Bilderbogen, DASiU 38.4 (1991), 7–12; 17–19

4833 FELDKIRCHER K.: Schülerstimmen und -stimmungen zum Abschluß der "Aeneis"-Lektüre (7. Klasse), Erfahrungen eines UP mit produktivem Schülerfeedback, Latein-Forum 17 (1992), 46–54

4834 GRAU P.: Aeneas Bavarus. Zur Aeneas-Rezeption im Viktoriensaal von Schloß Schleißheim, in: Verstehen, Übernehmen, Deuten, 1992 ↗939, 26–48

4835 MAURACH G.: Der vergilische und der vatikanische Laokoon. Mit einem Anhang zu Michelangelos Laokoon-Zeichnung, Gymn. 99 (1992), 227–247

4836 OLBRICH W.: Nox erat ... – Lyrische Variationen eines Vergilmotivs, Anregung 38 (1992), 375–382 [u.a. Schiller, Dante]

4837 POTZ E.: Pius furor und der Tod des Turnus, Gymn. 99 (1992), 248–262

4838 THILL A.: Berlioz' *Les Troyens* und Vergils *Aeneis*, in: Verstehen, Übernehmen, Deuten, 1992 ↗939, 106–117

Bucolica

4839 P. Vergilius Maro: Eclogen und Georgica. Labor improbus, bearb. ELLER G., Frankfurt/M. u.a. (Diesterweg) 1982 (Modelle), 62 S. I **R.:** Maier F., AADI 6 (1983), 83

4840 RÖMISCH E.: Vergils vierte Ekloge im Unterricht, Heidelberg 1970 (Heidelb.Texte, Did.R. 1), 64 S. I **R.:** Versnel H. S., Gymn. 79 (1972), 74–78; Kaiser W., MDAV 16.2

Vergil   S 2

(1973, Beih.), 11f.; Floren F. J., MDAV/NW 23.1 (1975), 12–14; Kohl A., Anregung 28 (1982), 114

4841 BRAUN L.: Der Sängerstreit der Hirten in Vergils dritter und siebenter Ekloge, Gymn. 78 (1971), 400–406 I **R.**: Kohl A., Anregung 19 (1973), 344

4842 RÖMISCH E.: Vergil: Aeneis und Eklogen, 1977 ↗4765

4843 TSCHIEDEL H. J.: Vergil und die römische Liebeselegie, 1977 ↗5459

4844 HARDIE C.: Der iuvenis der Ersten Ekloge, AU 24.5 (1981), 17–28 I **R.**: Gamper P., AADI 4 (1982), 47

4845 NAUMANN H.: Das Geheimnis der Vierten Ekloge, AU 24.5 (1981), 29–47 I **R.**: Töchterle K., AADI 4 (1982), 49

4846 CARDAUNS B.: Dichtung und Liebe in Vergils Eklogen (Zusammenfassung), MLAS/BW 12–13 (1981–82), 12 [3; 7]

4847 BINDER G.: Lied der Parzen zur Geburt Octavians. Vergils vierte Ekloge, Gymn. 90 (1983), 102–122

4848 FINK G.: Das göttliche Kind. Vergils Traum vom »Heiland«, G 1988.9, 20–22

4849 CHWALEK B.: Elegische Interpretationen zu Vergils zehnter Ekloge, Gymn. 97 (1990), 304–320

Georgica

4850 P. Vergilius Maro: Eclogen und Georgica. Labor improbus, 1982 ↗4839

4851 EFFE B.: Labor improbus – ein Grundgedanke der Georgica in der Sicht des Manilius, Gymn. 78 (1971), 393–399 I **R.**: Kohl A., Anregung 19 (1973), 344f.

4852 MUNDING A.: Wozu Latein? Interpretationsbeispiel: Vergil, Georgica, I 125–146, ASiRPS 25.1 (1979), 6–11

4853 FUHRMANN M.: Fluch und Segen der Arbeit. Vergils Lehrgedicht von der Landwirtschaft in der europäischen Tradition, Gymn. 90 (1983), 240–257

4854 SCHÄFER E.: Die Wende zur Augusteischen Literatur. Vergils Georgica und Octavian, Gymn. 90 (1983), 77–101 I **R.**: Kohl A., Anregung 30 (1984), 333

4855 WELZEL E.: Trauer um den Tod einer geliebten Person, MDAV/Hs 39.2 (1992), 6–13 [Orpheus u. Eurydike]

VITRUVIUS

4856 KOWALEWSKI K.: Griechische und Römische Theaterbauten, 1987 ↗1504

4857 RAEDER J.: Vitruv, de arch. VI 7 (aedificia Graecorum) und die hellenistische Wohnhaus- und Palastarchitektur, Gymn. 95 (1988), 316–368 [mit Abb.]

4858 OLBRICH W.: Kunstkritik im Lateinunterricht? Ein Lektürevorschlag mit Vitruv und Bernhard von Clairvaux, Anregung 37 (1991), 27–30 I **R.**: Töchterle K., AADI 24 (1992), 63

b. Mittelalter

Petrus ABAELARDUS

4859 HAMACHER J.: Abaelard und Heloise. Eine Liebesgeschichte als Zugang zum lateinischen Mittelalter, AU 29.1 (1986), 44–52 I **R.**: Gamper P., AADI 13 (1987), 40

Petrus ALFONSI

4860 HERMES E.: Orientalisches in der mittellateinischen Erzählliteratur – Lehrplanprobleme damals und heute, AU 23.3 (1980), 54–73 [Text: Disciplina clericalis p. 14–22 Hilka, s. Beil. 12–20] **R.**: Siehs G., AADI 1 (1981), 10–11

ARCHIPOETA

4861 KREFELD H.: Die Vagantenbeichte des Archipoeta, in: Impulse für die lateinische Lektüre, 1979 ↗3197, 202–222
4862 KREFELD H.: Witz und Ironie in der Vagantenbeichte des Archipoeta, in: Vorschläge und Anregungen, 1980 ↗846, 182–195 [a. zur Ovid-Rezeption]
4863 VRETSKA K.: Die Vagantenbeichte des Archipoeta, IAU 2.1 (1980), 1–8 I **R.**: Töchterle K., AADI 2 (1981), 26

BERNHARD von Clairvaux

4864 OLBRICH W.: Kunstkritik im Lateinunterricht? Ein Lektürevorschlag mit Vitruv und Bernhard von Clairvaux, 1991 ↗4858

BUCOLICA EINSIDLENSIA

4865 BALZERT M.: Hirtensorgen im Goldenen Zeitalter. Eine Interpretation des carmen Einsidlense II, AU 14.3 (1971), 24–42 [TÜbers.: Anh. S.2–5]

CARMINA BURANA

4866 Carmina Burana. In der Auswahl von Carl Orff, bearb. MERWALD G., Stuttgart (Klett) 1969, 10 S. [vgl. dazu ders., Orffs 'Carmina Burana'. Querverbindungen zwischen Latein-, Deutsch- und Musikunterricht, AU 12.4 (1969), 48–68]

4867 MEYER O.: Der unruhige Student und das Leben von einst. Die Welt der »Carmina burana«, Anregung 17 (1971), 306–317 [Lit.]
4868 SCHIROK E.: Carmina Burana: Lieder des Mittelalters, in: Aditus. Neue Wege zum Latein (Lehrerhandbuch), 1975 ↗4994, 46–63
4869 THOMAS W.: Latein und Lateinisches im Musiktheater Carl Orffs, 1980 ↗5837
4870 KUBINA B.: Wesenhaft verwandte Seelen psychologisch entdeckt oder ein Herz für kleine Leute, MDAV 29.1 (1986), 15–17
4871 GRUBER J.: Carmina Burana, in: Europäische Literatur in lateinischer Sprache, 1987 ↗5444, 90 [Lit.]

4872 NICKEL R.: Carmina Burana, in: Handbuch für den Lateinunterricht, Sek.I, 1987 ↗19, 341–350

4873 SCHÖNBERGER O.: Aus den Carmina Burana: zwei Lieder (CB 17 und CB 191), in: Von Catull bis zu den Carmina Burana, 1987 ↗3173, 118–140

4874 SMOLAK K.: Carmina Burana – Lesenswertes Latein aus dem Mittelalter, Ianus 10 (1989), 47–59 | **R.**: Töchterle K., AADI 20 (1990), 138

4875 KRESSER C.: Carmina Burana als Anfangslektüre, Latein-Forum 11 (1990), 19–21

4876 TÖNS B.: Carmina Burana – nicht von Orff. Die Vertonungen des 13. Jahrhunderts, AU 33.4 (1990), 41–58 | **R.**: Hötzl E., Ianus 12 (1991), 79f.; Mader W., AADI 22 (1991), 30f.

CARMINA CANTABRIGIENSIA

4877 ROSS W.: Die Liebesgedichte im Cambridger Liederbuch (CC). Das Problem des 'Frauenliedes' im Mittelalter, AU 20.2 (1977), 40–62 [Lit.]

EINHARDUS

4878 Einhard: Vita Karoli Magni, bearb. FLUCK H., Paderborn (Schöningh) o.J., 32 S.

4879 Einhard, Vita Karoli Magni, hg. GOMPF L., Münster (Aschendorff) 1971, 40 & 15 S. | **R.**: Brühl E., MDAV/NW 20.2 (1972), 10

4880 Einhart: Vita Karoli Magni. Vollständige Ausgabe, bearb. HERRMANN F. X., Münster (Aschendorff) 1982, 64 & 80 S. | **R.**: Frentz W., MDAV/NW 31.3 (1983), 16; Kohl A., Anregung 30 (1984), 335

4881 Einhard: Vita Karoli Magni, hg. KLOPSCH P./WALTER E., Bamberg (BVB) 1984 (Testimonia), 70 S.

4882 TENBERKEN W.: Einhard: Das Leben Karls des Großen, in: Aditus. Neue Wege zum Latein (Lehrerhandbuch), 1975 ↗4994, 64–82

4883 GRUBER J.: Einhard, Vita Karoli Magni, in: Europäische Literatur in lateinischer Sprache, 1987 ↗5444, 26–28

4884 GLÜCK G.: Die Entstehung der Rolandslegende. Die Intervention Karls des Großen in Spanien: Einhard, Vita Caroli Magni 9, Anregung 34 (1988), 45–52 | **R.**: Töchterle K., AADI 17 (1989), 102

4885 KLOPSCH P.: Walahfrid Strabos Prolog zu Einharts Vita Karoli, AU 31.4 (1988), 47–57 | **R.**: Gamper P., AADI 17 (1989), 102f.

FRANCESCO D'ASSISI

4886 MAIER F.: „Bruder Feuer": Franz von Assisis „Sonnengesang" und seine Rezeption. Ein Vorschlag zur ‚Zwischenlektüre', in: Lebendige Vermittlung lateinischer Texte, 1988 ↗3106, 117–140

Gesta Romanorum

4887 Von Rittern, Narren, Pfiffikussen. Mittelalterliche Erzählungen aus den Gesta Romanorum für die lateinische Frühlektüre (& Lehrerbeih.), bearb. HAMACHER J., Münster (Aschendorff) 1979, 39 & 24 S. I **R.**: Kohl A., Anregung 26 (1980), 244; Derndorfer H., AADI 1 (1981), 7; Frentz W., MDAV/NW 29.3 (1981), 10

4888 HAMACHER J.: Die Gesta Romanorum – Spätes Latein als Frühlektüre, AU 22.3 (1979), 31–38 [Text: c.147 Dick s. Beil. 6–11]

Gregor Magnus

4889 Gregor d. Gr.: Vita S. Benedicti und Regula S. Benedicti, hg. NÜSSLEIN T., Bamberg (BVB) 1990 (Testimonia), 100 & 92 S. [enthält außerd.: Eug. Sev.]

Hildegard von Bingen

4890 WERNER H.: Die Briefe der Heiligen Hildegard im Lateinunterricht unter Einbeziehung der Ausstellung „Hl. Hildegard von Bingen 1179–1979", Schule und Museum 14 (1980), 42–47, 48–51 (Texte)

Hrotsvith von Gandersheim

4891 GLÜCKLICH H.-J.: Die ‚Passio Sanctarum Virginum' der Hrotsvith von Gandersheim – Ein mittelalterliches Drama als frühe lateinische Lektüre, AU 22.3 (1979), 82–93 [Text s. Beil. 16–26]

4892 STRATENWERTH D.: Terenzisches bei Hrotsvith, LGB 35 (1991), 30–48

4893 STROH W.: Musik und Latein aus Mähren. Zur Uraufführung von Jan Nováks Oper 'Dulcitius' in Brünn, MDAV 34.1 (1991), 2–4

Iacobus de Voragine

4894 FINK G./FUHRMANN M.: Die Siebenschläfer-Legende des Jacobus de Voragine, AU 23.4 (1980), 39–50 [Text s. Beil. 25–28] **R.**: Derndorfer H., AADI 1 (1981), 9–10

4895 FUHRMANN M.: Der Heilige Christoph, IAU 2.2 (1980), 64–69 I **R.**: AADI 2 (1981), 21

4896 NICKEL R.: Die Legenda aurea und die niedersächsischen Rahmenrichtlinien (1982), MDAV/Ns 34.3 (1984), 7–10

4897 BARIÉ P.: Heilige statt Helden? Überlegungen zur Lektüre der Legenda Aurea, in: Handbuch für den Lateinunterricht, Sek.I, 1987 ↗19, 319–332

Ludus de Antichristo

4898 FREUND W.: Das Tegernseer Antichristspiel. Reichsgeschichte als Heilsgeschichte, in: Impulse für die lateinische Lektüre, 1979 ↗3197, 181–201

Norbert von Iburg

4899 JARECKI W.: Agricola und Benno – zwei Biographien, 1979 ↗4541

Notker Balbulus

4900 FUHRMANN M./FINK G.: Erwartungshorizont und Lesersteuerung: Drei Beispiele aus Notkers Gesta Karoli, AU 23.3 (1980), 41–53 [Text: 2,6.12.17 & Aufgabenbeispiele s. Beil. 2–11] **R.**: Siehs G., AADI 1 (1981), 10

4901 SCHMALZRIEDT E.: Der feinsinnige Stammler vom Bodensee. Notker Balbulus und seine literarische Welt, AU 23.4 (1980), 5–22 [mit Texten und Worterläuterungen] **R.**: Derndorfer H., AADI 1 (1981), 12

Ruodlieb

4902 KLOPSCH P.: Der ‚Ruodlieb', AU 17.1 (1974), 30–47

Thomas von Aquino

4903 LAMMERS K. P.: Die Lektüre scholastischer Texte im Lateinunterricht. Thomas von Aquin, Summa Theologica, AU 17.1 (1974), 48–62 [Text: quaestio 2, S. 58–62]

4904 HEINZMANN R.: Die Autonomie endlicher Vernunft. Zur Anthropologie des Thomas von Aquin, in: Verstehen, Übernehmen, Deuten, 1992 ↗939, 49–62

Waltharius

4905 Waltharius: Ein mittelalterliches Heldenepos in lateinischer Sprache (Auswahl, mit Einleitung und Vokabelhilfen), bearb. HAUG A., Stuttgart (Klett) 1985, 37 S. I **R.**: Eisner H., Ianus 12 (1991), 57f.

4906 HAUG A.: Waltharius – Plädoyer für eine neue Schullektüre, AU 28.1 (1985), 69–73 I **R.**: Töchterle K., AADI 12 (1986), 26

Walther von Châtillon

4907 KLOPSCH W.: Walther von Châtillon (W 7 = N 22, W 17 = N 23), AU 20.2 (1977), 63–76 [Lit.]

Widukind von Korvei

4908 Widukind von Korvei und Liudprand von Cremona: Sächsische Kaisergeschichte, bearb. UPMEYER D., AU 20.2, Beih. (1977), 22 S. (79–100)

4909 UPMEYER D.: Widukind von Korvei und Liudprand von Cremona. Sächsische Kaisergeschichte, erzählt von zwei Geschichtsschreibern des 10. Jahrhunderts (Modell eines fächerübergreifenden Grundkurses für Latein und Geschichte), AU 20.2 (1977), 21–39 [Texte ↗4908]

4910 VESTER H.: Widukind von Korvei – ein Beispiel zur Wirkungsgeschichte Sallusts, AU 21.1 (1978), 5–22 [Text: Res gestae Saxonicae 2, 36 s. Beil. 2f.]

Wipo

4911 LANG H.: Wipo: Herrschaft und Politik im Dienste des Glaubens, in: Aditus. Neue Wege zum Latein (Lehrerhandbuch), 1975 ↗4994, 227–242

c. Humanismus · Neuzeit

ANDREAS CAPELLANUS

4912 HILBERT K.: Amor und amor in der Liebeslehre bei Ovid und Andreas Capellanus, 5, AU 21.1 (1978), 23–29 [Text: De amore, p. 108–122 Battaglia, s. Beil. 4–7]

Jakob BALDE

4913 GEGENSCHATZ E.: Der Barockdichter Jakob Balde, ein christlicher Horaz, in: Tradition und Rezeption, 1984 ↗894, 56–107 [S. 64–105 "Florilegium" aus den Carmina, u.a. zum Thema Stoa, Virgo Maria]
4914 SCHMIDT P. L.: ‚The Battle of the Books' auf Neulatein: Jacob Baldes ‚Expeditio polemico-poetica', AU 27.6 (1984), 37–48. 74–81 (Text) | **R.**: Siehs G., AADI 10 (1985), 139f.
4915 SCHÖNBERGER O.: Aneignung antiker Gedanken in deutscher Literatur, 1984 ↗5876
4916 STROH W.: Der Gemüsegärtner als König: Ein Gedicht des Jacobus Balde über das 'einfache Leben', AU 27.6 (1984), 23–36 [lyr. 1,1: Abdolonymus v. Sidon] **R.**: Siehs G., AADI 10 (1985), 140
4917 BEITINGER W.: Thomas Morus in einer Ode Jakob Baldes (Carm. Lyr. I 3), Anregung 31 (1985), 312–321 | **R.**: Töchterle K., AADI 11 (1986), 12

BEDA

4918 STEPHAN-KÜHN F.: Beda als Kontrast- und Ergänzungslektüre im Lateinunterricht, AU 29.1 (1986), 24f. 26–42 (Text) [1,11–14 "Das Ende der römischen Herrschaft in Britannien"] **R.**: Gamper P., AADI 13 (1987), 42

Jakob BIDERMANN

4919 STEINTHAL H.: Der Cenodoxus von Bidermann auf der heutigen Schulbühne, AU 25.5 (1982), 82–88 | **R.**: Töchterle K., AADI 6 (1983), 88

Giovanni BOCCACCIO

4920 Boccaccio und die literarische Tradition der Antike. Auswahl aus seinen lateinischen Werken, bearb. RATKOWITSCH C., LL 34 (1979–80), 33–40 ['De Sapho'; 1. Ekloge]

4921 Die Göttergenealogie des Giovanni Boccaccio. Ausgewählte Beispiele, bearb. RATKOWITSCH C., LL 35 (1980–81), 8 S.
4922 GERLACH E.: Giovanni Boccaccios Aeneasgenealogie und Vergils Aeneis, 1985 ↗4808

Conrad CELTIS

4923 Conrad Celtis: Carmen saeculare. Text, Übersetzung, Kommentar, v. PLEPELITS K., IAU 6 (1984), 27–35 | **R.**: Töchterle K., AADI 9 (1985), 127

4924 WENK W.: Abenteuer im Kopf (Zu Konrad Celtis, Amores 3,5), WHB 32 (1990), 41–57

4925 GRUBER J.: Von der neunfachen Sicht der Dinge. Conrad Celtis' Amores als humanistisches Bildungsprogramm, in: Humanismus und Bildung 2, 1991 ↗370, 106–118

Nicolaus COPERNICUS

4926 STAMM G.: »De revolutionibus orbium caelestium« im Lateinunterricht der Oberstufe (11. und 13. Kl.), Anregung 20 (1974), 334–336

DANTE ALIGHIERI

4927 BRÜCKNER T.: Dantes Göttliche Komödie im Lateinunterricht, Anregung 35 (1989), 390–395 [Textgrundlage: lat. Übers. v. G. Serravalle] **R.**: Töchterle K., AADI 21 (1991), 12

ERASMUS von Rotterdam

4928 Erasmus von Rotterdam und seine Welt, bearb. MARTIUS H., Bamberg (Buchner) 1969, ^{2}1978 (Aus dem Schatze des Altertums B, 30), 64 & 59 S.

4929 OPPEL E.: Pazifismus und Friedenssicherung. Gedanken zur Lektüre der »Querela Pacis« des Erasmus von Rotterdam in einer 11. Klasse eines Humanistischen Gymnasiums, Anregung 17 (1971), 20–26 I **R.**: Kohl A., Anregung 19 (1973), 61f.

4930 WASZINK J. H.: Die Bedeutung des Erasmus für die Klassische Erziehung, 1977 ↗1104

4931 GLÜCK G.: Erasmus von Rotterdam auf der Kollegstufe, Anregung 29 (1983), 227–238 I **R.**: Maier F., AADI 8 (1984), 109

4932 WACHINGER F.: Erasmus von Rotterdam und der Curriculare Lehrplan für Latein in der Kollegstufe, 1983 ↗637

4933 FRINGS U.: Zwei neulateinische Textbeispiele, AU 27.6 (1984), 14–22 [Erasm. epist. 1,116 Allen; Ioannes Nicolaius] **R.**: Siehs G., AADI 10 (1985), 137

4934 BLUSCH J.: Humanistische Lektüre im altsprachlichen Unterricht am Beispiel der Laus stultitiae des Erasmus, Anregung 31 (1985), 287–311 I **R.**: Töchterle K., AADI 12 (1986), 24

4935 WIRTH-POELCHAU L.: Gedenken an Erasmus von Rotterdam, AU 30.2 (1987), 83f.

4936 GLÜCK G.: Eine Lanze für den Frieden. Der Dialog „Charon" des Erasmus von Rotterdam – eine Anregung für den Leistungskurs Latein, Anregung 34 (1988), 383–391 I **R.**: Töchterle K., AADI 18 (1989), 114

Leonhard EULER

4937 WIMMER H.: Leonhard Euler und das Königsberger Brückenproblem – Latein als Sprache der Mathematik im 18. Jahrhundert, IAU 3.2 (1981), 14–20 I **R.**: AADI 4 (1982), 54

Hugo GROTIUS

4938 Hugo Grotius: Schriften zum Natur- und Völkerrecht, bearb. HINRICHS F. T., Münster (Aschendorff) 1976, 76 S. I **R.**: Kohl A., Anregung 24 (1978), 194; Frentz W., MDAV/NW 29.4 (1981), 5f.

Thomas HOBBES

4939 MAIER F.: Der ‚Leviathan' oder das ‚Staatsungeheuer'. Thomas Hobbes' politische Philosophie im Lateinunterricht, AU 31.3 (1988), 24–48; erweiterte Fassung in: Die Antike in literarischen Zeugnissen, 1988 ↗913, 105–130 [vgl.a. ↗3690] **R.:** Töchterle K., AADI 17 (1989), 103

IGNATIUS von Ragusa

4940 Ignatius Georgius von Ragusa (Ignjat Djurdjevic 1675–1737): Eine Einführung in sein literarisches Werk, v. KERTSCH M., LL 30 (1975–76), 17–24 [Text: aus Augustissimo Caesari Carolo Austriaco Sexto]

Johannes KEPLER

4941 SINGER G.: Harmonice Mundi, Anregung 28 (1982), 372–377 | **R.:** Maier F., AADI 5 (1983), 69; ders., AADI 8 (1984), 107

Petrus LOTICHIUS

4942 SCHMIDT P. L.: ‚… unde utriusque poetae elegans artificium admirari licebit'. Zur Ovid-Rezeption des Petrus Lotichius Secundus (el. 2, 7), AU 23.6 (1980), 54–71 | **R.:** AADI 2 (1981), 24f.

Martin LUTHER

4943 FRINGS U.: Martinus Lutherus – Poeta Latinus, Aachen o.J. [1983] (Orientierung 10), 46 S. | **R.:** Pietsch W. J., IAU 8 (1986), 92f.

Philipp MELANCHTHON

4944 WENG G.: Projekt „Lateinschule", MLAS/SH 1991, 6f. [Zum Bildungskonzept M.s]

Thomas MORUS

4945 Thomas Morus: Utopia. Eine Auswahl, hg. KLOWSKI J., Frankfurt/M. (Hirschgraben) 1983, 104 & 96 (Lehrerheft) S.

4946 KLOWSKI J.: Thomas Morus, Utopia. Ein Versuch, das Werk für die Schullektüre zu erschließen, in: Impulse für die lateinische Lektüre, 1979 ↗3197, 269–291

4947 KLOWSKI J.: Thomas Morus' Utopia in der 10. oder 11. Klasse als Einführung in den Humanismus, MDAV/Ns 33.4 (1983), 6–17

4948 KLOWSKI J.: Lernen, in Utopien zu denken. Zur Aktualität von Th. Morus' Utopia, Anregung 30 (1984), 2–14 | **R.:** Maier F., AADI 9 (1985), 117

4949 BELDE D.: Gemeinbesitz contra Privatbesitz, 1987 ↗4972

4950 KLOWSKI J.: Zwei Passagen aus der Einleitung der Utopia: I Der Titel „Utopia" – II Warum „Amerika"?, AU 30.2 (1987), 78–82 | **R.:** Gamper P., AADI 16 (1988), 91

4951 KÖHLER D.: ‚Gloria' und ‚mos' in der Utopia, AU 30.2 (1987), 24–35

4952 RAABE G.: Lektüre der Utopia in einem Kurzlehrgang Latein, AU 30.2 (1987), 36–46 I **R.**: Gamper P., AADI 16 (1988), 94

4953 SCHMIDT U.: Lektüre der Utopia in einem kombinierten Grund- und Leistungskurs, AU 30.2 (1987), 19–23 I **R.**: Gamper P., AADI 17 (1989), 105

4954 THOLEN N.: Glück und Utopie. Schritte des Denkens in der Entdeckung ihrer Zusammenhänge von der Antike bis zu Thomas Morus, AU 30.2 (1987), 4–18 [a. zum NT] **R.**: Gamper P., AADI 16 (1988), 81f.

4955 Utopia – Mundus novus, hg. KLOWSKI J., AU 30.2 (1987), 82 S.

4956 VESTER H.: Thomas Morus: "Utopia". Didaktische Analyse eines Leistungskursthemas, in: Didaktische Reflexion und Unterrichtspraxis, hg. Staatl. Seminar für Schulpädagogik, Karlsruhe 1988, 112–122

4957 BAUER A.: Die Utopia des Thomas Morus – eine Utopie im altsprachlichen Unterricht? Versuch einer Deutung zentraler, für den Unterricht geeigneter Passagen, in: Neue Perspektiven, 1989 ↗920, 31–64

Fridericus MUZELIUS

4958 MUZELL H.: Einmal etwas anderes als Celtis und Balde. Die Ode des Fridericus Muzelius auf Friedrich I. in Preußen, Anregung 38 (1992), 74–88 [Lit.]

Francesco PETRARCA

4959 Francesco Petrarca auf den Spuren der Antike, bearb. HUBER I., LL 33 (1978–79), 33–40

4960 WÖLFLE R.: Francesco Petrarca: Mensch und Natur, in: Aditus. Neue Wege zum Latein (Lehrerhandbuch), 1975 ↗4994, 210–226

4961 SCHMIDT P. L.: Petrarcas Korrespondenz mit Cicero, AU 21.1 (1978), 30–38 [Text: Familiarum rerum 24,3.4 s. Beil. 8–10]

4962 SCHMIDT P. L.: Die Humanistenzeit in der Schullektüre am Beispiel von Petrarca, Gymn. 88 (1981), 357–372 [Arbeitsbericht DAV-Tagung 1980] **R.**: AADI 4 (1982), 51

4963 GRUBER J.: Francesco Petrarca (1304–1374), in: Europäische Literatur in lateinischer Sprache, 1987 ↗5444, 96f.; TÜbers. (fam.) 130–135

Enea Silvio de'PICCOLOMINI

4964 HEUPEL C.: Enea Silvio: Euryalus et Lucretia – Einladung zur Lektüre einer Humanisten-Novelle, AU 23.3 (1980), 74–78 I **R.**: Siehs G., AADI 1 (1981), 11

4965 GRUBER J.: Enea Silvio de'Piccolomini (1405–1464), in: Europäische Literatur in lateinischer Sprache, 1987 ↗5444, 98–100; Textbsp. 135f.

4966 POSCH S.: Enea Silvio Piccolomini (Pius II.), Beschreibung des Sarntales, Latein-Forum 15 (1991), 16–24 [Lit.]

Gian Francesco POGGIO

4967 LETZELTER A.: Num Poggii Liber facetiarum aptus sit, qui a gymnasiorum magistris cum discipulis legatur, VL 20 (1984), 444–448

4968 LETZELTER A.: Poggios Liber facetiarum. Eie Lektüre für den Lateinunterricht, ASiRPS 31 (1985), 23–26

Johannes REUCHLIN

4969 Johannes Reuchlin: Henno, hg. FRINGS U., Frankfurt/M. (Cornelsen–Hirschgraben) 1987, 48 S. | **R.**: Kohl A., Anregung 35 (1989), 125

4970 FRINGS U.: Reuchlins Komödie „Scaenica progymnasmata" („Henno"). Eine Frühlektüre in der Sekundarstufe I, in: Impulse für die lateinische Lektüre, 1979 ↗3197, 223–255

Amerigo VESPUCCI

4971 Mundus Novus. Einleitung, Text und Kommentar zu Amerigo Vespuccis Schreiben, v. KLOWSKI J., AU 30.2 (1987), 47–64; jetzt in ↗5074 | **R.**: Gamper P., AADI 16 (1988), 91

4972 BELDE D.: Gemeinbesitz contra Privatbesitz. Bericht über eine Lektüre des Mundus Novus und ausgewählter Stellen der Utopia unter diesem Thema, AU 30.2 (1987), 69–76 [u.a. Vergleich mit Caesars Germanenexkurs] **R.**: Gamper P., AADI 16 (1988), 87f.

4973 BELDE D.: Amerigos Vespuccis „Mundus Novus" in Kl. 10 und auf der Oberstufe, MDAV 34.1 (1991), 5–11 | **R.**: Eichholz B., MDAV 34.3 (1991), 75–77; s. a. MDAV 35.2 (1992), 65–67; 35.4, 158–161

3. Anthologien, Lesebücher

4974 Römisches Erbe. Lesebuch lateinischer Literatur, v. VOIT L./BENGL H., München (BSV)

4975 —. Textband, 1950, ^{3}1961, 381 S.

4976 —. Erläuterungen, 1951, ^{3}1955, Ndr. 1984, 351 S.

4977 Römische Dichter, hg. RICHTER W., Frankfurt/M. (Hirschgraben) 1956, ^{7}1986, 116 & 95 S. [Phaedr., Ov., Catull., Tib., Prop., Mart. u.a.]

4978 Lateinisches Lesebuch für die Anfangslektüre, hg. u. bearb. UHLMANN W./UPPENKAMP J., Paderborn (Schöningh) 1964, Ndr. 1975, 127 S.

4979 Mittellateinisches Lesebuch, hg. SCHULZ H., Paderborn (Schöningh) 1965, Ndr. 1975, 104 & 29 S.

4980 Ars legendi. Lateinische Originaltexte mit Auswertefragen zur Vorbereitung auf Klassenarbeiten und Prüfungen (mit Lösungsheft), v. LANG W./VOGEL W., Stuttgart (Klett) 1966 u.ö., 147 & 72 S.

4981 Orbis Romanus. Lateinisches Lesebuch, hg. SCHMEKEN H., Paderborn (Schöningh) 1967, 219 & 344 S. [Liv., Caes., Cic., Tac., Aug., Plin., Sen., Catull., Hor., Verg., Ov., Phaedr., Vagantenlyrik u.a.; vgl. ↗4995f.]

4982 Exemplaria Latina. Lateinisches Lesebuch zur Einführung in die Schriftstellerlektüre, v. SCHEER R., Wien (ÖBV) 1969, 104 S.

4983 Römisches Menschentum. Texte von Nepos, Cicero, Livius, Plinius und Tacitus, hg. RÖMISCH E., Frankfurt/M. (Hirschgraben) 1969, 64 & 68 S.

4984 Das alte Rom. Auswahl aus dem lateinischen Schrifttum, bearb. SCHULZ H., Frankfurt/M. u.a. (Diesterweg) ^{4}1970, 114 S.

4985 Pontes. Begleitbuch zur Lektüre nach übergeordneten Themen [& Lehrerheft], v. MAYER J. A., Stuttgart (Klett) 1970, ^{2}1975, 257 & 107 S. [Texte zu Mythos, Geschichte und

Philosophie, humanitas, auctoritas, libertas, res publica, iustitia, pax, fortuna, fatum u.a.] **R.:** Kaiser W., MDAV 16.2 (1973, Beih.), 19–21

4986 Römische Prosa. Auswahl aus Cicero, Sallust, Livius, Seneca, Tacitus, Plinius d. J., Augustin, bearb. WEGNER N., Stuttgart (Klett) 1970, Ndr. 1982 (Litterae Latinae), 79 & 40 S.

4987 Lateinisches Lesebuch, v. STOSCH W./HAUSSIG C./HOHENSEE H., Frankfurt/M. u.a. (Diesterweg) 1971, ^{4}1979 (Text), 1972, ^{5}1980 (Komm.), XIV & 250 S., 8 Taf.; X & 182 S. | **R.:** Kohl A., Anregung 19 (1973), 137f.; ders., Anregung 20 (1974), 205

4988 Fabeln, Sagen, bunte Geschichten aus der Alten Welt, bearb. WECKER O., Göttingen (Vandenhoeck & Ruprecht) ^{6}1972, ^{8}1978 (Atrium Linguae Latinae 1), 58 & 14 S.

4989 Geistige Grundlagen Europas. Lateinisches Lesebuch für die Oberstufe [& Komm.], bearb. FITZEK A., Frankfurt/M. u.a. (Diesterweg) ^{6}1973, XVI & 106 / X & 191 S.

4990 Satura lanx. Eine Auswahl lateinischer Dichtung für die Mittel- und Oberstufe, bearb. RICHTER A., Frankfurt/M. u.a. (Diesterweg) ^{4}1973

4991 Interpretierendes Lesen lateinischer Texte, bearb. KLEMENT M. A., Wien (ÖBV) 1974, 152 S.; Ndr. Frankfurt/M. (Diesterweg), 1975 (Modelle) [komm. Texte zu Miltiades, Orpheus u. Eurydike, Catilina, Aeneas, Nero u.a.] **R.:** Königer W., MDAV/Bl 21.4 (1975), 7; Kohl A., Anregung 24 (1978), 130

4992 —. 2. Band, Wien (ÖBV u.a.) 1979, 118 S. [Verg. Aen., Catull., Hor.]

4993 —. Methodisch-didaktische Hinweise, Wien (ÖBV u.a.) 1979, 19 S.

4994 Aditus. Neue Wege zum Latein (Texte; Schülerkommentar; Lehrerhandbuch), hg. NICKEL R., Freiburg u.a. (Ploetz) 1975, XII & 151; 80 & XV; 294 S. [Texte von u. zu Phaedr., Einhard, Plin. mai. u. min., Petron., Sen., Ov., Petrarca, Cic., Aug., Liv., Wipo, Carmina Burana u.a.; vgl.a. ↗1539]

4995 Orbis Romanus. Lesebuch A, hg. SCHMEKEN H., Paderborn (Schöningh) 1975, 264 & 356 S. [vgl. ↗2706, ↗4981]

4996 —. Lesebuch B, hg. SCHMEKEN H., Paderborn (Schöningh) 1977/1979, 125 & 200 S. [Kurzfassung von 'Lesebuch A' v.a. für Latein als 3. Fremdsprache]

4997 Römische Dichtung. Auswahl aus Lukrez, Catull, Vergil, Horaz, Tibull, Properz, Ovid, bearb. WEGNER N., Stuttgart (Klett) 1976, Ndr. 1984 (Litterae Latinae), 94 & 72 S.

4998 Lateinisch und Deutsch. Übersetzung und Sprachvergleich mit Übungstexten, 1977 ↗1967

4999 Liebe, Lob und Lästerung, bearb. TIPP U., Bamberg (Buchner) 1977 (ratio Werkstattausgaben), 59 S. [By GK 12/2; u.a. Dichter u. Gesellschaft, Epigramm, Satire; vgl.a. ↗5052] **R.:** Philipp G. DASiU 24.3 (1977), 32f.; Zerobin J., Anzeiger f. d. Altertumswiss. 33 (1980), 235f.

5000 Poesie als Sprach- und Lebensform. Eine Einführung in lateinische Dichtung, v. BURKHARDT F./REIS H., Frankfurt/M. u.a. (Diesterweg) 1977 (Modelle), 103 S. | **R.:** Kohl A., Anregung 24 (1978), 131

5001 Principia. Ein Lesebuch zur Einführung in die Lektüre lateinischer Schriftsteller, bearb. SCHEER R., Wien (ÖBV u.a.) 1977, 103 S. [Originalstellen aus Nep., Curt., Gell., Ov., Hyg., Phaedr. und Mart.] **R.:** Kohl A., Anregung 24 (1978), 129

5002 Texte zur lateinischen Rezeption von Sallust, Ovid, Cicero, Tacitus und Horaz, bearb. FUHRMANN M. u.a., AU 21.1, Beih. (1978), 24 S. [zu ↗3835, ↗4578, ↗4910, ↗4912, ↗4961; a. separat lieferbar]

S 3   Anthologien, Lesebücher

5003 Macht der Stärke · Macht der Rede · Macht des Glaubens. Texte für die lateinische Lektüre, bearb. DAHEIM J. u.a., hg. GLÜCKLICH H.-J., AU 22.3, Beih. (1979), 26 S. [Anfangslektüre (a. separat lieferbar); vgl. Niemann K.-H. ↗4195, Daheim J. ↗4668, Hamacher J. ↗4888, Glücklich H.-J. ↗4891]
5004 Dichtung bei den Römern. Amores – Laudes – Saturae. Grundkurs Latein, v. KESSLER M., Donauwörth (Auer) 1980, ³1987 (Fundus 9), 168 S. [By GK 12/2] R.: Hojer S., DASiU 27.2 (1980), 29f.; Vretska K., IAU 3.1 (1981), 47; Kohl A., Anregung 28 (1982), 105; Ruck H., DASiU 30.1 (1983), 29; Hohnen P., MDAV/NW 32.2 (1984), 8–10
5005 Romanitas. Synthematisches Lesebuch der lateinischen Literatur [& Komm.], hg. LEEMAN A. D., bearb. WIMMER H./OFFERMANNS A./KRAMER H., Frankfurt/M. (Hirschgraben) 1982, 304 & 288 S. I R.: Broemser F., ASiRPS 29.2–3 (1983), 24f.; Nagel W., AADI 6 (1983), 82; Kohl A., Anregung 30 (1984), 210f.
5006 Auswahl aus Nepos, Caesar, Ovid. Mit Erläuterungsheft, bearb. WECKER O., Göttingen (Vandenhoeck & Ruprecht) ¹⁴1988 (Atrium Linguae Latinae 3), 119 S.
5007 Gustula. Lateinisches Lesebuch (Textband; Wort- u. Sacherläuterungen, Lernwortschatz; Lehrerheft), v. WEDDIGEN K., Stuttgart (Klett) 1989, 144, 51 & 32 S. [u.a. Curt., Nep. Hann., Cic., Apul. met., Chronica Regia Coloniensis, Caesarius, Fabel, Lyrik] R.: Ableitinger D., Ianus 10 (1989), 76f.; Gamper P., AADI 20 (1990), 133f.; Vester H., MLAS/BW 20.1 (1992), 25–27
5008 Prima lectio · Erste lateinische Lesestücke, Ausw. u. Übers. v. WAIBLINGER F. P., München (dtv) 1989, 132 S. [Texte aus alten Lehrbüchern und leichte Originaltexte]
5009 Lateinische Dichtung, bearb. KURZ R. u.a., Wien (HPT) 1991 (Orbis Latinus 13), 96 & 88 S. [Schwerpunkt Catull., Ov. met.; Begleittexte: Verg., Hor., Carmina Burana] R.: Senfter R., Ianus 13 (1992), 69–72
5010 Lateinische Übergangslektüre [& Lehrerheft], hg. GEBHARDT E./KROH P., Frankfurt/M. (Cornelsen–Hirschgraben) 1991, 96 & 40 S.
5011 Latinitatis speculum (Text und Kommentar), v. VICENZI O., Wien (ÖBV) 1992, 169 & 82 S. [u.a. Christentum, Bildung, Lokalhistorisches, Mittellatein, Humanismus]
5012 Textus. Themenzentrierte Lektüre lateinischer Texte (mit Kommentar), v. STEINER-KLEMENT M. A., Wien (ÖBV) 1992
5013 —. Ausgabe Gymnasium. Band 1 für die 5. Klasse, 144 S.
5014 —. Ausgabe Gymnasium. Band 2 für die 6. Klasse, 224 S.
5015 —. Ausgabe Realgymnasium. 7. Klasse, 288 S.

T. Thematische Lektüre

1. Grundsätzliches

5016 MAYER J. A.: Lektüre nach übergeordneten Themen, Stuttgart 1970 [zu Cic. Arch., Marcell., u.a.]
5017 KLOWSKI J.: Die Antike als Gegenmodell und daher Lektüre nach Themen, aber nicht nach kulturkundlichen, sondern nach existentiell relevanten Themen, Anregung 19 (1973), 331f.

5018 NICKEL R.: Problemorientierung im Lektüreunterricht, AU 16.1 (1973), 89f.

5019 MUNDING H.: Altsprachliches zum Problem des „homo faber". Plädoyer für eine zu fächerübergreifenden Fragen hinführende griechische oder lateinische Oberstufenlektüre, ASiRP 21.1 (1975), 4–6 [Problem des technischen Fortschritts]

5020 SUERBAUM W.: Werklektüre oder thematische Sequenzen-Lektüre? Betrachtungen zu einem Problem der Curriculumplanung, 1976 ↗3673

5021 NICKEL R.: Vergleichende Lektüre nach übergeordneten Themen. Zur Methodik des lateinischen Lektüreunterrichts, 1978 ↗3064

5022 Lateinische Lektüre auf der Sekundarstufe I, 1979 ↗3199

5023 MAIER F.: Antike Texte als „Denkmodelle". Zum Modellbegriff in der altsprachlichen Didaktik, Anregung 25 (1979), 364–378

5024 NICKEL R.: Das thematische Prinzip, in: Handbuch für den Lateinunterricht, Sek.II, 1979 ↗12, 254–265 [Lit.]

5025 KREFELD H.: Zur Problematik eines universalen Modellbegriffes, Anregung 26 (1980), 283–290 I **R.:** AADI 2 (1981), 14

5026 SENONER R.: Autorenlektüre oder thematische Lektüre? Versuch einer Kombination, 1980 ↗3202

5027 HEINRICHS A.: Versuch einer didaktischen Ortsbestimmung historisch orientierter Kurse, MDAV/Hs 34.4 (1987), 9–13; 35.1 (1988), 10–14; 35.2, 8–16

2. Einzelne Bereiche

Vergleichen Sie zu den jeweiligen Sachbereichen auch die entsprechende Abteilung unter V (Sachbereiche der Klassischen Philologie).

a. Literaturgeschichte, Gattungen

5028 Elegiker – Auswahl. Tibull, Properz, Ovid (Amores, Heroides), Copa, bearb. TILL R., Heidelberg (Kerle) (Heidelberger Texte 26), 129 S.

5029 Altlateinische Inschriften, bearb. LOCHNER V. HÜTTENBACH F., LL 26 (1971–72), 33–40

5030 Amor aureus. Die Liebe in der Elegiendichtung Roms. Text, Kommentar und Interpretationen, bearb. ELLER K. H., Frankfurt/M. u.a. (Diesterweg) 1977 (Modelle), 136 S. I **R.:** Kohl A., Anregung 24 (1978), 129

5031 Ironie, Parodie und Satire von Lucilius bis Loriot [& Lehrerheft], v. MEINHOLD M./NIKKEL R., Freiburg u.a (Ploetz) 1977 (Fructus 2), 103 & 62 S. [u.a. Lucil., Catull., Mart., Iuv., Plaut., Pers., Hor.; Kästner, Mann, Tucholsky, Swift, Goethe, Schiller, Frisch] **R.:** Kohl A., Anregung 24 (1978), 130

5032 Witz, Satire, Ironie, bearb. TIPP U., Bamberg (Buchner) 1977 (ratio werkstattausgaben), 35 S. [u.a. Catull., Mart.] **R.:** DASiU 24.3 (1977), 28f.; Hadamovsky W., Anzeiger f. d. Altertumswiss. 33 (1980), 236

5033 Römische Satiren. Color vitae. Lucilius – Horaz – Petron – Juvenal, bearb. ZINK N., Frankfurt/M. u.a. (Diesterweg) 1978 (Modelle), 83 S. I **R.:** Frentz W., MDAV/NW 29.2 (1981), 14

5034 Römische Theaterdichtung – Komödie, bearb. ELLER K. H., Frankfurt/M. u.a. (Diesterweg) 1980 (Modelle), 108 S. I **R.:** Töchterle K., AADI 1 (1981), 5

5035 Römische Theaterdichtung – Tragödie, bearb. ELLER K. H., Frankfurt/M. u.a. (Diesterweg) 1980 (Modelle), 63 S. I R.: Töchterle K., AADI 1 (1981), 5

5036 Certamina. Poetische Sportreportagen aus dem antiken Epos, bearb. ELLER K. H., Frankfurt/M. u.a. (Diesterweg) 1981 (Modelle), 80 S. [Hom. Il.; Apoll.Rhod.; Nonn.; Verg. Aen.; Ov. met.; Stat. Theb.] R.: Töchterle K., AADI 6 (1983), 81f.; Frentz W., MDAV/ NW 32.2 (1984), 10f.

5037 Sal et acetum. Lateinische Satiren, Parodien und Epigramme, v. FINK G., Donauwörth (Auer) 1981, [6]1990 (Fundus 11), 120 S. I R.: Schulze W., MDAV/NW 29.4 (1981), 6f.; Kohl A., Anregung 28 (1982), 104

5038 Herrscher, Helden, Heilige. Lateinische Lebensbilder, bearb. FINK G., Bamberg (Buchner) 1984 (ratio 7), 63 S. [Hist.Aug., Eugipp. Sev., Einhard]

5039 Lateinische Inschriften aus dem antiken Rom und der Germania Romana. Texte mit Einführungen, Abbildungen und Erläuterungen, bearb. LERETZ H., Paderborn (Schöningh) 1985, 75 S. I R.: Kohl A., Anregung 32 (1986), 125; Töchterle K., AADI 11 (1986), 11f.

5040 Satire und Lyrik, bearb. TIPP U., Bamberg (Buchner) 1986 (ratio 21), 96 & 136 S. [Petron, Mart., Hor., Catull., Carm.Bur.] R.: Philipp G., DASiU 34.1 (1987), 20

5041 Liebe, Lob und Lästerung, 1987 ↗4999

5042 Fabeln, bearb. ZACH E., Wien (Braumüller) 1988 (Latein in unserer Welt), 20 & 20 S. I R.: Töchterle K., AADI 18 (1989), 111–113

5043 Fabeln (Text; Komm.; Lehrerbegleitband), bearb. LACHAWITZ G./SMOLAK K., Wien (HPT) 1989 (Orbis Latinus 9), 32, 24 & 16 S. I R.: Oberg E., Ianus 11 (1990), 114–116; Töchterle K., AADI 20 (1990), 135

5044 Profugus solo patrio. Römische Exilliteratur: Cicero – Ovid – Seneca, bearb. KRÜGER H., Stuttgart (Klett) 1990, 104 S. I R.: Doblhofer E., Ianus 12 (1991), 54–56; Gamper P., AADI 23 (1992), 39

5045 BAYER K.: Nil mortalibus ardui est – eine Möglichkeit der thematischen Dichterlektüre im Lateinunterricht der Oberstufe des humanistischen Gymnasiums, DASiU 7.2 (1959), 4–12; 7.3–4, 6–12; jetzt in: Das Angebot der Antike, 1990 ↗21, 185–197 [Auseinandersetzung mit Meer und Seefahrt; Hor., Stat., Tib., Ov., Sen.]

5046 HÖHN W.: Sequenzenlektüre am Beispiel Fabel – Operationalisierungsbeispiel zu den Rahmenrichtlinien, Latein ab Kl. 7, in: Anregungen zur Arbeit mit den Rahmenrichtlinien im Bereich Sprachreflexion, 1973 ↗688, 40–59 [Bsp.e aus Bornemann C 1]

5047 REINHART G.: Beschreibung eines Intensivkurses in Latein (Klasse 11), AU 18.5 (1975), 93–98 [Liebeselegie]

5048 KLOWSKI J.: Catull, Vaganten, Beatniks, 1976 ↗3418

5049 PRUTSCHER U.: Der Brief als Medium der persönlichen Mitteilung. Eine lernzielorientierte Auswahl aus Cicero und Plinius, AU 19.2 (1976), 5–19 [Lit.]

5050 ERB J.: Zum ersten Kurshalbjahr des Leistungskurses: "Witz, Satire, Ironie", in: Handreichungen für den Lateinunterricht in der Kollegstufe 3.2, 1977 ↗711, 98–102 [Lit.]

5051 Poesie als Sprach- und Lebensform, 1977 ↗5000

5052 WOLF G.: Eine Unterrichtseinheit im Grundkurs des zweiten Kurshalbjahres: "Liebe, Lob und Lästerung", in: Handreichungen für den Lateinunterricht in der Kollegstufe 3.2, 1977 ↗711, 82–85 [Epigramm; vgl.a. ↗4999]

5053 NICKEL R.: Die Lektüre nach literarischen Gattungen im Lateinunterricht, AU 22.6 (1979), 43–60

5054 SPENNEMANN K.: Gesellschaftskritik in der römischen Satire, in: Gymnasiale Oberstufe – Lateinisch, [1981] ↗729, 7–82 [NRW LK 12/2; Petron., Iuv., Hor., Sen. epist.; Lit.]

5055 SEIFFERT K.: Themen- und Textvorschläge zur Brieflektüre im Lateinunterricht, LGB 26 (1982), 18–23

5056 PRUTSCHER U.: Zur Briefliteratur im Lateinunterricht, MDAV 26.3 (1983), 1–3

5057 BURY E.: Unseriöse Ridicula? Eine Lanze für den lateinischen Witz, AU 31.3 (1988), 68–73 [vgl. ↗5313] **R.:** Töchterle K., AADI 17 (1989), 101

5058 KRATZ B.: Einführung in motivgeschichtliches Arbeiten anhand des aurea-aetas-Mythos. Eine Unterrichtseinheit, MDAV/Hs 36.2 (1989), 9–14 [Ov. met., am.; Tib.]

5059 FEICHTINGER B.: Das literarische Frauenbild der römischen Elegie – ein Zerrspiegel?, Ianus 13 (1992), 12–22 [mit Lektürevorschlägen zu Prop., Tib., Ov.]

b. Geschichte, Politik

(Vgl.a. Abschnitt V 2.)

5060 Politische und soziale Probleme in der römischen Republik, bearb. SCHEER R., Wien (Braumüller)

5061 Imperium Romanum, bearb. KLINZ A., AU 4.3, Beih. (1960), 16 S. [vgl.a. ↗5063]

5062 Monumenta. Gestalten und Bilder vom Forum Romanum, hg. RÖMISCH E., Frankfurt/M. (Hirschgraben) 1965, ²1971, 76 & 52 S.

5063 Imperium Romanum. Texte von Cato Censorius bis Tacitus (Text, Erläuterungen, Lehrerkommentar), bearb. KLINZ A., Göttingen (Vandenhoeck & Ruprecht) 1968 (Atrium Linguae Latinae 6), 47, 56 & 35 S. [vgl.a. ↗5061]

5064 Kaiser Tiberius. Mensch und Macht – Charakter und Umwelt, bearb. SCHAFFNER G., Frankfurt/M. u.a. (Diesterweg) 1968, ²1974, 65 & 116 S. [Tac., Suet., Vell.]

5065 Die Römer auf Reisen in Griechenland, Troja und Alexandria, v. SCHWARZ G., LL 25 (1970–71), 17–22

5066 Gesandtschaften indischer Fürsten in der römischen Kaiserzeit, v. KRAUSE W., LL 25 (1970–71), 34–40

5067 Saeculum Augustum, bearb. CARSTENN M., Paderborn (Schöningh) 1975, 80 & 70 S. [R.Gest. (lat. u. griech.), Suet. Aug., Augustusbriefe, Inschriften]

5068 Bilder und Gestalten aus der römischen Sage und Geschichte, ¹⁰1976 ↗5190

5069 Herrschaft und Herrschaftsanspruch. Römisches Selbstverständnis in zeitgenössischer und historischer Wertung [& Lehrerheft], v. SCHIROK E., Freiburg u.a. (Ploetz) 1977 (Fructus 3), 69 & 47 S. [Sall. hist., Catil.; Tac. Agr.; Cic., off., rep.; Liv.; Verg. Aen.; Hor. carm.; Polybios] **R.:** Kohl A., Anregung 24 (1978), 132

5070 Pax. Vertrag, Herrschaft, Ordnung, Hoffnung, bearb. VOGT W./PRUTSCHER U., Frankfurt/M. u.a. (Diesterweg) 1977 (Modelle), 108 S. | **R.:** Kohl A., Anregung 24 (1978), 131

5071 Accedere ad rem publicam – a re publica recedere? Cicero-Texte und Ausschnitte aus Platon, Tacitus, Seneca und Augustin, bearb. VOGT W./PRUTSCHER U., Frankfurt/M. u.a. (Diesterweg) 1979, 120 S. [vgl.a. ↗5082]

5072 Der einzelne und der Staat. Römisches Staatsdenken in der späten Republik, 1981 ↗5161

5073 Domina Roma. Lateinische Quellentexte zum römischen Imperialismus, bearb. BURY E., Stuttgart (Klett) 1987, 48 S. [Verg., Liv., Plin., Cic., Ov., Hor., Tac., Caes., Aug. u.a.] **R.:** Senfter R., AADI 16 (1988), 83

5074 Mundus Novus. Lateinische Texte zur Eroberung Amerikas. 2., durchges. u. erw. Aufl. [& Lehrerkomm.], Stuttgart (Klett) 1987, 25 & 24 S. [enthält: ↗4971, ↗5275] **R.**: Gamper P., AADI 16 (1988), 83

5075 KIEFNER W.: Der angeklagte Scipio Africanus. Seine Darstellung nach den antiken Zeugnissen, AU 14.1 (1971), 75–98 [Gell., Liv., Val.Max. u. griech. Autoren] **R.**: Kohl A., Anregung 19 (1973), 59

5076 STORCH H.: Caesar als Politiker der ausgehenden Republik – Thematische Lektüre im kooperativen Unterrichtsverfahren, in: Theorie und Praxis des kooperativen Unterrichts 2.4, 1972 ↗1273, 38–57 [Caes. civ.; Cic. Marc., Lig., Briefe; Lit.]

5077 NETZEL B.: Romidee – Romkritik. Ein Vorschlag einer thematischen Unterrichtseinheit in der Sekundarstufe II, AU 18.4 (1975), 5–28 [Sall. epist.Mithr.; Cic. off., rep.; Verg. Aen.; Tac. hist.]

5078 GLÜCKLICH H.-J.: Ein modifizierter Entwurf des Kursthemas: Kampf um die Macht in Rom und das Problem des Widerstands, in: Kampf um die Macht im Staat am Ende der römischen Republik, 1977 ↗994, 41–55

5079 MEYER T.: ROMA AETERNA – Idee und Wirklichkeit, LEU/L 7 (1977), 20–24 [vgl.a. ↗5352]

5080 BORRIES B. v.: Römische Republik. Weltstaat ohne Frieden und Freiheit? Ein problemorientiertes Unterrichtsmodell für die Sekundarstufen, Stuttgart (Klett) 1980, 254 S. [geschichtsdidaktisch, aber mit zahlreichen Quellentexten; Abb., Lit.]

5081 MÜFFLING M. v.: Zu den „Denkmodellen" des Leistungskurses Latein „Staat und Individuum" (3. Kurshalbjahr), Anregung 26 (1980), 376–381 I **R.**: AADI 2 (1981), 22f.

5082 BACH B.: Darstellung eines Kurshalbjahres: „Accedere ad rem publicam – A re publica recedere?", in: Gymnasiale Oberstufe – Lateinisch, [1981] ↗729, 161–199 [NRW LK 13/1; Cic., Sen.; vgl.a. ↗5071]

5083 MAIER F.: Augustus – Idee und Ideologie des Prinzipats im Spiegel der Literatur. Beispiel einer modellorientierten Interpretation, in: Dädalus und Ikarus · Der Prinzipat des Augustus, 1981 ↗3151, 47–143 [Cic., Hor., R.Gest., Vell., Tac.] **R.**: Kohl A., Anregung 30 (1984), 210

5084 STÄDELE A.: Barbarenreden – ein Beitrag zur Behandlung des römischen Imperialismus im Lateinunterricht, Anregung 27 (1981), 248–258, 292–300 I **R.**: AADI 4 (1982), 51; Kohl A., Anregung 28 (1982), 105

5085 LIPPOLD A.: Stimmen zur Völkerwanderungszeit – Widerspiegelungen des Umbruchs?, in: Information aus der Vergangenheit, 1982 ↗866, 64–90 [Texte aus Amm., Chromat., Hier., Oros. S. 91–95]

5086 SCHÖNDORF K.: Von der augusteischen zur christlichen Romideologie, Anregung 28 (1982), 305–311 I **R.**: Maier F., AADI 5 (1983), 69

5087 WINDIRSCH C.: Die Problematik der Romkritik in der römischen Literatur. Ein Beispiel aus der Kollegstufenarbeit, Anregung 28 (1982), 227–232 I **R.**: Maier F., AADI 5 (1983), 70

5088 ROHRMANN L.: Kampf um die Macht im Staat am Ende der römischen Republik. Ein Lateinkurs unter besonderer Berücksichtigung der politischen Bildung, AU 26.1 (1983), 33–55 [Textbsp.: Caes., civ. 1,5; vgl.a. ↗714] **R.**: Töchterle K., AADI 7 (1984), 96f.

5089 MAIER F.: Römisches Weltreich im Für und Wider antiker Texte – Beispiel einer modellorientierten Interpretation, in: Tradition und Rezeption, 1984 ↗894, 134–168 [vgl.a. ↗5091]

5090 MAIER F.: Imperium Romanum – ein Gegenstand der Mittelstufenlektüre, in: Lateinunterricht 3, 1985 ↗3095, 67–80

5091 MAIER F.: Römischer „Imperialismus" im Pro und Contra antiker Texte, in: Lateinunterricht 3, 1985 ↗3095, 81–131

5092 ROHRMANN L.: Augustus und seine Zeit im Spiegel römischer Dichtung, MDAV 33.1 (1986), 5f.; 33.2, 4–6; 33.3, 1–6; 33.4, 1–5 [LK Hs; Lit.]

5093 ROHRMANN L.: Augustus und seine Zeit im Spiegel römischer Dichtung. Ein Kursvorschlag mit Texten von Horaz und Vergil, AU 29.6 (1986), 53–78 [Sek.II Hs; Verg. Aen., ecl; Hor. sat., carm., epod.] **R.:** Gamper P., AADI 15 (1988), 63

5094 ELLER G.: Die Germanen, in: Handbuch für den Lateinunterricht, Sek.I, 1987 ↗19, 310–318

5095 ERB J.: Gedanken über den Frieden in lateinischen Texten, DASiU 34.1 (1987), 9–12

5096 JOPP R.: Ein Versuch themenzentrierten Unterrichts und ein Beitrag zur Politischen Bildung im Lateinunterricht, Latein-Forum 3 (1987), 20–28 [Herrschaft und Staat, Imperialismus; Tac., Cic., Verg., Sen.]

5097 GEHRKE H.-J.: Von der Republik zum Prinzipat – Römische Politik im Lichte der Münzprägung, 1988 ↗5393

5098 MAIER F.: Eine Szene mit weltgeschichtlichen Folgen. Hannibals Eid auf die ewige Feindschaft mit Rom (Nepos, Hannibal 2,3; Livius, a.u.c. XXI 1,4; Mirco Jelusich, 9–16), in: Lebendige Vermittlung latcinischer Texte, 1988 ↗3106, 18–39

5099 SIEBENBORN E.: „bellum iustum". Spät- und nachantike Positionen, AU 34.1–2 (1991), 75–92 [u.a. Aug., Thomas, Erasm., Luther] **R.:** Töchterle K., AADI 24 (1992), 64

5100 LORENZ G.: Das alte Rom und das China der Han-Dynastie: Ausgewählte Kapitel und Lektüre-Anregungen zu einem Vergleich, Latein-Forum 17 (1992), 22–45

c. Kulturgeschichte, Römische Gesellschaft

(Vgl.a. Abschnitt V 2 und V 5 a.)

5101 De vita et moribus familiae cuiusdam Romanae, bearb. KRACKE A., Stuttgart (Klett) 1959, Ndr. 1985, 81 & 36 S.

5102 Gens Cornelia. Römer des 3. und 2. Jahrhunderts, bearb. KRÜGER M./PHREN B., Frankfurt/M. u.a. (Diesterweg) [11]1970

5103 Die ethisch-soziale Problematik der antiken Sklaverei. Lateinische Texte mit Vokabelhilfen und Erläuterungen, Münster (Aschendorff) 1974, 24 S.; [2]1977, 50 S. I **R.:** Bietz W./Reinhardt U., ASiRP 21.2 (1975), 13–15; Bietz W., MDAV/NW 24.1 (1976), 9–11; Kohl A., Anregung 24 (1978), 129

5104 Frauen des Altertums. Textstücke aus 22 Autoren von Cicero bis Einhart, bearb. LORETTO F., Münster (Aschendorff) 1974, 151 & 140 S. I **R.:** Hempelmann G., MDAV/NW 23.2 (1975), 12f.; Leretz H., DASiU 24.3 (1977), 27f.; Kohl A., Anregung 24 (1978), 130; Frentz W., MDAV/NW 27.1 (1979), 7f.; Zerobin J., Anzeiger f. d. Altertumswiss. 33 (1980), 235f.

5105 Die römische Gesellschaft. Lateinische Texte aus dem 2. Jhdt v. Chr. bis zum 6. Jhdt. n. Chr., bearb. RIEDEL W., Frankfurt/M. u.a. (Diesterweg) 1976 (Modelle), 77 S. I **R.**: Kohl A., Anregung 24 (1978), 132

5106 Pompeji. Texte und Abbildungen zu Wirtschaft, Verwaltung, Leben, Religiosität und Kunst in einer römischen Stadt, bearb. KNOKE F., AU 20.3, Beih. (1977), 32 S.; Ndr. mit Komm.: Stuttgart (Klett) 1979, 32, 24 & VIII S. [dazu s. ↗5698, ↗5747]

5107 Römisches Leben, bearb. WINKLER N., Bamberg (Buchner) 1977 (ratio werkstattausgaben), 43 S. [Sklaven, Zirkus und Theater, Liebe u. Leidenschaft, Frauen; vgl.a. ↗5111] **R.**: Philipp G., DASiU 24.3 (1977), 29f.; Wülfing P., MDAV/NW 26.2 (1978), 7–9: Zerobin J., Anzeiger f. d. Altertumswiss. 33 (1980), 235f.

5108 Beruf, Stand, Sozialstatus. Die gesellschaftliche Struktur der römischen Republik [& Lehrerheft], v. AUGUSTIN E., Freiburg (Ploetz) 1978 (Fructus 7), 67 & 42 S. [Cic., Liv., Sall., Sen., Plin., Cato u.a.] **R.**: Kohl A., Anregung 26 (1980), 195

5109 Gewissen und Staatsraison. Die Christen im Konflikt mit dem römischen Staat [& Lehrerheft], v. FINK G., Freiburg (Ploetz) 1978 (Fructus 8), 71 & 52 S. [Liv., Caes., Plin., Val. Max. u.a.] **R.**: Kohl A., Anregung 26 (1980), 195; Vretska K., IAU 3.2 (1981), 29

5110 Sprache und Menschsein. Die gesellschaftliche Bedeutung der Sprache im antiken Rom [& Lehrerheft], v. HUGENSCHMIDT A., Freiburg (Ploetz) 1978 (Fructus 6), 66 & 58 (Lehrerheft) S. [Cic., Sen., Sall., Aug. Tac., Varro u.a.] **R.**: Kohl A., Anregung 26 (1980), 195

5111 Römisches Leben (Text und Kommentar), bearb. WINKLER N., Bamberg (Buchner) 1979 (ratio 12), 107 & 98 S. [Sklaven, Zirkus und Theater, Liebe u. Leidenschaft, Frauen; vgl.a. ↗5107] **R.**: Philipp G., DASiU 27.1 (1980), 50–52

5112 Sklaverei in der Antike. Quellentexte römischer Autoren, bearb. KÜPPERS E., AU 25.1, Beih. (1982), 48 S. [dazu ↗5130; vgl.a. ↗5131] **R.**: Derndorfer H., AADI 6 (1983), 82

5113 Munera gladiatoria. Quellentexte zum römischen Gladiatorenwesen, bearb. GOERING K., Stuttgart (Klett) 1983, 37 S. [dazu a. Diaserie erhältlich] **R.**: Aigner H., Ianus 10 (1989), 79f.

5114 Rom und die Christen. Lateinische Quellentexte, bearb. WLOSOK A./GIESCHE M., Stuttgart (Klett) 1983, 17 S. [Texte von Suet., Tac., Plin., Tert., Cic., Val.Max. u.a.] **R.**: Töchterle K., AADI 8 (1984), 107

5115 Sport in der Antike. Texte für die lateinische Übergangslektüre, bearb. BURY E., Stuttgart (Klett) 1983, 37 S. I **R.**: Töchterle K., AADI 8 (1984), 107; Weiler I., Ianus 9 (1987–88), 93f.

5116 Dichter und Staatsmacht. Vergil, Horaz, Ovid und Augustus, bearb. FROESCH H., Frankfurt/M. u.a. (Diesterweg) 1984 (Modelle), 88 S. I **R.**: Töchterle K., AADI 9 (1985), 119

5117 „Vulgus ignotum". Texte zur Arbeitswelt der römischen Antike, bearb. WEDDIGEN K., Stuttgart (Klett) 1986, 32 S. I **R.**: Weiler I., Ianus 9 (1987–1988), 94f.; Töchterle K., AADI 16 (1988), 83f.

5118 Servitus. Seneca und andere Autoren zur römischen Sklaverei [& Lehrerband], bearb. STEINHILBER J., hg. ZINK N., Frankfurt/M. u.a. (Diesterweg) 1989, 83 & 100 S. [dazu a. Diaserie erhältlich] **R.**: Rabl J., LGB 34 (1990), 144f.; Töchterle K., AADI 20 (1990), 135f.

5119 DIETZ G.: Das römische Wertsystem (Entwurf für die Klasse 11), Mitteil. d. Dokumentationsstelle Alte Sprachen 4 (1973), 30–33

5120 NIEBAUM P.: „concordia ordinum"? Unterrichtsversuch in einer Klasse 11 mit ausgewählten Texten zur sozialen Situation der ciceronischen Zeit, AU 17.2 (1974), 5–25 [insbes. zum J. 63; u.a. Catil., Sest., rep.; Sall. Catil.]

5121 VEITENHANSL J.: Wirtschaftslehre und Alte Sprachen, Anregung 21 (1975), 69f.

5122 STEINDL E.: Römische Dichter und die Frauenwelt, Die Österreichische Höhere Schule 28.3 (1976), 70–75

5123 ERB J.: Zum zweiten Kurshalbjahr des Leistungskurses: "Römisches Leben", in: Handreichungen für den Lateinunterricht in der Kollegstufe 3.2, 1977 ↗711, 102–108 [Lit.]

5124 HECHT K.: Eine Unterrichtseinheit im Grundkurs des zweiten Kurshalbjahres "Römisches Leben": Das menschliche Grunderlebnis von Liebe und Leidenschaft, in: Handreichungen für den Lateinunterricht in der Kollegstufe 3.2, 1977 ↗711, 86–97 [By]

5125 HOLZER G.: Sklaverei im Römischen Reich, dargestellt anhand archäologischer Zeugnisse aus dem Rheinland, Schule und Museum 5 (1977), 43–58

5126 KRONPASS I.: Unterrichtseinheit aus dem Leistungskurs Latein (2. Kurshalbjahr: Römisches Leben; 2. Teilziel: Sklaven im alten Rom), in: Materialien zum Lateinunterricht in Mittel- und Oberstufe, 1977 ↗712, 2–21 [u.a. Sen. epist., Gaius inst.]

5127 TRABERT K.: Frauengestalten aus dem alten Rom. Zum zweiten Kurshalbjahr des Leistungskurses Latein, Anregung 25 (1979), 76–80

5128 SCHÖNBERGER O.: Volkskunde im altsprachlichen Unterricht, 1980 ↗5550

5129 HENSEL-JOHNE C.: Auctoritas. Erfahrungsbericht über einen Kurs in 11/1, AU 24.3 (1981), 38–52 | **R.**: AADI 4 (1982), 47f.

5130 KÜPPERS E.: Sklaverei in der Antike. Beobachtungen zu römischen Quellentexten, AU 25.4 (1982), 66–81 [zu Texten aus ↗5112: Nep. Att., Cic. Att., Liv., Flor., Tac. ann] **R.**: Töchterle K., AADI 6 (1983), 85

5131 SCHIFF V.: Die Behandlung der Sklavenfrage anhand lateinischer Quellen, AU 25.1 (1982), 4–24 [u.a. zu Gaius, Apul., Sen., Paulus, Plin.; s.a. Küppers E. ↗5112, ↗5130] **R.**: Derndorfer H., AADI 5 (1983), 68

5132 SCHOPLICK V.: Lebensbewältigung in der römischen Kaiserzeit. Ovids „Remedia amoris" und andere Texte, 1985 ↗4055

5133 RIECHE A.: Römische Spiele in Schrift- u. Sachquellen, AU 29.3 (1986), 40–55 [u.a. Ov. ars; vgl.a. ↗2134] **R.**: Siehs G., AADI 15 (1988), 62f.

5134 TRATTER I.: Ein Unterrichtsbeispiel zur Politischen Bildung im Lateinunterricht; Materialiensammlung zum Thema: TODESSTRAFE, Latein-Forum 4 (1988), 35–56

d. Recht

(Vgl.a. Abschnitt V 4 a.)

5135 Römisches Recht, bearb. MAYER-MALY T./NOLL H., Wien (Braumüller) (Latein in unserer Welt), 56 S.

5136 Fälle aus dem römischen Recht, bearb. FUHRMANN M./LIEBS D., Bamberg (Buchner) 1974 (ratio 5), 40 & 95 S. [vgl.a. ↗5143] **R.**: Weiß M., DASiU 22.1 (1975), 23f.; Börker R., VL 12 (1976), 369–371; Kohl A., Anregung 22 (1976), 210; Hadamovsky W., Anzeiger f. d. Altertumswiss. 32 (1979), 116f. [auch als zweispr. Ausg. erschienen: Exempla iuris Romanae, München (dtv) 1988, vgl. Geißler H., VL 24 (1988), 291–299]

5137 Ars boni et aequi. Römisches Recht. Texte zum Privatrecht (Neubearbeitung), v. GLEIXNER H., Donauwörth (Auer) 1988, ²1990 (Fundus 22), 160 S. I R.: Kohl A., Anregung 35 (1989), 119

5138 Ius – Iustitia – Iuris prudentia. Die Bedeutung des römischen Rechts im Spiegel lateinischer Quellen [& Lehrerkomm.], bearb. HELTWEG A., Stuttgart (Klett) 1990, 48 & 72 S.

5139 Römisches Recht, bearb. HAUSMANINGER H./TRACHTA W., Wien (HPT) 1992 (Orbis Latinus 15), 48 & 64 S. I R.: Albert S., MDAV/Hs 40.3 (1993), 11f.; Wölke H., MDAV 36.1 (1993), 37f.

5140 RIEDEL W.: Naturrecht und positives Recht – Unterrichtsbeispiel zum Lernbereich III b (berufsbezogenes Latein), 1973 ↗3031

5141 WEISS M.: Aufnahme des Römischen Rechts in den Lektürebestand der Gymnasien, 1973 ↗969

5142 GAUL D.: Juristische Texte im Lateinunterricht, MDAV/Hs 21.3 (1974), 4f.

5143 FUHRMANN M.: Römisches Recht am Gymnasium. Überlegungen zu einem Oberstufenkurs, in: Alte Sprachen in der Krise?, 1976 ↗182, 95–104

5144 BÖRKER R.: Texte aus dem römischen Recht, AU 20.5 (1977), 82–84

5145 HELTWEG A.: Römisches Recht, in: Gymnasiale Oberstufe – Lateinisch, [1981] ↗729, 83–160 [NRW GK 12/2; Lit.]

e. Rhetorik · Poetik

(Vgl.a. Abschnitt V 3 c.)

5146 Redekunst – Lebenskunst. Ein Rhetorikkurs im Lateinunterricht. Texte mit Erläuterungen, Arbeitsaufträge, Begleittexte und Stilistik, bearb. GLÜCKLICH H.-J., Göttingen (Vandenhoeck & Ruprecht) 1980, ²1985 (Exempla 2), 88 S. [Lehrerkomm. ↗5150] R.: Siehs G., AADI 1 (1981), 5–6; Kohl A., Anregung 28 (1982), 105

5147 Eloquentia Romana. Texte aus Cicero, Gellius, Quintilian, Seneca d. Ä., Tacitus, Petronius (Leseheft und Kommentar), bearb. HEIMBECHER W./LEGGEWIE O., Münster (Aschendorff) 1981, 52 & 33 S. I R.: MDAV 26.1 (1983), 22; Voigt W., MDAV/NW 31.2 (1983), 14f.

5148 Römische Redekunst (Text und Kommentar), hg. SCHÖNBERGER O., Bamberg (BVB) 1988 (Testimonia), 60 & 38 S.

5149 HEUPEL C.: Das Wort als Waffe: Die politische Rede bei den Römern. Lernzielkatalog mit Erläuterungen, AU 18.4 (1975), 29–40 [Lit.]

5150 GLÜCKLICH H.-J.: Redekunst – Lebenskunst. Ein Rhetorikkurs im Lateinunterricht, Göttingen (Vandenhoeck & Ruprecht) 1980, ²1990 (Consilia 2), 47 S. [Texte ↗5146] R.: Decreus F., DCG 21 (1981), 471–473

5151 NEUMEISTER C.: Römische Rhetorik und die Interpretation lateinischer rhetorischer Texte, 1984 ↗5504

5152 AHLBORN E.: „Wozu Dichter...?" Lateinische Dichter über Dichtung und Dichterberuf, AU 30.5 (1987), 4–18 [Texte aus Enn., Lucr., Verg., Ov., Lucan.] R.: Töchterle K., AADI 16 (1988), 86f.

f. Philosophie, Wissenschaft

(Vgl.a. Abschnitt V 5 b.)

5153 Pädagogische Texte aus Quintilian, Augustin, Hieronymus, bearb. WEIGEL G., AU 15.3, Beih. 2 (1972), 14–28 [Aug. civ., conf., mag.; Quint. inst.; Hier epist.; zu ↗5171]

5154 Stoische Weisheit. Auswahl aus überlieferten Fragmenten und Textstellen. Griechisch–Lateinisch–Deutsch, hg. PANITZ H., Münster (Aschendorff) 1974, X & 246 S. | **R.:** Michels M., MDAV/RhPf 1974.3–4, 14f.; Studnik H. H., MDAV/NW 25.1 (1977), 10; Kohl A., Anregung 24 (1978), 132

5155 Die Philosophie der Stoa. Aus den Schriften Ciceros und Senecas, bearb. LERETZ H., Paderborn (Schöningh) 1975, 68 & 93 S. | **R.:** Weiß M., DASiU 22.2–3 (1975), 29; Kohl A., Anregung 24 (1978), 131

5156 Lebensbewältigung durch Philosophie bei den Römern (Texte und Kommentar), bearb. LERETZ H., Bamberg (Buchner) 1977 (ratio werkstattausgaben), 32 & 84 S. [Cic., Sen., Lucr., Aug.; vgl.a. ↗5160] **R.:** Philipp G., DASiU 24.3 (1977), 34; Hadamovsky W., Anzeiger f. d. Altertumswiss. 33 (1980), 236

5157 Philosophie bei den Römern, bearb. LERETZ H., Bamberg (Buchner) 1977 (ratio 13), 34 & 49 S. [By GK 13/1] **R.:** Philipp G., DASiU 24.3 (1977), 34; zum Kommentar (1981): Siehs G., AADI 3 (1982), 34; Frentz W., MDAV/NW 32.3 (1984), 13f.

5158 Römische Philosophie. Selbsterkenntnis – Recht und Staat – Philosophie und Leben [& Lehrerheft], v. BLÄNSDORF J./BRECKEL E., Freiburg u.a. (Ploetz) 1978 (Fructus 5), 131 & 123 S. [Cic., Sen., Aug., Tac. u.a.; Begleittexte v. Kant, Hobbes, Popper u.a.]

5159 Philosophie bei den Römern. Grundkurs Latein, v. KARL W., Donauwörth (Auer) 1979, ⁴1990 (Fundus 5), 96 S. [By] **R.:** Kohl A., Anregung 28 (1982), 105

5160 Lebensbewältigung durch Philosophie bei den Römern, bearb. LERETZ H., Bamberg (Buchner) 1980 (ratio 11), 92 & 128 S. [By LK 13/2; Cic., Sen., Lucr., Aug.; vgl.a. ↗5156] **R.:** Vretska K., IAU 3.1 (1981), 47; Hopp J., DASiU 27.3 (1980), 37–39

5161 Der einzelne und der Staat. Römisches Staatsdenken in der späten Republik (LK Latein), v. MÜFFLING M. v., Donauwörth (Auer) 1981, ⁵1990 (Fundus 13), 168 S. [By] **R.:** Kohl A., Anregung 28 (1982), 105

5162 Vorsokratisches Denken in lateinischen Texten, v. BAYER K., Bamberg (BVB) 1981 (Testimonia), 43 & 80 S. [dazu vgl. ↗5174] **R.:** Maier F., DASiU 28.2 (1981), 27f.; Derndorfer H., AADI 3 (1982), 34; Kohl A., Anregung 28 (1982), 104

5163 Forschen, Helfen, Verdienen. Der Arzt in der Antike. Ein Kurs für den Lateinunterricht der 10.–12. Jahrgangsstufe. Texte mit Erläuterungen, Arbeitsaufträge und Begleittexte, bearb. ZAPFE W., Göttingen (Vandenhoeck & Ruprecht) 1982 (Exempla 4), 50 S. [Cic., Plin., Cels., Cordus; Lehrerkomm. ↗5176] **R.:** Gamper P., AADI 6 (1983), 73; Kracht P., MDAV/NW 33.1 (1985), 12; Kohl A., Anregung 32 (1986), 118

5164 Politik und Geist im römischen Denken [& Lehrerheft], v. ELLER K. H., Freiburg u.a. (Ploetz) 1982 (Fructus 9), 96 & 70 [Cic., Verg., Hor., Prop., Ov., Sen., Tac.]

5165 Philosophie und Lebenspraxis, bearb. LERETZ H., Bamberg (Buchner) 1986 (ratio 18), 84 & 69 S. [v.a. Cic. Tusc., Sen. epist.] **R.:** Olbrich W., DASiU 33.4 (1986), 25f.

5166 Amor sapientiae. Philosophie in Rom. Leistungskurs Latein, v. MÜFFLING M. v., Donauwörth (Auer) 1988 (Fundus 24), 144 S. [zu Natur, Religion, Christentum u.a.; Sen., epist., Cic., Lucr., Aug., Salv. u.a.; Begleittexte: Goethe, Schiller, Voltaire, Nietzsche u.a.; Überblick über die griechische Philosophie] **R.:** Kohl A., Anregung 35 (1989), 119

5167 Römische Philosophie, bearb. SMOLAK K./WEBER D., Wien (HPT) 1991 (Orbis Latinus 12), 112 & 128 S. I **R.**: Senfter R., AADI 24 (1992), 55

5168 Römische Philosophie – Bewältigung des Lebens, bearb. NOWOTNY E., Wien (Braumüller) 1991 (Latein in unserer Welt), 102 S. I **R.**: Gamper P., AADI 23 (1992), 38f.

5169 BRZOSKA K.: Contemplatio vitae per virtutem actae, MDAV/Hs 18.3 (1971), 1–6 [philosophische Lebensführung; u.a. Tac. Agr., ann.]

5170 GEGENSCHATZ E.: Logik im Lateinunterricht, AU 15.2 (1972), 12–58 I **R.**: Kohl A., Anregung 20 (1974), 201

5171 WEIGEL G.: Probleme der römischen Pädagogik. Eine Unterrichtseinheit für die Oberstufe, AU 15.3 (1972), 59–85 [Texte: ↗5153]

5172 STORCH H.: Humanitas, LEU/L 2 (1977), 16f.

5173 STORCH H.: Humanitas Romana – Wesenszüge, Perspektiven und curriculare Behandlung, AU 20.5 (1977), 5–24 I **R.**: Kohl A., Anregung 24 (1978), 132

5174 BAYER K.: Vorsokratikerlektüre im Lateinunterricht?, in: Vorschläge und Anregungen, 1980 ↗846, 110–159 [v.a. zu den einschlägigen Cicero-Stellen; vgl. ↗5162]

5175 OFFERMANNS H.: Was ist Glück? – Beiträge zu einer Unterrichtsreihe 'Drogenprävention' im Fach Latein, ASiRPS 27.2 (1981), 3–12 [Lehrbuchtexte (Krösus, Phaëthon)]

5176 ZAPFE W.: Antike Medizin im Unterricht, Göttingen (Vandenhoeck und Ruprecht) 1982 (Consilia 4), 38 S. [Texte ↗5163] **R.**: Kohl A., Anregung 32 (1986), 118

5177 Normenwandel und Normenbegründung – ein Projekt, hg. SCHMIDT J.-U., AU 26.2 (1983), 90 S.

5178 SCHINDLER W.: mens ante verba? – verba ante mentem? Eine fächerübergreifende Unterrichtseinheit im Lateinunterricht der Sekundarstufe II, AU 26.1 (1983), 4–32 [Sprache und Denken; Texte: u.a. Plat. Krat., Cic. or., Hofmannsthal] **R.**: Töchterle K., AADI 7 (1984), 97

5179 BODER E.-D.: Bild, Zahl und Erkenntnis. Eine Textzusammenstellung für die Sekundarstufe II, in: Bildschirm – Faszination oder Information, Velber (Friedrich) 1985 (Friedrich Jahresheft 3), 172–177 [Übersetzungen, u.a. Lucr., Verg. Aen., Ov. met., Gen, M. Frisch]

5180 GEGENSCHATZ E.: Begegnung mit griechischer Philosophie durch Vermittlung lateinischer Texte, hg. Schulreferat/Pädagog. Inst., München 1986 (PI Handreichung 4), 37 S.

5181 SEITZ W. E.: Senescens mundus. Kontrasttexte zur Romideologie, Anregung 32 (1986), 176–183 I **R.**: Töchterle K., AADI 13 (1987), 42

5182 BARIÉ P.: Vitae philosophia dux? – Zur Lektüre philosophischer Texte auf der späten Mittelstufe, in: Handbuch für den Lateinunterricht, Sek.I, 1987 ↗19, 382–389 [mit Bsp. aus Cic. Tusc.]

5183 LAHMER K.: Mensch und Natur – ein Unterrichtsmodell, AU 32.3 (1989), 43–50 [Texte aus Ov., Hes., Plin. mai., Sen., Hipp. S. 58–63]

5184 MEYERHÖFER H.: Die Fortentwicklung staatsphilosophischer Prinzipien bei Platon, Aristoteles und Cicero im Vergleich, Anregung 36 (1990), 233–243 I **R.**: Töchterle K., AADI 22 (1991), 19

5185 MAIER F.: Die Metapher des „Staatsschiffes". Elemente der Tradition in der Sprache des Alltags – Zu Alkaios 46a D und Horaz c. I 14 u.a., in: Humanismus und Bildung 2, 1991↗370, 78–94

Thematische Lektüre

5186 MUNDING H.: „Heidnische" Kontraste zum christlichen Unsterblichkeitsglauben (Homer, Cicero, Horaz, Vorsokratiker), Scrinium 36.1–2 (1991), 19–31
5187 SÖRÖS M./DOBES M.: Die Bewegungsgesetze von Newton. Fächerübergreifende Behandlung in Latein und Physik, Ianus 12 (1991), 104–108
5188 WEBER F. J.: Über den Begriff des Friedens. Ein fächerübergreifender Diskurs, AU 34.1-2 (1991), 94–108 [Hom., Hes., Sol., Arist., augusteische Zeit, Aug., Luther] R.: Töchterle K., AADI 23 (1992), 36
5189 TISCHLER G.: Gottes- und Menschenbild in Stoa und Bibel – ein Vergleich. Anregungen für den Lateinunterricht in der Kollegstufe, in: Symposium Latein 2000, 1992 ↗1082, 228–240

g. Mythos

(Vgl.a. Abschnitt V 6.)

5190 Bilder und Gestalten aus der römischen Sage und Geschichte, bearb. BOHLEN D. u.a., Göttingen (Vandenhoeck & Ruprecht) [10]1976 (Atrium Linguae Latinae 2), 54 & 20 S.
5191 Narziß. Der Mythos als Metapher von Ovid bis heute [& Lehrerheft], v. HADORN R., Freiburg u.a. (Ploetz) 1984 (Fructus 12), 96 & 48 S.
5192 Stichwörter der europäischen Kultur [& Lehrerkomm.], bearb. MAIER F., Bamberg (Buchner) 1992 (Antike und Gegenwart 1), 104 & 156 S. [vgl.a. ↗5959] R.: Fritsch A., MDAV 35.3 (1992), 127–129; Waiblinger F. P., DASiU 39.4 (1992), 21

5193 RÖTTGER G.: Mythos und Religiosität. Eine Variation im lateinischen Lektüreunterricht, Anregung 26 (1980), 97–99 | R.: AADI 2 (1981), 24
5194 SCHULTE K.: Der Mithraskult. Eine Unterrichtseinheit für die Sekundarstufe II in den Fächern Geschichte, Latein sowie fächerübergreifend im Fach Religion, Schule und Museum 16–17 (1981), 39–52
5195 GERMANN A.: Die Göttin Fortuna. Inschriften, Altäre, Darstellungen, Tempel – Eine Unterrichtseinheit für die Sekundarstufe I, AU 26.6 (1983), 24–46 | R.: Siehs G., AADI 8 (1984), 109

h. Archäologie · Geographie, lokalhistorische Texte

(Vgl.a. Abschnitt V 7.)

5196 Basilea Latina. Lateinische Texte zur Zeit- und Kulturgeschichte der Stadt Basel im 15. und 16. Jahrhundert, bearb. HARTMANN A., Basel (Lehrmittelverlag des Kantons Basel–Stadt) 1931, Ndr. 1978, 220 S.
5197 Texte zur Geschichte der Österreichischen Bundesländer, 2 Niederösterreich in der Neuzeit, bearb. RAMHARTER J., LL 25 (1970–71), 2–16
5198 Bayern zur Römerzeit, bearb. WOLFSCHMIDT A., LL 26 (1971–72), 1–16
5199 Texte zur Geschichte der österreichischen Bundesländer, 3 Oberösterreich bis zum großen Bauernkrieg, bearb. RAMHARTER J., LL 26 (1971–72), 17–32
5200 Altlateinische Inschriften, bearb. LOCHNER V. HÜTTENBACH F., 1972 ↗5029
5201 Das Kapitol in Rom, bearb. WEBER E., LL 27 (1972–73), 1–16

5202 Texte zur Geschichte der österreichischen Bundesländer, 4 Oberösterreich in der Neuzeit, bearb. RAMHARTER J., LL 27 (1972–73), 17–32

5203 Texte zur Geschichte der österreichischen Bundesländer, 5 Salzburg bis 1400, bearb. RAMHARTER J., LL 28 (1973–74), 25–40

5204 Texte zur Geschichte der österreichischen Bundesländer, 6 Salzburg seit dem 15. Jahrhundert, LL 29 (1974–75), 29–46

5205 Rheinisches Land und Volk. Leseheft mit Erläuterungen, bearb. MASSENKEIL J., Münster (Aschendorff) [5]1975, 48 S.

5206 Die Erforschung Afrikas in der Antike, bearb. KRAUSE W., LL 30 (1975–76), 1–8 [v.a. Plin. mai.]

5207 Texte zur Geschichte der österreichischen Bundesländer, 7 Steiermark bis zur Mitte des 13. Jahrhunderts, bearb. RAMHARTER J., LL 30 (1975–76), 25–40

5208 Texte zur Geschichte der österreichischen Bundesländer, 8 Steiermark seit dem Aussterben der Babenberger, bearb. RAMHARTER J., LL 31 (1976–77), 17–32

5209 Texte zur Geschichte der österreichischen Bundesländer, 9 Kärnten bis zum Aussterben der Eppensteiner (1122), bearb. RAMHARTER J., LL 32 (1977–78), 1–16

5210 Texte zur Geschichte der österreichischen Bundesländer, 10 Kärnten seit 1200, bearb. RAMHARTER J., LL 33 (1978–79), 1–16

5211 Pompeji, 1979 ↗5106

5212 Texte zur Geschichte der österreichischen Bundesländer, 11 Tirol bis zum Regierungsantritt des Grafen Meinhard, bearb. RAMHARTER J., LL 34 (1979–80), 1–16

5213 München/Tegernsee, bearb. SEITZ W. E./BRUMBERGER H., München (Lindauer) 1981 (Lateinische Quellen), 60 S.

5214 Augsburg, bearb. SEITZ W. E., München (Lindauer) 1982 (Lateinische Quellen), 64 S.

5215 Regensburg, bearb. HOHL J., München (Lindauer) 1982 (Lateinische Quellen), 102 S. | **R.:** Raith O., VL 19 (1983), 372f.

5216 Würzburg, bearb. SUCHLAND K.-H., München (Lindauer) 1982 (Lateinische Quellen), 44 S.

5217 Bauen und Wohnen in Rom. Römische Architektur und Wohnkultur. Text, Komm.und Erläuterungen, v. JACOBS J., Frankfurt/M. u.a. (Diesterweg) 1983 (Modelle), 119 S.

5218 Nürnberg, bearb. FINK G., München (Lindauer) 1983 (Lateinische Quellen), 48 S.

5219 Passau, bearb. KAPSNER A., München (Lindauer) 1983 (Lateinische Quellen), 84 S.

5220 Bamberg, bearb. BAUER L., München (Lindauer) 1984 (Lateinische Quellen), 61 S.

5221 Lateinische Inschriften aus dem antiken Rom und der Germania Romana, 1985 ↗5039

5222 Kempten/Allgäu, bearb. NOVOTNY U., München (Lindauer) 1986 (Lateinische Quellen), 66 S.

5223 Rhenania Romana. Das Leben am Rhein im Spiegel römischer Inschriften, bearb. KNOKE F., Stuttgart (Klett) 1986, 31 S. [dazu ↗5754] **R.:** Graßl H., Ianus 9 (1987–1988), 71–73

5224 Urbs Romana. Lateinische Quellentexte zur Geschichte der Stadt und zu ihren Bauwerken, bearb. BURY E., Stuttgart (Klett) 1986, 132 S. [mit Abb. und Kart.] **R.:**Liebenwein W., Ianus 9 (1987–1988), 75

5225 Landshut, bearb. BECKENBAUER A., München (Lindauer) 1987 (Lateinische Quellen), 44 S.

Thematische Lektüre   T 2

5226 Austria Latina (Text, Komm., Lehrerbegleitheft), bearb. MÜLLER W., Wien (Braumüller) 1989 (Latein in unserer Welt), 44, 16 & 24 S. | R.: Vogl H., AADI 20 (1990), 134; Weiler I., Ianus 11 (1990), 119–121

5227 Ingolstadt/Eichstätt/Neuburg a.D., bearb. BECHSTÄDT M./GRAU P./SCHEFERS C.A., München (Lindauer) 1989 (Lateinische Quellen), 119 S.

5228 Österreichs römische Vergangenheit (Text; Komm.; Lehrerbegleitband), bearb. WEBER E., Wien (HPT) 1990 (Orbis Latinus 10), 40, 40 & 64 S. | R.: Töchterle K., AADI 20 (1990), 134; Weiler I., Ianus 11 (1990), 119–121; ders., Ianus 12 (1991), 95 (zum Lehrerband)

5229 Rom, bearb. HOHL J., München (Lindauer) 1990 (Lateinische Quellen), 127 S. | R.: Wimmer H., MDAV/NW 39.1 (1991), 16f.; Kohl A., Anregung 38 (1992), 268f.

5230 GERMANN A.: Inschriften an Römerstraßen in Germanien. Eine Unterrichtseinheit für die Sekundarstufe I, AU 20.3 (1977), 68–96 [ausgehend von Caes. Gall.; Lit.]

5231 HOLZER G.: Sklaverei im Römischen Reich, dargestellt anhand archäologischer Zeugnisse aus dem Rheinland, 1977 ↗5125

5232 HORA A.: Die Einbeziehung der römischen Inschriften aus Rheinland-Pfalz in den Lateinunterricht, 1977 ↗5746

5233 RÖMISCH E.: Rom und die Römer, LEU/L 2 (1977), 14f.

5234 BRUSS M./HELMS P.: Altsprachenunterricht zum Berlin-Jubiläum, FSU 31 (1987), 320–323 [Lat. Inschriften in Berlin]

5235 GRUBER J.: Lokalhistorische Texte, Inschriften und Urkunden, in: Europäische Literatur in lateinischer Sprache, 1987 ↗5444, 110–119 [Lit.]

5236 RUPPERT E.: Arbeit an lateinischen Inschriften. Textsammlung und didaktische Begründung, in: Empfehlungen für die Arbeit mit den RR Sek.I, 1987 ↗745, 51–64

5237 GRAU P.: Lateinisches aus der Provinz. Lokalhistorische Texte im Lateinunterricht, in: Die Antike in literarischen Zeugnissen, 1988 ↗913, 62–85

5238 Lateinische Inschriften aus Tirol, 1992 ↗5770

i.   Christliche Texte

5239 Cantica sacra. Eine Lese religiöser Dichtung in lateinischer Sprache aus christlicher Antike und Mittelalter, bearb. MAYER A., Bamberg (BVB) o.J. (Am Born der Weltliteratur B 16), 68 & 47 S.

5240 Lateinische Märtyrerakten [& Lehrerkomm.], bearb. SCHWERD L., München (Kösel) 1960 (Humanitas Christiana 1)

5241 Hymnen und Sequenzen, nebst Auswahl aus der weltlichen lateinischen Literatur des Mittelalters, bearb. HUGENROTH H., Münster (Aschendorff) 1961, 124 S.

5242 Gewissen und Staatsraison. Die Christen im Konflikt mit dem römischen Staat, 1978 ↗5109

5243 Die Bibel als Dichtung, bearb. SMOLAK K., LL 33 (1978–79), 17–32 [Iuvenc., Mar.Victor, Drac., Alc.Avit., Cypr.Gall., Ps.-Hil., Sedul., Arator]

5244 Christliches Leben im spätrömischen Reich. Eine Auswahl aus den lateinischen Kirchenvätern (Text; Komm.; Lehrerheft), bearb. FUHRMANN M./BERGER D., Münster (Aschendorff) 1980, 98, 59 & 20 S. [u.a. Ambr., Aug., Hier., Tert., Lact.] R.: Fàbrega

V., MDAV/NW 29.1 (1981), 12f.; Maier F., AADI 2 (1981), 19; Kohl A., Anregung 28 (1982), 114f.

5245 Rom und die Christen. Lateinische Quellentexte, 1983 ↗5114

5246 Christentum und römische Welt (Text; Komm.; Lehrerbegleitband), bearb. SMOLAK K., Wien (HPT) 1984, 1988 (Lehrerbegleitband), ²1991 (Orbis Latinus 1), 176, 192 & 155 S. [AT, NT; christl. Texte von der Spätantike bis zum Humanismus] **R.:** Frings U., MDAV/NW 33.1 (1985), 12f.; Nickel R., Gymn. 92 (1985), 538f.; Töchterle K., AADI 10 (1985), 135–137; Bauer J. B., Ianus 9 (1987–88), 69–71; ders., Ianus 10 (1989), 81f.; zum Lehrerband: Töchterle K., AADI 19 (1990), 123;

5247 Lateinische Märtyrerakten und Märtyrerbriefe. Auswahl, bearb. DAHM H. J., Münster (Aschendorff) 1986, 111 & 284 S. | **R.:** Kohl A., Anregung 34 (1988), 123

5248 Christliche Antike. Römisches Denken im Spiegel früher Glaubenstradition, bearb. SCHMITZ D./WISSEMANN M., Frankfurt/M. (Diesterweg) 1993, 80 & 64 S.

5249 LENDLE O.: Christliche Texte im altsprachlichen Unterricht, Gymn. 82 (1975), 194–224

5250 FUHRMANN M.: Christliches Leben in der Kirchenväterzeit – Ein Lektürevorschlag, in: Vorschläge und Anregungen, 1980 ↗846, 5–23 [Tert., Cypr., Lact., Ambr., Hier., Aug. u.a.]

5251 BRUMBERGER H.: Die Lektüre einer Heiligenlegende (der hl. Quirinus von Tegernsee), in: Handreichungen für den Lateinunterricht Jgst. 8–11, 1, 1984 ↗737, 236–269

5252 OLBRICH W.: Die Sequenz *Dies irae* im Lateinunterricht – ein Beispiel für fächerübergreifende Zusammenarbeit mit Musik und Kunsterziehung, in: Handreichungen für den Lateinunterricht in der Kursphase der Oberstufe, 1984 ↗740, 306–314 [vgl.a. ↗5255]

5253 SCHÖNBERGER O.: Der Wettersegen der Kirche, DASiU 32.3 (1985), 17–21

5254 GRUBER J.: Texte christlicher Glaubens- und Lebenspraxis sowie theologisch-philosophischer Reflexion, in: Europäische Literatur in lateinischer Sprache, 1987 ↗5444, 37–75

5255 Materialien: Dies irae – Ein Studientag in der Oberstufe des Gymnasiums, hg. ISB München, [München] 1987, 95 S., hier 10–31: Latein [vgl.a. ↗5252]

5256 GEGENSCHATZ E.: Gottesbeweise. Ein Anliegen des abendländischen Denkens im Lateinunterricht, in: Humanismus und Bildung 2, 1991 ↗370, 33–50

j. Mittellatein

5257 Hymnen und Sequenzen, nebst Auswahl aus der weltlichen lateinischen Literatur des Mittelalters, 1961 ↗5241

5258 Die normannische Eroberung Englands in mittellateinischen Quellen, bearb. HAMMERSCHMIDT M., AU 25.1 (1982), 56–67 [Wilhelm v. Poitiers, Ord.Vid.; dazu ↗5264]

5259 Weltverzicht und Lebenslust. Das Mittelalter in lateinischen Texten. Texte mit Erläuterungen, Arbeitsaufträge, Begleittexte, metrischer und stilistischer Anhang, bearb. HAMACHER J., Göttingen (Vandenhoeck & Ruprecht) 1986 (Exempla 9), 80 S. [u.a. Regula Benedicti, Carm.Bur., Abaelard; Lehrerkomm. ↗5267]

5260 HILBERT K.: Mittellateinische Pastourellen in der Schulbehandlung, in: Lernziel und Lektüre, 1974 ↗3036, 147–173 [Walther v. Châtillon, Carm.Bur.]

5261 NAUMANN H.: Dichtung für Schüler und Dichtung von Schülern im Lateinischen Mittelalter, AU 17.1 (1974), 63–84 [Ekkehard IV., Walther v. Châtillon, Bernardus Silvestris, Carmina Bur.]

5262 KAUFMANN H.-G.: Idee und Wirklichkeit eines Kreuzzuges – Christlicher Glaube und Krieg. Texte zum 1. Kreuzzug und zum Problem des 'bellum iustum', AU 23.4 (1980), 23–38 [Texte, u.a. aus Gesta Franc., Robert d. M., Carm.Sang., Heinrich v. Rugge, Tert., Orig., Aug., Thomas, s. Beil. 2–23] **R.:** Derndorfer H., AADI 1 (1981), 11

5263 SCHMID D.: ... in remedium animarum ... – Zur curricularen Behandlung einer mittelalterlichen Urkunde, AU 23.4 (1980), 51–65 I **R.:** Derndorfer H., AADI 1 (1981), 12

5264 HAMMERSCHMIDT M.: Mittellateinische Darstellungen der normannischen Eroberung Englands im Lateinunterricht, AU 25.1 (1982), 25–41 [Texte: Wilhelm v. Poitiers, Ord.Vit. ↗5258] **R.:** Derndorfer H., AADI 5 (1983), 65f.

5265 ROSENPLENTER L.: Mittellateinische Texte in der gymnasialen Oberstufe, LGB 28 (1984), 3–11 [Vagantenlyrik (Archipoeta) u. kirchl. Texte]

5266 WIRTH-POELCHAU L.: Mittellatein im Gymnasium, MDAV/NW 32.3 (1984), 2–6

5267 HAMACHER J.: Texte des Mittelalters für den Lateinunterricht. Unterrichtsvorschläge zu dem Thema 'Weltverzicht und Lebenslust', Göttingen (Vandenhoeck und Ruprecht) 1986 (Consilia 9), 84 S. [Texte ↗5259]

5268 GRUBER J.: Geistliche und weltliche Dichtung der Spätantike und des Mittelalters, in: Europäische Literatur in lateinischer Sprache, 1987 ↗5444, 76–94

5269 HONSTETTER R./WALTER N.: Kultur und Tradition: Viele Wege führen nach Rom, aber zu welchem?, 1988 ↗5918

k. Humanismus, Neulatein

5270 Latein im 20. Jahrhundert. Leseheft mit Erläuterungen, bearb. BORUCKI J., Münster (Aschendorff) 1974, 62 S. I **R.:** Brühl E., MDAV/NW 23.2 (1975), 11f.

5271 Humanisten der Renaissancezeit, bearb. MARTIUS H., Bamberg (Buchner) ^{2}1979 (Aus dem Schatze des Altertums B, 31), 60 & 68 S.

5272 Mundus Novus. Lateinische Texte zur Eroberung Amerikas, 1991 ↗5074

5273 Schülergespräche der Humanisten, hg. WIRTH-POELCHAU L./FLURL W., Bamberg (Buchner) 1992 (ratio 31), 88 S. [vgl.a. ↗5277]

5274 FRINGS U.: Neulateinische Literatur im Lateinunterricht, 1984 ↗5439

5275 SCHÄFER E.: Die Indianer und der Humanismus. Die spanische Conquista in lateinischer Literatur, AU 27.6 (1984), 49–70 [Texte: Petr.Mar.; Sepulveda; Casas S. 82–91; jetzt in ↗5074] **R.:** Siehs G., AADI 10 (1985), 139

5276 FITZEK A.: Eine lateinische Laudatio auf Johann Sebastian Bach aus dem Jahre 1738, MDAV 28.4 (1985), 87f.

5277 WIRTH-POELCHAU L.: Die lateinischen Schülergespräche der Humanisten im heutigen Lateinunterricht, AU 29.1 (1986), 75–88 [vgl. ↗5273] **R.:** Gamper P., AADI 13 (1987), 44

5278 GRUBER J.: Prosa und Poesie des Humanismus, in: Europäische Literatur in lateinischer Sprache, 1987 ↗5444, 95–107

5279 MAIER F.: „Wissen ist Macht" – „Macht Euch die Erde untertan". Zwei epochale Sätze, die die Welt veränderten, Anregung 38 (1992), 367–374

5280 WIEGAND H.: Quadriga feminarum doctarum. Vier „gelehrte" Schriftstellerinnen in der frühen Neuzeit, AU 35.6 (1992), 60–78 [C. Pirckheimer, O. F. Morata, E. Weston, A. M. v. Schurman; Lit.; Texte S. 79–87]

U. Interimslektüre, Unterhaltungsliteratur auf Latein, lateinische Comics

Als Interimslektüre geeignete Texte finden sich auch in der *Vox Latina*, die regelmäßig kleine Geschichten und Gedichte veröffentlicht, u.a Übersetzungen klassischer und moderner Autoren, sowie lateinische Artikel zu allen Bereichen des öffentlichen Lebens. All dies haben wir hier in der Regel nicht eigens aufgeführt.

5281 Adulescens, Stuttgart (Klett), 20 S. [Lateinische Zeitschrift, hg. European Language Institute, für Lernende mit geringen bis mittleren Sprachkenntnissen; 8× jährlich]

5282 Iuvenis, Stuttgart (Klett), 24 S. [Lateinische Zeitschrift, hg. European Language Institute, für Fortgeschrittene; 8× jährlich]

5283 RUMOR VARIUS, hg. Societas Latina Turicensis, Zürich [Schülerzeitschrift; vgl. ↗2076]

5284 TIRO. Iocosa – Iucunda – Seria, Bad Dürkheim (Beacon) 1955ff., je 12 S. [Schülerzeitschrift mit kurzen lat. Texten & dt. Anm., Gedichte, Rätsel u.ä.]

5285 Schulz lingua Latina: Insuperabilis Snupius, Recanati (ELI); dt. Vertrieb: Stuttgart (Klett) o.J., 44 S.

5286 Plautus in Comics. Die Gespenstergeschichte (Mostellaria), 1972 ↗4214

5287 GOSCINNY R./UDERZO A.: Pericula quaedam Asterigis. Composuit Goscinny, pinxit Uderzo, in Latinum convertit Rubricastellanus [ROTHENBURG K. H. v.], Stuttgart (Delta) 1973 ff., bisher 15 Bde., je 48 & 2 S. I **R.**: Stroh W., ASiRP 22.1 (1976), 29f. (zu 'Falx aurea'); Helfer C., VL 13 (1977), 433f. (zu 'Asterix gladiator'); vgl.a. Fritsch A., Bericht über d. Vortrag v. K. H. v. Rothenburg, 'Comics im Lateinunterricht', LGB 33 (1989), 11

5288 Ohrfeigen gegen Barzahlung und viele andere lateinische Geschichten. Texte für die Übergangslektüre, bearb. FUHRMANN M./KLOWSKI J., AU 18.5, Beih. (1975), 24 S. [u.a. Gell., Caesarius, Poggio, Bebel, Erasmus; a. separat lieferbar; dazu: Erläuterungen von Klowski J., AU 18.5, 63–78]

5289 FINK G.: Laetare Latine! – Spaß mit Latein (??), München (Manz) 1976, 112 S. ["lateinisch-deutsche Plaudereien"] **R.**: Eichenseer P. C., VL 12 (1976), 362–366

5290 MISSFELDT W.: Comics zur Analyse lateinischer Sätze (Textauswahl und Zeichnungen), Paderborn (Schöningh) 1976, 39 S. I **R.**: Glücklich H.-J., ASiRPS 23.1 (1977), 15; Frings U. ↗3061, 52–54

5291 SAUTER W./STEPHAN G./SCHIESSER G.: Fabulae I, 1977 ↗1675

5292 BUSCH W.: Plisch et Plum. Versus iocosi Guilelmi Busch pictoris poetaeque, übers. BENNING L., Zürich u.a. (Artemis) ²1978 (Lebendige Antike), 72 S.

5293 RICHTER-REICHHELM J. & K.: De Davo servo mendaci – De Aulo fastidioso. Zwei lustige Geschichten zur Wiederholung lateinischer Gliedsätze (Arbeits- und Lehrerheft), Frankfurt/M. (Hirschgraben) 1979, 30 & 30 S. I **R.**: Grotz H., DASiU 27.1 (1980), 52; ders., LGB 24.1 (1980), 15; Derndorfer H., AADI 2 (1981), 17

5294 BUSCH W.: Max et Moritz. Puerorum facinora scurrilia, quarum materiam repperit depinxitque Guilelmus Busch, übers. STEINDL E., Zürich u.a. (Artemis) ^{4}1981 (Lebendige Antike), 99 S.

5295 FINK G.: Caius Claudius Callidus: Litterae Latinae – CCC läßt grüßen, München (Manz) 1981, 96 S. I **R.**: Schulze W., VL 17 (1981), 228

5296 Seria et iocosa. Texte zur Begleit- und Übergangslektüre aus zwei Jahrtausenden, bearb. OBERLE G., Paderborn (Schöningh) 1981, 78 S. [vgl.a. ↗3201] **R.**: Frentz W., MDAV/ NW 30.4 (1982), 9f.

5297 RICHTER-REICHHELM J. & K.: Casus in Comics (Textheft; gramm. Arbeitsheft; Lehrerheft), Frankfurt/M. (Hirschgraben) 1982, 32, 32 & 32 S. I **R.**: Siehs G., AADI 6 (1983), 81

5298 COLLODI C.: Pinoculus Latinus, übers. PAOLI U. E., Zürich u.a. (Artemis) 1983 (Lebendige Antike), 149 S.

5299 MILLARD A. u.a.: Ecce Roma. De vita cottidiana Romanorum, Ravensburg (Otto Maier) 1983, 63 S. [lat. kommentiertes Bilder-Sachbuch] **R.**: Gamper P., AADI 7 (1984), 92

5300 Disney lingua Latina, Recanati (ELI); dt. Vertrieb: Stuttgart (Klett) 1984ff., 6 Bde., je 36 S. [lat. Comics] **R.** (zu 'Michaël Musculus et Lapis Sapientiae'): Eichenseer P. C., VL 20 (1984), 234–236]

5301 Von Hasen, Hunden und anderen Tieren [& Lehrerheft], bearb. NICKEL R., Bamberg (Buchner) 1985 (ratio 20), 52 & 48 S. ['Tier' als lit. Motiv]

5302 Haegar terribilis, miles sine timore vitiisque, München (Goldmann) 1986 [vgl. dazu ↗1914]

5303 HARDER D.: Hanselus Gretulaque, AU 29.4 (1986), 70 [Art 'Küchenlatein']

5304 ALBERT S.: Apologi Grimmiani, VL 23 (1987), 258–261, 384–387, 549 [vgl.a. ↗5310]

5305 Bestiarium mirabile. Eine Einführung ins „Jägerlatein" anhand antiker und mittelalterlicher Texte, bearb. BURY E., Stuttgart (Klett) 1987, 36 S. I **R.**: Töchterle K., AADI 16 (1988), 83

5306 BOMBARDE O./MOATTI C.: Quomodo vivebant Romani?, übers. SCHÜTZ P., Ravensburg (Maier) 1987, 37 S. [lat. Übers. eines Sachbuchs für Kinder; OA: Paris (Gallimard) 1986]

5307 Caesaris Bellum Helveticum picturis narratum. Pinxit Faber [W. Schmid], composuit Rubricastellanus [K. H. Graf v. Rothenburg], Dorsten (Spectra) 1987, Ndr. Stuttgart (Klett) 1991, 57 S. I **R.**: Albert S., VL 23 (1987), 605–607; "Lieber tot als blond", Der Spiegel 42.16 (18.4.1988), 226; Suerbaum W., 1990 ↗3392

5308 Hergé lingua Latina: De Titini et Miluli facinoribus [Tim und Struppi], Recanati (ELI); dt. Vertrieb: Stuttgart (Klett) 1987ff., 2 Bde., je 62 S. I **R.** (zu 'De insula nigra'): Docquier M.-L., VL 23 (1987), 594f.; Immè G., VL 24 (1988), 612f.

5309 SCHLOSSER F.: Boris – vel ars pilulam trans rete pellendi, VL 23 (1987), 383 ["Boris Bum Bum victor Vimbledoniensis"]

5310 ALBERT S.: Apologi Grimmiani, Saarbrücken (Societas Latina) 1988, 129 S. [vgl.a. ↗5304]

5311 Iocosa Romana oder: Da lachten die alten Römer. Anekdoten und witzige Geschichten aus antiken Schriftstellern, bearb. REY E./STRAUBE W., Stuttgart (Klett) 1988, 30 S. I **R.**: Vogl H., AADI 17 (1989), 99

5312 RICHTER-REICHHELM J. & K.: De serpente aureo. Mittelalterlicher Kriminalfall in Bildern zur Wiederholung der lateinischen infiniten Verbformen und der Konjunktive im

Hauptsatz (Arbeits- & Lehrerheft), Frankfurt/M. (Cornelsen–Hirschgraben) 1988, 19 & 20 S.

5313 Ridicula Latina. 53 lateinische Witze, bearb. BURY E., AU 31.3 (1988), 74–83 [dazu vgl. ↗5057]

5314 BAIER W./SPANN R.: Petronii cena Trimalchionis. Libelli pictographici, Herrsching (Bozorgmehri) 1990, 38 S. [Auswahl aus d. Cena als Comic]

5315 HANLIN J. I./LICHTENSTEIN B. E.: Learning Latin through mythology, Cambridge u.a. 1991, 63 S. [mythologische Bildergeschichten mit lateinischen Erläuterungen]

5316 SCHULZE-BERNDT H.: Viva Latina! Neue lateinische Geschichten und Gedichte, AU 34.5 (1991), 77–81

5317 KURIG C.: Zwei Weihnachtsgedichte, AU 35.6 (1992), 108

5318 VISSER E.: Herodots Rhampsinitgeschichte (II 121) als Zwischenlektüre, Scrinium 37.3 (1992), 3–8 [S. 5–8 lateinische Übers. des Verf.]

V. Sachbereiche der Klassischen Philologie

1. Allgemeine Sachbücher

5319 WIDMER H.: Cursus Romanus, Biberstein (Edition Odysseus), 145 S. & 500 Dias [Informationen zu Kulturgeschichte, Mythos u.v.a., an Roma B orientiert]

5320 Res Romanae. Ein Begleitbuch für die lateinische Lektüre, hg. KREFELD H., Frankfurt/M. (Hirschgraben) 1960, [16]1988, 298 S. I R.: Kohl A., Anregung 30 (1984), 211; ders., Anregung 35 (1989), 19

5321 Die Welt der Römer, hg. LEGGEWIE O., Münster (Aschendorff) 1966, [4.erw.]1983, IX & 244 S. [u.a. Staat, Gesellschaft, Recht, Kriegswesen, Naturwiss., Medizin, Religion, Kunst] R.: Fries G., MDAV/NW 26.3 (1978), 10–12; Leretz H., DASiU 25.2, (1978), 35f.; MDAV 21.2 (1978), 16

5322 Die Welt der Griechen und der Römer, hg. LEGGEWIE O., Münster (Aschendorff) [14]1971; [15]1975, XI & 356 S. [Staats,- Gerichts,- und Militärwesen, Recht, Literatur, Religion, Naturwissenschaft und Philosophie] R.: Diekstall L., MDAV/NW 20.3 (1972), 7f.; Michels M., MDAV/RhPf 1972.1, 8 (zur 14. Aufl. 1971); Kohl A., Anregung 24 (1978), 133

5323 MILLARD A. u.a.: Ecce Roma. De vita cottidiana Romanorum, 1983 ↗5299

5324 Lexikon zur Lateinischen Literatur. Fachbegriffe und Autoren, v. HAHN R., Stuttgart (Klett) 1984, 64 S. I R.: Liebenwein W., Ianus 9 (1987–1988), 74; Derndorfer H., AADI 8 (1984), 110

5325 KLEINERT J.: Zur Geschichte und Kultur der Römer, Berlin (Volk und Wissen) [7]1987, 192 S.; 9. neubearb. Aufl.: Das Alte Rom. Aufstieg, Niedergang, Vermächtnis, 1991, 192 S.

5326 NICKEL R./WAIBLINGER F. P.: Kleines Lexikon zur römischen Welt, Bamberg (Buchner) [2]1987, 244 S.

5327 THÜRY G. E.: Vom Leben und vom Staat der Römer, Paderborn (Schöningh) 1988, 24 S. I R.: Töchterle K., AADI 18 (1989), 113

5328 KRYWALSKI D.: Die Welt des Mittelalters, Münster (Aschendorff) 1990, 268 S. | R.: Frentz W., MDAV/NW 38.3 (1990), 14f.

2. Geschichte, Kulturgeschichte

(Vgl.a. Abschnitt T 2 b und c.)

5329 HANELL K.: Kaiser Augustus, Gymn. 78 (1971), 188–200 | R.: Kohl A., Anregung 19 (1973), 275

5330 LAUFFER S.: Das Wirtschaftsleben im Römischen Reich, in: Jenseits von Resignation und Illusion. FS zum 450jährigen Bestehen des Lessing-Gymnasiums Frankfurt, hg. HEYDORN H.-J./RINGSHAUSEN K., Frankfurt/M. 1971, 135–153

5331 RADKE G.: Res Italae Romanorumque triumphi (Verg. Aen. 8, 626), in: Fortwirkende Antike, 1971 ↗760, 78–104 [Geschichte der röm. Machtentfaltung in Italien]

5332 ALFÖLDY G.: Die Ablehnung der Diktatur durch Augustus, Gymn. 79 (1972), 1–12

5333 DEININGER J.: Schwerpunkte römischer Geschichte im Lateinunterricht, 1972 ↗951

5334 VOGT J.: Caesar und Augustus im Angesicht des Todes, Saeculum 23 (1972), 3–14; auch in: Gymn. 80 (1973), 421–437

5335 PABST W.: Die Ständekämpfe in Rom als Beispiel für einen politisch-sozialen Konflikt, AU 16.3 (1973), 5–28 | R.: Kohl A., Anregung 20 (1974), 202

5336 KRACKE A.: Das Zählen wollte gelernt sein, AU 18.1 (1975), 67–72

5337 STASCH G.: War die antike Gesellschaft eine „Sklavenhaltergesellschaft"?, MDAV/NW 23.4 (1975), 11–14; 24.1 (1976), 5–8

5338 VOGT J.: Der Vorwurf der sozialen Niedrigkeit des frühen Christentums, Gymn. 82 (1975), 401–411

5339 ALFÖLDY G.: Die römische Gesellschaft – Struktur und Eigenart, Gymn. 83 (1976), 1–25 [Lit.]

5340 WITTMÜTZ V.: Das römische Reich am Beispiel imperialer Herrschaft, Frankfurt/M. (Hirschgraben) 1976 (Themen und Probleme der Geschichte), 64 & 32 S.

5341 BICKEL W.: Romanisierung der Provinzen – Vorgang und Bewertung. Einführung in die Kritik historischen Urteilens. Ein Unterrichtsmodell für die Klassenstufe 11, Schule und Museum 5 (1977), 27–42 [a. zum Thema Kulturbeziehungen zwischen Römern, Kelten und Germanen]

5342 BRAUNERT H.: Zur Gesellschaftsstruktur im griechisch-römischen Altertum. Gruppen und ihre Wertung in unterschiedlichen Bezugssystemen, DASiU 24.1 (1977), 13–33

5343 LAUFFER S.: Die wirtschaftliche und soziale Bedeutung der antiken Sklaverei, in: Lebendige Lektüre, 1977 ↗823, 5–35

5344 LIPPOLD A./POPP H.: Kontinuität und Wandel in der späteren römischen Kaiserzeit, München (Oldenbourg) 1977 (Arbeitsmaterialien für den Geschichtsunterricht in der Kollegstufe), 44 & 55 S.

5345 MEHL A.: Die antike Sklavenhaltergesellschaft und der Begriff der Volksmassen in neuerer marxistischer Literatur zur Alten Geschichte, Gymn. 84 (1977), 444–466

5346 RICHTER W.: Der agrarische Hintergrund der römischen Kultur, in: Lebendige Lektüre, 1977 ↗823, 36–95

5347 STRAUB J.: Imperium – Pax – Libertas, Gymn. 84 (1977), 136–148

5348 ROHRMANN L.: Kampf um die Macht im Staat am Ende der römischen Republik, 1977/83 ↗714, ↗5088
5349 GRENZ R. u.a.: Von der Republik zur Monarchie (Römische Geschichte I), München (Oldenbourg) 1978 (Arbeitsmaterialien für den Geschichtsunterricht in der Kollegstufe), 48 & 52 S.
5350 ZIEGLER S.: Die Republik Rom [& Lehrerheft], München (BSV) 1978 (Lehrprogramme Geschichte), III, 73 & 8 S.
5351 DOBESCH G.: Die Kulturpolitik des Augustus, 1979 ↗1014
5352 MEYER T.: Roma aeterna. Theorien zu Dauer und Verfall Roms, in: Impulse für die lateinische Lektüre, 1979 ↗3197, 103–123 [vgl.a. ↗5079]
5353 SCHAUER P.: „Asterix der Gallier" und „Erik der Wikinger", Comics aus Geschichte und Sage. Bemerkungen zum Umgang mit entstellten Geschichtsbildern, Schule und Museum 9 (1979), 10–14 [Lit.]
5354 WÜLFING P.: Altertumskunde – Die Welt der Griechen und Römer, AU 22.2 (1979), 61–63 | **R.**: Klowski J., a.O., 79
5355 WÜLFING P.: Literatur und Lebenswirklichkeit der Antike, DASiU 26.1 (1979), 29–38
5356 Zustände wie im Alten Rom, G 1979.10, 48 S.
5357 Als die Römer frech geworden ... – Provinz Germanien, G 1980.9, 48 S.
5358 BRINGMANN K.: Das Problem einer „Römischen Revolution", Geschichte in Wissenschaft und Unterricht 31 (1980), 354–377 | **R.**: Kohl A., Anregung 28 (1982), 123
5359 CANCIK H./CANCIK-LINDEMAIER H.: Thesen und Hypothesen zu den gesellschaftlichen Bedingungen der römischen Erotik, MDAV/Ns 30.1 (1980), 9–12; vgl. dies.: Gesellschaftliche Bedingungen der römischen Erotik, in: Gegenwart der Antike. Zur Kritik bürgerlicher Auffassungen von Natur und Gesellschaft, hg. HIEBER L./MÜLLER R. W., Frankfurt/M. u.a. (Campus) 1982, 29–54
5360 VOGT J.: Die Sklaven und die unteren Schichten im frühen Christentum. Stand der Forschung, Gymn. 87 (1980), 436–446
5361 OBERG E.: Kenntnis römischer Geschichte, 1981 ↗3742
5362 RICHTER W.: Maecenas – Skizze eines kunstsinnigen Weltmannes, DASiU 28.2 (1981), 9–13
5363 Alexander der Große – Das Weltreich der Makedonen, G 1982.1, 48 S.
5364 DAHLHEIM W.: Politisches Handeln in der späten Republik, LGB 26 (1982), 23–27
5365 DEMANDT A.: Geschichte in der spätantiken Gesellschaft, Gymn. 89 (1982), 255–272
5366 Hannibal – Karthago gegen Rom, G 1982.9, 48 S.
5367 Die Kelten, G 1982.4, 48 S.
5368 ECK W.: Sozialstruktur und kaiserlicher Dienst, in: Struktur und Gehalt, 1983 ↗871, 5–24
5369 PIETSCH W. J.: Der Triumph – Siegesparade im Alten Rom, Der österr. Schulfunk 8 (1983), 3–13
5370 SCHMITTHENNER W.: Die Zeit Vergils. Von der späten Republik zur augusteischen Monarchie, Gymn. 90 (1983), 1–16
5371 URBAN R.: Wahlkampf im spätrepublikanischen Rom. Der Kampf um das Konsulat, Geschichte in Wissenschaft und Unterricht 34 (1983), 607–622 | **R.**: Kohl A., Anregung 30 (1984), 341
5372 Von Abraham bis Hadrian. Israel in der Antike, G 1983.12, 48 S.

5373 DAHLHEIM W.: Das Interesse des Historikers an Catilina, LGB 28 (1984), 22–26
5374 KLOFT H.: Aspekte der Prinzipatsideologie im frühen Prinzipat, Gymn. 91 (1984), 306–326
5375 KOHLER E./SCHUSTER J.: Tafelbilder für den Geschichtsunterricht, Teil 1: Von den Anfängen bis zum Westfälischen Frieden, Donauwörth (Auer) 1984, IV & 75 S.
5376 Nacht über Rom. Die Revolutionen 133–50 v. Chr., G 1984.2, 48 S.
5377 Sturm gegen Rom – Die Völkerwanderung, G 1984.5, 48 S.
5378 BAUER J. B.: Rom und die Christen, IAU 7 (1985), 2–29 [Lit.] **R.:** Töchterle K., AADI 12 (1986), 23f.
5379 BELLEN H.: Cicero und der Aufstieg Octavians, Gymn. 92 (1985), 161–189
5380 HAGENOW G.: Die Lieblinge der Massen (Römische Fans und ihre Idole), MDAV 28.3 (1985), 62–65
5381 PARTON T.: Trinkwasserversorgung im antiken Rom. Ökologische, administrative und juristische Aspekte, Anregung 31 (1985), 371–383 | **R.:** Töchterle K., AADI 11 (1986), 13
5382 Wahrsager, Räuber, Lebenskünstler – Die Etrusker, G 1985.9, 48 S.
5383 Die alten Germanen, G 1986.3, 52 S.
5384 ERDMANN E.: Leben unter römischer Herrschaft. Die Römerzeit im heutigen Baden-Württemberg, 1986 ↗5683
5385 RIPPER W.: Die römische Republik, München u.a. (Diesterweg) 1986, VIII & 234 S. | **R.:** Töchterle K., AADI 14 (1987), 52
5386 SCHOLL R.: Sklaverei in der Arbeitswelt der Antike im Lichte der verschiedenen Quellenkategorien, Gymn. 93 (1986), 476–496 [mit Bildmaterial]
5387 WELWEI K.-W.: Römische Weltherrschaftsideologie und augusteische Germanenpolitik, Gymn. 93 (1986), 118–137
5388 BORZSÁK S.: Persertum und griechisch-römische Antike. Zur Ausgestaltung des klassischen Tyrannenbildes, Gymn. 94 (1987), 289–297
5389 CHRIST K.: Neue Forschungen zur Geschichte der späten römischen Republik und den Anfängen des Principats, Gymn. 94 (1987), 307–340
5390 DOLLINGER H.: Die geschichtliche Leistung und Bedeutung des Westfälischen Friedensvertrages, in: Exempla Classica, 1987 ↗910, 54–77
5391 Pompeius und Caesar, G 1987.9, 52 S.
5392 Augustus, G 1988.9, 52 S.
5393 GEHRKE H.-J.: Von der Republik zum Prinzipat – Römische Politik im Lichte der Münzprägung, MDAV/Ns 38.2 (1988), 2–10 [Mit Texten von Liv., Cic., Hor. u.a.]
5394 KYTZLER B.: Zur christlichen Romidee, in: Antikes Denken – Moderne Schule, 1988 ↗319, 265–285
5395 REINHART G.: Gallia Narbonensis. Eroberung und Romanisierung einer Provinz, AU 31.2 (1988), 7–20. 94–96 (Zeittafel) | **R.:** Gamper P., AADI 17 (1989), 104
5396 SEIBERT J.: Der Alpenübergang Hannibals. Ein gelöstes Problem?, Gymn. 95 (1988), 21–73 [Liv. und Pol. im Vergleich; mit Karten]
5397 TRATTER I.: Demokratieverständnis von der Antike bis in die Gegenwart, 1988 ↗5617
5398 Die Adoptivkaiser, G 1989.9, 52 S.

5399 GESER R.: Kulturkriminalität in der Antike, Latein-Forum 8 (1989), 40–60
5400 HOUTRYVE F. v.: Problèmes sociaux dans l'antiquité et leur rapport avec ceux du monde moderne, AU 32.2 (1989), 62–67 I **R.**: Vogl H., AADI 19 (1990), 120
5401 PETERSMANN H.: Die Urbanisierung des römischen Reiches im Lichte der lateinischen Sprache, Gymn. 96 (1989), 406–428
5402 POHLER F./THUMMER E.: Das Leben einer antiken Stadt am Beispiel Pompejis, Latein-Forum 8 (1989), 15–39
5403 VOIT H.: Der Prinzipat des Augustus. Illustration zu einer modellorientierten Interpretation, Anregung 35 (1989), 314–319 I **R.**: Töchterle K., AADI 20 (1990), 140
5404 WEILER I.: Soziale Probleme in der Welt der Antike, AU 32.2 (1989), 43–53 [Lit. S. 42] **R.**: Vogl H., AADI 19 (1990), 122
5405 WIEGAND H.: Solventur vincula Populi. Aufklärung und Französische Revolution im Spiegel der neulateinischen Dichtung, 1989 ↗5449
5406 Besiegte Sieger. Rom im 2. Jh. v. Chr., G 1990.10, 52 S.
5407 FISCHER T.: Ideologie in Schrift und Bild: Augustus als der »Vater« seiner Söhne und des Vaterlands, Bochum (Brockmeyer) 1990 (Kleine Hefte der Münzsammlung an der Ruhr-Universität Bochum, 8), 25 S. [für den Geschichtsunterricht, aber auch für L.U. geeignet]
5408 MUNDING H.: Technische Macht und römische Herrschaft, MDAV 33.3 (1990), 57–60 [Auszug aus ↗359]
5409 SCHOTTKY M.: Alt-Italien und die Griechen: Ein Beitrag für die Freunde des Livius, des Vergils und der antiken Geschichtsschreibung, Anregung 36 (1990), 392–405 [Frühgeschichte von Troia bis zur Gründung Roms] **R.**: Töchterle K., AADI 22 (1991), 19f.
5410 SCHÜTZ M.: Zur Sonnenuhr des Augustus auf dem Marsfeld, 1990 ↗5691
5411 HANKEL W.: Rom – Weltstaat ohne Währungsgrenzen. Vom *Aureus* über den Euro-Dollar zum ECU: Parallelen für heute, Gymn. 98 (1991), 193–206 I **R.**: Sigot E., AADI 24 (1992), 60
5412 SENFTER R.: "Realien" für Fortgeschrittene: Abgründe und Verunstaltungen der "römischen Seele", Latein-Forum 13 (1991), 35–40 [grausame/sadistische Züge in der römischen Kultur (Militär, Recht, 'Spiele', Dichtung)]
5413 Kaiser, Killer und Verrückte. Rom unter den julisch-claudischen Kaisern 14–69 n. Chr., G 1992.9, 52 S.
5414 SCHIBEL W.: „Geziemt es dem weiblichen Geschlecht, heidnische Autoren zu lesen?" Humanismus und Frauenbildung in der frühen Neuzeit, AU 35.6 (1992), 37–52 [Bruni, Vives, Comenius; Lit.; Texte S. 53–59]
5415 STÄDELE A.: Kaiserliche Personalpolitik, Anregung 38 (1992), 363–366
5416 Utopien, Geschichte lernen 26 (1992) [u.a. Artikel zu Iambulos, Platon, Morus, Campanella]

3. Literaturwissenschaft

a. Literaturgeschichte

5417 SCHMITZ H.: Elemente einer Geschichte der lateinischen Literatur, Bern (Staatlicher Lehrmittelverlag), 20 S.

5418 Zur Dichtung der Kaiserzeit II. Überlegungen zum Problem der Interpretation, hg. CANCIK H./ZINN E., AU 14.3 (1971), 106 & 20 S.

5419 SERVAES F.-W.: Typologie und mittellateinische Tierdichtung, AU 17.1 (1974), 17–29 [Hymn.Ambros., ma Fabeln im Vgl. mit Phaedr., 'Testamentum asini']

5420 Zur Lektüre Augustins und mittelalterlicher Texte IV, hg. NAUMANN H., AU 17.1 (1974), 84 S.

5421 EISENHUT W.: „virtus" in der römischen Literatur, in: Werte der Antike, 1975 ↗811, 54–71

5422 Zur Dichtung der augusteischen Zeit VII, AU 18.1 (1975), 67 S.

5423 Auctores Romani. Grundzüge der römischen Literatur, hg. SENONER R., Bozen (Athesia) 1976, 2.erw.1982 [auf den L.U. in Südtirol bezogen]; überarb. u. erw. Ausg.: Die römische Literatur, hg. Senoner R., München (Beck) 1981, 224 S.; Ndr. Wiesbaden (Fourier) 1990

5424 RICHTER-REICHHELM J.: Einführung in das Mittellatein, 1976 ↗989

5425 SCHNEIDER J.: Grundlagen und Grundformen der lateinischen Literatur des Mittelalters, FSU 20 (1976), 41–49

5426 SCHMIDT P. G.: Weltliche Dichtung des lateinischen Mittelalters und ihr Publicum, Gymn. 84 (1977), 167–183

5427 Zur Dichtung der augusteischen Zeit VIII, hg. DOBLHOFER E., AU 20.4 (1977), 81 S.

5428 Zur Lektüre spätantiker und mittelalterlicher Texte V, hg. NAUMANN H., AU 20.2 (1977), 100 S.

5429 BURNIKEL W.: Lateinische Parodien aus dem Mittelalter, ASiRPS 24.2–3 (1978), 3–12 [Lit.]

5430 KREFELD H.: Probleme der Textpragmatik bei der Lektüre mittel- und neulateinischer Texte, AU 22.2 (1979), 64–71

5431 DEMANDT A.: Das Ende des Altertums in metaphorischer Deutung, Gymn. 87 (1980), 178–204

5432 Zur Dichtung der augusteischen Zeit IX, hg. DOBLHOFER E., AU 23.1 (1980), 97 S.

5433 Zur Lektüre mittelalterlicher Texte VI, hg. NAUMANN H., AU 23.4 (1980), 65 S.

5434 ALBRECHT M. v.: Der Mensch in der Krise. Unterrichtliche Aspekte augusteischer Dichtung, Freiburg u.a. (Ploetz) 1981 (Heidelb.Texte, Did.R. 12), 60 S. [Résumé der zugrundeliegenden Vorträge in: MLAS/BW 9.2 (1978), 17–19] **R.:** Kohl A., Anregung 28 (1982), 104; Maier F., AADI 3 (1982), 34f.

5435 METZGER G.: Lateinische Literaturgeschichte, Freising (Stark) 1981, [4]1992, 119 S.

5436 DOBLHOFER E.: Exil und Emigration: Das Erlebnis der Verbannung in der römischen Literatur, in: Information aus der Vergangenheit, 1982 ↗866, 5–36 [vgl.a. ↗1030]

5437 LEBEK W.: Clique und Klassik in der römischen Dichtung, in: Struktur und Gehalt, 1983 ↗871, 71–85 [Neoteriker, Verg., Hor.]

5438 Zur Dichtung der Kaiserzeit III, AU 26.4 (1983), 53 S.

5439 FRINGS U.: Neulateinische Literatur im Lateinunterricht, AU 27.6 (1984), 5–13 I **R.:** Siehs G., AADI 10 (1985), 137

5440 Neulateinische Literatur im Lateinunterricht, hg. SCHÄFER E., AU 27.6 (1984), 91 S.

5441 LEBEK W. D.: Neue Texte im Bereich der lateinischen Literatur, in: Klassische Antike und Gegenwart, 1985 ↗898, 68–84 [Alcestis-Papyrus, Rut.Nam., Aug. epist.]

5442 LUDWIG W.: Humanistische Gedichte als Schullektüre – drei Interpretationen zu Sannazaro, Flaminio und Pontano, AU 29.1 (1986), 53–74 I **R.**: Gamper P., AADI 13 (1987), 41

5443 Zur Lektüre mittel- und neulateinischer Texte, hg. WIRTH-POELCHAU L., AU 29.1 (1986), 88 S.

5444 GRUBER J.: Europäische Literatur in lateinischer Sprache. Texte und Interpretationen, Bamberg (Buchner) 1987 (Auxilia 16), 143 S. [von der Spätantike bis in die Neuzeit] **R.**: Wirth-Poelchau L., AU 31.4 (1988), 76f.; Kohl A., Anregung 35 (1989), 125

5445 ALBRECHT M. v.: Dichter und Unsterblichkeit – Zur Selbstauffassung des Lyrikers, LEU/L 49 (1988), 186–209 [Hor. carm.; Vorabdruck aus: ders., Rom: Spiegel Europas, Heidelberg (Schneider) 1988]

5446 WIRTH-POELCHAU L.: Zur lateinischen Erzählliteratur des Mittelalters, AU 31.4 (1988), 60–70 [u.a. zu Alfonsi (Text S. 58f.), Caesarius, Iac.Vor., Gest.Rom.] **R.**: Gamper P., AADI 17 (1989), 108

5447 Zur Lektüre mittellateinischer Texte VIII, hg. WIRTH-POELCHAU L., AU 31.4 (1988), 70 S.

5448 ALBRECHT M. v.: Literatur in augusteischer Zeit, MDAV/Ns 39.4 (1989), 2–12 [Lit.]

5449 WIEGAND H.: Solventur vincula Populi. Aufklärung und Französische Revolution im Spiegel der neulateinischen Dichtung, AU 32.4 (1989), 59–77 [Texte v. Desbillons, Bosch, Hebenstreit, Meggle S. 78–87] **R.**: Töchterle K., AADI 20 (1990), 140

5450 WLOSOK A.: Zur lateinischen Apologetik der constantinischen Zeit (Arnobius, Lactantius, Firmicus Maternus), Gymn. 96 (1989), 133–148

5451 VOGT S.: Poeta. Gedanken zur Selbsteinschätzung des Dichters, Anregung 36 (1990), 1–12 [Hor., Mart.]

5452 STROH W.: De amore senili quid veteres poetae senserint, Gymn. 98 (1991), 264–276

5453 Amor ludens. Liebeselegie und Liebesroman im Lektüreunterricht, hg. HOLZBERG N., Bamberg (Buchner) 1992 (Auxilia 30), 128 S.

5454 BÖMER F.: Natur oder Kunst. Beiträge zur Geschichte eines poetischen Topos über bildende Kunst und zu seinem Fortleben bis in die Neuzeit, Gymn. 99 (1992), 157–164

b. Gattungstheorie und -geschichte

5455 Zur Lektüre griechischer und römischer Historiker II, AU 14.1 (1971), 98 S.

5456 Zur Lektüre griechischer und römischer Historiker III, hg. WILSING N., AU 16.3 (1973), 84 S.

5457 BLÄNSDORF J.: Bericht über die lateinischen Historiker des Schulkanons 1963/64–1973, in: Relata I, 1975 ↗984, 5–38 [Lit.]

5458 BLÄNSDORF J.: Dichtung und Naturwissenschaft im römischen Lehrgedicht (Lukrez, Manilius, Aetna), in: Relata I, 1975 ↗984, 84–102 & 103–108 (Texte)

5459 TSCHIEDEL H. J.: Vergil und die römische Liebeselegie, in: Lebendige Lektüre, 1977 ↗823, 120–155 [u.a. zum Vergleich mit Texten von Bachmann, Plenzdorf u. aus 'Anatevka']

5460 SEECK G. A.: Der epische Erzähler und das Problem der Erzählperspektive in der antiken Geschichtsschreibung, MLAS/BW 9.2 (1978), 3–16; auch in: MLAS/SH 1.1–2 (1978), 8ff.

5461 Zur Lektüre griechischer und römischer Historiker, hg. STORCH H., AU 21.3 (1978), 92 S.

5462 PIETSCH W. J.: Schmähgedichte, Der österr. Schulfunk 4 (1979), 39
5463 PÖHLMANN E.: Bühnenspiel und Theaterbau im Altertum, 1979 ↗5703
5464 SCHMIDT P. L.: Politisches Argument und moralischer Appell: Zur Historizität der antiken Fabel im frühkaiserzeitlichen Rom, Der Deutschunterricht 31.6 (1979), 74–88
5465 FUHRMANN M.: Beispiele narrativer Strukturen bei römischen Historikern, 1980 ↗1018
5466 GÄRTNER H.: Der antike Roman – Bestand und Möglichkeiten, in: Vorschläge und Anregungen, 1980 ↗846, 24–56
5467 SCHOLZ U.: Die Anfänge der römischen Geschichtsschreibung, in: Vorschläge und Anregungen, 1980 ↗846, 75–92
5468 STÜCKELBERGER A.: Seneca: Der Brief als Mittel der persönlichen Auseinandersetzung mit der Philosophie, 1980 ↗4473
5469 THRAEDE K.: Zwischen Gebrauchstext und Poesie: zur Spannweite der antiken 'Gattung' Brief, DCG 20 (1980), 179–218 [Plin., Cic., Sen., Symm. u.a.]
5470 Kontaktseminar für Gymnasiallehrer: Antike Historiographie in literaturwissenschaftlicher Sicht, 1981 ↗1023
5471 BLUME H.-D.: Das antike Drama als Gegenstand der Philologie und der modernen Theaterpraxis (Zusammenfassung), MDAV/NW 32.1 (1984), 4f.
5472 STÜCKRATH J./STOLL A.: Der widerspenstige Proteus oder das Komische in der Komödie. Dargestellt an Textbeispielen von Aristophanes, Plautus und Dario Fo, Der Deutschunterricht 36.1 (1984), 40–55 | **R.**: Töchterle K., AADI 10 (1985), 134
5473 BARNER W.: Vergnügen, Erkenntnis, Kritik. Zum Epigramm und seiner Tradition in der Neuzeit, Gymn. 92 (1985), 350–371
5474 FUHRMANN M.: Lizenzen und Tabus des Lachens. Zur sozialen Grammatik der hellenistisch-römischen Komödie, AU 29.5 (1986), 20–43 | **R.**: Töchterle K., AADI 15 (1988), 57
5475 KLINZ A.: Sprache und Politik bei Cicero und den römischen Historikern, 1986 ↗5506
5476 KNECHT T.: Das römische Sprichwort – Abgrenzung, Formen, Anwendung, in: Reflexionen antiker Kulturen, 1986 ↗905, 47–59
5477 Komik und Komödie, AU 29.5 (1986), 99 S.
5478 RIEKS R.: Entwicklungsstadien der römischen Elegie, in: Reflexionen antiker Kulturen, 1986 ↗905, 100–122 [mit Interpretation von Catull. 76, Prop. 1,18]
5479 SCHINDLER W.: Komik-Theorien – komische Theorien?, AU 29.5 (1986), 4–19 | **R.**: Töchterle K., AADI 15 (1988), 58
5480 STROH W.: Griechische Erotik und römische Komödie, MDAV/Ns 38.1 (1988), 2–12
5481 Zur Historikerlektüre VI, hg. GLÜCKLICH H.-J., AU 31.5 (1988), 90 S.
5482 BINDER G.: Hirtenlied und Herrscherlob. Von den Wandlungen der römischen Bukolik, Gymn. 96 (1989), 363–365
5483 Briefliteratur, AU 32.1 (1989), 85 S.
5484 PIETSCH W. J.: Der Fuchs und die Traube. Ein Plädoyer für die Fabel, in: Jber. Akad. Gymn. Graz 1988/89, 3–12
5485 SCHINDLER W.: „Speculum animi" oder Das absolute Gespräch, AU 32.1 (1989), 4–21 [u.a. zu Entwicklungspsychologie u. symbolischem Interaktionismus; Texte aus Sen. epist.] **R.**: Gamper P., AADI 20 (1990), 137f.

5486 SCHWARZ F. F.: Der lange Marsch von Tier und Klugheit. Die ostantike Fabel und der Westen, Ianus 11 (1990), 50–55 [Lit.] **R.:** Töchterle K., AADI 22 (1991), 20

5487 BURNIKEL W.: "Von einem besonderen Nutzen der Fabel in der Schule"?, Anregung 37 (1991), 365–378 [zu Lessings Schulfabeln] **R.:** Töchterle K., AADI 23 (1992), 44

5488 LATACZ J.: Hauptfunktionen des antiken Epos in Antike und Moderne, in: Die Antike im Brennpunkt, 1991 ↗924, 88–109; Résumé in: AU 34.3 (1991), 8–17 | **R.:** Niedermayr H., AADI 24 (1992), 49f.

5489 LAUSBERG M.: Cicero – Seneca – Plinius. Zur Geschichte des römischen Prosabriefes, Anregung 37 (1991), 82–100 | **R.:** Gamper P., AADI 23 (1992), 47

5490 SCARCIA R.: Le regole del raccontare, AU 34.3 (1991), 27–32 [Epos] **R.:** Niedermayr H., AADI 24 (1992), 50

5491 SCHÖNBERGER O.: Vita humana. Zur Leistung der Fabel-Lektüre, 1991 ↗4211

5492 Römische Liebesdichtung, hg. SCHMIDT-BERGER U., AU 35.2 (1992), 100 S.

5493 RÜPKE J.: Wer las Caesars *bella* als *commentarii*?, 1992 ↗3273

c.   Rhetorik, Sprache und Stil

(Vgl.a. Abschnitt T 2 e.)

5494 HEUPEL C.: Das Wort als Waffe: Die politische Rede bei den Römern, 1975 ↗5149

5495 VOIT L.: De causis corruptae eloquentiae. Ein Kapitel antiker Bildungskritik, in: Lebendige Lektüre, 1977 ↗823, 172–196

5496 DAHEIM J.: Einführung in die Rhetorik an Texten aus dem ‚Neuen Testament', 1979 ↗4668

5497 VRETSKA K.: Rhetorik als Interpretationsmittel, 1979 ↗3505

5498 Formen des Erzählens. Beispiele aus der lateinischen Literatur, AU 23.3 (1980), 73 S.

5499 RIEKS R.: Lakonismen. Kürze als Stilprinzip, in: Begegnungen mit Altem und Neuem, 1981 ↗848, 27–61

5500 DÖPP S.: Weisheit und Beredsamkeit. Gedanken zu ihrer Relation bei Cicero, Quintilian und Augustinus, in: Information aus der Vergangenheit, 1982 ↗866, 37–63

5501 MAURACH G.: Enchiridion Poeticum. Hilfsbuch zur lateinischen Dichtersprache. Mit Übungsbeispielen aus Schulautoren, Darmstadt (WBG) 1983, XVI & 241 S. | **R.:** Kohl A., Anregung 30 (1984), 340

5502 SCHULZE W.: Literaturbericht: Ciceros Rede für den Dichter Archias unter Berücksichtigung des Phänomens „Rhetorik", 1983 ↗3497

5503 WÜLFING P.: La grammatica figlia «prodiga» della retorica, Rinascita della scuola 7–6 (1983), 443–451

5504 NEUMEISTER C.: Römische Rhetorik und die Interpretation lateinischer rhetorischer Texte, in: Handreichungen für den Lateinunterricht in der Kursphase der Oberstufe, 1984 ↗740, 107–131

5505 PINKSTER H.: Lateinische Stilistik. Eine Übersicht, Sprache und Literatur in Wissenschaft und Unterricht 55 (1985), 67–77 [Lit.]

5506 KLINZ A.: Sprache und Politik bei Cicero und den römischen Historikern, AU 29.4 (1986), 59–64 | **R.:** Töchterle K., AADI 15 (1988), 61

5507 Rhetorik am Beispiel Ciceros, 1986 ↗3492

5508 SIEBENBORN E.: Ars occulta – verschlüsselte Kunst und ihre Entschlüsselung, AU 29.2 (1986), 17–29 [Textbsp.e aus Cic. Phil., Caes. civ.] **R.:** Kienpointner M., AADI 15 (1988), 64

5509 NEUMEISTER C.: Überredung als sprachliche Grundfunktion – Rhetorik, in: Handbuch für den Lateinunterricht, Sek.I, 1987 ↗19, 366–381 [Bsp. aus Sall. Catil. u.a.]

5510 RICHTER-REICHHELM J.: Compendium scholare troporum et figurarum – Schmuckformen literarischer Rhetorik. Systematik und Funktion der wichtigsten Tropen und Figuren. Ein Kompendium für Unterricht und Selbststudium, Frankfurt/M. u.a. (Diesterweg) 1988, 72 S. I **R.:** Kienpointner M., AADI 17 (1989), 95; Kohl A., Anregung 36 (1990), 119

5511 FRÜCHTEL E.: Zur Geschichte der Allegorese, Anregung 35 (1989), 406–416 I **R.:** Töchterle K., AADI 20 (1990), 127

5512 FRICEK A.: Rhetorische Beobachtungen an Ciceros Catilinaria I., 1989 ↗3525

5513 JELIC V.: Rhetorik im Schulwesen Jugoslawiens, AU 32.3 (1989), 27–30

5514 MICHEL A.: La rhétorique dans la société et dans l'éducation moderne, AU 32.3 (1989), 6–14

5515 Die Rhetorik und ihre Bedeutung im sozialen Leben der Gegenwart, AU 32.3 (1989), 5–30 I **R.:** Töchterle K., AADI 19 (1990), 120f.

5516 SEGA G.: La scuola degli argomenti e delle figure, AU 32.3 (1989), 15–26 [Textbsp.e aus Cic., Tac., Lucan.]

5517 WÖHRLE G.: Actio. Das fünfte officium des antiken Redners, Gymn. 97 (1990), 31–46

5518 FUHRMANN M.: Rhetorik als Überredungskunst und das Problem der Wahrheit (Resümee), MDAV/Ns 41.4 (1991), 3–5

5519 JÄGER G. u.a.: Rede und Rhetorik im Lateinunterricht, 1992 ↗3495

5520 JÄGER G.: Zur Entwicklung der Rhetorik. Rhetorische Theorie bei den Griechen und Römern, in: Rede und Rhetorik im Lateinunterricht, 1992 ↗3495, 123–142; 148–150 (Bibliogr. Hinweise)

5521 KIEFNER G.: Leben – Bewegung – Sein. Zum Fortleben einer antiken Formel in der Neuzeit bei zwei Leipziger Thomaskantoren, Gymn. 99 (1992), 263–274

5522 FÄRBER H./VOIT L.: Lateinische Stilkunde. Arbeitsbuch für die Oberstufe der Höheren Schulen, München (Oldenbourg) ³1969

d. Metrik

5523 STEPHAN-KÜHN F.: Interpretationsaspekte der Dichterlektüre: Zum Metrum im 6. Buch der Aeneis, 1979 ↗4774

5524 STROH W.: Der deutsche Vers und die Lateinschule, Antike und Abendland 25 (1979), 1–19 [Problem der Nachbildung antiker Versmaße im Dt.]

5525 WALTER H.: Zur Phrasierung des lateinischen Hexameters, AU 23.5 (1980), 76–79 I **R.:** AADI 2 (1981), 26

5526 STROH W.: Kann man es lernen, lateinische Verse zu sprechen?, in: Begegnungen mit Neuem und Altem, 1981 ↗848, 62–89

5527 TEUBER B./FEHLING D.: Zur Aussprache und Rezitation lateinischer Verse, 1984 ↗2235

5528 GRÖGER R.: Neue Wege zum Hexameter, Anregung 31 (1985), 121–122

5529 BEIL A.: Quantitäten in lateinischen Versen, MDAV/NW 35.2 (1987), 6–8

5530 MATTHIESSEN K.: Zur Aussprache und Rezitation altgriechischer und klassischer lateinischer Texte, 1988 ↗2239
5531 SCHMIDT E.: Lateinische Metrik mit dem Computer, 1990 ↗2163
5532 WAIBLINGER F. P.: Zur Einführung in das Lesen lateinischer Texte, Anregung 37 (1991), 379–386

4. Öffentliches Leben

a. Staatswesen und Recht · Militär

(Vgl.a. Abschnitt T 2 d.)

5533 KNOBLOCH J.: Aus dem Wortschatz der Soldaten und Seeleute in spätrömischer Zeit, in: Klassische Philologie, 1973 ↗967, 162–175
5534 MEINHART M.: Die Sprache des Edikts und der römischen Juristen, in: Klassische Philologie, 1973 ↗967, 27–45 [Textbsp.: Digest. 9,2,51]
5535 WEISS M.: Aufnahme des Römischen Rechts in den Lektürebestand der Gymnasien, 1973 ↗969
5536 KOHNS H. P.: Consensus iuris – communio utilitatis (zu Cic.rep. I. 39), 1974 ↗3670
5537 FUHRMANN M.: Römisches Recht am Gymnasium. Überlegungen zu einem Oberstufenkurs, 1976 ↗5143
5538 MAYER-MALY T.: Lateinunterricht und Römisches Recht. Europäische Gemeinsamkeit statt nationalstaatlicher Engstirnigkeit: auch ein Sprachproblem!, Die Höhere Schule 31 (1979), 152–158
5539 SCHÖNBERGER O.: Ein philologisches-juristisches Problem, Anregung 25 (1979), 407–408 [Bemerkungen zu einem römischen Rechtsfall]
5540 WALDSTEIN W.: Was ist Gerechtigkeit? (Zu Ulpians Definition, Digesten 1,1,10 pr.), 1979 ↗3732
5541 BELLEN H.: Antike Staatsräson. Die Hinrichtung der 400 Sklaven des römischen Stadtpräfekten L. Pedanius Secundus im Jahre 61 n. Chr., Gymn. 89 (1982), 449–467 | **R.:** Kohl A., Anregung 30 (1984), 271
5542 LUGER J.: Römisches Strafrecht und römische Strafgerichtsbarkeit. Ein Überblick, Anregung 28 (1982), 172–180 | **R.:** Maier F., AADI 5 (1983), 66
5543 GLEIXNER H.: Verginia. Ein Prozeßskandal als Einführung in das römische Zivilprozeßrecht (Livius III 44–48), Anregung 31 (1985), 174–179 | **R.:** Töchterle K., AADI 12 (1986), 26
5544 RÜPKE J.: Kriegserklärung und Fahnenweihe. Zwei Anmerkungen zu einem „historischen Experiment", AU 30.3 (1987), 105–107 | **R.:** Valahfridus (W. Stroh), AU 31.4 (1988), 82–84 , vgl.a. ders., VL 21 (1985), 430f.; Töchterle K., AADI 16 (1988), 94
5545 RADKE G.: Beobachtungen zur römischen confarreatio, Gymn. 96 (1989), 209–216
5546 STÜHLER F.: Zur Kritik des antiken Holismus. Ein Impuls für politische Bildung im Lateinunterricht, Anregung 35 (1989), 156–164 | **R.:** Töchterle K., AADI 20 (1990), 138f.
5547 RIX H.: Wonach haben die Römer ihre Beamten benannt?, in: Verstehen, Übernehmen, Deuten, 1992 ↗939, 83–105

b. Kult, Religion

5548 KNOKE F.: Römische Religiosität in Pompeji, AU 22.4 (1979), 5–24 [Quellentexte, u.a. Cato agr., Lucr., Apul. met., Petron., s. Beil. 2–15]
5549 RÖTTGER G.: Mythos und Religiosität. Eine Variation im lateinischen Lektüreunterricht, 1980 ↗5193
5550 SCHÖNBERGER O.: Volkskunde im altsprachlichen Unterricht, DASiU 27.2 (1980), 3–16
5551 SPEYER W.: Religion als politisches und künstlerisches Mittel – zum Verständnis des Augusteischen Zeitalters, in: Widerspiegelungen der Antike, 1981 ↗862, 28–51
5552 CANCIK H.: Die Jungfrauenquelle. Ein religionswissenschaftlicher Versuch, 1982 ↗4091
5553 SPEYER W.: Realität und Formen der Ekstase im griechisch-römischen Altertum, in: Tradition und Rezeption, 1984 ↗894, 21–34
5554 Antike Religion, hg. BARIÉ P., AU 28.2 (1985), 90 S.
5555 BARIÉ P.: „Interpretatio" als religionspsychologisches Phänomen, AU 28.2 (1985), 63–86 [Textbsp. Caes. Gall.] **R.:** Töchterle K., AADI 12 (1986), 17
5556 CANCIK-LINDEMAIER H./CANCIK H.: Ovids Bacchanal, 1985 ↗4110
5557 HEILMANN W.: Coniuratio impia. Die Unterdrückung der Bacchanalien als Beispiel für römische Religionspolitik, AU 28.2 (1985), 22–41 [Text: Liv. 39,14–16 u.a., Inschr. v. Tiriolo (S. 38–41)] **R.:** Töchterle K., AADI 12 (1986), 26
5558 SCHOLZ U. W.: Zum Verständnis des römischen Staatskultes, in: Klassische Antike und Gegenwart, 1985 ↗898, 68–84
5559 CANCIK-LINDEMAIER H.: Kultisches Privileg – gesellschaftliche Repression. Das Beispiel der vestalischen Jungfrauen, MDAV/Ns 37.2 (1987), 2–13
5560 CANCIK-LINDEMAIER H.: Opferphantasien. Zur imaginären Antike der Jahrhundertwende in Deutschland und Österreich, AU 30.3 (1987), 90–104 [u.a. zu Borchardt, Hofmannsthal; Text: Aug. trin.] **R.:** Töchterle K., AADI 16 (1988), 79
5561 SCHMITZ H.: Menschenopfer und Totenbräuche bei den Kelten. Ein Beitrag zur Cäsarlektüre, 1988 ↗3381
5562 SCHWABL H.: Notizen über das Volk der Juden und sein Gottesbild bei griechischen und römischen Autoren, WHB 30 (1988), 1–15
5563 BÖMER F.: Isis und Sarapis in der Welt der Sklaven. Eine Nachlese, Gymn. 96 (1989), 97–109
5564 BÖMER F.: „The slave had no *mana* at all" – ? Zu einer religionsgeschichtlichen und soziologischen Grundsatzfrage, Gymn. 97 (1990), 1–14
5565 SPEYER W.: Geheimgehaltene Überlieferungen und Schriften der Antike, in: Die Antike als Begleiterin, 1990 ↗922, 91–109
5566 STÄRK E.: Vindemia: Drei Szenen zu den Römern auf dem Lande, Gymn. 97 (1990), 193–211
5567 SCHÖNBERGER O.: Di minorum gentium, Anregung 38 (1992), 237–240

5. Privatleben

a. Familie und Hauswesen, Frauen, Sklaven; Sport

(Vgl.a. Abschnitt T 2 c.)

5568 KÜPPERS E.: Sklaverei in der Antike. Beobachtungen zu römischen Quellentexten, 1982 ↗5130

5569 CHANTRAINE H.: Münzbild und Familiengeschichte in der römischen Republik, Gymn. 90 (1983), 530–545 [mit Abb.]

5570 HÖNLE A.: Die Einstellung der Römer zum Sport, Antike Welt 14.3 (1983), 56; auch in: Anregung 30 (1984), 111–113 I **R.:** Maier F., AADI 9 (1985), 125

5571 BUHMANN H.: Die Olympischen Spiele im Altertum, Anregung 30 (1984), 408–414 I **R.:** Maier F., AADI 10 (1985), 133

5572 CAMERON A.: Women in Ancient Culture and Society, AU 32.2 (1989), 6–17 [Lit. 4f.] **R.:** Vogl H., AADI 19 (1990), 119

5573 JANSSENS C.: La femme dans l'Antiquité – Point de vue de l'enseignement secondaire, AU 32.2 (1989), 30–40 I **R.:** Vogl H., AADI 19 (1990), 120

5574 SCHEIDEL W.: Feldarbeit von Frauen in der antiken Landwirtschaft, Gymn. 97 (1990), 405–431

5575 WÖLKE H.: Essen und Kochen in Rom. Eine Unterrichtsreihe für die 11. Klasse, LGB 34 (1990), 150–170

5576 Femina docta, hg. WIEGAND H., AU 35.6 (1992), 107 S.

b. Bildung, Wissenschaft und Philosophie

(Vgl.a. Abschnitt T 2 f.)

5577 Philosophische Aspekte der Politik, hg. MÜLLER A., Münster (Aschendorff) (Philosophische Textreihe 2), 220 S. [u.a. Cic., Aug., Thomas, Hobbes]

5578 PHILIPP G. B.: Politische Wortstudien III: Moderner Staat und römischer Staatsgedanke, Gymn. 78 (1971), 524–555

5579 VOIT L.: Vom politischen Denken der Antike, in: Fortwirkende Antike, 1971 ↗760, 105–123

5580 HÄRING L.: Einführung in die antike Logik, 1973 ↗965

5581 GEGENSCHATZ E.: Philosophie im Lateinunterricht, in: Probata – Probanda, 1974 ↗798, 116–167

5582 JUNGE C.: Epikurs Ethik im Lateinunterricht, AU 17.2 (1974), 74–81 [Cic. fin.]

5583 KERSCHENSTEINER J.: Antike Gedanken zum Kulturfortschritt und seiner Ambivalenz, in: Werte der Antike, 1975 ↗811, 26–53 [a. zu Sen., Lucr.]

5584 KLINZ A.: Lebens- und Denkmodelle in politischen Texten der Antike, in: Antike Texte – moderne Interpretation, [1975] ↗3130, 27–29

5585 MUNDING H.: 'Fremdbestimmung' als Mythos, MDAV 18.1 (1975), 1–5 [vgl.a. ↗133]

5586 SALLMANN K.: Die Bewertung von Bildung und Wissen bei den Römern, in: Relata I, 1975 ↗984, 40–66

5587 VICENZI O.: Grundformen der menschlichen Existenz in den antiken Texten, in: Antike Texte – moderne Interpretation, [1975] ↗3130, 20–24 [u.a. Ov. met., Sall. Catil.]

5588 THUROW R.: Ziele und Methoden antiker Naturwissenschaft, Heidelberg 1977 (Heidelb. Texte, Did.R. 10), 125 S. [u.a. zur ant. Astronomie, Medizin, Atomlehre, z.T. im Vergleich mit der Moderne; Lit.] **R.**: Wittke P., MDAV/NW 30.3 (1982), 4–6

5589 Ethik als philosophische Theorie des Handelns, hg. MÜLLER A., Münster (Aschendorff) ^{4}1978 (Philosophische Textreihe 5), 237 S. [u.a. Stoa, Cic., Sen.] **R.**: Kohl A., Anregung 26 (1980), 195

5590 Texte zur Ethik im Lateinunterricht, hg. GLÜCKLICH H.-J., AU 21.2 (1978), 75 S.

5591 HERZHOFF B.: Zweckmäßigkeit in der Natur – Ein Grundproblem antiker und moderner Naturforschung, in: Jber. des Staatl. Friedrich-Wilhelm-Gymnasiums Trier, Trier 1979, 197–212

5592 KEULEN H.: Von Kontinuität im Wandel der Jahrhunderte. Von Angepaßten und anderen, IBW-Journal 17.5 (1979), 72–75 [Rezeption griech. Philosophie; röm. Erziehung]

5593 Philosophie und Geschichte, hg. MÜLLER A., Münster (Aschendorff) 1979 (Philosophische Textreihe 4), 148 & 114 S. I **R.**: Kohl A., Anregung 28 (1982), 105

5594 STROHM H.: Zur Eigenart römischen Philosophierens – Interpretationen zu Cicero und Seneca, in: Widerspiegelungen der Antike, 1981 ↗862, 52–77 [Texte aus Cic. ac., nat.deor., Tusc.; Sen. vit., prov., epist. S. 71–76]

5595 BAYER K.: Antike Welterklärung, ausgehend von Ciceros Timaeus sive de universo, 1982 ↗3698

5596 DIENELT K.: Epikureische „Seelenhygiene" für ein glückliches Leben, AHS 31 (1982), 234ff.

5597 GÖRLER W.: Über die Anfänge der Philosophie in Rom (Zusammenfassung), ASiRPS 28.2 (1982), 10f.

5598 MUNDING H.: Antike Naturphilosophie und moderne Naturwissenschaften, in: Fachdidaktisches Studium 2, 1982 ↗865, 170–183; überarb. in: Antike Texte – aktuelle Probleme ↗3163, 86–105 I **R.**: Töchterle K., AADI 6 (1983), 76

5599 SCHWARZ W.: Alte Sprachen und Philosophie, in: Fachdidaktisches Studium 2, 1982 ↗865, 132–169 [Lit.] **R.**: Gamper P., AADI 6 (1983), 78

5600 BRAUN H.: Normenwandel als Problem der praktischen Philosophie, AU 26.2 (1983), 5–19 [u.a. zur 'Goldenen Regel']

5601 Normenwandel und Normenbegründung – ein Projekt, 1983 ↗5177

5602 Römische Popularphilosophie in künstlerischer Gestaltung, hg. LEFÈVRE E., AU 26.3 (1983), 96 S.

5603 RUPRECHT E.: Denkstrukturen der modernen Physik, in: Struktur und Gehalt, 1983 ↗871, 149–159

5604 FRINGS U.: ‚Glückseliges Leben' – literarisch, theologisch, AU 28.4 (1985), 76–85 [Tiger, Goethe, Mart., Luther] **R.**: Töchterle K., AADI 12 (1986), 25

5605 SCHÖNBERGER O.: Über Erziehung zu philosophischem Denken am Gymnasium, Schulfamilie 34 (1985), 291–296 [a. zum Fach Latein]

5606 FETSCHER I.: Zur Krise der Industriegesellschaft und deren ungenutzten Chancen: Ein Leben im reinen Genuß des Schönen. Die Produktivität der instrumentellen Vernunft begünstigt das antike Denken, MDAV/Hs 33.5 (1986), 3–5; 34.1 (1987), 9–11

5607 MAURACH G.: Die Einbürgerung der Philosophie in Rom, MDAV/Ns 36.3 (1986), 2–8

5608 ZIMMERMANN H.: Antike Geschichtsphilosophie im Unterricht?, MDAV/NW 34.4 (1986), 18–21

5609 LÄNGIN H.: Duo cerebra – Die Asymmetrie der beiden Gehirnhälften. Zur antiken Medizin im Lateinunterricht, DASiU 34.2 (1987), 17–21

5610 THOLEN N.: Glück und Utopie, 1987 ↗4954

5611 WOKART N.: Naturbegriff und Freiheit. Zur Entwicklung des Verhältnisses von Mensch und Natur, MDAV/Ns 37.1 (1987), 8–18

5612 CLASSEN C. J.: Virtutes Romanorum. Römische Tradition und griechischer Einfluß, Gymn. 95 (1988), 289–302

5613 FETSCHER I.: Lebenssinn und Ehrfurcht vor der Natur in der Antike, in: Antikes Denken – Moderne Schule, 1988 ↗319, 32–50

5614 LAGARRIGUE G.: L'enseignement des rapports entre la pensée antique et la pensée chrétienne, in: Antikes Denken – Moderne Schule, 1988 ↗319, 297–306

5615 LÖWE G.: Fragen der antiken Technik bei der Auswertung von Lehrbuchtexten, FSU 32 (1988), 38–43, 54 [zu ↗2645]

5616 MALITZ J.: Philosophie und Politik im frühen Prinzipat, in: Antikes Denken – Moderne Schule, 1988 ↗319, 151–179

5617 TRATTER I.: Demokratieverständnis von der Antike bis in die Gegenwart, Latein-Forum 5 (1988), 39–59

5618 ELLER K. H.: Epikurs Lehrbrief an Menoikeus, AU 32.1 (1989), 69–85 [a. im L.U. verwendbar; u.a. zur Rezeption durch F. Nietzsche]

5619 FEDELI P.: Il rapporto dell'uomo con la natura e l'ambiente – l'antichità vi ha visto un problema?, AU 32.3 (1989), 32–42 [Texte aus Varro, Plin., Tac., Vitr. S. 56f].

5620 LEYVRAZ I.: L'homme et son environnement, AU 32.3 (1989), 51–55

5621 Das Verhältnis des Menschen zu Natur und Umwelt: Hat die Antike hier ein Problem gesehen, AU 32.3 (1989), 31–63 | **R.:** Töchterle K., AADI 19 (1990), 121f.

5622 ZIMMERMANN H.: Zur Didaktik epikureischer Texte, AU 32.1 (1989), 86–89 | **R.:** Gamper P., AADI 19 (1990), 122

5623 MÜFFLING M. v.: Amor sapientiae, 1990 ↗5166

5624 SEECK G. A.: Die Frage nach der Tugend (Platon, Cicero, Habermas, Jonas), Gymn. 97 (1990), 289–303

5625 Bildung – Erziehung – Schule. Antike Menschenführung zwischen Theorie und Praxis, 1991 ↗1070

5626 DOBESCH G.: Autonomie des Menschen und Werthaftigkeit in der griechisch-römischen Geschichte (Gedanken zu den Phänomenen von Kulturblüte, Kulturkrise und Dekadenz), WHB 32 (1991), 1–40

5627 HADOT I.: Die Figur des Seelenleiters in der Antike, LEU/L 52 (1991), 48–76

5628 ROHACEK M.: Die Bedeutung der antiken Moralphilosophie für die moderne Konsumgesellschaft (ein exoterischer Aktualisierungsversuch), Ianus 12 (1991), 49–53 | **R.:** Töchterle K., AADI 24 (1992), 63f.

5629 FINK G.: Der Glücksbegriff in der antiken Philosophie, in: Ethikunterricht – Materialien, hg. Akademie für Lehrerfortbildung Dillingen/ Thüringer Inst. für Lehrerfortbildung, Lehrplanentwicklung und Medien, [Dillingen] 1992 (Akademiebericht Nr. 222), 26–50; 51–75 (Materialien) [u.a. zur Stoa]

Bildung und Philosophie V 5

5630 HOBERT E.: Stoische Philosophie. Ein Lehr- und Arbeitsbuch, Frankfurt/M. u.a. (Diesterweg) 1992, 250 S. [Text- und Arbeitsbuch für den Philosophie-Unterricht]

5631 KRAUTZ H.-W.: Bericht zur Tagung "Christliches Liebesverständnis im Mittelalter", 1992 ↗1077

5632 KRES L.: Literaturbericht Philosophie, Anregung 38 (1992), 118–130

5633 NICKEL R.: Diogenes oder Dädalus? Zum Wertbegriff des einfachen Lebens, in: Ethikunterricht – Materialien, hg. Akademie für Lehrerfortbildung Dillingen/Thüringer Inst. f. Lehrerfortbildung, Lehrplanentwicklung und Medien, [Dillingen] 1992 (Akademiebericht Nr.222), 76–49 [u.a. Sen.]

6. Mythos und Mythologie

(Vgl.a. Abschnitt T 2 g.)

5634 SCHÖNBERGER O.: Mythos und Mythologie auf der Unterstufe des Gymnasiums, in: Erbe, das nicht veraltet, 1979 ↗827, 177–207

5635 BARIÉ P.: Aspekte des Mythos und unsere Zeit, AU 23.2 (1980), 5–25 | **R.**: Töchterle K., AADI 1 (1981), 1

5636 FRINGS U.: Rezeptionsspielarten – Zur Mythenentwendung in Antike und Moderne, 1980 ↗5829

5637 Mythos, hg. BARIÉ P., AU 23.2 (1980), 131 S.

5638 OLBRICH W.: Warum hat Orpheus sich umgedreht? Variationen zu einem klassischen Thema, Anregung 28 (1982), 378–384 | **R.**: Maier F., AADI 5 (1983), 68

5639 Mythos 2, hg. BARIÉ P., AU 25.6 (1982), 88–98

5640 MAIER F.: Ikarus – ein Symbol für Träume des Menschen, in: Lateinunterricht 3, 1985 ↗4112, 194–216

5641 MAIER F.: Orpheus und Eurydike – ein „unüberwindlicher" Mythos, 1985 ↗4113

5642 MAIER F.: Der Gott des antiken Mythos – eine Herausforderung für den aufgeklärten Menschen?, 1986 ↗4122

5643 PETERSMANN G.: Mythos und Macht. Gestalten antiker Mythen als Integrationsfiguren moderner politischer Systeme, 1986 ↗5899

5644 SCHÖNBERGER O.: „Sagen des klassischen Altertums" – verstaubt oder lesenswert? Eine Werbung für Gustav Schwab, Schulfamilie 36 (1987), 79–82

5645 MAIER F.: Quo vadis, Europa?, 1990 ↗5941

5646 VEIT G.: Mythologie im Jugendbuch, 1990 ↗5948

5647 WEIDNER W.: Eigenart der Griechen, MDAV/Hs 38.4 (1991), 2–6 [Griechisches im Lateinunterricht, v.a. Mythen]

5648 SMOLAK K.: Mythologie der Befreiung, WHB 33 (1992), 26–46

7. Archäologie · Kunstgeschichte

(Vgl.a. Abschnitt T 2 d.)

a. Allgemeines

5649 MÜLLER W./ZACH E.: Binnennorikum ↗1583
5650 POCHMARSKI E.: Archäologie im Lateinunterricht, in: Jber. Bundesgymn. Leoben 1972, 35–45
5651 RICHTER F.: Archäologie im altsprachlichen Unterricht, MDAV 15.3 (1972), 4–9
5652 RIEGER E.: Archäologie im Unterricht. Bericht über eine Weiterbildungstagung der Schweizer Altphilologen, 1972 ↗958
5653 "Archäologie im Unterricht" in der Antikenabteilung der staatlichen Museen Berlin (Kurzberichte), MDAV/Bl 20.2 (1974), 3–6
5654 Aspekte des öffentlichen Lebens der Römer. Vier Skulpturen in der Glyptothek. Ein Unterrichtsmodell des Museumspädagogischen Zentrums für den Lateinunterricht in der 6.–8. Klasse, v. SCHWINGENSTEIN C., München 1975
5655 BICKEL W.: Das Keltenbild Caesars im Vergleich mit dem Keltenbild der Archäologie, 1976 ↗3327
5656 Archäologisches im Unterricht, hg. KNOKE F., AU 20.3 (1977), 96 & 32 S.
5657 KUSCHE H.: Literaturhinweise zu Archäologie und Bildender Kunst, LEU/L 4 (1977), 24
5658 PRIDIK K.-H.: Antike Stätten in der westlichen Türkei (Zusammenfassung), MDAV/NW 26.2 (1978), 3f.
5659 Die Römer in Bayern, 1978 ↗1591
5660 Archäologisches im Unterricht 5, hg. KNOKE F., AU 22.4 (1979), 86 S.
5661 HOHL J.: Castra Régina – Ratisbona (179–1979), DASiU 26.2 (1979), 30–33; auch in MDAV 22.4 (1979), 7–9
5662 HOHL J.: Castra Regina: Regensburg zur Römerzeit, Anregung 25 (1979), 277
5663 Der Limes, I: Geschichte, Anlage, Funktion, II: Mit Schülern am Limes 1. Teil (Tagesausflug, Exkursion, Landschulheim), LEU/L 21 & 22 (1979), 28 & 41 S. [vgl. ↗5670]
5664 LUND H./REEKER H.-D./KNITTEL H.: Handreichungen zum Lateinunterricht in Klasse 5/6 und S I: Anregungen und Materialien zu Realienkunde und Archäologie im Anfangsunterricht, LEU/L 15 (1979), 40 S. [B-W; u.a. zu röm. Wohnen, Keramik, Wasserleitung, Thermen, Zirkus, Kolosseum, Castra, Waffen]
5665 WERNER H.: Zur Archäologie im altsprachlichen Unterricht, MDAV/Ns 29.3 (1979), 10–15
5666 WOJACZEK G.: Grundkurs Archäologie. Entwurf für einen eigenen Lehrplan für vier Kurshalbjahre, DASiU 26.3 (1979), 19–26; 27.3 (1980), 12–22
5667 WÜLFING P.: Altertumskunde – Die Welt der Römer im Lateinunterricht, in: Handbuch für den Lateinunterricht, Sek.II, 1979 ↗12, 300–333
5668 HEMPELMANN A.: Multiple-choice-Test im Archäologiekurs, 1980 ↗1449
5669 KRAYER E.: Menschenopfer in minoischer Zeit? Eine Sternstunde der Archäologie auf Kreta, Gymnasium Moguntinum 41 (1981), 61–65; auch in: ASiRPS 28.1 (1982), 21–25

Archäologie, Kunst

5670 Der Limes, III: Mit Schülern am Limes 2. Teil (Exkursionen am Obergermanischen- und Odenwaldlimes); IV: 3. Teil (Exkursionen zur Saalburg, Mithraskult), LEU/L 29 & 30 (1981), 71 & 43 S. [vgl. ↗5663]

5671 MOMMSEN P.: Studienfahrten an den Limes. Historisch-archäologische Einführung, Vorschläge zur Planung und Durchführung, 1981 ↗1738

5672 Reihe 'Lateinische Quellen – Lokalhistorische Texte für die Jahrgangsstufe 10', hg. SEITZ W. E., München (Lindauer) 1981 ff., [11 Bd.e] ↗5213ff.

5673 BLÄNSDORF J.: Mainzer Schiffsfunde. Zur Archäologie, Geschichte, Literatur und Sprache, LGB 26 (1982), 82–88

5674 WERNER H.: Archäologie im Latein-, Griechisch- und Geschichtsunterricht, 1982 ↗1031

5675 Handreichungen für den Unterricht im Grundkurs Archäologie in der Kursphase der Oberstufe, hg. ISB, München 1984, 379 S. [Lit.]

5676 WERNER H.: Ausgewählte Themen aus dem Bereich der römischen Archäologie und Möglichkeiten ihrer Darbietung im Unterricht (Zusammenfassung), MDAV/NW 32.1 (1984), 6f.

5677 Archäologisches im Unterricht VI, hg. KNOKE F., AU 28.5 (1985), 116 S.

5678 Bayern zur Römerzeit – Militärwesen, 1985 ↗1597

5679 BINDER G.: Die provinzialarchäologische Exkursion im Lateinstudium, 1985 ↗1744

5680 NIEMEYER H. G.: Archäologie: Zum Stellenwert im Schulunterricht, Gymn. 92 (1985), 2–11 | R.: Töchterle K., AADI 12 (1986), 17f.

5681 WERNER H.: Archäologie im Unterricht der alten Sprachen. Lichtbild-Reihen, Gymn. 92 (1985), 60–71 | R.: Töchterle K., AADI 12 (1986), 20

5682 WOJACZEK G.: Anschauungsorientierter Unterricht: Grundkurs Archäologie, Gymn. 92 (1985), 47–59

5683 ERDMANN E.: Leben unter römischer Herrschaft. Die Römerzeit im heutigen Baden-Württemberg, Villingen–Schwenningen (Neckar) 1986, 79 S.

5684 JUNKELMANN M.: Auf den Spuren der Legionen von Verona nach Augusta Vindelicum. Ein archäologisches Experiment, DASiU 33.1 (1986), 10f.

5685 GERMANN A./WÜLFING P.: Altertumskunde im Unterricht der Sekundarstufe I – Realien, in: Handbuch für den Lateinunterricht, Sek.I, 1987 ↗19, 161–184 [Lit.]

5686 Handreichung Archäologie/Antike Kunst, hg. KM Rh-Pf, Arbeitsgemeinschaft in der Oberstufe des Gymnasiums, Worms (Informationsdienst Vertriebsges.mbH) 1987, 304 S. [u.a. zu den Themen Vasenmalerei, Plastik, Sport, Numismatik, Museumsdidaktik, Rezeption; dazu ↗5688] R.: Kohl A., Anregung 35 (1989), 128

5687 Archäologisches im Unterricht VII: Die Provence, hg. GERMANN A., AU 31.2 (1988), 101 S.

5688 Materialsammlung zur Handreichung Archäologie/Antike Kunst, hg. Pädagog. Zentrum Rh-Pf, Bad Kreuznach 1988 [zu ↗5686; u.a. Informationsmaterial über 45 archäologisch wichtige Stätten und Museen in D u. Luxemburg]

5689 WISKIRCHEN H. H.: Die Römer in der Eifel. Römische Bodendenkmäler zwischen Trier und Köln, MDAV/NW 37.4 (1989), 5–9 [Résumé eines Diavortrags]

5690 HOLZHAUSEN H.: Ungarn und Deutsche entdeckten Römer. Neues Projekt: Internationale Jugendbegegnung im Rahmen der Museumsferien, Das Rheinische Landesmuseum Bonn 1990.6, 92–94; vgl. a. ders., „Ferien im Museum" – auf ungarisch. Ferienprojekte in Budapester Museen, in: Das Rhein. Landesmuseum 1991.6, 95f.

5691 SCHÜTZ M.: Zur Sonnenuhr des Augustus auf dem Marsfeld. Eine Auseinandersetzung mit E. Buchners Rekonstruktion und seiner Deutung der Ausgrabungsergebnisse, aus der Sicht eines Physikers, Gymn. 97 (1990), 432–457

5692 HILGERS W.: Grabstein für Minicia Marcella. Eine Projektarbeit für Schülerinnen der Liebfrauenschule Bonn, Das Rheinische Landesmuseum Bonn 1991.3, 45f.

5693 SCHLÜTER W.: Neue Erkenntnisse zur Örtlichkeit der Varusschlacht? Die archäologischen Untersuchungen in der Kalkrieser-Niewedder Senke im nördlichen Wiehengebirgsvorland, MDAV/Ns 41.2 (1991), 2–11

b. Architektur · Städtebau

5694 Grundzüge der römischen Architektur ↗1581

5695 Römische Staatsarchitektur ↗1585

5696 SIMON E.: Das antike Theater, Heidelberg 1972 (Heidelb.Texte, Did.R. 5), 82 S. | **R.:** Dieterich H., MLAS/BW 3.1 (1972), 29; Kohl A., Anregung 22 (1976), 346

5697 GRUNAUER S.: Thermen und öffentlicher Badebetrieb, AU 20.3 (1977), 49–58 [mit Quellentexten]

5698 KNOKE F.: Stadtentwicklung, Wirtschafts- und Sozialordnung einer römischen Kolonie, dargestellt am Beispiel Pompejis, AU 20.3 (1977), 29–48 [Quellentexte: ↗5106]

5699 NOELKE P.: Kontaktstudienkurs "Das römische Germanien: Seine Hauptstadt, die Colonia Agrippina", in: Museumsdidaktik I, 1977 ↗5776, 13–40 [Lit.]

5700 SCHNEIDER L.: Lehrerfortbildung in Hamburg. Herstellung und Erprobung von Lehrmaterialien zum Thema „Antike Stadt", Schule und Museum 8 (1978), 13–17

5701 DÖHL H.: Römisches Wohnen, AU 22.4 (1979), 67–86

5702 HUBER H.: Kreative Schülerarbeiten für den Lateinunterricht – Beispiel: ‚Stadt-Spiel ohne Zeiten', AU 22.5 (1979), 80–99 ["Colonia · Spiel ohne Zeiten"]

5703 PÖHLMANN E.: Bühnenspiel und Theaterbau im Altertum, in: Verpflichtung der Antike, 1979 ↗839, 71–93

5704 PROCHASKA R. A.: Magdalensberg. Arbeitsblätter für eine archäologische Exkursion, 1980 ↗1736

5705 RAKOB F.: Antike Technik. Vorträge zur römischen Architektur und Wasserversorgung. 1 Die Entwicklung der römischen Wölbarchitektur, 2 Eine römische Großmanufaktur (Chemtou, Tunesien), 3 Antike Wassertechnik und Wasserversorgung, MLAS/BW 11.2 (1980), 3–6; 12–13 (1981–82), 9–11

5706 Villa Rustica I (Anlage und Funktion), LEU/L 35 (1982), 80 S.

5707 BÖHNER K.: Mainz im Altertum und im frühen Mittelalter, Gymn. 90 (1983), 369–388

5708 BUCHNER E.: Horologium Augusti. Neue Ausgrabungen in Rom, Gymn. 90 (1983), 494–508 [mit Abb.]

5709 DIETRICH J.: Leuchtturmfundament des Claudius, Hafen des Trajan und Schiffsmuseum in Fiumicino – wichtige Ergänzungen zum Besuch von Ostia Antica, AU 26.2 (1983), 91–93 | **R.:** Gamper P., AADI 7 (1984), 94

5710 Römische Bäder, LEU/L 38 (1983), 57 S.

5711 SCHAFFER F.: Forum Augustum – Staatsidee in Stein, IAU 8 (1986), 61–68

5712 GERMANN A.: Zum römischen Tempel. Die Tempel in Nîmes und Vienne, AU 31.2 (1988), 21–34 | **R.:** Gamper P., AADI 17 (1989), 101

5713 GERMANN A.: Zum römischen „Triumphbogen". Der Bogen von Orange, AU 31.2 (1988), 69–82 | R.: Gamper P., AADI 17 (1989), 101

5714 HENSEN E.: Römische Wasserleitung. Der Pont du Gard und die Wasserversorgung von Nîmes, AU 31.2 (1988), 83–92 | R.: Gamper P., AADI 17 (1989), 102

5715 RAEDER J.: Vitruv, de arch. VI 7 (aedificia Graecorum) und die hellenistische Wohnhaus- und Palastarchitektur, 1988 ↗4857

5716 SCHIROK E.: Gladiatorenspiele. Die Amphitheater von Arles und Nîmes, AU 31.2 (1988), 35–52 | R.: Gamper P., AADI 17 (1989), 104f.

5717 SEIDEL G.: Römische Theaterarchitektur. Die Theater von Vienne, Orange und Arles, AU 31.2 (1988), 53–64 | R.: Gamper P., AADI 17 (1989), 106

5718 HÖNLE A.: Die Repräsentation des römischen Kaiserreiches in Architektur und Herrscherbild, Anregung 35 (1989), 243–258 | R.: Töchterle K., AADI 21 (1991), 14

5719 MIELSCH H.: Die römische Villa als Bildungslandschaft, Gymn. 96 (1989), 444–456

5720 POHLER F./THUMMER E./SCHWAZ P.: Das Leben einer antiken Stadt am Beispiel Pompejis, 1989 ↗5402

5721 ECK W.: Inschriften und Grabbauten in der Nekropole unter St. Peter, 1991 ↗5762

c. Bildende Kunst

5722 SCHÖNBERGER O.: Kunstbetrachtung im Altsprachlichen Unterricht, MDAV 19.2 (1976), 10f.

5723 PIRSIG W.: Auffällige Nasenformen in der römischen Porträtplastik aus der spätrepublikanischen bis in die frühkonstantinische Zeit, AU 20.4 (1977), 82–86 [Lit.]

5724 KNOKE F.: Zeugnisse römisch-pompejanischer Kunst im Unterricht, AU 22.4 (1979), 25–46 [Quellentexte, Vitr., Petron., Plin. nat., Cic. Verr., s. Beil. 16–24]

5725 FITTSCHEN K.: Zu den Bildnissen Octavians, 1980 ↗1012

5726 GERMANN A.: Die Göttin Fortuna, 1983 ↗5195

5727 SIMON E.: Deutung und Datierung des Laokoon, 1983 ↗1038

5728 PFAFFEL W.: P. Aemilius Celer – pompejanischer Plakatmaler mit Pfiff, DASiU 32.4 (1985), 7–13

5729 SCHNEIDER L.: Bild und Text als Gegenstände historischer Forschung und als Vermittler von Geschichte, Gymn. 92 (1985), 30–46 | R.: Töchterle K., AADI 12 (1986), 19f.

5730 KOST K.: Demokratie und klassische Bildung: Die „Unterrichtsschale" des Duris, MDAV/NW 34.3 (1986), 11–21

5731 Handreichung Archäologie/Antike Kunst, 1987 ↗5686

5732 HEINTZE H. v.: Die antiken Bildnisse Vergils, 1987 ↗4739

5733 NIEMANN K.-H.: Archäologische Bilddokumente als Impulse zum Textverständnis, Anregung 34 (1988), 370–382 | R.: Töchterle K., AADI 18 (1989), 111

5734 SIMON E.: Zeit und Friede in der antiken Kunst, LEU/L 49 (1988), 1–24

5735 HEINTZE H. v.: Das Grabmal des Phaedrus, Gymn. 96 (1989), 1–12

5736 HÖNLE A.: Die Repräsentation des römischen Kaiserreiches in Architektur und Herrscherbild, 1989 ↗5718

5737 SCHWARZ G.: Text und Bild. Unterrichtsbegleitende Illustrationen aus der antiken Kunst, Ianus 11 (1990), 63–85 [Lit.] R.: Töchterle K., AADI 22 (1991), 20

5738 SCHWINDEN L.: Das gallische Tuch auf gallo-römischen Denkmälern und in der Darstellung des Stadtömers Martial, Scrinium 35.3 (1990), 3–12 | **R.**: Fritsch A., MDAV 33.4 (1990), 102

5739 PETERSEN P.: Augustus von Prima Porta – in Bild und Text, 1991 ↗1072

5740 WOFF R.: Modern Children and Ancient Images, AU 34.3 (1991), 37–45 | **R.**: Niedermayr H., AADI 24 (1992), 52

d. Inschriften

5741 KUSCHE H.: Zur Behandlung römischer Kunstdenkmäler im lateinischen Anfangsunterricht, 1 Der Grabstein des Veteranen Maternus; 2 Der Altar des T. Flavius Constans, MLAS/BW 2.1 (1971), 22–25; 2.2, 8–10

5742 Altlateinische Inschriften, 1971–72 ↗5029

5743 SCHOPLICK V.: Pompejanische Wandinschriften im Lateinunterricht, AU 17.2 (1974), 81–86 [mit Texten]

5744 CANCIK H.: Phoebus der Barbar (Texte in der Sklavensprache CIL VI 24 162), MLAS/BW 7 (1976), 13–17 [Lit.]

5745 GERMANN A.: Inschriften an Römerstraßen in Germanien. Eine Unterrichtseinheit für die Sekundarstufe I, 1977 ↗5230

5746 HORA A.: Die Einbeziehung der römischen Inschriften aus Rheinland-Pfalz in den Lateinunterricht, dargestellt an den Inschriftenfunden von Mainz, Schule und Museum 3 (1977), 2–20

5747 KNOKE F.: 'Alltägliches' – Pompejanische Inschriften im Unterricht, AU 20.3 (1977), 59–67 [Quellen: ↗5106]

5748 SCHMIDT A.: Der Widmungsspruch unter dem Ernestinischen Wappen im Hof des Collegium lenense als Text für den Lateinunterricht in der Kursphase der Kollegstufe, Anregung 26 (1980), 23–26 [Inschrift im Hof der Univ. Jena] | **R.**: AADI 2 (1981), 24

5749 VRETSKA H.: Nugae epigraphicae. Ferialmeditationen eines Philologen, IAU 2.2 (1980), 105–114 [zum Landesmuseum für Kärnten in Klagenfurt] | **R.**: AADI 2 (1981), 26

5750 GERMANN A.: Die Göttin Fortuna, 1983 ↗5195

5751 STROH W.: Lateinisches vom Alten Peter, DASiU 30.1 (1983), 10–13 [zu lat. Inschriften in München]

5752 FALTENBACHER M.: Römisches Leben in Bayern. Dargestellt an Inschriften der Prähistorischen Staatssammlung München, Anregung 30 (1984), 306–313 | **R.**: Maier F., AADI 10 (1985), 137

5753 GREIFF U.: Neuzeitliche lateinische Inschriften in Berlin (West), LGB 28 (1984), 41–46

5754 KNOKE F.: Römische Inschriften in den Rheinlanden, AU 28.5 (1985), 62–88. 90–116 (Quellentexte) | **R.**: Gamper P., AADI 12 (1986), 27

5755 MÜLLER W.: Die Römersteine im Schloßpark von Eggenberg zu Graz. Didaktische Hinweise und Arbeitsblätter, IAU 7 (1985), 83–88 | **R.**: Töchterle K., AADI 12 (1986), 29

5756 PIETSCH W. J.: Non victi, sed vincendo fatigati. Von antikisierenden Kriegsdenkmälern und ihren Inschriften, in: Jber. Akad. Gymn. Graz 1988, 3–15

5757 WALSER G.: Römische Inschrift-Kunst. Römische Inschriften für den akademischen Unterricht und die Einführung in die lateinische Epigraphik, ausgew., photogr. u. erläutert, Stuttgart (Steiner) 1988, 296 S. | **R.**: Radke G., Gymn. 96 (1989), 254f.; vgl.a. String M. ↗5767

5758 GLÜCKERT R.: Lateinische Inschriften im Unterricht, MDAV/Hs 36.1 (1989), 8–16; 36.2, 15–20 [mit Textbsp.]

5759 SCHÄFER E.: Lateinische Inschriften als Wegweiser ins Paris der Revolution, AU 32.4 (1989), 39–52 [Texte S. 53–58] **R.**: Töchterle K., AADI 20 (1990), 137

5760 BUCHNER H.: Saxa loquuntur – Steine reden, Schulreport 1990.1 (1990), 27f. [Grabplatten mit lat. Inschrift in Pfarrkirchen]

5761 ALFÖLDY G.: Augustus und die Inschriften: Tradition und Innovation. Die Geburt der imperialen Epigraphik, Gymn. 98 (1991), 289–324 [mit Abb.]

5762 ECK W.: Inschriften und Grabbauten in der Nekropole unter St. Peter, in: Die Antike im Brennpunkt, 1991 ↗924, 26–58

5763 GERMANN A.: Inschriften im Unterricht, LEU/L 53 (1991), 35–62

5764 Hundertmal Latein in Bonn. Schüler sammeln lateinische Inschriften in ihrer Stadt, Das Rheinische Landesmuseum Bonn 1991.2, 19–22

5765 Lateinische Inschriftenkunde, LEU/L 53 (1991), 79 S.

5766 SECKLER A.: Grundlagen und Geschichte der Inschriftenkunde, LEU/L 53 (1991), 5–34

5767 STRING M.: War Homonoia eine Hetäre aus Baiae?, MDAV 34.3 (1991), 72–74 [zu: Walser G., Römische Inschrift-Kunst, vgl. ↗5757]

5768 BUDACK S.: Fünf lateinische Gedichte aus dem Kloster Hirsau, AU 35.1 (1992), 59–64

5769 GROSSHEIM J. G.: Nenne mir, Muse, den Täter ... Anmerkungen zu einer römischen Grabinschrift, Anregung 38 (1992), 234–236

5770 Lateinische Inschriften aus Tirol, Latein-Forum 16 (1992), 70 S. [mit Kopiervorlagen]

5771 PIETSCH W. J.: Latein in unserer Welt. Schüler erkunden Inschriften, in: Jber. Akad. Gymn. Graz 1991/92, 3–12; 1992/93, 82f.

5772 WEBER E.: Eine ganz gewöhnliche Grabinschrift, WHB 33 (1992), 9–25

e. Museumspädagogik

Die Veröffentlichungen der Museen und museumspädagogischen Dienste sind hier aus Platzgründen nicht im einzelnen aufgeführt. Beiträge über bestimmte Museen und deren Aktivitäten sind über das Schlagwortregister unter dem Namen der Stadt aufzufinden. Als allgemeine Informationsquellen sind zu empfehlen: Der deutsche Museumsführer in Farbe. Museen und Sammlungen in der Bundesrepublik Deutschland und West-Berlin, hg. K. MÖRMANN, Frankfurt/M. (Krüger) [2]1983, 1066 S; Handbuch der Museen – Bundesrepublik Deutschland, Deutsche Demokratische Republik, Österreich, Schweiz, Liechtenstein. München u.a. (Saur) [2]1981, 780 S.

5773 FRITSCH A.: Schule und Museum – Zur Neugestaltung der Antikenabteilung, Berliner Lehrerzeitung 28.6 (1974), 31–33

5774 BIEGEL G.: Römisches Geld – Münzstätte Köln, in: Museumsdidaktik II, 1977 ↗5776, 77–109 [Lit.]

5775 GEHRING U. u.a.: Die Antikensammlungen in der Bundesrepublik Deutschland, MDAV 20.3 (1977), 5–11; 20.4, 1–10; 21.2 (1978), 12–15; 21.3, 5–8; 22.1 (1979), 11f.

5776 Museumsdidaktik [2 Bd.e], hg. Landesinstitut für schulpädagogische Bildung, [Düsseldorf] 1977 (Informationen zur Lehrerfortbildung 16 & 17), 152 & 143 S.

5777 VACANO O. v./ZIEGLER R.: Münzen als Geschichtsquelle. Das augusteische Geldsystem · Die Münze als Propagandaträger in augusteischer Zeit, in: Museumsdidaktik II, 1977 ↗5776, 46–55, 56–76

5778 HILGERS W.: Ein neuer Anfang. Ab Oktober: Volontärassistentin für Schulen, Das Rheinische Landesmuseum Bonn 1978.5, 73f.

5779 KLEIN H./WALZIK G.: Fächerübergreifender Unterricht im Museum – Ein Beitrag zur Museumsdidaktik, Schule und Museum 6 (1978), 16–20

5780 LEHRBACH H.: Schüler im Museum – Beobachtungen und Erfahrungen, Schule und Museum 7 (1978), 15–22

5781 RIECKHOFF-PAULI S.: Regensburg zur Römerzeit – Ein Beitrag zur Didaktik historischer Museen, Schule und Museum 13 (1980), 24–42 [vgl.a. ↗5782]

5782 Die Römer in Regensburg. Ein Unterrichtsprogramm der Stadt Regensburg für die Klassen 5–7 im Fach Geschichte, Schule und Museum 13 (1980), 43–70 [vgl.a. ↗5781]

5783 HÄUBER C.: Römisches Handwerk im Spiel. Ferienkurs des Regionalmuseums Xanten im Sommer 1980, Das Rheinische Landesmuseum Bonn 1981.2, 30f.

5784 LEHRBACH H.: Die Einbeziehung von Sonderausstellungen in den Unterricht: „Gallien in der Spätantike – Von Kaiser Constantin zu Frankenkönig Childerich", Schule und Museum 15 (1981), 43–58

5785 SCHMIDT H. W.: Museumspädagogik, MDAV 26.4 (1983), 1–6 [mit Adr. von Museen]

5786 Mit Schülern im Limesmuseum Aalen, LEU/L 40 (1984), 47 S. [mit Arbeitsblättern]

5787 SCHMIDT H. W./KUNISCH N.: Museumspädagogik, Gymn. 91 (1984), 155–161 | **R.:** Töchterle K., AADI 9 (1985), 117f.

5788 BAENSCH J.: Die Antike in Zinn im Zinnfigurenmuseum Goslar, MDAV/Ns 35.3 (1985), 19f.

5789 NOELKE P.: Unterricht im archäologischen Museum am Beispiel des Römisch-Germanischen Museums Köln, Gymn. 92 (1985), 101–124 | **R.:** Töchterle K., AADI 12 (1986), 30

5790 SCHWINDEN L.: Ein Versuch des Unterrichts im Museum mit Hilfe von Arbeitsblättern, Scrinium 34.1–2 (1989), 13–18 [am Bsp. Trier]

5791 Museumsdidaktik, Gymnasium Helveticum 44 (1990), 75–102

5792 BENKOVIC R./OPPEL M.: Mit Schülern ins Museum. Alltag – Feste – Religion. Antikes Leben auf griechischen Vasen, Latein-Forum 14 (1991), 26–32

5793 HENSEN E.: Mit Schülern im Stuttgarter Lapidarium (Neues Schloß), LEU/L 53 (1991), 63–79

5794 FEHR B.: Nicht Museum, nicht Disneyland. Zur Problematik archäologischer Parks in Mitteleuropa, in: Antike heute, hg. FABER R./KYTZLER B., Würzburg (Königshausen & Neumann) 1992, 54–67

5795 HEINT W.-R.: Mit Schülern im Museum – Die Taten des Herakles, MLAS/SH 1992, 7–11

5796 WEIDNER W.: Das römische Nida – ein kulturgeschichtlicher Zugriff durch Originalzeugnisse, MDAV/Hs 39.4 (1992), 3–9

8. Wirkungsgeschichte · Antikerezeption

Hier sind auch Publikationen zusammengestellt, die sich mit dem Fortleben des Lateinischen in den modernen Fremdsprachen befassen. Sie sind über das Schlagwortregister (Rezeption: Latein) aufzufinden. Beiträge über die 'Schülerrezeption' finden sich im Register unter 'Rezeptionssituation des Schülers'.
Literatur über die Rezeption eines bestimmten Autors ist sowohl unter diesem im Register B als auch unter dem Stichwort Rezeption im Register C verzeichnet.

5797 VOSSEN C.: Mutter Latein und ihre Töchter. Weltsprachen und ihr Ahnenpaß, Frankfurt/M. (Fischer) 1972; Düsseldorf (Hoch) [11]1983; Düsseldorf (Stern–Jansen) [13]1992, 223 S. [6.–10. Aufl. u.d.T.: Latein – Muttersprache Europas] R.: Classen C. J., MDAV 16.3 (1973), 15; Schulze W., VL 15 (1979), 102–104; ders., MDAV/NW 27.2 (1979), 7–10; Macher H., IAU 6 (1984), 73f.; Fritsch A., MDAV 35.4 (1992), 176; Wölke H., LGB 37 (1993), 25

5798 JOHANN H.-T.: Latein unerwünscht? – Ergebnisse einer Schülerbefragung, MDAV 16.1 (1973), 14–21

5799 JUNG H. u.a.: Römische Welt und lateinische Sprache heute, 1973 ↗966

5800 KROH P.: Schülertest als Gegenprobe zur Lehrerbefragung, in: Lernziele und Fachleistungen, 1973 ↗546, 40–61

5801 SCHÖNBERGER O.: Germania Romana im Deutsch- und Lateinunterricht der 8. Klasse, Anregung 19 (1973), 94–97 [zu Lehn- und Fremdwörtern in der deutschen Sprache]

5802 FUHRMANN M.: Asterix der Gallier und die ‚römische Welt'. Betrachtungen über einen geheimen Miterzieher im Lateinunterricht, Rheinischer Merkur 7.6.1974, 15; jetzt in: Alte Sprachen in der Krise?, 1976 ↗182, 105–127

5803 RÖSLER W.: Vom Scheitern eines literarischen Experiments – Brechts „Manifest" und das Lehrgedicht des Lucrez, 1975 ↗3933

5804 ELLER K. H.: My genius is no more than a girl. Ezra Pounds ‚Homage to Sextus Propertius', 1976 ↗4305

5805 FRITSCH A.: Exempla Latinitatis passim dissipatae, VL 12 (1976), 43f., 139f., 239f., 331f.; 13 (1977), 64f., 180–183; 14 (1978), 74f., 177–180, 302–305, 420–423; 15 (1979), 70–75, 178–183, 310–315, 420–426; 16 (1980), 58–64, 194–199, 294–299; 17 (1981), 84–89, 192–197 [Zeitungsausschnitte aller Art zum Thema Latein im Alltag]

5806 MEHL A.: Ubi solitudinem faciunt, pacem appellant. Ein antikes Zitat über römischen, englischen und deutschen Imperialismus, 1976 ↗4540

5807 RIES W.: Schemel oder Priap, Schemel oder Tisch. Produktive Horazlektüre in Brechts Galilei, Gymn. 83 (1976), 415–422

5808 SCHMITZ H.: Brecht und Horaz, Gymn. 83 (1976), 404–415

5809 BEIL U. J./LAUTER F.: Antike Welt – moderne Impressionen (Zwei Gedichte), Anregung 23 (1977), 242–244 [U.J.B.: Griechenland und zurück; F.L.: Vor dem Denkmal Ovids]

5810 Römische Welt und lateinische Sprache heute, hg. GEHRIG H., Karlsruhe (Badenia) 1977 (Veröffentlichungen der Kath. Akad. d. Erzdiözese Freiburg, 31), 57 S. [vgl.a. ↗966]

5811 DELZ J.: Vergil und die bildende Kunst, 1977–78 ↗4718

5812 ALBRECHT M. v.: Rezeptionsgeschichte im Lateinunterricht, ausgehend von Ovids Briseïs-Brief (epist.3), in: Der altsprachliche Unterricht im heutigen Gymnasium, 1978 ↗8, 121–148 [Lit.; vgl.a. ↗4056]

5813 BLÜMEL A.: Die Harpyien und der alte Mann von Restelo. Funktionsvergleich von Vergil, Aeneis und Camões, Lusiaden, 1978 ↗4768

5814 Rezeptionsgeschichte 1, hg. SCHMIDT P. L., AU 21.1 (1978), 68 S. & Beil. 24 S.

5815 Antike Literatur im Deutschunterricht, hg. WEBER H.-D., Der Deutschunterricht 31.6 (1979), 94 S.

5816 BOIE-GROTZ K.: Einige Probleme der rezeptionsorientierten Didaktik und ihrer Umsetzung in die Praxis, Der Deutschunterricht 31.6 (1979), 89–93 I **R.:** Eggert H., a.O., 93f.

5817 CLAUSS M.: Die Rezeption der Antike bei François-Noël (Camille–Gracchus) Babeuf, Gymn. 86 (1979), 81–94

5818 ELLER K. H.: Antikenrezeption, Nachwirkung, Literaturvergleich, in: Handbuch für den Lateinunterricht, Sek.II, 1979 ↗12, 266–284 [Lit.]

5819 LUNZER R.: Latein in einer lateinlosen Welt?, AHS 28 (1979), 87 ['Fremdwörterlatein']

5820 MELZER V.: Möglichkeiten zur Nutzung historischer Romane im Lateinunterricht, FSU 23 (1979), 126–128

5821 OSSBERGER J.: Das Alexander-Bild in der Lektüre des Curtius Rufus und der Literatur des europäischen Mittelalters, 1979 ↗3729

5822 RÜTTIGER S./SCHÖNBERGER O.: Carl Orffs „De temporum fine comoedia" im Latein- und Griechischunterricht, DASiU 26.2 (1979), 12–19; vgl.a.: Schulfamilie 25 (1976), 209–212

5823 SCHOLZ R.: Einstellung der Schüler zum Fach Latein, MDAV/NW 27.3 (1979), 1–5

5824 SUCHLAND K.-H.: Ein „Ausflug" in die Romania für Lateiner, DASiU 26.2 (1979), 20–27 [zum Rätoromanischen]

5825 „Wir haben da unsere eigenen Erfahrungen". Iucundi acti labores – ein Blick zurück auf fünf Jahre Latein, hg. MÜLLER P., DASiU 26.3 (1979), 13–15 [Schülerbeitrag zum Lateinunterricht]

5826 ALBRECHT M. v.: Rezeptionsgeschichte im Unterricht. Ovids Briseïs-Brief, 1980 ↗4056

5827 DRAHEIM J.: Vertonungen antiker Dichtungen und ihre Behandlung im Unterricht, AU 23.5 (1980), 6–28 [u.a. zu K. Loewe, Schubert, Haydn, Novák; Kanons nach lateinischen Texten s. Beih. 84–87] **R.:** AADI 2 (1981), 13f.

5828 ELLER K. H.: Zur Rezeption des Odysseus-Mythos, AU 23.2 (1980), 70–95 [Lukian., Hor., Verg., Ov., Dante, Calderon, Goethe, Heine, Pound, Kavafis] **R.:** Töchterle K., AADI 1 (1981), 1

5829 FRINGS U.: Rezeptionsspielarten – Zur Mythenentwendung in Antike und Moderne, AU 23.2 (1980), 96–131 I **R.:** Töchterle K., AADI 1 (1981), 1–2

5830 MIELSCH H.: Das Bild der Antike im historischen Roman des 19. Jahrhunderts, Gymn. 87 (1980), 377–400 [mit Zeittafel zu den Antikenromanen des 19. Jh.s]

5831 Musik und altsprachlicher Unterricht, hg. GLÜCKLICH H.-J., AU 23.5 (1980), 104 S.

5832 PIETSCH W.: Laokoon. Bemerkungen zur Episode in der Äneis, zur Wirkungsgeschichte und zur unterrichtlichen Behandlung eines antiken Mythologems, 1980 ↗4780

5833 Rezeptionsgeschichte II – Von Homer bis Camus, hg. SCHMIDT P. L., AU 23.6 (1980), 104 S.

5834 RIEGER E.: Ovid – ein unsterblicher Bildner, 1980 ↗4022

5835 SCHÄFER E: Der Mythos von den Cäsaren, z.B. Caligula, AU 23.6 (1980), 72–89 [u.a. zu A. Camus 'Caligula'] **R.:** AADI 2 (1981), 24; Kohl A., Anregung 28 (1982), 112

5836 THOMAS W.: Latein und Lateinisches im Musiktheater Carl Orffs, AU 23.5 (1980), 29–52 [Chorsätze nach Catull, Carmina Burana, Catulli Carmina, Theatrum Mundi] **R.:** AADI 2 (1981), 25

5837 FISCHBACH S.: Latein und Französisch – Möglichkeiten und Grenzen der Verwendung von Französischkenntnissen im Lateinunterricht, AU 24.1 (1981), 51–59 I **R.:** AADI 3 (1982), 35

5838 FRINGS U.: Die Antike im Alltag, DASiU 28.1 (1981), 4–15

5839 FRINGS U.: Rezeption und Tradition in lateinischen Texten. Überlegungen zu einem neuen Lernbereich, MDAV/NW 29.1 (1981), 5–12; 29.2 (1981), 5–11

5840 GEGENSCHATZ E.: Die 'pythagoreische Bürgschaft' – zur Geschichte eines Motivs von Aristoxenos bis Schiller, in: Begegnungen mit Altem und Neuem, 1981 ↗848, 90–154 [u.a. Cic., Val.Max., Lact., Ambr., Gest.Rom., Hyg.]

5841 KNITTEL H.: Latein, eine Brücke zu den romanischen Sprachen – Möglichkeiten eines Einblicks in die romanischen Sprachen im Rahmen des Lateinunterrichts, AU 24.1 (1981), 15–38 I **R.:** AADI 3 (1982), 37

5842 LÄNGIN H.: Ein lateinisches Klagelied aus einer ehemaligen Hansestadt, DASiU 28.1 (1981), 22–24 [Elegie von Johan Schrassert 'über die Härte der Schicksalsgöttinnen', 1749]

5843 PIETSCH W.: Vergils zweitausendster Todestag in Presse und Ausstellung, 1981 ↗4720

5844 SUCHLAND K.-H.: Italienisches Ottocento und römische Klassik. Die „Sirmio-Ode" des Giosuè Carducci als Spiegelbild römischer Dichtung. Eine vergleichende Betrachtung, Anregung 27 (1981), 35–44; auch in: Gymn. 89 (1992), 95–107 I **R.:** Töchterle K., AADI 4 (1982), 52

5845 SUERBAUM W.: Parcere subiectis et debellare superbos. Zur Rezeption des Zweikampfes zwischen Aeneas und Turnus seit der Spätantike, 1981 ↗4784

5846 SUERBAUM W.: Sunt lacrimae rerum. Die pazifistische Aeneis-Deutung im Spiegel eines modernen amerikanischen Gedichts, 1981 ↗4785

5847 KIEFNER G.: Triptychon Carminum Conversorum, MLAS/BW 12–13 (1981–82), 4–6 [Gedichte von Meyer, Goethe, Carossa in lat. Übers. v. E. HAAG]

5848 FRINGS U.: Zauberwort Rezeption. Kritische Anmerkungen aus der Sicht der Didaktik der Alten Sprachen, Aachen o.J. [1982] (Orientierung 7), 40 S. [Lit.]

5849 PIETSCH W.: Das Vergil-Jubiläum auf Briefmarken, 1982 ↗4728

5850 RIEKS R.: Vergil – klassisches Vermächtnis und aktuelle Herausforderung. Zum 2000. Todestag des Dichters, 1982 ↗4729

5851 ROHACEK M.: De Aenea pacificatore, 1982 ↗4792

5852 RUTZ W.: Stoa und Stahlbeton. Bemerkungen zur Seneca-Rezeption in Grass' Roman „Örtlich betäubt", Gymn. 89 (1982), 122–134

5853 TAEGERT W.: Aspekte der Vergilrezeption, 1982 ↗4730

5854 WISSMÜLLER H.: Goethe und Ovid, 1982 ↗4026

5855 BARIÉ P.: Vox clamantis in deserto … Römische Ideologie in polnischer Lyrik. Nachdenkliches zu einem Gedicht und zu einem lateinischen Lehrbuchtext, AU 26.1 (1983), 69–75 [W. Szymborska "Stimmen", Ianua Nova A II 11f.] **R.:** Töchterle K., AADI 7 (1984), 93

5856 BAYER D.: Wieland und Dädalus, 1983 ↗4098

5857 BROER W./SCHULZE-WESLARN A.: Rezeption. Arbeitstexte für den Kunstunterricht, Hannover (Schroedel) 1983, 144 S.

5858 DIETERLE A.: „Latein im Alltag – Latein lebt noch!", AU 26.4 (1983), 54–58 [Ausstellung über 'lebendiges Latein'] **R.:** Töchterle K., AADI 8 (1984), 107

5859 FUHRMANN M.: Fluch und Segen der Arbeit. Vergils Lehrgedicht von der Landwirtschaft in der europäischen Tradition, 1983 ↗4853

5860 GOTTWALD R.: Cäsar und die Helvetier – Cäsarrezeption im Jugendbuch, 1983 ↗3349

5861 HENDEL R.: Pygmalion. Das Motiv der Liebe zur Puppe in Texten von Goethe bis Lem, 1983 ↗4102

5862 OLFRIED W.: Vercingetorix als Romanheld. Ein Hinweis auf Hans Dieter Stövers Römerkrimis, AU 26.2 (1983), 93–95 [zu H. D. S. "Die Frau des Senators"]

5863 PIETSCH W. J.: AEQUAM MEMENTO. Zur Horaz-Ode 2,3. Eine interpretierende und wirkungsgeschichtliche Skizze, 1983 ↗3805

5864 RICHTER-REICHHELM J.: Bilder zu Livius, LGB 27 (1983), 2–8 [Rubens, David, Poussin, Pinelli, Laureti u.a.; mit Abb.]

5865 SUERBAUM W.: Ein neuer Aeneis-Zyklus: darkness visible, 1983 ↗4800

5866 BAUER A.: Das Wissen um die Bedeutung des Lateinischen für die englische Sprache, AU 27.2 (1984), 79–93 | **R.:** Senfter R., AADI 9 (1985), 122

5867 BAYER D.: Otto von Taube und wir, DASiU 31.3 (1984), 19–24

5868 BLÄNSDORF J.: Landino – Campano – Poliziano – Pascoli. Neue Dichtung in antikem Gewande, Gymn. 91 (1984), 61–84 | **R.:** Töchterle K., AADI 9 (1985), 123

5869 BURNIKEL W.: Wer war Martial? Briefwechsel zwischen Sabella und Violentilla, 1984 ↗3966

5870 FRICEK A.: Die Bedeutung der lateinischen Sprache für die Rechtswissenschaft, IAU 6 (1984), 8–20; auch in: AHS 35 (1986), 154ff., 185ff. [Lit.] **R.:** Töchterle K., AADI 9 (1985), 124

5871 FRINGS U.: Antike-Rezeption im altsprachlichen Unterricht. Die alten Sprachen und die moderne Rezeptionsforschung, Bamberg (Buchner) 1984 (Auxilia 9), 143 S. [u.a. zur Geschichte der Antike-Rezeption und zum Thema Antike im Alltag] **R.:** Pietsch W. J., IAU 8 (1986), 104f.

5872 KNECHT T.: Der Einbau der Rezeption in die Lektüre, AU 27.3 (1984), 60–68 | **R.:** Senfter R., AADI 9 (1985), 125

5873 MAIER F.: Rezeptionsgeschichte – eine neue Dimension des Lektüreunterrichts, in: Lateinunterricht 2, 1984, 254–271 ↗3088

5874 NIEMANN K.-H.: Philemon und Baukis. Die Rezeption eines ovidischen Themas in einem Hörspiel von Leopold Ahlsen, 1984 ↗4108

5875 SCHÖNBERGER O.: Aneignung antiker Gedanken in deutscher Literatur, Gymn. 91 (1984), 496–506

5876 TÖCHTERLE K.: Einflüsse der römischen Antike auf unsere Einteilung und Benennung der Zeit, Anregung 30 (1984), 291–305; auch in: Latein-Forum 12 (1990), 8–29 | **R.:** Maier F., AADI 10 (1985), 140

5877 WILD G.: Latein im 20. Jahrhundert, AU 27.5 (1984), 89f. [Schülerausstellung über 'lebendiges Latein'] **R.:** Gamper P., AADI 10 (1985), 142

5878 Antikes Erbe und europäische Tradition. Vorschläge zum fächerübergreifenden Unterricht am Gymnasium, Lehren und Lernen 11.8 (1985), 97 S. [↗5890, ↗5885]

5879 BARNER W.: Vergnügen, Erkenntnis, Kritik. Zum Epigramm und seiner Tradition in der Neuzeit, 1985 ↗5473

5880 BECK H.: Aufgehobene Antike. Eine klassizistische Museumskonzeption, Gymn. 92 (1985), 273–287

5881 KOPMEIER F.: Leniter nives cadunt, MDAV 28.4 (1985), 87 [Übers. von "Leise rieselt der Schnee"]

5882 KOPMEIER F.: M. Claudius: Der Mond ist aufgegangen – lateinisch, MDAV/NW 33.2 (1985), 8

5883 LEFÈVRE E.: Goethe als Schüler der alten Sprachen oder Vom Sinn der Tradition, Gymn. 92 (1985), 288–298

5884 MAIER F.: Igor Strawinskys „Oedipus Rex" als Unterrichtsgegenstand, in: Lateinunterricht 3, 1985 ↗3095, 268–295

5885 MÜLLER U.: Altera Pallas. Spuren der Antike in der deutschen Barock-Lyrik, Lehren und Lernen 11.8 (1985), 3–28

5886 Neues aus der Alten Welt [2 Bde.], hg. KEULEN H. u.a., Langenfeld 1985/86, Nr.1: 68 S.

5887 Rezeptionsgeschichte und Kulturtypologie, hg. SCHMIDT P. L., AU 28.4 (1985), 99 S.

5888 SCHMITZ H.: Oedipus bei Dürrenmatt. Zur Erzählung „Das Sterben der Pythia", Gymn. 92 (1985), 199–208

5889 SCHNEIDER B.: Bilder zur Aeneis aus humanistischer Zeit, 1985 ↗4811

5890 SCHUCKERT L.: Citoyen Brutus. Aktualisierung der Antike in der Französischen Revolution, Lehren und Lernen 11.8 (1985), 29–53; auch in: AU 32.4 (1989), 5–21 | **R.**: Töchterle K., AADI 20 (1990), 128f.

5891 BERGER W.: Fortleben antiker Dichtkunst, Anregung 32 (1986), 390f. | **R.**: Töchterle K., AADI 13 (1987), 39

5892 EYSELEIN K.: Theater an der Schule. Ein Beispiel: Carl Orff, 1986 ↗1717

5893 FRITSCH A.: Die Antike im Spiegel Berliner Straßennamen, LGB 30 (1986), 18–30

5894 KRAFT M.: Die Gestalt der Fama: bei Vergil – bei Ovid – in der europäischen Literatur, 1986 ↗4814

5895 OBERG E.: Stili studia, MDAV/NW 34.3 (1986), 9f. [drei Übersetzungen moderner Gedichte von G. Kunert, R. Schwachhofer ins Lateinische]

5896 OLBRICH W.: Römertod und Romkritik. Zwei Zitate aus J. G. Seumes „Spaziergang nach Syrakus", DASiU 33.2 (1986), 17–19

5897 OSSBERGER J.: Utopie: Utopisches Denken und Utopiekritik in den literarischen Staatsmodellen der Antike und der Neuzeit, Anregung 32 (1986), 89–104 | **R.**: Töchterle K., AADI 13 (1987), 34

5898 PETERSMANN G.: Mythos und Macht. Gestalten antiker Mythen als Integrationsfiguren moderner politischer Systeme, IAU 8 (1986), 42–56

5899 WAIBLINGER F. P.: Casanova und die Liebe zum Lateinischen, Anregung 32 (1986), 173–175 | **R.**: Töchterle K., AADI 13 (1987), 44

5900 Antike, die uns alle angeht – Kooperative Unterrichtsmodelle für Deutsch, Englisch und Latein, hg. FUHRMANN M., IAU, Sonderheft 2 (1987), XVII & 86 S. [Pygmalion, Pyramus und Thisbe, Rhetorik, literarische Rezeptionsprozesse, Fabel]

5901 BAYER D.: Philologisches in Alexander Popes „The Dunciad". Eine Vertretungsstunde in einer 11. Jahrgangsstufe mit grundständigem Englisch und Latein als zweiter Fremdsprache, DASiU 34.4 (1987), 19–22

5902 DÖPP S.: Antike Literatur und Karneval. Ein Hinweis auf Michail Bachtin, MDAV 30.1 (1987), 11–19

5903 FRITSCH A.: Römische Geschichte in Kinder- und Jugendromanen, LGB 31 (1987), 52–55

5904 FRÜCHTEL E.: Einige Bemerkungen zum Impressum des Hieronymus Commelinus, Anregung 33 (1987), 330–336 [Buchdrucker des 16. Jh.s]

5905 GATZ B.: Vertonungen antiker Lyrik, MDAV/Ns 37.3 (1987), 8–13 [u.a. zu Schallplatten der Firma Opus E, Postf. 56 23, 76038 Karlsruhe]

5906 GLÜCKLICH H.-J.: Lateinische Literatur, heute wirkend?, in: Lateinische Literatur, heute wirkend 1, 1987 ↗5909, 7–22

5907 GRAESER-ISELE E.-M.: Mythologische Orte als Lebensmuster? Der Weg von Dürrenmatts Erzählung ‚Die Stadt' (1946) zur Ballade ‚Minotaurus' (1985), Gymn. 94 (1987), 539–552

5908 HAMSCHMIDT E.: Fortleben antiker Dichtkunst, Anregung 33 (1987), 273

5909 Lateinische Literatur, heute wirkend [2 Bde.], hg. GLÜCKLICH H.-J., Göttingen (Vandenhoeck & Ruprecht) 1987, 127 & 118 S. I **R.**: Kohl A., Anregung 34 (1988), 124; Lühr F.-F., LGB 32 (1988), 71f.; Töchterle K., AADI 16 (1988), 91f.

5910 WILLERS D.: Antike in der Belletristik des 20. Jahrhunderts, 1987 ↗82

5911 LORENZ H.-T.: Laokoon, Ianus 9 (1987–88), 13–33 I **R.**: Töchterle K., AADI 18 (1989), 111f.

5912 BUDDE K.: Corry Olan. Ein Mann will Rache, MDAV/Ns 38.4 (1988), 5–12 [ein Western; Sonderpreis beim Wettbewerb 'Alte Sprachen' 1987]

5913 DALFEN J.: Von Menander und Plautus zu Shakespeare und Molière. Ein Kapitel aus der Wirkungsgeschichte der griechisch-römischen Komödie, in: Die Antike in literarischen Zeugnissen, 1988 ↗913, 34–61

5914 Dokument: Eine lateinische Laudatio von 1988, AU 31.4 (1988), 72f. [Diplom zur Erteilung des Ehrendoktors an R. v. Weizsäcker, Oxford]

5915 DREWS M.: Lateinische Sentenzen – ein Projektvorschlag, AU 31.5 (1988), 92–95 I **R.**: Töchterle K., AADI 18 (1989), 113

5916 FUHRMANN M.: Wielands Horaz: ein philologischer Weg zu einer philosophischen Betrachtung des Lebens, in: Antikes Denken – Moderne Schule, 1988 ↗319, 193–210

5917 HONSTETTER R./WALTER N.: Kultur und Tradition: Viele Wege führen nach Rom, aber zu welchem? Skizze einer kooperativen Unterrichtseinheit zur Rezeption früher lateinischer Texte des Mittelalters. Klasse 11, Latein und Geschichte, Lehren und Lernen 14.11 (1988), 48–54

5918 LÄNGIN H.: Von Sokrates zu Aschenbach. Philosophische Praxis in der Antike und heute, Anregung 34 (1988), 177–180 I **R.**: Töchterle K., AADI 17 (1989), 96

5919 MAIER F.: Hommage an einen geliebten Ort. Gedichte im Vergleich – Ein Beitrag zur Antike-Rezeption (Ital. Inschrift, Catull, Weinheber), in: Lebendige Vermittlung lateinischer Texte, 1988 ↗3106, 86–104

5920 MAIER F.: Schüler auf der Suche nach der „lebendigen Antike". Ergebnisse einer kleinen empirischen Untersuchung, Anregung 34 (1988), 146–155 [vgl.a. ders., Schulfamilie 37 (1988), 239–244] **R.**: Töchterle K., AADI 17 (1989), 96

5921 PIETSCH W. J.: Non victi, sed vincendo fatigati. Von antikisierenden Kriegsdenkmälern und ihren Inschriften, 1988 ↗5756

5922 STÄDELE A.: Corpi delicti am Terra finae, DASiU 35.2 (1988), 24–28 [lat. u. gr. Stilblüten aus der Presse]

5923 TOST O.: Hermann Brochs "Der Tod des Vergil", Latein-Forum 5 (1988), 21–38

5924 TOST O.: Ransmayr Christoph, Die letzte Welt. "Unter anderem ein Ovid-Roman", 1988 ↗4134

5925 VEIT G.: Jugendbücher: Die Römer in Germanien, AU 31.4 (1988), 77–80; 31.5, 96–100

5926 ZEIFEL M.: Latein ist tot! Vive la France!, AHS 37 (1988), 247f.

5927 ERNEST W.: Antikes in Karikatur und Collage, Anregung 35 (1989), 186–194 I **R.**: Töchterle K., AADI 19 (1990), 119

5928 Die Französische Revolution und die Antike, hg. WIEGAND H., AU 32.4 (1989), 87 S.

5929 IRMSCHER J.: Quomodo actores Revolutionis Francogallicae virtutes, mores atque rem publicam Romanam receperint, VL 25 (1989), 550–553

5930 LIGNANI A.: Miti classici in Cesare Pavese: un percorso didattico, AU 32.3 (1989), 75–83

5931 Nachwirkung und Rezeption der antiken Literatur in der Moderne, AU 32.3 (1989), 64–83 I **R.**: Töchterle K., AADI 19 (1990), 120

5932 NAGEL W.: Bericht über die Fachbereichsarbeit aus Latein zum Thema: Latein in der Sprache der Mediziner von heute, Ianus 10 (1989), 70f.

5933 Orpheus und Eurydike, Latein-Forum 8 (1989), 2–14 [Beitrag der Lateinlehrer des BG Bregenz zu Glucks Oper]

5934 PROCHASKA R. A.: Orpheus mal x. Didaktische Reflexionen, AU 32.3 (1989), 69–74 [Gluck, Offenbach, Anouilh, 'Orfeu negro']

5935 THUROW R.: Sandro Botticelli: "Der Frühling", Anregung 35 (1989), 268–276 I **R.**: Töchterle K., AADI 20 (1990), 139

5936 SCHWOB R. J.: Bertold Brechts »Die Geschäfte des Herrn Julius Caesar« – ein Vergleich mit den historischen und literarischen Quellen, in: Jber. Akad. Gymn. Graz 1989/90, 9–25 [Lit.]

5937 HIRTH R.: Propaganda Recyclata. Vergil, Horaz und Augustus auf Briefmarken der Mussolini-Zeit, AU 33.1–2 (1990), 97–108 I **R.**: Gamper P., AADI 21 (1991), 14

5938 KNECHT T.: Fremdwortlatein, in: Die Antike als Begleiterin, 1990 ↗922, 42–54

5939 Latein und Musik, AU 33.4 (1990), 67 S.

5940 MAIER F.: Quo vadis, Europa? Mythos – Begriff – Idee, Bamberg (Buchner) 1990 (Humanistische Bildung heute 3), 40 S. I **R.**: Burnikel W., MDAV 33.3 (1990), 78f.

5941 RIETMANN J.: Amor docet musicam. Jan Nováks Cantica Latina, AU 33.4 (1990), 5–24 I **R.**: Hötzl E., Ianus 12 (1991), 79f.; Mader W., AADI 22 (1991), 27f.

5942 SCHMIDT-BERGER U.: Naturgemäß leben – philosophisch sterben. Zu Seneca und zur Wirkungsgeschichte der Stoa, 1990 ↗4451

5943 SIEBENBORN E.: BELLUM IUSTUM, 1990 ↗3391

5944 STROH W.: Latein und Freiheit: Erlebnisbericht aus Prag, Februar 1990, MDAV 33.2 (1990), 33–36

5945 STRUNZ F.: Catulli Carmina. Zur Interpretation der ludi scaenici Carl Orffs, AU 33.4 (1990), 25–40 I **R.**: Hötzl E., Ianus 12 (1991), 79f.; Mader W., AADI 22 (1991), 30

5946 TÖNS B.: Carmina Burana – nicht von Orff. Die Vertonungen des 13. Jahrhunderts, 1990 ↗4876

5947 VEIT G.: Mythologie im Jugendbuch, AU 33.4 (1990), 70–81 | R.: Mader W., AADI 22 (1991), 20

5948 WIDMER H.: Lebendige Antike. Latein und Antike – Kultur für jedermann, Biberstein (Edition Odysseus) 1990, 131 S.; für Deutschland: Bamberg (Buchner) [u.a. zum Thema 'Mutter Latein' (Lit.), röm. Recht, Sprichwörter, Logik] R.: Fritsch A., MDAV 35.3 (1992), 129; Wojaczek G., DASiU 39.2 (1992), 33; Gymnasium Helveticum 46.3 (1992), 175

5949 WUTTKE D.: Renaissance-Humanismus und Naturwissenschaft in Deutschland, Gymn. 97 (1990), 232–254

5950 BALZER R.: Latein in der Werbung, DASiU 38.4 (1991), 21–23

5951 BAUER A.: Das Fortleben lateinischen Wortgutes im Französischen und seine Ausbeutbarkeit im modernen Fremdsprachenunterricht, MDAV/Hs 38.1 (1991), 12–18

5952 BAUER A.: ‚Mutter' Latein und ihre englische ‚Stieftochter', Gymn. 98 (1991), 454–473 | R.: Gamper P., AADI 24 (1992), 58

5953 BERGER W.: Fortleben antiker Dichtkunst, Anregung 37 (1991), 103f. | R.: Gamper P., AADI 23 (1992), 44

5954 HÖTZL E.: Die musikalische Dimension des römischen Dichters Catull im 20. Jahrhundert, 1991 ↗3455

5955 HOLZBERG N.: Phaedrus in der Literaturkritik seit Lessing, 1991 ↗4209

5956 HOOFF A. J. L. v.: The Classical Tradition in School, AU 34.3 (1991), 46–58 | R.: Niedermayr H., AADI 24 (1992), 49

5957 MAIER F.: Freiheit und Weisheit – Mitgift der Antike für Europa? Ein Essay in Bild-Collagen, Bamberg (Buchner) 1991 (Humanistische Bildung heute 4), 24 S. [vgl. a. ↗355]

5958 MAIER F.: Stichwörter der europäischen Kultur. Plädoyer für ein neubetontes Bildungsanliegen, Latein-Forum 13 (1991), 20–26; auch in: DASiU 37.3 (1990), 15–21; vgl.a. Schulfamilie 40 (1991), 47–51 [s.a. ↗5192]

5959 MARTIN P.: Y a-t-il des remèdes à la crise de l'enseignement de l'épopée latine?, AU 34.3 (1991), 18–26 [v.a. zur Rezeption im Film, insbes. Aeneis] R.: Niedermayr H., AADI 24 (1992), 62

5960 SEIDENSTICKER B.: Antikerezeption in der deutschen Literatur nach 1945, Gymn. 98 (1991), 420–453 | R.: Sigot E., AADI 24 (1992), 51f.

5961 STROH W.: Musik und Latein aus Mähren. Zur Uraufführung von Jan Nováks Oper 'Dulcitius' in Brünn, 1991 ↗4893

5962 SUERBAUM W.: Tradition. Gedanken zur antiken Metaphorik kulturellen Wandels, in: Humanismus und Bildung 2, 1991 ↗370, 61–77

5963 WESTPHALEN K.: Theo Sommers lateinisches Lexikon, Anregung 37 (1991), 280

5964 GLAVIČ E.: Mutter Latein – Tochter Französisch, in: Jber. Akad. Gymn. Graz 1991/92, 13–20

5965 FRITSCH A.: Antikes Gedankengut in Dale Carnegies Bestseller, MDAV 35.1 (1992), 13–18 ['Sorge dich nicht, lebe!', dt. Bern u.a. (Scherz) 1991]

5966 FRITSCH A.: Herkules in Barcelona, MDAV 35.4 (1992), 164–166

5967 GAMPER P.: Mater Latina, Latein-Forum 18 (1992), 23–33 [Latein als Mittel der Hinführung zu den mod. Sprachen]

5968 GRÖGER R.: Mutter Latein und ihre älteste Tochter oder Italienisch im Lateinunterricht, in: Symposium Latein 2000, 1992 ↗1082, 219–227

5969 HOLZBERG N.: Metamorphosen des römischen Mythos in Antike, Mittelalter und Neuzeit am Beispiel der Lucretia-Legende, in: Symposium Latein 2000, 1992 ↗1082, 195–210 [Liv., Ov. fast., Sachs, Shakespeare; Lit.]

5970 LEICHER E.: Neoterische Gedichte als Bausteine eines zeitgenössischen Musikdramas, 1992 ↗3460

5971 MAURACH G.: Der vergilische und der vatikanische Laokoon, 1992 ↗4835

5972 NAGEL K.: Der Lateinlehrer und seine Lesbia, MDAV/Ns 42.1 (1992), 4f. [aus einem Roman v. W. Raabe]

5973 OLBRICH W.: Nox erat ... – Lyrische Variationen eines Vergilmotivs, 1992 ↗4836

5974 RABL J.: »Ich kam, sah und kaufte.« Antike und moderne Werbung im Latein- und Griechischunterricht, in: Medienkundliches Handbuch – Die Zeitungsanzeige, hg. BRAND E. u.a., Aachen–Hahn (Hahner Verlagsges.) ⁴1992, 378–412

5975 ROHACEK M. u.a.: Zum 2000. Todestag des Horaz, 1992 ↗3784

5976 SENFTER H.: Hanns Sachs, Bubi Caligula, Latein-Forum 18 (1992), 16–22

5977 SUERBAUM W.: Tradition und Rezeption, in: Symposium Latein 2000, 1992 ↗1082, 174–194

Register moderner Autoren

Abel F. 1825, 2423
Abeln J. 2983
Abenstein R. 1251
Adam B. 4761
Adam K. 334, 1010
Adamek P. 2118
Adami F. 2468
Adamietz J. 3490
Adelt I. 1027
Aebli H. 1839
Aeschlimann U. 2076
Affemann R. 605
Ahlborn E. 5152
Ahlers G. 1695, 1696
Ahrens E. 756
Aiedò P. de 4743
Albert S. 1045, 1053, 1238, 1241, 2071, 2083, 2093, 5304, 5310
Albrecht M. v. 3458, 3504, 3507, 3547, 3596, 3597, 3803, 4023, 4031, 4056, 4065, 4080, 4105, 4521, 4731, 5434, 5445, 5448, 5812, 5826
Alexa D. 1076
Alföldy G. 5332, 5339, 5761
Alfonsi L. 3232
Alt U. 1939
Alt-Stutterheim W. v. 565
Altenburg O. 2062, 4580
Altevogt H. 3991, 4714
Altrichter H. 872
Amendt K. 3725
Ammann B. 3815
Amtmann P. 1705
Ankersdorfer H. 1033
Anliker K. 3524
Anton R. 2874
Anzinger S. 3551
Appelt D. 506
Appleton R. B. 1693
Arnold F. 1711
Arnold W. 117
Arth M. 3521, 4430, 4663
Asperger H. 132

Asshoff E. 1704
Astemer J. 467, 480, 1320, 1907
Atzert K. 3546, 3658
Auffarth C. 4301
Auffarth J. 2958
Augustin E. 5108
Aulike B. 1370
Aurin K. 364
Ausserhofer M. 2442
Aziza C. 907

Babeliowsky J. K. L. 2861
Bach B. 5082
Baensch J. 5788
Baer J. 4362
Bäumel E. 4585
Bäumer Ä. 4484
Bahls G. 915
Bahrdt H. P. 197, 222
Baier K. 4618
Baier W. 1599, 5314
Balensiefen E. 1731
Balharek G. 1353
Balzer R. 5950
Balzert M. 4302, 4865
Bammesberger A. 1726, 1796
Banó I. 1226
Baran V.-N. 1835
Barié P. 118, 198, 207, 239, 303, 609, 863, 1532, 1533, 2102, 2195, 2273, 2362, 3123, 3167, 3218, 3220, 3343, 3809, 3897, 3946, 3947, 4672, 4675, 4679, 4897, 5182, 5554, 5555, 5635, 5637, 5639, 5855
Barner W. 5473
Bartels K. 223, 267, 1859
Barwick K. 3592
Barwig I. 1464
Bast J. 4461
Bauer A. 661, 662, 932, 3513, 4957, 5866, 5951, 5952
Bauer J. B. 5378
Bauer L. 5220
Bauer O. 1723

Moderne Autoren

Bauer R. 423, 963, 2252, 2495, 2498, 2502, 2526, 2529, 2553, 2832
Bauer W. 4820
Bauerschmidt H. 3661
Baum S. 1557
Baumgarten H. 566, 726, 2579, 2586, 2591, 2594, 2843
Baur E. 3217
Bausch K.-R. 20
Bayer D. 2210, 3679, 3850, 4098, 5867, 5901
Bayer K. 21, 77, 102, 119, 120, 162, 253, 268, 275, 277, 365, 507, 508, 515, 517, 533, 546, 758, 765, 772, 1262, 1280, 1351, 1364, 1390, 1412, 1485, 1491, 1804, 1822, 1823, 1951, 2348, 2400, 2401, 2493, 2514, 2524, 2532, 2540, 2542, 2672, 2826, 2832, 3307, 3314, 3570, 3698, 3868, 3887, 3910, 4705, 4724, 5045, 5162, 5174
Bayerle L. 727
Becher I. 736, 847
Bechstädt M. 5227
Bechstedt H.-J. 949
Beck H. 5880
Beckenbauer A. 5225
Becker C. 4523
Becker H. 571
Becker P. 3738
Behrendt W. 103
Behrens J. 1692
Beil A. 1979, 2333, 2342, 2428, 2438, 3164, 5529
Beil U. J. 5809
Beitinger W. 4917
Belde D. 650, 1914, 2157, 4972, 4973
Bellen H. 5379, 5541
Bender K. 627, 3051
Benedicter K. 2248, 2494, 2496, 2501, 2503, 2504, 2505, 2508, 2515, 2522, 2523, 2525, 2527, 2531, 2533, 2944, 4015, 4252
Benedikt E. 967, 2894
Bengl H. 3785, 4253, 4974
Benkendorff K.-A. 3022
Benkovic R. 5792
Benning L. 5292
Bensch K. 2915, 2921, 2928
Benz J. 504
Berchem I. v. 663

Bercher A. 56, 2293
Berger D. 5244
Berger W. 208, 276, 1236, 1239, 2925, 4788, 5891, 5953
Bernert E. 3533, 3628, 3699, 4009
Berres T. 1996
Berschin W. 3915
Berthold M. 228a, 2966
Besslich S. 4159
Beyer H.-J. 902
Beyer K. 1275, 1841, 2184, 2355
Bichler R. 4297
Bick H. 2232
Bickel W. 3327, 5341
Biedermann M. 1698
Biedermann R. 1698, 4125
Biegel G. 5774
Bielefeld V. 664, 744
Biermann W. 682, 689, 1406, 1826, 2453, 4767
Bietz W. 584, 622, 1624, 1739, 2936, 3060
Binder G. 790, 849, 850, 864, 876, 888, 902, 918, 962, 1744, 3090, 3558, 3584, 4272, 4275, 4427, 4432, 4543, 4802, 4847, 5482
Binder K. 4643
Binder R. 2659
Blänsdorf J. 3609, 3639, 3895, 4368, 4406, 4439, 4475, 4657, 5158, 5457, 5458, 5673, 5868
Blank O. 1671, 1673, 2120
Blanke D. 2035
Blankertz H. 18
Blass J. L. 163
Bleileven G. 2568
Blessing R. 4555
Bloch G. 2731, 3328
Block A. 3484
Blümel A. 4762, 4768
Blum W. 150
Blum Y. 2905
Blume H.-D. 5471
Blusch J. 2351, 4934
Bodamer C. 4168, 4169, 4174
Boder E.-D. 5179
Boeckmann W.-D. 229, 585, 720, 1803
Boeft J. d. 4415
Böhm A. 3795

Böhm B. 2203
Böhm V. 3486
Böhner K. 5707
Boekhorst G. 695, 702, 2444
Böller F. 1682
Bömer F. 4020, 4033, 4060, 4178, 4813, 5454, 5563, 5564
Börker R. 5144
Bohlen D. 5190
Bohn A. 2959
Bohn R. 2905
Bohnenkamp K. E. 3921
Bohusch O. 1823
Boie-Grotz K. 5816
Bombarde O. 5306
Bommes P. 2589
Bork H. D. 877
Bornemann E. 2043, 2459, 2460, 2468, 2469, 2470, 2474, 4360
Borries B. v. 5080
Borst H. 4324
Borst J. 3534
Borucki J. 5270
Borzsák S. 4518, 5388
Bosch W. 2749, 2750
Bosshard P. 4669
Botermann H. 3566
Bougy P. 1242
Bous H. 3007
Bovit J. le 1198
Brand E. 5974
Brandes J. 269, 474, 485, 489, 651
Brandhofer F. 2945, 2952
Brandhofer F. J. 3205, 4089
Brandmair A. 3724
Brands R. 3292
Brandt H. 1034
Bratvogel F. W. 3329
Braun H. 5600
Braun L. 4841
Braun M. 1264
Braunert H. 5342
Braunschweig H. 1159
Breckel E. 4475, 5158
Breitschädel W. 3500
Brettschneider G. 1516

Bretzigheimer G. 4164
Brießmann A. 1509, 4601
Bringmann K. 639, 5358
Brisson C. 2905
Brodersen K. 1680
Broecken K. H. 527
Broemser F. 3642, 3928, 4090, 4263, 4424, 4604
Broer W. 2556, 2557, 5857
Brückner T. 4927
Brüggemann K. 1670
Brüggemann T. 1156
Brühl E. 4661
Brumberger H. 2755, 5213, 5251
Brunn N. W. 4579
Brunner H. 1800
Bruß M. 1621, 5234
Brzoska K. 5169
Buchheit V. 4041, 4758
Buchmann J. 270
Buchner E. 5708
Buchner H. 851, 2232, 3227, 5760
Buchtmann E. 59, 1047, 1465, 3099
Buchwald W. 4304
Budack S. 3824, 5768
Budde K. 5912
Büchli J. 492
Büchner K. 191, 2392
Bükfalví Z. 1220
Bürgi-Schmelz A. 304
Bütler H.-P. 4413, 4470
Buhmann H. 5571
Bungarten H. 39
Burandt R. 419, 599, 1337, 3338
Burck E. 909, 3435, 3872, 3882, 4037, 4508, 4778
Burkhardt F. 5000
Burnikel W. 254, 305, 658, 824, 919, 2066, 3468, 3582, 3966, 3969, 5429, 5487
Bury E. 4153, 4293, 4753, 5057, 5073, 5115, 5224, 5305, 5313
Busch W. 5292, 5294
Buschbeck M. 209
Busche J. 1048
Butz H. R. 4264
Butz P. 1311, 1474

Moderne Autoren

Callies H. 3469
Cambeis H. 3677, 4149
Cameron A. 5572
Cancik H. 1051, 1116, 1123, 1134, 1145, 1158, 3361, 3368, 4091, 4110, 4194, 4492, 4626, 4670, 4673, 4779, 5359, 5418, 5744
Cancik-Lindemaier H. 4110, 4493, 4626, 5359, 5559, 5560
Cardauns B. 4634, 4846
Carstenn M. 5067
Carstens K. 210
Catull 3410
Chantraine H. 5569
Cherubim D. 2184
Christ H. 1135
Christ K. 5389
Christes J. 3577, 3692, 3838, 4193
Christodoulou A. 130, 3181
Chwalek B. 4849
Clade R. 732, 4081, 4099
Clasen A. 211, 418, 509, 610, 623, 634, 909, 940, 987, 991, 1199, 1300, 1371, 1378, 1392, 1404, 1406, 1424, 1551, 1915, 3069, 3331, 4586
Classen C. J. 611, 813, 825, 3494, 3734, 3840, 3967, 4627, 5612
Clausing A. 4746
Clauss M. 5817
Collodi C. 5298
Conti S. 2381
Coppens-Ide H. 34, 985
Cordes C. 2026
Crone G. 3862
Cudray A. 1213

Daheim J. 4668, 5003
Dahlheim W. 5364, 5373
Dahlmann H. 3705
Dahm H. J. 5247
Dahmen W. 1154
Dahncke H. 333
Dalfen J. 1060, 3527, 3620, 5913
Dassow I. 1522
Daum G. 4165
De Florio–Hansen I. 1867
de Man A. G. 2731
Decreus F. 34, 906, 985, 1218, 1221, 2070

Deininger J. 951, 4517
Deissler A. 879
Deittert A. 430, 441
Deku H. 104
Delbanco H. 1806
Delling G. 1114
Delz J. 4718
Demandt A. 4208, 5365, 5431
Demandt B. 4141
Den Hengst D. 3416
Deraedt F. 1165
Derndorfer H. 240
Deroux C. 906, 2070
Dette G. 759
Diedenhofen W. 728
Diefenbach D. 1909
Dienelt K. 5596
Dieterich H. 586
Dieterle A. 5858
Dietrich D. 1091
Dietrich J. 964, 1730, 1925, 5709
Dietz G. 4070, 4072, 5119
Dihle A. 4550
Diller H.-J. 880
Dingel J. 3774, 4221, 4772
Disselkamp C. 1990, 3114
Dithmar R. 1168
Divjak J. 4017, 4034, 4157
Djuranovic M. 4197
Dobes M. 5187
Dobesch G. 1014, 3253, 3384, 3906, 5626
Doblhofer E. 1030, 3276, 3763, 3781, 3796, 3843, 4155, 4160, 5427, 5432, 5436
Döhl H. 5701
Döller G. 4145
Dönnges U. 2281, 2286, 2287, 2288
Dönt E. 3766
Döpp S. 3591, 5500, 5902
Dörfler H. 481
Döring K. W. 1605
Dörrie H. 158
Dörschel J. 1543
Dohm C. 3852
Dohm H. 1183, 3330, 3332
Dolch J. 1086
Dollinger H. 5390

Domnick J. 512, 764
Douda E. 567
Draheim J. 1631, 5827
Drescher M. H. 2323
Drews M. 5915
Drexler H. 4597
Dreyer O. 1455, 3462, 3463
Drögemüller H. P. 424
Dubielzig U. 1184
Dummer G. 1093, 1203
Dungs K. 1762
Duschl J. 3706

Ebner K. 1643
Echterhoff W. 2908
Eck W. 5368, 5762
Eckstein F. 3285, 4592
Eder W. 230
Effe B. 4795, 4851
Egger K. 2048, 2051
Ehlers W.-W. 1073
Eichenseer C. 267, 1022, 1703, 1847, 2040, 2046, 2049, 2052, 2058, 2063, 2077, 2083, 2086, 2094, 2233
Eikeboom R. 773, 1824, 1842, 2812
Eisen K. F. 56, 1440, 2280
Eisenberger H. 3800
Eisenhut W. 5421
Elbern S. 1507
Elflein W. 2278
Elkeles G. 3400, 3600
Eller G. 3606, 3728, 3730, 3870, 4750, 4839, 5094
Eller K. H. 1441, 3141, 3444, 3701, 3786, 3814, 3858, 3929, 3948, 3977, 3988, 3998, 4032, 4063, 4092, 4093, 4188, 4190, 4201, 4250, 4305, 4308, 4309, 4464, 5030, 5034, 5035, 5036, 5164, 5618, 5818, 5828
Elsner K. 2353, 2377
Emrich E. 1860
Emrich W. 1691, 2731, 4315
Endres W. 2959
Erb J. 822, 1265, 1279, 2395, 3436, 3886, 4261, 4283, 5050, 5095, 5123
Erdmann E. 1191, 5683
Erdt W. 2148
Erlach T. 4135

Erler M. 3621
Ernest W. 5927
Ernst G. 1456, 1462, 3294, 3537, 3720, 3721, 4317
Ernst E. 3294
Ernst U. 881
Ernstberger R. 2746, 2747, 2761, 2762, 2763, 2769, 2773, 2774, 2775, 2776
Erren M. 4082
Esser D. 2031
Eyrainer J. 1339, 3530
Eyselein K. 1717, 3168, 3218, 3220, 3949, 4685

Faber R. 5794
Färber H. 1262, 5522
Faessler F. 3758
Fahr H. 2036
Fahr R. 4796
Fajen F. 792
Faltenbacher M. 4353, 5752
Faltner M. 1742
Fanselau H. 1319
Fauth W. 4754
Fech U. 2671
Fedeli P. 5619
Fehl P. 1309, 1811
Fehling D. 2235, 2238
Fehr B. 5794
Feichtinger B. 5059
Feix J. 3514, 3746
Feldkircher K. 4833
Ferber M. 933
Ferraris L. V. 367
Fertig L. 271
Fetscher I. 5606, 5613
Fiévet C. 1940
Fichtl A. 1997
Fiedler L. 4568
Fiedler W. 2660, 3402, 4011, 4367
Finckh R. 3471
Fink G. 1510, 1545, 1610, 1648, 1659, 1699, 1747, 1843, 1855, 1893, 1926, 1927, 1941, 1959, 1998, 2010, 2015, 2133, 2402, 2494, 2496, 2499, 2501, 2503, 2506, 2509, 2515, 2517, 2521, 2522, 2525, 2527, 2530, 2533, 2536, 2537, 2539, 2542, 2758, 2866, 2917, 2922, 2923, 2927, 2934, 3091, 3146, 3222,

Moderne Autoren

3261, 3541, 3745, 3747, 4048, 4052, 4053, 4418, 4717, 4822, 4848, 4894, 4900, 5037, 5038, 5109, 5218, 5289, 5295, 5629
Finke E. 2158
Firnkes M. 3205, 3516, 4187, 4196
Fischbach S. 2511, 5837
Fischer H.-J. 683, 1092
Fischer P. J. 3229
Fischer T. 5407
Fittschen K. 1012
Fitzek A. 513, 3635, 4989, 5276
Fladt C. 3459
Flashar H. 151, 2190
Fleischer M. 347, 934, 2507
Fleißner U. 753
Flemisch H. 152
Flemming O. 3648
Flentje B. 1148
Fliedner H. 2108, 2346
Flikschuh W. 2154, 2995, 2999, 3003
Flitner A. 1426
Fluck H. 3282, 3403, 4689, 4878
Flurl W. 2625, 2628, 3641, 3713, 4655, 5273
Forstner M. 3881
Frank J.-A. 1354
Frank K. S. 3239
Frank R. 1618
Franzmeier W. 4213, 4485
Freiburg B. 335
Freimann H. 2282
Freinbichler W. 4444
Freise H. 4481
Freund W. 4898
Frey K. 444
Freyer J. 4703
Fricek A. 181, 256, 336, 1166, 1285, 1316, 1457, 1928, 2439, 3070, 3377, 3467, 3525, 3610, 3618, 3627, 3671, 3703, 3782, 3832, 3842, 4100, 4106, 4120, 4126, 4127, 4130, 4136, 4137, 4142, 4150, 4320, 4398, 4399, 4456, 4560, 4616, 4789, 4815, 4823, 5870
Friedrich C. 224
Friedrich H. 306
Fries G. 1012
Friling P. 2820
Frings U. 15, 882, 903, 2059, 2424, 3061, 3078, 3155, 3221, 4171, 4176, 4498, 4614, 4677, 4933, 4943, 4969, 4970, 5439, 5604, 5829, 5838, 5839, 5848, 5871
Fritsch A. 122, 224, 396, 536, 556, 774, 853, 867, 897, 903, 909, 925, 1022, 1039, 1041, 1042, 1049, 1050, 1052, 1054, 1061, 1063, 1064, 1072, 1073, 1099, 1117, 1118, 1126, 1136, 1141, 1149, 1151, 1168, 1177, 1178, 1179, 1185, 1497, 1526, 1541, 1771, 1848, 1861, 1929, 2041, 2044, 2045, 2060, 2064, 2067, 2080, 2082, 2087, 2099, 2100, 2101, 2114, 3783, 4200, 4203, 4207, 5773, 5805, 5893, 5903, 5965, 5966
Fritz T. 1775
Friz W. 2854
Froesch H. 4101, 4156, 4391, 4829, 5116
Froleyks W. 728
Früchtel E. 337, 3676, 5511, 5904
Fuchs R. 1559
Fuhrmann M. 133, 182, 183, 184, 213, 241, 368, 587, 600, 814, 825, 1004, 1018, 1026, 1050, 1107, 1127, 1977, 1985, 1993, 1999, 2000, 2699, 3038, 3046, 3183, 3187, 3474, 3492, 3585, 3689, 4312, 4392, 4578, 4853, 4894, 4895, 4900, 5002, 5136, 5143, 5244, 5250, 5288, 5474, 5518, 5802, 5900, 5916
Funk G. 986, 2294
Funke H. 4825
Furtschegger J. 1331, 1340

Gaar E. 2679, 2683, 2842, 2844, 2953
Gabriel B. 1812
Gadamer H.-G. 397
Gährken B. 3888
Gärtner H. 3215, 4138, 4551, 5466
Gärtner H. A. 3549
Gailer J. E. 1580
Galinsky G. K. 4759
Gall D. 3428
Gamper P. 1913, 2216, 2432, 4276, 5967
Ganser H. 2916
Gantar K. 1202, 1259
Gappa H. 2547, 2581, 2584, 2593
Garbe G. 971
Garscha K. 420
Gassner H. 2448
Gatz B. 5905
Gaul D. 425, 976, 1405, 1442, 1952, 2482, 5142
Gauly B. M. 4151

Gebhardt E. 514, 537, 538, 1288, 2460, 2474, 3052, 5010
Gegenschatz E. 2396, 3179, 3235, 3244, 3735, 4913, 5170, 5180, 5256, 5581, 5840
Gehrig H. 978, 5810
Gehring U. 5775
Gehrke H.-J. 5393
Gein E. 4584
Geisau H. v. 3875, 3975
Geldner H. 1740, 1751, 3421, 3430, 3908, 4175
Gelzer M. 3249, 3297, 3509, 4334, 4631
Gerhardt K.-H. 398, 1621
Gericke H. 227
Gerlach E. 4808
Germann A. 952, 972, 979, 980, 997, 1433, 1458, 1745, 2408, 5195, 5230, 5685, 5687, 5712, 5713, 5763
Gerstenbauer U. 1062
Geser R. 5399
Gierth U. 2155
Giesche M. 5114
Gieseking K. 486, 1312
Gigon O. 4447
Gladigow B. 4058
Glaesser R. 3924
Glavič E. 4177, 5964
Glei J. 902
Glei R. 4179, 4742
Gleiß R. 4442
Gleixner H. 1898, 2323, 5137, 5543
Glinz H. 2263
Glück G. 1350, 2902, 4884, 4931, 4936
Glückert R. 5758
Glücklich H.-J. 8, 9, 601, 612, 624, 628, 732, 852, 854, 903, 1029, 1064, 1079, 1306, 1307, 1333, 1334, 1379, 1380, 1527, 1536, 1887, 1894, 1960, 1969, 2042, 2230, 2302, 2319, 2320, 2337, 2358, 2371, 2554, 2835, 3053, 3071, 3072, 3092, 3093, 3103, 3109, 3131, 3142, 3169, 3170, 3188, 3196, 3199, 3258, 3270, 3295, 3315, 3362, 3387, 3405, 3412, 3425, 3445, 3563, 3565, 3649, 3650, 3674, 3989, 3995, 4216, 4222, 4230, 4306, 4401, 4645, 4653, 4751, 4803, 4804, 4805, 4891, 5003, 5078, 5146, 5150, 5481, 5590, 5831, 5906, 5909
Gnilka C. 4313
Görgemanns H. 4766

Goering K. 5113
Görler W. 3339, 3612, 3637, 3960, 5597
Gößwein U. 602, 625, 2416, 3206, 3955, 3962, 3963
Götz T. 4648
Goldbach C. 192, 1002
Gompf L. 4879
Goscinny R. 5287
Gottschalk R. 2690
Gottwald R. 3349
Graef H. 320
Graeser-Isele E.-M. 5907
Graf A. 3420
Graf F. 794
Grande G. 1588
Graßl H. 3054
Grau P. 4834, 5227, 5237
Greiff U. 5753
Grenz R. 5349
Greve R. 3274, 3578
Grießl J. 2972
Griffin M. 3619
Gröger R. 1720, 2061, 5528, 5968
Gröhe G. 3640, 3646
Grohn-Menard C. 3388
Groß K. 3225
Groß N. 1709
Gross N. J. 3493
Grosse S. 883
Grosser H. 2495, 2498, 2502, 2516, 2520, 2526, 2529, 2533, 2534, 2535, 2832
Großheim J. G. 5769
Grotz G. 2934
Grotz H. 50, 164, 1607, 1637, 1657, 2929, 4344
Gruber J. 10, 11, 45, 369, 370, 442, 775, 776, 791, 803, 804, 805, 828, 829, 865, 935, 1525, 1981, 3085, 3208, 3214, 3238, 3245, 3246, 3740, 3754, 3755, 3917, 3978, 4287, 4314, 4409, 4410, 4665, 4871, 4883, 4925, 4963, 4965, 5235, 5254, 5268, 5278, 5444
Grüder G. 1546
Grunauer S. 5697
Grzesik J. 1271
Gugel H. 4379
Gullath B. 92
Gunermann H. 3574, 3576, 3665
Gutacker B. 2199

Moderne Autoren

Guthardt A. 3293, 3304, 3569, 4489

Haag B. 3830, 3839
Haag E. 5847
Haas E. 4599
Haas H. 1760, 3249, 3297, 4004, 4334, 4350, 4361, 4530, 4559, 4566
Haas R. 635
Haase W. 4596, 4744
Habenstein E. 2821, 2852, 2857, 2859, 4707
Hadamovsky W. 3181
Hadorn R. 5191
Hadot I. 5627
Haedicke W. 4539
Häfner S. 2656, 3661
Haeger F. 2798, 2911
Händel P. 266, 3021, 3325
Häring L. 448, 476, 499, 841, 965, 992, 1849, 1875, 2152, 2749, 2750
Häuber C. 5783
Häussler R. 4514
Haffter H. 3308, 3309, 4509
Hagenow G. 4298, 5380
Hagenow W. 2903, 2909, 2912
Hahn H. 784
Hahn R. 5324
Haidacher H. 1770, 1784
Haider A. 153, 214, 670, 4338, 4348, 4394
Halbig C. 4404
Hall J. W. 3010
Hamacher J. 884, 4859, 4887, 4888, 5003, 5259, 5267
Hamburger O. 3402, 4606
Hammer J. 2138
Hammerschmidt M. 5258, 5264
Hamschmidt E. 5908
Hanakam H. 4773
Hanell K. 5329
Hankel W. 5411
Hanlin J. I. 5315
Hansen J. G. 589, 815, 1297, 1301, 1372, 1407, 1425, 1616, 1876, 1877
Hansen S. 1945
Hanslik R. 33, 134
Happ E. 487, 539, 540, 541, 574, 765, 766, 1313, 1381, 1408, 2621, 2631, 3040, 4638, 4650

Happ H. 1538, 2180, 2274, 2283, 2286, 2288, 2289
Harbeck G. 2976, 2977, 2978, 2996, 2997, 2998
Harder D. 5303
Hardie C. 4844
Hardmeier C. 4686
Harich H. 3925
Harms B. 4372
Hartmann A. 5196
Hartung A. 2862
Haslbeck F. 307, 1493
Haug A. 3535, 3542, 4573, 4905, 4906
Haug-Schnabel G. 399
Hausmaninger H. 5139
Hausmann F. 2958
Hausmann F. J. 20
Haussig C. 2818, 4987
Haversath J.-B. 2417
Heberlein F. 2160, 2313, 2347
Hebert B. 4146
Hecht K. 5124
Heck T. 2234
Heckener A. 1982, 2018
Hegerl G. 777
Heid H. 200
Heid U. 2153
Heigl P. 2034
Heil G. 193, 613, 655, 767, 1035, 1266, 1382
Heil H. G. 1409, 3033
Heilmann W. 308, 321, 568, 614, 830, 904, 1276, 1321, 1827, 1836, 1844, 1878, 1991, 2019, 2068, 2185, 2186, 2290, 3026, 3041, 3047, 3094, 3733, 4562, 4755, 5557
Heimbecher W. 5147
Heine R. 1530, 2267, 2827, 3401, 3411
Heinloth B. 502
Heinrich W. 135
Heinrichs A. 482, 831, 1850, 5027
Heint W.-R. 5795
Heintze H. v. 4739, 5735
Heinzmann M. 40, 431, 696
Heinzmann R. 4904
Heistermann W. 1099
Heitsch E. 154, 292
Held K. 885
Heldmann K. 4595

Helfer C. 1213, 1222
Hellwig A. 2731, 2831, 2936
Helm C. 2307
Helms P. 2215, 5234
Heltweg A. 5138, 5145
Helzel G. 2569
Helzle E. 4154, 4440
Hempelmann A. 1449
Hempelmann G. 569, 3275
Hendel R. 4102
Henke R. 2869
Hennig G. 629, 2418
Hennig H. 300
Hennings J. 457
Hensch T. 2724
Hensel-Johne C. 1768, 5129
Hensen E. 5714, 5793
Hentig H. v. 309, 755, 1697, 2173
Hentschke A. B. 2187
Henze E. 1328
Herding O. 302
Hermes E. 100, 855, 1547, 1961, 1986, 1991, 2188, 2699, 2724, 2852, 2859, 2868, 2930, 2960, 2961, 2962, 2967, 4860
Herrmann D. 1712
Herrmann F. X. 3243, 4880
Herrmann J. 2622, 2623, 2627
Herrmann U. 1102
Hertel G. 2752, 2753, 2754, 2757, 2766, 2767, 2768, 2769, 2775, 2777, 2778
Herter H. 3625
Herzhoff B. 5591
Herzog-Hauser G. 4704
Hess M. G. 123
Heß S. 477, 4322, 4709
Heß W. 3231
Hesse G. 1558
Heuking M. A. 1464
Heupel C. 615, 973, 2191, 4964, 5149
Heusch H. 3510
Heusinger H. 1084
Heuss A. 981
Hey G. 2131
Heyden S. 2088
Heydenreich R. 3369, 3971
Heydorn H.-J. 105, 105, 109, 112, 225

Hieber L. 252
Hiedell H. 4005
Hierdeis H. 10
Hilbert K. 2390, 2403, 3027, 3138, 4071, 4072, 4079, 4422, 4912, 5260
Hilgenberg D. 2069
Hilgers W. 5692, 5778
Hillen H. J. 2636, 2640, 2822
Hiltbrunner O. 3821
Hinrichs F. T. 4938
Hinz U. 2166, 3006
Hirsch F. 941, 4192
Hirsch W. 371
Hirth R. 5937
Hoben W. 4329
Hobert E. 5630
Hodnik E. 1765, 3438
Hödl R. 1559
Höffler-Preißmann U. 3305
Höflinger M. 4183, 4294, 4641
Höhn U. 951
Höhn W. 12, 19, 542, 679, 904, 1277, 1322, 1521, 2291, 2338, 2356, 2359, 2363, 2364, 2379, 2491, 5046
Hönle A. 5570, 5718
Hörmann F. 136, 165, 760, 793, 798, 811, 953, 3130, 3307
Hötzl E. 3455
Hoffmann A.-D. 2169, 2170
Hoffmann B. 2969
Hoffmann F. 1820
Hoffmann O. 1355
Hoffmann Z. 4236
Hofmann H. 832, 3984
Hofmann J. B. 2673, 2827, 2851
Hofmann M. 998
Hohensee H. 4987
Hohl J. 942, 5215, 5229, 5661, 5662
Hohnen P. 257, 640, 842, 1128, 3149, 3811, 4094, 4111
Holderbach H. 1592
Holk G. 590, 821, 4490
Holm-Larsen S. 1230
Holste H. 573
Holtermann H. 438, 697, 721, 1227, 1475, 2554, 2571, 2572, 2573, 2579, 2583, 2585, 2587, 2590, 2591, 2812, 2897, 4354, 4684

Holzberg N. 1186, 3371, 3731, 3752, 4000, 4043, 4152, 4209, 5453, 5969
Holzer G. 5125
Holzer K. 1065, 1785
Holzhausen H. 5690
Holzinger M. 2972
Holztrattner F. 4524
Hommel H. 1150, 3632, 3757
Honstetter R. 5917
Hooff A. J. L. v. 5956
Hora A. 469, 1569, 1733, 5746
Horak R. 4828
Horn H. 1758
Hornig G. 2, 3287, 3288, 3290
Hornung R. 1964, 2303, 2549, 2552
Horstmann A. 3177
Hotz R. 1916, 2497, 2500, 2519, 2528, 2533, 2900
Houtryve F. v. 5400
Hross H. 166, 258, 1410, 3863, 4324
Huber H. 1684, 1946, 2954, 5702
Huber I. 4959
Huber J. 4168, 4169, 4174
Huber O. 2551
Huber R. 2931
Huber W. 432, 543, 1511
Huchthausen L. 2646, 2647
Hügi M. 2841
Hüls R. 488
Hürfeld H. 3431
Hugenroth H. 1101, 3869, 5241
Hugenschmidt A. 3958, 5110
Humpf H. 2399
Hundsrucker W. 293, 3350, 3351
Hutzelmeyer H. 322

Ilting K.-H. 3611, 3647
Irmscher J. 1093, 1203, 1248, 2035, 5929
Isnenghi M. 1394

Jacobs J. 5217
Jäger G(eorg) 1102
Jäger G. 806, 1102, 2755, 3495, 3515, 3641, 3643, 3644, 4658, 5520
Jaeger W. 1160
Jäkel W. 1

Jahn S. 374, 401
Jakob O. 454
Jankuhn H. 4574
Janssens C. 5573
Jarecki W. 4541
Jeglitsch E. 1028
Jelic V. 5513
Jens W. 106, 458
Jöhrens O. 570, 1443, 2240, 2260, 2327, 2429, 4142
Jörder H. 4265
Johann H.-T. 5798
Johanns F. 1550
Jonas S. 616, 1444
Jones P. 668
Jopp R. 1754, 5096
Juhl J. A. 35
Jung H. 966
Junge C. 5582
Junkelmann M. 5684

Kabiersch J. 739, 3647
Käss S. 2670
Kahl D. 1761, 2415
Kahlenberg K. 954, 981, 987, 988, 989, 3185
Kaiser E.-P. 3669
Kamlah E. 4674
Kanamüller R. 278
Kannicht R. 107
Kapsner A. 1411, 1434, 3884, 4463, 5219
Karagiorgi B. 130, 3181
Karl K. 795, 3210, 3298, 3359, 3451, 4107, 4259, 4370, 4402
Karl W. 5159
Karré B. 1055
Kauczor J. 2649
Kaufmann H.-G. 5262
Kaus E. 1917, 3588
Kausch W. 822
Kautenburger P. 1654
Kautzky W. 4711
Keil I. 2150
Kemper H. 1426
Kempkes W. 3300, 3536, 4255
Kennel W. v. 4459
Kern P. 194

Kerschensteiner J. 5583
Kertsch M. 4940
Kese W. 2731
Keßler M. 1427, 2856, 3530, 3531, 5004
Kessler M. 2518, 2525
Kettemann U. 1006
Keulen H. 15, 41, 48, 60, 137, 167, 168, 199, 451, 833, 1289, 1661, 1662, 1807, 2143, 3034, 3125, 3189, 3352, 3931, 3934, 5592, 5886
Keyl F. 1696, 1697
Kiefner G. 633, 1007, 1801, 1987, 2759, 3972, 5521, 5847
Kiefner W. 886, 5075
Kienpointner M. 2220, 2226, 2383
Kierdorf W. 4594
Kilb J. 4486
Kipf S. 1179
Kirfel E.-A. 3982, 4466
Kirsch G. 2339
Kirsch W. 348, 349, 915
Kistler H. 860, 861
Kittel W. 2939
Klar R. 1687
Klaus K. 2557
Kleemann F. 3685
Klein F. 2021, 2024
Klein H. 5779
Klein R. 4502
Kleine W. 617
Kleinert J. 2646, 2647, 2649, 2650, 5325
Kleinlogel A. 778
Klement G. 1879
Klement M. A. 2599, 4991
Klien E. 4077
Klingelhöfer H. 2557, 2564
Klinz A. 155, 1674, 3055, 3081, 3125, 3150, 3156, 3180, 3321, 3807, 3936, 3937, 4339, 4340, 4341, 4342, 4345, 4351, 4356, 4364, 4382, 4395, 4408, 4507, 4513, 4515, 4525, 4533, 4538, 4545, 4553, 4554, 5061, 5063, 5506, 5584
Kloesel H. 3224
Kloft H. 5374
Klopsch P. 4881, 4885, 4902
Klopsch W. 4907
Klose W. 1755

Kloss G. 2321
Klotz A. 3553
Klowski J. 294, 310, 323, 375, 1004, 1542, 2175, 2308, 2419, 3028, 3035, 3042, 3046, 3062, 3079, 3125, 3132, 3418, 4376, 4945, 4946, 4947, 4948, 4950, 4955, 4971, 5017, 5288
Klüter H. 165
Klug W. 461, 3322, 3617, 4531
Knau H-L. 1630
Knecht A. 1292
Knecht T. 1866, 2411, 2435, 3124, 3125, 3190, 5476, 5872, 5938
Knittel H. 2704, 5664, 5841
Knobloch J. 5533
Knoch W. 955
Knoke F. 108, 956, 1129, 1373, 1383, 1617, 4565, 5106, 5223, 5548, 5656, 5660, 5677, 5698, 5724, 5747, 5754
Kobligk H. 3953
Koch E. 1735
Koch F. 1267
Koch H. 4575, 4576
Koch-Oehmen R. 2722
Köhler D. 4951
Köhler K. 3023
Köhler R. 3054
Königer H. 4256
Königer W. 449, 843
Königshofer U. 4260
Koerten H.-E. 458
Köstner H. 1677
Köthe-Pachali G. J. 3761
Köves-Zulauf T. 4769
Kohl A. 38, 2895
Kohler E. 5375
Kohler M. 3697
Kohns H. P. 3670, 3672
Kolb H. 4583
Koller H. 1590
Koller R. 1459, 2848, 4587
Konrad D. 350
Kopmeier F. 5881, 5882
Koppenhöfer K. 622
Korda V. 2038
Korn K. 109, 138, 2211
Kornadt H.-J. 1395

Moderne Autoren

Korzeniewski D. 3788, 3791, 4333
Kosiol H.-G. 4225
Kost K. 5730
Koster S. 3333, 3927, 4040, 4210
Kowalewski K. 1504
Krach J. 1396
Kracke A. 2792, 5101, 5336
Kracker D. 2512
Krafft P. 4712
Kraft M. 1666, 4814
Kramer F. 4760
Kramer H. 5005
Kramer J. 591, 899
Krapp H. J. 1764, 1808
Kratz B. 5058
Kratzer H. 2113
Krause W. 32, 169, 4434, 5066, 5206
Krautz H.-W. 1077
Krayer E. 5669
Krefeld H. 170, 171, 443, 450, 453, 459, 545, 558, 559, 575, 592, 641, 757, 816, 856, 857, 916, 1374, 3111, 3117, 3197, 4416, 4437, 4454, 4455, 4468, 4478, 4861, 4862, 5025, 5320, 5430
Kregelius M. 2492
Krehmer W. 406
Kres L. 5632
Kresser C. 4875
Kretschmer A. 4572
Kreuter H. 2458
Kreyser K. 1552, 1608
Krischer T. 241
Krömer D. 2295
Kröner H.-O. 3560
Kroh P. 516, 538, 2460, 2474, 5010, 5800
Krohn R. 1148
Kronpaß I. 5126
Krope P. 512, 764
Krüger G. 36, 1356, 1365, 1517, 4327, 4462, 4488
Krüger H. 5044
Krüger J. 232, 779
Krüger M. 2, 2636, 2639, 5102
Krywalski D. 5328
Kubik C. 2433
Kubina B. 4870

Kuchenmüller W. 1676, 1692
Kuczynski J. 2651
Kudla H. 2497, 2500, 2519, 2528, 2533
Küppers E. 3278, 5112, 5130
Küster F. 2279
Kuger H. 480
Kuhlemann G. 30
Kullmann W. 259
Kunisch N. 5787
Kuntz F. 1624, 1739, 1813
Kunz H. 2765
Kurig C. 5317
Kurz G. 887
Kurz R. 5009
Kusche H. 5657, 5741
Kuttner H. 4743
Kytzler B. 1024, 1063, 1200, 1204, 1244, 5394, 5794

Lachawitz G. 2245, 3407, 4095, 4713, 5043
Lade E. 654, 673
Längin H. 1066, 5609, 5842, 5918
Lagarrigue G. 5614
Lahmer K. 311, 376, 1335, 1669, 1988, 2436, 4139, 5183
Lambertz T. 1903, 2340, 3693
Lammers K. P. 4903
Lammert F. 3251
Landfester M. 1161
Landshamer L. 1724
Lang H. 4360, 4911
Lang W. 2918, 2926, 2932, 4980
Lange-Kowal E. E. 2849
Lanig K. 2669
Latacz J. 1108, 2192, 3334, 3844, 4083, 5488
Lau D. 2309
Lauff S. 3194
Lauffer S. 5330, 5343
Lausberg M. 4542, 4797, 5489
Lauter F. 5809
Lavency M. 2176
Lebek W. D. 4630, 5437, 5441
Lechle 1983
Lechle H. 1564, 2334, 3968
Lederbogen E. 4368
Leeman A. D. 1215, 3417, 4411, 5005

Lefèvre E. 259, 260, 1109, 3624, 4269, 4270,
    4288, 4292, 4295, 4357, 4476, 4660, 4732,
    5602, 5883
Legendre P. 1169
Leggewie O. 139, 3133, 3626, 4012, 4185,
    4336, 4486, 4558, 5147, 5321, 5322
Lehmann G. A. 4610
Lehmann H. 889
Lehmberg P. 3015
Lehrbach H. 5780, 5784
Leicher E. 3460
Leimbach R. 2861
Leininger B. 4044
Leitschuh M. 2655, 2851, 2877, 3727, 3874,
    3883, 3985, 4007
Leitz A. 2386
Lempp U. 1557, 2012
Lendle O. 988, 5249
Lenz A. 359, 377
Lenzen D. 1426
Leonhardt R. W. 140
Leretz H. 3598, 3623, 3631, 3704, 4504, 4564,
    5039, 5155, 5156, 5157, 5160, 5165
Leretz J. 3540, 4581
Lesky A. 124, 141, 1094
Lettner F. 2254
Letzelter A. 4967, 4968
Leyvraz I. 5620
Lichtenstein B. E. 5315
Licoppe C. 325, 338, 2050
Liebenwein W. 1797, 2159
Liebich W. 1095
Liebs D. 5136
Liesenborghs L. 272
Liesenfeld N. 1772, 1780
Lietzmann K. 4659
Lignani A. 5930
Limper W. 3885
Lindauer J. 89, 172, 1113, 1579, 1921, 2658,
    2745, 2760, 2772, 2826, 2845, 2860, 3976
Lindauer P. 120
Lindemann A. 4676
Lindemann H. 2920, 3286
Link H. 1732
Linnenkugel A. 2820
Linsenbolz R. 1891

Linti H. 3962
Lippold A. 5085, 5344
Little D. 3851
Lochner v. Hüttenbach F. 5029
Lock G. 2937
Löwe G. 692, 1025, 1734, 1974, 2013, 2020,
    2409, 2648, 5615
Lohe P. 630, 4726
Lohmann D. 1582, 1880, 1932, 1956, 1987,
    1991, 2293, 2296, 2297, 3029, 3178, 3389,
    3815, 3817, 3822
Lohse E. 890
Lorenz G. 5100
Lorenz H.-T. 5911
Lorenz K. 983, 1528, 1609, 1615, 1728
Lorenz K. R. 142
Lorenz S. 2862
Loretto F. 4414, 4434, 4446, 5104
Luderer W. 242, 1043, 1366, 1460, 1482, 1972,
    2304, 2335
Ludwig G. 3662
Ludwig K. 603
Ludwig W. 378, 1224, 1227, 5442
Lühr F.-F. 232, 3865, 4172
Lühr J. 4259
Lüth C. 4321
Lüthje E. 1881
Luger J. 5542
Luibl H. 4362
Lumpp H. 3538
Lund A. A. 3378
Lund H. 5664
Lunzer R. 215, 5819
Lurje L. 1255
Luther W. 98
Lutz M. 4049

Macnaughton E. G. 2785
Mader M. 2412, 2420, 2443, 2863
Maderner J. E. 243
Maehler H. 1529
Mäsch N. 659
Mai K. 4182
Maier B. 3447, 3818, 3857, 3859, 3940, 3943,
    3945, 4423, 4637, 4662, 4664

Maier F. 11, 13, 17, 21, 110, 173, 233, 244, 261, 262, 277, 295, 296, 312, 313, 351, 352, 353, 369, 370, 380, 381, 382, 383, 384, 385, 421, 493, 497, 500, 503, 574, 576, 577, 594, 604, 605, 606, 618, 619, 631, 645, 698, 761, 765, 768, 777, 780, 781, 791, 807, 826, 828, 834, 841, 858, 865, 903, 911, 926, 927, 936, 1001, 1008, 1027, 1039, 1055, 1068, 1357, 1358, 1384, 1413, 1414, 1429, 1445, 1452, 1466, 1483, 1667, 1781, 1873, 1882, 1883, 1955, 1966, 2212, 2305, 2323, 2495, 2498, 2502, 2516, 2520, 2526, 2529, 2533, 2534, 2535, 2832, 2848, 3043, 3056, 3082, 3083, 3084, 3087, 3088, 3095, 3101, 3105, 3106, 3112, 3121, 3125, 3127, 3135, 3151, 3186, 3200, 3264, 3303, 3306, 3344, 3353, 3363, 3372, 3586, 3589, 3690, 3770, 4087, 4088, 4112, 4113, 4122, 4131, 4396, 4400, 4526, 4527, 4528, 4563, 4588, 4589, 4733, 4809, 4826, 4830, 4886, 4939, 5023, 5083, 5089, 5090, 5091, 5098, 5185, 5192, 5279, 5640, 5884, 5919, 5920, 5940, 5957, 5958
Maier H. 101
Maier R. 1040
Malcher L. 2448
Malicsek H. 2894, 4704
Malitz J. 5616
Mall J. 1263, 1286, 1293, 2014, 2022, 3817
Malms J. 2731, 2733, 2831
Mangold M. 2229
Mangold P. 2543, 2662, 2663
Mannsperger B. 1899
Mannzmann A. 1124
Manuwald B. 3935
Marg W. 125, 156, 157
Mariacher J. 3107
Markwald G. 3744
Marquard O. 279
Marschall E. 3015
Martin P. 5959
Martius H. 4928, 5271
Marx A. 1764
Mascher K. 547
Mascher K. H. 1352, 1385, 1415
Masciantonio R. 1216
Massenkeil J. 5205
Massini R. 174
Matthiessen K. 18, 126, 769, 782, 808, 1110, 1124, 2239

Maurach G. 3277, 3345, 3414, 3819, 4084, 4226, 4231, 4347, 4417, 4445, 4467, 4477, 4628, 4835, 5501, 5607
May G. 1036
Mayer A. 5239
Mayer C. 3240, 3241
Mayer E. 1435, 1436, 2028
Mayer G.-R. 2960, 2962
Mayer H. G. 3980
Mayer J. A. 532, 3019, 4985, 5016
Mayer K. 3524
Mayer K. J. 1971
Mayer O. 245
Mayer-Maly T. 5135, 5538
McDermott W. C. 4496
McDougall T. W. 2785
McGann M. J. 3812
Mehl A. 4540, 4622, 5345
Meid W. 266
Meincke W. 703, 949, 1003, 1037
Meinhart M. 5534
Meinhold M. 5031
Meissler H. J. 786
Meißner B. 943, 1386
Meißner G. 3247, 3281
Meißner H. 671, 2425
Meister K. 3632, 3980, 4004, 4566, 4599
Melzer V. 5820
Mendner S. 1707, 4647, 4651
Mensching E. 845, 1119, 1120, 1125, 1130, 1131, 1138, 1152, 1153, 1162, 1170, 1171, 1172, 1180, 1181, 1187, 1192, 1193, 3341, 3373, 3379, 3911
Menze C. 3, 143, 200, 530, 835
Merker M. 4613
Merklin H. 3686
Merwald G. 4866
Meßmer E. 402
Messmer E. 1713
Metz J. 1664
Metzger G. 2943, 2946, 2963, 5435
Metzig W. 2908
Meurer H. 2636
Meusel H. 836, 2413, 2430, 2868, 2961, 2967, 3422, 3877, 3892, 3898, 3916, 4021
Meyer D. 4265

Meyer O. 4867
Meyer T. 783, 993, 1268, 1273, 1537, 1544, 1571, 1924, 2029, 2032, 2314, 2846, 3139, 4644, 4648, 4649, 5079, 5352
Meyer-Cording U. 246
Meyerhöfer H. 356, 386, 646, 713, 817, 1186, 1446, 1450, 1851, 3688, 5184
Meyerhoff D. 2151
Michael B. 607
Michel A. 5514
Mickisch H. 1606
Mielsch H. 5719, 5830
Millard A. 5299
Miller A. 2328
Minkos G. 1495
Mißfeldt W. 2329, 3437, 4128, 4191, 5290
Mitschke A. 2731
Mittelstrass J. 297
Moatti C. 5306
Möller K. 144
Mohilla G. 3860
Mommsen P. 357, 1738, 1746, 4114
Morlang W. 4373
Moser E. 47
Moser H. 4388
Mudry P. 326
Müffling M. v. 5081, 5161, 5166
Mühl K. 1756
Mühlberg S. 358, 750
Mühlheim U. 3364
Müller A(lexander) 2001, 2224, 2349, 2376, 2597, 3280, 4693
Müller A(rmin) 3878, 5577, 5589, 5593
Müller C. W. 4173
Müller G. 1096
Müller H.-J. 3650
Müller H.-P. 1105
Müller L. 298
Müller P. 5825
Müller R. W. 252
Müller S. 3568
Müller U. 5885
Müller W. 1013, 1074, 1484, 1583, 1593, 1639, 1640, 1642, 1644, 1647, 1714, 1798, 2253, 2264, 3347, 4790, 4810, 5226, 5755
Münchow H. 2393, 2394

Muir J. V. 1071, 1518
Munding A. 4852
Munding H. 144, 175, 280, 299, 339, 359, 1302, 1387, 1815, 2217, 3125, 3128, 3134, 3163, 3316, 3317, 3343, 3365, 3678, 3825, 3938, 4115, 4374, 4380, 4403, 5019, 5186, 5408, 5585, 5598
Muth R. 4277, 4280
Mutschler B. 1715
Muzell H. 4958

Nachov I. 1231
Nadolph H. 1700, 1944
Nagel K. 3826, 4491, 5972
Nagel W. 2218, 3456, 4161, 4519, 5932
Naumann H. 4712, 4719, 4722, 4727, 4737, 4845, 5261, 5420, 5428, 5433
Nehm F. 314
Nemeth J. 1553
Nerl M. 665
Neschke A. 234
Neschke-Hentschke A. 4096
Nesemann M. 1575
Netzel B. 5077
Neu E. 1530, 2200, 2247, 2255, 2391
Neuhausen K. A. 2712
Neukam P. 403, 455, 478, 823, 827, 839, 846, 848, 862, 866, 871, 894, 898, 905, 910, 913, 920, 922, 924, 939, 1067
Neumann G. 1523, 2177, 2205
Neumeister C. 3793, 4346, 4397, 4692, 5504, 5509
Neumeister K. 4036
Neumeister S. 201, 1154
Nickel R. 4, 5, 6, 14, 15, 16, 49, 158, 159, 176, 263, 281, 300, 327, 518, 561, 578, 595, 596, 642, 643, 660, 770, 779, 784, 785, 796, 809, 1087, 1123, 1132, 1133, 1134, 1158, 1281, 1287, 1323, 1324, 1338, 1447, 1512, 1539, 1837, 1856, 1884, 1892, 1904, 1933, 1953, 1967, 1976, 1984, 1989, 1995, 2016, 2298, 2317, 2357, 2675, 2694, 2743, 2835, 3024, 3030, 3057, 3063, 3064, 3065, 3066, 3073, 3074, 3116, 3144, 3153, 3374, 3394, 3409, 3653, 3775, 3823, 4002, 4003, 4140, 4147, 4193, 4316, 4436, 4439, 4458, 4872, 4896, 4994, 5018, 5024, 5031, 5053, 5301, 5326, 5633

Moderne Autoren

Nicolai J. 1740
Niebaum P. 5120
Niebergall V. 4642
Niederbudde A. 4831
Niedermayr H. 1079, 1487, 1792, 1913, 3113
Niedermayr W. 1787
Niedermeier E. 2499, 2506, 2521, 2530, 2536, 2927
Niemann K.-H. 732, 937, 2372, 2723, 3366, 3751, 3753, 4048, 4053, 4108, 4195, 4281, 4643, 5003, 5733
Niemeyer B. 1388, 4381
Niemeyer H. G. 3584, 5680
Nikol A. 2878, 2879
Nikol F. 120
Nink L. 1524
Nissen T. 3557, 3567
Nitsche M. 2072
Noelke P. 5699, 5789
Noll H. 5135
Norden M. 1193
Novotny U. 1658, 1660, 5222
Nowotny E. 226, 3408, 4010, 4246, 5168
Nüßlein T. 3550, 3737, 3739, 4889
Numberger K. 50, 185, 1097, 3759, 3789
Nusser N. 1817

Oberg E. 786, 990, 1000, 1519, 1649, 1650, 2103, 2163, 2815, 2905, 3615, 3742, 3743, 4067, 4189, 4204, 4206, 5895
Oberle G. 3201, 5296
Oberst H. 1294, 4214, 4643
Ørberg H. H. 2692
Oertel H.-L. 2073, 2144
Offermann H. 791, 1818, 3406, 3413, 3423, 3432, 3441, 3450, 3571, 3573, 4278
Offermanns A. 5005
Offermanns H. 5175
Ohlemann S. 1740
Olbrich W. 282, 1325, 3108, 3269, 3354, 3439, 3556, 3561, 3680, 4682, 4781, 4816, 4836, 4858, 5252, 5638, 5896
Olfried W. 5862
Olschewski B. 1252
Olshausen E. 302, 4671
Onetti S. 3414
Oomen G. 2618, 3983

Oppel E. 4929
Oppel M. 5792
Oppermann H. 3255, 3767
Oschlies W. 1223, 1228
Oßberger J. 3729, 3899, 4103, 4442, 5897
Ott C. 2321
Ott A. 3342
Otten K. 340, 666
Otter R. 3001
Otti R. 394, 1014
Overesch M. 1121

Pabst W. 3900, 5335
Panitz H. 3659, 3873, 5154
Paoli U. E. 5298
Pape S. 2178, 2265
Papenhoff H. 439, 2547, 2572, 2581, 2584, 2593, 4377
Parthe F. 440, 470, 1015
Parton T. 5381
Paschotta H. H. 1584
Paß S. 1690
Passier B. 1142
Patzer H. 111, 127
Patzig G. 3630
Paucker G. 2042
Pauli H. 632
Pechhold W.-D. 2991
Perlich D. 1561, 1828
Pertsch E. 2849, 2865
Peschl W. 328
Pessarra I. 2078
Pester H. E. 3604
Peters A. 1463
Petersen O. 4047, 4051, 4116
Petersen P. 903, 1072, 1425, 1548, 2370, 2835, 4028, 4326
Petersmann B. 2434
Petersmann G. 891, 1056, 1060, 3271, 3457, 4307, 5898
Petersmann H. 3750, 4167, 4219, 5401
Petschenig M. 2864
Petzold K.-E. 3873
Pfaffel W. 2095, 3097, 3410, 4218, 4232, 5728
Pfeiffer W. 404
Pferseer A. 283

Pfister R. 83, 284, 341, 505, 519, 797, 1083, 1088, 1139, 1367, 1530, 1874, 1895, 1919, 2174, 2181, 2182, 2219, 2221, 2227, 2246, 2256, 2268, 2275, 2284, 2299, 2324, 2330, 2352, 2621, 2624, 2627, 2628, 2630, 2657, 3102
Pfligersdorffer G. 145
Philipp G. 870, 1057, 3572
Philipp G. B. 1098, 5578
Philipps P. 285
Philips H. 3710, 4249, 4254, 4267, 4284
Phillips M. 1245
Phren B. 5102
Pichl R. 2864
Pietsch W. J. 1013, 1026, 1173, 1793, 2109, 2786, 2788, 2790, 3137, 3152, 3415, 3419, 3805, 4271, 4624, 4720, 4723, 4728, 4780, 5369, 5462, 5484, 5756, 5771
Pietschmann J. 3984
Pilzer G. H. 652
Pinkster H. 2224, 5505
Pirsig W. 5723
Pittl H. 1912, 3386, 4132
Plancke R. L. 34
Platschek H. 1611, 1645
Plebejus M. 2084, 2090
Plenio W. 620, 968, 1001, 3816, 4133
Plepelits K. 4923
Plöger H. 1782
Pochmarski E. 5650
Podossinov A. 1232, 1256
Pöckl W. 235
Pögl A. 2646
Pöhlmann E. 3067, 5703
Pöschl V. 1217, 2397, 2404, 3404, 3787, 4512, 4513, 4824
Pötke R. 2156
Pohl H. D. 195
Pohler F. 5402
Popeller M. 2147
Popp H. 5344
Porod R. 891
Porten E. 2968
Posch S. 4966
Potz E. 4837
Powierski R. 3332
Pradt H. 2513

Präsent G. 927
Prankel D. 360, 501
Preisendanz K. 3509, 4708
Preiß L. 1467
Preißer K. 2959
Preuße U. 1163
Pridik K.-H. 548, 892, 2005, 4035, 4064, 5658
Priebsch A. 1237
Priesemann G. 186, 2310
Primmer A. 810, 1028, 3488, 3519, 3790, 4104, 4656, 4711
Probst S. 4695
Probst V. 4695
Prochaska R. A. 741, 751, 928, 1628, 1736, 2786, 2789, 5934
Proverbio G. 2381
Prutscher U. 700, 1533, 3714, 5049, 5056, 5070, 5071
Pürzer U. 1829

Quack H. 315, 405, 656, 1144, 1498, 1576, 1683

Raab K. 2414, 2519, 2521, 2528, 2533, 2856
Raabe G. 4952
Rabl J. 5974
Radecker F. 3049
Radke G. 3896, 4510, 5331, 5545
Raeder J. 4857
Rafferty M. 1207
Raith W. 264, 310
Rakob F. 5705
Ramersdorfer H. 2746, 2747, 2761, 2762, 2763, 2769, 2773, 2774, 2775
Ramharter J. 5197, 5199, 5202, 5203, 5207, 5208, 5209, 5210, 5212
Ramming G. 3296
Rampillon U. 1935
Rang H.-J. 1135
Rank W. 387
Rathke G. 2643
Ratkowitsch C. 4017, 4711, 4920, 4921
Rau R. 3283, 4006, 4184
Raubold A. 2755
Rauch G. 957
Rausch G. 1397

Moderne Autoren

Rauscher H. 1705
Reeker H.-D. 980, 986, 2006, 2249, 2257, 2294, 5664
Rehm H. 728
Rehn H. 2943, 2963
Reibnitz B. v. 1155
Reichel B. 2939
Reidinger W. 2448
Reif A. 2444
Reinhardt H. 1174
Reinhardt K. W. 2474
Reinhart G. 329, 4471, 4480, 5047, 5395
Reis H. 3532, 5000
Reischmann H.-J. 3562
Reiter H. 247, 761
Reitermayer A. 2162, 2171
Reitz C. 3950
Reitzer S. 3989, 3992, 3995
Remark P. 4706
Rempe J. 3879
Renger C. 3279
Reuter H. 619, 1295, 1398, 1414, 1430, 1613, 1889
Rey E. 5311
Richter A. 4990
Richter C. 2987, 2988, 2989, 2993, 3014
Richter F. 5651
Richter G. 2618
Richter W. 4433, 4511, 4977, 5346, 5362
Richter-Reichhelm J. 989, 1049, 2311, 2567, 2632, 4696, 5293, 5297, 5312, 5510, 5864
Richter-Reichhelm K. 5293, 5297, 5312
Rickert E. 4666
Rieche A. 2134, 5133
Rieckhoff-Pauli S. 5781
Riedel W. 466, 549, 550, 579, 597, 686, 701, 723, 1278, 1291, 1416, 1531, 1838, 2354, 3031, 3122, 5105
Rieder W. 4039
Riedl W. 2132
Riegel M. 35
Rieger E. 529, 794, 958, 1311, 1431, 1663, 3205, 3987, 3994, 4022, 4086, 4097, 4109, 4117, 4702
Rieks R. 4729, 4798, 5478, 5499
Ries W. 1368, 1862, 3498, 3564, 5807
Rietmann J. 5941

Rihl G. F. 520, 1282
Ringshausen K. 105, 112
Rinner W. 2789, 3337, 3348, 3356
Ripper W. 3263, 3473, 3681, 4025, 4343, 5385
Riss E. 2002
Rix H. 5547
Robinsohn S. B. 114, 434, 437
Rode R. 1788, 1794
Röhrl M. 2975
Römer F. 3867, 3871, 4258, 4289, 4505, 4699
Roemer H. 799, 1513
Römisch E. 417, 3036, 3119, 3126, 3308, 3311, 3465, 3482, 3520, 3583, 3599, 3707, 3716, 3768, 3773, 3797, 3799, 3894, 4019, 4078, 4273, 4334, 4350, 4361, 4765, 4840, 4983, 5062, 5233
Rösler K. 2644
Rösler W. 3933
Rößler D. 1194
Rößler I. 1725
Röttger G. 177, 895, 1369, 1868, 1885, 1888, 1965, 2214, 2318, 2661, 2686, 2691, 2811, 2819, 2913, 3120, 3483, 3529, 3855, 5193
Röver D. 4603
Röver E. 3762, 3767, 4591, 4608, 4609
Rogosky W.-W. 2653
Rohacek M. 483, 2075, 3784, 4792, 5628
Rohenkohl P. H. 53
Rohrmann L. 76, 90, 693, 714, 1399, 1468, 1473, 1625, 4465, 4472, 5088, 5092, 5093, 5348
Rose S. 4075
Rosenplenter L. 5265
Rosner U. 3380
Ross J. 657
Ross W. 4877
Rossi G. 342
Roth L. 14
Rothenburg K. H. v. 1936, 2096, 3110, 4073, 5287, 5307
Rubenbauer H. 2673, 2827
Rüegg W. 112, 286
Rüpke J. 3273, 3390, 5544
Rüttiger S. 5822
Ruf K. 1310, 1973, 2208
Rumpf H. 287, 288
Ruppert E. 5236

Ruprecht E. 5603
Russegger H. 4832
Rutz W. 800, 5852

Sallmann K. 301, 838, 900, 909, 1229, 1233, 1260, 1284, 1296, 1816, 2085, 3219, 3941, 3942, 4242, 5586
Sallmann N. 2074
Salomon F. 3765
Salzmann V. 938
Sarholz W. 1721
Sauer R. 4282
Sauter H. 859
Sauter W. 1675, 3841
Scagnetti F. 1588
Scarcia R. 5490
Schadewaldt W. 97
Schäfer E 5835
Schäfer E. 3835, 3964, 4854, 5275, 5440, 5759
Schäfer M. 3700
Schaffer F. 5711
Schaffner G. 5064
Schareika H. 2375, 2382, 2718
Schauer P. 5353
Scheda G. 460, 462, 465, 715, 754, 3312, 4247
Scheer B. 2611
Scheer R. 178, 2196, 2599, 2605, 2925, 3125, 3575, 3602, 4335, 4764, 4982, 5001, 5060
Schefers C. A. 5227
Scheffter Z. 1188
Schefold B. 361
Scheibe E. 146
Scheidel W. 5574
Schelp R. 571
Schepelmann W. 3487
Scherf F. 1624, 1739
Schertz W. 2890
Schetter W. 4611
Schewczik R. 1029
Schibel W. 1175, 5414
Schiedermair H. 265
Schieffer R. 3318
Schieler C. 2991
Schießer G. 1675
Schießer H. 3853
Schiff V. 5131

Schilling H. 1332
Schilling R. 2070
Schindel U. 1115
Schindler F. 2881, 2882, 2883, 3340
Schindler P. 1261
Schindler W. 165, 669, 3171, 3820, 3951, 4193, 4228, 4233, 5178, 5479, 5485
Schirnding A. v. 179, 3044, 3125, 4085
Schirok E. 1749, 1757, 2539, 4480, 4868, 5069, 5716
Schlapbach M. 2690
Schlemmer G. 1601
Schlipp W. 1189
Schlögl H. 2167
Schlör J. 3682, 3683
Schlosser F. 5309
Schlüter H. 2575, 2580, 2584, 2592, 2664
Schlüter W. 5693
Schmaderer F.-O. 1182
Schmalzriedt E. 113, 147, 4901
Schmeck H. 4557, 4748
Schmeken H. 2708, 2709, 2710, 2783, 2823, 2853, 4981, 4995, 4996
Schmeußer H. 440
Schmich R. 944
Schmid A. 4585
Schmid D. 5263
Schmid E. M. 1329
Schmid W. 2854, 5307
Schmidt A. 725, 1016, 3901, 4756, 5748
Schmidt E. 2163
Schmidt E. A. 3827, 3834, 3836, 4766
Schmidt H. 22, 471, 653, 2811
Schmidt H. W. 319, 343, 647, 5785, 5787
Schmidt J.-U. 5177
Schmidt K. 1950, 2911
Schmidt P. G. 5426
Schmidt P. L. 3829, 4914, 4942, 4961, 4962, 5464, 5814, 5833, 5887
Schmidt U. 4953
Schmidt-Atzert L. 1896
Schmidt-Berger U. 4046, 4451, 5492
Schmied O. 2111, 2116
Schmitt A. 388
Schmitt H. H. 4331
Schmitt-Brandt R. 2181, 2270

Moderne Autoren

Schmitthenner W. 5370
Schmitz D. 3587, 3717, 5248
Schmitz H. 1330, 3381, 5417, 5808, 5888
Schmitz U. 4319
Schmölder W. 3250
Schmüdderich L. 2201, 2266, 2315, 3336, 4375, 4387, 4390, 4393
Schneider B. 3104, 4811
Schneider I. 2674, 2839
Schneider J. 5425
Schneider K. 4487
Schneider L. 5700, 5729
Schneider M. 2431
Schneider R. 1103
Schneider W. 406
Schnelle O. 1830
Schnorr H. 2817
Schoeck R. J. 1139
Schönberger A. 2057, 2139
Schönberger O. 114, 128, 160, 187, 188, 316, 517, 521, 522, 551, 552, 553, 562, 580, 581, 801, 818, 819, 1100, 1164, 1315, 1831, 1853, 1900, 1901, 1905, 1957, 2197, 2271, 2292, 2331, 2398, 2426, 3085, 3125, 3129, 3165, 3172, 3173, 3209, 3313, 3319, 3370, 3382, 3424, 3446, 3499, 3502, 3595, 3645, 3652, 3654, 3667, 3684, 3798, 3810, 3914, 3930, 3990, 3993, 3997, 4001, 4129, 4198, 4202, 4211, 4274, 4296, 4479, 4623, 4678, 4757, 4793, 4817, 4873, 5148, 5253, 5539, 5550, 5567, 5605, 5634, 5644, 5722, 5801, 5822, 5875
Schöndorf K. 4378, 5086
Schoenen G. H. 3075
Schönfeld H. 3726
Schörner G. 2668, 2787, 2896
Scholl R. 5386
Scholz R. 5823
Scholz U. 5467
Scholz U. W. 4429, 5558
Schoplick V. 4055, 5743
Schottky M. 5409
Schranzhofer E. 1693, 2023
Schreiber E. 216
Schreiber H. E. 929
Schröder K. 7
Schröfel E. 4367

Schröter G. 930
Schubert A. 407
Schubert W. 1701, 1702, 4163
Schuckert L. 5890
Schümann B. F. 2951, 3259, 3267
Schütz M. 5691
Schütz P. 5306
Schütz W. 3395
Schuldes M. 1017
Schuller W. 1042
Schulte K. 298, 5194
Schulz H. 1190, 1939, 4567, 4577, 4979, 4984
Schulz K. 408, 1068
Schulz M. 3876
Schulz P.-R. 787, 1438
Schulz-Vanheyden E. 444, 802
Schulze K. 523
Schulze W. 3492, 3497, 3506
Schulze-Berndt H. 1783, 2168, 5316
Schulze-Weslarn A. 5857
Schumann A. 2690
Schuster J. 5375
Schuster M. 2679, 2683, 2842, 2844
Schwab H. 1469, 1769
Schwab I. 931
Schwab M. 389
Schwabl H. 5562
Schwamborn E. 3660
Schwarz D. 672
Schwarz F. F. 248, 3213, 3256, 3272, 3326, 3476, 3634, 3723, 4449, 4690, 5486
Schwarz G. 5065, 5737
Schwarz W. 5599
Schweizer H. J. 4413, 4421
Schwemer G. 1937, 4215
Schwerd L. 5240
Schwerdtfeger J. 3002
Schwinden L. 5738, 5790
Schwinge G. 1672, 1706, 1708, 2122
Schwingenstein C. 5654
Schwob R. J. 5936
Seckler A. 5766
Sédar Senghor L. 196
Sedlak W. 2037
Seebaß R. 2586, 2594
Seeck G. A. 3854, 4241, 5460, 5624

Seel O. 3594, 3792
Seele A. 2000, 2003
Seemann H. W. 4363
Seewald M. 4827
Sega G. 5516
Segl R. 180, 945, 974, 1400, 3702
Seibert J. 5396
Seidel G. 5717
Seidel H. 2586
Seidensticker B. 1196, 3794, 5960
Seifert N. 2973
Seiffert K. 5055
Seiler I. 1733
Seiler M. 2970
Seitz F. 1018, 1243, 2209, 2360, 2361, 2780, 4059
Seitz W. 1789, 2935
Seitz W. E. 5181, 5213, 5214, 5672
Selb W. 148
Selle K. 390, 391, 490, 498, 705
Selmaier A. 1080
Senfter H. 5976
Senfter R. 2343, 3375, 3452, 5412
Senoner R. 1209, 1401, 1453, 3202, 3559, 4794, 5423
Servaes F.-W. 5419
Setaioli A. 4450
Siebenborn E. 1488, 3158, 3174, 3391, 3503, 5099, 5508
Siegfried H. 4698
Siegmann E. 3426
Siehs G. 1911, 2164
Siewert W. 1081, 1685, 1694, 1697, 1802, 1863, 1943, 2098, 2104, 2123, 2377, 2713, 2718, 2720, 3230
Silberberger U. 1715
Simon E. 1038, 5696, 5734
Simon H.-J. 235
Singer G. 4941
Skarek W. 1845, 2683
Skiba E.-G. 17
Skutsch F. 2864
Slaby H. 4008
Slawkowsky A. 115
Smith J. E. S. 1210
Smith R. A. 4144

Smolak K. 1578, 4874, 5043, 5167, 5243, 5246, 5648
Söhngen G. 563, 1417, 1432
Sörös M. 5187
Sommer E. 1954
Sommer E.-F. 1846
Sommer F. 2262
Sonderegger E. 4123
Sontheimer W. 3479, 3480, 3485, 3603, 3657, 3709, 3880, 4366, 4569
Spach G. 4352, 4747
Spang K. 3507
Spann R. 1599, 1601, 2105, 2112, 2119, 2135, 4143, 5314
Spennemann K. 4180, 4181, 5054
Sperlich M. 1041
Speyer W. 5551, 5553, 5565
Spielmann M. 3974
Sporer M. 1055, 4234, 4300
Spring S. 2898, 2914
Ssymank V. 2976, 2977, 2978, 2996, 2997, 2998
Stadelmann E. 1496
Stadler H. 3449, 3696
Städele A. 202, 472, 1418, 4166, 4240, 4425, 4428, 4534, 4546, 4548, 4552, 4571, 4590, 4625, 4629, 4635, 5084, 5415, 5922
Stärk E. 5566
Staffhorst U. 3140, 3593
Stahlmann I. 1176
Stamm G. 4926
Standorp E. 129
Starcke J. 1188
Stark W. 1303
Stasch G. 5337
Steen M. 2998
Steffan H. 2598
Stehle M. 2828, 2836
Stehling J. 1341
Steidle W. 3237
Stein A. 4262, 4632
Steindl E. 4419, 5122, 5294
Steiner J. 1454
Steiner W. 3159, 3651
Steiner-Klement M. A. 1565, 2605, 2611, 2940, 2947, 2948, 2949, 2957, 2966, 2972, 5012
Steinert H. 4243

Steinhauer B. 409
Steinhilber J. 69, 853, 1499, 1501, 1505, 1620, 1626, 1627, 1629, 1630, 1638, 1857, 1858, 2007, 2008, 2017, 2114, 2124, 2125, 2126, 2127, 2129, 2130, 2136, 2140, 2142, 2145, 2146, 2410, 2427, 2588, 2595, 2941, 5118
Steinicke K. 2580, 2584, 2592, 2664
Steinkühler M. 2440
Steinmetz F. 3845
Steinmetz P. 554, 681, 3889, 4057, 4537, 4556
Steinmeyer A. 2718
Steinmeyer H. 3607
Steinthal H. 217, 228, 236, 410, 582, 598, 1205, 1272, 1273, 1298, 1360, 1419, 1696, 1710, 1833, 1834, 2276, 2387, 2389, 2405, 2699, 2731, 2744, 2899, 4593, 4919
Stengel K. 1515, 3553
Stephan F. 2707
Stephan G. 1675
Stephan-Kühn F. 1156, 1341, 1636, 2137, 2707, 3089, 3954, 3957, 3961, 3965, 4749, 4774, 4918
Sternadl E. 1489, 1490, 3383, 3477
Stierle K. 203, 893
Stimpel M. 1752
Stock L. 47, 2910, 2919, 2924, 2933
Stockert W. 4223
Stöger T. 3508
Stössl F. 1565
Stöver H. D. 1559, 5862
Stoll A. 5472
Stollenwerk C. 204
Storch H. 189, 946, 1038, 3398, 3461, 3780, 3828, 4547, 4636, 5076, 5172, 5173, 5461
Storck H. 1002
Stosch W. 2567, 2632, 2818, 4987
Stover M. 3011
Stowasser J. 2864
Stransky N. 2244
Strasburger H. 4735
Stratenwerth D. 1506, 2172, 2222, 4892
Straub J. 4536, 5347
Straube W. 2713, 5311
Streffing W. 4431
Streib A. 2906
String M. 1679, 5767
Strnad O. 3719

Stroh W. 648, 1052, 2067, 2069, 2079, 2097, 3453, 3496, 3522, 3848, 4050, 4893, 4916, 5452, 5480, 5524, 5526, 5544, 5751, 5944
Strohm H. 5594
Strohmeier 2791
Struensee R. 2887
Strunk K. 2229, 2251
Strunz F. 2437, 5945
Stuckann E. 330
Studeny E. 1565, 2679, 2829, 2847
Stückelberger A. 4473
Stückrath J. 5472
Stühler F. 5546
Stürmer M. 218
Suchland K.-H. 3434, 5216, 5824, 5844
Suerbaum W. 277, 788, 1420, 3392, 3655, 3668, 3673, 4290, 4384, 4549, 4596, 4612, 4617, 4701, 4744, 4745, 4752, 4775, 4782, 4783, 4784, 4785, 4786, 4799, 4800, 4801, 4806, 4807, 4812, 4818, 5962, 5977
Syndikus H. P. 3442, 3939
Szantyr A. 2272
Szidat J. 1651

Taegert W. 4730
Tallmann K. 1058
Tambornino J. 4220
Taube A. v. 947
te Riele G. M. J. 2731
Tenberken W. 4882
Tennert K. 3813
Terhoeven G. 2324
Teuber B. 2235
Thaler O. 1411, 1434, 3884, 4463
Theuerkauf A. 1809
Thienel H. 531
Thierfelder A. 4217, 4654
Thill A. 4838
Thoböll R. 1722
Tholen N. 4954
Thomas W. 1814, 5836
Thompson W. B. 1274
Thoss H. 3666
Thraede K. 3236, 5469
Throm H. 2557, 2563, 2840
Thürlemann F. 4683

Thüry G. E. 5327
Thummer E. 5402
Thurow R. 426, 434, 1122, 2421, 3780, 5588, 5935
Tiecke E. 2026
Tiefenbrunner M. 3974
Till R. 4516, 4608, 4609, 4631, 5028
Timmermann J. 769
Tipp U. 1375, 1421, 1448, 2625, 2627, 2629, 4999, 5032, 5040
Tischer S. 1703
Tischleder H. J. 3440
Tischler G. 5189
Todt E. 1361
Töchterle K. 81, 872, 1019, 3675, 4118, 4148, 4279, 5876
Töns B. 4876
Tost O. 2025, 4134, 5923
Trabert K. 1678, 5127
Trachta W. 5139
Tränkle H. 3890
Tratter I. 5134, 5617
Trimborn W. 3633
Trittel G. 1148
Troll P. 2784, 2818, 2850
Trotsenburg E. A. v. 812
Trüter W. 3393
Tschentscher H. 2258
Tschiedel H. J. 3262, 3296, 4697, 4819, 5459
Tschirky I. 3058
Tunkel H.-P. 1774
Tusch H. 1656, 2206
Twellmann W. 3079

Uderzo A. 5287
Ücker B. 161
Uhlmann W. 4978
Ulshöfer R. 4648
Ungern-Sternberg J. v. 3517
Untermann J. 1555, 2179, 2207, 2406
Upmeyer D. 590, 4908, 4909
Uppenkamp J. 4978
Urban R. 4619, 5371
Uslar R. v. 4611
Uthoff B. 3013

Vacano O. v. 5777
Vagelpohl U. 4452
Vath R. 200
Vazansky G. 2974, 3012, 3017
Veh O. 948, 959
Veit G. 1572, 1633, 1718, 1727, 5925, 5947
Veitenhansl J. 5121
Veremans J. 34, 985, 1206
Vester H. 331, 435, 445, 654, 673, 840, 873, 874, 901, 1208, 1211, 1214, 1492, 1566, 1938, 2322, 2325, 2341, 2344, 2345, 2350, 2373, 2374, 2384, 2723, 2845, 3050, 3504, 3524, 3902, 3903, 4389, 4620, 4910, 4956
Vetter E. 3904
Vicenzi O. 130, 237, 273, 344, 446, 2683, 2844, 3736, 4074, 4385, 5011, 5587
Vischer R. 2277, 2306, 2858, 3581
Visser E. 5318
Vitalis G. 2618
Vitzer J. 4570
Vögler G. 4076, 4787
Völker P. 3008
Vogel J. 4535
Vogel R. 210
Vogel W. 4980
Vogl H. 1795, 2261
Vogler A. 1304
Vogt E. 289
Vogt G. 3806
Vogt J. 5334, 5338, 5360
Vogt S. 5451
Vogt W. 219, 456, 571, 584, 621, 1811, 3714, 4365, 5070, 5071
Voigt W. 3580, 3711
Voit H. 3303, 3306, 5403
Voit L. 2550, 2621, 3749, 3760, 3804, 3831, 3846, 4119, 4474, 4974, 5495, 5522, 5579
Volkmann C. 1402
Vomhof N. 752
Vontin W. 1824
Vossen C. 5797
Vretska H. 1013, 1565, 3528, 3548, 3801, 4260, 4615, 5749
Vretska K. 1030, 1554, 3505, 4286, 4763, 4770, 4776, 4863

Wachinger F. 637

Moderne Autoren

Wacker I. 4499
Wackerl G. 2181, 2183
Wagner B. 2106
Wagner M. 4602
Wagner N. 1686
Wagner U. 1076
Waiblinger F. P. 250, 411, 412, 626, 636, 1311, 1459, 1897, 5008, 5326, 5532, 5899
Walch M. 2810, 2884, 2885
Waldstein W. 3732
Waletzki W. 2285, 2301, 2312, 2326
Wallace-Hadrill A. 4529
Walser G. 5757
Walter E. 4503, 4881
Walter H. 1902, 5525
Walter H.-E. 1269
Walter N. 5917
Walter P. 3233
Walter V. 1055
Walzik G. 5779
Waszink J. H. 1104
Weber D. 5167
Weber E. 3864, 4325, 4426, 5201, 5228, 5772
Weber F. J. 131, 1326, 5188
Weber H.-D. 5815
Weber I. 960, 1748
Weber-Schäfer P. 3616
Wechner H. 1327
Wecker O. 2546, 2571, 2572, 2573, 2574, 2811, 4988, 5006
Weddigen K. 1197, 1567, 1690, 1777, 1778, 1920, 1948, 1987, 1992, 2088, 2336, 2378, 2713, 2718, 3979, 4224, 4229, 4237, 5007, 5117
Weder H. 3802
Wegner N. 4986, 4997
Wehlen W. 4369
Wehrfritz H. 1362
Weidemann U. 4598
Weidenmann B. 1508
Weidner W. 413, 1069, 1075, 5647, 5796
Weigand F. 205
Weigel G. 5153, 5171
Weikusat F. 3098
Weiler I. 5404
Weinold H. 3663, 3664, 4605, 4607

Weinzierl N. 2888
Weis H. 2117
Weische A. 3489, 3959
Weisert K. 4652
Weiss A. 1799, 2147
Weiß H. 3555, 4047, 4051, 4116
Weiß M. 789, 969, 975, 1635
Weißenberger R. 4584
Weissert E. 251
Weitzel K. L. 961
Welwei K.-W. 4328, 5387
Welzel E. 4855
Weng G. 4944
Wengler H. 3837
Wenk W. 3253, 4924
Werker J. 332
Werner H. 1031, 4890, 5665, 5676, 5681
Werner J. 393, 3357
Wernstedt R. 252
Westhölter P. 583, 608, 707, 1283, 1308, 1376
Westphalen K. 7, 21, 91, 206, 220, 221, 238, 290, 333, 345, 346, 362, 414, 415, 422, 427, 428, 429, 436, 437, 447, 473, 475, 479, 484, 515, 522, 524, 525, 526, 555, 564, 638, 649, 696, 765, 766, 875, 1143, 1157, 1270, 1305, 1363, 1494, 1579, 1810, 1921, 1922, 2745, 2758, 2760, 2771, 2772, 2891, 2893, 3191, 3192, 5963
Wibel M. 491
Widdra K. 976, 1422, 1471, 3443, 4358, 4465
Widmer H. 5319, 5948
Wiegand H. 5280, 5449, 5576, 5928
Wiese G. 1605
Wiggermann J. 3000
Wild G. 5877
Wilhelm E. 3919
Willée G. 3004, 3005
Willer R. 1299
Willers D. 82
Willner P. 2982
Wilsing N. 1821, 2699, 2724, 3020, 3226, 3981, 4248, 5456
Wimmel W. 4691
Wimmer H. 4937, 5005
Windirsch C. 5087
Windmeier H. 2388
Winkler G. 4239

Winkler N. 5107, 5111
Winkler W. 4337
Wirth-Poelchau L. 4935, 5266, 5273, 5277, 5443, 5446, 5447
Wirtmann P. 1728
Wirtz R. 4323
Wiskirchen H. H. 1753, 5689
Wissemann M. 2332, 4199, 5248
Wissmüller H. 4024, 4026
Wittke P. 895, 1234
Wittmütz V. 5340
Wittstock O. 2316
Witzmann P. 43, 2647, 2648
Wlosok A. 3404, 3866, 4715, 4716, 4736, 4766, 4821, 5114, 5450
Wöhrle G. 5517
Wölfle R. 4960
Woelk D. 1729
Wölke H. 1503, 1790, 2380, 5575
Woff R. 5740
Wojaczek G. 742, 970, 1020, 1549, 1556, 2621, 2627, 2752, 2753, 2754, 2766, 2767, 2768, 2775, 2777, 3687, 5666, 5682
Wokart N. 5611
Wolbers G. 4010
Wolf G. 5052
Wolf H. 3367
Wolf H.-J. 3342
Wolff E. 572
Wolfschmidt A. 5198
Wonka P. 317, 416, 1227
Woyte O. 2886
Woytek E. 3922, 4700
Wübert B. 3691
Wülfing P. 70, 78, 266, 291, 319, 667, 790, 906, 907, 908, 917, 962, 1044, 1061, 1071, 1201, 1219, 1225, 1235, 1240, 1246, 1253, 1257, 1318, 1520, 1555, 1947, 1949, 2223, 3037, 3045, 3059, 3076, 3077, 3086, 3396, 3433,
3558, 3584, 4275, 4291, 5354, 5355, 5503, 5667, 5685
Wurz M. 741
Wuttke D. 5949

Zach E. 1583, 1741, 3254, 3487, 3778, 4338, 5042
Zacher K.-D. 3944
Zapfe W. 1962, 2554, 5163, 5176
Zdarzil H. 318
Zehetmair H. 363, 921
Zeifel M. 5926
Zeilhofer G. 2901
Zeitler W. 494, 3358
Zelfel M. 3216
Zelzer K. 3907
Zepf M. 3223
Zerobin J. 1622, 2802, 2813, 2814
Zgoll J. 1630, 3849
Zhmud' L. 1255
Ziegesar C. v. 1003
Ziegler G. H. 2994, 3016
Ziegler K. 3549, 3637
Ziegler R. 5777
Ziegler S. 5350
Zieglmeier A. 3397
Zielinski E. 1472, 2194, 3032, 3808
Zifonun G. 2178, 2265
Zilles W. 2557
Zimmermann H. 2821, 2852, 5608, 5622
Zink N. 12, 19, 1614, 1619, 3268, 3302, 3501, 3545, 3579, 3636, 3722, 3728, 3870, 3929, 4190, 4365, 4371, 4573, 4639, 5033, 5118
Zinn E. 4035, 5418
Zintzen C. 4771
Zöfel A. 3608
Zrenner W. 226, 3234, 4777

Register lateinischer Autoren und Werke

Die Ordnung ist streng alphabetisch, wobei allerdings Artikel und Präpositionen übergangen werden (also *De re publica* unter R).
Innerhalb eines Lemmas sind zuerst Werke und/oder Stellen, sodann allgemeine Sachbegriffe genannt.
Werktitel und Stellen sind durch Kursivdruck von Begriffen und Nummernangaben zu unterscheiden.
Zu beachten sind die Einrückungen:
    Terentius
        Heautontimorumenos 4659f.
            Rezeption 4660
        Rezeption 4892
bedeutet: Nr. 4660 bezieht sich auf die Rezeption speziell des *Heautontimorumenos*, Nr. 4892 auf die Terenz-Rezeption im allgemeinen.

Abaelardus, Petrus 4859, 5259, 5444
Aditus s. Unterrichtswerke
Aetna, carmen appendicis Vergilianae 5458
Alberich von Bisinzo 3729
Alcimus Ecdicius Avitus 5243
Alfonsi, Petrus 4860, 5446
Ambrosius 3213f., 5244, 5250
    Epistulae 4503
    Hymni s. *Hymni Ambrosiani*
    De moribus Brachmanorum 3213
    De officiis ministrorum 5840
    De virginibus 5840
Ammianus Marcellinus Antiochenus, *Res gestae* 3215
    23,5: 3215
    31,4: 5085
Andreas Capellanus 4912
Apianus 4237
Apicius, *De re coquinaria* 3216f.
    4,6: 1777
    6,7; 7,6; 8,11: 1778
Apuleius Madaurensis Afer 3218–3222, 5117
    Metamorphoses 3221, 3222, 5007
        1,1,1–4: 4172
        4,28–6,24 (Amor & Psyche): 3218, 3220
        8,18–21: 3219
        8,22: 5131
        11,3–7: 5548
        11,24–25: 5548
Arator 3749
    De actibus apostolorum 5243

Archipoeta 3418, 4861–4863, 5265, 5429, 5444
    10: 4862
Arnobius 5450
Ars Latina s. Unterrichtswerke
Asconius Pedianus, Q. 3549, 3550
Augustinus, Aurelius 3223–3241, 4455, 4994, 5071, 5110, 5158, 5166, 5188, 5244, 5250, 5577
    De animae quantitate 3235
    Ad Bonifacium comitem
        6: 5262
    De civitate dei 3223f., 3226f., 3236, 3238, 5153
        3,14: 3916
        4,15: 5262
        5: 3225
        5,1–11: 4985
        5,14f.: 1368
        19: 5099
        19,7: 5262
        19,11–20: 4985
    Confessiones 3228–3230, 3238f., 5153
        6,7f.: 3233
        6,8,13: 4492
        9,10,23f. (Vision von Ostia): 2331
        11: 3240
    De doctrina christiana 3238
        4: 5500
    Epistulae 5441
    Contra Faustum Manichaeum 5099
    De magistro 5153
    Quaestiones in heptateuchum 5099
        6,10: 5262
    Sermones genuini

81;105: 5181
De trinitate
 4,14,9: 5560
Ausonius, D. Magnus 3242
 Ephemeris 7,1–18: 4492
 Epigramm 45: 3904
Austria Romana s. Unterrichtswerke

Balde, Jacobus 4913–4917, 5444
 Carmina lyrica 4913
  1,1: 4916
  1,3: 4917
  4,28: 5875
 *Expeditio polemico-poetica
  15–35*: 4914
Beatus Rhenanus 4578
Bebel, Heinrich 4578, 5288
Beda, *Historia Ecclesiastica Gentis
 Anglorum* 4918
De bello Africo, Alexandrino, Hispaniense
 s. Caesar
Bernardus Silvestris 5261
Bernhard v. Clairvaux 4864
Bibel s. *Testamentum Vetus/Novum*
Bidermann, Jacob 4919
Boccaccio, Giovanni 4920–4922
 Genealogia deorum 4921
  53: 4808
Boethius, Anicius Manlius Severinus 3243–3246
 Philosophiae consulatio 3243, 3245f.
 *In librum Aristotelis Περὶ ἑρμηνείας
  commentarii* 3244
 Rezeption 4451
Bornemann s. Unterrichtswerke
Bosch, Hieronymus de 5449
Bruni Aretino, Leonardo 5414
Bucolica Einsidlensia 4865
 2: 4865

Caecilius Statius Insuber 2003
Caesar, C. Iulius 943, 2848, 3053, 3079,
  3183, 3196, 3247–3398, 3464, 3924,
  4119, 4329, 4382, 4388, 4499, 4542,
  5076, 5109, 5334, 5936
 De bello Africano
  4: 3270
  16,1–3: 3270

Commentarii belli civilis 714, 3274–
  3280, 3483, 5076, 5078
 1,1: 3278
 1,5: 5088
 2,23–26: 3276
 2,31f.: 3258
 3,73: 5508
 3,91: 3270
 3,112: 2378
Commentarii belli Gallici 731, 972,
  1037, 1479, 3086, 3180, 3281–
  3398, 3483, 5006, 5341, 5367,
  5383
 1: 3315, 3350, 3375
 1,1f.: 3361
 1,1,1–4: 2384
 1,1–20: 1768
 1,1–29 (Bell. Helv.): 3316, 3334,
  3347, 3377, 3389–3392, 3397,
  5307
 1,1–30: 732, 3362
 1,2 (Orgetorix): 3319, 3352, 3370
 1,2–4: 2143
 1,3–5: 3351
 1,7: 1380
 1,8,3f.: 1826
 1,15–18: 3389
 1,16–20 (Dumnorix & Diviciacus):
  3313, 3370
 1,17–18: 2373
 1,21f. (Considius): 3341, 3395
 1,30–54 (Ariovist): 3344, 3363, 3391
 1,31ff.: 3367
 1,33,2–4: 3128, 3365
 1,34–45: 3317
 1,35,4: 3336
 1,36,5–: 3336
 1,38: 3312
 1,39–41: 1676
 1,40: 761, 972, 3258
 2,15–27: 3329, 3339
 2,23f.: 2384
 2,28 (Nervierschlacht): 3126
 3,41–93: 3277
 4,1,3f.: 3371
 4,1–15 (Usipeter & Tencterer): 3398
 4,4,1–5: 2371
 4,4,1–6: 1986
 4,16–19: 3375, 3388, 5230
 4,17 (Rheinübergang): 3325f.
 4,20–27: 3331
 4,20–36 (1. Britannienfeldzug): 3344,
  3354, 3363

Werke und Stellen

    4,24–31: 3372
    4,25,3–6: 3270
    5,1–8: 3314
    5,7,5–9: 3174
    5,12,1–3: 3378
    5,12–14: 3371
    5,24–37 (Ambiorix): 3094, 3180
    5,27ff.: 3348
    5,43ff. (Zenturionenwettstreit): 3345
    5,44: 3333
    5,45–52 (Q. Cicero): 3094
    6,9: 5230
    6,11–24: 3371, 3380
    6,13: 3386
    6,13,3–14,6 (Druiden): 3384
    6,13–18: 5555
    6,13–24: 3375
    6,16.19: 3381
    6,21–25 (Germanenexkurs): 3358, 3384, 4972
    6,25–28 (Herzyn. Wald): 3384
    6,29–44 (Ambiorix): 3180
    6,34 (Eburonen): 3094
    7: 3364
    7,20,7–21,1: 2214
    7,25–26: 3382
    7,50,4–6: 1868
    7,70: 3330, 3332
    7,76: 2378
    7,77 (Critognatus): 3318, 3369, 5084, 5087, 5090f.
    7,77f.: 5063
    7,88: 3322
    7,89 (Vercingetorix): 4985
    Rezeption 3341, 3349, 3373, 3397, 5862
    Verfilmung 3330, 3332
    Erzähltechnik 3270, 3334, 3339, 3371f., 3382, 3387, 3389, 3395, 3398
    Ideologiekritik 3055
    Rezeption 3262
    Satzbau 2309
    Wortschatz 3259, 3267
Caesarius von Heisterbach 1691, 2378, 5007, 5288, 5444, 5446
Cambridge Latin Course s. Unterrichtswerke
Campano, Giovanni Antonio 4578
Carmina Burana 3418, 4866–4876, 4994, 5009, 5040, 5259f.
    17: 4873, 4874
    75: 5261
    191: 4873, 4874
    196: 4874
Carmina Cantabrigiensia 4877, 5444
    27.40.47.48: 4877
Carmen Sangallense 5262
Casas, Bartolomé de las, *Adversus persecutores et calumniatores gentium novi orbis ad oceanum reperti Apologia* 5275
Cato, M. Porcius (Censorius) 3902f., 4382, 4388, 4399, 4451, 4542, 5063, 5108, 5117
    De agri cultura
        3,1: 5875
        121: 1777
        141: 5548
Catullus, C. Valerius, *Carmina* 731f., 3196, 3399–3461, 4992, 5009, 5031f., 5040
    1: 3429, 3441, 3451
    2: 3443, 3461
    3: 3440, 3443, 3461
    5: 3078, 3155, 3415, 3418, 3421, 3429, 3437, 3458, 3461, 5836
    7: 3421, 3441, 3443, 3458, 3461
    8: 3149, 3421, 3435, 3461, 5836
    9: 3122
    11: 3461
    13: 3418, 3440
    14,1–20: 3159
    31: 383, 5919
    33: 3443
    35: 3414
    43: 3426, 3443
    44: 3441
    45: 3451
    48: 3441, 3458
    50: 3443, 3446
    51: 3156, 3419, 3431, 3443, 3451, 3461
    53: 3441
    58: 3159, 3419
    60: 3412
    70: 3419, 3429, 3433, 3441, 3446, 3459
    72: 3421
    76: 3416f., 3421, 3426, 3461, 5478
    85: 1967, 2384, 3415, 3421, 3426, 3449, 5836
    87: 3421
    89: 3441
    93: 3418

101: 3434
109: 3421, 3424, 3429, 3441, 3443
113: 3441
Psychologie 3456
Rezeption 3434, 3438, 3445, 3455, 3460, 5844, 5945, 5972
Vergleich mit Martial 3406, 3441
Celsus, A. Cornelius, *Artes* 3462f., 5163
   2,10: 5100
   7,prooem.: 5100
   7,14,26: 5100
Celtis, Conrad 4923–4925, 5444
   Amores
      3,5: 4924
      3,13,23ff.: 4925
      4,4,57ff.: 4925
   Carmen saeculare 4923
Censorinus, *De die natali* 5876
Chromatius, *Sermones*
   30,3: 5085
Chronica Regia Coloniensis 5007
Cicero, M. Tullius 723, 1272, 2848, 3137, 3180, 3464–3719, 4650, 4994, 5007, 5063, 5108, 5110, 5114, 5117, 5147, 5158, 5163f., 5166, 5186, 5379, 5624
   Academici libri 3624
      2,118: 3620
      2,64–66: 5594
   Pro Archia, A. Licinio poeta 3482, 3497–3507, 4985, 5016
      8–11: 3506
      21: 3505
   Brutus: 3592f.
   Pro M. Caelio Rufo 3508, 5127
   In Catilinam 1479, 1676, 2061, 3021, 3483, 3509–3528, 4364, 5120
      1: 3522, 3525, 3527, 4366
      1,1: 3528
      1,1–2: 2384
      1,5: 3524
      1,18: 3521
      1,20ff.: 3517
      2,25: 1986
      3: 5120
      3,5–8: 2384
   Cato maior De senectute 3625–3627
   Pro Deiotaro s. *Pro rege Deiotaro*
   Epistulae 3021, 3278, 3705–3719, 4983, 5044, 5049, 5076, 5469
      Rezeption: 4959, 4961

   Epistulae ad Atticum
      1,2: 5049
      1,18: 5049
      2,8,1: 1986
      4,4: 5130
   Epistulae familiares 3719
      2,4: 5049
      4,5f.: 5049
      5,16: 3717
      6,15: 5049
      9,20: 5049
      11,27: 3719
      14,4: 5049
      14,4,3: 2384
      16,4: 5049
      16,16: 5049
   Epist. ad Quintum fratrem 3600
      1,1: 3711
      1,1,33f.: 3041
   De finibus bonorum et malorum 3599, 3628–3631
      3,62ff.: 5100
      5,34–44: 3631
      5,65f.: 5100
   De haruspicum responso
      18: 3529
   De imperio Cn. Pompei s. *De lege Manilia*
   De inventione 1480, 3593
      2: 3593
   Laelius de amicitia 3603, 3632–3636
   De legibus 1480, 3600, 3608f., 3637–3639, 4983
      3: 981
      3,2–5: 1967
   De lege agraria 861, 3483, 3485, 3529–3531
      2: 3530, 3531
   De lege Manilia (De imperio Cn. Pompei) 3081, 3479, 3480, 3532–3542, 4985, 5090
      29–35: 3538
   Pro Ligario 3483, 3543–3545, 5076
   Lucullus s. *Academici libri, 2*
   Pro Marcello, M. Claudio 3483, 3546–3548, 4985, 5016, 5076
   Pro Milone, T. Annio 3480, 3549–3551, 3551
      28f.: 1985
   Pro L. Murena 3490, 3552f.

De natura deorum 3599, 3603, 3640–3644
   1,25–42: 3977
   2,95 (Höhlengleichnis des Aristoteles): 2331, 3643
   3: 3642
   3,5: 5594
De officiis 1480, 3599, 3600, 3603, 3608, 3611, 3645–3654, 5069
   1,69–72: 5082
   1,85–89: 3651
   1,88: 4375
   1,115–120: 3654
   1,150ff.: 3652
   2,1–4: 5082
   2,23f.: 1492
   2,26f.: 5077
   2,77–79: 3651
   2,150f.: 3650
   3,1–4: 5082
   3,22: 5516
   3,28: 3609
   3,46–60: 3467
Orator 3594
   7–10: 3620
   16f. 136. 150. 168: 5178
De oratore 3595–3597
   2,178: 1986
   2,333.336: 1868
   3,168: 3595
Philippicae orationes in M. Antonium 3483, 3485, 3554–3561
   2: 3555
   2,118f.: 2377
   4: 3482
   4,6–7: 5508
   6: 3556f., 3561
   7: 3482, 3557
   9: 3557, 3560
In Pisonem, L. Calpurnium: 3562
Pro Cn. Plancio 3490
   64–66: 3119
De provinciis consularibus 3480, 3483
   31–34: 976
   32f.: 5096
Pro rege Deiotaro 3479, 3483, 3563–3566
De re publica 1029, 1781, 3599, 3600, 3608f., 3655–3697, 4985, 5069, 5120, 5897
   1: 3678
   1,1–12: 5082
   1,25: 3690
   1,38–41: 1029
   1,39: 3609, 3670, 3672
   1,39–45: 5617
   1,43: 3669
   1,60: 3692
   1,65–69: 5617
   1,65–70: 3685
   1,66ff.: 3696
   1,69: 3685
   2,21f.: 3692
   2,30: 3692
   2,44–46: 3697
   2,56: 874
   2,56–59: 3674
   3,8–35: 5091
   3,12–19: 3676
   3,21–24: 5077
   3,33: 3692, 3693
   3,33.36: 5077
   5: 5083
   6,9–29 (Somnium): 3679f., 3682, 3684, 3687, 3689, 3691
   6,12–14: 5082
   6,15ff.: 3683
   Rezeption 3680
Pro Roscio S. Amerino 3485, 3493, 3567–3573
   6: 3571, 3573
   150.154: 2384
Pro P. Sestio 1480, 3483, 3574–3577, 5120
   20ff.: 3576
   96–99: 3575
   98: 3577
Timaei Platonici versionis fragmenta 3698
Tusculanae disputationes 3599, 3603, 3699–3704, 5165
   5,1: 5594
   5,1–11: 3702, 3704
   5,5: 1986
   5,5–11: 3620
   5,7–10: 5182
   5,37–40: 3704
   5,61f.: 2377
   5,68–72: 3702
In C. Verrem 1480, 3482, 3578–3589
   actio secunda 3480
   4: 383
   4,4ff.: 3588
   4,60–68: 3579

4,62–85: 3585
4,63: 3155
4,72–82: 5724
4,72–83: 3579
4,94f.: 3582
4,105–115: 3579
bellum iustum 3391
Briefe s. *Epistulae*
Erzähltechnik 3585
Ethik 3612, 5589
humanitas 5173
Ideologiekritik 3055
als Jurist 3493, 3494
Menschenbild 1029
Philosophische Schriften 3598–3704, 3622, 3623, 5071, 5184, 5577
Rezeption 3639
Platon-Rezeption 1029
Rechtstheorie 3609
Reden 3478–3589
Rezeption 248
Rhetorische Werke 3590–3597
Satzbau 2309
Staatsphilosophie 3602, 5579
vadimonium 5840
Cicero, Q. Tullius, *Commentariolum petitionis ad Marcum fratrem* 3720–3722
Claudianus, Claudius 3723
   Carmina
      21,97–106: 4784
      23,130–161: 4773
   De raptu Proserpinae 3723
Comenius, Johann Amos 1185, 1197, 3783, 5414
Contextus s. Unterrichtswerke
Copa elegia, carmen appendicis Vergilianae 5028
Copernicus Nicolaus 4237, 4926, 5444
Cordus, Euricius 5163
Cursus Latinus etc. s. Unterrichtswerke
Curtius Rufus, *Historiae Alexandri Magni* 3724–3731, 5007
   3,1,11ff.: 3729
   3,5f. (Philippos): 3731
   7,2,11ff.: 3729
Cyprianus, Thascius Caecilius 5250
   Ad Demetrianum
      3–5: 5181
   Epistulae
      76,1–2: 183

Cyprianus Gallus 5243

Dante Alighieri 4927
Desbillons, François Terrasse 5449
Digesta seu pandectae Iustiniani Augusti 3732
   1,10: 3732
   9,2,51: 5534
Djurdjevic, Ignjat s. Ignatius von Ragusa
Donatus, Aelius
   Vita Vergili 4737
Dracontius, Blossius Aemilius
   De laudibus Dei 5243

Edictum imperatoris Diocletiani de pretiis rerum venalium 2409
Einhardus 4878–4885, 4994, 5038
   Vita Karoli Magni
      9: 4884
Ekkehard IV 5261
Ennius, Q. 3733
   Selbstverständnis als Dichter 5152
Erasmus Desiderius Roterdamus 1104, 2080f., 3183, 4928–4936, 5099, 5288, 5444
   De libero arbitrio
      3,a9: 4677
   Charon 4936
   Familiarum colloquiorum formulae 5277
      'Militaria' (Welzig VI S.10ff.): 579
   Opus epistolarum (ed. P. S. Allen)
      116: 4933
      114. 502. 601: 3717
   Laus stultitiae 637, 4931, 4934
   Querela pacis 4929
Eucherius, *Passio Acaunensium martyrum* 3735
Eugippius abbas castelli Lucullani, *Commemoratorium vitae S. Severini* 3736–3741, 3738, 5038
   29 (Alpenübergang): 3915
Euler, Leonhard 4937
Eutropius, *Breviarium ab urbe condita* 3269, 3742f.

Flaminius, M. Antonius, *Carmina*
   1,10: 5442

Florus, L. Annaeus, *Epitoma de Tito Livio* 5347
   2,7: 5130
   2,8: 5130
Fontes s. Unterrichtswerke
Francesco d'Assisi, *Cantico delle creature* (Sonnengesang) 4886
Fundamentum s. Unterrichtswerke

Gaius (iuris consultus), *Institutiones*
   1,9–11.48–52: 5131
   1,48–53: 5126
Gallus, C. Cornelius 1033, 3744, 4307, 5459
Gellius, A., *Noctes Atticae* 723, 731, 3086, 3745–3748, 5147, 5288
   2,2,13: 3032
   4,18,1–63: 5075
   5,14 (Androclus und der Löwe): 4172
   6,8: 4172
   9,4: 4172
   9,13,7–19 (Manlius Torquatus): 3892
   13,17,1: 1986
Geoffrey of Monmouth, *Historia Regum Britanniae*
   56: 3354
Germanicus Caesar, *Arati Φαινόμενα e Graeco versa* 3749
Gesta Romanorum 4887f., 5446
   108: 5840
Gesta Francorum et aliorum Hierosolimitanorum 5262
Gregor Magnus 4889
   Homilia, 2,6,22-23: 5181
   Regula S. Benedicti 4889
   Vita S. Benedicti 4889
Grotius, Hugo 4938
Grundkurs Latein s. Unterrichtswerke

Haddon, Walter (Gualtierus Haddonus) 248
Hartlieb, Johannes, *Alexanderroman* 3729
Hebenstreit, Franz v. Streitenfeld 5449
Hieronymos Stridonensis 248, 5244, 5250
   Epistulae 5153
      60,16,2–5: 5085
Hilarius, *De evangelio* (Ps.-Hil.) 5243
Hildegard von Bingen 4890
Historia Apollonii regis Tyri 3750–3753

Historia Augusta 3754f., 5038
   Aurelianus
      33f.: 3755
   Triginta tyranni
      30 (Zenobia): 3755
Historia de Preliis 3729
Hobbes, Thomas 3690, 4939, 5158, 5390, 5577
Horatius Flaccus, Q. 283, 964, 3180, 3756–3854, 4992, 5009, 5031, 5040, 5164, 5186, 5437, 5807f.
   Carmina 979, 982, 3785–3828, 5069, 5093
      1,1: 4985
      1,1–9: 3794
      1,1–12: 3827
      1,2: 3804
      1,3: 3816, 5045
      1,4: 3021
      1,5: 3828
      1,9: 3801, 3807, 3820
      1,10: 3799, 3804
      1,11: 1331, 3807, 3826
      1,13: 3819
      1,14: 5185
      1,17: 3828, 5828
      1,18: 3797
      1,22: 3796, 3807, 3828
      1,30: 3827
      1,31: 3802, 3818
      1,32: 3792
      1,34: 3824
      1,37: 1967, 3787, 5083
      2,1–12: 3800
      2,2: 3812
      2,3: 3793, 3805, 3813
      2,7: 3803
      2,8: 3440
      2,10: 3795, 3807f., 3816
      2,14: 3823
      2,16: 3180
      2,17: 3804
      2,19: 3798
      2,20: 3790, 5445
      3,2: 3815, 3817, 3822, 3825
      3,3: 5083
      3,6,5: 3821
      3,9: 3141, 3798f., 3810, 3823
      3,26: 3440
      3,28: 3827
      3,29: 3806
      3,30: 1967, 3156, 3180, 3788, 3791,

4985, 5445, 5451
4,1: 3811
4,2: 3809
4,3: 4985
4,5: 5083
4,7: 3021
4,11: 3819
4,12: 3021
4,15: 5083
Rezeption 3796, 3803, 3805, 5185
Carmen Saeculare 3829, 5083
Epistulae 3830–3832
1,1: 3832
1,16 (Sabinum): 3831
Epodi 1781, 3833–3838, 5093
7: 5083
7,5–10: 3174
9: 5083
10: 3836
14: 3838
16: 3835, 3837, 5083
Vergleich mit Heine 3837
Rezeption 3835
Saturae 1480, 3839–3854
1: 3842
1,1: 3845, 3853, 4431, 5033
1,4: 3846
1,5: 1985, 3840
1,5,50–70: 3843
1,6: 5093
1,8: 3850, 5054
1,9: 3844, 4431, 5033, 5054
1,9,1–4: 2378
1,19 ('Schwätzer'): 3848f.
2,6: 3852
2,6,1–5: 1999
Frieden 5188
Rezeption 1631, 3783, 3784, 4913, 5916, 5937, 5941
Selbstverständnis als Dichter 3782, 5445, 5451
Hrotsvith von Gandersheim 4891–4893
Passio Sanctarum Virginum 4891
Dulcitius 4893
Hugo Primas v. Orléons 5444
Hutten, Ulrich v. 5444
Hyginus, *Fabulae* 3855f.
101: 5193
257: 5840
Hymni Ambrosio adscripti 5419
1 (Ad Galli cantum): 3214

Iacobus de Voragine, *Legenda Aurea* 4894–4897, 5444, 5446
45: 4677
Ianua Nova s. Unterrichtswerke
Ignatius von Ragusa 4940
Imperium Romanum s. Unterrichtswerke
Instrumentum s. Unterrichtswerke
Ioannes Nicolaius Secundus
Basia, 11: 4933
Iuvenalis, D. Iunius, *Saturae* 3857–3861, 5031
3: 5033
3,1–111: 5054
10: 3859
10,56–113: 3857
12: 1073
Iuvencus, C. Vettius Aquilinus 5243

Kepler, Johannes 4941

Lactantius, L. Cae(ci)lius Firmianus 3862–3866, 4455, 5117, 5250, 5450, 5840
Divinarum institutionum Epitome 3862
Divinae institutiones 3863, 5444
5,10: 4784
7,15,11–17: 3865
De ira Dei 3862
De mortibus persecutorum 3862, 3864
Lamprecht, Pfaffe, *Alexanderroman* 3729
Lateinisches Lehrbuch s. Unterrichtswerke
Laudatio Turiae 3867f.
Legenda Aurea s. Iacobus de Voragine
Leo Archipresbyter, *Alexanderroman*
2,30,5ff. (Bamberger Handschrift): 3729
Lingua Latina s. Unterrichtswerke
Litterae s. Unterrichtswerke
Liutprand v. Cremona
Legatio ad imperatorem Constantinopolitanum Nicephorum Phocam 4908f.
De Ottone rege 4908f.
Livius Paravinus, T., *Ab urbe condita* 964, 3180, 3869–3920, 4983, 4994, 5063, 5069, 5108f., 5117
praef.: 3917
1,1: 3907
1,1–9: 2214
1,7: 1334

Werke und Stellen

1,22–31: 3916
1,25 (Horatier–Curiatier): 3916
1,49.53: 5100
1,56,4–60,3 (Lucretia): 3697
1,57–60 (Lucretia): 5127, 5969
2,3–5 (Brutus): 5890
2,7,5–8,2 (Valerius Publicola): 3126
2,9 (Porsenna): 3892
2,10 (Horatius Cocles): 3892, 4991
2,10,1–13,11: 3908
2,12 (Mucius Scaevola): 3155, 3892, 3894
2,23–33: 3899
2,32,8–11 (Menenius Agrippa): 3892
2,33–35. 39f. (Coriolan): 3917, 4985
  Vergleich mit Dion.Hal. 3900
3,44–48 (Verginia): 3901, 3914, 5543
5,47 (M. Manlius): 3892
6,34–42: 3899
7,9,6–10 (Manlius Torquatus): 3892
21,1,4: 5098
21,6–12: 3887
21,31–36: 5396
21,36 (Alpenübergang): 3021
  Vergleich mit Eugipp 3915
22,50,4–12: 4778
24,44,9f.: 3032
25,1,6–12: 5557
27,50,4–51,9: 5557
29,10,4–11,8;14,10–14: 5557
30,29,1–3: 3917
30,31,4–5: 3128
32,26: 5130
33,30,1–35,1: 3917
34,1–4 (Cato Censorius): 3903, 4985
34,1–8 (lex Oppia): 3886, 3919
34,6,4f.: 2335
36. 38 (Scipio): 4991
38,44,9–50,3: 3910
38,50,4–60 (Scipionenprozesse): 3895
38,51 (Scipio Africanus): 5075
39,14,3–16,13: 5557
45,40,6–42,1 (Rede d. Aemilius Paullus): 3917
Frg. 60 (aus Buch 120; Tod Ciceros): 3482
Ideologiekritik 3055
Rezeption 3917, 5864
Vergleich mit Polybios 3890

Lotichius, Petrus
  Elegiae, 2,7: 4942
Lucanus, M. Annaeus, *Bellum civile (Pharsalia)* 3921–3926, 4508, 5412
  1,1–20: 5516
  1,120–157: 3924
  1,183–229: 714, 5078
  1,674–695: 3921
  2,326–350: 3925
  3,399–425 (Erysichthon): 4031
  5,560–677: 4831
  Rezeption 5875
  Selbstverständnis als Dichter 5152
Lucilius, C. 3927, 5031, 5033
Lucretius Carus, T., *De rerum natura* 997, 2309, 3928–3951, 5166, 5179, 5458, 5583
  1,1–43 (Venus-Hymnus): 3937, 3948f., 5548
  1,80–101 (Iphigenie): 3947
  1,117–126: 3946
  1,250–264: 3937, 3948
  1,400–417: 3948
  1,921–934: 3942
  1,921–950: 3946
  2,1–61: 3937
  3,1–30: 3940
  3,780–836: 3949
  3,830–977: 3939
  3,978–1023 (Unterwelt): 3947
  4,962–1035: 3943
  4,1020–1207: 3948
  4,1058ff.: 3944
  4,1157–1170: 3942
  5,1–54 (Epikur–Herkules): 3947
  5,330–337: 3946
  5,396–408 (Phaëthon): 3947
  5,783–800: 3948
  5,925–1457 (Kulturentstehungslehre): 3067, 3935, 3951
  5,1120–1132: 3942
  5,1452–1457: 3946
  6,538–607: 3945
  Selbstverständnis als Dichter 3946, 5152
Ludus de Antichristo 4898
Luther, Martin 4195, 4677, 4943, 5099, 5188, 5444, 5604

Macrobius Ambrosius Theodosius,
    Saturnalia 5876
    3,14,5ff.: 5127
Manilius, M., *Astronomica*
    1: 4851
Marius Victor, Claudius, *Alethia* 5243
Martialis, M. Valerius 731, 3952–3974,
    4295, 5031, 5032, 5040
    Epigrammata
    1: 3960
    1,35: 3962
    1,49: 3960
    2,16: 1288
    3,25: 3441
    3,43: 3968
    4,19: 5738
    4,44: 1990
    5,13: 5451
    5,20: 3964
    6,34: 3441
    6,60: 1967
    9,43: 4493
    9,44: 4493
    9,68: 3972
    10,35: 3962
    10,47: 3964, 4055, 5604
    11,39: 3962
    11,101: 3441
    11,102: 3441
    11,104: 3962
    Epigrammaton vel spectaculorum liber
    18: 4492
    Selbstverständnis als Dichter 5451
    Vergleich mit Catull 3441
Meggle, Basilius 5449
Melanchthon, Philipp 4237, 4944, 5444
Minucius Felix, *Octavius* 3974–3978, 5114
    8,3–9,4: 4286
    Vergleich mit Cicero (nat.deor.) 3977
Monumentum Ancyranum s. *Res Gestae Divi Augusti*
Morata, Olympia Fulvia 5280
Moretum, carmen Appendicis Vergilianae
    3979, 5117
Morus, Thomas 3079, 3717, 4917, 4945–
    4957, 5416, 5444, 5897
Muzelius, Fridericus 4958

Nepos, Cornelius 731, 2848, 3086, 3980–
    4003, 4983, 5006

Alcibiades
    9,10: 3997
    9f.: 3990
Atticus 3988, 3991
    13,1–6: 5130
Cato 3903
Dion 4001
Epaminondas 4003
Hamilcar 3989
Hannibal 3098, 3989, 3992, 3995f.,
    5007
    2,3: 5098
Miltiades 4991
Thrasybulus
    2: 3997
Norbert von Iburg 4899
Nota s. Unterrichtswerke
Notker Balbulus 4900f., 5444

Ordericus Vitalis 5258, 5264
Orosius, Paulus, *Historiae*
    5,2: 5085
    6,22: 5086
Ostia s. Unterrichtswerke
Ovidius Naso, P. 3180, 4004–4164, 4994,
    5006, 5164, 5412
    Amores 4037–4046, 4050, 5028, 5059
    1,1: 4041
    1,2,19–52: 4696
    1,3: 4037
    1,9: 4039
    1,14: 4039
    2,4: 4040, 4862
    2,6: 4942
    2,10: 4862
    2,12: 4696
    2,12,25–26: 4020
    2,14: 4039
    3,8: 5058
    3,9: 4040
    3,11b: 3449
    3,13: 4040
    Rezeption 4862, 4942
    Ars Amatoria 732, 3196, 4047–4054
    1: 4015
    1,101–130: 4116
    1,295–328: 4116
    1,527–564: 4116
    2,21–98 (Ikarus): 4116, 4146
    2,198–208 (Würfelspiel): 5133
    2,561–592: 4116

Werke und Stellen

3,353–384 (Spiele): 5133
3,687–862: 4116
Rezeption 4912
Epistulae (Heroides) 4056f., 5028
3: 4056, 5812
Rezeption 5812
Fasti 4010, 4033, 4058–4061, 5876
1,335–456: 4058
2,79–118 (Arion): 4059
2,711–852 (Lucretia): 3697, 5969
3f.: 4015
3,1–28 (Mars–Rea Silvia): 3904
3,187–198: 3904
3,425f.: 4060
3,697–710 (Apotheose Caesars): 4119
4,807–862 (Romulus & Remus): 1033
4,813–856: 3904
4,949f.: 4060
Heroides s. *Epistulae*
Metamorphoses 1034, 1479, 1780, 3196, 3428, 4010, 4012, 4033, 4062–4152, 5009, 5179
1,1–4: 4081, 4083, 4114, 4147
1,1–86: 4115
1,1–88: 4149
1,1–150: 3205
1,5–88 (Kosmogonie): 4114, 4135
1,89–100: 4074
1,89–112 (aurea aetas): 4139, 5058, 5183
1,89–162 (Weltzeitalter): 4100, 4114, 4118, 5045, 5587
1,127–150 (eisernes Zeitalter): 4139
1,132–140: 5183
1.313–416 (Deucalion & Pyrrha): 4100
1,452–567 (Apoll & Daphne): 4133
1,583–746 (Argus & Io): 4148
1,747–2,400 (Phaethon): 4070
2,680–706: 4073
2,683–707 (Battus): 4078
2,846–875 (Europa): 4114
3,50–98 (Cadmus): 4138
3,138–255: 4091
3,143–252 (Actaeon): 4114
3,339–510 (Narziß): 4071, 4125, 4132, 5191
3,413–426: 1780
3,572–686: 4092
4,1–415 (Minyaden): 4110

4,55–166 (Pyramus & Thisbe): 1672, 1691, 4078, 4081f., 4085, 4095, 4103, 4106f., 4117, 4152
4,151–163: 1780
4,171–189 (Mars & Venus): 4116
4,256–270 (Clytië): 4114
4,607–5,249 (Perseus): 4096
5,385–571 (Proserpina): 4126
6,1–145 (Arachne): 4080
6,1–400: 4122
6,131–381: 1666
6,146–312 (Niobe): 1773, 3180, 3205, 4077f., 4081, 4142
6,168: 1331
6,313–381 (lyk. Bauern): 4076, 4078, 4081, 4114, 4122, 4131
6.370–381 (lyk. Bauern): 4128
7,1–158 (Medea): 4985
7,523–660 (Pestschilderung): 4148
7,690–862: 4116
8,174–182: 4116
8,183–235 (Dädalus & Icarus): 2156, 4087f., 4098, 4112, 4114, 4116, 4123, 4136, 4146, 4985, 5640
8,611–724 (Philemon & Baucis): 4076, 4081, 4108, 4141, 4111, 4120, 4129
8,728–737: 4092
8,738–878 (Erysichthon): 4031
9,46ff.: 4020
9,735–742: 4116
10,1–77 (Orpheus & Eurydike): 1372, 4078, 4113, 4127, 4985, 4991
10,17–26: 3167
10,162–216: 5036
10,243–297 (Pygmalion): 4102, 4145
10,475: 4144
10,560–707: 4151, 5036
11,85–195 (Midas): 4078, 4137
11,410–748 (Ceyx & Alcyone): 4150
11,592–615 (Höhle des Somnus): 1998
12,39–63 (Fama): 4814
12,235ff.: 4083
12,612–621 (Achill): 4114
13,730–897 (Polyphem & Galatea): 4075, 4090
14,102ff.: 4813
14,116–119: 3021
14,158–222: 5828
14,775–804: 4116
15,871ff. (Epilog): 4081, 4114

15,745–870 (Apotheose Caesars):
   4119
Lautmalerei 4101
Natur 4031
Rezeption 4084, 4088, 4098, 4102,
   4108, 4134, 4148
Vergleich mit Nonnos 4092
Vergleich mit Vergil 4130
Vergleich mit Wieland 4098
Visualisierung 4143
Nux 4153
Remedia amoris 4055
   315–340. 649–672: 4055
   325–340: 3942
Tristia 4010, 4159–4164, 5044
   1,3: 4160
   3,9: 4163
   3,10: 4159
   4,4,1–10: 5919
   4,10: 4161
Carmina amatoria 4012, 4031, 4035f.
Denkmal in Tomi 5809
Exildichtung 964, 4031, 4154–4164
   Rezeption 4157
Psychologie 4052
Rezeption 4022, 4026
Selbstverständnis als Dichter 4031, 5152

Passio Scil(l)itanorum martyrum 4286,
   5114
   86–88: 5249
Persius Aules Flaccus 5031
Petrarca Francesco 1750, 3680, 3917,
   4959–4963, 4994
   Familiarum rerum libri
      1,4,1–16: 4963
      4,1 (Besteigung des Mont Ventoux):
         4960
      24,3 (ad Ciceronem): 3717, 4959
      24,3f.: 4961
      24,8: 4959
   Rerum senilium libri
      16,1: 4959
Petronius (Arbiter), *Satyrica* 1480, 1780,
   2143, 4165–4183, 4994, 5033, 5040,
   5054, 5147
   26,7–78 (Cena): 4165, 4166, 4168,
      4169, 4174, 4180f., 4183
   46: 3155
   51,5: 4179
   61,6–62: 4177

61,6–62,14 (Werwolf): 4172
61,6–64,4: 5548
71 (Grabmal d. Trimalchio): 4182
83: 5724
111f. (Witwe v. Ephesus): 4173, 4176,
   4178
Rezeption 4176
Petrus Martyr
   De orbe novo decades 5275
Phaedrus Augusti libertus, *Fabulae* 723,
   732, 1664, 2082, 3205, 4006, 4009,
   4184–4211, 4994, 5117, 5464
   1,prol.: 4210
   1,1: 4195, 4985
   1,4: 4192
   1,5: 4195
   1,8: 4192
   1,13: 2377, 3126, 4195, 4202
   1,15: 232
   1,24: 2195, 2362, 3078, 4192, 4195,
      5419
   2,prol.: 4210
   2,6: 4195
   2,7: 2356, 4192
   2,epil.: 4210
   3,prol.: 4210
   3,15: 4204
   3,epil.: 4210
   4,prol.: 4210
   4,1: 4194
   4,2: 4210
   4,3: 5484
   4,9: 5419
   4,epil.: 4210
   5,prol.: 4210
   5,4: 2379
   5,7: 4202
   Rezeption 4185
   Selbstverständnis 4210
Piccolomini, Enea Silvio de' 4578, 4964–
   4966
   Commentarii rerum memorabilium
      1,12 (Sarntal): 4966
   Epistulae
      155 Wolkan (Beschreibung Passaus):
         4965
Pirckheimer, Caritas 5280
Pirckheimer, Willibald 5444

Werke und Stellen

Plautus, T. Macc(i)us 723, 2309, 4212–4236, 5031
   Amphitryo 1690, 4234, 5472
   Aulularia 4212, 4223, 5913
   Bacchides 4233
      35–108: 4226
      109–169: 4226
      170–177: 4226
      405–495: 4226
   Menaechmi 1709, 5913
   Miles gloriosus 1793f., 4213, 4224f., 4229, 4234
      1248–1265: 4232
   Mostellaria 732, 1690, 4214, 4215, 4216, 4222
   Persa 4228
   Rudens 3097, 4217f.
      1210–1226: 4232
   Stichus 4219
   Trinummus 4220
      301–401: 4231
   Rezeption 5913
Plinius Secundus, C. (maior), *Naturalis historia* 4237–4244, 4295, 4994, 5117, 5163, 5206
   6,20: 5100
   7,1–5 (Mensch–Natur): 5183
   7,104–106: 4239
   7,139–141 (Das Glück der Cäcilier): 4194
   16,3–4: 4240
   27,3: 4240
   33,1 (Umweltverschmutzung): 5619
   34,54–58: 5724
   36,23–28: 5724
   36,72ff.: 5691
Plinius Secundus C. (minor), *Epistulae* 723, 1479, 4245–4300, 4983, 4994, 5108f., 5114, 5469
   1,3: 4288
   1,6: 4270, 4281, 5049
   1,11: 5049
   1,16: 861
   1,24: 4288, 5049
   2,3: 4278
   2,6: 4267
   2,8: 4288, 5049
   2,17 (Villenbrief): 1041, 4269, 4288
   3,1: 1320
   3,5: 4295
   3,7: 4295
   3,9,1–7: 3026
   3,14: 4271, 4278
   3,21: 4295
   4,13: 5049
   4,19: 5127
   4,30: 4292
   5,6 (Villenbrief): 1041, 4269, 4288
   5,16: 3867
   5,19: 4278, 5049, 5131
   6,4: 5049
   6,16 (Vesuv): 1990, 4265, 4272, 4274, 4281f., 4290, 4296, 4300, 5049
   6,20 (Vesuv): 4265, 4272, 427f., 4290, 4296, 5049
   6,31: 4288
   7,5: 5049
   7,13: 5049
   7,26: 4284
   7,27 (Geisterhaus): 1724, 2377, 4264, 4289
   8,1: 4278
   8,8 (Quellen des Clitumnus): 4292, 4298
   8,16. 4278
   8,20 (schwimmende Insel): 4292
   9,10: 4270
   9,33 (Delphin): 4172
   9,36: 1320, 4055, 4288, 5049
   10,54f.: 3041
   10,96f. (Christenbriefe): 4277, 4279f., 4286f., 4290, 4297, 5249
   Erzähltechnik 4281
   Villenbriefe 1041, 4269, 4288
Poggio, Gian Francesco Bracciolini 4967f., 5288
Pompeius Trogus, *Historiae Philippicae* 4301
Pontanus Ioannes Iovianus
   Amores, 1,7: 5442
Porta s. Unterrichtswerke
Precatio Terrae matris 4302
Propertius, Sex., *Elegiae* 3761, 4303–4311, 5028, 5059, 5164
   1,6: 4308
   1,15,35–36: 4304
   1,17: 4308
   1,18: 5478
   1,20: 4308
   1,21f.: 4306

2,7: 4306
2,14: 4696
2,15: 4305, 4696
2,34: 4305
3,1f.: 4305
3,4.11: 4306
4,5: 4308
Rezeption 4305
Prudentius 4312–4314
   Liber cathemerinon
      1 (Ad galli cantum): 4312
   Liber peristephanon
      2,409–437. 2,1–16: 5086
   Contra Symmachum 4503
      1,517ff.: 4784
      2: 4492

Quadrigarius, Q. Claudius, *Annales* 3892
Querolus sive Aulularia 4315
Quintilianus, M. Fabius 4316–4322, 5147, 5500
   Institutio oratoria 4321f., 5153
      1: 4317
      prooem.9–10; 2,2,4–8; 2,6,4–7; 2,9: 4319

redde rationem s. Unterrichtswerke
Res Gestae Divi Augusti 1781, 4323–4332, 5067, 5083
Regula Benedicti 5259
Reuchlin, Johannes, *Henno* 2143, 4969f., 5444
Robertus Monachus, *Historia Hierosolymitana* 5262
Roma s. Unterrichtswerke
Rudolf von Fulda 4578
Ruodlieb 4902, 5444
Rutilius Claudius Namatianus, *De redito suo sive Iter Gallicum* 4333, 5441

Sallustius Crispus, C. 2848, 3137, 3180, 4334–4408, 5063, 5108, 5110, 5376
   De bello Iugurthino 1479, 4350–4358
      3f.: 3180
      7,5: 4354
      14 (Adherbal-Rede): 4345, 5091
      41f. (Parteienexkurs): 3180
      41,2: 3133

De coniuratione Catilinae 731, 964, 978, 1479, 3021, 3133, 4348, 4359–4404, 4991, 5069, 5120, 5587
   1: 4347
   1,1: 3035
   1–13: 4378, 4381
   2,5: 4391
   3,2: 4384
   3,3–4,2: 5082
   5f: 2143
   5,9–6: 3120
   5,9–13,5 (Sittenexkurs): 4345, 4374, 4376, 4387, 4400, 4403
   6,3 (res publica): 4375
   10,1–6: 3133
   12,1: 4391
   16: 4390
   16,4: 3035
   20: 4390, 4404, 5509
   20,2–8: 3035
   25: 3035, 4393
   32,2–33,5: 4404
   36ff.: 4390
   36,4–39,4 (Mittelexkurs): 4345, 4394f.
   51 (Caesar-Rede): 4345, 4398
   51,2–8: 4373
   51f.: 3081, 4382, 4388, 4402
   52 (Cato-Rede): 4345, 4399
   52,2–10: 4373
   53,2–54 (Synkrisis): 3180, 4345
   54: 861, 2371
   61: 1380, 2371, 4347
   Rezeption 4910
Epistulae ad Caesarem de re publica (Ps.-Sall.) 4364
   2,5: 4345
Historiarum reliquiae 4405–4408, 5069
   Epistula Mithridatis 4345, 5077, 5084, 5087
   Oratio Macri trib. pleb. 4406
Salvianus Presbyter Massiliensis 4409f., 5166
   De gubernatione Dei 4409
      1,1,1–5; 6,15,82–89; 7,1,6: 4410
Sannazaro, Actius sincerus
   Elegiae, 2,9: 5442
Sarbievius, Mathias Casimirus (K. M. Sarbiewski) 3835
Schaeffer s. Unterrichtswerke
Schurman, Anna Maria van 5280

Sedulius
  Opus paschale 5243
Seneca, L. Annaeus (maior) 5117, 5147
Seneca, L. Annaeus (minor) 283, 964,
    4411–4491, 4508, 4628, 4994, 5108,
    5110, 5158, 5164, 5412, 5583
  Apocolocyntosis 4424–4432
    14f.: 4432
  De beneficiis 4433, 4456
    3,20: 4444
  De brevitate vitae 4457f.
  De clementia
    1,3,1: 4459
  Dialogi s. die einzelnen Titel
  Epistulae morales ad Lucilium 3641,
    4433, 4461–4483, 4985, 5054,
    5165, 5166, 5469, 5485
    1: 4471
    2–12: 4480
    3: 4614
    3,1–2: 2384
    5: 4614
    6: 4614
    7: 4439
    9: 4614
    12: 3149
    16: 4479, 4480
    20: 4480
    40: 5485
    41,1–5: 4442
    44: 4480
    47: 4444, 5126, 5131
    51: 4476
    53: 545
    53,8–12: 4480
    54: 4055
    61: 5594
    65: 4453, 4483
    65,11ff.: 4442
    74: 3607
    75: 5485
    77. 78: 4055
    90: 3067
    94,61ff.: 5096
    95,30f.: 5096
    107: 4476
    122 (Mensch–Natur): 5183
  Ad Helviam matrem De consolatione
    4433, 4460, 5044
  De ira 4484
  Ad Marciam De consolatione 4433

  11: 4444
  20: 4444
  26ff.: 4442
  Medea 4419, 4423
    301–379: 5045
  Quaestiones naturales
    1,4–13,17; 3,10–16: 4444
    5: 4442
  Oedipus 4420
  De otio 4614
  Phaedra 4421
  De providentia 4433, 4485
    4,3–5: 5594
  Thyestes 4422
  De tranquillitate animi 4433
  Troas 4421
    Rezeption 1614
  De vita beata ad Gallionem 4486–4491
    17: 5594
    21f.: 4491
    23–24,3: 4490
  als Erzieher 3146
  Ethik 5589
  Philosophische Schriften 728, 5071,
    4433–4491, 5118
  Rezeption 5852
  Tragödien 4419–4423, 5629, 5633
  Verhältnis zur griechischen Philosophie
    4478
Sepúlveda, Juan Ginés de
  Apologia pro libro de iustis belli causis
    5275
  De rebus Hispanorum gestis ad novum
    orbem Mexicumque 5275
Silius Italicus, T. Catius Asconius 4295,
    4508, 5412
Statius, P. Papinius 4492f., 4508
  Silvae
    2,5: 4492
    3,2: 5045
    4,6: 4493
  Thebais
    5,550–645: 5036
Suetonius Tranquillus, C., *De vita*
    Caesarum 4494–4499, 5114
  Augustus 5067
    55,56: 4622
    94: 5100
  Caligula 4497
  Divus Iulius 4499

Nero 4991
   47–49: 4498
Tiberius 5064
   21,2–3: 4622
Vita Horatii 3762
Vita Vergili s. Donat
Sulpicia s. Tibull, Buch 3
Sulpicius Severus 4502, 5114
   Chronica, 2,30,2–6: 4591
   Vita Martini Turonensis Episcopi 4502
Symmachus, Q. Aurelius 4503
   Epistulae 5469
   Relationes
     3: 4503

Tabula Larinas 4630
Tacitus, (P.) Cornelius 997, 1999, 3180, 4504–4637, 5063, 5071, 5110, 5158, 5164, 5347
   Agricola s. *De vita Iulii Agricolae*
   Annales 1033, 1781, 4593, 4596–4630, 5064
     1,1–14: 4627
     1,2: 5516
     1,9–10: 5083
     1,10,7: 4622
     1,12: 4618
     1,16–30: 4620
     1,17: 5619
     1,58f.: 4623
     1,63,3: 4611
     1,79 (Gewässerschutz): 5619
     2,73 (Synkrisis Germanicus–Alexander): 4610
     2,85,1–3 (Vistilia-Affäre): 4630
     4,1,3: 4613
     4,32–36: 4626
     4,34f. (Cremutius Cordus): 4612
     12,36f. (Caratacus): 3174, 4625
     13,2,1: 3146
     13,47: 1386
     13,54–56 (Avitus): 4625
     14,3–13 (Tod der Agrippina): 4624
     14,42–45: 5130, 5541
     14,51: 3078
     14,52–56: 4614
     15,38–44: 4615
     15,48–74 (Pisonische Verschwörung): 4617
     15,60–64 (Tod Senecas): 4418, 4451, 4465, 4628, 5169
     16,8f. (Petronius): 5054
     16,21–35 (Paetus Thrasea): 383, 4629
   Dialogus de oratoribus 4270, 4557–4563, 5147, 5495
     25–35: 4560
   Ab excessu Divi Augusti s. *Annales*
   Germania s. *De origine et situ Germanorum*
   Historiae 4593, 4631–4637
     1,4,3: 1954
     1,37–38: 4637
     1,80f.: 4634
     2,52–54: 4634
     4,73,1–4,74,4: 4526
     4,73f.: 4524, 4635, 5077, 5096
   De origine et situ Germanorum 3180, 4516, 4564–4590, 5341
     1: 1985
     2,1f.: 4585
     2,2 (Namenssatz): 4576
     2,3: 4575
     7: 4585
     11 (Thing): 4585
     14: 4585
     33: 4625
     45: 4579
     Rezeption 4578, 4584, 4587
   De vita Iulii Agricolae 4240, 4526, 4530–4556, 4983, 5069
     1–3: 3180, 4545, 4591, 4603
     11: 3378
     21: 4539
     24: 4543
     30–32 (Calgacus): 4524, 4536, 4555, 5084, 5087, 5091
     30,1–4: 5096
     30,4: 4536
     30,4f.: 4540
     39–43: 4552
     42: 2384
     45f.: 5169
     Rezeption 4540
   Ethnographie 4516
   Kunstprosa 4529
   Menschenbild 1034, 4508, 4515
   Opera maiora 4591–4637
   Opera minora 4530–4590
   Stil 4511
   Wertbegriffe 4515
Terentius Afer, P. 949, 3079, 3086, 3196, 4638–4660

Werke und Stellen

Adelphoe 732, 4642–4653
   720–734: 4232
Andria 4654
Eunuchus 4655–4658
Heautontimorumenos 4659f.
   77: 4660
   Rezeption 4660
   Rezeption 4892
Tertullianus Florens, Q. Septimius 4661–4665, 5114, 5250
   Apologeticum 4661, 4663
     2,1–5: 4286
     2,1–9: 5249
     2,6–9: 4286
     10–15: 4662
     13–15: 4664
   De idololatria, 19: 5262
   Ad uxorem, 2,3,3–2,6,2 4665
Testamentum Asini 5419
Testamentum Novum 4455, 4666–4680, 4954
   Acta Apostolorum
     2,1–13: 4666
     17,22–31: 4668
     17,28a: 5521
     24,10–21; 26,1–23: 4668
   Epheserbrief 6,5–9: 5131
   Galaterbrief
     3,27f.; 5,19–23; 6,2: 4676
     3,27f.; 6,2: 4676
   1. Korintherbrief
     5,1–13; 6,1–20; 8,1–13.; 11,2–16: 4676
     7,29–31: 4954
     15,3–5: 4674
   Johannesevangelium
     18,28–19,16 (Verhör durch Pilatus): 4286
     20,1–9: 4666
   Lukasevangelium
     2,1–20: 4666
     3,1–6: 4673
     6,20f.: 4954
     15,11–32 (verlorener Sohn): 4122, 4679
     22,66–23,25: 4286
     24,1–35: 4666
   Markusevangelium
     10,17–22: 4676
     14,1,9–11: 4669
     16,1–8: 4666

   Matthäusevangelium
     13,2–23 (Sämannsgleichnis): 4678
     28,1–10: 4666
   Philipperbrief
     2,5–11: 4674
     6,3–9: 4676
   Römerbrief 10,4; 12,1f; 13,1–7: 4676
   Formgeschichte 4672
Testamentum Vetus 4455, 4681–4687
   Amos 2,6f.; 8,4–6; 4,1; 6,1.3–6: 4686
   Deuteronomium (5. Buch Mose) 5,1–21: 4676
   Exodus 20,1–17: 4676
   Genesis (1. Buch Mose) 4455, 5179
     1,1–2,3: 4149
     1,1–2,4: 4685
     2: 5279
   Jesaja 1,16f.21–26; 3,16f.24; 5,8.18f.; 10,1f.: 4686
   Leviticus (3. Buch Mose) 19,1–22: 4676
   Micha 2,1f.; 3,11: 4686
   Numeri (4. Buch Mose) 22–24: 2118
   Proverbia 31,8f.: 4686
   Psalmen 72,1f.4; 82,2–4: 4686
Theodulus, *Eclogae* 4683
Thomas von Aquino 1011, 1034, 5099, 5577
   Summa theologia
     2: 4903
     2,2,40: 5262
Tibullus, Albius, *Elegiae* 3761, 4688–4697, 5028, 5059
   1,1: 4691
   1,3: 5045
   1,10: 4690, 4696
   2,4,1–20: 1386
   3,13–18 (Sulpicia): 4695, 4697
   4,3: 4693
   Goldenes Zeitalter 5058

Ulpianus, Domitius 3732
Unterrichtswerke
   Aditus 1539, 3047, 4994
   Ars Latina 2444–2447
     1 c.35 B: 1990
     1 c.37–41 2006
     1 c.42 B: 5175
     2 c.2 B: 1879
   Austria Romana 1565, 2448–2452, 2940
   Bornemann 1521, 2459–2481

Ausg. A
   2 c.36 B: 2356
Ausg. B 1543
Ausg. C 1543, 5046
   c.1 B: 701
   c.18 B: 701
   c.41 B: 701
   c.42 B ff.: 1846
Cambridge Latin Course 1239, 1516, 1518, 1520, 1542
Contextus 2482–2492
   1 c.4: 1320
Cursus Latinus 1477, 1489, 1550, 1855, 2493–2513
   1: 1502
   1 c.8: 1502
   1 c.22: 1887
   1 c.26: 601, 1107, 1887
   1 c.34f.: 1721
   1 c.38: 1887
   1 c.42: 1502
   1 c.47: 2254
   1 c.59: 2248
   1 c.67: 1699, 1903
   2 c.9–11: 5175
   2 c.18: 1502
Cursus Latinus Compactus 2514–2523
Cursus Novus 2524–2531
   1 c.25: 1571
Cursus Novus Compactus 2532–2540
Fontes 2554f.
   c.11: 4234
Fundamentum 2556–2566
   B 2 c.29: 1107
Grundkurs Latein 731, 1543, 2567–2569
Ianua Linguae Latinae 1543, 2570–2578
Ianua Nova 1855, 2579–2590
   Ausg. A
      1 c.6 F1: 1107
      1 c.22 E1: 1037
      2 c.2: 1037
      2 c.11f.: 5855
   Ausg. B 1189
      2 c.11: 308
Ianua Nova Neubearb. 2591–2598, 2992
   1 c.5: 1571
Imperium Romanum 1565, 2599–2617, 2884, 2940, 2972, 2979
   B1: 2025
Instrumentum 1478, 1550, 2621–2631
   1 c.1f.: 1502
Krüger 1543, 2636–2642

Ausg. A 1189
   2 c.47: 1107
   2 S.18: 1576
Neufassung 3002
Lateinisches Lehrbuch
   Einführungslehrgang 1528, 2020, 5615
   Aufbaukurs 1528
Liber Latinus 1565, 2679–2685
   Ausg. A 2881–2883, 2940, 2985
      1: 2894, 1593
   Ausg. B 2940
Lingua Latina 1543, 2686–2691, 2913
Litterae 2694–2698
   c.10–11: 1320
Nota 1543, 2699–2705
Orbis Romanus 2706–2712
Ostia 1189, 2713–2723
   1 c.6: 2338
   1 c.10: 2380
   1 c.14: 308
   1 c.14 A 1: 1571
Porta 1543, 1855, 2724–2730
redde rationem 1517, 1524, 1543, 2731–2744
   c.18: 1576
   c.19: 1909
   c.32: 1712
   c.36–40: 1860
   c.42: 3074
   c.50 (Plaut., Men.): 1709
Roma 1481, 1490, 1550, 2745–2759, 3000
   1 c.5: 1887
   1 c.18f.: 1645
   1 c.35: 1317
   1 c. 50: 1726
   1 c.66–69 (= Roma C *1 c.45f.*): 1726
   2 c.21: 1677
   2 c.54: 3917
   3 c.34: 3508
   4 c.3: 1724
Roma B 2760–2770, 5319
   1 c.23: 2384
   1 c.58: 1571
Roma C 2771–2779
Roma Antiqua 1565, 2780–2782
Schaeffer 1189
Via Nova 1565, 2785–2791, 2885, 3012
   2 c.21: 1793
   2 c.29: 2109

Werke und Stellen

Valerius Maximus 5109, 5114
   2,6,8: 4699
   3,7,1: 5075
   4,7,1: 5840
   5,1,6: 1986
   5,3,4: 3482
Valla, Laurentius 248
Varro, M. Terentius 2309, 4700f., 5110, 5117
   Res rusticae
      1,4: 5619
   De lingua Latina
      1,2,2: 4701
      6,12: 5876
Velleius Paterculus, *Historiae Romanae* 1781, 5064, 5495
   2,89: 5083
   2,127: 4613
Vergilius Maro, P. 728, 3180, 4130, 4702–4855, 5164, 5437
   Aeneis 1029, 4744–4838, 4991f., 5009, 5069, 5093, 5179
      1: 4797
      1,1: 4759, 4829
      1,1–7: 1967, 4763, 4776
      1,1–11: 1029, 4789
      1,1–49: 4804
      1,34–52a: 1029
      1,81–156: 4831
      1,94–101: 4804
      1,124–156: 4756
      1,194–206.223–296: 4804
      1,254–296: 3180
      1,257–296: 1029
      1,276–283: 5091
      1,279–282: 4758
      1,462: 4785
      1–6: 4748, 4804
      2: 4794, 4815
      2,40–56: 4771
      2,57–198 (Sinon): 4762
      2,199–233 (Laokoon): 4771, 4780
      2,211: 1331
      2,270–297.588–710: 4796
      2,706–791 (Crëusa): 4777
      3,210ff. (Harpyien): 4768
      3,568–683 (Kyklopenepisode): 4764, 5828
      4: 4716, 4766, 4767, 4787, 4823, 4828
      4,173–197 (fama): 4790, 4814
      4,246–251: 3119
      4,522–532: 4830, 4836
      5,104–603: 5036
      6: 3021, 4749, 4774, 4821
      6,2: 4813
      6,236–272: 4779
      6,370: 4788
      6,703–751: 4817
      6,724–751: 4804
      6,730–751: 1029
      6,847–853: 2377, 5063, 5077, 5091
      6,851ff.: 5096
      6,851–853: 4825
      6–12: 4804
      7,10–24: 5828
      7–12: 4752
      8: 4755
      10,362–379: 4778
      11,445–915 (Camilla): 4769
      12,697–952: 4776
      12,887–952 (Tod des Turnus): 4770, 4782, 4784, 4837
      12,915–953: 4804, 4826
      13: 4792
      fatum 4761
      Rezeption 1614, 4762, 4768, 4775, 4780f., 4784–4786, 4788, 4792f., 4807–4809, 4811, 4816, 4818, 4827, 4834–4836, 4838, 5959
      Romideologie 4773
   Eclogae sive bucolica 4839–4849, 5093
      1: 4844
      1,1–15: 1527
      3: 4841, 4846
      4: 4840, 4845, 4847f.
      6: 5459
      7: 4841, 4846
      10: 4849, 5459
      Rezeption 4865, 4920
      Vergleich mit Gallus 5459
   Georgica 4041, 4850–4855, 5009
      Rezeption 4853
      1,15–146: 4852
      1,121ff.: 4851
      4,450–529 (Orpheus & Eurydike): 4855, 4991
   Bildnisse 4739
   Biographie 4719
   Frieden 5188
   Menschenbild 1029

Natur (Vergleich mit Homer und Lucan) 4831
Rezeption 1033, 4718, 4720, 4728–4730, 4743, 5923, 5937
Selbstverständnis als Dichter 5152
Theologie 4736
Via Nova s. Unterrichtswerke
Vida, Marcus Hieronymus, *Christias*, *2,765–800*: 4677
Vita Henrici IV. imperatoris 5444
Vitruvius, *De architectura*
 1,4,1.9: 5620
 2,1,1–6: 3067
 5,6–7: 1504
 6,7: 4857
 7,5,1–4: 4858, 5724
 10,8,6: 5619
Vives, Juan Luis 5414
Vulgata s. *Testamentum Vetus/Novum*

Walahfrid Strabo 4885
Waltharius 4905f., 5444
Walther v. Châtillon 4867, 4907, 5260, 5261
 Alexandreis, 2,70–90: 3729
Weston, Elizabeth Jane 5280
Widukind v. Korvey 4908–4910
Wilhelm von Poitiers 5258, 5264
Wipo 4911, 4994, 5444

Schlagwortregister

Begriffe, die ein Attribut bei sich haben, sind grundsätzlich unter dem Substantiv eingeordnet (also 'thematische Lektüre' unter L); bei den wenigen Ausnahmen (z.B. Trojanisches Pferd) findet sich unter dem Substantiv ein Verweis.
Lateinische Autoren sind ausschließlich im zweiten Register verzeichnet, auch wenn sie nicht als Autoren, sondern als Politiker, literarische Figuren o.ä. erscheinen.

Aalen: Limesmuseum 5786
Abbildungen s. Illustrationen
Abdolonymus v. Sidon 4916
Abitur 275, 964, 1360, 1372, 1391, 1425, 1465, 1471, 1488, 3088
    Baden-Württemberg 329, 1342–1345, 1461
    Bayern 1346f., 1411, 1418, 1429, 1434, 1451, 1474
    Hessen 1348
    Italien 1401, 1453
    Niedersachsen 1003, 1383
    Österreich 1454, 1460, 2925
Abiturprüfung 1003, 1380, 1455
    mündliche 1396, 1399, 1400, 1421, 1460
    schriftliche 1003, 1368, 1386, 1398, 1399, 1414, 1421f., 1435f., 1459
Ablativus absolutus 1927, 2307, 2315–2317, 2909, 2968, 3098
Achill 4114
AcI 532, 1069, 1876, 1925, 2280, 2358, 2880, 2912, 2987
Actium 5392
Adjektiv 2242, 2278
Adorno T. W. 3033
Adverb 2330
Adverbiale 2341
Aemilius Paullus 3902
Äneas 3904, 4800, 4808, 4816, 4819, 4991, 5409
Äsop 4195, 4207f.
Ästhetik 3033
Affemann R. 605
Afrika 1217, 5206
Agrippa II. 5084
Agrippina 4624

Aktualisierung 316, 1055, 1122, 1330, 3088, 3095, 3101, 3105, 3163, 3721, 4290, 4302, 4400, 4483, 5628
Aktualität 208, 312, 317, 383, 411, 416, 1122, 3088, 3101, 3105, 4454, 4948
    vgl.a. Aktualisierung
Alba Longa 3904, 3916, 5409
Alesia s. Vercingetorix
Alexander d. Gr. 3213, 3724–3730, 4518, 5363
Alexanderroman 3213, 3729, 3730
Alexandria 5065
Alexis 3942
Alkaios 5185
Allegorie 5511
Allgäu 5222
Allgemeinbildung s. Bildung
Alltagsleben 1063, 1320, 1777, 3216, 4055, 5101, 5106f., 5111, 5117, 5123, 5299, 5320f., 5355, 5402, 5568–5576, 5664, 5698, 5706, 5747, 5792
Alpen 1752, 3906, 3915, 5396
Alter 3811, 5452
Altertumskunde s. Realien
Altphilologenverband, Deutscher 366, 509, 771, 900, 909
    vgl.a. DAV-Matrix
Améry J. 4449
Amerika 4950, 4973, 5074, 5275
Amerika vgl.a. USA
amicitia s. Freundschaft
Amor und Psyche 3218, 3220
Amphitheater s. Theater
Analogie 1882
Analytischer Stil 599
Anchises 4819
Andromeda 1687

Anfangslektüre 611, 732, 977, 1007, 1026, 1037, 1338, 1961, 2402, 3022, 3037f., 3043, 3045, 3059, 3063, 3069, 3075, 3079, 3086, 3088, 3187f., 3194, 3196, 3200, 3203, 3207, 3256, 3269, 3278, 3331, 3340, 3554, 3579, 3755, 3957, 3990, 3994, 4051, 4094, 4168, 4174, 4199, 4251, 4272, 4638, 4669, 4875, 4888, 4978, 5006, 5008
Anfangsunterricht 56, 953, 963, 1322, 1433, 1522, 1565, 1568, 1722, 1797, 1823, 1848, 1866f., 1869–1872, 1877, 1883, 1907, 1909, 1912, 1916, 1923, 1929, 1948, 2008–2010, 2019, 2021, 2036, 2104, 2126, 2249, 2293f., 2296f., 2363, 2372, 2408, 2410, 2553, 2743, 3201, 4197, 5664
   vgl.a. Originallektüre im Anfangsunterricht; Texte im Anfangsunterricht
Anforderungsbereiche s. Aufgabenfeld; DAV-Matrix; EPA
Anglistik 880
Angst 4554, 4634
Anouilh J. 4195, 5934
Antenor 3907
Anthropologie 115, 1029, 3631, 4416
   vgl.a. Menschenbild
Apoll und Daphne 4133
Apollonius von Rhodos 4795, 5036
Apophthegma 3187
Appian 5075
Apposition 2273
Aquädukt 1743, 1750, 1753, 5381, 5664, 5705, 5714
Arachne 4080
Arbeit 194, 513, 3650, 3654, 4853, 5108, 5117, 5386, 5574, 5783
Arbeitsgemeinschaft s. Außerschulische Sprachkurse; Wahlunterricht
Arbeitsweise s. Unterrichtsverfahren
Archäologie 4, 979, 997, 1449, 1504, 1751, 1756, 1929, 5196–5238, 5320, 5355, 5754
   experimentelle s. Experiment, historisches
   GK 5666
   Provinzialarchäologie 5675
Archilochos 3836

Architektur 1581, 1585, 4857, 5217, 5664, 5675, 5694–5721
Archivalien s. Urkunden
Arendt H. 5186
Argonauten 1696
Argumentationshilfen s. Legitimation
Ariadne 4116, 5192
Arion 1695, 4059
Ariovist 3336, 3341
Aristeides v. Milet 4173
Aristophanes 5472, 5897
Aristoteles 4241, 5184
Arles 1750, 5716, 5717
Arminius 4623, 5383, 5693
Arntzen H. 4195
Aschenbach G. B. 5918
Assimilation 2240, 3177
Asterix 1862, 1881, 2080, 3262, 5287, 5353, 5802
Astronomie 5588
Atalanta 4151
Atomlehre 3936, 5588
Attentat 513
Attribut 2273, 2296, 2327, 2330
Außerschulische Sprachkurse 569, 668
auctoritas 4985, 5129
Aufgabenfeld 613
Aufgabenstellung s. Leistungserhebung
Aufklärung 1176, 3934, 5449
   griechische s. Sophistik
Aufsatzschreiben s. Lateinischer Aufsatz
Augias 1679
Augsburg 5214, 5684
Augst 1729
Augusteische Dichtung 978, 3749, 4854, 5083, 5092, 5422, 5427, 5432, 5434, 5448
Augusteische Zeit 4328, 5067, 5092f., 5116, 5188, 5370, 5437, 5448, 5551, 5777
   vgl.a. Kaiserzeit; Prinzipat
Augustus 949, 1012, 1014, 1781, 3804, 4050, 4060, 4328f., 4619, 4622, 4716, 4724, 4735, 4802, 4844, 4847, 4854, 5067, 5083, 5116, 5329, 5332, 5334, 5370, 5379, 5387, 5389, 5392, 5403, 5407, 5551, 5711, 5761, 5937 →

Schlagwörter

vgl.a. Res Gestae (Register B)
Statue von Prima Porta 1072
Augustuspanegyrik s. Panegyrik
Ausland (A.U.) 1198–1260
Aussprache 1649, 2058, 2230, 2232, 2233, 2234, 2235, 2236, 2237, 2238, 2239
   vgl.a. Betonung; Prosodie
   Latein 1880
Ausstellung 1774
Auswahl s. das Exemplarische; Lernziel; kursorische Lektüre; Lektürekanon
Autorenlektüre 639, 716, 718f., 1458, 3044, 3088, 3129, 3179–3212, 3770
   vgl.a. Ganzschriftlektüre
Avignon 1750

Babeuf F.-N. 5817
Babylon 3725
Bacchanalien 5557
Bacchus 4110, 4116
Bach J. S. 5276
Bachmann I. 5459
Bachtin M. 5902
Bacon F. 5279
Bad Dürkheim 1751
Baden-Württemberg 329
   Lehrplan s. Lehrplan: Baden-Württemberg
   Römerzeit 5683
Bamberg 5220
Barbaren 3361, 4546, 4625, 5080
Barbarenreden 3318, 3369, 4524, 4526, 4536, 4555, 5084, 5087, 5090f.,
Barcelona 5966
Barock 5885
Basel 5196
Battus 4078
Baucis s. Philemon und Baucis
Bayern
   Archäologie/Denkmalpflege 5675
   Lehrplan s. Lehrplan: Bayern
   Römerzeit 1591, 1597, 5198, 5752
   Seminarausbildung 818f.
Beamte 3677, 5547
Bebilderung s. Bildmaterial; Illustrationen
Becker B. 5309
Bedeutung s. Semantik

Bedingungssatz s. Kondizionalsatz
Begleitinformationen 1547, 1889
   vgl.a. Sachinformationen
Begleitlektüre s. Begleittexte; Lektüre, lehrbuchbegleitende
Begleittexte 1547, 1869, 3088, 3201
Beispielsätze 1873f., 1882, 2014, 2022, 2314, 2322, 2443, 2877
   vgl.a. Merksätze
Beiwerk s. Begleitinformationen; Begleittexte; Sachinformationen
Belgien 1215, 1218, 1221, 1240
bellum iustum 3390f., 4301, 5080, 5099, 5262
Beratung s. Öffentlichkeitsarbeit; Legitimation
Berlin 1141, 1171
   Altphilologenverband 1177f.
   Antikenmuseen 5653, 5773, 5775
   Fachdidaktik 867, 1054
   Klassische Philologie 1152, 1172
   Lat. Inschriften 5234, 5753
   Lehrplan s. Lehrplan: Berlin
   Pädag. Hochschule 774, 1151
   Straßennamen 5893
   TU (Fachdidaktik) 779
   Vergilunterricht 4726
Berlioz H. 4781
Bernhard T. 3860
Beruf s. Arbeit
Betreuungslehrer 1062
Bewertung s. Korrektur; Leistungserhebung
Bibel 4679
Bibelepik 5243
Bibliographien 22–96
Bielefeld: Fachdidaktik 802
Biermann W. 2102
Bild 1498, 3168, 5179
   dichterisches s. Metapher
   Text und Bild 1072, 1772, 1780, 1990, 4096, 4146, 4790, 4801, 4807, 4826, 4832, 5729, 5737, 5871
   vgl.a. Illustrationen; Visualisierung
Bildmaterial 1045, 1495, 1503, 1508, 1580–1603, 1620, 1629, 1929, 3095
   Alltagsleben 5299, 5306
   antike Kunst 5737, 5740
   Archäologie 5733

in Lehrbüchern 1528, 1557, 1564, 2653
Karikatur 4780, 5871, 5927
Krieg 4826
Kunst s. Kunst; Malerei
Livius 5864
Münzen 5569
Mythologie 5315
Ovid 4022, 4143
Pompeji 5106
Sklaven 5386
Vergil 4800, 4811, 4826
vgl.a. Dias; Illustrationen
Bildung 112, 238, 253, 290, 333, 949, 3088, 4316
Allgemeinbildung 153, 205, 263, 268, 293f., 309, 493, 642, 1107, 3088
altsprachliche s. Humanismus
antike 1070, 1086, 3232, 3241, 3596, 5011, 5586
formale 4, 6, 60, 98, 204, 833, 1919
humanistische s. Humanismus
politische 4, 101, 110, 181, 232f., 265, 487, 1029, 1129, 1161, 3081, 3317, 3344, 3651, 3653, 3668, 3673, 3990, 4139, 4394, 4396, 4400, 5081, 5088, 5096, 5134, 5546
vgl.a. Staatsphilosophie
Bildungspolitik 97–416
Bildungsreform s. Curriculumreform
Bildungswert 386
Bildungsziel 127, 204, 296
Biographie 4000, 4550, 5038
vgl.a. Interpretation, biographische
Birciana 1747
Blumauer A. 4827
Bochum 5775
Klassische Philologie 787
Böblingen 1775
das Böse 4455
Bonn 5741, 5775
lat. Inschriften 5764
Borchardt R. 5560
Botticelli S. 5935
Brandenburg 398, 401
BRD 1205, 1215, 1218, 1238, 3685
vgl.a. Deutschland
Brecht B. 2143, 3262, 3784, 3916, 3933, 5807f., 5936

Bremen 457
Lehrplan s. Lehrplan: Bremen
Bremer Stadtmusikanten 2108
brevitas 4342, 5499
Brief 3714, 4057, 4473, 5049, 5055, 5056, 5469, 5483, 5485, 5489
Briefmarken 4728, 5937
Briseïs 4056, 5812
Britannia 3378, 4240
Broch H. 4809, 5923
Bruner J. S. 434
Brutus 5890
Buch 279, 513
Buchdruck 5904
Bürgerkriege 5391f.
Bürgschaft 5840
Bukolik 4865, 5482
Bukowski C. 4102
Bulgarien 1222f., 1228, 1248, 1609
Exkursion 1728
Bundesländer, Neue s. Ostdeutschland
Busch W. 4195, 5292, 5294
Butor M. 4818

Cadmus 4138
Cäsaren s. Kaiser
Calderon 5828
Calgacus s. Barbarenreden
Caligula 5413, 5835, 5976
Camões L. V. de 4768
Camilla 4769
Campanella T. 5416
Campano G. 5868
Camus A. 5835
Cannae 5366
Capri 1748
Carducci G. 5844
Carnegie D. 5965
Carossa H. 5847
Casanova 5899
Casus s. Kasus
Catilina 4390, 4404, 4991, 5373, 5376
Cephalus 4116
Ceyx und Alcyone 4150
Chaucer G. 4814
Chemtou 5705

Schlagwörter

China 1244, 5100
Christentum 731, 1077, 3241, 3866, 3977,
    4277, 4280, 4286, 4297, 4312, 4452f.,
    4663f., 4671, 5011, 5109, 5114,
    5239–5256, 5338, 5360, 5378, 5450,
    5614
  vgl.a. Christliche Autoren
Christliche Autoren 3208f., 3977, 4313,
    5011, 5114, 5268
  Wortkunde 2869
Claudius 5382, 5413
Claudius M. 5882
Clytië 4114
Collage 5927
Collodi C. 5298
Comenius J. A. s. Register lat. Autoren
Comic 1294, 1317, 1499, 1664, 1666,
    1768, 1881, 1914, 2143, 3061, 3110,
    3194, 3388, 3392, 4170, 4643, 5285,
    5287, 5290, 5297, 5300, 5308, 5314,
    5353
Commelinus H. 5904
commentarius 3273
Computer 2149–2172
Computerprogramme s. Software
Computersprachen 360
Conquista 5275
Considius 3341
Coriolan 3900, 4991, 5912
Crëusa 4777
Cremutius Cordus 4612
Critognatus s. Barbarenreden
CSSR 5944
cum 2298
Cumae 4813
Curricularer Lehrplan 829, 1882
Curriculum s. Lehrplan
Curriculum-Theorie 417–503
Curriculumentwicklung 290, 417, 426, 429,
    434, 443, 445, 517, 532, 555, 696,
    826, 949
Curriculumreform 436f., 564f., 573, 594,
    699, 873
  vgl.a. Oberstufenreform
Cynthia 4304

Dädalus und Ikarus 296, 3095, 4088, 4098,
    4112, 4114, 4116, 4123, 4146, 5633,
    5640
Dänemark 1230, 1240
Damokles 1677, 4991, 5192
Danaiden 5192
Dante 4452, 4743, 4836, 5828
Daphne s. Apoll und Daphne
DAV s. Altphilologenverband, Deutscher
DAV-Matrix 280, 522, 535, 545, 551f.,
    3088
David J.-L. 3916, 5864, 5890
DDR 122, 358, 385, 683, 736, 1092f.,
    1098, 1203
  Lehrplan s. Lehrplan: DDR
Deklination 1582, 1935, 2013, 2880, 2939,
    2988
  a-Deklination 2914
  o-Deklination 2914
  3. Deklination 1927, 2244f., 2252, 2898
  u-Deklination 2258
Dekodieren s. Übersetzen; Sprachreflexion
Delphin 4172
Demokratie 110, 997, 5617, 5730, 5957
Demonstrativpronomen 2006, 2271, 2399
Denken
  Denken–Sprache s. Sprache
  politisches s. Staatsphilosophie
Denkmalpflege 5675
Denkmodell 3019, 3084, 3088, 3095,
    3131f., 4396, 4400, 5023, 5025, 5081,
    5584
  vgl.a. Lektüre, modellorientierte
Dependenzgrammatik 2208, 2281, 2283,
    2286–2289
Deponentia 3098
Despauterius J. 1165
Deubner L. 1138
Deucalion und Pyrrha 4100
Deutschland 1110
  vgl.a. BRD; DDR; Ostdeutschland
  Geschichte vgl. Wilhelminische Zeit;
    Weimarer Republik; National-
    sozialismus
Diana 4091, 4270
Dias 56, 1503, 1597, 1609, 1615f., 1620f.,
    3584, 4077, 5113, 5118, 5319, 5681

Dichter
   vgl.a. Augusteische Dichter
   Selbstverständnis 3782, 4031, 4210,
      4999, 5116, 5152, 5437, 5445,
      5451
Dichtersprache 1998, 3167f., 3820, 5501
Dichtung s. Poesie
Dichtungstheorie 997, 4209, 5152
   vgl.a. Literaturtheorie
Didaktik s. Fachdidaktik
Didaktik, kritisch-kommunikative 873
Didaktische Analyse s. Unterrichtsvorbereitung
Didaktisches Dreieck 102, 1882, 3084, 3088
Dido 4767, 4816, 4823, 4830
dignitas 2404
Diktatur 3483, 5332
Dio 4622
Diodor 3517, 5075
Diogenes 5192, 5633
Dionysios v. Halikarnassos 3900, 3904
Disraeli B. 4536
Diviciacus 3313, 3370
Dolchstoßlegende 4815
Domitian 4552
Donnersberg 1751
Drachenkampf 4138
Drama s. Tragödie; Komödie
Drei-Schritt-Methode 1987
Dreieck s. Didaktisches Dreieck
Drogenprävention 5175
Druiden 3384, 5367, 5555
Dürer A. 5875
Dürrenmatt F. 5888, 5907
Dumnorix 3313, 3356, 3370
Dylan B. 2102

Echo s. Narziß
Edition 1760
Eggenberg 5755
Ehe 4050, 5545
Eichstätt 5227
Eifel 1743, 1753, 5689
Eignungstest s. Test
Einstieg s. Motivation
Einzelsatz s. Beispielsatz

Ekstase 5553
Elegie 4153
   vgl.a. Liebeselegie
Eltern 407, 2540
Elterninformation 254, 282, 1804, 1817f. 2721
Emblem s. Bild
Emblematik 5885
Emigration 1030, 4154, 4156, 5436
England s. Großbritannien
Englisch 560, 572, 624, 628, 638, 661f., 672, 880, 932, 1282, 1811, 2037, 2416, 2438, 5866, 5952
   vgl.a. Anglistik
'Entrümpelung' s. Ökonomisierung
Entwicklungspsychologie 1882, 3088, 5485
EPA (einheitliche Prüfungsanforderungen für die Abiturprüfung, sog. 'Normenbuch') 578, 1391, 1406, 1416f., 1424, 1425f., 1432, 1435f., 1448, 1465
Epigramm 3788, 3791, 4999, 5037, 5052, 5473
Epikur 3621, 3947, 4436, 4481
Epikureismus 728, 3934, 4436, 5582, 5596, 5618, 5622
Epoche vgl. Augusteische Zeit, Wilhelminische Zeit
Epos 3733, 3922, 4795, 4905, 5036, 5460, 5488, 5490, 5959
Erbach 5688
Erdbeben 3945
Ergänzungstexte s. Begleittexte
Erlebnisdichtung 4020
Erotik 5124, 5359, 5480
   vgl.a. Liebe
Erschließungsfrage s. Leitfrage
Erstlektüre s. Anfangslektüre
Erwachsenenbildung 248, 2674
Erzählstrategie s. Erzähltechnik
Erzähltechnik 1018, 3315, 3334, 3339, 3387, 3389, 3585, 4795, 4900, 5460, 5490, 5498
   Caesar 3371f., 3382, 3395, 3398
   Livius 3889
   Plinius 4281
Erziehung 103, 1086, 3088, 4650
   vgl.a. Pädagogik

Schlagwörter

    antike 1070, 4233, 4317, 4319, 4320,
        4322, 5153, 5171, 5592, 5627
Ethik 3611f., 3702, 4440, 4455, 4471,
    4676, 5582, 5589f., 5628
    vgl.a. mos; Normen
    Verantwortungsethik 339, 345f., 649
Ethnographie 3371, 3384, 4590
Etrusker 1737, 2210, 5382
Etymologie 1866, 2416f., 2420, 2437
Euander 4755
Euler L. 4937
Eumenes v. Pergamon 5084
Euroclassica (Verband) 1260
Europa (Mythos) 4114, 5192, 5940
Europa (EU, europäische Identität, Kultur
    etc.) 183, 211, 220, 237, 324, 335,
    351, 367, 380, 390, 394, 411f., 415,
    487, 893, 927, 1076, 1080, 1206,
    1227, 1240, 1246f., 1254, 1260, 3095,
    3396, 5192, 5411, 5538, 5940, 5957
Eurydike s. Orpheus
das Exemplarische 6, 3019
Exil s. Emigration; Verbannung
Exkurs 4345
Exkursion 1728–1757
    Augst 1729
    Birciana 1747
    Bulgarien 1728
    Etrurien 1737
    Germanien 1733
    Griechenland 1731, 1739
    Hannibal-Route 1752
    Italien 1754
    Kampanien 1748
    Limes 1738, 1740, 1746, 5663, 5670
    Neapel 1754f., 1757
    Organisation 1739
    Ostia 5709
    Provence 1749f.
    provinzialarchäologische 1736, 1739,
        1741, 1744, 1746, 1751, 1753,
        5663
    Rom 1732, 1742, 1754
    Saalburg 1745
    Stuttgart 1730
    Trier 1743
    Ungarn 1734, 5690
Experiment, historisches 5544, 5684

Extemporale s. Klassenarbeit
Fabel 732, 2120, 3187, 3852, 3855, 4193,
    4195, 4197, 4208, 4211, 4988, 5007,
    5042f., 5046, 5419, 5464, 5484,
    5486f., 5900
Facharbeit 1362, 1372, 1450, 1476
Fachausdrücke s. Terminologie
Fachdidaktik 9, 755–939, 1578
    Verhältnis Fachdidaktik–Fachwissen-
        schaft 780, 790, 832, 834, 854,
        858, 917, 3423
Fachleistungen 546
Fächerübergreifender Unterricht 6, 9, 444,
    596, 1302f., 1309, 1326, 1335, 1755,
    3067, 3095, 3131, 5019, 5178, 5188,
    5255, 5779, 5815, 5878
    Latein–Chemie 4115
    Latein–Deutsch 636, 1905, 2894
    Latein–Deutsch–Englisch 1317, 2263,
        5900
    Latein–Deutsch–Musik 4866
    Latein–Englisch 1891, 5901, 5952
    Latein–Geschichte 3327, 4909, 5125,
        5269, 5341, 5699, 5917
    Latein–Geschichte–Religion 5194
    Latein–Kunsterziehung 1765, 1785
    Latein–Kunsterziehung–Musik 5252
    Latein–Mathematik 4937
    Latein–Musik 1319, 1670, 1764, 1793,
        5941
    Latein–Physik 5187
    Latein–Wirtschaftslehre 5121
Fächerwahl s. Fachleistungen; Sprachen-
    folge; Legitimation
Fama 4790, 4814
Fasching s. Karneval
Faschismus
    Deutschland s. Nationalsozialismus
    Italien 5937
fatum 4761, 4985
Faust 1714
Fehleranalyse 1355, 1364, 1431, 1485,
    1487, 1599, 1916, 1964, 1972, 2023,
    2936
    vgl.a. Schwierigkeitsgrad
Fehlerbewertung s. Leistungsbewertung
Fehlerkorrektur s. Korrektur
Feldtheorie 2413

felicitas s. Glück
Fernsehen 1622, 2059, 3095
Figuren s. Stilmittel
Film 1496, 1499, 1616f., 1620, 1629, 2143, 3095, 3330, 3332, 3848f., 3908, 4111, 4444, 4646, 5959
   vgl.a. audiovisuelle Medien
   Computeranimation 2156
   Orfeu Negro 5934
   Videofilm 1614, 1630, 1783, 1788, 1794
Filtertext 3078, 3155
   vgl.a. Textbearbeiung
Finalsatz 2282, 2351, 2916
Finnland 1258
Fo D. 5472
Fontane T. 5875
Formenlehre s. Morphologie
Fortbildung 329, 763, 940–1082, 5700
Fortschritt, technischer s. Technik
fortuna 4985, 5195
Forum Romanum s. Rom, Forum
Foscolo U. 3434
Fragesatz 777
Frankreich 1176, 1191, 1213, 1240, 1242
Franz v. Assisi 4886
Französisch 247, 481, 589, 615, 622, 653, 659, 662, 877, 932, 2726, 2729, 5837, 5926, 5951, 5964
Französische Revolution 1176, 4451, 5449, 5759, 5890, 5928f.
Frau 1042, 1051, 1341, 3886, 3925, 4297, 4695, 4697, 4877, 5059, 5080, 5104, 5107, 5111, 5122, 5127, 5280, 5414, 5559, 5572, 5573f., 5576
Freiheit 133, 405, 3095, 3244, 3696, 3901, 4328, 4449, 5080, 5957
   vgl.a. libertas
Fremdsprachen, moderne 20, 129, 201, 247, 262, 362, 381, 481, 560, 596, 615, 634f., 643, 672, 1078, 1227, 1307, 1831, 1892, 2412, 2438
   vgl.a. Sprachenfolge
Fremdwörter 2393, 2400f., 2412, 2418, 2432, 2435, 2442, 2863, 5801, 5819, 5932, 5938, 5963
   vgl.a. Lehnwörter
Freundschaft 3719, 5840

Friede 1326, 4139, 4515, 4540, 4690, 4929, 4936, 4985, 5070, 5080, 5095, 5188, 5347, 5734
   Pax Romana 5188
Friedenserziehung 4139, 4929, 4936, 5188
Friedrich I. v. Preußen 4958
Frisch M. 5031, 5179
Frischlin N. 3397
Frühchristlich... s. Christlich
Frühlektüre s. Anfangslektüre
Fry C. 4176
Fuchs H. 1119
Funktion (linguistische) 2180, 2278, 2296

Gadamer H.-G. 3171
Gaesaten 3384
Galatea 4075, 4090
Galilei G. 5807
Gallia 3380, 5367, 5391, 5738, 5784
   vgl.a. Kelten
   Narbonensis 5395
Ganzschriftlektüre 3668, 3673
   vgl.a. Autorenlektüre
Gastronomie s. Küche
Gattungstheorie 5455–5493
Gedächtnispsychologie 1935, 1988, 2434
Geheimüberlieferung 5565
Gehlen A. 377
Gehörlose 1269
Geld 5411, 5774
Genitivus partitivus 861
Genus 794
Geometrie s. Mathematik
Gerechtigkeit 3693, 3732
Germanen 3384, 5094
Germania 4240, 5039, 5205, 5223, 5230, 5341, 5357, 5383, 5387, 5683, 5699, 5754, 5925
   Exkursion 1733
Germanistik 881, 883
Gerundium, Gerundivum s. nd-Formen
Gesamtschule 420, 424, 430, 441, 450, 466f., 474, 479, 480, 485, 488f., 491, 652, 664, 744, 1907, 2722
Geschichte (römische) 5060–5100, 5329–5416, 5903
   Frühgeschichte 5409

Schlagwörter

Geschichte des altsprachlichen Unterrichts 1083–1197, 1252, 1541
Geschichte (Studium) 889
Geschichtsauffassung 681, 740, 4397, 4408, 4562, 4595, 4636, 4983, 5365, 5608
Geschichtsschreibung 681, 1018, 1023, 3128, 3180, 3897f., 4377, 4384, 4512, 5027, 5069, 5409, 5455, 5457, 5460, 5461, 5467, 5481, 5506
    moralische 4357
    Neues Testament 4673
Gesellschaft 270, 669, 3076, 3636, 3851, 3876, 4340, 4365, 4387, 4394, 4593, 5080, 5105, 5108, 5120, 5320, 5321f., 5335, 5337, 5339, 5342, 5368, 5380, 5400, 5404, 5698
    vgl.a. Interpretation, soziologische
Gesellschaft–Individuum 684, 713, 3934, 4439, 5081, 5161, 5546
Gesellschaft–Sprache 168, 270, 5110, 5401
Gesellschaftskritik 4180f., 4306, 4395, 4403, 4414, 4513, 4586, 5054
    Plinius 4267
Gladiatoren 3233, 5113, 5356, 5412, 5716
Glas 5357
Gleichnis 4020, 4787
Gleim J. W. L. 3784, 4190
Gliedsatz 5293
    vgl.a. Finalsatz, Konsekutivsatz, Relativsatz
gloria 4951
Gluck C. W. 5934
Glück 4194, 4954, 4985, 5175, 5596, 5604, 5629
    vgl.a. Fortuna
Goethe J. W. 1140, 1184, 4026, 4102, 5031, 5166, 5604, 5828, 5847, 5883
    Faust 1714
Götter 972, 3390, 3644, 4131, 4662, 4754, 5567
    Götter–Menschen s. Mensch–Götter
Göttingen 1148
Göttinger Thesen 770
Goldene Regel s. Normen
Goldenes Zeitalter 5058
Gordischer Knoten 2143, 5192
Goslar 5788

Gott s. Götter
Gottesbeweis 5256
Grabinschriften s. Inschriften
Grabrede s. laudatio funebris
Gracchen 5376
Graecum 305, 647, 739, 918, 1888
Graffiti 5747
Grammatik 284, 1083, 1088, 1108, 1569, 1919, 1921, 1992, 2173, 2177f., 2219, 2221, 2251, 2288, 2299, 2319, 2337, 2348, 2375, 2382
    eidetische 2310
    kontrastive s. Kontrastgrammatik
    transformationell-generative s. Transformationsgrammatik, generative
    vgl.a. Dependenzgrammatik; Valenzgrammatik
Grammatik (Lehrbuch) 1530, 1538, 1567, 1575, 2810–2848
Grammatikunterricht 9, 601, 854, 1039, 1088, 1139, 1261, 1321, 1569, 1821, 1822, 1832, 1882, 1887, 1894, 1919, 1921, 1926, 1928, 2010, 2017, 2024, 2208, 2265, 2276, 2286–2289, 2302, 2306, 2322, 2337f., 2348, 2350
    lektürebegleitender 1966, 1986, 2012, 3072, 3091f., 3097f. 3107, 3111, 3366, 3393, 4002f.
Grammatistische Methode 1099
Graphem 2246
Grass G. 5852
Graz 1847
Griechenland 1240, 5065
    Exkursion 1731, 1739
Griechisch 1889
    Griechisch–Latein 4, 412, 614, 660, 830, 906f., 3085, 5647
Grimm J. u. W. 5304, 5310
Großbritannien 1199, 1201, 1210, 1215, 1218, 1236, 1239, 1240, 1245, 1252, 1516, 1518
    Geschichte 5258, 5264
Großstadt s. Stadt
Grundkurs 456, 620f., 1264, 3049
Grundrechte s. Menschenrechte
Grundschule 501, 1802, 1942–1946, 1949
Grundwortschatz 2015, 2413, 2443, 2852, 2859, 2861, 2866, 2868

Gruppenarbeit 1265, 1277, 1292, 1325, 1367, 1867, 2024, 3058, 3088, 3327, 3367, 3778, 4519
GTG s. Transformationsgrammatik, generative
Gütergemeinschaft 4972
Guilford J. P. 434
Guttmann-Vanecek-Modell 1036
Gymnasium 130, 160, 173, 197, 220, 253, 265, 271, 295–297, 345, 382, 385, 442, 446f., 473, 476–478, 484, 486f., 493, 497, 499, 642, 663, 1105
   humanistisches 164, 225, 356, 421, 454, 458, 461, 492, 1087, 1105, 1411, 1434, 1808, 1817, 4929, 5045
   mathematisch-naturwissenschaftliches 502
   Realgymnasium 1331

Habermas J. 5624
Hades s. Unterwelt
Hadrian 5398
Hägar 1914, 5302
Haftmaterial 1497
Hamburg vgl. Lehrplan: Hamburg
Handreichungen s. Lehrplan ...
Handschriftenkunde 3104, 5263
Hannibal 1752, 3882f., 5098, 5366, 5396
Harpyien 4768
Haus 1017, 1041, 1761, 4269, 4288, 4857, 5217, 5664, 5701, 5706, 5719
Hausarbeit s. Hausaufgabe; Pädagogische Hausarbeit
Hausaufgabe 706, 986, 1300, 1310, 1311, 1441, 3088, 3095
Haydn J. 5827
Heiligenlegende 5251
Heine H. 3837, 5828
Heinrich v. Rugge 5262
Helena 3593
Herakles s. Herkules
Herder J. G. 189, 3177
Herkules 1334, 1679, 1695, 1945, 2143, 3947, 4493, 5192, 5795, 5966
Hermeneutik 1332, 3033, 3134, 3171, 3177, 3178, 3329
Herodes 5372
Herodot 5318

Herrscherbild 5718
Hesiod 4139
Hesse H. 1142
Hessen 159, 288, 413
   Lehrplan s. Lehrplan: Hessen
Heubeck A. 1186
Hexameter 3007, 5525, 5528
Heyne C. G. 1115
Hilfen s. Lernhilfe; Stützkurs
Hinübersetzen s. Übersetzen
Hippokrates 5163
Hippomenes 4151
Hirsau 5768
Historiographie s. Geschichtsschreibung
Hobbes T. 3690, 4939, 5158, 5390, 5577
Hochschule s. Universität
Hochschulsprachkurse s. Universitätskurse
Höhlengleichnis 3643
Hölderlin F. 3835, 5875
Hörspiel 1633, 1781, 4108, 4588
Hoffmann E. T. A. 4102
Hofmannsthal H. v. 5178, 5560
Holland 1240
Homburg/Saar 5775
Homburger Empfehlungen 1227
Homer 972, 4056, 4795, 4797, 4831
   Odyssee 3752
   Ilias 5036
honestum 2392, 3467
Horatius Cocles 3892, 4991
Humanismus 104, 130, 133, 142f., 145, 148, 156, 161, 163, 166, 189, 200, 218, 225, 244, 257, 296, 299, 300, 302, 306, 310f., 320f., 323, 333, 337, 343, 357, 363, 364, 369–371, 376f., 389, 397, 1058, 1086, 1105, 1109, 1124, 1163, 1175, 3088, 3088, 3109, 3181, 3208, 4417, 4811, 4925, 4944, 4947, 4962, 5271, 5275, 5278, 5414, 5949
   christlicher 1114
   Neuhumanismus 98, 291, 1083, 1099, 1124
   im 19. Jh. 250, 1144, 1161
Humanisten s. Neulatein
humanitas 189, 1272, 4250, 4293, 4298, 4660, 4985, 4991, 5172f.

Schlagwörter

Humboldt W. v. 250, 1083, 1105, 1110, 1124, 1144, 3177, 4455
Humor s. Komik
Huygens C. 4176
Hymnus 5241, 5444

Iambulos 5416
Ianus 5192
Identifikation 3094
Ideologie s. Ideologiekritik; Prinzipatsideologie; Romideologie
Ideologiekritik 3055, 3095, 3123, 5083
IGS s. Gesamtschule
Ikarus s. Dädalus und Ikarus
Illustrationen 1529, 1557, 1990, 2653, 4143, 4801, 4821, 5737
   vgl.a. Bild; Bildmaterial
imitatio 4316
immanitas 2395
Imperialismus 3095, 3133, 3317, 3910, 4240, 4515, 4536, 4540, 4555, 4825, 5061, 5063, 5069, 5073, 5080, 5084, 5089–5091, 5096, 5340, 5347, 5387, 5408
Imperialismuskritik s. Imperialismus; Romkritik
Imperium Romanum s. Imperialismus; Römisches Reich
Impersonale 2391
Indianer 5275
Indien 3213, 3725, 5066
Individuum s. Gesellschaft Gesellschaft–individuum
Indogermanisch 2416
Industriegesellschaft 375, 5606
Infinitiv 1837, 2897, 5312
Informatik 2155
Information, Elterninformation s. Öffentlichkeitsarbeit
Ingolstadt 5227
Inschriften 1736, 1798, 2443, 3208, 4182, 5011, 5039, 5067, 5125, 5223, 5235f., 5675, 5685, 5793
   Grabinschriften 3788, 5741, 5746, 5760, 5769, 5772
insula 5701
Interaktionismus s. Symbolischer Interaktionismus

Interdisziplinarität s. Fächerübergreifender Unterricht
Interimslektüre 732, 3088, 3116, 3196, 4281, 4886, 4988, 5190
interpretatio Romana 5555
Interpretation 9, 812, 854, 982, 998, 1027, 1029, 1261, 1527, 1821, 1876, 1909, 2271, 2967, 3029, 3033, 3084, 3088, 3095, 3117–3178, 3180, 3505, 3529, 3828, 3894, 4852
   biographische 3412, 3806
   Gesamtinterpretation 4492
   pragmatische s. Pragmatik
   psychoanalytische 3220, 4796
   psychologische 4161
   soziologische 5335, 5474
   strukturale 3809
Interpretationsaufgabe 979, 1003, 1360, 1368, 1380, 1386, 1414, 1420, 1425, 1452, 1459, 1463, 1465, 1466, 1471, 1472, 1488, 3158, 3160, 3174
   Matrix 1425
Interpretationsheft 3121
Interview 5920
invidia 2404, 3895
Io 1695
Iosephus 5084
Iphigenie 3947, 4991
IPTS (Inst. f. Praxis und Theorie der Schule) 796
Irland 4543
Ironie 4171, 4862, 5031f., 5050
   vgl.a. Komik
Irrealis 2301
Isis 5563
ISP (Inst. f. Schulpädagogik) 807, 841
Israel 4686, 5372
Italien 1139, 1218, 1234f., 1240, 1243
   Abitur 1401, 1453
   Exkursion 1754
   Geschichte 5331, 5409
Italienisch 1825, 5968
Italiker 5331
Iuppiter s. Jupiter
iustitia s. Gerechtigkeit

Jacoby F. 1138
Jaeger W. 1121, 1162, 1181

Jägerlatein 5305
Jambus 3834, 3836
Janosch 1700
Jean Paul 4102
Jelusich M. 5098
Jena 5748
Jens W. 3262
Jesuitentheater s. Theater
Jesus 4760
Jonas H. 5624
Judas 4677
Judentum 5372, 5562
Jugendbuch 53, 56, 1499, 1553, 1559, 1563, 1570, 1572, 1574, 1848, 1929, 2143, 3349, 5644, 5903, 5925, 5947
Jugendstil 3437
Jugoslawien 1202, 1215, 1218, 1233, 1240, 5513
Jugurtha 5376
Julian 3215
Jungfrau 4091
Jupiter 4736
Jura 148, 3618, 5870
Juventius 3453

Kärnten 5749
Kästner E. 2143, 5031
Kafka F. 4756
Kaiser 5835
Kaiserzeit 4055, 4249f., 4260, 5344, 5356, 5368, 5413, 5415, 5418, 5438, 5718
  vgl.a. Augusteische Zeit; Prinzipat
Kalender 1772, 1780, 5320, 5876
Kallimachos 3836, 4031
Kampanien 1748
Kant I. 4455, 5158
Kardinaltugenden s. Ethik
Karikatur 5838, 5927
Karl d. Gr. 4878–4885
Karlsruhe 5775
Karneval 5902
Kartenmaterial 1586f.
Kartenspiel 2127, 2130, 2137, 2145
Karthago 5366, 5406
Kasus 1880, 2311, 2321
Katastrophe 4265, 4273
Kausalsatz 2298

Kavafis K. P. 5828
Kazantzakis N. 4886
Kelten 3327, 3381, 3906, 5341, 5367
  vgl.a. Gallia
Kempten 5222
Kepler J. 4941
Kerschensteiner G. 1133
Klassenarbeit 1349, 1351f., 1356, 1363, 1365f., 1372f., 1380, 1385, 1402, 1405f., 1408, 1422, 1427, 1430, 1440–1442, 1444, 1457, 1468, 1475, 1482–1485, 1492f., 1821, 1882, 2386, 3095, 3159
  vgl.a. Leistungserhebung
  Vorlagen 1423, 1445, 1456, 1462, 1477–1481, 1489f., 2720, 3383, 3477
Klassenfahrt s. Exkursion
Klassik 113, 125, 156f., 289, 393, 5437, 5844
Klassische Philologie 101, 107, 154, 156, 198, 203, 234, 241, 270, 289, 291f., 361, 388, 393, 782, 806, 814, 858, 902, 967, 2192, 2217
Klausur s. Klassenarbeit
Kleidung 1684, 1785, 5356, 5738
Kleopatra 3787, 5391
Knechtschaft s. Sklaverei
Knoten s. Gordischer Knoten
Kochen s. Küche
Köln
  Fachdidaktik 790
  als Münzstätte 5774
  Röm.-Germ. Museum 1684, 5775, 5789
  Römerzeit 1733, 5357, 5699, 5702
Kollegstufe 427, 432, 440, 452, 456, 461, 506, 515, 526, 540f., 543, 548, 553, 558, 571, 576f., 621, 625, 633, 639, 673, 772, 1509, 3060, 3099
  vgl.a. Lehrplan: Kollegstufe; Oberstufe; Oberstufenreform; Orientierungs-; Studienstufe
  Leistungserhebung 1381
Kolonie 5698
Kombinationskurs 728
Komik 2133, 3187, 3201, 3440, 4171, 4862, 5031f., 5050, 5057, 5261, 5311, 5472, 5477, 5479
Kommentar 1527, 1551, 1566, 3120

Schlagwörter

Kommunikation 1291, 2355
 historische 1281, 1283, 1308
Kommunikationsmodell 1952, 2218
Komödie 4228, 4232, 4650, 4970, 5034,
 5471f., 5474, 5477, 5479f., 5913
Komparativ 2248, 2260, 2266, 2329
Kondizionalsatz 2301, 2331
Kongruenz 2293
Konjugation 1592, 1603, 1650, 2010,
 2013, 2142, 2249, 2257, 2261, 2880,
 2939, 2989
 e-Konjugation 1647
Konjunktionen 2241
Konjunktiv 1654, 2332, 2346, 5312
Konsekutivsatz 2916
Konstantinopel s. Byzanz
Konstanz
 Klassische Philologie 787
Konstruktionsfehler s. Fehleranalyse
Kontrastgrammatik 2214, 2216, 2226,
 2274, 2277, 2306, 2383, 3035
 vgl.a. Sprachenvergleich
Kooperation s. Unterricht, kooperativer;
 Fächerübergreifender Unterricht
Korrektur 1355, 1384,f., 1388, 1397, 1405,
 1443, 1467–1469, 1482, 1484
 vgl.a. Fehleranalyse; Leistungserhebung
 Positivkorrektur 1404, 1406, 1409, 1415
Korrekturmatrix 1003, 1364, 1397, 1425,
 1431, 1446, 1448
Kosmogonie 4114, 4135, 4149, 4685
Kosmologie 4084, 4237
 vgl.a. Weltmodell
Krankheit 4055
Kranz W. 1119, 1131
Kreativität 1661f., 1667, 1669, 1882, 2143,
 3088, 3112
 vgl.a. Lernen, kreatives; Rezeption, produktive
Kreta 5669
Kreuzzüge 5262
Krieg 4690, 4826
 heiliger s. bellum iustum
Kriegswesen s. Militär
Kritik 3860
 vgl.a. Gesellschaftskritik, Ideologiekritik,
  Imperialismuskritik, Kunstkritik,
  Religionskritik, Romkritik, Übersetzungskritik, Utopiekritik
Krösus 5175
Küche 1777f., 3216f., 5356, 5575
Kulturgeschichte 5101–5134
Kulturkriminalität 3586, 3589, 5399
Kulturtheorie 3935, 3951, 5583, 5626
Kulturvergleich 280, 299, 5100
Kunst 4, 4718, 4730, 5320, 5321, 5722–
 5740,
 vgl.a. Malerei; Plastik
Kunstkritik 4858
Kursdidaktik s. Grundkurs; Leistungskurs
Kurzarbeit s. Klassenarbeit
Kynismus 5633

L 2-Unterricht s. Latein, als zweite Fremdsprache
La Fontaine J. de 4176, 4190, 4195
Lachen s. Komik
Lakonismus 5499
Landino C. 5868
Landshut 5225
Landwirtschaft 4853, 5107, 5111, 5346,
 5574
Laokoon 248, 1038, 4771, 4780, 4794,
 4828, 4835, 5857, 5911
Latein
 als erste Fremdsprache 412, 419, 439,
  450, 482, 556, 562, 572, 583, 586,
  618, 626, 630, 654, 666, 671, 707,
  720, 726, 952, 1819
 als zweite Fremdsprache 307, 519, 589,
  603, 618, 665, 726, 943, 952, 963,
  1006, 1270, 1510, 1537, 1544,
  1658, 1806, 1908, 1941
 als dritte Fremdsprache 609, 618, 656,
  943, 1049, 1533, 3031
 vgl.a. Sprachenfolge
 als Weltsprache 2035
 an der Universität s. Universitätskurse
 Latein–Griechisch s. Griechisch–Latein
 'lebendiges Latein', 'Latein im Alltag' s.
  Rezeption: Latein
 Relevanz für andere Studienfächer 132,
  148, 201, 272, 305, 336, 378, 764,
  786, 792, 847, 877, 879–881, 883,
  885, 889f., 893, 938, 5870
 vgl.a. Wissenschaftspropädeutik

spätbeginnendes 604, 609, 618f., 631, 727, 731, 1324, 1522, 1561, 1826, 1884, 1888, 2664, 2704
Latein Sprechen 1022, 1045, 1649, 2034–2097
Latinum 305, 512, 570, 591, 598, 647, 655, 658, 697, 739, 742, 764, 786, 884, 886, 918f., 938, 1342f., 1461, 1888
laudatio funebris 3868
Laureti T. 5864
laus 5004
Lautgesetze 2240
Lautlehre s. Phonetik
Lautmalerei 4101
Legastheniker 1850
Legende s. Heiligenlegende
Legitimation 4, 6, 9, 106f., 116, 120, 134f., 137, 139–142, 145, 154, 160, 184f., 195, 198f., 208f., 215, 222–224, 228–230, 234, 236, 239f., 242f., 247, 251, 260, 264, 266f., 269, 274, 282, 291, 295, 303f., 307, 316, 320, 331f., 340, 382, 384, 402, 406, 410, 414, 418, 454, 463, 473, 504, 520, 527, 553, 559f., 590, 605, 616, 626, 650, 652, 654, 658, 673, 821, 1122, 1767, 1774, 1804, 1807, 1809, 1817f., 2721, 3088, 3931, 5819, 5825
  vgl.a. Bildungswert
  19. Jh. 218
Lehnwörter 1601, 2432, 2439, 5801, 5967
  vgl.a. Fremdwörter
Lehrbuch 469, 601, 727, 986, 1037, 1096, 1107, 1189, 1191, 1499, 1509–1579, 1721, 1861, 1882, 1887, 1899, 1922f., 1933, 2492, 2507, 2553, 2589, 2704, 2743, 5008, 5615
  vgl.a. Register B: Unterrichtswerke
Lehrerausbildung s. Fachdidaktik; Fortbildung
Lehrerausbildungsgesetz 816
Lehrerfortbildung s. Fortbildung
Lehrerkommentar s. Kommentar
Lehrgedicht 5458
Lehrmittel 1821, 2444–2871
Lehrplan 606, 675–754, 1086, 1120, 3770
  Baden-Württemberg 429, 1872
    Jgst.5–6 1869–1871, 2006, 2010, 3201, 5664
    Jgst.7–8 (L 2) 993
    Jgst.7–10 1006
    Jgst.11 716–719, 978
    Jgst.11–13 708
    Jgst.12 718
    Jgst.13 719
    Sek.I 3201, 5664
    Sek.II 57
    GK 979, 982
    LK 979, 982
    LK 12 978
  Bayern 429, 696, 753, 860, 1483, 3088, 3095
    Jgst.5 1897
    Jgst.8–11 737f.
    Oberstufe 606
    Kollegstufe 510, 515, 541, 574, 577, 580, 593, 687, 698, 706, 711, 957
    GK 543, 684
    GK 12/1 1381, 3668, 3673
    GK 12/2 4999, 5004, 5052
    GK 13/1 5157, 5159
    LK 594, 602, 684, 740
    LK 12/1 5050
    LK 12/2 5123f., 5126f.
    LK 13/1 713, 5081, 5161
    LK 13/2 5156, 5160
    Latein als spätbeginnende Fremdsprache 731
    Wahlunterricht 727
  Berlin 4726
  Bremen 429, 457
  DDR 683, 692, 736, 750
  Hamburg 429
  Hessen 429, 704, 1543, 1829
    Sek.I 675, 678f., 686, 688, 694, 701, 709, 723, 745, 1521, 3031f., 5046
    Sek.II 693, 722, 3443, 5093
    Oberstufe 1047, 5027
    Jgst.11 655
    GK 13/1 3443
    LK 5092
    LK 13/1 3443
    Orientierungskurs 1 714, 994, 5078
    Kollegstufe 448
  Niedersachsen 429, 599, 697, 720, 725f.
    Sek.II 691
    Oberstufe 4896
    Orientierungsstufe 705
    LK 721

Schlagwörter

Nordrhein-Westfalen 429
  Jgst.5–10 752
  Sek.I 695, 702, 754
  Sek.II 689, 729f., 747
  Oberstufe 733
  Orientierungsstufe 583, 608, 707
  GK 12/1 728, 3428
  GK 12/2 4431, 5145
  GK 13/1 728
  LK 12/1 728
  LK 12/2 5054
  LK 13/1 728, 5082
Österreich 741, 746, 751, 931, 1173, 3457
  Jgst.11 5617
  Oberstufe 749
Rheinland-Pfalz 429
  Sek.I 584, 732, 1887
  Sek.II 584
  Studienstufe 676, 700, 703, 748, 1393, 3067
  GK 710, 743
  LK 690, 743
Schleswig-Holstein 429
Sekundarstufe II 715
Saarland
  Kollegstufe 677, 1349
Vergillektüre 4733
Lehrplanreform s. Curriculumreform
Lehrprobe 761, 777, 794, 822
Lehrprogramm s. Lernprogramm
Leistungsbewertung 1003, 1355, 1358, 1361, 1369, 1374, 1390, 1394f., 1408, 1425, 1428, 1448, 1460, 1464, 1466f., 1491
  vgl.a. Korrektur
Leistungserhebung 6, 9, 727, 964, 977, 993, 1342–1494, 1882, 1882, 2356, 3095, 4549
  vgl.a. Klassenarbeit
  Kollegstufe 1381
Leistungskurs 456, 594, 602, 621, 1267, 3930
Leistungsmessung s. Leistungserhebung
Leitfragen 1357, 3066, 3074, 3083, 3088, 3095, 4980
  vgl.a. Interpretationsaufgabe
Lektüre
  assoziierende 1899
  und Grammatik s. Grammatikunterricht, lektürebegleitender
  kursorische 3088
  lehrbuchbegleitende 1037, 1855, 3063, 3196, 5008
  mikroskopische s. statarische
  modellorientierte 5083, 5089
    vgl.a. Denkmodell
  problemorientierte s. thematische
  projektorientierte 3586
  statarische 3088
  stilerfassende 1899
  strukturbezogene 1899
  thematische 6, 513, 639, 717, 3044, 3066, 3129, 3133, 3202, 3488, 3559, 3668, 3770, 4985, 5005, 5016–5027
  vergleichende 3021, 3047, 3064–3066, 3068, 3075, 3155, 3406, 3432, 3438, 3441, 3449, 3688, 3697, 3837, 3900, 3915, 3977, 4092, 4098, 4152, 4683, 4831, 5396, 5604, 5919
  vgl.a. Anfangslektüre; Autorenlektüre; Interimslektüre; Originallektüre; Übergangslektüre
Lektürekanon 977, 999, 1037, 3181, 3189, 3191f., 3210
Lektüreschock 3069, 3269
Lektüreunterricht 9, 567, 1882, 3040, 3088
Lem S. 4102
Leningrad 1200, 1204, 1255
Lernen
  dialektisches 3029
  innovatives 1669
  kooperatives 1287
  kreatives 1664, 1669, 2031, 2143, 5702
    vgl.a. Kreativität; Rezeption, produktive
  mechanisches 2436
  produktives s. kreatives
  programmiertes s. Lernprogramm; Unterricht, programmierter
  rezeptives 2436
  soziales 632
  vergleichendes 3065
Lernerfolgskontrolle s. Leistungserhebung; Rezeptionssituation des Schülers
Lernhilfen 1499
Lerninhalt 3084

Lernprogramm 1499, 1512, 1519, 1833, 1837, 1854, 1857f., 1875, 2812f., 2815, 2872–2967
Lernpsychologie 773, 1036, 1313, 1382, 1842, 1876f., 1896, 1907, 2010, 2015, 2019, 2421, 2425
Lerntechnik 1911, 1924, 1932, 1935f., 2028f., 2387, 2431
Lernziel 4, 6, 133, 329, 396, 437, 509, 511, 514, 516, 521f., 524–526, 531f., 535, 537f., 545f., 549–551, 561, 563, 568, 578f., 581f., 584f., 595, 597, 599–601, 605f., 614, 616, 645f., 648, 650f., 655, 669, 726, 732, 964, 992, 1100, 1331, 1365, 1395, 1416, 1424, 1838, 1882, 2387, 3027, 3036, 3043, 3054, 3056, 3066f., 3074, 3088, 3179, 3210, 3314, 3770, 3894, 3961, 4095, 4316, 4378, 4381, 5149, 5494
Lernziele
 affektive 575, 592, 1211
 soziale 632
Lernzielkontrolle s. Leistungserhebung
Lernzielmatrix s. DAV-Matrix
Lernzieltaxonomie 526, 592
Lesbia 3409, 3421, 3453, 3456, 5972
Lesebücher 4974–5015
Lesen s. Aussprache; Prosodie
Leserlenkung s. Erzähltechnik
Lessing G. E. 4176, 4190, 4195, 4209, 5487
Leviathan 3690, 4939, 5158
Lex Oppia 5127, 5406
Lexikon 996, 1475, 1492, 1902, 2295, 2386, 2402, 2405, 2419, 4391
libertas 3876, 4515, 4536, 4985, 5347
 vgl.a. Freiheit
Lichtbilder s. Dias
Licinius Macer 4406
Liebe 1077, 3828, 4043, 4055, 4999, 5004, 5030, 5107, 5111, 5124, 5492
 vgl.a. Erotik
Liebeselegie 978, 1033, 4037, 4043, 4695f., 4977, 5028, 5030, 5047, 5059, 5453, 5459, 5478, 5492
Liebesroman s. Roman, antiker
Lied 1319, 1793, 2028, 2098–2110, 2123, 3796, 5827, 5941
 vgl.a. Musik

Limes 1597, 1740, 5357, 5663, 5670, 5786
 Exkursion 1738, 1746
Linguistik 6, 723, 973, 993, 1284, 1841, 1866, 2173–2384
 vgl.a. Textlinguistik
 strukturale s. Strukturalismus
Literaturauffassung vgl. Dichter, Selbstverständnis
Literaturgeschichte 5417–5454
Literaturtheorie 3077
 vgl.a. Dichtungstheorie
Literaturwissenschaft 203, 241, 814
 vgl.a. Klassische Philologie
Loewe K. 5827
Logik 965, 972, 3231, 5170, 5948
Loriot 5031
Lucretia 3697, 3914, 5969
Ludi Latini 1771
Lückentext 2031
Lykische Bauern 4076, 4114
Lyrik 740, 3438, 5007, 5040, 5492

Maas P. 1138
Macchiavelli N. 3916, 5390
Maecenas 3854, 5362
Märchen 3218, 3220
Märtyrerakten 4286, 5240, 5247, 5444
Magdalensberg 1736, 1741
Magistrat s. Beamte
maiestas 3821
Mainz 5673, 5707, 5746
Malerei 4146, 5675
 Buchmalerei 4821
 Stile 5724
 Vasenmalerei 5686, 5792
 Wandmalerei 5675, 5724
C. Manlius 4404
M. Manlius 3892
Manlius Torquatus 3892
Mann H. 1157
Mann T. 5031
Mannheim: Klassische Philologie 787
Marc Aurel 5398
Marcuse H. 133
Maria 4913
Marius 5376
Mars 997, 3904, 4116

Schlagwörter

Marx K. 133, 1085, 4760, 5337, 5345
Marxismus 189
Masada 5372
Maslow A. 4161
Mathematik 2285, 4937
Matriarchat 3445
Matrix s. DAV-Matrix; Korrekturmatrix
Matura s. Abitur, Österreich
Mazedonien 1215
Medea 4423
Medien, audiovisuelle 1552, 1604–1634, 3095
Medieneinsatz 1495–1660
Meditation 3088
Medizin 513, 731, 3463, 5163, 5176, 5321, 5322, 5588, 5609, 5932
Meer 5045
Menenius Agrippa 3892
Menge H. 1149
Menippeische Satire 4700
Mensch 4145, 4471, 5587
    Mensch–Götter 4081, 4122
    Mensch und Natur s. Natur
    Menschenbild 377, 3631, 3676, 4416, 4983, 5186, 5189
        Cicero 3676
        Tacitus 4508
    vgl.a. Anthropologie
Menschenopfer 5669
    Kelten 3381
Menschenrechte 3653, 4938
Merksätze 2029, 2314, 2904, 2906
    vgl.a. Beispielsätze
Merkur 3804
Messala 4560
Messalina 5413
Metapher 2439, 3562, 4787, 5185, 5191, 5431
Metrik 1647, 3954, 4028, 5523–5532
    vgl.a. Versmaßanalyse
Meyer C. F. 4031, 5847
Michelangelo 4835
Mickey Mouse 5300
Midas 4078, 4137
Militär 1051, 1597, 3361, 5320–5322, 5412, 5533, 5544, 5664
Miltiades 4991

Mimik 4529
Mimus 4082
Minerva 4270
Minoische Kultur s. Kreta
Minotaurus 1674, 5907
Minyaden 4110
Mirandola P. de 4455
Mitarbeit, mündliche 1361
Mithras 5194, 5670
Mithridates 4345, 5376
    vgl.a. Barbarenreden
Mittelalter 3208, 4872, 5328, 5426, 5707
    Schule 5261
Mittellatein 731, 884, 989, 1037, 3027, 3209, 4859–4911, 4979, 5011, 5257–5269, 5419f., 5425f., 5428–5430, 5433, 5443f., 5447
Mittelstufe 605, 755, 1037, 1302, 1338, 1981, 3087, 3088, 3095, 3109, 3205f., 3343, 3353, 3963, 4087, 4109
    vgl.a. Sekundarstufe I/II
Mnemotechnik s. Lerntechnik
Modell s. Denkmodell; Guttmann-Vanecek-Modell; Weltmodell
Modellbegriff 3095
Molière 5913
Mommsen T. 1160
Monarchie 5349
Montessori M. 389
Moral s. Ethik
Mord, politischer s. Attentat
Morel W. 1170
mores s. mos
Morphem 2246f.
Morphologie 2012, 2241–2261, 2420, 2442, 2857, 2936, 2946
mos 3123, 4951
Mosaik 5675, 5686, 5724
Motivation 491, 1270f., 1297–1299, 1302, 1304, 1328, 1427, 1501, 1669, 1853, 1876, 1881f., 1884, 1920, 1948, 2007, 2010, 2124, 2412, 3029, 3088, 3095, 4358, 4428, 4519, 4763
    Elternmotivation s. Legitimation
Mozart W. A. 3680
Mucius Scaevola 3892, 3894
München 5213

Schlagwörter

Antikensammlung 5775
Glyptothek 5654
lat. Inschriften 5751
Prähist. Staatssammlung 5675, 5752
Mündlichkeit 279, 2040
Münzen s. Numismatik
Münzer F. 1119
Multiple-choice-Test
   Archäologie 1449
Museum 1017, 5653, 5688, 5880
Museumspädagogik 5653f., 5686, 5688, 5690, 5692, 5752, 5773–5796
Musical: Anatevka 5459
Musik 1631, 1764, 1793, 3691, 4730, 5827, 5831
   vgl.a. Lied; Rezeption, Musik
Musiktheater s. Oper; Musical
Mutter Latein s. Rezeption: Latein
Muttersprache 1880
Myrte 4041
Mythologie 1317, 3095, 4063, 4116, 5153–5189, 5634–5648
   vgl.a. Entmythologisierung
Mythos 4988

Nabel der Welt 5192
Nacht vgl. 1001 Nacht
Narratologie s. Erzähltechnik
Narziß 4071, 4125, 4132, 5191, 5885
Nase 5723
Nationalsozialismus 1087, 1097, 1099, 1116, 1118f., 1122f., 1125, 1127, 1129, 1132, 1153, 1168f., 1171, 3221
Natur 1051, 3939, 3949, 3951, 4269, 4302, 5567, 5591, 5613
   Kunst–Natur 5454
   Mensch und Natur 3361, 4031, 4831, 4960, 5183, 5606, 5611, 5619, 5620f.
   vgl.a. Umweltverschmutzung
Naturphilosophie s. Philosophie
Naturrecht s. Recht
Naturwissenschaft 128, 132, 150, 175, 296, 493, 3936, 4442, 5598, 5603, 5949
   antike 3463, 4241, 5321f.
nd-Formen (Gerundium, Gerundivum) 1331, 1927, 1937, 2187, 2264, 2313,

2334, 2340, 2342f., 2345, 2347, 2358, 2814, 2929, 3098, 3366
Neapel 1757
   Exkursion 1754f.
Nebensatz s. Gliedsatz
negotium 2396
Nekropole 5762
Nenning/Mosel 5775
Neoteriker 5437
Neptun 4756
Nero 1680, 4498, 4614–4616, 4991, 5413
Neuburg/D. 5227
Neudurchnahme 1822, 2322, 3097
Neue Bundesländer s. Ostdeutschland
Neuhumanismus s. Humanismus
Neulatein 2048, 2051, 3185, 3203, 3208f., 4792, 4912–4973, 5011, 5270–5280, 5430, 5439f., 5442,–5444, 5449, 5753
   lat. Übersetzungen deutscher Gedichte 5847, 5881f., 5895
Neveu F. X. v. 3784
Newton I. 5187
Nida 5796
Niederlande 1215, 1218
Niedersachsen 229, 725
   Lehrplan s. Lehrplan: Niedersachsen
Nietzsche F. 163, 1145, 1155, 3177, 3795, 3892, 5166, 5618
Nikolaus 2061
Nîmes 1750, 5712, 5714, 5716
Niobe 1773, 4077f., 4086, 4142
Nomen 1821
Nonnos 5036
Norden E. 1125, 1138, 1192f.
Nordrhein-Westfalen 151, 744, 752, 1101
   Lehrplan s. Lehrplan: Nordrhein-Westfalen
Noricum 1583
Normen 219, 4676, 4686, 5177, 5600, 5601
   ethische 3612, 4676
   Goldene Regel 5600
'Normenbuch' s. EPA
Noten s. Leistungsbewertung
Novák J. 4816, 4893, 5827, 5941, 5944
Nürnberg 5218
Numeralia s. Zahlen

Schlagwörter

Numismatik 5320, 5393, 5403, 5569, 5675, 5686, 5774, 5777

Oberstufe 513, 565, 576, 587, 595, 611, 640, 1488, 2958, 3021, 3070, 3088, 3095, 3104, 3931, 4206
   vgl.a. Sekundarstufe II, Kolleg-, Orientierungs-, Studienstufe
Oberstufenreform 451, 464, 470, 566, 569
Octavian s. Augustus
Odysseus 1696, 5828
Ödipus 1846, 5884, 5888
Öffentliches Leben 5533–5567
Öffentlichkeitsarbeit 185, 282, 1767, 1799, 1802–1819, 2143
   vgl.a. Arbeitsgemeinschaft
Ökonomie s. Wirtschaftslehre
Ökonomisierung 1316, 1826, 1893, 1913, 1926f., 1941, 2308
Österreich 344, 749, 1008, 1215, 1218, 1240, 1565, 1622, 3675, 4074
   Bildungspolitik 124, 228a, 242, 245, 483
   Fachdidaktik 872
   Kärnten 5209, 5210
   Lehrplan s. Lehrplan: Österreich
   Lektüreunterricht 1173
   Niederösterreich 5197
   Oberösterreich 5199, 5202
   Römerzeit 5226, 5228
   Steiermark 5207f.
   Tirol 5212
Offenbach J. 5934
Olympia 5571
Olympische Spiele 5571
Oper 1717
   Dulcitius (Novák) 4893
   Orpheus und Eurydike (Gluck) 5933f.
   Orpheus in der Unterwelt s. Operette
   Il sogno di Scipione (Mozart) 3680
   Die Trojaner (Berlioz) 4781, 4838
Operationalisierung 545, 3031, 3892, 5046
Operette: Orpheus in der Unterwelt (Offenbach) 5934
Opfer 4058, 5560
Oppidum 1751
   vgl.a. Stadt
Opposition 4406, 4437
Orakel 4264

Orange 1750, 5713, 5717
Oratio obliqua 2303, 2312, 3366
Orff C. 1717, 3455, 3460, 4866, 4886, 5822, 5836, 5945
Organisation 491, 3071, 3088, 4316
   vgl.a. Unterrichtsvorbereitung
Orgetorix 3370
Orientierungslektüre s. Übergangslektüre
Orientierungsstufe 539, 566, 583, 589, 608, 705, 707, 980, 986, 1279
Originallektüre 3034, 3088, 3090, 3994
   im Anfangsunterricht 1049, 1830, 1899, 1933
Origines 5262
Orpheus 1678, 4078, 4113, 4127, 4151, 4991, 5638, 5933f.
Ostdeutschland 349, 366, 368, 374, 401, 408
   vgl.a. DDR
Ostern 4666
Ostia 5709
Otho 4637
otium 2396f.
Otzenhausen 1751
Overhead-Projektor 1499, 1635–1647, 3351
Overhead-Transparente 1581, 1583, 1585f., 1592f., 3347, 4810

Pädagogik 103, 782, 1314, 3232, 4316, 4320, 5171
   vgl.a. Erziehung; Reformpädagogik
   antike s. Erziehung, antike; Bildung, antike
Pädagogische Hausarbeit 869, 937
Paestum 1748
Paideia 1086
Paläographie s. Handschriftenkunde
Pallas 4778
Panegyrik 4716, 5407, 5885
Pannonien 5690
Parallellektüre s. Lektüre, vergleichende
Paralleltext s. Begleittext
Paris 5192, 5759
Parodie 5031, 5429
Partizip 1331, 1512, 2005, 2267, 2278, 2318, 2341, 2899, 2929
   participium coniunctum 532

PPP 2316f.
Pascoli G. 5868
Pasiphae 4116
Passau 4965, 5219
Passiv 1876, 2254, 2898
Pastourelle 5260f.
Patriarchat 3445
Paulus 4668, 4676
Pavese C. 5930
Pax Romana s. Frieden
Pazifismus 4785, 4929
Pentameter 3007
Perestroika 1255
Pergamon-Altar 979, 982
Periode 2309
Perser 5388
Perseus 1687, 4096
Pfeiffer R. 1153
Pferd s. Trojanisches Pferd
Pfingsten 4666
Phaëthon 3947, 4070, 5175
Philemon und Baucis 4076, 4108, 4111, 4120, 4129, 4141
Philologie vgl. Klassische Philologie
Philologien, neue s. Fremdsprachen, moderne
Philosophie 684, 728, 731, 740, 3934, 5157, 5159, 5164f., 5167, 5322, 5500, 5918
  epikureische s. Epikureismus
  Geschichtsphilosophie s. Geschichtsauffassung
  Naturphilosophie 4442, 5598
  vgl.a. Vorsokratiker
  Popularphilosophie 3806, 3939, 5602
  praktische 5165, 5600
  Sprachphilosophie vgl. Sprache: Denken–Sprache
  Staatsphilosophie 684, 713, 740, 981, 3600, 3602, 3608f., 3616, 3668, 3670, 3672, 3678, 3688, 4939, 4985, 5081f., 5158, 5161, 5184, 5546, 5578f., 5897, 5948
  vgl.a. Romideologie
  stoische s. Stoa
  Studium 885
Phönix 3866, 5192, 5898
Phonem 2246

Phonetik 2227, 2229, 2240
  vgl.a. Aussprache; Lautgesetze
Phraseologie 1891, 2060
Physik 5187
Pinelli B. 5864
Piontek H. 4757
Pisonische Verschwörung 4617
Plastik 5686, 5718, 5723
  vgl.a. Herrscherbild
Platon 1934, 3696, 3698, 5071, 5416, 5624
  Politeia 3688, 5184, 5897
Plebs 3876, 3899, 4517, 5335
Plenzdorf U. 5459
Plutarch 4451f., 5075
Poesie 684, 719, 738, 1047, 3033, 3091, 3099, 3167f., 3173, 3212, 4990, 4997, 5000, 5009
Poetik s. Dichtungstheorie; Literaturtheorie
Poetizität s. Dichtersprache
Polen 1229
Politik 713, 1107, 3317, 3439, 3442, 3616, 3719, 4208, 4512, 4517, 4587, 4593, 5060, 5071, 5076, 5082, 5164, 5364, 5393, 5506, 5577f., 5584, 5898
  vgl.a. Bildung, politische
Politisches Denken s. Staatsphilosophie
Poliziano A. 5868
Polybios 3890, 5069, 5075, 5084, 5396
Polykrates 1691
Polyphem 309, 4075, 4090
Pompeius 3803, 3924, 5376, 5391f.
Pompeji 1748, 4265, 4272, 4274, 4282, 4290, 4296, 5106, 5402, 5548, 5698, 5728, 5743, 5747
Pont du Gard 1750, 5714
Pope A. 5901
Popper K. R. 5158
Popularen 4406
Porsenna 3892, 3908
Porträt 5675
Positivkorrektur s. Korrektur
Potentialis 2301
Pound E. 4305, 5828
Poussin N. 5864
Prädikat 2273, 2275, 2284
Prädikativum 2016, 2320, 2325, 2341, 2344, 2349, 2358

Präposition 2241
Prag 5944
Pragmatik 2195, 2203, 2379, 4618, 5430
Praktikum, studienbegleitendes 926
Preisausschreiben s. Wettbewerb
Prinzipat 1033, 1085, 4326, 4328, 4437, 4614, 4635, 5080, 5083, 5349, 5374, 5389, 5392, 5403, 5413
  vgl.a. Augusteische Zeit; Kaiserzeit
Prinzipatsideologie 4326, 5083, 5374, 5407
Privatleben 5568–5633
Procris 4116
Prokrustes 5192
Prometheus 3067, 5583
Pronomen 1647, 2241, 2388, 2988, 3366
  vgl.a. Demonstrativpronomen, Relativpronomen
Propädeutik s. Wissenschaftspropädeutik
Propaganda 227, 3321, 4328, 5777
Prophetie 4673, 4686
Proserpina 4126, 5935
Prosodie 5524–5526, 5529, 5532
Provence 1750, 5087
  Exkursion 1749, 1750
Provinz 5341, 5395
Provinzialarchäologie s. Archäologie
Prozeß s. Recht
Prüfungsanforderungen s. EPA
Prüfungsaufgabe s. Klassenarbeit; Interpretationsaufgabe; Abitur
Psychoanalyse 4796
Psychologie 3456, 4052
  vgl.a. Entwicklungspsychologie; Gedächtnispsychologie; Lernpsychologie
Punische Kriege s. Karthago
Puschkin A. 3803
Pygmalion 4102, 4145, 5900
Pyramus und Thisbe 1672, 1691, 1711, 1722, 4078, 4085, 4095, 4103, 4106f., 4152, 5900
Pyrrhus 5192
Pythagoras 5840
Pythagoreer 5840

quidam 2388
Quiz 1797

quod 2272

Raabe W. 5972
Rätoromanisch 5824
Rätsel 1799, 2111–2114, 2116, 2119, 2129, 2131, 2135f., 2140, 2144, 2146, 2588, 2595, 3016, 3187
Ransmayr C. 4134, 4148
ratio 3642
Raumfahrt 3683
Rea Silvia 3904
Realien 1017, 1929, 2764, 3076, 3139, 5299, 5320–5322, 5354f., 5664, 5667, 5685
  vgl.a. Sachinformationen
Realis 2301
Recht 731, 740, 972, 1050, 3031, 3317, 3609, 3618, 3732, 5135–5145, 5320–5322, 5412, 5534f., 5538f., 5948
  göttliches 4081
  Naturrecht 3031, 3639, 4938
  Strafrecht 3581, 5542
  Zivilrecht 5543
Rechtswissenschaft s. Jura
Rede s. Rhetorik; vgl.a. laudatio funebris
Rede, indirekte s. Oratio obliqua
Referendariat 855, 859
Reformpädagogik 1099
Regel, Goldene s. Normen
Regensburg 5215, 5661f., 5675, 5781f.
  Fachdidaktik 795
  Klassische Philologie 787
Rehm A. 1138
Reich s. Römisches Reich
Reifeprüfung s. Abitur
Relativpronomen 2941
Relativsatz 2273, 2333
Relief: Orpheus und Eurydike 1372
religio 5109
Religion 1034, 4063, 4779, 5320–5322, 5548–5567, 5792
Religionskritik 4662, 4664
Renaissance 5949
Republik 4375, 5080, 5349f., 5385
  Gesellschaft 5108, 5364
  vgl.a. Weimarer Republik
Revolution 3570, 4365, 4377, 4394, 5358, 5376

Schlagwörter

vgl.a. Französische Revolution
Rezeption 50, 636, 2143, 3067, 3088, 3095, 5797–5977
Caesar 3262, 3341, 3349, 3373, 3397, 5862
Catull 3434, 3438, 3445, 3455, 3460, 5844, 5945, 5972
Cicero 248, 3639, 3680, 4959, 4961
Homer 4056
Horaz 1631, 3783f., 3796, 3803, 3805, 3835, 4913, 5916, 5937, 5941
Hrotsvith v. Gandersheim 4893
Latein 256, 328, 932, 1154, 1284, 1601, 1775, 1825, 2094, 2438f., 2442, 5797, 5805, 5819, 5837, 5858, 5870, 5876f., 5915, 5922, 5926, 5932, 5944, 5948, 5951f., 5964, 5967f.
   vgl.a. Fremdsprachen, moderne; Fremdwörter; Lehnwörter; Sprachen, romanische
Livius 3917, 5864
Lukan 5875
Malerei 4146, 4451, 4628, 4811, 4821, 4834, 5864
Musik 1319, 1631, 1764, 4730, 4816, 5827, 5831, 5905, 5939, 5941
Mythos 5192, 5958
Ovid 4022, 4026, 4084, 4088, 4098, 4102, 4108, 4134, 4146, 4157, 4862, 4912, 4942, 5812
Petron 4176
Phädrus 4185
Plautus 5913
produktive 1661–1802, 3367, 3459, 3471, 3807, 4143, 4290, 4549, 4588
   vgl.a. Kreativität; Lernen, kreatives
Properz 4305
Sallust 4910
Sappho 4920
Seneca 1614, 5852
Stoa 4451
Tacitus 4540, 4578, 4584, 4587
Terenz 4660, 4892
Vergil 1033, 1614, 4718, 4720, 4728–4730, 4743, 4762, 4768, 4775, 4780f., 4784–4786, 4788, 4792f., 4807–4809, 4811, 4816, 4818, 4827, 4834–4836, 4838, 4853, 4865, 4920, 5923, 5937, 5959

Rezeptionssituation des Schülers 187, 190, 198, 298, 409, 1305, 1313, 3471, 4549, 4833, 5798, 5800, 5823, 5825
Rheinland 5205, 5223, 5754
Rheinland-Pfalz
   Inschriften 5746
   Lehrplan s. Lehrplan: Rheinland-Pfalz
Rheinzabern 5688
Rhetorik 732, 740, 1306, 2355, 3258, 3488, 3493, 3501, 3519, 3525, 3542f., 3545, 3551, 3562, 3571, 3591, 4342, 4373, 4382, 4388, 4406, 4563, 5146–5152, 5494–5522, 5900
Rhotazismus 2240
Ringmann M. 1156
Rinser L. 4886
Robinsohn S. B. 114, 434, 437
Römertum 1029
Römisches Reich 1586
Rohace 3784
Rohde G. 1138
Rolandslegende 4884
Rom 1587, 4984
   Bauten 5224
   Exkursion 1732, 1742, 1754
   Forum 5062
   Forum Augustum 5711
   Geschichte 5224, 5229, 5233
   Kapitol 5201
   Petersdom 5762
Roman
   antiker 5453, 5466
   moderner 82, 1553, 3341, 5820, 5830, 5862, 5903
Romanistik 877, 899
Romideologie 4524, 4716, 4773, 5069, 5073, 5077, 5079, 5181, 5352, 5885
   augusteische 5086
   christliche 3236, 5086, 5394
Romkritik 3236, 3910, 4414, 4526, 4825, 5069, 5077, 5084, 5087, 5089, 5896
Romulus 3904
Rosenthal G. 1190
Rousseau J. J. 133
Rußland 1256
   vgl.a. UdSSR
Rubens P. P. 4451, 4628, 5864
Rubikon 5192, 5391

Schlagwörter

Rundfunk 1258, 1622, 1628, 3095
Russisch 672

Saalburg 1740, 1745, 5670
Saarbrücken 5775
Saarland vgl. Lehrplan: Saarland
Sabinerinnen 4116
Sachheft 4585
Sachinformationen 1880, 1889, 1929,
    2764, 5299, 5320–5322, 5667, 5685
    vgl.a. Begleitinformationen; Realien;
        Sachheft
Sachs H. 5969, 5976
Sachsen 4909
Sachsen-Anhalt 408
Salzburg 5203, 5204
Sappho 3431, 4920
Satire 740, 3840, 3854, 3857, 3860, 4171,
    4180f., 4431, 4700, 4999, 5004,
    5031–5033, 5037, 5040, 5050, 5054
Satzanalyse 1637, 1821, 1841, 1882, 1898,
    1973, 1983, 2194, 2273, 2279, 2297,
    2304, 2320, 2323, 2326, 2335, 2339,
    2358, 2371, 2376, 2937, 2946, 2963,
    3004, 3091, 3103, 3813
    lineare 2371
Satzbild s. Satzanalyse; Visualisierung
Satzerschließung s. Satzanalyse
Savonarola G. 1174
Schadewaldt W. 1095, 1999
Schallplatte 5905
Schicksal 3244, 4476
Schiebe-Tafel 2880
Schiff 5673
Schiller F. 133, 1691, 3177, 4836, 5031,
    5166, 5840
Schlegel A. W. 4190
Schleißheim 4834
Schleswig-Holstein 796
Schliemann H. 1194
Schmähgedichte 5462
Schöpfung s. Kosmogonie
Scholastik 4903
Schroeder O. 1138
Schubert F. 5827
Schülerbeanspruchung, Schülerfeedback
    s. Rezeptionssituation des Schülers

Schülergespräche 5273, 5277
Schülerhilfen s. Lernhilfen; Stützkurs
Schülerkommentar s. Kommentar
Schülermeinungen s. Rezeptionssituation
    des Schülers
Schülerzeichnung s. Visualisierung
Schulaufgabe s. Klassenarbeit
Schulbibliothek 1325, 1511
Schulbuch s. Lehrbuch
Schule (antike) s. Bildung, antike
Schulgrammatik s. Grammatik
Schulspiel s. Schultheater
Schultheater 1069, 1075, 1317, 1670–
    1727, 1796, 1920, 2120, 2122f., 2143,
    4103, 4224, 4657, 4669, 4794, 4919
Schulzeitverkürzung 391
Schwab G. 5644
Schweiz 762, 969, 1215, 1218, 1240
    Klass. Philologie 844
Schwierigkeitsgrad 1009, 1435f., 1447,
    2304
    vgl.a. Rezeptionssituation des Schülers
Scipio Africanus 3881, 3902, 4991, 5075
Seele 3701
Segestes 4623
Segmentierung 2031
Sekundarstufe I 17, 19, 423, 438, 516, 597,
    606, 612, 616, 788, 1290, 1321, 1323,
    1458, 1844, 2010, 2257, 2338, 3043,
    3053, 3082, 3196, 3205f., 3413, 3963,
    4196, 4215, 4970, 5685
Sekundarstufe II 12, 18, 559, 610, 612,
    2364, 3051, 3060, 3071, 3142, 3212,
    3611, 4397
    vgl.a. Unter-/Mittel-/Oberstufe
Selbständiges Arbeiten 1277
Selbstbestimmung 133, 3934
Semantik 1940, 1947, 1973, 1987, 1991f.,
    2001, 2224, 2375, 2382, 2387f., 2406,
    2413, 4028
    Textsemantik 2360, 2371, 2377, 3174
Seminararbeit s. Pädagogische Hausarbeit
Sempronia 4393
P. Sempronius Tuditanus 4778
Senegal 196
Sentenz 2014, 2022, 2443, 3187, 5476,
    5915, 5948
Seume J. G. 5896

Sexualerziehung 1147, 3962
Shakespeare W. 5913, 5969
Sieben Weise 5629
Siebenschläferlegende 4894
Singen s. Lied; Musik
Sinon 4762
Sirenen 5192
Sirmione (Sirmio) 3447, 5844, 5919
Sisyphus 5192
Skandieren s. Versmaßanalyse
Sklaven 3774, 3901, 4221, 4278, 5080,
    5103, 5107, 5111f., 5118, 5125f.,
    5130f., 5337, 5342f., 5345, 5360,
    5386, 5541, 5563f., 5744
Sklavenhaltergesellschaft 5337, 5345
Skulptur 5724
Skylla und Charybdis 5192
Slowenien 1259
Sodalitas 928
Software 2968–3017
Sokrates 3597, 4207, 4451, 5918, 5957
Solmsen F. 1172
Sonnenuhr 5691, 5708
Soziologie s. Gesellschaft; Interpretation,
    soziologische
Spätlatein s. Mittellatein; Neulatein
Spanien 1251
Spanisch 1825
Spartacus 5130, 5376
Spezifikum des Griechischen s. Griechisch–
    Latein
Sphärenharmonie 3691
Spiel 1304, 1499, 2026, 2111–2148, 3095
Spiele (römische) 2134, 5133
    vgl.a. Olympische Spiele; Gladiatoren;
    Zirkus
Spielkarten s. Kartenspiel
Sport 5036, 5115, 5570f., 5686
Sprachbarrieren 2183
Sprachbetrachtung s. Sprachreflexion
Sprachbetrachtung
    funktionale s. Funktion (linguistische)
    kontrastive s. Kontrastgrammatik; Spra-
        chenvergleich
    strukturale s. Strukturalismus
Sprache
    Bildung–Sprache 4316

Denken–Sprache 167, 505, 1083, 1882,
    5178, 5599
    vgl.a. Gesellschaft–Sprache; Weltspra-
        che, Latein als
Sprachen
    Begegnung mit Sprachen s. Sprachsensi-
        bilisierung
    neue s. Fremdsprachen, moderne
    romanische 247, 653, 672, 1825, 5824,
        5841
    vgl.a. Französisch; Spanisch; Italie-
        nisch
Sprachenfolge 453, 481f., 498, 501, 556,
    560, 562, 572, 589, 615, 617f., 622,
    624, 628, 638, 641, 653, 659, 661f.,
    666, 672, 1282, 1806, 1811, 1818
    vgl.a. Latein als zweite/dritte Fremdspra-
        che; spätbeginnendes Latein
Sprachenvergleich 247, 636, 1891, 1956,
    1967, 2197, 2263, 2412, 2416f., 4197,
    5841
    vgl.a. Kontrastgrammatik; Zweisprachi-
        ger Text
Sprachgeschichte 2255, 2309, 5547, 5951
    vgl.a. Rezeption: Latein
Sprachkurse s. Außerschulische Sprach-
    kurse; Universitätskurse
Sprachlabor 532, 1499, 1648–1660, 2511,
    3954
Sprachreflexion 549, 585, 601, 606, 688,
    694, 973, 1276, 1278, 1284, 1296,
    1332, 1527, 1838, 1868, 1878, 1882,
    1885, 1900, 1917, 1919, 1967, 2180,
    2191, 2194, 2201, 2206, 2216, 2273f.,
    2292, 2331, 2338, 2392, 2417, 3026,
    3041, 3146, 3529, 5110, 5178, 5506
Sprachsensibilisierung 1942, 1949
Sprachstatistik 1001, 2305
Sprachtechnik 1992
Sprachunterricht 98, 1035, 1338, 1853,
    1882, 1969, 2019, 2179, 2182f., 3088,
    5315
    situativer 1827, 2037
Sprachvergleich 2726, 2729
Spranger E. 1121
Sprechmethode s. Latein Sprechen
Sprichwort 2443, 3187, 3201, 4701, 5476,
    5948
St. Christoph 4895

Schlagwörter

St. Petersburg s. Leningrad
St. Quirin 5251
Staat
   vgl. Politik; Republik; Gesellschaft
   Einzelner–Staat s. Gesellschaft–Individuum
Staatsexamen 789, 869, 930, 1420
Staatsform s. Verfassung
Staatskult 5558
Staatsphilosophie 3639, 4387, 4437, 5184
Staatsphilosophie s. Philosophie
Staatsschiff 5185
Stadt 5698, 5700–5702
   vgl.a. Oppidum
Städtebau 5698, 5700f.
Ständekampf 3899, 5120, 5335
Stafford W. 4785
Statistik vgl. Sprachstatistik; Wortstatistik
Statistik (zum A.U.)
   Bayern 202, 455, 472, 494, 698
   BRD 330, 438, 460, 490, 500, 503, 843
   Niedersachsen 229
   Nordrhein-Westfalen 459, 462, 465
   Schleswig-Holstein 315
Stegreifaufgabe s. Klassenarbeit
Steigerung s. Komparativ
Stifter A. 1103
Stil 5505
   vgl.a. Analytischer Stil
Stilmittel 1901, 2946, 3095, 3144, 3572, 5501, 5510, 5516
Stilübungen s. Universitätskurse
Stoa 3610, 4451, 4471, 4476, 4913, 5154f., 5189, 5583, 5629f.
Stoffentrümpelung s. Ökonomisierung
Storm T. 4102
Straßen 5230
Strafrecht s. Recht
Strawinsky I. 5884
Strindberg A. 3795
Strobl K. H. 3341
Stroux J. 1119
Strukturalismus 2186f., 2217, 2273, 2352, 2357, 2392
Strukturanalyse 1876, 4028
Strukturplan (d. Deutschen Bildungsrates) 518

Studienfahrt s. Exkursion
Studienordnung 845
Studienreform 799
Studienstiftung 421
Studienstufe 620, 943, 1372, 1380
   vgl.a. Kollegstufe
Studierfähigkeit s. Wissenschaftspropädeutik
Studium s. Universität(skurse); Fachdidaktik; Latein: Relevanz für andere Studienfächer; vgl.a. die Schlagwörter zu den einzelnen Studienfächern
Stützkurs 3023
Stundenaufbau; Stundenentwurf s. Unterrichtsvorbereitung
Stuttgart: Lapidarium 1730, 5793
Subjekt 2284
Substantiv 2242
Suggestopädie 1911, 1936
Sulla 5376
Sulpicius Rufus 3560
superbia 4341
Supinum 2328
Swift J. 5031
Symbolischer Interaktionismus 5485
Symmachus 5086
Synonymik 2411
Syntax 1821, 1880, 2262–2351, 2939, 2943, 2946, 2963, 3041, 3097
Systemdenken 599
Szymborska W. 5855

Tafelbild 3088, 3095, 4585
Tageslichtprojektor s. Overhead-Projektor
Tantalus 5192
Tarascon 1750
Taube O. v. 5867
1001 Nacht 4178
Technik 142, 150, 175, 253, 306, 3095, 5019, 5408, 5615, 5705
Tegernsee 4898, 5213
Telephus 5193
Tempel 5712
Tempus 2324, 2353, 2373f., 2377, 2380, 3017, 3366
Tempusrelief 2353, 2373f., 2377, 2383
Tennis s. Becker B.

Terminologie: Grammatik 1317, 2213, 2220, 2285
Test 1367
   Eignungstest 1353, 1376
   informeller 1356, 1365, 1370, 1373, 1376
   Wortschatz 1354
Text
   im Anfangsunterricht 1856, 2322
   Text und Bild s. Bild
   zweisprachiger s. Zweisprachiger Text
   vgl.a. Begleittext; Filtertext
Textanalyse 854, 874, 1029, 1321f., 1846, 1879, 1904, 1961f., 1982, 1986f., 1991f., 2357, 2362, 2370–2372, 2376f., 2509, 2913, 3041, 3103, 3114, 4175
Textarbeit s. Textanalyse
Textausgabe 1551, 4805
   vgl.a. Kommentar
Textbearbeitung 1860, 1933, 1989, 3024, 3045, 3090, 3155, 3300, 3536, 3554, 3579, 3853, 4067, 4189, 4251, 4255, 4272
   vgl.a. Filtertext
Texte d'approche s. Filtertext; Textbearbeitung
Texterschließung s. Textanalyse
Textgrammatik s. Textlinguistik; Syntax
Textilien s. Kleidung
Textkritik 3104, 3423
Textlinguistik 723, 1882, 1938, 1961, 2352–2384, 3041, 3088, 3095, 3674, 3837, 4118, 4279
Textpragmatik s. Pragmatik
Textrecherche 2160
Textreflexion s. Sprachreflexion; Textanalyse
Textsemantik s. Semantik
Textvergleich s. Lektüre, vergleichende
Textverstehen s. Hermeneutik; Semantik
Theater (Theaterwesen allg.) 4492, 5107, 5111, 5471, 5696
   Jesuitentheater 1760
   vgl.a. Komödie; Tragödie
Theaterbauten 1504, 1743, 5703, 5717
Theaterstücke s. Schultheater
Theatertheorie s. Literaturtheorie

Thema–Rhema 1986, 2378
Theologie 3644, 4736, 5189
   Studium 879, 890
Thermen 1017, 1743, 5356, 5664, 5697, 5710
Theseus 1674, 1675, 1695
Thiersch F. W. v. 1113, 1182
Thisbe s. Pyramus und Thisbe
Thoma L. 4584
Thrasea Paetus 4629
Thukydides 4555
Thurber J. 4195
Tiberius 4613, 5064, 5413
Tier 5301
Tierdichtung 5419
Tiger T. 5604
Tirol 5770
Tod 3610, 3701, 4055, 4411, 4447, 4449, 4451, 5186, 5334
Todesstrafe 5134
Toleranz 4375
Tomi 5809
Tonbandkassette 1616, 1670, 2058, 2232, 2235, 2238f.
Totenbräuche 3381
Tradition 3088, 5962
Tragödie 5035, 5471
Trajan 4277, 4280, 5398
Transfer 60, 833, 993, 1122, 1208, 1379, 2199, 2412, 3029, 3088, 3094, 3456, 4852
   existentieller 3128, 3163, 3938
Transformationsgrammatik, generative 2175, 2185, 2187, 2276, 2278, 2280
Traum 2437, 3679f., 3684, 3943, 4264
Trier 1704, 1733, 5357, 5775, 5790
   Exkursion 1743
Trimalchio 4180
Triumph 5369
Triumphbogen 5713
Triumvirat 5391
Troja 4781, 5065
Trojanisches Pferd 4794, 5192
Tropen s. Stilmittel
Troubadours 1750
Tucholsky K. 5031
Tübingen 1116

Schlagwörter

Türkei 1131, 5658
Tugend s. Ethik: Kardinaltugenden; virtus; Wertbegriffe
Turnus 4784, 4837
Typologie 5419
Tyrann 4614, 5388

UdSSR 1200, 1204, 1231f., 1255
   vgl.a. Rußland
Übergangslektüre 732, 1338, 3042, 3046, 3062f., 3088, 3092, 3097, 3116, 3196, 3201, 4218, 5010, 5115, 5288
Übersetzen 4, 6, 9, 606, 625, 977, 1180, 1382, 1384, 1405, 1409, 1527, 1821, 1882, 1891, 1940, 1950–2003, 2017, 2358, 2811, 2890, 2932, 2945, 2952, 2954, 2958, 2962, 2967, 3088, 3095, 3813, 3817
   Hinübersetzen 1957, 1959
Übersetzung (sc. Benutzung vorgelegter Übersetzungen) 40, 48, 723, 977, 1372, 1380, 1386, 1499, 1859, 1904, 1953, 1960, 1967, 1984, 1989, 3028, 3034, 3050, 3060, 3073, 3088, 3180, 5524
   vgl.a. Zweisprachiger Text
Übersetzungskritik 1989, 1998f., 2003
Übersetzungsvergleich 1380, 1984, 1985, 1998f., 3135, 3141, 3150, 3156, 3180, 3586, 5841
Überwachungsstaat 4626
Übung 1649, 2036
Übungsmethoden 2004–2033
Übungssätze s. Beispielsätze
Umfrage 298, 350, 529, 535, 4833, 5798
Umwelt s. Natur
Umweltverschmutzung 4242, 5619
Ungarn 1220, 1226, 1621
   Exkursion 1734, 5690
Universität 216, 764, 776, 780, 788, 791, 843f., 853, 899, 903, 3088
   Universität–Schule s. Fachdidaktik–Fachwissenschaft
Universitätskurse 272, 759, 778, 786, 789, 792, 824, 849f., 864, 876, 884, 886–888, 892, 899, 918, 1552, 1608, 1899, 2274, 2574, 2699, 2798
Unterhaltungsliteratur 4172
Unterricht

kompensatorischer 585
kooperativer 453, 1272f., 1284, 1289, 2389, 5076
programmierter 4, 6, 1512, 1828, 1833, 1843, 1849, 1851f., 1857f., 1875
   vgl.a. Fächerübergreifender U.; Sprachunterricht; Lektüreunterricht
Unterrichtsplanung s. Unterrichtsvorbereitung
Unterrichtsprojekt 3071, 3088, 3095
   vgl.a. Organisation
   fächerübergreifendes s. Fächerübergreifender Unterricht
Unterrichtsprotokoll 4527
Unterrichtsspiel s. Spiel
Unterrichtsverfahren 6, 595, 1320, 1882, 3770
Unterrichtsvorbereitung 1301, 1315, 3887
Unterrichtswerk s. Lehrbuch; s.a. Register B
Unterstufe 755
   vgl.a. Sekundarstufe I
Unterwelt 3947, 4779
Urkunden 5235, 5263
USA 445, 1198, 1207f., 1211, 1214, 1216, 1224, 1237, 1239, 1241
ut 3091
utile 2392
Utopie 270, 4760, 4946, 4948, 4954f., 5416, 5897
Utopiekritik 5897

vadimonium s. Bürgschaft
Vagantenlyrik 732, 3407, 3418, 4861, 4863, 4867, 5265
Valenzgrammatik 2194, 2413
Varus s. Arminius
Vasenmalerei s. Malerei
Venus 3948, 4116, 4151
Veranschaulichung s. Visualisierung
Verantwortungsethik s. Ethik
Verbannung 1030, 4156f., 4164, 5044, 5436
Verbum 1821, 1965, 2032, 2206, 2243
   unpersönliches s. Impersonale
   unregelmäßige Verben 1927, 2119, 2142, 2880, 2888, 2944
   vgl.a. Konjugation
Vercingetorix 3364, 3373, 5367, 5862

Verfassung 3639, 3669, 3671, 3677, 3685, 5080, 5579
Verginia 3901, 3914, 5543
Vergleich 3047, 3088, 3095
  vgl.a. Gleichnis; Kulturvergleich; Lektüre, vergleichende; Sprachenvergleich; Übersetzungsvergleich
Verhaltenspsychologie 437
Version s. Übersetzen
Versmaßanalyse 2163, 2975, 3007
Vestalinnen 5559
Vesuv 1748, 1990, 3584, 4265, 4272–4274, 4281f., 4290, 4296, 4300, 5049
  vgl.a. Vulkanausbruch
Videofilm s. Film
Videographie 1630
Vienne 5712, 5717
Villa s. Haus
virtus 728, 3607, 3704, 3927, 4385, 4553, 5082, 5169, 5421, 5612, 5624
  vgl.a. Wertbegriffe
Visualisierung 1294, 1333, 1336, 1498, 1508, 1575, 1772, 1780, 1882, 1915, 1920, 1925, 1935, 1990, 2021, 2143, 3095, 4818, 5740
  AcI 1925
  Catull 3437
  Deklinationen 1582
  Geschichte 5375
  Haus 1761
  Komparativ 2329
  Ovid 4143
  Phaedrus 4192
  Satzanalyse 1637, 1983, 2297, 2304
  Schülerzeichnung 1334, 1664, 1939, 3388, 4143, 4192
  Strukturanalyse 2370, 4691
  Übersetzungsfehler 1599, 2023
  Verbum 2032
  Vergil 4832
  vgl.a. Bild; Bildmaterial; Illustrationen
Visualität 599
Völkerwanderung 5085, 5377
Vokabeln, Vokabular s. Wortschatz
Vokalschwächung 2240
Volkskunde 1116, 5550
Voltaire 5166, 5890
Vormärz 1102

Vorsokratiker 5174
  vgl.a. Philosophie: Naturphilosophie
Vulgärlatein 2075
Vulkanausbruch 1990, 3584, 4265, 4272–4274, 4281f., 4290, 4296
  vgl.a. Vesuv

Wackernagel J. 1130
Währung s. Geld
Wahlen (römische) 3721, 5371
Wahlunterricht 619, 629, 664, 727, 1151
  vgl.a. Arbeitsgemeinschaft
Waldorfschule 251
Wandmalerei s. Malerei
Wasserleitung s. Aquädukt
Weißenburg 5675
Weihnachten 1697, 1720, 4666, 5317
Weikersheim 3916
Weimarer Republik 1128f., 1134
Weinheber J. 5919
Weinreich O. 1116
Weise s. Sieben Weise
Weisheit 5957
Weissagung s. Orakel
Weltmodell 3698
Werbung 5838, 5871, 5950, 5974
Werbung für Latein s. Öffentlichkeitsarbeit
Werklektüre s. Autorenlektüre; vgl.a. Ganzschriftlektüre
Wertbegriffe 263, 2392, 4354, 4380, 4523, 4547, 5119, 5421, 5612, 5929
Werten 3088, 3095
Werwolf 4172, 4177
Wettbewerb 1075, 1758, 1767, 1769f., 1773, 1779, 1784, 1787, 1789f., 1792, 1795, 1801, 1816, 2026, 2129, 2144
Wiederholung 1512, 1821, 1986, 2028, 2148, 3092, 3366, 4002, 4218
Wieland C. M. 4098, 5916
Wilamowitz-Moellendorff U. v. 1117, 1138, 1150, 1184, 1196
Wilder T. 3262
Wilhelminische Zeit 1091, 1145, 1157f.
Wille 4081
Wirtschaft 5330
Wirtschaftslehre 336, 404

Schlagwörter

Wissenschaft vgl. Klassische Philologie; Naturwissenschaft
Wissenschaft (antike) 3606, 3934, 5011, 5163, 5458, 5586, 5588, 5615
Wissenschaftspropädeutik (Bedeutung der humanistischen Bildung für das Studium) 132, 272, 341
   vgl.a. Latein: Relevanz für andere Studienfächer
Witwe von Ephesus 4173, 4176, 4178
Witz s. Komik
Wörterbuch s. Lexikon
Wohnen s. Architektur; Haus
Wolf C. 4818
Wortbedeutung s. Semantik
Wortbildung s. Morphologie
Wortfeld 2390, 2403
Wortkunde 1554f., 2414, 2423, 2428
Wortschatz 1272, 1331, 1354, 1842, 1880, 1986, 2010, 2123, 2385–2443, 2936, 4021, 5533
Wortschatzerwerb s. Grundwortschatz; Wortkunde; Wortschatz
Wortspiel 2014
Wortstellung: dichterische 3813
Würzburg 5216, 5688, 5775

Xanten 1733, 5783

Xenophon 3775
Xenophon v. Ephesos 4152

Zahlen 2041, 3005, 5179, 5336
Zeichnung s. Kunst; Malerei; Visualisierung
Zeit 1059, 3240, 4475, 5734, 5876
   vgl.a. Augusteische Zeit, Wilhelminische Zeit
Zeitbezug s. Aktualität
Zeitengebrauch s. Tempus
Zeitkritik s. Gesellschaftskritik
Zeitprofil s. Tempusrelief
Zenobia 3755
Zensur 4626
Zensuren s. Leistungsbewertung
Ziegler K. 1171
Zinnfiguren 1507, 5788
Zirkus 3233, 4517, 5107, 5111, 5664
Zivilrecht s. Recht
Zürich: Klassische Philologie 762
Zugmantel 1740
Zuordnungsübung 2031
Zusatzaufgaben s. Interpretationsaufgabe; Leitfragen
Zweisprachiger Text 723, 1272, 1288, 3035, 3052, 3057